함격을 향한 가장 확실한 선택 선우한국사

한국사 만/점/전/략

간추린 선우한국사
핵심요약 ZIP

선우쌤과 함께하는

한국사 카페 cafe.naver.com/swkuksa
You Tube 채널 선우빈 한국사

KB123759

---

1 한눈에 보이는 한국사 시대 구분

구분 (국정 교과서 기준)	선사 시대 및 국가의 형성	고대 사회			중세 사회			근세 사회		근대 사회 태동기	근대 사회 발전기 (개화기)	민족 독립운동기 (일제 강점기)	현대 사회
시기	B.C. 70만 년 전~B.C. 5세기경	A.D. 1C~6C	7C~9C	10C	11C~12C	12C 중~13C 중	13C 중~14C 말	15C	16C	17C~19C 초	1863~1910	1910~1945	1945~현재

발전 단계

구석기 → 사람 살기 시작
신석기 → 민족의 근간
청동기 → 군장 국가 형성 / 고조선 B.C. 108 멸망
철기 → 연맹 왕국 → 중앙 집권 국가

부여
고구려 → 2C 태조왕 고구려 494. 멸망 → 발해 (698~926) 926. 멸망 → 말갈계 유민 → 정안국 / 고구려 유민
옥저
동예
마한 → 3C 고이왕 백제 660. 멸망
진한 → 4C 내물왕 신라 → 통일 신라 (676~935)
변한 → 6가야 연맹

668. 멸망

후백제 (900)
후고구려 (901) → 고려 (918)
신라
936. 무력 통합
935. 평화적 통합

호족 → 문벌 귀족 → 무신 집권 (1170~1270) → 권문 세족 → 신진 사대부

혁명파·급진파 → 훈구파
온건파·사학림파 (훈 vs 사) → 사화
서원 향약 (사 vs 사)

붕당 정치 → 세도 정치

일당 전제 정치 탕평책

고종 즉위(1863)
대원군 집권기 (1863~1873) → 고종 친정 (1873) → 개항 (1876) → 국권 강탈 (1910)

위화도 회군 (1388) → 조선 (1392)

임진왜란 (1592) / 정유재란 (1597)

정묘호란 (1627) / 병자호란 (1636)

대한 제국 (1897~1910)

대한민국 임시 정부 (1919)

미군정기 (1945~1948) — 대한민국 (1948~)
6·25 전쟁 (1950~1953)

시대별 출제 포인트

- 각 시대 주요 유물·유적 파악
- 고조선의 건국 및 발전 과정
- 위만 조선
- 단군 건국 이야기, 8조 금법
- 초기 국가의 사회 성격

- 고대 국가의 성격
- 2C~7C 시기별 주요 왕들의 업적 파악
- 삼국 통일 과정

- 신라 중대의 전제 왕권 강화책(신문왕)
- 발해의 주요 왕 (고왕, 무왕, 문왕, 선왕)

- 신라 하대의 동요
- 호족의 성격
- 6두품의 성향

- 중세 사회의 성격
- 주요 왕의 업적
  - 전기: 태조, 광종, 성종
  - 중기: 숙종, 예종, 인종
  - 후기: 충렬왕, 충선왕, 충목왕, 공민왕
- 집권 세력의 변천 과정
- 대외 관계(거란 ⇨ 여진 ⇨ 몽골 ⇨ 홍건적·왜구)

- 근세 사회의 성격
- 15C 주요 왕의 업적: 태조, 태종, 세종, 성종
- 통치 제도의 정비
- 훈구파 vs 사림파
- 사화 ⇨ 서원·향약 ⇨ 붕당 정치

- 왜란과 호란
- 붕당 정치의 전개 과정 및 변질
- 탕평책(숙종, 영조, 정조)

- 흥선 대원군의 정책
  - 왕권 강화책 및 민생 안정책
  - 통상 거부 정책
- 고종의 개화 정책
- 외세와 맺은 불평등 조약
- 개화사상과 위정척사 사상, 동학 농민 운동
- 국권 수호 운동
- 의병 운동 vs 애국 계몽 운동

- 일제의 단계별 통치 형태
- 민족의 저항 (국내·외)

- 국제 회담(카이로·알타·포츠담 회담)
- 1948년 정부 수립 과정 모스크바 3국 외상 회의, 미·소 공동 위원회
- 민주주의의 발전 과정 및 시련
- 경제 개발 정책
- 통일 정책
- 개헌 과정

출발! 꼭 알아야 할 지역·주요 강

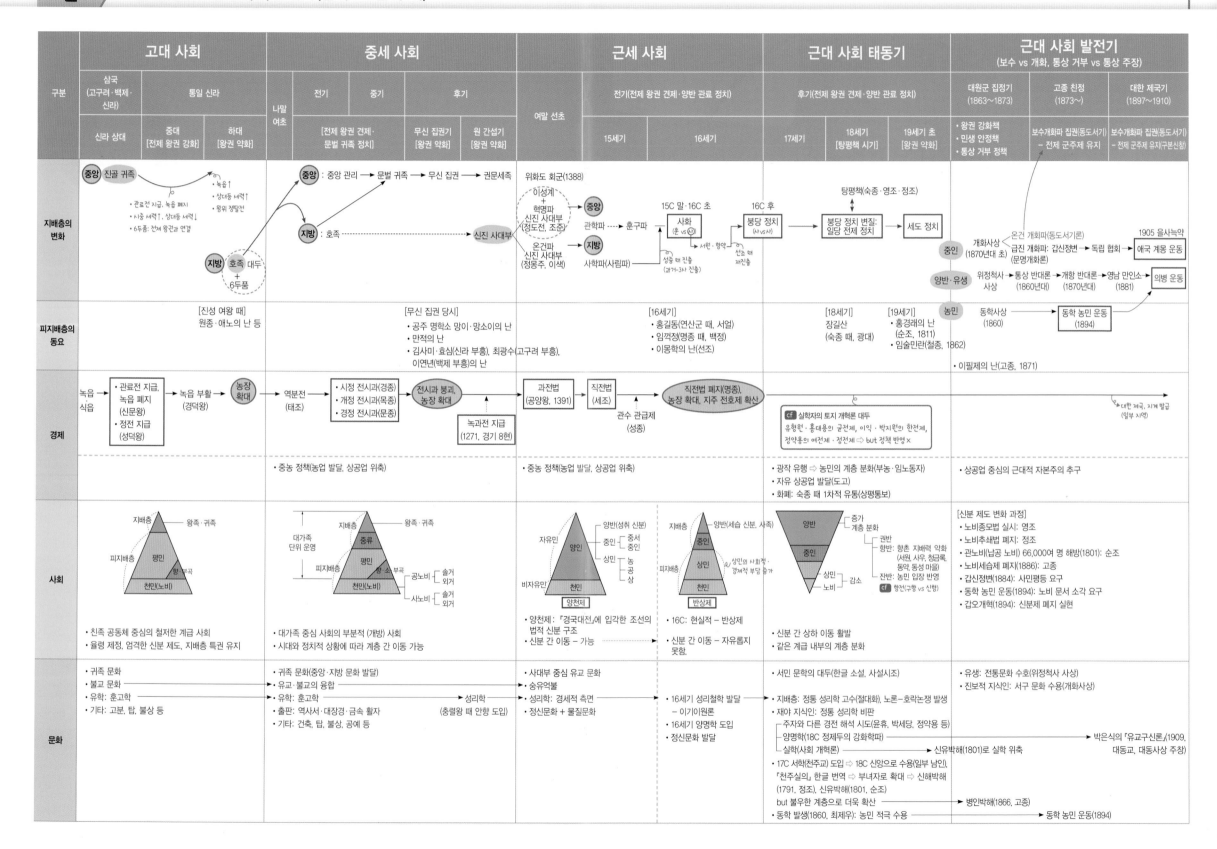

1 고조선

| 중국 | 하 (B.C. 2000~1600) | 은 (B.C. 1600~1046) | 주 (B.C. 1046~770) | 춘추 (B.C. 770~476) | 전국 7웅-연 (B.C. 476~221) | | 진 (B.C. 221~206) | 한 (B.C. 206~A.D. 220) | |

유이민 이동 / 진·한 교체기 위만 남하 / 한 무제의 침입

| B.C. 2,333 | B.C. 10세기 | B.C. 5세기 | B.C. 4세기 | B.C. 300년 전후(?) | B.C. 3세기 | B.C. 194년 | B.C. 108년 |

단군의 (고)조선 건국 ⇨ 중심지: 요령 / (고)조선 발전 / 철기 도입 / 연과 대립 / 연(진개)의 침입 ⇨ 중심지: 요령 상실, 대동강(왕검성) 이동 / 부왕, 준왕 / 위만 조선 ⇨ 준왕: 진국으로 남하 / (고)조선 멸망

B.C. 128 창해군 설치 / B.C. 109 섭하 살해 사건 / cf 8조 금법 ⇨ 60여 조 증가

- 청동기 단계 건국(B.C. 2,333)
- 군장 국가
- 세력 범위 증거: 비파형 동검, (탁자식) 고인돌, 미송리식 토기, 거친무늬 거울

- 철기 단계 도입
- 연맹 왕국 cf 중국 사서 『위략』 – B.C. 4C 이전 조선 王 대두 언급
- 세형동검(한국식 동검), 잔무늬 거울
- 돌무지무덤 cf 강상 무덤(B.C. 8C), 누상 무덤(B.C. 5C) – 순장 흔적
- 널무덤

- 고조선의 정통 계승
- 본격 철기 단계
- 정복 사업
- 중계 무역

▲ 고조선의 세력 범위

2 초기 국가의 성장(철기 문화) – 『삼국지』 위서 동이전 기록

구분 \ 나라	부여	고구려	옥저	동예	삼한
위치	송화강 유역	동가강 유역(졸본) ⇨ 통구(국내성, 집안)	함흥평야	원산만, 강원 북부	한강 이남
국가 형태	• 연맹 왕국(5부족 연맹체) • 왕	• 연맹 왕국(5부족 연맹체) • 소노부(연노부)·순노부·계루부·절노부(연나부)·관노부 • 초기: 제가 회의에서 소노부 출신 왕 선출 ⇨ 6대 태조왕 때 계루부 세습	군장 국가(연맹체를 형성하지 못함.)		연맹 왕국(진왕, 마한왕)
군장	• 군장: 마가(말), 우가(소), 저가(돼지), 구가(개) • 소관리: 대사자, 사자 등 → 여섯 가축 이름 으로 지정 • 4출도(지방 행정 구역) • 제가 회의: 국가 중대사 결정, 왕 선출 및 폐위	• 군장: 상가, 고추가, 대로, 패자 등 전(前) 왕족이나 왕비족에게 주는 칭호. • 관리: 사자, 조의, 선인 등 신라의 갈문왕과 유사 • 제가 회의: 국가 중대사 결정	군장: 삼로, 읍군 등		• 왕(목지국의 왕 ⇨ 진왕 추대) • 군장: 신지·견지 > 읍차·부례 → 토지와 물 관리권
경제	• 반농반목 • 말, 모피, 주옥	• 약탈 경제(부경) • 맥궁(활) → 창고	• 해산물(어·염) • 5곡(농경 발달)	• 방직 기술 발달 • 단궁(활), 과하마(조랑말), 반어피(바다표범 가죽)	• 벼농사 발달(저수지 축조) • 철의 수출(변한)
제천 행사	영고(12월, 은정월)	동맹(10월)		무천(10월)	수릿날(5월), 계절제(10월)
장례	순장(지배층 장사 때 산 사람을 함께 묻는 풍습)	후장 → 장례를 후하게 지냄.	가족 공동묘(세골장, 골장제) ⇨ 죽은자의 양식으로 쌀항아리 보관	가족이 병으로 죽은 경우 집을 버리거나 헐어버림.	• 독무덤, 돌널무덤, 돌무지무덤 등 • 후장 • 마한: 소와 말 순장 • 변한·진한: 큰 새의 깃털을 장례에 사용
결혼 풍속	형사취수제(일부다처제) → 형이 죽으면 형수를 아내로 맞는 풍습 ⇨ 흉노, 부여, 고구려(산상왕)의 경우	• 데릴사위제(서옥제, 예서제) ⇨ 봉사혼, 신석기 모계 사회 유풍 • 형사취수제 예 산상왕	민며느리제(예부제) ⇨ 계약 결혼, 매매혼	족외혼 → 신석기 유풍	
법률·기타	• 4조목 • 1책 12법 • 은력 • 점복(우제점법)	1책 12법 cf (우제)점법		• 책화(경제적 폐쇄성) • 철(凸)자형·여(呂)자형 집터–난방 시설, 부엌(부뚜막 시설)	• 두레(마을 공동 작업) • 제정 분리(천군–소도에서 농경과 의례 담당) • 귀틀집, 초가집 • 문신 및 편두(변한, 진한)
발전	• 3세기 선비족의 침략으로 수도 함락, 쇠퇴 • 4세기 전연의 침략 • 고구려(문자왕)에 멸망(494)	1C 말·2C 초 태조왕 때 중앙 집권 국가로 발전	고구려 태조왕에 의해 복속	고구려와 신라에 흡수·통합	• 마한 ⇨ 백제로 발전 • 진한 ⇨ 신라로 발전 • 변한 ⇨ 6가야 연맹으로 발전

▲ 여러 나라의 성장

cf 신라의 시대 구분

구분	기준	박혁거세(1)~지증왕(22)	법흥왕(23)~진덕 여왕(28)	무열왕(29)~혜공왕(36)	선덕왕(37)~경순왕(56)
『삼국사기』	왕의 혈통	상대		중대	하대
『삼국유사』	불교식 왕명기	상고	중고	하고	

구분	2세기	3세기	4세기	5세기	6세기	7세기	8세기	9세기	10세기

고구려

- **태조왕**(1세기 후반~2세기)
  - 옥저 복속, 낙랑 공격
  - 계루부 고씨 왕위 세습
- **고국천왕**
  - 진대법
  - 부자 세습
  - 행정 5부 개편

동천왕
- 오 교류, 위 견제
- 서안평 공격 ⇨ 위나라 관구검의 침입

미천왕
① 서안평 차지
② 낙랑·대방 축출 (⇨ 고조선 고토 회복)

고국원왕
① 전연(모용황) 침입
② 근초고왕의 평양성 침입으로 전사

소수림왕
- 전진과 수교
① 불교 공인, 태학 설립
② 율령 반포

광개토 대왕(4세기 말~5세기 초)
- 숙신(여진) 정벌·후연(모용희)의 침입 등 ⇨ 요동 및 만주(부여) 대부분 차지
- 백제의 관미성(한강 이북) 공격
- 신라에 들어온 왜군 격퇴
- 연호 최초 사용(영락)

cf 광개토 대왕릉비, 호우명 그릇

장수왕
① 남하 정책(국내성 ⇨ 평양) ⇨ 나·제 동맹(433)
② 남한강 차지[충주(중원) 고구려비]
- 다면 외교(송, 북위, 북연)
- 유연과 함께 지두우(흥안령 일대) 분할 점령
- 경당(지방, 사학, 한학 + 무술 교육)

문자왕
- 부여 복속(최대 판도)

▲ 양직공도(梁職貢圖)의 백제 사신도(6세기)

귀족 연립 정치기(왕권 약화)

여·수 전쟁
① 고구려, 요서 선제공격(598)
- 수 문제 침입(1차 여·수 전쟁)
② 수 양제 침입(2차 여·수 전쟁) (을지문덕의 살수 대첩, 612)
③ 3차·4차 여·수 전쟁

연개소문(대막리지)
- 영류왕 추방, 보장왕 추대

보장왕
- 당 고조의 회유책(도교 공식 도입)
- 당 태종의 강경책 ⇨ 연개소문의 천리장성 축성, 여·당 전쟁-안시성 싸움(645)으로 당 축출
- 나·당 연맹에 의해 고구려 멸망(668) ⇨ 당: 안동 도호부(평양) 설치

발해

- **1대 고왕**(698~719, 대조영, 연호-천통)
  - 길림성 돈화시 동모산에서 건국(698) ⇨ 국호 진(震)
  - 돌궐, 신라, 당과 통교
  - **cf** 초기 당과 갈등 ⇨ 당의 화해 요청, 고왕을 발해 군왕에 책봉(713)

- **2대 무왕**(719~737, 대무예, 연호-인안)
  - 당+흑수 말갈+신라 vs 발해+일본+돌궐
  - **cf** - 신라 성덕왕의 발해 공격 시도 ⇨ 실패
  - 장문휴: 당의 산둥성 공격

- **3대 문왕**(737~793, 대흠무, 연호-대흥)
  - 수도 천도[중경(732?~756) ⇨ 상경(756) ⇨ 동경(785~786)]
  - 고(구)려국 표방 【출처】일본에 보낸 외교 문서
  - 당과 교류: 3성 6부 제도, 주자감 도입

- 황제 국가 면모 과시: 황제국 자체[외왕내제(外王內帝)], 불교의 전륜성왕 이념 수용
  - **cf** 당 - 발해 국왕(762)으로 승격, 신라 경덕왕

- **10대 선왕**(818~830, 대인수, 연호-건흥)
  - 말갈족 복속, 요동 진출 ⇨ 최대 영토 확보
  - 지방 제도 정비(5경 15부 62주)
  - 당: '해동성국'이라 부름.
  - **cf** 대조영의 아우 대야발의 4대손

- **15대 대인선**
  - 거란의 야율아보기에 의해 발해 멸망(926)
  - 대광현 등 고구려 유민들 ⇨ 고려로 망명

백제

1. 위례성(한성) 시대

cf 고구려 유이민의 백제 건국 사실
1. 서울 석촌동 고분: 초기 고구려 돌무지무덤
2. 온조의 건국 기사
3. 시조신: 동명왕
4. 백제 왕족의 성씨: 부여씨
5. 개로왕이 북위에 보낸 국서: "…고구려와 더불어 근원이 부여에서 나왔으므로…"
6. 성왕 때 백제 명칭: 남부여

고이왕
- 왕위 세습
- 율령 반포, 6좌평 제도 실시

근초고왕
- 부자 세습
- 마한 완전 차지
- 요서 (일시) 점령-산둥-일본 연결 ⇨ 고대 상업권 형성
- 칠지도(왜왕에 하사)
- 『서기』 편찬

침류왕
- 불교 도입(동진)

아신왕(4세기 말~5세기 초)

비유왕: 나·제 동맹(433) 체결

개로왕(부여 경): 한성 함락, 북위에 원조 요청

2. 웅진(공주) 시대

문주왕
- 웅진(공주) 천도

동성왕
- 결혼 동맹(493)
- 탐라 복속(498)

무령왕(부여 융, 영동대장군 사마왕)
- 22담로(지방) 설치
- 무령왕릉(양과 교류)

3. 사비(부여) 시대

성왕
① 사비(부여) 천도 ⇨ 남부여
② 한강 일시 회복, 나·제 동맹 결렬(553) ⇨ 관산성(충북 옥천) 전투(554), 구천에서 사망
- 22부(중앙) 설치, 5부·5방(지방)
- 일본에 최초 불교 전파(노리사치계)

무왕
- 익산 천도 시도 ⇨ 실패
- 왕흥사 건립(부여), 익산 미륵사 건립
- **cf** 익산 미륵사지 석탑(현존 최고 석탑)

의자왕(해동의 증자)
- 대야성 공격
- 당항성 공격(+고구려)
- 나·당 연맹 VS 계백의 황산벌 전투(660, 백제 멸망) ⇨ 당: 웅진 도독부(공주) 설치

신라

cf 신라의 왕호 변천 과정

1. 거서간(居西干)	1대 박혁거세	군장의 우두머리
2. 차차웅(次次雄)	2대 남해	제사장
3. 이사금(尼師今)	3대 유리	연장자·계승자
4. 마립간(麻立干)	17대 내물	대수장(大首長)
5. 왕(王)	22대 지증왕	지증왕의 한화 정책(漢化政策): 국호 '신라(新羅)', 왕호 '왕(王)' 사용
6. 불교식 왕명	23대 법흥왕	불교식 왕명(법흥왕~진덕 여왕)
7. 중국식 시호	29대 무열왕 (진골)	

내물왕(마립간)
- 김씨에 의한 왕위 세습
- 광개토 대왕의 도움으로 왜구 격퇴
- **cf** 호우명 그릇

눌지왕(마립간)
- 부자 세습
- 나·제 동맹(433) 체결
- 불교 도입(⇦ 고구려)

자비왕(마립간)
- 수도의 방리(坊里)명 제정

소지왕(마립간)
- 결혼 동맹(493)
- 시장(시사, 경주)·우역 설치
- 행정적 6부

cf 가야
1. 3C: 김해의 금관가야 중심
2. 5C: 고령의 대가야 중심
3. 6C: 가야 주요 사건
① 522: 대가야+신라(법흥왕)와 결혼 동맹 체결
② 532: 금관가야 멸망(by 법흥왕)
③ 554: 대가야+백제(성왕) + 왜 vs 신라(진흥왕) ⇨ 관산성 전투, 신라 승리
④ 562: 대가야 멸망(by 진흥왕)
4. 대표 고분: 김해 대성동 고분, 고령 지산동 고분

지증왕
- 한화(漢化) 정책: 王, 신라, 군현 제도
- 우산국(울릉도·독도) 복속(이사부)
- 우경 보급, 동시전 설치

법흥왕(불교식 왕명기, 연호: 건원)
- 율령 반포(율진이 봉평 신라비)
- 병부 설치, 상대등 제도 마련, 불교 공인
- 대가야와 결혼 동맹 체결(522)
- 금관가야 정벌(532)

진흥왕(불교식 왕명기, 연호: 개국, 대창, 홍제)
① 나·제 동맹 의거
- 신라-상류 차지(단양 적성비)
- 백제-하류 차지(성왕)
② 백제를 배신 하류 탈환 ⇨ 나·제 동맹 결렬(553) ⇨ 신주 설치(북한산비)
③ 대가야 정벌(562, 창녕비(561))
④ 함경도 진출(황초령비, 마운령비)
- 화랑도 공인(원화)
- 황룡사 건립, 『국사』 편찬(545), 화랑도 공인, 불교 교단 조직(국통·주통, 고구려 혜량-국통)

진평왕(불교식 왕명기, 연호: 건복)
- 원광의 걸사표(611), 세속 오계

선덕 여왕(불교식 왕명기, 연호: 인평)
- 황룡사 9층 목탑(대국통 자장 건의), 첨성대, 분황사 (모전) 석탑, 영묘사 건립(개구리 사건), 모란꽃 예측
- 비담의 난(647)

진덕 여왕(마지막 성골, 불교식 왕명기, 연호: 태화)
- 집사부 설치, 나·당 동맹 체결(648), 오언태평송, 중국식 관복 및 중국식 연호 사용

태종 무열왕(654~661, 중국식 시호 사용)
- 최초의 진골 출신 왕
- 갈문왕(葛文王) 제도 폐지
- 백제 멸망(660)

문무왕(661~681)
- 당, 계림 도독부(경주) 설치(663)
- 고구려 멸망(668)
- 나·당 전쟁(670~676, 사비성 공격 ⇨ 소부리주 설치) ⇨ 매소성(675)·기벌포 싸움(676)으로 ⇨ 삼국 통일
- 부석사 창건(의상)

신문왕(681~692)
- 전제 왕권의 확립(김흠돌의 모역 사건 계기, '만파식적' 사료, 감은사 3층 석탑)
- 중앙 집권적 관료 정치: 9서당 10정 9주 5소경, 관료전 지급 ⇨ 녹읍 폐지, 국학 설립

성덕왕(702~737)
- 국학 정비(+ 문묘 제도 도입), 정전 지급

선덕 여왕(불교식 왕명기, 연호: 인평)
- 황룡사 9층 목탑(대국통 자장 건의), 첨성대, 분황사 (모전) 석탑, 영묘사 건립(개구리 사건), 모란꽃 예측

진덕 여왕(마지막 성골, 불교식 왕명기, 연호: 태화)

경덕왕(742~765)
- 녹읍 부활
- 불국사·석굴암 창건
- 성덕 대왕 신종 주조(혜공왕 때 완성)
- **cf** 안민가(충담), '만불산' 조형물 당에 헌상

혜공왕(765~780)
- 96각간의 난(대공의 난) ⇨ 전제 왕권 붕괴

선덕왕(780~785)
- 하대 시작(내물계 진골)

원성왕(785~798)
- 독서삼품과 설치

헌덕왕(809~826)
- 김헌창(무열계)의 난(웅주(공주), 국호 - 장안], 김범문의 난[한산 (현재 서울)]

흥덕왕(826~836)
- 사치 금지 조서 발표
- 장보고, 청해진(완도) 설치

문성왕(839~857)
- 장보고의 난

진성 여왕(887~897)
- 농민 항쟁 전국적 발생(원종·애노, 적고적 견훤, 양길, 기원 등)
- **cf** 6두품 최치원(한강왕~진성 여왕)

효공왕(897~912)
- 후백제 건국(900), 후고구려 건국(901) ⇨ 후삼국 시대

경애왕(924~927)
- 후백제 견훤의 침략으로 사망(927)

경순왕(927~935)
- 고려 왕건에게 귀부, 신라 멸망(935)

cf 10C 초 후삼국 분열기

- **후백제**(900, 견훤) 완산주(전주)
- **후고구려**(901, 궁예, 마진 → 태봉) - **고려**(918, 왕건)
- **신라** 경상도로 위축

- 금성(나주) 점령(910?, 왕건)
- 공산 전투 고창 전투 (927) (930)
- 936(견훤의 아들 신검, 무력 통합)
- 송악(905) → 철원(905) → 송악(919) → 935(평화적 통일) ⇨ 재통일
- 금성(경주) 점령, 경애왕 살해(927)

중국

후한	삼국 시대(220~280)		5호 16국(316~439)			남북조 시대(439~589)		당(618~907)	5대 10국(907~960)	송(960)

삼국 시대(220~280)
- 위 → 서진
- 촉
- 오

5호 16국(316~439)
- 전연, 전진 → 북위 → 동위 → 북제, 서위 → 북주 → 수(589)
- 동진 → 송 → 제 → 양 → 진

- 여·당 전쟁(안시성 싸움, 645)
- 나·당 동맹 → 백제 멸망(660), 웅진 도독부(공주) 설치 → 계림 도독부(경주) 설치(663)
- 고구려 멸망(668), 안동 도호부(평양) 설치
- 나·당 전쟁(670~676, 소부리주(부여) 설치) → 매소성(675)·기벌포(676) 싸움]

한눈에 보이는 고려 사회

cf 최승로의 시무 28조의 구조
1. 역대 왕들의 업적 평가 (= 5조 치적평): 광종 비판
2. 앞으로의 방향 제시 (= 시무 28조)
   - 유교 ⇨ 정치 이념으로 채택
   - 지방관 파견 ⇨ 중앙 집권 도모
   - 전제 왕권 규제 ⇨ 문벌 귀족 정치

cf 영토의 축소
- 쌍성총관부 설치(1258, 고종 45년): 화주(영흥) 지역에 설치 ⇨ 공민왕 5년(1356)에 탈환
- 동녕부 설치(1270, 원종 11년): 서경에 설치 ⇨ 충렬왕 16년(1290)에 반환
- 탐라총관부 설치(1272, 원종 13년): 제주도에 설치 ⇨ 충렬왕 27년(1301)에 반환

구분	나말 여초	혜종·정종		전기(10세기~11세기)				중기(12세기)			후기(12세기 말~13세기)		원 간섭기(13세기 말~14세기 말)				말기(14세기 말)		
주요 왕		태조(1대)(918~943)	광종(4대)(949~975)	경종·성종(6대)(981~997)·목종	현종(8대)(1009~1031)	문종(11대)(1046~1083)	숙종(15대)(1095~1105)	예종(16대)(1105~1122)	인종(17대)(1122~1146)		의종(1146~1170) ─ 명종 ─ 신종 ─ 희종 ─ 강종 ─ 고종(1213~1259) ─ 원종(1259~1274)		충렬왕(1274~1308)	충선왕(1298, 1308~1313)	충목왕(1344~1348)	공민왕(1351~1374)	우왕(1374~1388)	창왕(1388~1389)	공양왕(1389~1392)

주요 정책

- **나말 여초**
  - 독자적 연호('천수')
  - '훈요 10조'
  - 애민 정책: 1/10 조세 감면, 흑창
  - 골품 제도 폐지
  - 북진 정책
    - 국호 '고려'
    - 서경(평양) 중시
    - 거란 강경책
  - 호족 통합책
    - 회유책: 정략결혼, 중앙 관리화, 사성 정책, 지방 호족의 자치 허용
    - 견제책: 기인·사심관 제도
  - 숭불 정책
  - 역분전(경기)

- **광종 왕권 강화책**
  - 주현공부법(949)
  - 노비안검법(956)
  - 과거 제도(958)
  - 공복 제정
  - 칭제건원(황제)
  - 독자적 연호(광덕, 준풍) 사용
  - 귀법사(균여) 창건
  - 제위보 설치
  - 송과 통교(962) ⇨ 송 연호 사용

- **성종**
  - 유교 정치 체제의 지향
    - 최승로의 시무 28조 채택
  - **중앙 집권 제도**
    - 관계 정비: 문산계, 무산계의 2원화
    - 관제 정비: 2성 6부, 지방에 12목 설치
    - 칭제건원(황제)
    - 교육: 국자감, 과거제도 정비, 문신월과법 실시
  - **사회 정책**
    - 연등회·팔관회 축소 ⇨ 폐지
    - 노비환천법 실시
    - 분사 제도 실시(서경)
    - 의창·상평창 설치
    - 건원중보 주조
    - 거란 1차 침입(993) - 서희의 강동 6주

- **현종(8대)**
  - 지방 제도 정비: 5도 양계
    - 거란 2차양규, 3차(강감찬의 귀주대첩)침입
  - 『7대 실록』(현존 ×)
  - 연등회·팔관회 부활

- **문종(11대)**
  - **중앙 정치의 완성**
    - 삼원신수법
    - 삼심제
    - 경정 전시과
    - 동·서대비원
    - 남경(한양) 설치
    - 최충의 보필
  - **화폐 정책**
    - 의천의 주전론 채택, 주전도감 설치
    - 삼한통보(중보)·해동통보(중보)·활구(은병)
    - 복원궁(도교) 설치
    - 윤관의 여진 2차 정벌
    - 동북 9성 설치

- **숙종(15대)**
  - 관학 진흥책: 서적포 설치

- **예종(16대)**
  - 관학 진흥책: 국학 7재·양현고 설치
  - 속현: 감무 파견
  - 여·원 연합군의 일본 2회 원정 ⇨ 실패

- **인종(17대)**
  - 관학 진흥책: 경사 6학 설치
  - 금-사대 응락(1126)
  - 이자겸의 난(1126)
  - 묘청의 난(1135)
  - 김부식의 『삼국사기』(1145)

- **의종~원종**
  - 『향약구급방』·팔만대장경 조판

1. 도병마사
2. 전시과(+공음전)
3. 훈고학
4. 천태종

1. 중방(+교정도감, 정방)
2. 전시과 붕괴, 농장 확대
3. 유교 쇠퇴, but 한문학 발달
4. 조계종

- **충렬왕**
  - 전민변정도감 설치
  - 홍자번의 편민 18사
  - 섬학전 설치
  - 여·원 연합군의 일본 2회 원정 ⇨ 실패
  - **cf 2차: 정동 행성 설치** ⇨ 정동 행성 설치
  - 원의 동녕부, 탐라총관부 반환

1. 도평의사사(+정방)
2. 농장
3. 훈고학
4. 불교의 권력화

cf 충선왕 즉위: 왕실 동성혼 금지

- **충선왕**
  - 정방 폐지
  - 사림원 설치
  - 만권당(원의 수도) 설치
  - 재정 개혁: 소금·철의 전매 사업(의염창 설치)

- **충목왕**
  - 정치도감 설치

- **공민왕**
  - **반원 자주 정책**
    - 친원파 기철 숙청
    - 정동행성 이문소 폐지
    - 관제 복구
    - 원의 연호·몽골풍 폐지
    - 영토 수복(쌍성총관부 탈환, 1356)
    - 요동 수복(1차 최영-실패, 2차 이성계-요양 일시 점령 ⇨ 명 차지)
  - **反귀족·왕권 강화책**
    - 정방 폐지
    - 전민변정도감 설치(1366, 신돈)
    - 성균관 중흥(1362, 1367), 과거 제도 정비
  - 홍건적의 1·2차 침입

- **우왕**
  - 왜구 침입
  - 명과 영토 분쟁(철령위 문제) ⇨ 요동 정벌(1388) 발생
  - 화통도감 설치(최무선)
  - 『직지심체요절』(현존 최고의 금속 활자, 청주 흥덕사, 1377)

- **창왕**
  - 왜구 침입

1. ×
2. 중소 지주 ⇨ 토지 개혁 주장
3. 성리학
4. 불교 비판

- **공양왕**
  - 과전법(1391, 급전도감) 실시

▲ 공민왕의 영토 수복

집권 세력의 변천 과정

호족 + 6두품 + 선종 → 중앙 관리(일부) → 문벌 귀족(특권: 음서, 공음전) → 무신 집권(1170~1270) → 권문세족 → 신진 사대부

호족 → 지방 호족(향리, 다수) → 신진 사대부

1170	1174	1179	1183	1196		1219	1249	1257	1258	1268	1270	1271
이의방	정중부	경대승	이의민	최충헌		최우	정방, 서방, 교정도감, 내외 도방			교정도감, 정방		
중방		중방, 도방	중방	교정도감, 도방(6번)도방								
무신 연합 정권						최씨 1인 독재		사회 안정기		무인 정권 몰락기		

- 反무신난: 김보당의 난(1173), 조위총의 난(1174), 귀법사·중광사의 봉기(1174)
- 만란: 망이·망소이의 난(1176)
- 전주 관노의 난(1182)
- 김사미·효심의 난(1193)
- 만적의 난(1198)
- 이연년의 난(1237)
- 최광수의 난(1217)

- 1차(1359, 공민왕 8년): 서경 함락 - 이방실·이승경 등이 격퇴
- 2차(1361, 공민왕 10년): 개경 함락 ⇨ 공민왕 복주(안동) 피란, 최영·이방실·이성계 등이 격퇴

이민족과의 항쟁 과정

- **나말 여초**
  - 당 멸망(907) ⇨ 5대 10국 분열기
  - 거란 흥기 ⇨ 발해 멸망(926)
  - 태조: 만부교 사건
  - 정종: 광군 설치

- **친송 북진 정책**
  - ① 10C 말~11C 초 거란의 3차 침입
    - 1차: 서희의 외교 담판 ⇨ 강동 6주 획득
    - 2차: 강조의 정변 계기 ⇨ 양규 등 격퇴 **cf 현종-나주 피난**
    - 3차: 강감찬의 귀주 대첩(1019) ⇨ 결과: 개경에 나성 축조, 천리장성 축조(압록강~도해안, 1033~1044), 『7대 실록』 편찬, 초조대장경 조판(현종~문종)

  ▲ 강동 6주와 천리장성

- **남송**
  - ② 11C 말~12C 초
    - 여진 침입
    - 신기군·신보군·항마군
    - 윤관의 별무반 설치(숙종)
    - 윤관의 동북 9성 설치(예종) ⇨ 반환
    - 여진: 금 건국(1115) ⇨ 고려에 사대 요구 ⇨ 고려 응락(1126)
    - 북진 정책 좌절
    - 문벌 귀족 내부의 모순 격화

- **몽골(원)**
  - ③ 13C 몽골
    - 강동의 역(1219)
    - 몽골의 6차 침입(1231~1270)
    - 삼별초의 저항(1270~1273): 강화도 ⇨ 진도 ⇨ 제주도
    - 문화재 소실
      - 대구 부인사 대장경(2차)
      - 황룡사 9층 목탑(3차)
    - 문화적 사업
      - 팔만(재조)대장경 조판
      - 『상정고금예문』 금속 활자 조판(1234, 최우) ⇨ but 현존 ×(이규보의 『동국이상국집』에 기록)
      - 최우: 『남명천화상송증도가』의 발문 작성
    - 1차(1231): 귀주 싸움(박서)
    - 강화도 천도(1232)
    - 2차(1232): 김윤후의 처인성(부곡) 싸움, 김윤후의 충주성 싸움
    - 대몽 강화(1259) ⇨ 최씨 정권 종식
    - 개경 환도(1270) ⇨ 무신 집권 종식, 원 간섭기 도입

- **홍건적·왜구**
  - ④ 14세기 후반 홍건적/왜구
    - 최영(우왕): 홍산 대첩
    - 최무선(우왕): 진포 대첩 ⇨ 화통도감 설치
    - 이성계(우왕): 황산 대첩
    - 정지(우왕): 관음포 대첩
    - 박위(창왕): 쓰시마 토벌

토지 제도

| 농장 확대 | 역분전(태조) ⇨ 시정 전시과(경종)·개정 전시과(목종)·경정 전시과(문종) | → 전시과 붕괴·농장 확대 / 녹과전(1271, 경기 8현) | 과전법(1391) 실시 |

문화

	성격	자주적		보수적	반성적·자주적	민족의식 고조	민족의식 고조

- **유학**
  - 훈고학, 최승로, 김심언 ─ ─ ─ ─ 최충·김부식 ─ ─ → 무신기: 쇠퇴 ─ → 훈고학(권문세족) vs 성리학 도입(신진 사대부) ─ ─ ─ ─ →
  - **cf 한문학: 향가(균여의 보현십원가)**
  - **cf 한문학 발달: 진화, 이규보, 이인로(경기체가, 패관문학), 민중-장가(속요)**

- **역사서**
  - 『7대 실록』(현종), 『고금록』, 『속편년통재』 ⇨ 현존 X
  - 김부식의 『삼국사기』(인종) ⇨ 신라 계승 의식
  - 이규보의 『동명왕편』(명종) ⇨ 고구려 계승 의식
  - 각훈의 『해동고승전』(고종)
  - 일연의 『삼국유사』(충렬왕) / 이승휴의 『제왕운기』(충렬왕) ⇨ 고조선 계승 의식
  - 이제현의 『사략』(공민왕) ⇨ 성리학적 사관

- **교육**
  - 관학 발달(국자감), 향학
    - 특징: 신분별 입학, 잡학 교육
  - 최충 - 9재 학당(문헌공도) - 사학 발달(개경, 12도 설립) ⇨ 관학 위축
  - 정부의 관학 진흥책(숙종·예종·인종)
  - 조계종: 지눌의 수선사 결사 / 천태종: 요세의 백련사 결사

- **불교**
  - **나말 여초**: 선종
  - 5교 9산의 대립 ─ 중국 천태종 연구(의통, 제관) / 균여의 교종(화엄) 통합 - 성상융회(성속무애) ⇨ '북악의 법손'
  - 의천의 (해동) 천태종: 교관겸수, 성상겸학, 지관
  - 신앙 결사 운동
  - 지눌의 조계종(정혜쌍수, 돈오점수) ⇨ 혜심의 유·불 일치설
  - 원의 라마교 유행: 미신적 경향
  - 보우의 임제종: 불교 개혁(9산 선문 통합) 시도, 실패
  - 신진 사대부의 불교 비판(정도전의 『불씨잡변』)

- **탑·건축**
  - **나말 여초**
    - 현화사 7층 석탑
    - 불일사 5층 석탑
    - 월정사 8각 9층 석탑(⇨ 송의 영향)
  - 경천사지 10층 석탑 ⇨ 원의 영향, 대리석 / 주심포 양식
  - 봉정사 극락전(현존 최고)·부석사 무량수전 ⇨ 석왕사 응진전·성불사 응진전·심원사 보광전 / 다포(원) 양식

- **청자**
  - 순수 (비색) 청자 + 양·음각 청자
  - 상감 청자 대두
  - 상감 청자 쇠퇴

▲ 월정사 8각 9층 석탑 ▲ 순수 (비색) 청자 ▲ 상감 청자 ▲ 경천사지 10층 석탑

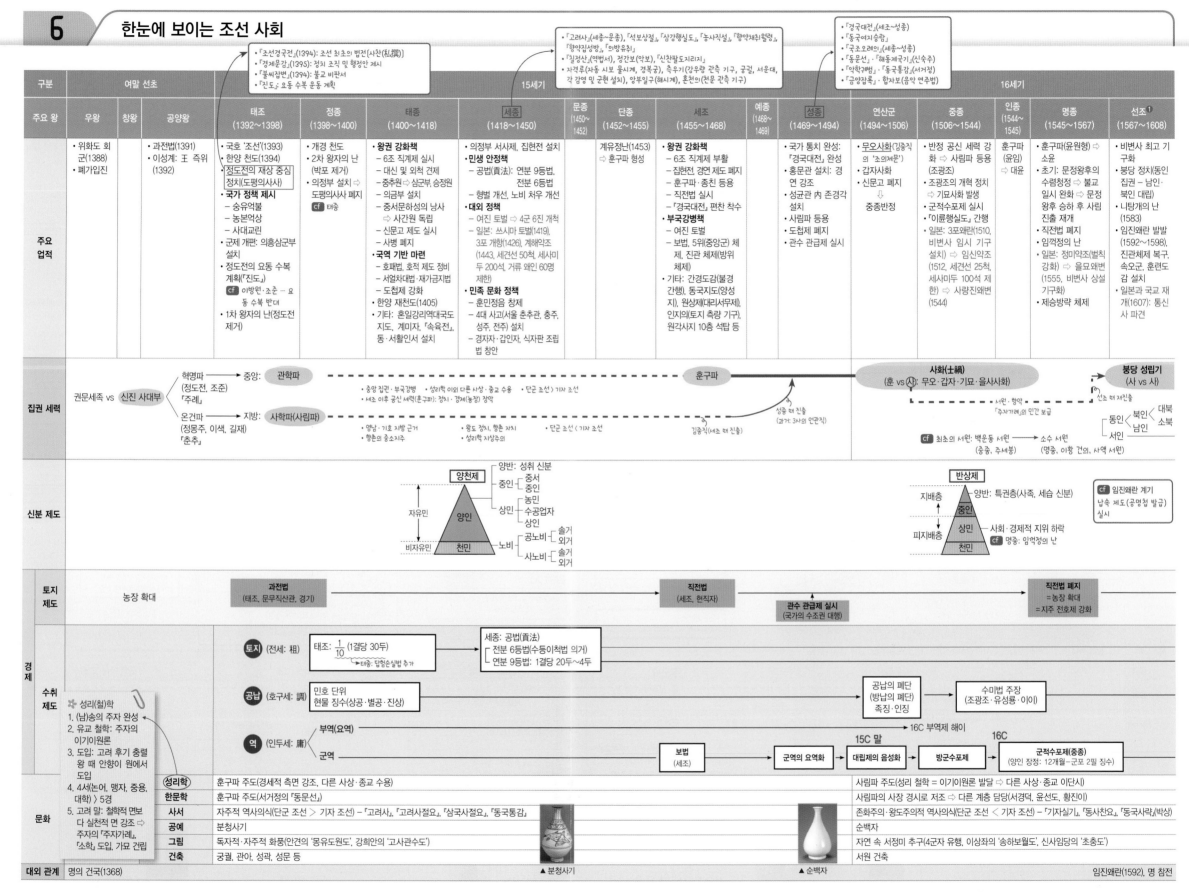

[상단 참고 박스]

- 『조선경국전』(1394): 조선 최초의 법전(사찬(私撰))
- 『경제문감』(1395): 정치 조직 및 행정안 제시
- 『불씨잡변』(1394): 불교 비판서
- 『진도』: 요동 수복 운동 계획

- 『고려사』(세종~문종), 『서보상절』, 『상강행실도』, 『농사직설』, 『향약채취월령』, 『향약집성방』, 『의방유취』
- 『칠정산』(역법서), 정간보(악보), 『신찬팔도지리지』
- 자격루(자동 시보 물시계, 경복궁), 측우기(강우량 관측 기구, 궁궐, 서운대, 각 감영 및 군현 설치), 양부일구(해시계), 혼천의(천문 관측 기구)

- 『경국대전』(세조~성종)
- 『동국여지승람』
- 『국조오례의』(세종~성종)
- 『동문선』, 『해동제국기』(신숙주)
- 『악학궤범』, 『동국통감』(서거정)
- 『금양잡록』, 합자보(음악 연주법)

주요 왕 (구분: 여말 선초 / 15세기 / 16세기)

우왕 · 창왕 · 공양왕 · 태조(1392~1398) · 정종(1398~1400) · 태종(1400~1418) · 세종(1418~1450) · 문종(1450~1452) · 단종(1452~1455) · 세조(1455~1468) · 예종(1468~1469) · 성종(1469~1494) · 연산군(1494~1506) · 중종(1506~1544) · 인종(1544~1545) · 명종(1545~1567) · 선조(1567~1608)

주요 업적

우왕: 위화도 회군(1388), 폐가입진
공양왕: 과전법(1391), 이성계: 王 즉위(1392)

태조
- 국호 '조선'(1393)
- 한양 천도(1394)
- 정도전의 재상 중심 정치(도평의사사)
- 국가 정책 제시 – 숭유억불, 농본억상, 사대교린
- 군제 개편: 의흥삼군부 설치
- 정도전의 요동 수복 계획(『진도』) cf 이방원·조준 – 요동 수복 반대
- 1차 왕자의 난(정도전 제거)

정종
- 개경 천도
- 2차 왕자의 난(박포 제거)
- 의정부 설치 ⇒ 도평의사사 폐지 cf 태종

태종
- 왕권 강화책 – 6조 직계제 실시, 대신 및 외척 견제, 중추원 ⇒ 삼군부, 승정원, 의금부 설치, 중서문하성의 낭사 ⇒ 사간원 독립, 신문고 제도 실시, 사병 폐지
- 국역 기반 마련 – 호패법, 호적 제도 정비, 서얼차대법·재가금지법, 도첩제 강화
- 기타: 혼일강리역대국도지도, 계미자, 『속육전』, 동·서활인서 설치, 한양 재천도(1405)

세종
- 의정부 서사제, 집현전 설치
- 민생 안정책 – 공법(貢法): 연분 9등법, 전분 6등법, 형벌 개선, 노비 처우 개선
- 대외 정책 – 여진 토벌: 4군 6진 개척, 일본: 쓰시마 토벌(1419), 3포 개항(1426), 계해약조(1443, 세견선 50척, 세사미두 200석, 거류 왜인 60명 제한)
- 민족 문화 정책 – 훈민정음 창제, 4대 사고(서울 춘추관, 충주, 성주, 전주) 설치, 경자자·갑인자, 식자판 조립법 창안

문종: 계유정난(1453) ⇒ 훈구파 형성

세조
- 왕권 강화책 – 6조 직계제 부활, 집현전·경연 제도 폐지, 훈구파·종친 등용, 직전법 실시, 『경국대전』 편찬 착수
- 부국강병책 – 여진 토벌, 보법, 5위(중앙군) 체제, 진관 체제(방위 체제)
- 기타: 간경도감(불경 간행), 동국지도(양성지), 원상제(대리서무제), 인지의(토지 측량 기구), 원각사지 10층 석탑 등

성종
- 국가 통치 완성: 『경국대전』 완성
- 홍문관 설치: 경연 강화
- 성균관 內 존경각 설치
- 사림파 등용
- 도첩제 폐지
- 관수 관급제 실시

연산군
- 무오사화(김종직의 '조의제문')
- 갑자사화
- 신문고 폐지
- 중종반정

중종
- 반정 공신 세력 강화 ⇒ 사림파 등용(조광조)
- 조광조의 개혁 정치 ⇒ 기묘사화 발생
- 군적수포제 실시
- 『이륜행실도』 간행
- 일본: 3포왜란(1510, 비변사 임시 기구 설치 ⇒ 임신약조(1512, 세견선 25척, 세사미두 100석 제한) ⇒ 사량진왜변(1544)

인종: 훈구파(윤임) 대윤

명종
- 훈구파(윤원형) 소윤
- 초기: 문정왕후의 수렴청정 ⇒ 불교 일시 완화 ⇒ 문정왕후 승하 후 사림 진출 재개
- 직전법 폐지
- 임꺽정의 난
- 일본: 정미약조(벌칙 강화) ⇒ 을묘왜변(1555, 비변사 상설 기구화)
- 제승방략 체제

선조
- 비변사 최고 기구화
- 붕당 정치(동인 집권 – 남인·북인 대립)
- 니탕개의 난(1583)
- 임진왜란 발발(1592~1598), 진관체제 복구, 속오군, 훈련도감 설치
- 일본과 국교 재개(1607): 통신사 파견

집권 세력

권문세족 vs 신진 사대부

- 혁명파(정도전, 조준) 『주례』 → 중앙: 관학파 ---- 훈구파 ---- 사화(士禍) (훈 vs 사: 무오·갑자·기묘·을사사화) ---- 붕당 성립기(사 vs 사)
- 온건파(정몽주, 이색, 길재) 『춘추』 → 지방: 사학파(사림파)

[관학파·훈구파] 중앙 집권·부국강병 · 성리학 이외 다른 사상·종교 수용 · 세조 이후 공신 세력(훈구파): 정치·경제(농장) 장악 · 단군 조선 > 기자 조선

[사림파] 영남·기호 지방 근거 · 향촌의 중소지주 · 왕도 정치, 향촌 자치 · 성리학 지상주의 · 단군 조선 < 기자 조선

김종직(세조 해 진출) · 성종 해 진출(과거: 3사의 언관직) · 서원·향약, 『주자가례』의 민간 보급 · 선조 해 재진출

cf 최초의 서원: 백운동 서원(중종, 주세붕) → 소수 서원(명종, 이황 건의, 사액 서원)

동인 → 북인(대북, 소북), 남인 / 서인

신분 제도

양천제
- 양반: 성취 신분
- 중인: 서류, 중인
- 상민: 농민, 수공업자, 상인
- 천민: 공노비(솔거/외거), 사노비(솔거/외거)
- 자유민(양인) / 비자유민(천민)

반상제
- 지배층: 양반(특권층: 사족, 세습 신분), 중인
- 피지배층: 상민(사회·경제적 지위 하락), 천민

cf 임진왜란 계기 납속 제도(공명첩 발급) 실시
cf 명종 임꺽정의 난

토지 제도

농장 확대 → 과전법(태조, 문무직산관, 경기) → 직전법(세조, 현직자) → 관수 관급제 실시(국가의 수조권 대행) → 직전법 폐지 (= 농장 확대 = 지주 전호제 강화)

경제 – 수취 제도

- **토지(전세: 租)**: 태조 $\frac{1}{10}$ (1결당 30두) → 태종: 답험손실법 추가 / 세종: 공법(貢法) – 전분 6등법(수등이척법 의거), 연분 9등법: 1결당 20두~4두
- **공납(호구세: 調)**: 민호 단위 현물 징수(상공·별공·진상) → 공납의 폐단(방납의 폐단) 족징·인징 → 수미법 주장(조광조·유성룡·이이)
- **역(인두세: 庸)**: 부역(요역) / 16C 부역제 해이 / 군역: 보법(세조) → 군역의 요역화 → 대립제의 음성화(15C 말) → 방군수포제 → 군적수포제(중종)(16C) (양인 장정: 12개월~군포 2필 징수)

성리(철)학
1. (남)송의 주자 완성
2. 유교 철학: 주자의 이기이원론
3. 도입: 고려 후기 충렬왕 때 안향이 원에서 도입
4. 4서(논어, 맹자, 중용, 대학) > 5경
5. 고려 말: 철학적 면보다 실천적 면 강조 ⇒ 주자의 『주자가례』, 『소학』 도입, 가묘 건립

문화

구분	15세기	16세기
성리학	훈구파 주도(경세적 측면 강조, 다른 사상·종교 수용)	사림파 주도(성리 철학 = 이기이원론 발달) 다른 사상·종교 이단시
한문학	훈구파 주도(서거정의 『동문선』)	사림파의 사장 경시로 저조 다른 계층 담당(서경덕, 윤선도, 황진이)
사서	자주적 역사의식(단군 조선 > 기자 조선) – 『고려사』, 『고려사절요』, 『삼국사절요』, 『동국통감』	존화주의·왕도주의적 역사의식(단군 조선 < 기자 조선) – 『기자실기』, 『동사찬요』, 『동국사략』(박상)
공예	분청사기	순백자
그림	독자적·자주적 화풍(안견의 '몽유도원도', 강희안의 '고사관수도')	자연 속 서정미 추구(4군자 유행, 이상좌의 '송하보월도', 신사임당의 '초충도')
건축	궁궐, 관아, 성곽, 성문 등	서원 건축

▲ 분청사기 ▲ 순백자

대외 관계

명의 건국(1368) | 임진왜란(1592), 명 참전

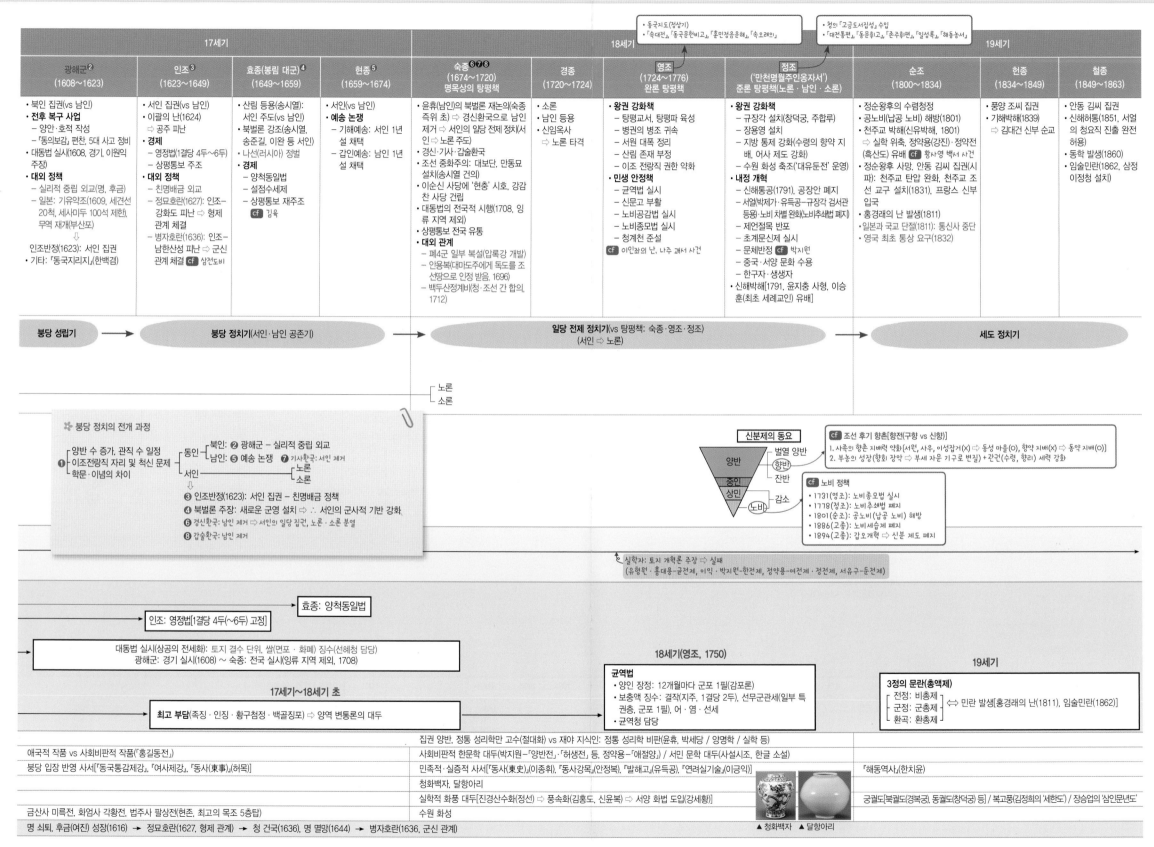

(상단 박스)
- 동국지도(정상기) / 「속대전」·「동국문헌비고」·「훈민정음운해」·「속오례의」
- 청의 「고금도서집성」 수입 / 「대전통편」·「동문휘고」·「존주휘편」·「일성록」·「해동농서」

광해군② (1608~1623)	인조③ (1623~1649)	효종(봉림 대군)④ (1649~1659)	현종⑤ (1659~1674)	숙종⑥⑦⑧ (1674~1720) 명목상의 탕평책	경종 (1720~1724)	영조 (1724~1776) 완론 탕평책	정조 ('만천명월주인옹자서') 준론 탕평책(노론·남인·소론)	순조 (1800~1834)	헌종 (1834~1849)	철종 (1849~1863)

광해군
- 북인 집권(vs 남인)
- **전후 복구 사업**
  - 양안·호적 작성
  - 「동의보감」 편찬, 5대 사고 정비
- 대동법 실시(1608, 경기, 이원익 주장)
- **대외 정책**
  - 실리적 중립 외교(명, 후금)
  - 일본: 기유약조(1609, 세견선 20척, 세사미두 100석 제한), 무역 재개(부산포)
- 인조반정(1623): 서인 집권
- 기타: 「동국지리지」(한백겸)

인조
- 서인 집권(vs 남인)
- 이괄의 난(1624)
  - 공주 피난
- **경제**
  - 영정법(1결당 4두~6두)
  - 상평통보 주조
- **대외 정책**
  - 친명배금 외교
  - 정묘호란(1627): 인조-강화도 피난 ⇒ 형제 관계 체결
  - 병자호란(1636): 인조-남한산성 피난 ⇒ 군신 관계 체결 cf 삼전도비

효종(봉림 대군)
- 산림 등용(송시열): 서인 주도(vs 남인)
- 북벌론 강조(송시열, 송준길, 이완 등 서인)
- 나선(러시아) 정벌
- **경제**
  - 양척동일법
  - 설점수세제
  - 상평통보 재주조 cf 김육

현종
- 서인(vs 남인)
- **예송 논쟁**
  - 기해예송: 서인 1년설 채택
  - 갑인예송: 남인 1년설 채택

숙종
- 윤휴(남인)의 북벌론 재논의(숙종 즉위 초) ⇒ 경신환국으로 남인 제거 ⇒ 서인의 일당 전제 정치(서인 ⇒ 노론 주도)
- 경신·기사·갑술환국
- 조선 중화주의: 대보단, 만동묘 설치(송시열 건의)
- 이순신 사당에 '현충' 시호, 강감찬 사당 건립
- 대동법의 전국적 시행(1708, 잉류 지역 제외)
- 상평통보 전국 유통
- **대외 관계**
  - 폐4군 일부 복설(압록강 개발)
  - 안용복(대마도주에게 독도를 조선땅으로 인정 받음, 1696)
  - 백두산정계비(청·조선 간 합의, 1712)

경종
- 소론
- 남인 등용
- 신임옥사
  - 노론 타격

영조
- **왕권 강화책**
  - 탕평교서, 탕평파 육성
  - 병권의 병조 귀속
  - 서원 대폭 정리
  - 산림 존재 부정
  - 이조 전랑직 권한 약화
- **민생 안정책**
  - 균역법 실시
  - 신문고 부활
  - 노비공감법 실시
  - 노비종모법 실시
  - 청계천 준설
- cf 이인좌의 난, 나주 괘서 사건

정조
- **왕권 강화책**
  - 규장각 설치(창덕궁, 주합루)
  - 장용영 설치
  - 지방 통제 강화(수령의 향약 지배, 어사 제도 강화)
  - 수원 화성 축조('대유둔전' 운영)
- **내정 개혁**
  - 신해통공(1791), 공장안 폐지
  - 서얼(박제가·유득공-규장각 검서관 등용)·노비 차별 완화(노비추쇄법 폐지)
  - 제언절목 반포
  - 초계문신제 실시
  - 문체반정 cf 박지원
  - 중국·서양 문화 수용
  - 한구자·생생자
- 신해박해[1791, 윤지충 사형, 이승훈(최초 세례교인) 유배]

순조
- 정순왕후의 수렴청정
- 공노비(납공 노비) 해방(1801)
- 천주교 박해(신유박해, 1801) ⇒ 실학 위축, 정약용(강진)·정약전(흑산도) 유배 cf 황사영 백서 사건
- 정순왕후 사망, 안동 김씨 집권(시파): 천주교 탄압 완화, 천주교 조선 교구 설치(1831), 프랑스 신부 입국
- 홍경래의 난 발생(1811)
- 일본과 국교 단절(1811): 통신사 중단
- 영국 최초 통상 요구(1832)

헌종
- 풍양 조씨 집권
- 기해박해(1839)
  - cf 김대건 신부 순교

철종
- 안동 김씨 집권
- 신해허통(1851, 서얼의 청요직 진출 완전 허용)
- 동학 발생(1860)
- 임술민란(1862, 삼정이정청 설치)

붕당 성립기 → 붕당 정치기(서인·남인 공존기) → 일당 전제 정치기(vs 탕평책: 숙종·영조·정조) (서인 ⇒ 노론) → 세도 정치기

└ 노론
└ 소론

✿ 붕당 정치의 전개 과정

① 양반 수 증가, 관직 수 일정 / 이조전랑직 자리 및 척신 문제 / 학문·이념의 차이
- 동인 — 북인: ② 광해군 - 실리적 중립 외교
- 동인 — 남인: ⑤ 예송 논쟁 ⑦ 기사환국: 서인 제거
- 서인 — 노론 / 소론
③ 인조반정(1623): 서인 집권 - 친명배금 정책
④ 북벌론 주장: 새로운 군영 설치 ∴ 서인의 군사적 기반 강화
⑥ 경신환국: 남인 제거 ⇒ 서인의 일당 집권, 노론·소론 분열
⑧ 갑술환국: 남인 제거

신분제의 동요
- 양반 / 중인 / 상민 / 노비
- 양반: 벌열 양반 / 향반 / 잔반
- 노비: 감소

cf 조선 후기 향촌[향전(구향 vs 신향)]
1. 사족의 향촌 지배력 약화(서원, 사우, 이성잡거(X) ⇒ 동성 마을(O), 향약 지배(X) ⇒ 동약 지배(O))
2. 부농의 성장(향회 장악 ⇒ 부세 자문 기구로 변질) + 관권(수령, 향리) 세력 강화

cf 노비 정책
- 1731(영조): 노비종모법 실시
- 1778(정조): 노비추쇄법 폐지
- 1801(순조): 공노비(납공 노비) 해방
- 1886(고종): 노비세습제 폐지
- 1894(고종): 갑오개혁 ⇒ 신분 제도 폐지

실학자: 토지 개혁론 주장 ⇒ 실패
(유형원·홍대용-균전제, 이익·박지원-한전제, 정약용-여전제·정전제, 서유구-둔전제)

효종: 양척동일법
인조: 영정법(1결당 4두(~6두) 고정)

대동법 실시(상공의 전세화): 토지 결수 단위, 쌀(면포·화폐) 징수(선혜청 담당)
광해군: 경기 실시(1608) ~ 숙종: 전국 실시(잉류 지역 제외, 1708)

17세기~18세기 초
최고 부담(족징·인징·황구첨정·백골징포) ⇒ 양역 변통론의 대두

18세기(영조, 1750)
균역법
- 양인 장정: 12개월마다 군포 1필(감포론)
- 보충액 징수: 결작(지주, 1결당 2두), 선무군관세(일부 특권층, 군포 1필), 어·염·선세
- 균역청 담당

19세기
3정의 문란(총액제)
- 전정: 비총제
- 군정: 군총제
- 환곡: 환총제
⇔ 민란 발생[홍경래의 난(1811), 임술민란(1862)]

애국적 작품 vs 사회비판적 작품(「홍길동전」)
| 집권 양반, 정통 성리학만 고수(절대화) vs 재야 지식인: 정통 성리학 비판(윤휴, 박세당 / 양명학 / 실학 등) |

붕당 입장 반영 사서[「동국통감제강」, 「여사제강」, 「동사(東事)」(허목)]
사회비판적 한문학 대두(박지원-「양반전」, 「허생전」 등, 정약용-「애절양」) / 서민 문학 대두(사설시조, 한글 소설)
민족적·실증적 사서[「동사(東史)」(이종휘), 「동사강목」(안정복), 「발해고」(유득공), 「연려실기술」(이긍익)]
「해동역사」(한치윤)

청화백자, 달항아리
실학적 화풍 대두[진경산수화(정선) ⇒ 풍속화(김홍도, 신윤복) ⇒ 서양 화법 도입(강세황)]
궁궐도[북궐도(경복궁), 동궐도(창덕궁) 등] / 복고풍(김정희의 '세한도') / 장승업의 '삼인문년도'

금산사 미륵전, 화엄사 각황전, 법주사 팔상전(현존, 최고의 목조 5층탑)
수원 화성

▲ 청화백자 ▲ 달항아리

명 쇠퇴, 후금(여진) 성장(1616) → 정묘호란(1627, 형제 관계) → 청 건국(1636), 명 멸망(1644) → 병자호란(1636, 군신 관계)

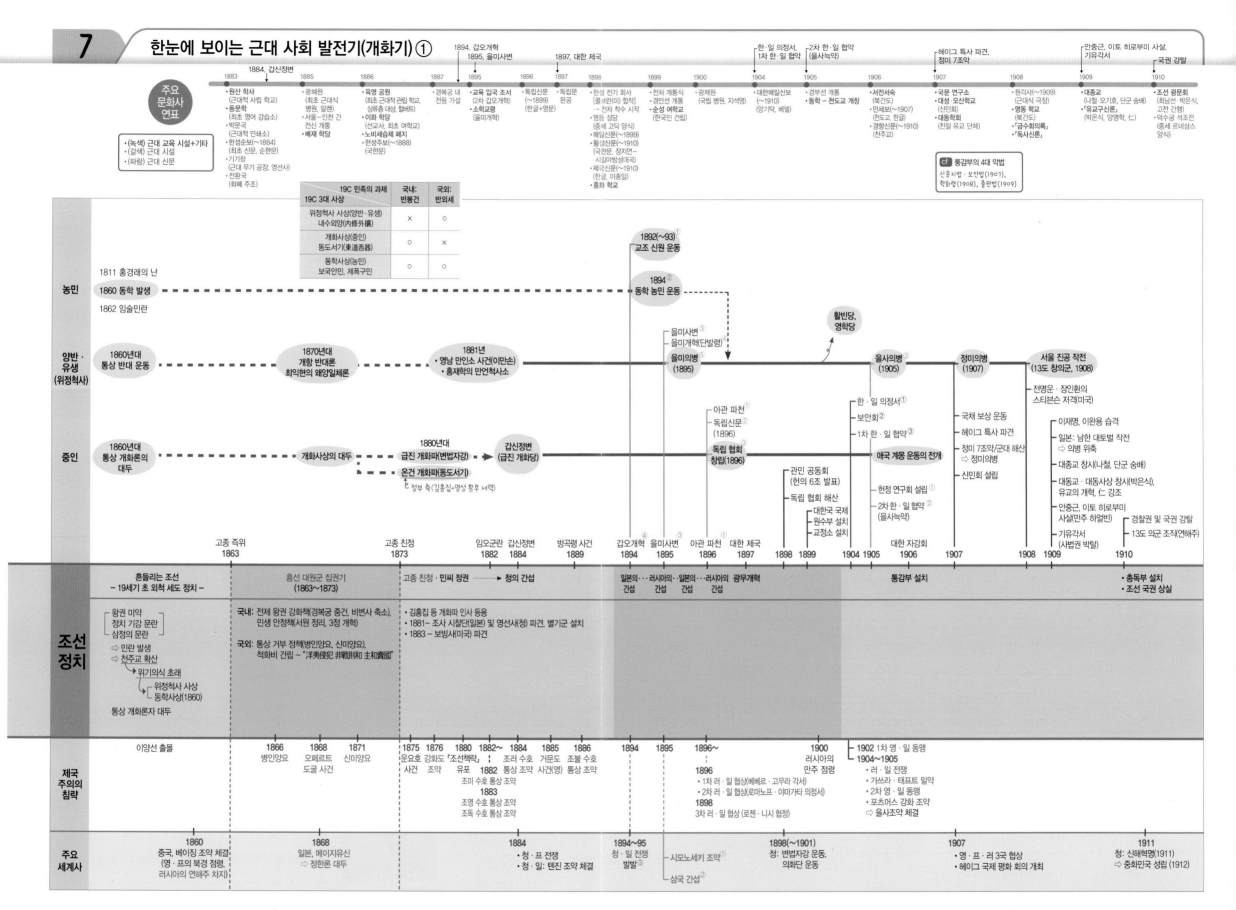

1800 ○ 정조 사망, 순조 11세 즉위(정순왕후 수렴청정)
1801 ○ 신유박해(이승훈 사망, 정약용·정약전 유배), 황사영 백서 사건
○ 공노비(납공 노비) 66,076명 해방
1811 ○ 홍경래의 난(19C 대표 민란, 청천강 이북)
1832 ○ 영국, 최초 통상 요구
1834 ○ 순조 사망, 헌종 즉위
1840 ○ 청, 아편 전쟁 발발
1844 ○ 추사 김정희, '세한도' 그림.
1849 ○ 헌종 사망, 철종 즉위(순원왕후 수렴청정)
1851 ○ 철종 친정, 신해허통(서얼의 청요직 진출 완전 허용)
1854 ○ 일본, 미국에게 개항
1860 ○ 최제우, 경주에서 동학 창시
○ 청, 2차 아편 전쟁 결과 베이징 조약 체결(청, 러시아에 연해주 할양)
1861 ○ 러시아, 원산에서 통상 요구
○ 김정호, '대동여지도」 간행
1862 ○ 임술민란(진주 민란 계기, 전국 확대 ⇨ 삼정이정청 설치 ⇨ 폐지)
1863 ○ 철종 사망, 고종 즉위(대왕대비 조씨 수렴청정 ⇨ 흥선 대원군으로 정권 교체)
1865 ○ 비변사를 의정부에 병합
○ 만동묘 철폐, 경복궁 중건, 삼군부 설치, 『대전회통』 편찬
1866 ○ 병인박해, 제너럴셔먼호 사건(미국), 병인양요(프랑스)
○ 당백전 주조
1867 ○ 이항로, 「화서아언」 저술(통상 거부 주장)
1868 ○ 오페르트 도굴 사건(독일)
○ 고종, 경복궁으로 옮김.
○ 일본, 메이지유신 단행(입헌 군주제, 징병제)
1871 ○ 호포법 실시, 전국 서원 철폐(사액 서원 47개 제외)
○ 신미양요(미국), 척화비 건립

▲ 척화비 | "洋夷侵犯 非戰則和 主和賣國 戒我萬年子孫 丙寅作辛未立(서양 오랑캐가 침범하여 싸우지 않음은 곧 화의하는 것이요, 화의를 주장함은 나라를 파는 것이다.)"

1873 ○ 최익현, 흥선 대원군 탄핵하다 제주 유배
○ 고종 친정 시작, 흥선 대원군 실각
○ 명성 황후 민씨 일파의 세도 정치 시작
1875 ○ 일본, 운요호 사건
1876 ○ 강화도 조약(조·일 수호 조규, 병자 수호 조약) : 최초의 근대적 조약, 불평등 조약
○ 최익현, 개항 반대 5불가소 상소, 흑산도 유배
○ 김기수, 1차 수신사 파견(일본)
○ 조·일 수호 조규 부록: 일본 상인의 활동 범위 개항장 사방 10리 이내 제한, 일본 화폐 유통 허용
[⇨ 1882년 조·일 수호 조규 (부록) 속약: 일본 상인의 활동 범위 개항장 사방 50리 ⇨ 1년 뒤 양화진 개시]
○ 조·일 통상 장정(조·일 무역 규칙): 무관세·무항세, 양곡의 무제한 유출
[⇨ 1883년 개정 조·일 통상 장정: 수출입 상품에 대한 관세(10%), 최혜국 대우 규정, 방곡령 조항 제시]
1880 ○ 김홍집, 2차 수신사 파견(일본)
○ 김홍집, 황쭌셴의 「조선책략」을 고종에게 바침(러시아 견제 ⇨ 친중·결일·연미 주장).
○ 삼군부 폐지, 통리기무아문(~1882) 설치
1881 ○ 이만손, 영남 만인소 올림(「조선책략」 반발).
○ 문물 시찰단(신사 유람단), 조사 시찰단(박정양, 홍영식, 어윤중 등)
○ 별기군(신식군) 설치, 5군영 폐지 - 무위영·장어영 설치
○ 영선사, 청에 파견(김윤식, 유학생 28명) cf 기기창 설치(1883)
1882 ○ 조·미 수호 통상 조약 체결: 불평등 조약(치외 법권, 최혜국 조관), 거중 조정, 협정 관세 규정
○ 임오군란 발생, 조·청 상민 수륙 무역 장정(속방조, 내지 통상권)
○ 제물포 조약(일본) 체결, 조·일 수호 조규 (부록) 속약, 박영효-수신사(3차) 파견
cf 김옥균 - 일본 차관 도입 실패

1883 ○ 태극기, 국기로 정함.
○ 기기창(최초 무기 공장) 설치
○ 보빙사, 미국 파견(민영익, 홍영식, 서광범, 유길준 등)
○ 전환국(화폐 주조) 설치
○ 박문국(최초 근대적 인쇄소) 설치, 한성순보(최초 관보, 순한문, 1883~1884) 발행
○ 서북 경략사 어윤중, 청에 파견(간도 국경 문제 조사)
○ 원산 학사(최초 근대적 사립 학교) 설치
○ 전권대신 민영익, 조·영 수호 통상 조약, 조·독 수호 통상 조약 조인
1884 ○ 광인사(최초 근대적 민간 인쇄소) 설립
○ 홍영식, 우정(총)국(최초 근대식 우편 제도) 설립
○ 조·러 수호 통상 조약 체결(직접 수교)
○ 갑신정변 발생(우정총국 낙성식 축하연 사건, 김옥균, 서광범, 서재필, 박영효, 홍영식 등)
cf - 조선 정부의 외교: 반청친러 경향
- 일본의 침략 형태: 정치적 침략 ⇨ 경제적 침략
1885 ○ 독일 영사 부들러, 조선의 영세 중립 선언을 권고함. cf 중립국 주장: 유길준, 김옥균
○ 광혜원[최초 서양식 병원, 알렌(미국)] ⇨ 제중원으로 명칭 변경
○ 영국, 거문도 사건 발생(1885~1887)
○ 한성전보총국 개국, 서울~인천 간 전신 개통
○ 흥선 대원군, 청에서 환국
○ 토문 감계사 이중하 파견(간도 영토 주장)
1886 ○ 한성주보 발간(국한문 혼용, 1886~1888)
○ 노비세습제 폐지, 노비 매매 금지
○ 이화 학당 설립(최초 근대적 여성 교육, 미국인 선교사)
○ 조·프 수호 통상 조약 조인
○ 육영 공원 설립(최초 근대적 관립 학교, 좌원(현직 관리)·우원(양반 자제) 운영, 헐버트(미국) 초빙)
1887 ○ 토문 감계사 이중하, 청과 함께 백두산정계비 조사
○ 경복궁에 전등 가설
1888 ○ 연무공원(근대식 사관 양성 학교) 창설
○ 조·러 육로 통상 조약 조인(경흥 개방, 국경 무역 시행)
1889 ○ 한성 상인들, 외국 상인의 철수 요구 ⇨ 철시
○ 방곡령 선포(함경도 감사 조병식), 실패[1883년 (개정) 조·일 통상 장정 의거]
○ 조·일 통어 장정 체결
1892 ○ 교조 신원 운동 발생(1차 전라도 삼례)
1893 ○ 교조 신원 운동 발생(2차 서울 복합 상소)
○ 교조 신원 운동 발생(3차 충청도 보은)
1894 ○ 동학 농민 운동 발생
○ 이제마, 「동의수세보원」 저술
○ 청군, 아산만에 상륙, 일본군, 인천에 상륙
○ 전주 화약 체결 cf 정부 - 교정청 설치, 동학 - 전라도 집강소 설치
○ 일본, 경복궁 침입, 청·일 전쟁 발발
○ 군국기무처 설치 - 1차 갑오개혁 시작(1차 김홍집 내각 구성)
○ 동학군, 논산 집결 cf 남접+북접
○ 동학군, 공주 우금치에서 일본군과 관군에게 대패
○ 2차 김홍집 내각 성립, 군국기무처 폐지, 중추원 설치
○ 전봉준, 전라 순창에서 체포
○ 고종, 홍범 14조와 독립서고문을 종묘에 고함(공문서 사상 처음으로 한글로 작성).
○ ⇨ 2차 갑오개혁 시작(2차 김홍집·박영효 연립 내각 구성)
1895 ○ 유길준, 「서유견문」 출판
○ 훈련대 설치, 지방 행정 개편(8도 ⇨ 23부 337군)
○ 청·일 전쟁 종료, 시모노세키 조약 체결(요동반도·타이완 - 일본 차지)
○ 3차 김홍집 내각
○ 삼국 간섭(일본 - 요동 반환), 친러 내각
○ 일본 공사 미우라 부임
○ 일본, 명성 황후 시해 사건(을미사변) - 친일 내각 성립
○ 을미개혁 실시: 태양력 채택, 훈련대 폐지, 종두 규칙 공포, 단발령, 건양 연호 사용 ⇨ 을미의병 발생
○ 춘생문 사건(친일 내각 붕괴 시도, 실패)

1896 ○ 고종, 러시아 공사관으로 옮김(아관 파천, 친러 내각).
○ 김구(김창수), 일본군 중위 스치다 살해·체포(명성 황후 시해에 대한 보복)
○ 미국, 경인선 철도 부설권 가짐.
○ 서재필, 독립신문(1896~1899) 창간
○ 러시아, 경원·종성 금광 채굴권 가짐.
○ 베베르·고무라 각서 조인(조선에서의 러시아 우위 확인)
○ 로마노프·야마가타 의정서 체결(러시아와 일본의 조선 공동 지배 및 이권 분할에 논의)
○ 조선은행(최초 근대식 은행) 설립
○ 서재필, 독립 협회 결성
○ 프랑스, 경의선 철도 부설권 가짐.

▲ 독립문

1897 ○ 한성은행 설립(민간 은행, 현재 신한은행)
○ 고종, 경운궁(덕수궁)으로 환궁
○ 목포 자발적 개항
○ 고종, 국호를 대한 제국으로 정함, 원(환)구단에서 황제 즉위식 거행
○ 명성 황후 장례식 치름.
1898 ○ 한성 전기 회사 설립(미국인 콜브란·황실 합작)
○ 독립 협회, 종로 네거리에서 만민 공동회 개최
○ 양흥묵, 매일신문(최초 일간 신문, 1898~1910) 창간
○ 명동 성당 준공
○ 보부상, 황국 협회 결성
○ 이종일, 제국신문(1898~1910) 창간
○ 장지연·남궁억, 황성신문(1898~1910) 창간
○ 독립 협회, 관민 공동회 개최, 헌의 6조 올림(고종의 윤허 받음)
○ 독립 협회 해산을 명함(황국 협회 습격)

▲ 원(환)구단

▲ 명동성당(1898)

1899 ○ 대한 천일 은행 설립(현재, 우리은행)
○ 마산·군산 자발적 개항
○ 전차 개통(서대문~청량리 간)
○ 동학 잔여 세력, 영학당 조직(반봉건·반외세 운동 전개)
○ 대한국 국제 반포
○ 조·청 통상 조약 체결(청과 맺은 최초의 평등 조약)
○ 경인선(인천~노량진) 개통
○ 순성 여학교 설립

▲ 서울의 전차 운행 모습

1900 ○ 만국 우편 연맹 가입, 파리 박람회 참석
○ 충청도 내포 지역에 활빈당 출몰
○ 대한 제국 칙령 제41호 발표: 울릉도를 군으로 승격 포함, 독도 관리
○ 러시아, 만주 점령(하얼빈~여순 간 철도 부설권 얻음.)
1901 ○ 고종, 신식 화폐 조례 공포(금본위제 채택)
1902 ○ 1차 하와이 이민 121명 출발
○ 1차 영·일 동맹(러시아의 남하 정책 대응)
○ 이범윤, 간도 시찰사(⇨ 1903 관리사)로 파견
1903 ○ 러시아, 용암포 강점
○ 홍승하·윤병구 등, 하와이에 (대한)신민회 설립(최초 해외 동포 정치 단체) cf 국내, 신민회 설립(1907)
1904 ○ 고종, 중립국 선언
○ 러·일 전쟁 발발(일본, 인천항에 정박한 러시아 군함 2척 공격 ⇨ 러시아에 선전포고)
○ 한·일 의정서 조인(1904. 2.), 대한 시설 강령 제정(1904. 5.)
○ 일본, 한국에 주차사령부 설치
○ 보안회 조직(일본의 황무지 개간 요구 철회), 농광 회사 조직
○ 양기탁·영국인 베델, 대한매일신보 창간(1904~1910)
○ 송병준, 친일 단체 유신회 조직 ⇨ 일진회로 개칭
○ 1차 한·일 협약 체결(1904. 8.)

▲ 미주 동포(캘리포니아 농장)

1905 ○ 경부선 개통
○ 메가타, 화폐 개혁 발표
○ 일본, 독도를 다케시마[竹島]로 개칭, 시마네현에 편입
○ 주영공사 이한응, 일본의 주권 침탈에 분개하여 영국에서 자결(현, 장충원에 배향)
○ 윤병구·이승만 등, 고종 밀사로 미국 루스벨트 대통령에게 독립 청원서 전달
○ 을사늑약(1905. 11.) 체결
○ 장지연, 황성신문에 '시일야방성대곡' 게재
○ 민영환, 을사늑약에 분개하여 자결
○ 손병희, 동학을 천도교로 개칭

1906 ○ 통감부 설치(초대 통감 이토 히로부미)
○ 경의선 개통
○ 윤치호·윤효정·장지연 등, 대한 자강회 조직
○ 민종식, 홍성에서 의병 봉기
○ 최익현·임병찬 등, 전라도 태인에서 의병 봉기
○ 천도교(1906~1907) 창간
○ 신돌석, 경상도 평해에서 의병 봉기
○ 이인직, 만세보에 '혈의 누' 연재 시작
○ 천주교, 경향신문(1906~1910) 창간
○ 최익현, 대마도에서 단식하다 순국

▲ 대한 자강회 월보

1907 ○ 서상돈·김광제 등, 국채 보상 운동 전개(대구 ⇨ 전국)
○ 나철·오기호 등, 5적 암살단 조직
○ 고종, 헤이그 만국 평화 회의에 이준·이상설·이위종을 밀사로 파견
○ 현채, 「유년필독」 편찬
○ 국문 연구소 설치
○ 한·일 신협약 체결
○ 신문지법 제정
○ 순종, 군대 해산 조칙을 내림.
○ 한국군 대대장 박승환, 군대 해산에 반대하여 자결 ⇨ 정미의병 발생
○ 남궁억 등, 대한 협회 설립
○ 안창호·이갑 등, 신민회 설립
○ 허위·이강년·이인영 등, 13도 창의군 결성 cf 홍범도·신돌석 등 평민 의병장 참석못함.

1908 ○ 허위, 13도 창의군 이끌고 서울 진공 작전 시도, 실패
○ 최봉준, 연해주 블라디보스토크에서 해조 신문 창간
○ 전명운·장인환, 미국 샌프란시스코에서 친일 행위한 스티븐스를 저격
○ 원각사(최초 근대식 극장) 설립 - 최초의 신극 '은세계' 공연
○ 최남선, 월간 종합지 「소년」 창간, 최초의 신체시 '해에게서 소년에게' 발표
○ 일본, 동양 척식 주식회사 설립
○ 신채호, 「독사신론」, 「성웅 이순신」 저술
○ 안국선, 「금수회의록」 간행

▲ 원각사(1908) | 최초의 서양식 극장

▲ 덕수궁 석조전(1910)

1909 ○ 나철, 대종교 창시(단군 숭배)
○ 유길준, 「대한(조선)문전」 발간
○ 일본과 기유각서 채결(1909. 7.)
○ 청·일 간에 간도 협약 조인(간도와 안봉선 철도 교환)
○ 안중근 만주 하얼빈에서 이토 전 통감 사살
○ 일진회, 일본과의 합방 요구 성명서 발표
○ 이재명, 이완용 습격

▲ 안중근 의사

1910 ○ 안중근, 중국 뤼순 감옥에서 순국
○ 주시경, 「국어문법」 저술
○ 덕수궁 석조전 완공
○ 이완용·조중응, 데라우치 통감과 합방에 관한 각서 교부 - 경술국치(국권 강탈)
○ 황현, 국권 피탈 소식에 자결
○ 조선 총독부 및 중추원 관제 공포(초대 총독 데라우치 임명)

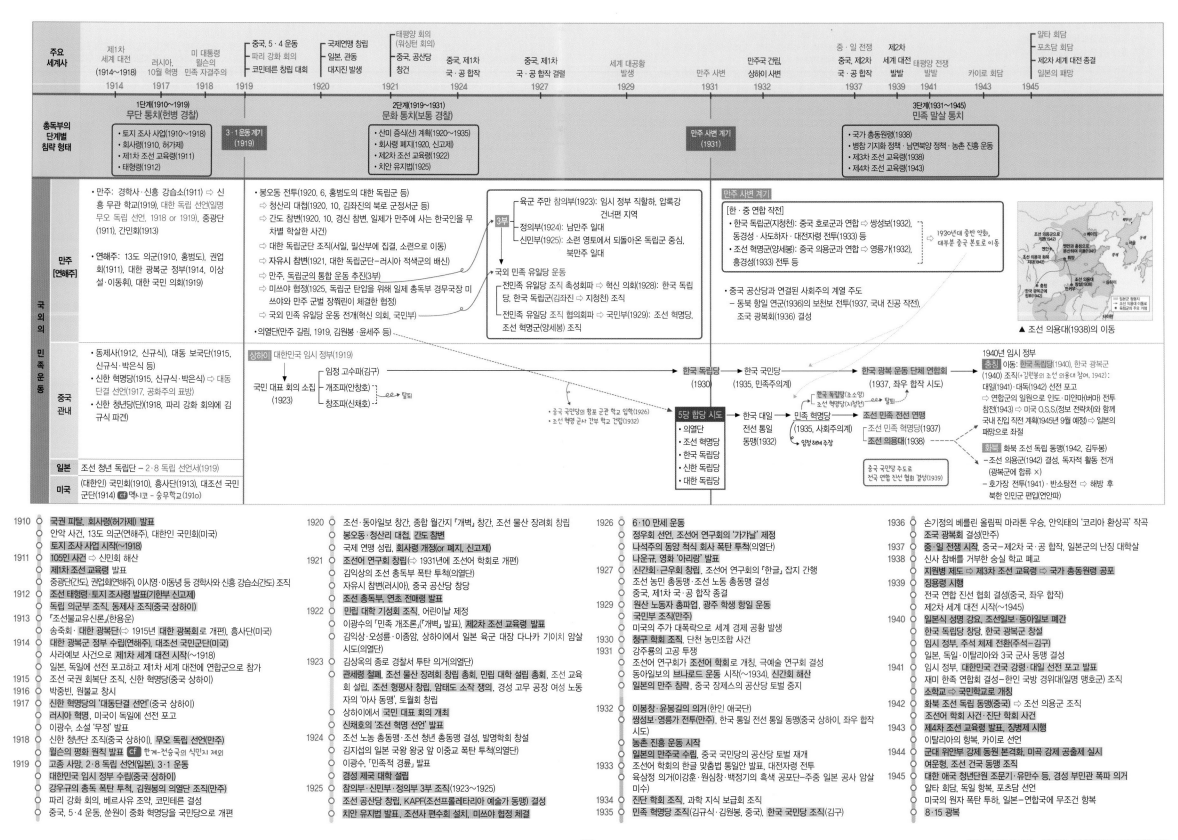

▲ 조선 의용대(1938)의 이동

주요 통일 정책

1970	1972	1973	1985	1988	1989	1991	1992	1994	1998	2000	2007	2018
8·15 선언	7·4 남북 공동 선언	6·23 선언	남북 이산가족 고향 방문단 교환 방문	7·7 선언	한민족 공동체 통일 방안	남북 UN 동시 가입 · 남북 기본 합의서	한반도 비핵화 공동 선언	민족 공동체 통일 방안	금강산 관광 시작(해로)	6·15 남북 공동 선언	경의선 시험 운행 · 10·4 남북 공동 선언(남북 관계 발전과 평화 번영을 위한 선언)	4·27 남북 공동 선언(판문점 선언) · 9·18 3차 남북 정상 회담

1945. 8·15 해방

10대 대통령 최규하

| 미군정기 (1945~1948) | 이승만 정부 (1948~1960) 1대·2대·3대 대통령 | 장면 내각 (1960~1961) 4대 윤보선 대통령 | 5·16 군사 정권 (1961~1963) | 박정희 정부 (1963~1972) 5대·6대·7대 대통령 | 유신 정부 (1972~1979) 8대·9대 대통령 | 전두환 정부 (1981~1988) 11대·12대 대통령 | 노태우 정부 (1988~1993) 13대 대통령 | 김영삼 정부 (1993~1998) 14대 대통령 | 김대중 정부 (1998~2003) 15대 대통령 | 노무현 정부 (2003~2008) 16대 대통령 | 이명박 정부 (2008~2013) 17대 대통령 | 박근혜 정부 (2013~2017) 18대 대통령 | 문재인 정부 (2017~2022) 19대 대통령 |

미군정기

1945
- 미국의 원자 폭탄 투하, 일본-연합국에 무조건 항복
- 8·15 광복
- 여운형, 조선 건국 준비 위원회 결성, 건국 치안대 결성
- 소련의 평양 입성
- 미국 맥아더, 북위 38도선을 경계로 미·소 양국의 한반도 분할 점령책 발표
- 여운형, 조선 인민 공화국 수립 발표
- 미국 극동사령부, 남한 군정 선포
- 모스크바 3국 외상 회의(한국, 5년간 신탁 통치 결정)
- 신탁 통치 반대 운동 전개

1946
- 미군정의 신한 공사 설치(해체: 1948. 3.)
- 1차 미·소 공동 위원회 개최(수도 석조전), 결렬
- 조선 정판사 위조지폐 사건
- 이승만의 정읍 발언(남한만 단독 정부 수립 주장) ⇨ 한국 민주당 지지
- 좌우 합작 운동(중도 좌파 여운형+중도 우파 안재홍·김규식) 좌우 합작 7원칙 발표(1946. 10.)
- 미군정, 남조선 과도 입법 의원 개원 (1946. 12. 의장-김규식, 민정장관-안재홍)

1947
- 미군정, 한국인 기구를 남조선 과도 정부로 개칭(민정장관-안재홍)
- 2차 미·소 공동 위원회 개최, 결렬
- 여운형 피살
- 미국, 유엔 총회에 한국 문제 상정
- 유엔 총회, 한국 총선거안 가결, 한국 임시 위원단 설치
- 김구, 남한 단독 정부 수립 반대 성명 발표

1948
- 유엔 임시 위원단 입국, 소련-입북 거부
- 김구, '삼천만 동포에게 읍고함' 발표
- 유엔 소총회, 가능한 지역에서 총선거안 가결
- 제주도 4·3 사건 발생
- 김구·김규식, 남북 협상을 위해 출국(남북 제정당 연석 회의 개최, 1948. 4. 19.~4. 30.)
- 5·10 총선거(선거권 21세 이상, 제헌 의원 선출, 임기 2년)
- 국회, 헌법 공포, 초대 대통령 이승만, 부통령 이시영 선출
- 대한민국 정부 수립(8. 15.)
- 북한, 조선 민주주의 인민 공화국 수립(9. 9.)
- 반민족 행위 특별 처벌법 공포(9. 22.)
- 미군정, 행정권 완전 이양

이승만 정부

1948
- 여수·순천 10·19 사건

1949
- 국회 프락치 사건
- 반민 특위 습격 사건 ⇨ 해체
- 귀속 재산 처리법 제정
- 농지 개혁법 제정(1950, 부분 수정, 실시): 유상 매수, 유상 분배 (3정보 한도)
- 김구 암살
- 학도 호국단 설치

1950
- 초등학교 의무 교육제 실행
- 2대 국회 의원 선거
- 6·25 전쟁 발발
- 유엔군, 인천 상륙 작전 개시(9. 15.)

1951
- 거창 양민 학살 사건
- 국민 방위군 사건
- 개성, 휴전 회담 개최(7. 10.) ⇨ 판문점 재개
- 자유당 조직

1952
- 평화선 선포(해안 60마일까지 주권 선언)
- 국제 구락부 사건
- 발췌 개헌(1차 개헌, 대통령 직선제, 일명 부산 정치 파동)

1953
- 가제도 반공 포로 석방(6. 18.)
- 휴전 조인(7. 27.)
- 한·미 상호 방위 조약 체결(10. 1.)

1954
- 사사오입 개헌(2차 개헌, 중임 제한 철폐)

1956 3대 대통령 선거

1957 '우리말 큰사전' 완간

1958 진보당 사건(조봉암 사형)

1959
- 충주 비료 공장 설립
- 경향신문 폐간

1960
- 2·28 대구 학생 의거
- 3·15 부정 선거, 3·15 마산 의거
- 4·19 혁명[이승만 대통령 하야, 허정 과도 정부 수립, 3차 개헌(내각 책임제)]

장면 내각

1960
- 7월 총선거 실시, 민주당 대승 ⇨ 국회에서 대통령 윤보선, 장면 내각 성립

1961
- 중립화 통일 연맹
- 남북 학생 회담 환영 및 통일 촉진 궐기 대회
- 5·16 군사 정변 발생

5·16 군사 정권

1962
- 경제 개발 5개년 계획 시작
- 정치 활동 정화법 제정
- 윤보선 대통령 사임, 박정희 대통령 권한 대행
- 2차 화폐 개혁
- 헌법 개정안 국민투표 실시 대통령 중심제 채택(5차 개헌)
- 김종필·오히라 메모

1963
- 민주 공화당 창당
- 5대 대통령 선거, 민주 공화당 박정희 선출

박정희 정부

1964
- 6·3 시위
- 베트남 파병(~1973)
  cf 1965-국군 파병 시작
- 울산 정유 공장 준공
- '수출의 날' 제정

1965 한·일 국교 정상화

1966
- 한·미 행정 협정(SOFA)
- 브라운 각서(베트남 추가 파병 – 기술 원조 및 차관 제공)

1967
- 2차 경제 개발 계획
- 동백림 사건
- 혼분식 장려 운동(~1976)

1968
- 1·21 무장 공비의 청와대 기습 사건
- 미국 푸에블로호 사건
- 국민 교육 헌장 발표
- 향토 예비군 창설
- 울진·삼척 무장 공비 침투 사건-한반도 긴장 고조
- 경인 고속 도로 개통

1969 3선 개헌(6차, 대통령 3선 개헌)

1970
- 새마을 운동
- 와우아파트 붕괴 사건
- 경부 고속 도로 개통
- 전태일 분신

1971
- 7대 대통령 선거
- 경기도 광주(성남) 대단지 사건
- 실미도 사건
- 정비석 소설 '자유부인' 발간
- 학생 교련 반대 시위

1972
- 3차 경제 개발 계획
- 마산 수출 자유 무역 지정
- 7·4 남북 공동 성명
- 10월 유신 헌법[7차 개헌, 대통령 중심제-6년, 간선제(통일 주체 국민 회의 선출)]

유신 정부

1972 북한 사회주의 헌법 채택(1972. 12.)

1973
- 포항 제철 준공
- 김대중 피랍 사건
- 개헌 청원 100만인 서명 운동 전개

1974
- 긴급 조치 1호
- 민청학련 사건
- 인혁당(재건위) 사건
- 육영수 여사 피격
- 서울 지하철 개통
- 평화 통일 3대 원칙
- 천주교 정의 사회 구현 사제단 결성
- 동아일보의 언론 자유 실천 결의문 발표

1975
- 학도 호국단, 민방위단 결성
- 베트남 전쟁 종식

1976
- 3·1 민주 구국 선언(명동 사건)
- 판문점 도끼 만행 사건
- 신안 앞바다 유물 발견

1977
- 4차 경제 개발 계획
- 100억 달러 수출 달성

1978
- 고리 원자력 1호 발전기 준공
- 박정희 9대 대통령 취임

1979
- 2차 석유 파동
- YH 사건
- 국회, 김영삼 의원 제명
- 부·마 항쟁(마산 위수령 발표)
- 10·26 사태
- 12·12 사태
- 최규하 대통령 취임(10대)

1980
- 5·18 광주 민주화 운동
- 국가 보위 비상 대책 위원회 신설
- 대학 교육 개혁안 발표
- 대통령 임기(7년) 발표(8차 개헌)

전두환 정부

1981 해외여행 자유화

1982 야간 통금 전면 해제

1983
- 공직자 윤리법 발표
- KBS 이산가족 찾기 생방송
- 소련 전투기의 KAL기 격추
- 미얀마 아웅산 사건
- 대통령으로 최초 일본 방문

1984 첫 남북 경제 회담

1985
- 신한 민주당 창당
- 남북 이산가족 방문단 및 예술 공연단의 교환 방문

1986
- 부천 경찰서 성고문 사건
- 국제 그룹 해체 사건
- 북한 금강산댐 건설

1987
- 박종철 고문치사 사건
- 4·13 호헌 조치
- 6월 민주 항쟁
- 6·29 선언(대통령 직선제), 9차 개헌
- 대한항공 858편 폭발 사건

노태우 정부

1988
- 7·7 선언
- 서울 올림픽 개최
- 5공 청문회

1989
- 헝가리 수교
- 전교조 결성 ⇨ 불법 단체 규정
- 한민족 공동체 통일 방안
- 아시아 태평양 경제 협력체(APEC) 가입

1990
- 3당 합당
- 소련 수교

1991
- 남북 단일팀, 일본 개최 41회 세계 탁구 선수권 대회 출전
- 남북한 UN 동시 가입
- 남북 기본 합의서
- 국제 노동 기구(ILO) 가입

1992
- 한반도 비핵화 공동 선언
- 중국 수교
- 우리별 1호 발사 성공

김영삼 정부

1993
- 공직자윤리법(공직자 재산 등록제) 개정
- 금강산 관광 사업 시행(해로 ⇨ 육로: 2003)
- 우루과이 라운드(UR) 협상 타결
- 북한, 핵 확산 금지 조약(NPT) 탈퇴 선언

1994
- 김일성 사망
- 성수대교 붕괴

1995
- 한반도 에너지 개발 기구(KEDO) 발족
- 지방 자치제 전면 실시
- 부동산 실명제 시행
- 역사 바로 세우기: 구 조선 총독부 청사 철거, 경복궁 복원, 12·12 사태와 5·18 광주 민주화 운동 재평가 등

1996
- 경제 협력 개발 기구(OECD) 가입
- 서해대교 개통

1997
- 국제 통화 기금(IMF) 구제 사태 발생
- 전두환·노태우 특별 사면

김대중 정부

1998
- 금 모으기 운동
- 금강산 관광 사업 시행(해로 ⇨ 육로: 2003)

1999
- 서해 교전
- 전교조 합법화
- 동티모르 파병

2000
- 1차 남북 정상 회담
- 6·15 남북 공동 선언
- 1차 남북 이산가족 상봉 실시(서울과 평양에 각 100명씩 방문)
- 경의선 철도 복원 기공식
- 김대중 노벨 평화상 수상
- 아시아·유럽 정상회담(ASEM) 서울에서 개최

2001
- 남북 이산가족 최초 서신 교환
- 국제 통화 기금(IMF) 구제 탈퇴

2002
- 개성 공업 지구 제정
- 이산가족 방문단 교환
- 한·일 공동 월드컵 개최
- 서해 교전

노무현 정부

2003
- 대구 유니버시아드 대회 개최
- 북한, 핵확산 금지 조약(NPT) 탈퇴 선언

2007
- 경의선 시범 운행 실시(5. 17.)
- 10·4 2차 남북 정상 회담

2008 이명박 정부 수립

2009 서해 교전

박근혜 정부

2017 박근혜 대통령 탄핵

문재인 정부

2018
- 평창 동계 올림픽
- 4. 27. 판문점 선언
- 9. 18. 3차 남북 정상 회담 개최

2022 윤석열 정부 수립

---

cf 위수령
- 의미: 육군 부대가 한 지역에 계속 주둔하면서 그 지역의 경비, 군대의 질서 및 군기 감시와 시설물을 보호하기 위하여 제정된 대통령령
- 발동 - 1965년 한·일 협정 체결 반대 시위
  - 1971년 학생 교련 반대 시위
  - 1979년 부·마 항쟁 시위
- 2018년 국무회의를 통해 폐지됨.

cf 학도 호국단
- 1949년 설치 ⇨ 1960년 폐지
- 1975년 설치 ⇨ 대학교(1985) 고등학교(1986) 폐지

cf 국가 기념일 지정 민주화 운동

시기	명칭
1948년	4·3 희생자 추념일(제주 4·3 사건)
1960년	2·28 민주 운동 기념일(대구, 4·19 혁명)
1960년	3·8 민주 의거 기념일(대전, 4·19 혁명)
1960년	3·15 의거 기념일(창원(구 마산), 4·19 혁명)
1960년	4·19 혁명 기념일
1979년	부·마 항쟁 기념일
1980년	5·18 광주 민주화 운동 기념일(광주)
1987년	6·10 민주 항쟁 기념일

❖ 우리나라 헌법 개헌 과정

구분	내용
제헌 헌법(1948)	• 대통령 중심제(4년) • 대통령 간선제(국회 선출)
제1차(1952, 발췌 개헌)	• 대통령 직선제 • 국회 양원제 채택
제2차(1954, 사사오입 개헌)	초대 대통령에 대한 중임 제한 철폐
제3차(1960)	내각 책임제, 국회 양원제(민·참의원), 대통령 간선제
제4차(1960)	3·15 부정 선거 관련자와 반(反)민주 행위자 처벌을 위한 개헌 실시
제5차(1962)	• 대통령 중심제(4년)·직선제 • 국회 단원제 및 무소속 금지
제6차(1969)	대통령 3선 개헌
제7차(1972, 유신 헌법)	• 대통령 중심제(6년, 중임 집권 가능) • 대통령 간선제(통일 주체 국민 회의 선출) • 대통령에게 강력한 권한 부여: 긴급 조치·국회 해산권 등
제8차(1980)	• 대통령 중심제(7년 단임) • 대통령 간선제(선거인단 선출)
제9차(1987)	• 6월 민주 항쟁 계기 • 대통령 중심제(5년 단임) • 대통령 직선제

1 정치 제도

구분	삼국			남북국 시대			고려	조선
	고구려	백제	신라(상대) (박혁거세~진덕 여왕)	통일 신라 중대 (무열왕~혜공왕)	통일 신라 하대 (선덕왕~경순왕)	발해		
수상	대대로 cf 막상사: 대막리지	상좌평	상대등	시중	상대등	대내상	문하시중	영의정
관등	14관등(~형/~사자)	16관등(~솔, ~덕)	17관등(~찬, 골품 제도와 관련)				문무 18품	문무 18품(총 30단계)
중앙 관제	• 확실하지 않음 ⇨ 독자적 체제로 추정 • 평양 천도 이후 정비: 주부(재정), 내평(내무), 외평(외무)	6좌평(고이왕) ⇨ 22부(성왕) • 내외관: 조부, 예부(신문왕) • 좌이방부, 장사서부(진덕)	병부(법흥왕)			3성 6부	2성 6부 중서문하성 이부·병부·호부·형부·예부·공부 상서성─6부	의정부(⇨ 비변사) ─이조·호조·예조·병조·형조·공조 6조
합의제 기구	제가 회의	정사암 회의(다수결)	화백 회의(만장일치)			정당성	도병마사 ⇨ 도평의사사	의정부 ⇨ 비변사
감찰 기구			사정부(의사정)			중정대	어사대	사헌부
문한 출납			집사부			문적원	춘추관	승정원
왕명 전제 (서경 제도)				대건(중서문하성의 낭사, 어사대) - 모든 관리 대상			대건(서경권, 시한부) - 5품 이하 당하관 대상	대건(서경권, 시한부, 정랑·좌랑) - 5품 이하 당하관 대상
기타 관청						주자감, 문적원	삼사, 식목도감	의금부, 한성부, 포도청, 정례원, 춘추관 등
지방 제도 수도	5부	5부	6부			5경	5도─부·목·군·현─면리(통) (안찰사)	8도─부·목·군·현 (관찰사)
지방	5부(욕살)·성(처려근지)·촌	5방(방령)·군(군장)·촌	5주(군주)·군(태수)·현(현령)·촌			15부─62주─현─촌 (도독)	양계(병마사)─진 함·소·부곡	경재소·유향소(좌수·별감)
특수	3경(국내성·한성·평양성)	22담로(무령왕)	2소경(국원소경)·북소경(강릉), 사신 파견			5소경(사신 파견)	경제소·유향소(좌수) cf 2군 6위 갱오개혁: 23부 ⇨ 대한 제국: 13도	cf 대한 제국: 13도
향리	2소경	2소경					• 속군·속현 다수 존재 설치, 무보수 • 행정 업무 담당, 외역전 지급 • 과거(문과) 응시 가능	• 수령 밑에 예속(6방), 무보수 • 과거(문과) 응시 가능(but 현실적으로 제한), 무과 주로 응시
지방 세력 견제	5도관·의사정·상수리 제도						기인 제도, 사심관 제도	경재소(경주인) 제도

2 군사 제도

구분	삼국			남북국 시라			고려	조선	
				통일 신라	신라	발해		전기	후기
중앙	• 국왕-군사 지휘권 • 지방 장관-행정·군사 동시 관할 • 고구려-대모달, 말객(군관)			9서당(신문왕, 모병, 민족 융합 ⇨ 옷깃 구별)		10위	2군(응양군·용호군) 6위	5위	5군영(훈련도감, 어영청, 총융청, 수어청, 금위영)
지방				10정(한주~2정 설치)	박사 제도 (진흥왕)	영진군	주현군(5도)·주진군(양계)	영진군	속오군(양반~농민~노비)
특수	경당(정수왕)			시자대, 시위부			• 광군(거란) • 별무반(여진, 신기군·신보군·항마군, 양천) 윤천 • 삼별초(몽골, 야별초 ⇨ 좌·우별초+신의군) • 연호군(농민, 양천 혼성 부대)	잡색군(전직 관리, 서리, 향리, 학생 노비)	
방어 체제							영진군 체제 ⇨ 진관 체제 ⇨ 6C 제승방략 체제 ⇨ 임진왜란 중 진관 체제 + 속오군 체제		

cf 근대의 군사 제도
• 개항기: 무위·장어 2영(수원영, 장어영), 신식 군대-별기군(1881), 양반 자제 100명, 일본 교관 초빙
• 임오개혁: 중앙 2영-친군영, 지방-2·3·4·5군영
• 대한 제국: 진위대·시위대(통수 호위)
• 1907년: 통감부가 대한 제국 군대 군대 해산

3 교육 제도·관리 임용 제도

구분	삼국			남북국 시라			고려	조선	
	고구려	백제	신라	통일 신라	발해				
교육 제도	중앙	태학(소수림왕)			국학 • 신문왕: 국학 내 유포 설치 • 성덕왕: 국학 內 공자묘 설치 • 경덕왕: 국학 ⇨ 태학감(박사, 조교)	주자감(성왕)	국자감(성종) cf 성균관(충렬왕) ⇨ 국자감(공민왕) 향학 5인 ⇨ 성균관(공민왕 12인)	성균관	
	지방	경당(장수왕)					향교	향교	
	관학						9재 학당(예종·개정 사학 12도 발달)	서당, 서원(16C)	
	사립								
관리 임용 제도		독서삼품과(원성왕) 7등: 국학 안에 설치, 최초의 관리 임용 제도, 진골 귀족의 반대 ⇨ 학문 보급 기여					• 과거제(광종) ─ 문과 ─ 제술과(문학) ─ 명경과(유교 경전) ─ 잡과 ─ 무과 ⇨ 없음 ⇨ 진사과(한문학) 음서(5품 이상), 천거 등	• 과거제 ─ 문과 ─ 생진과(유교 경전) ⇨ 대과 ─ 무과 ─ 잡과 음서(2품 이상), 취재, 천거 등	

4 사회 신분 제도

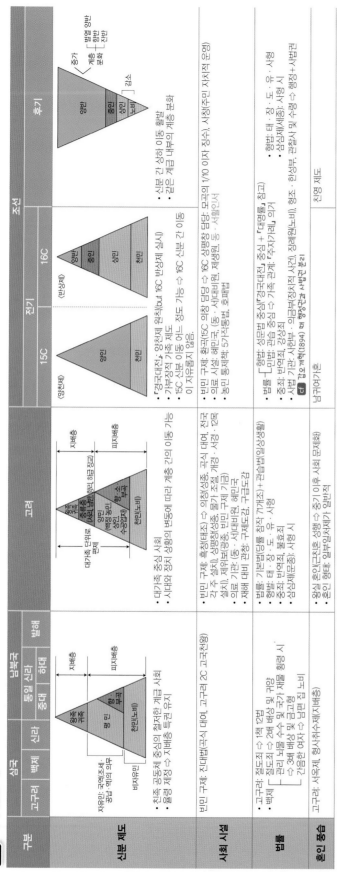

구분	삼국			남북국		고려	조선		
	고구려	백제	신라	통일 신라	발해		15C	16C	후기

신분 제도
- 친족 공동체 중심의 철저한 계층 사회
- 율령 제정 ⇨ 지배층 특권 유지

사회 시설

법률

혼인 풍습
- 고구려: 서옥제, 형사취수제

5 토지 제도 및 조세 제도

구분	삼국	통일 신라	고려
토지 제도			
조세 제도			

cf 고려 전시과와 조선 과전법의 비교

구분	전시과(고려)	과전법(조선)

cf 조선 전기와 후기의 사회생활 비교

구분	(고려~) 조선 전기	조선 후기
생활윤리		
가족 제도		
혼인 형태		
재산 상속		
제사 담당		
여성 지위		

6 경제 활동

구분	선사	삼국	통일 신라	고려	조선	
					전기	후기
농업						
상업						
수공업						
광업						
화폐						
무역						

7 사학사

삼국	고구려	유기(전자 미상) ⇨ 신집(이문진, 영양왕)
	백제	현존하지 않음.
	신라	국사(거칠부, 진흥왕)
고려	전기	7대 실록(현종)
		속편년통재(현종)
		고금록(박인량)
	중기	삼국사기(김부식, 인종)
	후기	동명왕편(이규보, 명종)
		해동고승전(각훈, 고종)
		삼국유사(일연, 충렬왕)
		제왕운기(이승휴, 충렬왕)
	말기	사략(이제현)
조선 전기	건국 초	고려사(정도전, 동국사략(권근), 태종)
		고려사(정인지, 세종~문종)
	15C 중엽	고려사절요(김종서, 문종), 삼국사절요(서거정, 성종)
	16C	동국사략(박상)
		동사찬요(오운, 선조)
	16C	기자실기(이이, 선조)
	17C 후반	동국통감제강(홍여하, 현종)
		여사제강(유계, 현종)
	18C	동사강목(안정복, 정조)
		동사(東史)(이종휘, 영조)
		발해고(유득공, 정조) "구당서" 인용, 서얼
	19C	연려실기술(이긍익, 영조~순조)
		해동역사(한치윤, 순조)

8 미술사

삼국	고구려 고분 벽화	안악 고분
		쌍영총
고려	후기	천산대렵도(공민왕)
		부석사 조사당의 사천왕상과 보살상
조선 전기	15C	몽유도원도(안견, 일본 소장)
	16C	고사관수도(강희안)
		송하보월도(이상좌, 노비 출신), 초충도(신사임당)
조선 후기	18C	금강전도ㆍ인왕제색도(정선)
		서당도ㆍ씨름도ㆍ선무도(김홍도)
		단오도ㆍ선유도(신윤복)
	19C	영통골 입구도(강세황), 투견도(김두량)
		세한도(김정희)

▲ 몽유도원도(안견)

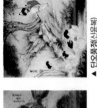

▲ 인왕제색도(정선)

▲ 고사관수도(강희안)

▲ 단오풍정(신윤복)
▲ 영통골 입구도(강세황)
▲ 까치 호랑이(작가 미상)

9 불교사·불교 미술사·유학·풍수지리설·도교

| 구분 | | 삼국 | | | 통일 신라 | | 고려 | | | | 조선 |
| | | 고구려 | 백제 | 신라 | | | 전기 | 중기 | 후기 | 말기 | |

만주(요동 · 요서 · 간도), 산둥, 연해주 지역 역사

요동 ❶
- 고조선의 영역
- 고구려: 광개토 대왕 요동 정벌, 안시성 싸움(645) 지역, 천리장성 축조(7세기)
- 발해: 9세기 선왕 때 차지
- 고려~조선 초: 요동 수복 운동(태조 왕건, 공민왕, 우왕, 태조 이성계)
- 일본의 요동 차지(시모노세키 조약, 1895) ⇨ 삼국 간섭(요동 반환, 1895) ⇨ 포츠머스 조약(일본 차지, 1905)
- 제2차 세계 대전 후 중국 영토

요서 ❷
- 고조선의 영역
- 백제: 근초고왕 일시 정벌

만주 ❸ (요서 + 요동 + 간도)
- 고조선 ⇨ 부여 ⇨ 고구려 ⇨ 발해 ⇨ 요 ⇨ 금 ⇨ 원 ⇨ 명 ⇨ 청 ⇨ 중화민국 ⇨ 만주국 ⇨ 중화 인민 공화국의 영토
- 항일 무장 독립운동 격전지
  - **1910년대** ─ 독립운동 기지 마련(서간도 삼원보, 밀산부 한흥동, 용정 등)
  - **1920년대** ─ 봉오동 전투, 청산리 전투, 삼부의 통합(참의부·정의부·신민부)
  - **1930년대** ─ 한국 독립군(지청천, 쌍성보·대전자령·동경성·사도하자 전투)
    ─ 조선 혁명군(양세봉, 영릉가·흥경성 전투)
    ─ 동북 항일 연군[보천보 전투(1937)]−조국 광복회(1936) 조직
- 민족의 시련: 간도 참변(1920)

산둥 ❹
- 통일 신라: 신라방(집단 거주지)·신라소(관청)·신라원(절)·신라관(유숙소), 신라 말 장보고의 법화원 설치
- 발해: 8세기 초 무왕 때 산둥반도 덩저우 공격, 8세기 후반 문왕 때 당과 교류 ⇨ 발해관 설치
- 19세기 말 독일 차지 ⇨ 1915년 일본 차지 ⇨ 5·4 운동 발생(1919) ⇨ 워싱턴 회의(1921) 때 중국에 반환

연해주 ❺
- 발해 차지 ⇨ 숙신·말갈·여진 차지 ⇨ 중국 차지
- 1860년 베이징 조약(러시아 차지)
- 민족 독립운동: 1905년 을사늑약 이후 의병 운동의 중심지 ⇨ 13도 의군(1910), 성명회(1910), 권업회(1911), 대한 광복군 정부(1914), 대한 국민 의회(1919)
- 민족의 시련: 자유시 참변(1921, 대한 독립군단), 1937년 한인 강제 이주(중앙아시아)
- 1991년 북한의 나진·선봉 지구 무역 자유 지대 연결

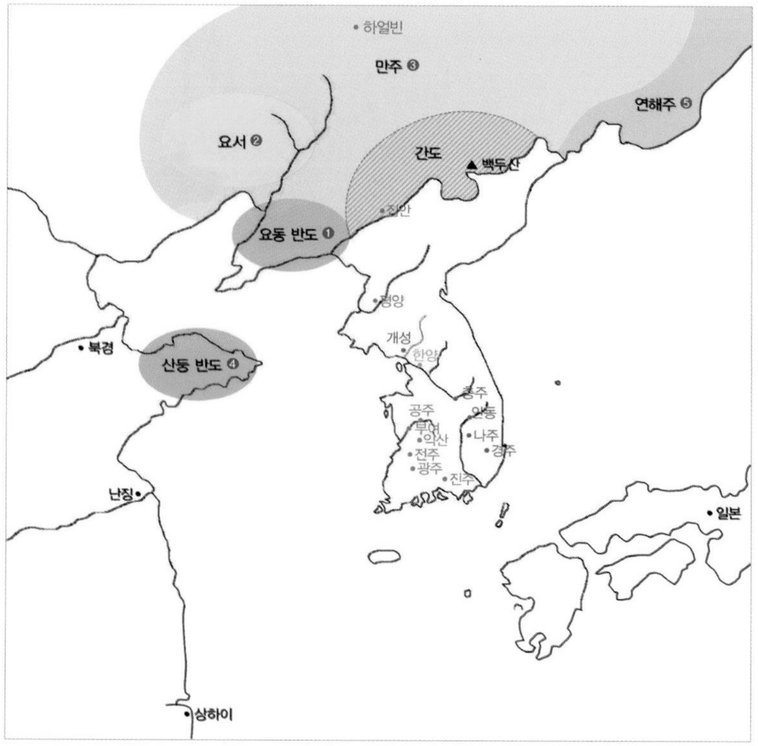

주요 수도의 역사

유네스코 세계 문화유산

고구려	국내성 (집안)	고구려 고분군(오녀산성, 환도산성, 장군총, 무용총, 태왕릉, 광개토 대왕비 등)
	평양	• 고조선, 고구려의 도읍지로 역사적인 고도(古都) • 고려: 분사 제도 설치, 사회적 동요[묘청의 난(1135), 조위총의 난(1174), 최광수의 난(1217)], 원(元)의 동녕부 설치(1270) • 고구려 고분군(강서대묘, 쌍영총 등) • 대표 유적: 상원 검은모루 동굴(구석기), 평양 남경 유적(신석기·청동기 농경 관련), 낙랑 유적지, 고구려 유적[대동문, 보통문] ⇨ 현재 조선 전기 건물), 평양성, 안학궁, 대성산성, 동명왕릉, 을밀대 등], 고려 유적[기자 사당(고려 숙종 ⇨ 조선 광해군 때 숭인전 명칭)] • 일제 강점기: 물산 장려 운동 시작(조만식) • 북한: 단군 무덤 성역화(⇨ '조선 제일주의'와 관련 강조), 남북 정상 회담 개최
백제	위례성	• 백제 초기 수도 • 몽촌토성, 풍납토성, 석촌동 돌무지무덤 • 아차산성: 개로왕, 고구려 온달장군
	공주 (웅진)	• 구석기 유적(공주 석장리) • 백제 2차 수도(문주왕) • 공주 송산리 고분군[무령왕릉, 6호분(사신도)] • 신라 하대 김헌창의 난 • 고려: 공주 명학소 망이·망소이의 난(1176) • 조선: 동학 농민 운동의 공주 우금치 전투(1894) **cf 백제 역사 유적 지구** - 공주: 송산리 고분군, 공산성 - 부여: 관북리 유적, 부소산성, 능산리 고분군, 정림사지, 나성 - 익산: 왕궁리 유적, 미륵사지
	부여 (사비)	• 백제 3차 수도(성왕) • 정림사지 5층 석탑, 능산리 고분군 • 기타: 백제 금동 대향로, 창왕명 석조 사리감, 사택지적비 등
	익산	• 무왕의 천도 시도 • 익산 미륵사지 석탑(현존, 최고), 미륵사지, 왕궁리 유적(왕궁리 5층 석탑) • 기타: 안승의 보덕국 설치(문무왕 때)
신라	경주 (금성)	• 신라: 경주 역사 유적 지구, 석굴암·불국사 • 조선: 안동 하회·경주 양동 역사 마을(조선의 역사 마을) **cf 유네스코 세계 문화유산(경주 역사 유적 지구)−5개 지구로 구분** - 불교 미술의 보고인 남산 지구: 배리 석불 입상, 이륵곡 석불 좌상, 나정, 포석정 등 - 천년 왕조의 궁궐이던 월성 지구: 월성, 계림, 첨성대 등 - 신라를 비롯한 고분군 분포 지역인 대릉원 지구 - 신라 불교의 정수인 황룡사 지구: 황룡사지, 분황사 - 왕경 방어 시설의 핵심인 산성 지구: 명활산성
발해	동모산	육정산 고분군: 정혜 공주 무덤, 고구려 양식의 굴식 돌방무덤, 모줄임천장 구조, 돌사자상
	중경	용두산 고분군: 정효 공주 무덤(당의 벽돌 양식, 벽화, 벽돌탑), 3대 문왕 부인 효의황후 묘지·9대 간왕 부인 순목황후 묘지 발견('발해국 순목황후는 간왕의 황후 태씨' 기록), 고구려 조우관 전통의 금제관식 발견
	상경	상경 용천부(발해 유적지 다수 발굴−왕궁터, 주작대로, 흥륭사 석등 등)
	동경	이불병좌상, 발해 산성 등
고려	개성	• 송도 3절: 황진이, 서경덕, 박연폭포 • 고려 개경 역사 유적: 관음사, 만월대(고려 왕궁터), 고려 박물관(옛 고려 성균관), 고려 충신 정몽주가 숨진 선죽교, 고려 시조 왕건의 왕릉, 공민왕릉, 천문대(대각국사 의천 창건) 등
조선	서울 (한성)	• 백제와 조선의 도읍지, 대한민국의 수도 • 신석기: 암사동 유적지 • 삼국 시대: 석촌동 고분·풍납동 토성(백제), 북한산비(신라) • 조선: 한양 천도 ⇨ 풍수지리설과 『주례』 입각, 도성 정비

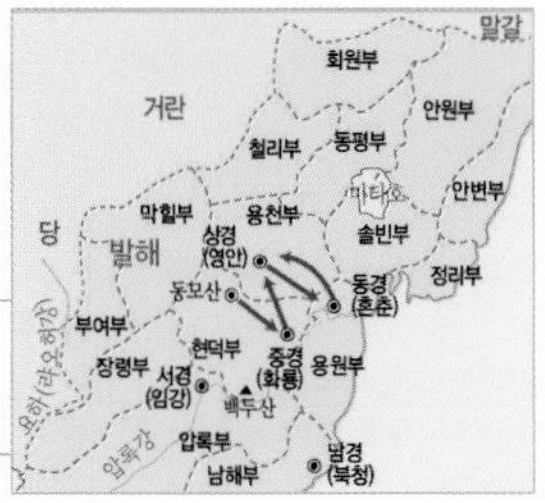

▲ 발해의 15부

주요 지역의 역사

함경도	웅기	구석기·신석기 유적지(조개더미−인골)
	백두산	백두산정계비(1712, 숙종)
	원산	북관대첩비(18세기), 강화도 조약(1876) 때 원산 개방, 원산 학사(1883), 원산 노동자 총파업(1929)
	기타	고려 윤관의 동북 9성, 흥남 학생 반공 의거(1946), 6·25 전쟁 때 흥남 철수(1950. 12.)
평안도	의주	청동기 미송리식 토기, 고려의 각장 설치, 조선 후기 의주의 만상, 중강 개시·후시 설치
	기타	고려 서희의 강동 6주 중 하나(흥화진), 홍경래의 난(청천강 이북, 1811)
충청도	보은	법주사 팔상전(17세기), 동학의 제3차 교조 신원 운동(1893)
	단양	구석기 유적지(금굴 동물, 상시 바위그늘, 수양개), 신라 단양 적성비
	충주	고구려의 충주(중원) 고구려비, 통일 신라의 5소경 중 하나(중원경), 고려 몽골 항쟁지(충주 다인철소), 조선 4대 사고 중 하나(충주 사고), 조선 9개 조창 중 하나(가흥창)
전라도	화순	고인돌(청동기), 운주사
	강진	고려청자 도요지, 만덕사(고려 후기 요세의 백련결사), 무위사(15세기), 다산초당(정약용 유배지)
	진도	고려 후기 삼별초의 난(용장산성)
	완도	신라 하대 장보고의 청해진
	영주	부석사 무량수전(고려 후기), 부석사 소조 아미타여래 좌상(고려)
경상도	안동	통일 신라의 신세동 법흥사지 7층 전탑(塼塔), 고려 후기의 봉정사 극락전(현존 최고의 목조 건축), 조선의 도산 서원(이황 사당), 안동 하회마을[양진당, 병산서원, 『징비록』: 유성룡(1542~1607)이 임진왜란 때의 상황을 기록, '하회별신굿탈놀이' 등]
	울진	신라 울진 봉평비, 울진·삼척 지역 간첩 침투 사건(1968)
	울주	청동기 반구대 바위그림(거북, 사슴, 호랑이, 새 등의 동물), 천전리 바위그림[기하학적 무늬, 갈문왕 한자 등, 일명 서석(書石) 암각화] **cf** 울산 '반구천 암각화'(울주 반구대 암각화 + 울주 천전리 암각화): 2025년 유네스코 세계 문화유산 등재 신청
	부산	신석기 패총, 김해의 조개더미, 가야의 유적지, 조선 왜관 설치, 임시 정부의 백산 상회, 6·25 전쟁 중 임시 수도 **cf** 발췌 개헌(1952)
	합천	해인사 장경판전(15세기)
강원도	평창	오대산 상원사 동종(통일 신라, 최고), 월정사 8각 9층 석탑(고려 전기), 오대산 사고(조선왕조실록), 2018년 동계 올림픽 개최
	양양	진전사지 3층 석탑(신라 하대)
경기도	강화	• 고인돌(청동기) • 고려: 1232년 강화 천도, 삼별초의 저항(1270~1273, 강화도 ⇨ 진도 ⇨ 제주도), 고려 왕릉 4기 • 조선: 15세기 강화도 마니산 초제(참성단), 17세기 광해군 때 5대 사고 중 하나(정족산 사고), 정묘호란 당시 인조 피신, 병자호란 당시 왕실 피난(인조 X), 김상용 순절, 18세기 강화학파(양명학, 정제두) • 병인양요(1866)·신미양요(1871), 강화도 조약(1876)
	기타	여주 고달사지 승탑(고려), 화성(조선 정조), 광주 남한산성(병자호란 당시 인조와 소현 세자 피난), 조선 왕릉(구리, 여주, 남양주)
제주도		• 제주 빌레못 동굴(구석기), 삼별초의 난(고려), 탐라총관부(원) • 조선의 유림 지역, 이제수의 난(19세기), 광해군과 추사 김정희 유배지, 김만덕(조선 후기의 의녀(義女)) • 현대: 제주 4·3 사건

✦ 한국사 왕계표

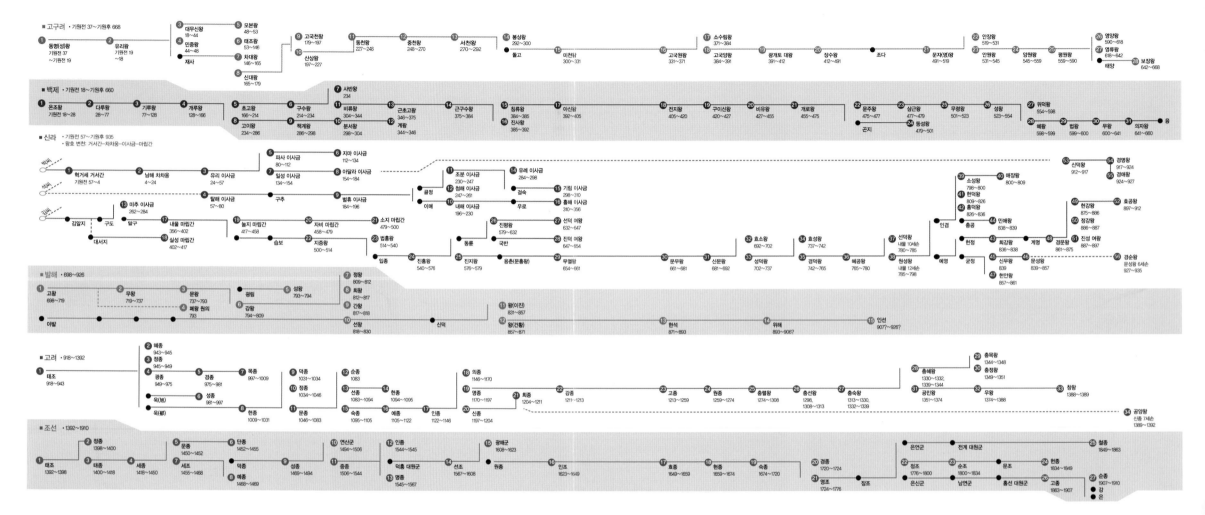

✦ 동아시아의 역사 변천표

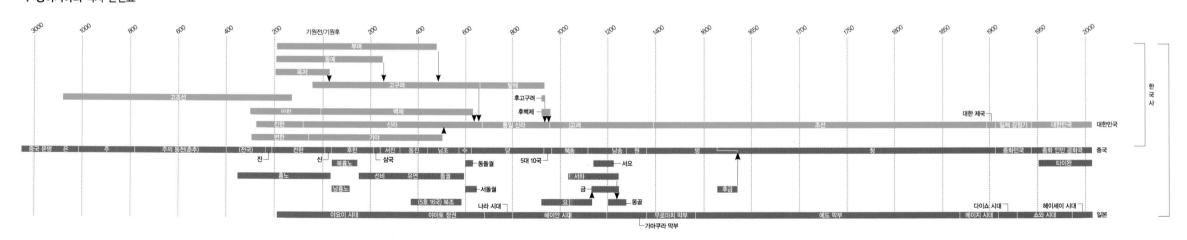

공무원 9급 / 한능검 심화 대비

박문각
공무원

기본서

브랜드만족
1위
박문각

전면개정
14판

빠르고 정확한
한국사 압축 기본서

부록 - 핵심요약 ZIP(삽지)

연계도서 - 선우한국사 핵심사료 450

선우빈 편저

간추린
선우한국사

박문각

이 책의 머리말

공무원 시험 제도 개편

2022년 공무원 시험 제도가 개편되면서 국어, 영어, 한국사, 직렬별 전공과목 2개, 총 5과목이 모두 원점수 과목이 되었습니다. 국어, 영어, 한국사 3과목이 원점수, 고교과목을 포함한 2과목이 조정점수였을 때와는 공부할 내용도, 분량도 많아졌습니다.

2022년 4월 2일, 개편된 제도로 처음 치른 국가직 9급 시험에서 전공과목의 비중이 얼마나 중요한지는 다들 아셨을 것입니다.

그동안 수험 기본서는 지엽적인 부분이 많이 출제되었던 7급, 경찰간부, 군무원 시험까지 반영해야 했기에 내용이 방대했습니다. 그러나 이제는 이런 시험이 모두 한국사능력검정시험으로 대체되었기에 9급 국가직, 지방직, 국회직, 계리직 시험을 위한 새로운 교재가 필요하게 되었습니다.

이제 수험 한국사 기본서도 변화되어야 합니다.

2003년 간추린 선우한국사의 즐거운 반란

제가 2003년 공무원 수험가에 처음 출간한 책이 『간추린 선우한국사』였습니다. 그 당시 1,500페이지도 넘는 두꺼운 수험서로 공부하셨던 7급 수험생들에게 선우빈이라는 강사는 모르더라도 300페이지로 우리 역사를 압축시키고 한 눈에 들어오게 도표로 구조화시킨 『간추린 선우한국사』는 신림동 고시촌에 입소문이 나게 되면서 인기몰이를 하게 되었습니다.

십년 뒤 저를 아주 자연스럽게 한국사 1타 강사로 올려준 책이 된거지요. 강사로서 이런 행복은 모두 수험생의 입소문에서 시작되었습니다.

『간추린 선우한국사』에 이어 2003년에 『선우한국사 기본서』가 출간되고, EBS 교재로 10년간 사용하면서 기본서에 주력을 하다보니, 현재 『간추린 선우한국사』는 초시생보다 N수생들이 선호하시는 책이 되었지요.

2022년 간추린 선우한국사의 이유 있는 반란

2022년 공무원 시험 제도가 바뀌면서 대부분 수험생들은 낯설은 전공과목과 영어 때문에 한국사를 공부할 시간이 충분하지 않다고 하소연을 하십니다. 더구나 고등학교에서 한국사를 공부하였지만 국어, 영어에 비해 소홀히 공부하다보니 공무원 공부를 시작하는 수험생에게는 5000년 우리 역사의 방대한 내용이 시작도 하기 전에 부담으로 와닿는 것이 수험생의 안타까운 현실입니다.

이제 한국사를 보다 쉽게 접근하면서도 만점을 받게 해주는, 새로운 시험에 맞춘 효율적인 변화를 주는 기본서가 필요합니다. 즉 두꺼운 기본서와 간략한 필기노트의 중간 단계인 교재의 단권화가 필요합니다. 바로 이런 교재가 『간추린 선우한국사』입니다.

그런데 합격생들에게 극찬을 받은 『간추린 선우한국사』를 초시생들에게 접근시키는 데는 문제점이 하나 있었습니다. 이 문제점은 『간추린 선우한국사』의 장점이자 단점이기도 합니다. 바로 분류사로 구성되었다는 거였지요. 분류사란 우리 역사를 정치, 경제, 사회, 문화로 구성하는 것입니다. 분류사적 접근은 우리 역사를 빠르게 보기에는 최적이지만 역사의 기본이 없는 수험생에게는 좀 어렵게 느껴질 수 있습니다. 그래서 이번에 초시생들도 쉽게 접근할 수 있도록 『간추린 선우한국사』의 대대적인 개편 작업을 하게 되었습니다. 즉, 편집 체제를 분류사에서 시대사로 완전 바뀌었습니다. 2022년 1월부터 4월까지 조원숙 연구실장님, 이수연 전문편집인과 함께 19년만에 기본틀을 뒤집는 작업을 하였습니다. 이 과정은 공무원 강사로서의 저를 다시 돌아보는 시간이기도 하였습니다.

마을 입구에 서있는 느티나무 같은 강사가 되고 싶습니다.
2003년 『간추린 선우한국사』를 박문각에서 출판하였을 당시 전 박문각 학원에서 강의는 하지 않고 있었습니다. 이 책의 반응이 좋자 얼마 뒤 박문각 학원에서 강의 요청이 있게 되었지요. 일반적으로 강사들이 학원에서 강의를 하면서 책을 나중에 출간하는것과는 반대의 경우였습니다.
전 제가 책을 쓰는 것만 좋아하는 줄 알았는데 제 지식을 남에게 전달하는 것도 좋아하는 사람인 것을 강의를 하면서 알게 되었지요. 그러다보니 어느새 박문각 학원에서 20년을 있게 되었습니다. 유명 운동 선수마냥 강사도 자신의 가치를 더욱 키우기 위해 학원 이적이 당연하게 이루어지는 공무원 학원에서 전 참으로 이상한 강사이고 어리숙한 강사인거지요.
처음 공무원 강의를 시작한 학원에서 박문각으로 옮겼을 때 여러 가지 불편함을 감수하고 저를 쫓아온 제자들을 보면서 다짐한 것이 있습니다. 내가 강의하는데 불편함이 없는 한 마을 입구에 있는 변함없는 느티나무처럼, 그런 강사가 되어야겠다고…
사랑하는 제자들아, 쌤 아직까지 박문각에 있단다!

고맙습니다.
2년간의 혹독한 팬데믹 속에서 제자분들의 소중함을 새삼 느낍니다.
답답한 마스크를 쓰고 눈만 반짝이면서 제 강의를 들어주신 수강생 여러분들, 정말 고맙습니다. 여러분의 믿음으로 제가 더욱 분발합니다.
늘 좋은 수험서를 만들기 위해 함께 고민해 주시는 박문각 출판부의 김현실 이사님, 이수연 주임님, 그리고 조원숙 연구실장님, 조교 우종직님께 감사의 마음을 전합니다.
박문각 학원에서 20년 강의할 동안 늘 신명나게 강의할 수 있는 장(場)을 마련해 주신 박용 회장님, 고맙습니다.

무엇보다 2003년 선우빈이 누구인지도 모르면서 서점에서 『간추린 선우한국사』를 보고 구입해 주신 그 시절 수험생 여러분들, 정말 고맙습니다. 여러분의 안목이 저를 이곳에 우뚝서게 하였습니다.

이제 새로운 꿈을 이루시기 위해 달리실 내일의 공무원 여러분, 저의 강사로서 행복한 마음을 담은 『간추린 선우한국사』를 통해 여러분의 꿈이 빠르게 이루어지시길 바랍니다.

멈춘 듯, 그러나 역사와 함께 흐르고 있는
노량진 나룻터 앞 연구실에서
선우 빈

구성과 특징

시대사로 이론 압축 정리

방대한 한국사 이론을 시대별로 압축 정리하여 우리 역사를 쉽게 접근할 수 있게 하였다.

한 눈에 시대별 세계사 정리

각 시대마다 동시대 우리 역사와 세계사(특히 중국사)와의 관련성을 이해할 수 있게 하였다.

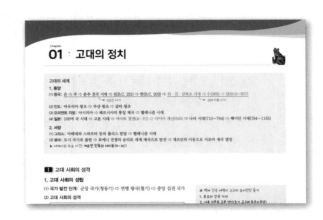

한 눈에 그 시대의 역사적 사실을 알 수 있는 비주얼한 구성

색(color)에 따른 중요도 구별: 시험에 잘 나오는 중요 도표는 블루 계통(■)으로 구성하였다. 이 색이 나오는 도표들만 공략하여도 빠른 시간 내에 80점은 충분히 맞을 수 있도록 하였다.

최근 시험 경향에 맞춰 동시대 주요 국가의 사건, 왕의 업적을 비교하여 고득점을 얻을 수 있도록 하였다.

용어 해설이나 보충 설명을 통해 생소한 한국사 관련 용어들을 쉽게 이해할 수 있도록 하였다.

한걸음 더

기본적인 주요 이론들과 연결하여 좀 더 심도 있게 학습해야 할 심화 내용들은 '한걸음 더'로 제시하여 만점 방지용의 지엽적 문제에도 대비할 수 있도록 하였다.

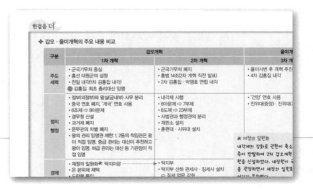

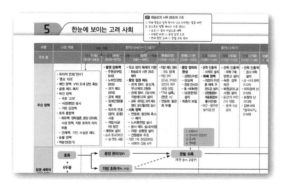

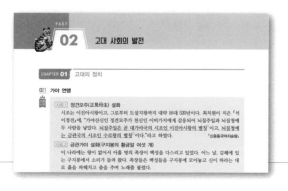

특집코너

최근 한국사 관련 시사로 이슈가 되고 있는 내용들이나 참고로 꼭 알아 두어야 하는 주제들['동아시아의 역사 왜곡(중국·일본)', '조선의 궁궐 및 주요 건축', '독도', '한국의 주요 사찰', '여성 독립 운동가', '한국의 유네스코 지정 유산']을 '특집코너'로 제시하였다.

문화재 화보 정리

각 단원의 주요 화보나 지도들은 이론과 함께 확인해야 할 경우에 는 바로 옆에 제시하였고, 선사 시대나 각 시대의 문화사 단원처 럼 모아서 한눈에 비교하여 파악하는 것이 필요할 경우에는 주요 화보와 지도들을 한꺼번에 정리하였다.

부록 – 핵심요약ZIP

한눈에 역사적 사실들을 파악할 수 있는 환상의 도표를 본책 앞에 수록하였다. 한눈에 보이는 시리즈(고대, 고려, 조선 전기, 조선 후기, 근현대사의 시대별·테마별·지역별 특징, 한국사 왕계표, 동아시아의 역사 변천표) 도표를 통해 각 시대의 방대한 내용을 한눈에 파악할 수 있도록 하였다. 또한 최근 시험에 자주 나오는 주요 지역과 관련된 역사적 사실들을 분류사적으로 정리하여 도표화시켰다.

연계 도서 – 선우한국사 핵심사료 450

본 책의 연계 도서인 '선우한국사 핵심사료 450'은 공무원 시험이 나 한국사검정 등 객관식 한국사 시험에서 자주 빈출되었던 사료 와 꼭 알아야 될 사료들을 모아 놓은 핵심사료집으로, 각 사료마 다 사료에 대한 간단한 이론이나 배경 설명을 넣었다. 각 사료마다 밑줄 친 내용에 주력해서 주요 key-word에 익숙해지면 사료 관련 문제를 풀 때 도움이 될 것이다. 또한 각자 가지고 있는 이론서나 기출문제집을 사료집과 함께 보면 효과가 더욱 클 것이다.

CONTENTS

차 례

최근 5회 국가직 9급 출제 분석표

(2020~2024)

역사 인식				
선사 시대 및 국가 형성	구석기 2020, 신석기 2021, 옥저 2022			

	정치	경제	사회	문화
고대 사회	•유리왕 2021, 고국천왕 2023, 장수왕 2022 •김헌창의 난 2024 •삼국 발전 과정 2020, 2021, 사건 순서 2023 •김유신 2020, 진성 여왕 2020 •대가야 2024 •무왕 2022 •매소성 싸움 이후 사건 2023			•발해 수도별 유적 2021 •불교 승려(의상과 자장) 2022 •익산 미륵사 2024
중세 사회	•성종 2021, 현종 2024 •최충헌 2020, 향리 2021 •서희의 강동 6주 2023 •전민변정도감 2023, 원 간섭기 상황 2022 •위화도 회군 이후 사건 2024	고려 경제 상황 2022, 2024	구제도감 2020	•안향 2021 •고려 건축 2022 •문화유산 2023, 2024
근세 사회	•세조 2021, 2024 •중앙 정치 조직 2022 •조광조 2021, 2022			•성종 때 저서 2024 •조선 전기 문화 2020
근대 사회 태동	•삼포왜란과 임진왜란 사이 사건 2023 •예송 논쟁 2023 •병자호란 2024	•이앙법 2021 •대동법 2023	•서얼과 중인 2020 •조선 후기 향촌 사회 2020	•동학 2020 •박지원의 한전제 2022
근대 사회 전개	•흥선 대원군 재위 시기 사건 2020, 2021, 2022, 2023 •강화도 조약과 조·청 상민 수륙 무역 장정 사이 사건 2023 •조·미 수호 통상 조약 2021 •개화사상 2020, 조선책략 2024, 임오군란 2024 •장지연(시일야방성대곡) 2024 •독립 협회 2022, 홍범 14조 2023 •발전 과정 2022	개항기 무역 2021		
민족 독립운동기	•일제 침략 1단계 2022, 2023 •치안 유지법 시기 사건 2020 •중·일 전쟁 이후 민족 말살 정책 2021 •만주 사변과 태평양 전쟁 사이 사건 2023 •대한민국 임시 정부 2022, 2023 •임시 정부의 국민 대표 회의 2021 •임시 정부의 대일 선전포고 이후 사건 2020 •임시 정부의 주요 사건 순서 2024 •1차 조선 교육령과 2차 조선 교육령 사이 사건 2024 •1930년대 사건 2024	토지 조사 사업 2021		동아일보 2020
현대 사회	•모스크바 3국 외상 회담 이후 사건 2024 •김구 2022 •제헌 국회 2022, 5·10 총선거 2023 •박정희 정부 사건 2023 •유신 헌법 시기 사건 2021	•미군정기 경제 상황 2020 •우리나라 경제 성장 과정 2020 •이승만 정부의 경제 정책 2021		
통합	•조선의 법전과 관련 국왕의 업적 2022 •독도 2020, 한성, 평양 2023 •군사 제도 시기순 2024	시기별 대외 교류 2021		•『삼국사기』와 『발해고』 2022 •세계 문화유산과 기록 유산 2021, 2022 •조선 지도 2023

최근 5회 지방직 9급 출제 분석표

(2019~2023)

역사 인식				
선사 시대 및 국가 형성	부여 2021, 옥저와 부여 2019, 옥저 2020			

	정치	경제	사회	문화
고대 사회	• 대가야 2020, 금관가야 2021 • 고구려 발전 과정 2019, 연개소문 2021 • 신라 지증왕 2022, 신라 진흥왕 2020 • 삼국 주요 왕의 업적 2023, 삼국의 금석문 2023 • 신문왕 2021 • 발해 발전 과정 2020 • 김유신 2022 • 사건 순서 2022	통일 신라 경제 2019		• 자장 2019, 원광 2021 • 삼국 시대 문화 2019
중세 사회	• 태조 2019, 광종 2020, 2022 • 서경 관련 사건 2021, 강조 2022 • 식목도감 2021 • 대외 관계 2021, 별무반 2020, 삼별초 2023 • 공민왕 재위 시기 2020, 우왕 2022 • 사건 순서 2021			• 『삼국사기』 2021 • 주요 승려 2019 • 의천 2023 • 동명왕편 2023 • 시대 상황(문화유산 제시) 2022
근세 사회	• 정도전 2019, 세종 2019, 2020, 2022, 2023 • 사헌부 2021, 명종 재위 시기 사건 2020 • 임진왜란 2019, 임진왜란 의병 곽재우 2023 • 과거 제도 2023			이이 2022
근대 사회 태동	• 숙종 재위 시기 2020, 영조 2022, 정조 2021 • 대외 관계 2023 • 붕당 2023		• 서학 2019 • 서얼 2022	• 박제가와 한치윤 2021 • 박지원의 저서 2020
근대 사회 전개	• 흥선 대원군 집권기 2019, 2021 • 사건 순서 배열 2020, 2021, 2022 • 독립 협회 2020, 독립신문 2023 • 대한 제국 2019 • 안중근 2022, 최익현 2023	• 조·일 통상 장정(1876)과 개정 조·일 통상 장정(1883) 사이의 경제 상황 2019 • 국채 보상 운동 2023		
민족 독립운동기	• 을사조약 2021 • 1910년대 사건 2023 • 민족 말살 통치 2019 • 대한민국 임시 정부 2019, 2021 • 의열단 2019 • 이회영 2020, 김원봉과 신채호 2022	물산 장려 운동 2022	• 신간회 2021, 2023 • 근우회 2020	• 박은식 2020 • 사회 경제 사학 2023
현대 사회	• 사건 순서 2020, 2021 • 미·소 공동 위원회 2021 • 좌우 합작 운동 이후 사건 2023 • 반민족 행위 처벌법 2022 • 3차 개헌 시기의 이해 2020, 4·19 혁명 2022 • 6·25 전쟁 2023 • 베트남 파병 2019, 유신 헌법 2022	농지 개혁법 2019		
통합	강화도 2023			• 의서 편찬 순서 2019 • 덕수궁 2020, 세계 유산 2020 • 역사서(고려와 조선) 2022

최근 7회 계리직 출제 분석표

(2014, 2016, 2018, 2019, 2021, 2022, 2023)

역사 인식				
선사 시대 및 국가 형성	신석기 2014, 2016, 신석기와 청동기 2019, 부여 2019, 2021, 삼한 2016			

	정치	경제	사회	문화
고대 사회	•백제 발전 과정 2016 •백제 은제 관식 2014, 백제 정치 제도 2018 •삼국 주요 사건 순서 2018, 2023 •신라 발전 과정 2019, 2021, 2022 •신라 소지왕 2022 •신라와 고구려의 관계 2014, 2019 •발해 2016, 발해 고왕 2021, 발해 문왕 재위 시기 2019			•국학과 독서삼품과 2016 •문화유산 건립 순서 2018 •원효 2019, 2023 •고분 벽화 2022
중세 사회	•후삼국 통일 과정 2022, 견훤 2023 •최우 2014 •광종 2016, 2022, 숙종 2023 •몽골 항쟁 시기 2023 •통치 조직 2022, 발전 과정 2023	시정 전시과 2019	•사회 시책과 제도 2016 •가족 제도와 여성 지위 2021	•「삼국사기」와「삼국유사」 2014 •「삼국유사」 2021, 「제왕운기」 2023 •의천 2016, 2018, 2023 •안향 2019 •대장경 2019
근세 사회	•세종 2023 •신숙주 2014 •임진왜란 2019, 2021 •교육 제도 2023	•과전법 2019, 2022 •공법 2022	노비 2022	•한양 2021 •권근의 저서 2018 •「동국통감」 2019 •전기 문학 2018, 전기 문화 2021 •과학 기술 2016 •양화소록 2022
근대 사회 태동	•소현 세자 2023 •정조 2014 •붕당 정치 2016 •규장각 2022	•경제 정책 순서 2018 •후기 경제 모습 2018	•가족 제도 2014 •홍경래의 난 2021	•정약용 2014, 2021, 박제가 2016, 2018 •정약용과 이익 2019 •택리지 2023 •후기 문화 2022
근대 사회 전개	•흥선 대원군 2014, 2023 •조선책략 2018, 갑신정변 2021 •동학 농민 운동 2016 •을사늑약 이후 사건 2023 •홍영식 2014, 서재필 2023	국채 보상 운동 2016	신민회 2018	•한성순보 2014 •황성신문 2019 •근대 문물 2021 •주시경 2023
민족 독립운동기	•러·일 전쟁 기간 중 발생 사건 2019 •일제의 법령 2016, 조선 농지령 2021 •문화 통치기의 대중 운동 2022 •민족 말살 통치 2018 •의열단 2018, 독립운동 단체 2019 •조선 혁명군 2021	산미 증식 계획 2022	•형평 운동 2014 •신간회 2018 •6·10 만세 운동 2023	•박은식 2016 •신채호 2018
현대 사회	•6·25 전쟁 2016, 2022 •정부 수립 이후 사건 2018, 2022, 여운형 2023 •한국의 경제 성장과 민주화의 진전 2021 •7·4 남북 공동 성명 2018	농지 개혁법 2019	1970년 이전 사건 2014	
통합	•우리나라 교통과 통신 2014 •역대 지방 제도 2021 •역대 지방 세력 통제 정책 2018 •역대 군사 제도 2016, 역대 대외 관계 2018 •특정 지역의 역사 2019, 강화도 2021	고려와 조선의 사회 경제 2014		•유네스코 문화유산 2014 •시대별 교육 기관 2021 •덕수궁 2022

최근 5회 법원직 출제 분석표

(2019~2023)

역사 인식				
선사 시대 및 국가 형성	신석기 2022, 청동기 2019, 고조선 2020, 2022, 2023, 단군 신화 2021, 동예 2021, 부여 2020, 고구려 2022			

	정치	경제	사회	문화
고대 사회	• 근초고왕 2021, 백제 성왕 2020 • 법흥왕 2022, 선덕 여왕 2020 • 삼국 발전 과정 2021, 2022, 2023 • 주요 사건 순서 2023 • 진흥왕과 의자왕 사이 사건 2023			• 돌무지덧널무덤 2019 • 도교 2022 • 의상 2023
중세 사회	• 고려 건국 과정 2021, 여말 선초 2019 • 태조 2023, 광종 2020 • 예종 2022, 숙종 2022 • 향리 2022 • 관학 진흥책 2020, 서경과 김부식 2020 • 원 간섭기 2022, 서희의 강동 6주 2019, 2023 • 사건 순서 2021, 2023, 제도사 2023	• 토지 제도 2020 • 전시과 제도 2019	• 원 간섭기 사회 2020 • 신진 사대부 2021	『삼국유사』 2022
근세 사회	• 태종 2022, 세조 2022, 명종 2019 • 조광조 2022 • 중앙 정치 기구 2020, 유향소 2022 • 임진왜란 2022 • 수령칠사 2023, 공법 실시 시기 모습 2023 • 갑자사화 2023			이황 2020
근대 사회 태동	• 환국과 탕평책 2021, 서인 2022 • 영조 2020, 정조 2019, 영조와 정조 2022 • 예송 논쟁 2023, 사건 순서 2019	• 후기 경제 2021, 2023 • 대동법 2019	• 후기 사회 2020 • 인구 변동 2020	• 정약용 2020, 박제가 2020 • 이익 2019, 2023 • 후기 문화 2019
근대 사회 전개	• 흥선 대원군 2021 • 근대 조약 2021, 러시아 2020 • 근대 개혁 2020, 갑오개혁 2019, 별기군 2022 • 독립 협회 2023, 대한 제국 2019, 정미의병 2021 • 신민회 2020, 사건 순서 2022, 2023, 동학 농민 운동 2022 • 을사늑약 2023			
민족 독립운동기	• 포츠머스 조약 2021 • 3·1 운동 2022 • 민족 말살 통치 2021 • 임시 정부 2019, 임시 정부 대일 선전 포고 2021 • 무장 독립 투쟁 2021 • 1930년대 무장 독립 전쟁 2020 • 한국 독립군 2019	토지 조사 사업 2019, 2023	• 광주 학생 항일 운동 2021 • 형평 운동 2022	• 백남운 2021 • 신채호 2019 • 조선어 학회 2023
현대 사회	• 좌우 합작 위원회 2019, 조선 건국 준비 위원회 2021 • 김구의 '삼천만 동포에게 읍고함' 발표 시기 2021 • 이승만 정부 2021, 한·미 상호 방위 조약 2023 • 헌법 개헌 2021, 6차 개헌 2019, 유신 헌법 2023 • 김영삼 정부 2023 • 민주화 운동 2019 • 통일 정책 2019, 2020, 2022	유신 정부의 경제 정책 2019	1950년대 사회 2020	
통합	강화도 2023	토지 제도 변천 2020, 2022		• 도자기 2020, 탑 건축 순서 2019 • 농서 2022

간추린 선우한국사

합격까지 박문각

역사 인식 및
선사 시대와 국가의 형성

Chapter 01 : 역사 인식

1 역사*의 두 가지 의미

※ 역사의 의미
- 역(歷: 지낼 력) - 긴 시간의 흐름 속에서 변화하는 모습
- 사(史: 역사 사, 사관 사) - 역사적 사실을 기록하는 사람, 혹은 기록한 내용

1. '사실'로서의 역사와 '기록'으로서의 역사 사료 1,2,3

'사실(事實)'로서의 역사	'기록[史實]'으로서의 역사
• Geschichte • 과거에 일어났던 사실 그 자체 • 객관적 의미의 역사	• historia • 사실로서의 역사를 토대로 역사가가 주관적으로 재구성한 역사 • 주관적 의미의 역사
19C 랑케: "역사가는 자신을 죽이고 오직 역사적 사실만을 이야기하여야 한다." ⇨ 역사의 객관성 강조	• 20C 크로체: "모든 역사는 현재의 역사" ⇨ 역사가의 현재 주관 강조 • E. H. Carr: "역사란 과거와 현재의 끊임없는 대화" ⇨ 과거와 현재의 상호 작용

2. 역사학

의의	인간의 변화적 측면을 연구하는 학문 활동		
특징	• 역사가는 사료(史料)*에 의하여 사실을 인식·판단 • 사료의 탐사, 수집, 정리, 해석 등 일련의 과정은 역사 연구의 필수 과정		
역사 연구 방법론	사료학과 사료 비판으로 구분		
	사료학	사료의 수집과 정리·분류	
	사료 비판	사료의 진위(眞僞) 구별	
		외적 비판	사료 자체의 진위 여부, 원사료에 대한 타인의 첨가 여부, 필사(筆寫) 과정에서의 오류, 혹은 사료가 만들어질 시기의 작자, 장소, 제작 연대 등에 관하여 사료의 가치를 음미
		내적 비판	외적 비판을 거친 사료의 내용에 대해 사료의 기술(記述)을 분석하고 기술 하나하나에 대하여 신뢰할 수 있는지를 조사

※ 사료(史料): 역사적 사실을 입증해 주는 자료(문헌, 금석문, 유물, 유적 등)

3. 일제 강점기 역사학: 식민 사관 對 우리의 대응(민족주의 사학·사회 경제 사학·실증주의 사학)

(1) 일제의 식민 사관 ᠍᠍᠍᠍᠍ p.245 참고

이론	내용	근거
타율성론	우리 민족의 역사는 주체적으로 발전하지 못하고 주변 국가에 종속되어 전개되었다는 주장	사대 외교, 만선사관
		지정학적 숙명론, 임나일본부설
정체성론	우리 민족의 역사는 오랫동안 정체되고 발전하지 못하였다는 주장	봉건제 결여
당파성론	우리의 민족성은 분열성이 강하여 항상 내분하여 싸웠다는 주장	붕당 정치

(2) 일제 식민 사관에 대한 우리의 대응 ᠍᠍᠍᠍᠍ p.246~247 참고

구분	특징	대표적 인물
민족주의 사학 사료 4	식민 사관에 대항하여 민족의식에 기초한 한국사의 주체성을 강조하는 역사 연구 방법(⇨ 한국사의 특수성 강조)	박은식, 신채호, 정인보, 문일평 등
사회 경제 사학 사료 5	식민 사관의 정체성 이론에 대응 ⇨ 민족 내부에 계급의 대립이 있어 왔고 일정한 공식에 의해 역사적으로 발전을 해왔다는 주장(⇨ 한국사의 보편성 강조)	백남운, 이청원
실증주의 사학	선입견을 배제하고 실증적인 태도로 객관적 사실을 인식하여 올바른 이해에 접근할 수 있다는 주장	이병도, 손진태 등 진단 학회 회원

2 역사 학습의 목적

▌'역사 자체의 학습'과 '역사를 통한 학습'

역사 자체의 학습	역사를 통한 학습
과거 사실의 지적 이해	역사 학습을 통한 현재 인간의 인간적 성숙
• 옛 삶을 올바르게 이해 • 과거 사실을 통해 현재를 이해	• 자기 정체성 발견 • 역사적 사고력과 문제 해결력 신장

3 보편성과 특수성

▌한국사의 보편성과 특수성 ^{사료 6}

보편성	특수성
대부분의 민족사에서 공통적으로 나타나는 특징	민족마다 서로 다른 발전 과정을 보여 주는 사실
예 • 자유 · 평등 · 민주 · 평화 등의 가치 추구 • 구석기 ⇨ 신석기 ⇨ 청동기의 발전 단계 • 청동기 때 국가 형성	예 • 단일 민족 국가 • 국가에 대한 충성, 부모에 대한 효도 중시 • 두레 · 계 · 향도 같은 공동체 조직 발달 • 상감 청자 개발, 한글 창제 등

한국사의 이해	• 세계사와의 연관 속에서 한국사의 보편성과 특수성 이해 • 민족 주체성에 기반한 개방적 민족주의 필요 • 전통문화 위에 외래문화의 주체적 수용

cf 한국사와 세계사의 관련성

선사 시대	북방 문화와 관계 예 비파형 동검의 서북방 수용설
고대 시대	중국과의 교류로 한자, 유학, 불교 수용 ⇨ 독특한 삼국 문화 형성
통일 신라 시대	중국, 서역과 활발한 교류 cf 서역과의 교류 증거 : p.71 참고
고려 시대	이슬람 문화권과도 교류, 불교를 정신적 이념화 ⇨ 호국 불교, 현세구복 강조
조선 시대	유교적 가치를 중요시하는 문화 활동 ⇨ 충(忠) · 효(孝) · 의(義) 강조
19세기 후반	서양의 침략성을 경계하면서 대응, 개항 이후 세계사의 조류에 합류
20세기 광복 후	활발한 국제 관계, 적극적인 해외 진출

✻ 한국사에서 특수성이 강조된 시기

1. 시대 상황: 우리 문화에 대한 위기의식이 고조되거나 자신감이 넘칠 때
2. 시기 및 대표적 인물
   • 통일 신라: 김대문의 『화랑세기』, 『한산기』 등
   • 고려 원 간섭기: 일연의 『삼국유사』, 이승휴의 『제왕운기』
   • 조선 전기: 서거정의 『동문선』
   • 조선 후기: 유득공의 『발해고』, 실학자들의 우리 역사 연구
   • 일제 강점기: 민족주의 사학

메모

Chapter 02 : 선사 시대와 국가의 형성

세계의 선사 시대

구분				구석기	신석기	청동기
전기	오스트랄로피테쿠스 (남방의 원숭이)	약 300만 년 전		• 최초의 인류 • 도구 사용, 직립 보행	1. B.C. 1만 년경 2. 특징 　• 농경과 목축의 시작 　• 간석기·토기의 사용 　• 정착 생활과 촌락 공동체 형성 3. 신석기 혁명(중동, 중국, 동남아 　시아): B.C. 8,000년 전, 생산 경 　제(농경·목축)의 시작	1. B.C. 3,000년경 2. 세계 4대 문명 　• 이집트 문명 　• 메소포타미아 문명 　• 인더스 문명 　• 황허 문명 3. 세계 4대 문명의 공통점 　• 큰 강 　• 따뜻한 기후 　• 도시 국가(계급 형성) 　• 청동기 사용 　• 문자 사용
전기	호모 하빌리스 (손재주 좋은 사람)	약 200만 년 전		구석기의 시작		
전기	호모 에렉투스 (곧선 사람)	약 50만 년 전		• 자바인, 베이징인 • 불·언어 사용, 사냥		
중기	호모 사피엔스 (슬기 사람)	약 20만 년 전		• 네안데르탈인 • 시체 매장 풍습		
후기	호모 사피엔스 사피엔스 (슬기 슬기 사람)	약 3~4만 년 전		• 크로마뇽인 • 동굴 벽화, 현생 인류		

1 한민족(韓民族)의 형성

1. 구석기: 사람 살기 시작(직접적 조상이 아님.)

2. 신석기~청동기: 민족의 형성(만주, 한반도 분포)

(1) **근간 형성:** 신석기 빗살무늬 토기인(古아시아족)

(2) **주류 형성:** 청동기 민무늬 토기인(예맥족)

3. 동방 문화권 형성: 하나의 민족 단위, 농경을 바탕으로 독자적 문화 형성

한걸음 더

✦ 선사 시대와 역사 시대

선사 시대와 역사 시대를 구분하는 기준은 <u>문자 사용의 여부</u>이다. 선사 시대는 문자를 사용하지 못했던 구석기 시대와 신석기 시대를 말하고, 역사 시대는 문자를 만들어 쓰기 시작한 청동기 시대 이후를 말한다. 우리나라는 철기 시대부터 문자를 사용한 것으로 추정된다.

✦ 우리 민족에 대한 호칭

중국 고전에 의하면 우리 민족을 맥(貊)족, 예맥(濊貊)족, 동이(東夷)족, 한(韓)족 등으로 호칭하고 있다.

맥(貊)족이 기록된 중국 문헌	『시경』, 『논어』, 『중용』, 『맹자』 등
예맥(濊貊)족이 기록된 중국 문헌	『사기』, 흉노전[最古], 『삼국지』 위서 동이전 등
동이(東夷)족이 기록된 중국 문헌	『논어』, 『예기』, 『산해경』, 『사기』 등
동이(東夷)족에 관한 최초의 우리 문헌	김부식의 『삼국사기』

한걸음 더

✦ 홍적세 후기의 한반도와 주변 지형

홍적세(플라이스토세)는 빙기와 간빙기가 반복되는 주기적인 기후 변화가 일어났던 시기를 의미하는데, 대략 1만~160만 년 전인 것으로 추정된다. 홍적세 빙하기가 최고조에 달했을 때에는 세계 육지의 28% 이상이 빙하에 덮여 있었다. 간빙기가 되면서 빙하가 녹아 해수면의 상승과 지형의 요곡 현상이 초래되었고, 결국 오늘날과 같은 지형과 해안선이 형성된 것으로 보인다. 마지막 빙기가 끝난 이후 생명체들이 새로운 환경에 적응하여 그 종류와 개체 수가 몇 배로 늘어났다.

구석기 전(全) 기간은 지질학상 홍적세에 해당된다. 이때는 빙하의 영향으로 해수면이 낮아지면서 중국 대륙과 한반도, 일본 열도, 타이완까지 모두 육지로 연결되어 있었다. 그렇기 때문에 한반도에 사람이 살기 시작한 것은 구석기 시대부터이지만 이들을 우리의 직접적인 조상이라고 할 수는 없다.

▲ 빙하기 한반도와 그 주변

2 선사 시대

→ 시기 구분: 뗀석기 발달 과정 → 시기 구분: 토기의 발달 과정 ▨ 표시: 고조선 영역 출토 유물

구분	구석기	신석기	청동기	철기
연대	70만 년 전	B.C. 8,000년경	B.C. 2,000년~1,500년경	B.C. 5세기
특징	사람 살기 시작	민족 근간 형성(정착, 농경) ■특징: 간석기, 토기, 농경✱(후기), 원시 신앙·수공업 생활 시작	국가 형성(고조선) ■특징: 사유 재산·계급 발생, 선민 사상, 벼농사 시작	다수 초기 국가(연맹 왕국) ■특징: 벼농사 발달, 중국과의 교류 활발 (증기) 명도전, 오수전, 반량전, 붓
유물·유적	1. 유물 ① 뗀석기 • 조리용: 긁개, 밀개 • 사냥용 ┌ 전기: 주먹 도끼, 주먹찌르개 └ 후기: 슴베찌르개 • 기타: 자르개 ② 골각기 2. 유적: 전국적 분포 ① 단양 금굴: 70만 년 전[최고(最古) 유적지] ② 공주 석장리 • 전(全) 단계: 전기~후기 • 중기 이후(후기) – 기둥 자리(⇨ 막집) – 불 땐 자리(⇨ 불 사용) – 개 모양 석상 (⇨ 원시 주술적 예술) ③ 연천 전곡리 • 전(全) 단계: 전기~후기 • 전기: 유럽 아슐리안계 주먹 도끼 출토(동아시아 최초) ④ 청원 두루봉 동굴(후기): 흥수아이(꽃가루 출토) ➚ 매장 풍습 짐작 ⑤ 단양 수양개(후기): 석기 제작지, 눈금새김돌 출토 ⑥ 양구 상무룡리: 백두산 산지 추정의 흑요석 출토 ➚ 장거리 이동 짐작	1. 유물 ① 간석기 • 사냥용, 어로용 • 농경용: 돌괭이, 돌삽, 돌보습 • 직조용: 가락바퀴[방추차] ② 토기 • 이른 민무늬 토기: 양양 오산리, 부산 동삼동 • 덧무늬 토기 • 눌러찍기무늬 토기 • 빗살무늬 토기(대표 토기): 서울 암사동, 평양 남경, 김해 수가리 등 강가·바닷가 출토 ⇨ 일본 조몬 토기에 영향 ③ 가락바퀴, 뼈바늘 ⇨ 원시 직조 생활 ④ 흑요석 출토(양양 오산리, 부산 동삼동) ─ 일본 규슈 산지 ⑤ 기타: 조개껍데기 가면, 치레걸이, 여인상(청진 농포동, 울산 신암리), 토우 등 2. 유적 ① 움집: 반지하형, 원형 or 모가 둥근 방형, 화덕–중앙 ⇨ 해안, 강가 출토 ② 조개더미 • 웅기 굴포리 서포항: 인골 발견 – 동침(⇨ 태양 숭배), 토기·화살촉 등 출토(⇨ 내세관 짐작) • 부산 동삼동: 독무덤 출토	1. 유물 ① 간석기: 반달 돌칼·홈자귀 등 농기구, 바퀴날 도끼, 간돌검 등 ② 토기: 덧띠새김무늬 토기, 민무늬 토기(대표 토기), 미송리식 토기, 붉은 간 토기 등 ③ 청동기: 비파형 동검, 거친무늬 거울 ⇨ (서)북방설 2. 유적 ① 움집: 장방형·지상형, 화덕–한쪽 벽, 집단 취락 형성 ⇨ 구릉, 산간(배산임수) ② 고인돌: 탁자식(한강 이북), 바둑판식(한강 이남), 변형 개석식 ⑥ 유네스코 세계 문화유산 등재 ③ 돌무지무덤, 돌널무덤 ④ 선돌 ⑤ 대표 유적지 • 여주 흔암리(탄화미 등) • 부여 송국리[목책, 환호, 100여 집터(장방형·원형), 민무늬 토기(송국리식 토기), 탄화미 등] • 울주 검단리(완벽한 환호 취락 모습) • 의주 미송리(미송리식 토기 등) • 평양 남경(탄화미 등) • 춘천 중도(고조선 유적지) ⑥ 일본 야요이 문화에 영향 ➙	1. 유물 ① 간석기 ② 토기: 민무늬 토기, 덧띠 토기, 붉은 간 토기, 검은 간 토기 등 ③ 청동기: 의기화, 잔무늬 거울, 세형동검[거푸집(용범) 출토–한국식 동검✱] ④ 철기: 철제 농기구, 철제 연모, 철제 무기 ⑤ 붓 출토(경남 창원 다호리 유적) ⇨ B.C. 2세기 한반도 남부 한자 보급 2. 유적 ① 지상형 반움집, 귀틀집, 동예의 여(呂)자형·철(凸)자형 집터–부뚜막 출토 ② 돌무지무덤, 돌널무덤 ③ 독무덤, 널무덤 ─ 청동기+철기 유물 출토 ④ 조개더미(김해, 웅천, 창원 성산 등) ➙ 야철지, 중국 돈(오수전) 출토 ➙ 중국 돈(왕망전) 출토 ✱ 한반도의 독자적 청동기 문화의 증거 • 세형동검 • 잔무늬 거울 • 거푸집
경제·사회·문화	① 동굴·바위 그늘 ⇨ 후기: 막집(불 땐 자리, 기둥 자리) ② 무리 사회 ③ 이동 생활	3. 경제: 어로, 사냥 ⇨ 후기: 농경 시작(일부), 조·피·수수 등 잡곡류 4. 사회 ① 씨족 중심의 부족 사회 ⇨ 족외혼, 폐쇄적 경제 ② 평등 사회, 모계 사회 ③ 원시 신앙(애니미즘✱, 토테미즘✱, 샤머니즘✱ 등)	3. 경제 ① 벼농사✱ 시작(일부 저습지)········· ② 가축 사육 증가 4. 사회: 계급 발생 ⇨ 군장 사회 ⇨ 군장 국가 ··········· 5. 문화 ① 선민사상 ② 바위그림 • 울주 반구대: 어로, 수렵 장면 등 사실적 그림 • 고령 장기리(구, 양전동): ○, △, × 등 기하학적 무늬 • 울주 천전리: 기하학적 무늬+사실적 동물 문양+갈문왕 한자	➙ 벼농사 발달: 삼한–저수지 축조 ➙ 밭갈이–가축 이용 ➙ 연맹 왕국 단계 출현 ➙

✱ 애니미즘: 농사에 영향을 끼치는 자연현상과 자연물에 정령이 있다고 믿는 신앙

✱ 토테미즘: 자기 부족의 기원을 특정 동식물과 연결시켜 숭배하는 신앙 예 단군 신화의 웅녀

✱ 샤머니즘: 영혼이나 하늘을 인간과 연결시켜 주는 무당과 주술을 믿는 신앙, 단군(고조선) ⇨ 천군(삼한) ⇨ 차차웅(신라) 등으로 계승

✱ 신석기 농경 관련 증거
• 잡곡(탄화조·피·수수) 출토 유적지: 황해도 봉산 지탑리, 평양 남경
• 농기구 출토: 돌괭이, 돌삽, 돌보습, 돌낫 등
• 동아시아 최초 밭 유적지 출토(2012): 강원도 고성군 문암리

✱ 청동기 벼농사 관련 유적지
• 평양 남경, 여주 흔암리, 나주 다시면 – 탄화미 발견
• 부안군 소산리·토산리·반곡리, 부산 아치섬 – 볍씨 자국 있는 토기 발견

✦ 선사 시대 도구의 종류와 발달 과정

구석기		뗀석기, 골각기 사용
	전기	큰 석기 한 개를 가지고 여러 용도로 사용(찍개, 주먹 도끼)
	중기	격지들을 가지고 잔손질을 하여 석기 제작, 점차 한 개의 석기가 하나의 쓰임새로 사용(예 조리용 – 밀개, 긁개, 사냥용 – 찌르개, 기타 – 자르개) 참고 2020년 연천 군남면에서 국내 최초로 중기 구석기 유물인 '르발루아(Levallois) 몸돌' 출토
	후기	형태가 같은 여러 개의 돌날격지를 만들어 사용(슴베찌르개)
신석기		간석기, 골각기, 토기 사용

→ 짐승을 사냥하고 가죽을 벗기며, 땅을 파서 풀이나 나무뿌리를 캐는 등 여러 용도에 사용하는 만능 석기

→ 주로 구석기 후기에 사용, 슴베(자루)가 달린 찌르개로서 창 같은 무기로 사용

✦ 구석기 시대의 주요 유적지와 유물

구분	출토 지역	유물 및 특징	비고
전기	단양 금굴(충북)	• 우리나라 최고(最古)의 유적지 • 포유동물 화석 발견	구석기 시대의 상한선 설정(70만 년 전)
	상원 검은모루 동굴(평남)	포유동물 화석, 주먹 도끼, 긁개 발견	
	연천 전곡리(경기)	• 유럽 아슐리안계 주먹 도끼(전기)와 동아시아 찍개 발견 • 전기~후기까지 연결	• 모비우스의 주먹 도끼 학설을 깸. • 1978년 발견
	공주 석장리(충남)	• 전기·중기·후기 구석기를 포괄하는 12문화층 형성 • 중기: 외날 찍개층 7.5×7m의 집터에 기둥 자리, 화덕 자리, 개 모양의 석상 출토 → 원시 예술 → 막집 → 불 사용	해방 이후 남한 최초의 유적 발견지(1964)
	제천 점말 동굴(충북)	• 전기~후기에 이르는 10여 문화층 • 코뿔소 화석 출토(중기 구석기인의 얼굴이 새겨짐.)	
중기	웅기 굴포리(함북)	찌르개, 매머드 화석 출토	해방 이후 북한 최초의 유적 발견지(1963)
	단양 상시 바위동굴(충북)	• 25세가량의 남자 뼈 출토 • 바위 그늘 유적	남한 최초의 인골 화석 발견지
	덕천 승리산 동굴(평남)	• 하층: 어금니 2개, 빗장뼈 1개(덕천인, 호모 사피엔스) • 상층: 35세가량의 남자 아래턱뼈(승리산인, 호모 사피엔스 사피엔스)	
	양구 상무룡리(강원)	흑요석 출토	백두산 산지 추정
후기	종성 동관진(함북)	동물 뼈, 뗀석기 출토	한반도 최초의 구석기 발견지(1933)
	제주 빌레못 동굴	집터, 동물 화석 발견	
	단양 수양개(충북)	• 석기 제작지 발견 → 원시 예술 • 고래와 물고기를 새긴 조각품 출토	2014년 6월 단양 수양개 6지구(하진리 지역)에서 후기 구석기 '눈금새김돌' 첫 발견
	평양 만달리 동굴(평남)	20~30세가량의 남자 아래턱뼈 발견	
	청원 두루봉 동굴(충북)	• 어린이 2명의 완전한 뼈 발견(흥수아이) • 국화꽃을 뿌린 장례 의식 확인 → 매장 풍습	1983년 발견
	제천 창내(충북)	막집 유적 발견	

✦ 신석기와 청동기의 움집 비교

구분	신석기	청동기
집자리 형태	원형 또는 모가 둥근 사각형의 (반)지하형	직사각형·반지상 가옥(주춧돌 사용)
위치	하천·강가의 단일 유적지	내륙 지방의 집단 취락, 배산임수
화덕 위치	중앙	한쪽 벽
저장 구덩	화덕 옆, 출입문 옆	따로 설치, 밖으로 돌출
작업대	없음.	있음.
크기	4명	4~8명

✦ 한반도 청동기 문화의 특징

1. **초기 청동기의 특징:** 비파형 동검(➩ 서북방 수용설)

   만주나 한반도에서 출토되는 청동기는 황하 유역의 은(殷)·주(周) 계통의 청동기나 내몽골의 오르도스식 청동기와 형태가 다른 독자적 특징을 가지고 있다. 우리나라가 받아들인 초기 청동기에 <u>아연이 합금된 점</u>과 <u>스키토 시베리안 양식의 동물 문양</u>을 주로 사용한 점에서 <u>서북방 계열</u>에서 전래되었음을 알 수 있다. 특히 이 시기의 대표적 동검인 비파형 동검은 만주 지역으로부터 한반도 전역에 걸쳐 분포하는데, 이러한 분포는 이 지역이 청동기 시대에 같은 문화권에 속하고 있었음을 보여 준다.

2. **후기 청동기의 특징:** 세형동검(➩ 한국식 동검)

   청동기 말·초기 철기 시대에 이르면 <u>세형동검(한국식 동검, 거푸집의 출현)</u>이 나타나는데, 이는 독자적인 청동기 문화의 수립을 보여 준다.

▲ 비파형 동검

▲ 세형동검

▲ 비파형 동검과 세형동검의 분포

✦ 토기 변화 과정

- **신석기:** 이른 민무늬 토기 ➩ 덧무늬 토기·눌러찍기무늬 토기 ➩ 빗살무늬 토기(대표 토기)
- **청동기:** 덧띠새김무늬 토기 ➩ 민무늬 토기(대표 토기)·미송리식 토기(고조선 영역 확인) ➩ 붉은 간 토기
- **철기:** 민무늬 토기, 덧띠 토기, 검은 간 토기, 붉은 간 토기, 가지무늬 토기 등
- **가야:** 굽다리 토기 등 가야 토기 ➩ 일본 스에키 토기에 영향
- **신라:** 굽다리 토기, 토우 붙은 목항아리 토기 등

▲ 덧무늬 토기

▲ 빗살무늬 토기

▲ 민무늬 토기

▲ 미송리식 토기

▲ 덧띠 토기

▲ 가야 토기
(굽다리 토기)

▲ 신라 토기(토우 붙은
목항아리 토기)

✦ 농기구 변천 과정

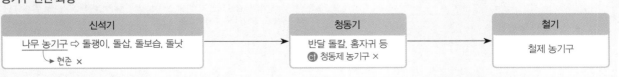

신석기	청동기	철기
<u>나무 농기구</u> ➩ 돌괭이, 돌삽, 돌보습, 돌낫 ↳ 현존 ✕	반달 돌칼, 홈자귀 등 ⓞ 청동제 농기구 ✕	철제 농기구

🔹 구석기 시대

▲ 구석기 시대의 유적지

▲ **주먹 도끼(경기 연천 전곡리) | 구석기** 전기에 사용된 것으로, 짐승을 사냥 하고 가죽을 벗기며, 땅을 파서 풀 이나 나무뿌리를 캐는 등 여러 용도 에 사용하는 만능 석기였다.

▲ **슴베찌르개(단양 수양개) | 주로 구석기** 후기에 사용된 것으로, 슴베(자루)가 달린 찌르개로서 창의 기능을 하였다.

▲ **승리산인 | 평양** 박물관은 승리산 동 굴에서 출토된 인골과 이를 토대로 만든 승리산 사람 모형을 전시하고 있다.

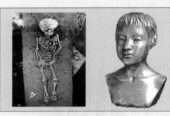

▲ **흥수아이 | 청원** 두루봉 동굴 발견 당시의 뼈와 이를 바탕으로 복원한 모습이다.

🔹 신석기 시대

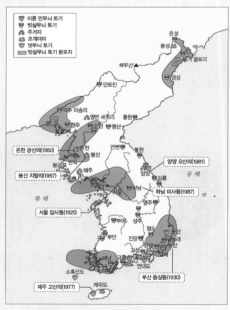

▲ 신석기 시대의 유적지

▲ **이른 민무늬 토기 | 신석기** 시대 초기 에 사용되었다.

▲ **덧무늬 토기(강원 고성 문암리)**

▲ **신석기 시대의 집터(강원 양양 지경리) | 신석기** 시대 사람들이 살았던 움집 자리로, 동그란 모 양의 바닥 중앙에 화덕 자리가 있다.

▲ **빗살무늬 토기(서울 암사동) | 빗살무** 늬 토기는 스칸디나비아, 시베리아, 만주, 연해주, 한반도의 해안이나 강 가에 분포하고 있고 일본의 소바다식 토기와 연결된다.

▲ 가락바퀴(충북 청주 산성동) | 실을 뽑는 데 사용된 도구이다.

▲ 가락바퀴 사용 복원

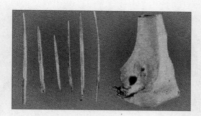

▲ 뼈바늘과 바늘집

▲ 농경 굴지구(전북 진안 정천면 모정리) | 땅을 파고 일구는 도구이다.

▲ 조개껍데기 가면(인천 옹진 소야도)

▲ 새 모양, 개의 머리, 여인상(청진 농포동)

▲ 여인상(울산 신암리)

▲ 사람 얼굴 조각품(웅기 서포항)

▲ 얼굴 모양 토제품(경북 울진)

▲ 치레걸이(경남 통영)

🔷 청동기 시대

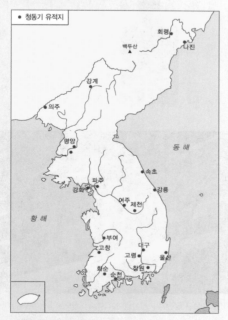

▲ 청동기 시대의 유적지

▲ 덧띠새김무늬 토기 (경기 가평, 강원 정선)

▲ 민무늬 토기(충남 아산 명암리)

▲ 미송리식 토기(평북 의주)

▲ 붉은 간 토기(충남 부여 송국리)

▲ 비파형 동검(경북 상주, 충남 부여) | 청동기 대표적 동검으로 만주 지역으로부터 한반도 전역에 걸쳐 분포하고 있다.

▲ 반달 돌칼과 사용법(복원 상상화)

▲ 농경문(무늬) 청동기와 농경문(무늬) 청동기 부분(대전 출토)

▲ 청동기 시대의 집터(대구 수성 상동)

▲ 부여 송국리 유적지의 목책 시설

▲ 울주 검단리 유적지의 환호 시설

▲ 탁자식 고인돌(강화도)

▲ 바둑판식 고인돌(전북 고창)

◀ 선돌(경북 칠곡) | 청동기 시대 사람들이 거석을 숭배하던 신앙을 엿볼 수 있다.

▲ 반구대 바위그림 탁본(울산 울주 대곡리) | 300여 점이 넘는 사람과 짐승, 각종 생활 장면 등이 그려져 있다. 사냥과 고기잡이의 성공과 풍요를 기원하고 있다.

▲ 고령 장기리 바위그림(구, 양전동) | 동심원, 삼각형, 십자형 등의 기하학적 무늬가 새겨져 있다. 동심원은 태양을 의미하며 풍요를 비는 의미를 지니고 있다.

◈ 철기 시대

▲ 세형동검(충남 부여 연화리) | 청동기 말 · 초기 철기 시대에 이르면 세형동검 (한국식 동검)이 나타나는데, 이는 독자 적인 청동기 문화의 수립을 보여 준다.

▲ 청동 도끼 거푸집(전남 영암) | 거푸집의 발견으로 우리나라에 서 청동기를 직접 제작하였다는 것이 확인되었다.

▲ 명도전 | 중국 춘추 전국 시대에 연나라와 제나라 에서 사용한 청동 화폐 이다.

▲ 반량전(경남 사천 늑도) | 중국 진나라 에서 사용한 청동 화폐로 '半兩(반량)' 이라는 글자가 새겨져 있다.
ⓒ 한반도 남부의 중국 화폐 유적지: 해남 군곡리 패총, 사천 늑도 패총, 고 흥 거문도 패총 등

▲ 붓(경남 창원 다호리)

▲ 덧띠 토기(대전 괴정동)

▲ 집터 복원(제주 삼양동)

한걸음 더

✦ 유네스코 세계 문화유산 ⓒ p.277~287 참고

• **세계 유산(총 16개):** 종묘, 석굴암·불국사, 해인사 장경판전, 수원 화성, 창덕궁, 경주 역사 유적 지구, 고창·화순·강화 고인돌, 제주 도 화산섬과 용암 동굴, 조선 왕릉, 한국의 역사 마을: 하회·양동 마을, 남한산성, 백제 역사 유적 지구, 한국 산사·산지 승원(양산 통 도사, 영주 부석사, 안동 봉정사, 보은 법주사, 공주 마곡사, 순천 선암사, 해남 대흥사), 서원[소수 서원(경북 영주), 도산 서원(경북 안 동), 병산 서원(경북 안동), 옥산 서원(경북 경주), 도동 서원(대구 달성), 남계 서원(경남 함양), 필암 서원(전남 장성), 무성 서원(전북 정읍), 돈암 서원(충남 논산)], 갯벌, 가야 고분군(2023)   ⓒ 북한: 평양 고구려 고분군, 개성 역사 유적 지구

• **기록 유산(총 18개):** 훈민정음, 조선왕조실록, 직지심체요절(하권), 승정원일기, 조선왕조의궤, 해인사 대장경판 및 제경판, 동의보감, 일성록, 5·18 민주화 운동 기록물, 난중일기, 새마을 운동 기록물, 한국의 유교책판, KBS 특별생방송 '이산가족을 찾습니다' 1983년 방 영 기록물, 조선 왕실 어보와 어책, 국채 보상 운동 기록물, 조선 통신사 기록물, 동학 농민 운동 기록물(2023), 4·19 혁명 기록물(2023)

• **무형 유산(총 22개):** 종묘 제례·종묘 제례악, 판소리, 강릉 단오제, 강강술래, 남사당놀이, 영산재, 제주 칠머리당 영등굿, 처용무, 가곡, 대목장, 매사냥, 줄타기, 택견, 한산 모시짜기, 아리랑, 김장 문화, 농악, 줄다리기, 제주 해녀 문화, 씨름(남북 공동 등재), 연등회, 탈춤 (2022)   ⓒ 북한: 북한 아리랑, 씨름, 김장 문화, 평양 랭면 풍습

▶ 알림: 유네스코 세계 문화유산에 새롭게 등재되는 내용은 선우한국사 카페(cafe.naver.com/swkuksa)에 빠르게 올려드리겠습니다.

3 고조선

1. 고조선의 발전 과정 총정리

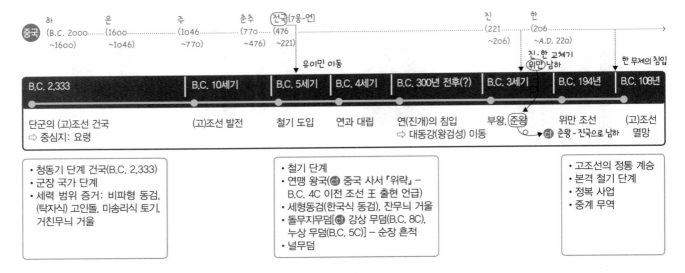

B.C. 2,333	**B.C. 10세기**	**B.C. 5세기**	**B.C. 4세기**	**B.C. 300년 전후(?)**	**B.C. 3세기**	**B.C. 194년**	**B.C. 108년**
단군의 (고)조선 건국 ⇨ 중심지: 요령	(고)조선 발전	철기 도입	연과 대립	연(진개)의 침입 ⇨ 대동강(왕검성) 이동	부왕, 준왕	위만 조선 ⇨ 준왕 - 진국으로 남하	(고)조선 멸망

- 청동기 단계 건국(B.C. 2,333)
- 군장 국가 단계
- 세력 범위 증거: 비파형 동검, (탁자식) 고인돌, 미송리식 토기, 거친무늬 거울

- 철기 단계
- 연맹 왕국(cf 중국 사서 『위략』 - B.C. 4C 이전 조선 王 출현 언급)
- 세형동검(한국식 동검), 잔무늬 거울
- 돌무지무덤[cf 강상 무덤(B.C. 8C), 누상 무덤(B.C. 5C)] - 순장 흔적
- 널무덤

- 고조선의 정통 계승
- 본격 철기 단계
- 정복 사업
- 중계 무역

2. 발전 및 변천

B.C. 5C 전국 시대 혼란기	유이민의 이주 ⇨ 초기 철기 수용
	증거 널무덤의 부장품: 청동기+철기

B.C. 4C	전국 7웅 중 연과 대립, 스스로 왕(王)이라 칭함. ⇨ 연을 공격할 계획도 세움.	cf 상(相) · 대부(大夫) · 장군(將軍) · 박사(博士) 등의 관직
B.C. 300년 전후(?)	연의 장수 진개의 침입 ⇨ 요령성 상실, 대동강(왕검성)으로 이동	
B.C. 3C 부왕, 준왕	왕위 부자 세습	
B.C. 3C 진·한 교체기	유이민의 이주 ⇨ 위만 남하(준왕 때)	

B.C. 194 위만 조선의 성립 사료 7,8	• 단군 조선의 정통 계승 • 나라 이름 '조선' • 위만의 복장[조선인 옷(cf 중국 사서 『위략』 - '오랑캐옷'으로 서술), 상투] • 토착민들의 높은 지위 유지 • 철기 문화의 본격적 수용 • 중앙 정치 조직의 정비: 경, 대신, 비왕(裨王) 등 • 정복 사업 전개 ⇨ 진번 · 임둔 등 복속 사료 9 • 예 · 진(辰)과 한 사이의 중계 무역 ⇨ 한과 갈등 cf 한과 대립 • 창해군 설치(B.C. 128): 예군의 남려가 한에 투항, 한이 창해군 설치 • 요동도위 섭하 살해 사건(B.C. 109)
B.C. 108 고조선의 멸망(우거왕) 사료 10	• 우거왕 때 조선상(相)들이 우거왕 살해, 한에 투항 • 한4군 설치 ⇨ 법 조항 60여 조로 증가

▲ 고조선의 세력 범위 | 비파형 동검과 고인돌(탁자식)은 만주와 북한 지역에서 집중적으로 발굴되어 고조선의 세력 범위를 짐작하게 해 준다.

3. 사회 성격

(1) 단군 건국 이야기^{사료 11} 분석 및 수록 문헌

① '환인(桓因)의 서자 환웅(桓雄)이 계셔 ……': 천손 후예의 자부심 ⇨ 선민사상
② '풍백(風伯), 우사(雨師), 운사(雲師)를 거느리고 …… 곡식, 생명, 형벌 등 인간에게 필요한 360여 가지를 주관 ……': 농경 사회, 애니미즘, 계급 분화, 형벌 사회
③ '인간을 널리 이롭게 할 목적으로[弘益人間] ……': 지배 계급의 출현, 인본 사상
④ '웅녀와 혼인하여 ……': 토테미즘, 족외혼, 모계 사회 유풍, 부족 간의 연합 및 배제
⑤ 단군왕검: 단군(제사장) + 왕검(정치적 지배자) ⇨ 제정일치, 국가의 성립(군장 국가), 샤머니즘(단군)

문헌	저자	연대
삼국유사	일연	고려 충렬왕
제왕운기	이승휴	고려 충렬왕
세종실록지리지	춘추관(실록청)	조선 단종
응제시주	권람	조선 세조
동국여지승람	노사신	조선 성종

cf 동국통감(서거정, 성종): 단군 신화 간략 기록

(2) 8조(금)법^{사료 12} - 『한서』 지리지(반고)

① 사람을 죽이면 사형 ⇨ 개인의 생명 존중
② 상해 시 곡물 배상 ⇨ 농경 사회, 사유 재산, 노동력 중시
③ 도둑질 시 노비, 단 속죄하려는 자는 돈 50만 전 지급 ⇨ 노비(형벌 노비)가 존재하는 계급 사회, 일부 지배층의 중국 화폐 사용 추정
④ 기타: 여자 정절 중시 ⇨ 남성 중심의 가부장적 사회

cf (고)조선 관련 우리의 역사서
『동국사략』(15C 권근, 16C 박상), 『동국통감』, 『표제음주동국사략』,
『동국역대총목』, 『동사』, 『동사강목』, 『해동역사』 등

(3) 기타: (고)조선 관련 중국 역사서

① 『관자(管子)』: 조선이란 명칭이 처음 나온 책으로, 기원전 7세기 이전에 조선이 성립된 사실을 기록했다.
② 『위략(魏略)』: 기원전 4세기 이전부터 조선에서 왕을 칭하기 시작하였으며, 조선후(朝鮮侯)가 스스로 왕이라 일컫고 군사를 동원하여 중국의 연을 공격하려다가 조선의 대부(大夫)인 예(禮)의 만류로 그만두었다는 기록이 나온다.
③ 『산해경』: 조선의 위치가 열양(열수의 북이라는 뜻)의 동쪽이라는 기록이 있다.

한걸음 더

✦ 기자 조선에 대한 후대인의 평가

1. 중국 측의 기자 동래설: 중국 사서에는 주(周)의 무왕(武王)이 기자(箕子)를 조선의 제후로 봉하였다고 되어 있다. 그리고 그 연대를 기원전 12세기경으로 추정하기도 한다. 이러한 기자 동래설은 중국 한 대(漢代) 이후 조작된 것으로, 고대 중국이 조선에 대한 종주권을 강조하고자 했음을 알 수 있다.
2. 삼국~조선 시대의 견해: 우리나라를 도덕 국가로 발전시킨 성왕(聖王)으로 기자를 존경하였다. 고구려는 평양에서 기자신(箕子神)에 대한 제사를 지냈고, 고려 숙종 때는 평양에 기자 사당을 세웠으며, 조선 시대에도 기자 사당을 숭인전(崇仁殿)이라 하여 제사를 지냈다.
3. 현재 역사가들의 견해: 기자 조선을 조선 사회 내부에서 등장한 새로운 지배 세력으로 보거나 또는 동이족이 이동하면서 기자로 상징되는 어떤 부족이 고조선의 변방에서 정치 세력을 잡은 것으로 보는 견해가 지배적이다.

✦ 단군 조선-기자 조선-위만 조선에 대한 입장

구분		단군 조선	기자 조선	위만 조선	후대
우리 측 입장		청동기 때 존재한 역사적 사실 ① 유구한 역사(B.C. 2,333) ② 정체성(천손의 후예)	교화지군(敎化之君) ① 8조 금법 보급 ② 주의 정전제 보급	단군 조선의 정통 계승 종기 p.24 참고	① 조선의 국호(단군 조선-기자 조선) ② 조선 15C 훈구파 vs 사림파 　(단군>기자)　(단군<기자) ③ 17C 말 홍여하의 『동국통감제강』: 기자 조선-마한-신라를 정통으로 인식(단군 조선 제외) ④ 18C 홍만종의 『동국역대총목』: 단군 조선-기자 조선-마한-신라를 정통으로 인식(단기 정통론) ⑤ 18C 안정복의 『동사강목』: 단군 조선-기자 조선-삼한(마한)-신라를 정통으로 인식(삼한 정통론) ⑥ 1909년 나철의 대종교 창시(단군 숭배) ⑦ 신채호의 『조선상고사』: 단군-부여-고구려로 연결
중국 측 입장(왜곡)		B.C. 2,333년은 신석기 단계 ⇨ '허구'라고 주장	주의 기자 동래설 주장 ⇨ 중국사	기자 조선 - 위만 조선 - 한사군 ⇨ 중국사	

구분	부여 사료 13	고구려 사료 15.16	옥저 사료 17	동예 사료 18	삼한 사료 19
위치	송화강 유역	졸본(동가강 유역) ⇨ 통구(국내성, 집안) 이동 (2대 유리왕)	함흥평야	원산만, 강원 북부	한강 이남
국가 형태	• 연맹 왕국(5부족 연맹체) • 왕('예왕지인'-옥새 사용) ▶ 여섯 가축의 이름으로 관직명 지정	• 연맹 왕국(5부족 연맹체) • 소노부(연노부)·순노부· 계루부·절노부·관노부 • 초기: 제가 회의에서 소노 부 출신 왕 선출 ⇨ 6대 태조왕 때 계루부 세습	군장 국가(연맹체를 형성하지 못함.)		• 연맹 왕국(진왕, 마한왕) • 왕(목지국의 왕 ⇨ 진왕 추대)
군장	• 군장: 마가(말), 우가(소), 저가(돼지), 구가(개) • 소관리: 대사자, 사자 등 ⇨ 4출도(지방 행정 구역) 통치 • 제가 회의: 국가 중대사 결정, 왕 선출 및 폐위	• 군장: 상가, 고추가, 대로, 패자 등 • 소관리: 사자, 조의, 선인 등 • 제가 회의 ▶ 왕도(王都)를 중심으로 주변 지역을 크게 4개 지역 단위(4출도)로 나누어 그 지역의 부족장이 지배하는 지방 구조	군장: 삼로, 읍군 등 ▶ 전(前) 왕족이나 왕비족에게 주는 칭호. 신라의 갈문왕과 유사.		군장: 신지·견지>읍차·부례 ▶ 토지와 물 관리권
경제	• 반농반목 • 말, 모피, 주옥	• 약탈 경제(부경) • 맥궁(활)	• 해산물(어·염) • 농경 발달	• 해산물, 농경 발달 • 방직 기술 발달 • 단궁(활), 과하마(조랑말), 반어피(바다표범의 가죽)	• 벼농사 발달(저수지 축조) • 철의 수출(변한)
제천 행사	• 영고(12월, 은정월) • 우제점법(전쟁시 소를 잡아 소 발굽으로 길흉을 점침.)	동맹(10월) 에 점복(우제점법)		무천(10월)	수릿날(5월), 계절제(10월)
장례 사료 20	순장(지배층 장사 때 산 사 람을 함께 묻는 풍습)	후장(장례를 후하게 지냄.)	가족 공동묘(세골장, 골장제) ⇨ 죽은 자 양식으로 쌀 항 아리 보관	가족이 병으로 죽을 경우 집 을 버리거나 헐어버림.	• 독무덤, 돌널무덤, 돌무지무 덤 등 • 후장(장례를 후하게 지냄.) • 마한: 소·말 순장 • 변한·진한: 큰 새 깃털을 장 례에 사용
결혼 풍속	형사취수제(일부다처제) ▶ 형이 죽으면 형수를 아내로 맞는 풍습 ⇨ 흉노, 부여, 고구려(산상왕)의 경우	• 데릴사위제✱(서옥제, 예서 제 ⇨ 봉사혼, 신석기 모 계 사회 유풍) • 형사취수제 에 산상왕	민며느리제✱(예부제 ⇨ 계 약 결혼, 매매혼)	족외혼 ↓ 신석기 유풍	
법률·기타	• 4조목(1책 12법 등) 사료 14 • 은력	1책 12법		• 책화(경제적 폐쇄성) • 철(凸)자형·여(呂)자형 집터-부뚜막, 난방 시설	• 두레(마을 공동 작업) • 제정 분리(천군-소도에서 농경과 의례 담당) • 귀틀집, 초가집 • 문신 및 편두(변한, 진한)
발전	• 3세기 선비족(모용씨)의 침 략으로 수도 함락, 쇠퇴 • 4세기 전연 침략 • 고구려에 멸망(문자왕, 494)	중앙 집권 국가로 발전	고구려 태조왕에 의해 복속	고구려와 신라에 흡수·통합	• 마한 ⇨ 백제로 발전 • 진한 ⇨ 신라로 발전 • 변한 ⇨ 6가야 연맹으로 발전

✱ 데릴사위제(서옥제, 예서제): 신랑이 신부 집에서 살다가 자식이 장성하면 아내를
데리고 신랑 집으로 가는 제도
✱ 민며느리제(예부제): 장래에 혼인할 것을 약속하면, 여자가 어렸을 때 남자집에 가
서 성장한 후에 남자가 예물을 치르고 혼인을 하는 일종의 매매혼

▲ 고구려의 국동대혈(중국 길림성
집안) | 해마다 10월이면 고구려
왕은 국동대혈에서 하늘에 제사
를 지냈다.

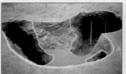

▲ 마한의 토실(충남 공주 장선리) |
『삼국지』 위서 동이전에 나오는
마한의 집 형태로, 최근에 발견
되었다.

▲ 동예의 철자형과 여자형 집터(강원 강릉 병산동, 강원 횡성 둔내) |
최근 강원도 동해시와 강릉시를 중심으로 철(凸)자 모양과 여(呂)자
모양의 집터가 계속 발굴되어 동예의 문화가 고고학적으로 밝혀지고
있다.

▲ 동예의 철자형 집터 | 춘천 율문리
에서 발굴된 부엌과 난방 시설이
그대로 나타난 철(凸)자형 집터
이다.

✦ **사회 발전 단계**

구석기	신석기	청동기	철기
무리 사회	부족 사회(씨족 중심)	군장 사회 ⇨ 군장 국가	연맹 왕국 ⇨ 중앙 집권 국가

✦ **연맹 왕국과 중앙 집권 국가의 비교**

구분	연맹 왕국(王 ≒ 부족장)	중앙 집권 국가(王 > 부족장)
왕	선출	세습(형제 ⇨ 부자)
족장	자기 관리, 부족 지배(독립적)	왕권에 복속 ⇨ 중앙 귀족화
특징	왕은 연맹의 대표 ⇨ 부족을 직접 지배 못함. 예 부여의 사출도 마가 — 우가 저가 — 王 — 구가 ▲ 부여의 사출도	왕 ⇨ 국가 지배(지방관 파견) 王 ▲ 중앙 집권 국가 ■ 중앙 집권 국가의 성격 1. 왕권 강화 2. 중앙 집권적 제도 마련: 율령, 관등, 신분 제도 등 3. 영역 국가 예 한강 확보 주력 4. 불교 수용

✦ **부여, 초기 고구려, 동예, 삼한의 사회 구조**

- 상호(上戶): 하호를 지배하여 권력 행사
- 하호(下戶): 양인, 국가에 조세 · 역 부담
- 노비: 인권을 갖지 못한 채 잡역에 종사

✦ **신석기 씨족 사회의 전통**

1. 폐쇄적 경제 ⇨ 동예의 책화
2. 족외혼 ⇨ 동예의 족외혼
3. 재산의 공유제(공동 생산, 공동 분배) ⇨ 삼한의 두레
4. 모계 사회 ⇨ 고구려의 데릴사위제
5. 여자 청소년 교육 ⇨ 신라의 화랑도 제도

✦ **고구려와 부여의 공통점**

1. 5부족 연맹체
2. 대관리(부족장, 군장)의 칭호에 가(加), 소관리의 칭호에는 사자(使者)
3. 제가 회의
4. 1책 12법
5. 우제점법 예 『삼국지』 위서 동이전 – 부여만 언급
6. 제천 행사
7. 부여족의 일파
8. 상호 · 하호 · 노비의 사회 구조
9. 형사취수제

간추린 선우한국사

합격까지 박문각

PART

02

고대 사회의 발전

01 : 고대의 정치

고대의 세계

1. 동양

(1) 중국: 은 ⇨ 주 ⇨ 춘추 전국 시대 ⇨ 진(B.C. 221) ⇨ 한(B.C. 202) ⇨ 위 · 진 · 남북조 시대 ⇨ 수(589) ⇨ 당(618~907)
　　　　↳ 고조선 시기　　　　　　　　　　　　　　　　　　　　↳ 고대 사회 시기

(2) 인도: 마우리아 왕조 ⇨ 쿠샨 왕조 ⇨ 굽타 왕조

(3) 오리엔트 지방: 아시리아 ⇨ 페르시아의 통일 제국 ⇨ 헬레니즘 시대

(4) 일본: 100여 국 시대 ⇨ 고분 시대 ⇨ 야마토 정권(4~7C) ⇨ 다이카 개신(645) ⇨ 나라 시대(710~794) ⇨ 헤이안 시대(794~1185)

2. 서양

(1) 그리스: 아테네와 스파르타 등의 폴리스 발달 ⇨ 헬레니즘 시대

(2) 로마: 도시 국가로 출발 ⇨ 포에니 전쟁의 승리로 세계 제국으로 발전 ⇨ 게르만의 이동으로 서로마 제국 멸망

▶ 세계사의 주요 사건: 게르만 민족의 대이동(4~6C)

---

1 고대 사회의 성격

1. 고대 사회의 성립

(1) **국가 발전 단계**: 군장 국가(청동기) ⇨ 연맹 왕국(철기) ⇨ 중앙 집권 국가

(2) **고대 사회의 성격**

> ① 왕권 강화: 형제 세습 ⇨ 부자 세습
> ② 중앙 집권적 제도 마련: 신분 · 정치 제도 정비, 율령 반포 등
> ③ 영역 국가
> ④ 불교 수용

✱ 백제 건국 세력이 고구려 유이민인 증거
1. 온조의 건국 기사
2. 서울 석촌동 고분 양식(초기 고구려 돌무지무덤)
3. 시조신 – 동명왕
4. 왕족의 성씨 – 부여씨
5. 개로왕이 북위에 보낸 국서 –"…… 고구려와 더불어 근원이 부여에서 나왔으므로 ……"
6. 성왕 때 백제 명칭 – 남부여

(3) **삼국의 고대 국가 성격 비교**

성격 ＼ 삼국		고구려	백제 ✱	신라
고대 국가 기반 마련	형제 세습	1C 후반~2C 태조왕(계루부 고씨)	3C 고이왕	4C 내물왕(김씨 독점, 마립간)
	부자 세습	2C 고국천왕	4C 근초고왕	5C 눌지왕(마립간)
고대 국가 체제 완성(율령 반포)		4C 소수림왕	3C 고이왕	6C 법흥왕
한강 확보 • 국내: 인적 · 물적 자원 풍부 • 국외: 중국과의 직교역		5C 장수왕 ⇨ 남하 정책(평양 천도) ⇨ 남한강 점령[충주(중원) 고구려비] cf 광개토 대왕	• 3C 고이왕 • 4C 근초고왕: 마한 완전 차지	6C 진흥왕 • 나 · 제 동맹 의거 　┌ 신라: 상류 차지(단양 적성비) 　└ 백제: 하류 차지(성왕) • 백제의 하류 재탈환(북한산비) ⇨ 나 · 제 동맹 결렬, 당항성 설치(경기도 남양만)
불교 수용		4C 소수림왕(전진)	4C 침류왕(동진)	5C 눌지왕 도입(고구려) ⇨ 6C 법흥왕 공인

✦ 신라의 발전과 왕호 변천

신라에서는 왕의 칭호가 거서간, 차차웅, 이사금, 마립간, 왕 등으로 여러 차례 바뀌었는데 이러한 변화는 신라의 발전 과정을 나타낸다. 즉, <u>정치적 군장과 제사장의 기능이 분리되면서 거서간과 차차웅으로 그 칭호가 나누어졌고</u>, 박·석·김의 3부족이 연맹하여 그 연맹장을 3부족에서 교대로 선출하게 되자 연맹장이란 의미에서 이사금이란 칭호를 사용하였다. 이후 김씨가 왕위 세습권을 독점하면서 그 왕권을 강화하기 위해 대수장이란 의미의 마립간으로 왕호를 바꾸었다. 그 뒤 왕위의 부자 상속제를 확립하고, 이어 6부를 개편하여 중앙 집권화를 추진하면서 마립간 대신 왕이란 칭호를 사용하게 되었다.

↳ 내물 마립간 ↳ 지증왕 ↳ 눌지 마립간

1. 거서간(居西干)	1대 박혁거세	귀인 · 추장 · 군장의 우두머리로 해석
2. 차차웅(次次雄)	2대 남해	제주(祭主) · 제사장 · 자충(慈充) 등으로 해석
3. 이사금(尼師今)	3대 유리	연장자 · 계승자 등으로 해석
4. 마립간(麻立干)	17대 내물	대수장(大首長) · 마립(麻立, 머리) · 마루(瑪樓) 등으로 해석
5. 왕(王)	22대 지증왕	지증왕은 한화 정책(漢化政策)을 추진한 왕으로서, 중국식으로 국호 '신라(新羅)', 왕호 '왕(王)'을 사용
6. 불교식 왕명	23대 법흥왕	법흥왕~진덕 여왕 때에는 불교식 왕명을 사용
7. 중국식 시호	29대 무열왕	무열왕부터는 중국식 시호를 사용

2. 가야 연맹 사료 21

전기 가야 연맹	3세기경 김해의 금관가야(김수로 건국) 중심 cf 김수로, 인도 아유타국 허황옥과 결혼
전기 가야 연맹의 쇠퇴	4세기 초부터 백제와 신라의 팽창에 밀려 전기 가야 연맹은 약화되기 시작, 4세기 말~5세기 초에 신라를 후원하는 고구려군(광개토 대왕 군대)의 공격을 받고 거의 몰락 cf 광개토 대왕비 신묘년 기사
후기 가야 연맹	5세기경 고령의 대가야(이진아시왕 건국)로 이동 • 479년　남제에 사신 파견 • 522년　대가야-신라(법흥왕)와 결혼 동맹 체결 • 532년　금관가야 멸망(by 법흥왕) • 540년　왜에 사신 파견 • 554년　신라(진흥왕) vs 대가야+백제(성왕)+왜 　　　　⇨ 관산성 전투, 신라 승리 • 562년　대가야 멸망(by 진흥왕)
경제생활	• 철의 생산과 농경의 발달 • 중계 무역 ⇨ 낙랑 · 대방 · 왜 등에 철 수출 • 수공업 발달 ⇨ 토기 발달(일본 스에키 토기에 영향)
문화	• 금동관, 철제 무기, 마구류, 갑옷, 토기 등 • 고령 지산동 고분군: 순장, 금동관, 토제 방울 등 출토 • 김해 대성동 고분군: 북방계 청동솥, 바람개비 모양 동기 등 출토 ⇨ 중국 등 북방 지역 및 일본과의 교류 증명 • 함안 말이산 고분군: 마갑총(말 갑옷), 별자리 출토 cf 가야 고분군 – 2023년 유네스코 세계 문화유산 등재, p.281 참고

▲ 가야 연맹의 위치

(지도) 신라 / 동해 / 성산 가야 / 덕유산 / (성주) / 가야산 / 가야산 / (고령) / ◉사로 / 백제 / 아라 가야 / 대가야 / 지리산 / (함안) / (김해) / 고령 가야 / (진주) / 금관 가야 / (고성) / 소가야 / 왜국으로의 진로 / 한 군현으로의 진로

1. 삼국 정치사 총정리

3세기 이전 소노부는 자체 종묘 · 사직에 제사
→ 소노부, 계루부, 절노부, 순노부, 관노부

※ 번호는 사건 순서임.　----- 우호 관계　◄─► 대립 관계

구분	고구려 (부여족, 5부족 연맹체)	백제 (부여족, 5부족 연맹체)	신라 (박 · 석 · 김: 3부족 ⇨ 6부족)
2세기	• **태조왕**사료 22: 옥저 복속, 낙랑 공격, 계루부 고씨 왕위(형제) 세습 • **고국천왕**: 진대법, 부자 세습, 행정 5부 마련	(1) 위례성(⇨ 한성) 시대	
3세기	• **동천왕** 　– 오 교류, 위 견제 　– 서안평 공격	• **고이왕** 　– 왕위(형제) 세습 　– 율령 반포, 6좌평 제도 실시	
4세기	• **미천왕** 　① 서안평 차지 　② 낙랑 · 대방 축출(⇨ 고조선 고토 회복) • **고국원왕**◄ 　① 전연(모용황)의 침입 　② 근초고왕의 침입으로 평양성에서 전사 • **소수림왕**사료 23 　– 전진 교류 　① 불교 도입(⇦ 전진), 태학 설립 　② 율령 반포	• **근초고왕**사료 28 　– 부자 세습 　– 마한 완전 차지 　– 요서(일시 점령) – 산둥 – 일본 　⇨ 고대 상업권 형성사료 29 　– 칠지도(왜에 하사)✱ • **침류왕**: 불교 도입(⇦ 동진) • **아신왕**	• **내물왕**(마립간) 　– 김씨에 의한 왕위(형제) 세습 　– 광개토 대왕의 도움으로 왜구 격퇴(cf 호우명 그릇)✱
5세기 (삼국 항쟁 1기)	• **광개토 대왕**(4세기 말~5세기 초) 　– 숙신(여진) 정벌, 후연(모용희)의 침입 ⇨ 요동 및 만주(부여) 　　대부분 차지 　– 한강 이북(관미성) 점령 　– 신라에 들어온 왜구 격퇴(광개토 대왕비✱사료 24) 　– 연호 최초 사용(영락) • **장수왕** 　① 남하 정책(국내성 ⇨ 평양) ◄► 나 · 제 동맹(433) 　② 남한강 차지[충주(중원) 고구려비사료 25] 　③ 유연과 연결, 지두우 점령(흥안령 일대 차지) 　– 다면 외교[남북조 대립 이용(북위 · 송과 교류) ⇨ 북연의 왕 풍홍 　　의 망명 수용 및 제거)] 　– 경당(지방, 사학) • **문자왕**: (동)부여 복속(최대 판도)	• **비유왕**: 나 · 제 동맹(433) • **개로왕**(부여경)사료 30: 한성 함락, 북위에 원조 요청, 실패 • **문주왕**: 웅진(공주) 천도(475) (2) 웅진(공주) 시대 • **동성왕**: 결혼 동맹(493)사료 31, 탐라 복속	• **눌지왕**(마립간) 　– 부자 세습, 나 · 제 동맹, 불교 도입(⇦ 고구려) • **자비왕**(마립간) 　– 수도의 방리(坊里)명 제정 • **소지왕**(마립간) 　– 결혼 동맹(493), 행정적 6부 마련, 시장(사시, 경주) · 우역 설치
6세기 (삼국 항쟁 2기)	• **귀족 연립 정치**(왕권 미약) cf **가야 주요 역사** 1. 3C: 금관가야 중심 2. 5C: 가야 중심지 이동(⇨ 대가야) 3. 6C: 가야의 발전 과정 　• 522년: 대가야–신라 법흥왕과 결혼 동맹 　• 532년: 금관가야 멸망(by 법흥왕) 　• 554년: 신라(진흥왕) vs 대가야+백제(성왕) + 왜 　　⇨ 관산성 전투, 신라 승리 　• 562년: 대가야 멸망(by 진흥왕)	• **무령왕**(영동대장군 사마왕) 　– 22담로(지방) 설치 　– 무령왕릉(양 · 일본과 교류) 　cf 양직공도 • **성왕**사료 32 　① 사비(부여) 천도(538) 　　⇨ 국호를 남부여로 함. (3) 사비(부여) 시대 　② 한강 일시 회복 ⇨ 진흥왕의 배신 ⇨ 　　나 · 제 동맹 결렬(553), 관산성 전투 　　(구천 전사, 554) 　– 22부(중앙 제도) 설치 　– 5부, 5방(지방 제도) 정비 　– 불교 최초 일본 전파(노리사치계), 　　겸익 등용	• **지증왕**사료 36 　– 한화(漢化) 정책(왕, 신라, 군현 제도) 　– 이사부의 우산국(울릉도 · 독도) 복속, 우경 실시, 동시전 설치 • **법흥왕**(불교식 왕명기, 연호–건원) 　– 율령 반포(울진 봉평 신라비사료 37) 　– 병부 설치, 상대등 제도, 불교 공인 　– 대가야와 결혼 동맹(522) 　– 금관가야 정벌(532) • **진흥왕**(불교식 왕명기, 연호–개국, 대창, 홍제) 　– 「국사」(545) 편찬 　① 나 · 제 동맹 의거 　　┌ 신라: 한강 상류 차지(단양 적성비) 　　└ 백제: 한강 하류 차지(성왕) 　② 백제의 한강 하류 다시 탈환 ⇨ 나 · 제 동맹 결렬(553) ⇨ 신주 　　설치(북한산비, 555) 　③ 대가야 정벌[562, 창녕비(561)] 　④ 함경도 진출(황초령비, 마운령비사료 38) 　– 황룡사 건립, 화랑도 공인, 불교 교단 조직(국통 · 주통) • **진평왕**: 원광의 걸사표사료 39, 세속 오계
7세기 (삼국 항쟁 3기)	• **영양왕**(6세기 말~7세기 초) 　– 온달의 아차산성 사망(590) 　– 고구려, 요서 선제공격(598) ⇨ 1차 여 · 수 전쟁(수 문제 침 　　입) 격퇴 　– 2차 여 · 수 전쟁[수 양제 침입, 을지문덕의 살수 대첩(612, 　　'여수장우중문')]사료 26 • **영류왕** • **보장왕**(연개소문–대막리지)사료 27 　– 당 고조의 회유책(도교 공식 도입) 　– 당 태종의 강경책 ⇨ 천리장성 완성(영류왕 때 시작), 　　여 · 당 전쟁(안시성 싸움, 645) 　– 고구려 멸망(668), 당의 안동 도호부(평양) 설치	• **무왕**사료 33 　– 익산 천도 시도, 실패 　– 부여 왕흥사 완성, 익산 미륵사 창건 　cf 익산 미륵사지 석탑 • **의자왕**◄ 　– 신라의 대야성(642) 공격 　– 고구려와 함께 당항성 공격 시도 　– 계백의 황산벌 전투(660) ⇨ 백제 멸망 　사료 34, 당의 웅진 도독부(공주) 설치 　cf 사택지적비(불교+도교)사료 74	• **선덕 여왕**사료 40(불교식 왕명기, 연호–인평) 　– 수 · 당과 외교, 황룡사 9층 목탑, 첨성대, 분황사 모전 석탑 • **진덕 여왕**사료 41(불교식 왕명기, 연호–태화) 　– 집사부 설치, 나 · 당 동맹(648) 체결, 태평송, 중국 연호 및 　　관복 사용 • **태종 무열왕**(중국식 시호, 최초의 진골 출신 왕) 　– 당(소정방)의 백제 침공+김유신의 탄현(대전) 침공 ⇨ 황산벌 　　전투(계백 vs 김유신) 승리, 백제 멸망(660) • **문무왕**(661~681) 　– 계림 도독부 설치(경주, 663) ⇨ 고구려 멸망(668, 당의 안동 도 　　호부 설치) 　– 나 · 당 전쟁[사비성 공격 ⇨ 소부리주(부여) 설치 ⇨ 매소성 　　싸움(675) ⇨ 기벌포 싸움(676)] ⇨ 삼국 통일

cf **백제 부흥 운동**사료 35
• 흑치상지 · 지수신(임존성)
• 복신 · 도침(주류성)
• 왜 + 백제 부흥군 ⇨ 백강 전투(663)

cf **고구려 부흥 운동**
검모잠, 안승(보덕국(익산)), 고연무 등

내몽골 지방에 위치한 유목 국가

2. 중국의 형세와 삼국 간의 대외 관계

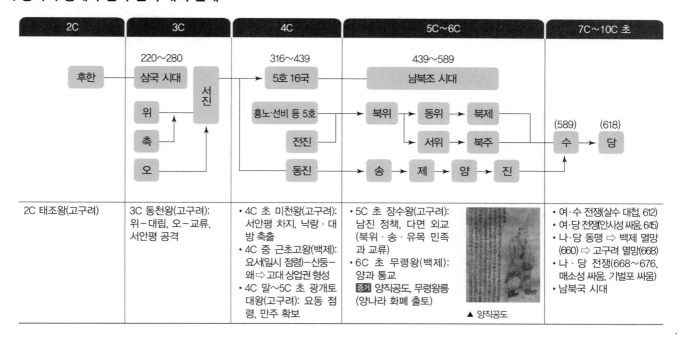

2C	3C	4C	5C~6C	7C~10C 초
후한	220~280 삼국 시대 위 촉 오 → 서진	316~439 5호 16국 흉노·선비 등 5호 → 북위 → 동위 → 북제 전진 동진 → 송 → 제 → 양 → 진 → 서위 → 북주	439~589 남북조 시대	(589) 수 (618) 당
2C 태조왕(고구려)	3C 동천왕(고구려): 위-대립, 오-교류, 서안평 공격	• 4C 초 미천왕(고구려): 서안평 차지, 낙랑·대 방 축출 • 4C 중 근초고왕(백제): 요서(일시 점령)-산둥- 왜⇨ 고대 상업권 형성 • 4C 말~5C 초 광개토 대왕(고구려): 요동 점 령, 만주 확보	• 5C 초 장수왕(고구려): 남진 정책, 다면 외교 (북위·송·유목 민족 과 교류) • 6C 초 무령왕(백제): 양과 통교 증거 양직공도, 무령왕릉 (양나라 화폐 출토) ▲ 양직공도	• 여·수 전쟁(살수 대첩, 612) • 여·당 전쟁(안시성 싸움, 645) • 나·당 동맹 ⇨ 백제 멸망 (660) ⇨ 고구려 멸망(668) • 나·당 전쟁(668~676, 매소성 싸움, 기벌포 싸움) • 남북국 시대

3. 삼국·남북국 시대의 대외 관계

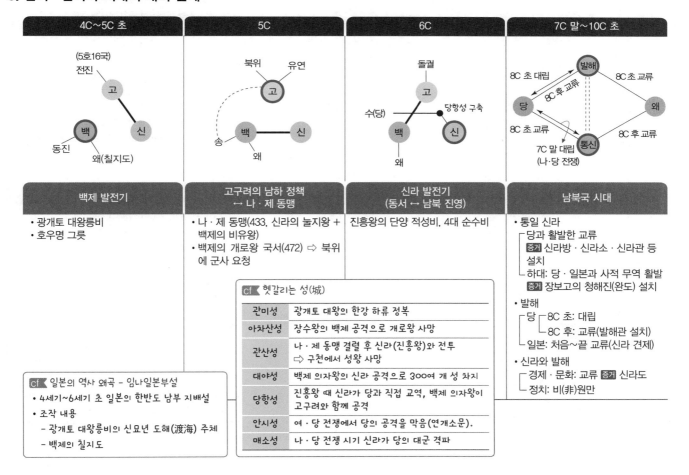

4C~5C 초	5C	6C	7C 말~10C 초
백제 발전기	**고구려의 남하 정책 ↔ 나·제 동맹**	**신라 발전기 (동서 ↔ 남북 진영)**	**남북국 시대**
• 광개토 대왕릉비 • 호우명 그릇	• 나·제 동맹(433, 신라의 눌지왕 + 백제의 비유왕) • 백제의 개로왕 국서(472) ⇨ 북위 에 군사 요청	진흥왕의 단양 적성비, 4대 순수비	• 통일 신라 ㄷ당과 활발한 교류 증거 신라방·신라소·신라관 등 설치 ㄴ하대: 당·일본과 사적 무역 활발 증거 장보고의 청해진(완도) 설치 • 발해 ㄷ당 ㄷ8C 초: 대립 ㄴ8C 후: 교류(발해관 설치) ㄴ일본: 처음~끝 교류(신라 견제) • 신라와 발해 ㄷ경제·문화: 교류 증거 신라도 ㄴ정치: 비(非)원만

cf 헷갈리는 성(城)

관미성	광개토 대왕의 한강 하류 정복
아차산성	장수왕의 백제 공격으로 개로왕 사망
관산성	나·제 동맹 결렬 후 신라(진흥왕)와 전투 ⇨ 구천에서 성왕 사망
대야성	백제 의자왕의 신라 공격으로 300여 개 성 차지
당항성	진흥왕 때 신라가 당과 직접 교역, 백제 의자왕이 고구려와 함께 공격
안시성	여·당 전쟁에서 당의 공격을 막음(연개소문).
매소성	나·당 전쟁 시기 신라가 당의 대군 격파

cf 일본의 역사 왜곡 - 임나일본부설
• 4세기~6세기 초 일본의 한반도 남부 지배설
• 조작 내용
　- 광개토 대왕릉비의 신묘년 도해(渡海) 주체
　- 백제의 칠지도

✧ 백제 부흥 운동

660. 8.	좌평 정무, 백제 부흥 운동
9.	소정방, 의자왕·왕족·백성을 데리고 당으로 감.
661. 1.	복신·도침의 부흥 운동(주류성, 왕자 풍 옹립), 흑치상지의 부흥 운동(임존성)
2.	백제 부흥군, 서북부 일원 회복
3.	복신, 도침을 죽이고 고구려·일본에 구원 요청
663. 9.	일본 구원병, 백강에서 나·당 연합군에 패배
664	당, 부여융을 웅진 도독에 임명(부흥 운동 탄압)
665	흑치상지, 임존성에서 패배(부흥 운동 종결) ⇨ 흑치상지-당 망명, 임존성 성주 지수신-고구려 망명

✧ 고구려 부흥 운동

669	검모잠, 왕족 안승을 고구려왕으로 추대 ⇨ 한성(황해도 재령) 중심으로 부흥 운동 전개, 평양성 일시 탈환
670	신라에 구원 요청, 고구려(고연무)와 신라(설오유) 연합군 ⇨ 오골성에서 당과 대립
	안승, 검모잠 살해 후 신라 망명 ⇨ 금마저(익산)에 소고구려국[⇨ 보덕국(674)] 건립, 안승사료 42을 왕으로 추대 ⇨ 백제 고토에서 당과 대립

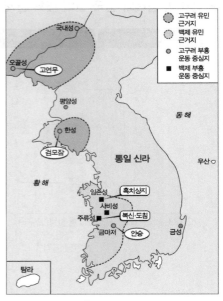

▲ 백제와 고구려의 부흥 운동 세력

▲ 4세기 백제의 발전

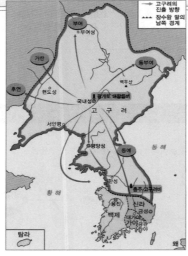

▲ 5세기 고구려 전성기의 세력 판도

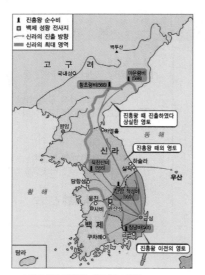

▲ 6세기 신라 진흥왕 때의 영토 확장

▲ 나·당 전쟁의 전개(670~676)

cf 7세기 동북아시아 국제 관계

612	살수 대첩(여·수 전쟁)
631	고구려, 천리장성 축조(당 견제)
642	백제, 신라의 대야성 공격, 여·제 동맹
643	여·제, 당항성 탈취(나·당 교통로 차단)
645	안시성 싸움(여·당 전쟁)
648	나·당 동맹
660	백제의 황산벌 전투(계백 VS 김유신) ⇨ 백제 멸망, 당-웅진(공주) 도독부 설치
663	당, 신라 경주에 계림 도독부 설치 백강 전투(일본+백제 부흥군 VS 나·당 연합군)
665	취리산(공주) 맹약(신라 문무왕+당의 유인원+웅진도독 부여융)
666	고구려, 연개소문 사망
668	고구려 멸망, 당-안동(평양) 도호부 설치
670	나·당 전쟁 시작, 안승의 신라 망명
671	사비성 공격, 소부리주(부여) 설치
674	신라, 임해전과 안압지 조성 안승을 보덕국왕에 봉함.
675	매소성 싸움 승리
676	기벌포(금강) 싸움 승리 ⇨ 나·당 전쟁 종식

cf 안승의 보덕국

신라 문무왕은 고구려 부흥 운동을 일으킨 후 신라에 투항한 안승을 고구려왕으로 봉하였다(670, 문무왕 10년). 그 후 674년에는 금마저(전북 익산)에 보덕국을 세우고 안승을 왕으로 임명하여 백제 고토의 당 세력과 대적하게 하였다. 통일 후 신문왕은 안승을 경주로 이주시켜 격리시키고, 보덕국은 폐지시켰다. 보덕국인들은 벽금서당과 적금서당으로 구성되어 9서당에 편입되었다.

✦ 광개토 대왕릉비

1. 건립 시기: 414년(장수왕 2)

2. 위치: 만주 집안현(통구)

3. 비문 내용: 예서체(44행, 1775자 현존)로 된 왕의 공적을 기록한 것으로 크게 3부로 나누어진다.
   ① 1부: 고구려의 건국 신화와 추모왕(鄒牟王=동명왕), 유류왕(儒留王=유리왕), 대주류왕(大朱留王 =대무신왕) 등의 세계(世系)와 광개토 대왕의 행장(行狀)을 기록
   ② 2부: 광개토 대왕 때 이루어진 정복 활동과 영토 관리(만주 정복, 백제 정벌, 신라 구원, 동부여 및 숙신 정벌)에 대한 내용들을 연대순으로 기록
   ③ 3부: 능을 관리하는 수묘인(守墓人) 연호(烟戶)의 숫자(330호)와 차출 방식, 수묘인의 매매 금지 에 대한 규정 기록

4. 비의 발견: 이 능비는 1875년 중국인 농부에 의해 발견되면서 광개토 대왕비로 확인되었다. 능비의 존재가 처음으로 기록된 것은 『용비어천가』 등 조선의 문헌이지만 고구려의 유적으로 인식되지는 못 하였다. 심지어 『지봉유설』에는 금(金)의 시조비로 잘못 기술되었을 정도로 비의 실체에 대하여 전 혀 알지 못하였다.

5. 비문의 문제 내용: '倭以辛卯年 來渡海破百殘□□□ 新羅以爲臣民' 부분이 문제의 내용이다. 일본 에서는 비문의 신묘년 '渡海'의 주체를 왜로 보고 이를 근거로 임나경영설을 주장하나, 이는 일본의 조작·왜곡설로 논쟁의 여지가 많다.
   ① 일본의 해석: 왜가 신묘년에 바다를 건너 백제와 신라를 격파하고 신민으로 삼았다.
   ② 한국의 해석: 신묘년에 왜가 오자 고구려가 바다를 건너 백제를 격파하고 신라를 신민으로 삼았다.

✦ 칠지도

369년 백제 근초고왕이 일본 후왕(侯王)에게 하사한 철제 칼로 61자의 글자가 금 상감으로 새겨져 있다. 이 칼을 통해 백 제의 일본 진출과 함께 백제와 일본, 두 나라의 친교 관계와 백제의 발전된 금속 기술을 알 수 있다. 일본은 이를 백제가 진상한 것이라고 하여 일본의 백제 지배설을 주장하고 있다. 칠지도 표면에는 "태화 4년 9월 16일 병오 정양일에 백련강 철(百鍊鋼鐵)로 칠지도를 만들었다. 이 칼은 적병을 물리칠 수 있는 것이므로 제후의 왕들에게 나누어 줌이 마땅하다."고 쓰여 있다. 뒷면에는 "선세(先世) 이래로 아직 이 칼이 없었던 바, 백제의 왕세자 기생성음(奇生聖音)이 왜왕(倭王) 지(旨) 를 위하여 만들었으니 후세에 전하라."고 쓰여 있다. 여기서 태화(太和) 4년은 북위의 태화(太和) 4년(480), 동진의 태화 (太和) 4년(369) 중 후자로 보며 이 경우 근초고왕 24년에 해당한다.

✦ 호우명 그릇

경주의 호우총에서 발굴된 것으로, 이 그릇 밑바닥에 '廣開土地好太王(광개토지호태왕)'이라는 글씨 가 새겨져 있어 당시 신라와 고구려의 관계를 보여 준다. 이 그릇이 발견된 신라의 호우총은 돌무지 덧널무덤으로, 피장자는 중상급 귀족으로 추정된다. 고구려 장수왕 3년 을묘년(415)에 만들어졌으며, 명문의 서체는 광개토 대왕릉비문과 같다. 호우명 그릇은 현재 국립 중앙 박물관에 소장되어 있다.

✦ 신라의 주요 비문

구분	비명	시기	의의
판결비	포항 중성리비	• 현존 최고(最古)의 신라비 (2009년 5월 발견) • 지증왕 2년(501) 추정	지금의 포항 흥해 지역에서 발생한 모종의 소송에 대한 판결문
	영일 냉수리비	지증왕 4년(503) 추정	• 절거리(節居利)라는 사람의 재산 상속 문제에 대한 판결문 • 신라를 사라(斯羅)로 기록. 왕(王)도 부(部)에 소속✱되어 6부 귀족의 대표자 수준임을 보여 준 점. 중앙 관리와 지방 촌주가 똑같이 '~干支(간지)'라는 관등을 갖고 있는 점에 주목
척경비✱ 자료 38	울진 봉평 신라비 자료 37	법흥왕 11년(524)	• 법흥왕의 율령 반포 사실을 기록 • 비의 핵심 내용은 모즉지매금왕(법흥왕)을 비롯한 14명의 6부 귀족들이 울진 지역의 화재 사건과 관련하여 주민을 처벌한 내용 ⇨ 6부의 존재, 노인법(奴人法), 죄인을 처벌하는 장형(杖刑)의 존재 확인
	단양 적성비	진흥왕 12년(551)	신라의 영토 확장 정책의 시작을 상징하는 전초 기지(남한강) 확보와 복속민에 대한 회유책, 당시의 관직명과 율령 정비의 내용 기록
순수비✱	북한산비	진흥왕 16년(555)	한강 하류 진출(19세기 김정희 고증 ⇨ 현재 국립 중앙 박물관 소재)
	창녕비	진흥왕 22년(561)	창녕 지역 정벌 cf 대가야 정벌(562)
	황초령비	진흥왕 29년(568)	함흥 지방 진출(19세기 함경도 관찰사 윤정현 조사)
	마운령비	진흥왕 29년(568)	함흥 지방 진출(1929년 최남선 조사)
공역비	영천 청제비	법흥왕 23년(536)	제방 축조 사실을 입증하는 금석문으로서 부역 동원 사실 기록
	남산 신성비	진평왕 13년(591)	신성 축조에 부역 동원 사실 기록
기타	임신서기석	진흥왕 13년(552) 또는 진평왕 34년(612) 추정	신라 화랑들이 유교 경전을 공부했음을 기록
	문무왕릉비 (2009년 발견)	신문왕 2년(682)	신라 왕실 김씨의 내력, 태종 무열왕과 문무왕의 업적, 신라의 백제 평정 사실, 문무왕의 죽음과 유언 등의 내용 기록. 특히 신라 왕실이 한 무제에 투항한 흉노 태자 김일제로부터 신라 김씨의 뿌리를 찾으려 한 흔적을 보여줌.

✦ 한강 관련 삼국 비문

한강에 세운 비	• 충주(중원) 고구려비 • 단양 적성비 • 북한산비
한강 쟁탈 과정을 보여 주는 비	• 충주(중원) 고구려비 • 단양 적성비 • 북한산비 • 광개토 대왕비

✱ 왕의 소속부: 영일 냉수리비에 지도로갈문왕(지증왕)이 사량부(沙喙部) 소속으로 나오고, 울진 봉평 신라비에 모즉지매금왕(법흥왕)이 양부(喙部, 탁부, 급량부) 소속으로 나오는 것으로 보아 왕도 특정한 부(部)에 속하였음을 알 수 있다.

✱ 척경비: 척경(拓境)은 경계를 넓힌다는 뜻으로, 왕이 영토를 확장하면서 경계 지점에 세운 비석을 말한다. 내용상으로 순수비와 다를 것은 없다.

✱ 순수비: 순수(巡狩)는 왕이 천하를 돌아다니며 살피던 일로, 이때 왕이 살피고 돌아다닌 곳을 기념하기 위해 보통 비석을 세우는데 이를 순수비라고 한다. 진흥왕 순수비에는 '순수관경(巡狩管境)'이라는 제목을 붙이고 임금을 수행한 신하들의 명단을 기록하였다.

3 신라의 시대별 총정리

1. 신라의 시대 구분

구분	시대 구분 기준	박혁거세(1)~지증왕(22)	법흥왕(23)~진덕 여왕(28)	무열왕(29)~혜공왕(36)	선덕왕(37)~경순왕(56)
『삼국유사』	불교식 왕명기 중심	상고	중고	하고	
『삼국사기』	왕의 혈통 중심	상대		중대	하대

2. 신라의 시대별 총정리(『삼국사기』 의거)

시대 \ 특징	왕통	수상	토지 제도	불교	기타
상대 • 박혁거세(1대) • 내물왕(17대) • 눌지왕 • 소지왕 • 지증왕 • 법흥왕 • 진흥왕 • 진평왕 • 선덕 여왕 • 진덕 여왕(마지막 성골)	성골(내물계) • 내물왕: 형제 세습 • 눌지왕: 부자 세습 • 진평왕: 성골·진골 분리	상대등(귀족: 선출) • 법흥왕: 상대등 제도 마련	녹읍(조세, 공납, 역)	• 5세기 눌지왕 때 도입(⇦ 고구려) • 6세기 법흥왕 때 공인 • 불교식 왕명(법흥왕 ~진덕 여왕)	• 지증왕: 중국식 군현 제도 도입 • 법흥왕: 병부 설치, 율령 반포 • 골품 제도 마련 　　　➤ 강수, 설총
중대(전제 왕권 강화) • 무열왕(654~661) 사료 43 • 문무왕(661~681) 사료 44 • 신문왕(681~692) 사료 45 • 성덕왕(702~737) • 경덕왕(742~765) 사료 46 • 혜공왕(765~780) 　➤ 96각간의 난(대공의 난)	진골(무열계)	시중 (왕이 임명, 집사부 의 장)	• 신문왕: 관료전 지급 ⇨ 녹읍 폐지 • 성덕왕: 정전 지급 • 경덕왕: 녹읍 부활	• 통일 전후기 ⇨ 교종·선종 도입 • 중대 ⇨ 교종의 유행(5교) • 의상의 화엄종(⇨ 문무왕의 정치적 자문) • 원효의 정토종(⇨ 불교의 대중화)	• 진골 귀족 대거 숙청(김흠돌의 모역 사건✱), 6두품 등용 ⇨ 왕의 정치적 조언자 역할(집사부 시랑) • 국학 설치(공통 과목: 유교 경전) • 정치: 14관청 정비 • 군사: 9서당(중앙군), 10정(지방군) • 지방: 9주(도독 파견), 5소경(사신 파견) 　　➤ 최치원, 최승우(⇨ 견훤),
하대 • 선덕왕(780~785) • 원성왕(785~798) • 흥덕왕(826~836) 사료 47 • 진성 여왕(887~897) 사료 48 • 경순왕(927~935)	진골(내물계) ⇨ 왕위 쟁탈전	상대등	녹읍, 농장 확대	선종의 유행(9산)	➤ 최언위(⇨ 왕건) • 호족의 대두✱ • 6두품 사료 49: 호족·선종과 연결 • 원성왕: 독서삼품과 시도 • 진성 여왕: 원종·애노의 난(민란)

cf. 신라 하대의 동요
김헌창의 난(822)✱· 김범문의 난(825)· 장보고의 난(838, 846) ⇨ 진성 여왕의 실위(887~897) ⇨ 민란 발생: 원종·애노의 난(889)· 적고적의 난(진성 여왕 10년(896), 효공왕 2년(898)] 등

✱ 김흠돌의 모역 사건(681)
신라 신문왕이 즉위하던 해에 왕의 장인 김흠돌의 모역 사건이 있었다. 이 사건에 많은 귀족이 연루되어 귀족에 대한 대대적인 숙청이 행해졌고, 이를 계기로 왕권이 전제화되었다.

✱ 김헌창의 난(822)
웅천주 도독 김헌창(무열계)은 자신의 아버지 김주원이 내물왕계인 원성왕에 밀려 왕위에 오르지 못한 것에 원한을 품었다. 그리하여 822년(헌덕왕 14) 웅주(지금의 공주)에서 반란을 일으키고 국호를 '장안'이라 하였다.

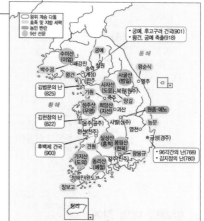

▲ 신라 말의 정치적 혼란과 9산의 형성

3. 중대 주요 왕의 업적

무열왕(29대)	왕통의 교체(최초 진골 출신 왕), 중국식 시호 사용, 집사부 시중의 강화, 백제 멸망(660)
문무왕(30대)	삼국 통일 완성(676), 부석사 창건(676), 임해전 설치
신문왕(31대)	• 전제 왕권의 확립(김흠돌의 모역 사건 계기) • 중앙 집권적 관료 정치: 중앙–집사부 등 14부 정비, 지방–9주 5소경 제도 정비, 군사–9서당(중앙군) 10정(지방군) 정비, 국학 설립, 중국식 5묘제 도입 • 달구벌(대구) 천도 계획 ⇨ 귀족들의 반발로 실패 • 토지 제도 정비: 관료전 지급 ⇨ 녹읍 폐지
성덕왕(33대)	• 공자와 10철(哲, 공자의 제자 중 뛰어난 10사람), 72제자의 화상(畫像)을 당에서 가져와 국학에 둠(문묘) • 백관잠(百官箴, 신하의 도리를 적은 글) 저술(711) • 정전 지급(722) • 당의 요청으로 발해 공격 시도(733) ⇨ 실패
경덕왕(35대)	• 관청과 행정 구역의 이름을 중국식으로 고치는 개혁 실시 ⇨ 귀족들의 반발로 실패 • 녹읍 부활 • 국학을 태학감으로 개칭, 불국사와 석굴암 창건, 성덕 대왕 신종 주조 시작 　　　　　　　　　　　　➤ 혜공왕 때 완성

✱ 호족의 출신 성분
┌ 몰락한 중앙 귀족(일부)
└ 지방 세력(다수): 촌주, 해상 세력, 군진 세력 등
　➤ ∴ 지방, 반(半)독립적 세력

cf. 신라 말(진성 여왕) 지방 세력
889	양길 [북원(원주)]
889	원종·애노 [사벌주(상주)]
891	기훤 [죽주(안성)]
892	견훤 [무진주(광주)]
894	궁예 [명주(강릉)]

4 **발해**

1. 우리 민족사로 볼 수 있는 근거(☑)

민족 구성 면	☑ 지배층: 고구려인 ⇨ 고구려 역사 계승 의식 표명 **증가** 일본에 보낸 외교 문서사료 50 ☐ 피지배층: 말갈인
문화 면	고구려 문화 바탕, 당 문화 흡수 ☑ 고구려적 요소: 무덤(굴식 돌방무덤, 모줄임천장 구조), 온돌, 연꽃무늬 기와, 석등, 불상 등 ☐ 당적 요소: 수도 상경의 주작대로 ──▶ 정혜 공주 무덤

2. 발해의 건국

✳ 독자적 연호 사용의 의의
1. 국내-왕권 강화   2. 국외-중국과 대등

구분	독자적 연호	주요 활동	비고
1대 고왕 (698~719, 대조영)	천통	• 길림성 돈화시 동모산에서 건국(698) ⇨ 국호 진(震) • 돌궐, 신라, 당과 통교	초기 당과 갈등 ⇨ 당의 화해 요청, 고왕을 발해 군왕에 책봉(713)
2대 무왕사료 51 (719~737, 대무예)	인안	• 당+흑수 말갈+신라 vs 발해+일본+돌궐 • 장문휴: 당의 산둥성 공격	• 당과 갈등 **cf** 신라 성덕왕의 발해 공격 시도 ⇨ 실패 • 중경 천도(732?)
3대 문왕 (737~793, 대흠무)	대흥 ⇩ 보력 ⇩ 대흥	• 수도 천도: 중경(732?~756) ⇨ 상경(756) 　　　　　　　⇨ 동경(785~786) • 고려국 표방 **증가** 일본에 보낸 외교 문서 • 당과 교류: 3성 6부 제도, 주자감 도입 • 황제 국가 면모 과시: 황제국 자처[외왕내제(外王內帝)], 　불교의 전륜성왕 이념 수용	• 당 – 발해 국왕으로 승격(762) • 상경 천도(⇨ 당의 안록산의 난 계기) • 동경 천도(⇨ 일본과의 관계 고려)
5대 성왕 (793?~794, 대화여)	중흥		마지막 수도 천도(상경, 793)
10대 선왕 (818~830, 대인수) **cf** 대조영의 아우 대야발의 4대손	건흥	• 말갈족 복속, 요동 진출 ⇨ 최대 영토 확보 • 지방 제도 정비(5경 15부 62주)	당 – '해동성국'이라 부름.
15대 대인선 (907?~926)		거란(야율아보기)에게 멸망(926)	• 고려의 발해 유민(세자 대광현) 흡수사료 52 • 발해 부흥 운동: 정안국(938?)
왕권의 전제화	• 독자적 연호 사용 • 장자 상속제		

3. 발해의 대외 관계

──▶〈특징〉
• 돌궐과의 수교 ⇨ 당 견제 의도
• 일본과의 수교 ⇨ 신라 견제 의도

당	초기: 대립 관계 ⇨ 8세기 문왕 때: 친선 관계(사신 자주 파견, 당의 빈공과 다수 합격)
일본	끝까지 우호적 관계 **cf** 무왕 때 수교–신라와 당의 협공 견제
신라	• 정치적: 비원만(등제서열 사건✳, 쟁장 사건✳) • 경제·문화적: 교류(신라도✳) **cf** 최치원: 발해에 대해 비우호적

✳ 등제서열 사건
당에서 신라 최언위가 발해의 오광찬보다 빈공과의 등제 석차가 앞서자, 오소도(당시 발해의 재상으로서 당에 사신으로 파견된 오광찬의 부친)가 아들의 석차를 올려 달라고 요구하였다가 거절당한 사건

✳ 쟁장 사건
당에서 발해 사신이 신라 사신보다 윗자리에 앉을 것을 요청하였다가 거절당한 사건

✳ 신라도
발해의 상경 ⇨ 동경 ⇨ 남경 ⇨ 신라의 금성(경주)에 이르던 교통로. 8세기 전반에 개설된 것으로 추정되고, 본격적인 이용 시기는 8세기 후반에서 9세기 전반으로 본다.

4. 후대 역사가들의 발해사 연구

시대	사서	내용
일본	일본속기	발해를 고려, 발해 사신을 고려 사신으로 표명
고려	제왕운기(이승휴)	• 최초로 발해를 우리 역사로 인식 • 대조영을 고구려의 옛 장수로 표현
조선 후기	발해고(유득공)	최초로 '남북국 시대론' 주장
	동사(이종휘), 아방강역고(정약용), 해동역사(한치윤), 발해강역고(서상우), 발해세가(홍석주) 등	• 18C 실학자들 본격 연구 – 남북국 시대로 인식 • 19C 김정호의 『대동지지』 – 남북국 시대 언급
한말·일제 시대	백두산정계비고(장지연)	정약용의 『아방강역고』 참고, 발해 연구
	조선상고사(신채호)	고대사 체계: 단군 ⇨ 부여·고구려 ⇨ 발해

▲ 신라의 9주 5소경

▲ 발해의 영역

cf 신라와 발해의 시대별 비교

구분	신라	발해
7세기	• 무열왕(654~661) • 문무왕(661~681) • 신문왕(681~692)	• 고구려 멸망(668) • 대조영의 발해 건국(698)
8세기	• 성덕왕(702~737)	• 무왕(719~737)
	• 효성왕(737~742) • 경덕왕(742~765) • 혜공왕(765~780) • 선덕왕(780~785) • 원성왕(785~798)	• 문왕(737~793) • 성왕(793~794)
9세기	진성 여왕(887~897)	선왕(818~830)
10세기	• 후백제 건국(900) • 후고구려 건국(901) • 고려 건국(918) • 신라 멸망(935)	대인선: 거란에 멸망(926)

메모

▌중앙 집권 국가의 통치 구조 비교

구분	관등	수상	중앙 관제	수도 구획	지방 조직	특수 구역	군사 제도
고구려	• 14관등 • 대대로(최고) (~형, ~사자)✱	• 대대로(3년마다 귀족들이 선거) • 대막리지(비상시, 세습, 7세기 연개소문)	• 초기: 확실하지 않음. ⇨ 독자적 체제로 추정 • 평양 천도 이후 정비: 주부(재정), 내평(내무), 외평(외무)	5부	5부(욕살) – 성(처려근지)	3경제 ┌ 국내성 ├ 평양성 └ 한성	성주, 족장이 사병을 거느림, 유사시 동원할 때는 대모달·말객이 지휘
백제	• 16관등 • 좌평(최고) (~솔, ~덕) • 관복: 자·비·청색	상좌평(또는 내신좌평, 선거)	6좌평(3C 고이왕) ⇨ 22부(6C 성왕)	5부	5방(방령) – 군(군장)	22담로 (무령왕, 왕족 파견)	방령·군장이 군관
신라	• 17관등 • 이벌찬(최고) (~찬) • 2원적 관등제✱ • 관복: 자·비·청·황색	상대등(화백 회의의 장, 선거)	집사부 등 10부 ┌ 병부(법흥왕) ├ 위화부, 조부, 예부(진평왕) └ 좌이방부, 집사부(진덕 여왕)	6부	5주(군주) – 군(태수)	2소경(사신) ┌ 국원소경(충주) └ 북소경(강릉, 폐지) ⊙ 지증왕: 아시촌 소경(함안) 일시 설치	• 서당(중앙군, 모병) • 6정(지방군) • 군주가 군관
통일 신라	17관등	시중(집사부의 장, 왕이 임명)	예작부, 공장부 등 14부 완비(신문왕)		9주(총관⇨도독) – 군(태수) – 현(현령) ┌ 촌 └ 향·부곡	5소경(사신)✱ – 중원경(충주) +4소경 추가 ⊙ p.39 지도 참고	• 9서당(중앙군, 모병제) • 10정(지방군, 한주에만 2정 배치)
발해		대내상(정당성의 장)	3성 6부		15부(도독) – 62주(자사) – 현(현승) – 촌	5경✱ ⊙ p.39, 69 지도 참고	• 10위(중앙군, 대장군·장군이 지휘) • 지방 행정 조직에 따라 지방군 편성
비고	• 관등은 관리의 품계로서 관직과는 다름. • 신라의 관등은 골품 제도와 밀접	삼국 시대에는 귀족 세력이 강하여 수상을 선거하였음. 상대적으로 왕권은 약함.	• 삼국은 6전 제도를 도입(고구려 제외) • 신라는 관부가 병렬적으로 독립되어 있었으며, 각 부의 장관이 여러 명인 경우도 많았음. ⊙ 무열왕 때 병부 장관 3인 • 발해는 당의 3성 6부제를 도입 ⇨ 운영상 독자적	부족적 전통이 행정 구역으로 발전	• 삼국 시대에는 지방 행정 조직이 군사 조직과 일치 ⇨ 통일 후에는 행정과 군사가 분리 • 삼국은 외형상 중국의 군현 제도와 유사한 지방 조직을 설치했지만, 실제로는 지방관의 수가 많지 않아서 주요 거점만을 지배하는 데 그쳤고, 나머지 지역은 자치를 허용하여 간접적으로 주민을 지배	지방 통제 수단이면서 지방 문화의 중심지	• 삼국 시대에는 지방 장관이 행정권과 군사권을 모두 장악 • 9서당: 신라인, 고구려인, 백제인, 말갈인으로 구성(민족 융합책) ⇨ 옷깃 색으로 구별

✱ 형, 사자
형은 나이 많은 연장자·촉장을 의미, 사자는 촉장의 심부름꾼으로 지방에서 조세를 받아 오는 사람을 의미 ⇨ 중앙 집권 국가에서 보이는 초기 국가적(부족장적) 요소

✱ 2원적 관등제
┌ 경위제(17관등, 왕경인)
└ 외위제(11관등, 지방 촌주) ⇨ 삼국 통일 과정에서 소멸

✱ 5소경
• 중원경(충주), 서원경(청주), 북원경(원주), 남원경(남원), 금관경(김해)
• 설치 목적: 수도의 편재성 보완, 지방 세력 견제

✱ 발해 5경과 5도(道)
• 중경 현덕부–영주도
• 상경 용천부–거란도
• 남경 남해부–신라도
• 서경 압록부–조공도
• 동경 용원부–일본도

✦ 삼국의 관등

1. 고구려 (14관등)

등급	관등명
1	대대로
2	태대형
3	울절
4	태대사자
5	조의두대형
6	대사자
7	대형
8	발위사자
9	상위사자
10	소사자
11	소형
12	제형
13	선인
14	자위

2. 백제 (16관등)

등급	관등명	복색
1	좌평	자색
2	달솔	자색
3	은솔	자색
4	덕솔	자색
5	한솔	자색
6	나솔✱	자색
7	장덕	비색
8	시덕	비색
9	고덕	비색
10	계덕	비색
11	대덕	비색
12	문독	청색
13	무독	청색
14	좌군	청색
15	진무	청색
16	극우	청색

3. 신라 (17관등) cf 골품 제도와 관련

등급	관등명	진골	6두품	5두품	4두품	복색	중시령	시랑경	도독	사신	군태수	현령
1	이벌찬	■				자색						
2	이찬	■				자색	■		■			
3	잡찬	■				자색	■		■			
4	파진찬	■				자색	■		■	■		
5	대아찬	■				자색	■		■	■		
6	아찬		■			비색		■	■	■	■	
7	일길찬		■			비색		■	■	■	■	
8	사찬		■			비색		■	■	■	■	■
9	급벌찬		■			비색		■	■	■	■	■
10	대나마			■		청색		■		■	■	■
11	나마			■		청색		■		■	■	■
12	대사				■	황색					■	
13	사지				■	황색					■	
14	길사				■	황색						
15	대오				■	황색						
16	소오				■	황색						
17	조위				■	황색						

✦ 백제의 6좌평

내신좌평	왕명의 출납
내두좌평	재정과 회계
내법좌평	제사와 의례
위사좌평	왕궁의 숙위
조정좌평	형벌과 치안
병관좌평	군사와 국방

✱ 6품 나솔 이상 관리의 은제 관식
익산 미륵사지 석탑, 부여 등에서 출토,
최근 경남 남해 분묘에서도 출토

✦ 통일 신라의 중앙 관부

관부	담당 사무	설치	장관	6전 체제와의 비교
1. 집사부(성)	국가 기밀 사무	진덕 여왕	중시(中侍) ⇨ 시중	국가의 기무
2. 병부	군사	법흥왕	영(令)	병부
3. 조부	공물·부역	진평왕	〃	삼사(고려)
4. 창부	재정 담당	진덕 여왕	〃	호부
5. 예부	의례	진평왕	〃	예부
6. 승부	마정	진평왕	〃	국토교통부(현재)
7. 사정부	감찰 사무	무열왕	〃	어사대(고려)
8. 예작부	토목·건축	신문왕	〃	공부
9. 선부	배·교통	문무왕	〃	국토교통부(현재)
10. 영객부	외교	진평왕	〃	외교부(현재)
11. 위화부	관리 임명	진평왕	〃	이부
12. 좌·우이방부	형사(刑事)	진덕 여왕(문무왕)	〃	형부
13. 공장부	공장(工匠)의 사무	신문왕	〃	공부

✦ 발해의 중앙 관부

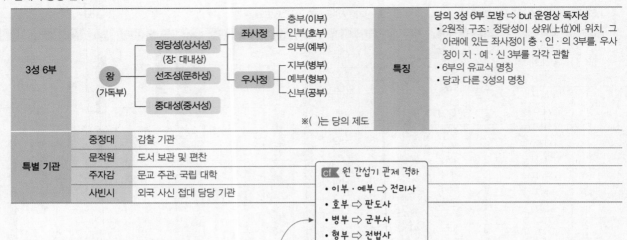

3성 6부	왕 (가독부) → 정당성(상서성) (장: 대내상), 선조성(문하성), 중대성(중서성)	좌사정 → 충부(이부), 인부(호부), 의부(예부) / 우사정 → 지부(병부), 예부(형부), 신부(공부)	특징	당의 3성 6부 모방 ⇨ but 운영상 독자성 • 2원적 구조: 정당성이 상위(上位)에 위치, 그 아래에 있는 좌사정이 충·인·의 3부를, 우사 정이 지·예·신 3부를 각각 관할 • 6부의 유교식 명칭 • 당과 다른 3성의 명칭

※( )는 당의 제도

특별 기관	중정대	감찰 기관
	문적원	도서 보관 및 편찬
	주자감	문교 주관, 국립 대학
	사빈시	외국 사신 접대 담당 기관

> **cf** 원 간섭기 관제 격하
> • 이부·예부 ⇨ 전리사
> • 호부 ⇨ 판도사
> • 병부 ⇨ 군부사
> • 형부 ⇨ 전법사
> • 공부 ⇨ 폐지

✦ 역대 중앙 관제 비교(6전 조직 중심)

백제	통일 신라	발해	고려	조선	업무	현재
내신좌평	위화부	충부	이부	이조	문관 인사·왕실 사무·훈봉·고과 등	인사혁신처
내두좌평	조부, 창부	인부	호부	호조	호구·조세·어염·광산·조운 등	기획재정부
내법좌평	예부	의부	예부	예조	제사·의식·학교·과거·외교 등	교육부, 외교부 등
위사·병관좌평	병부	지부	병부	병조	무관 인사·국방·우역·봉수 등	국방부
조정좌평	좌·우이방부	예부	형부	형조	법률·소송·노비 등	법무부
	예작부·공장부	신부	공부	공조	토목·산림·영선·도량형·파발 등	국토교통부

▶ 역대 왕조의 중앙 관제
1. 주의 6전 제도를 모방한 나라: 백제, 신라, 조선
2. 당의 3성 6부제를 도입한 나라: 발해, 고려

✦ 역대 관리 감찰 기구: 사정부(통일 신라) ⇨ 중정대(발해) ⇨ 어사대(고려) ⇨ 사헌부(조선) **cf** 현재, 감사원
└→ 외사정(지방관 감찰)

✦ 역대 인질 제도: 상수리 제도(통일 신라) ⇨ 기인 제도(고려) ⇨ 경저리 제도(조선)

✦ 역대 귀족 최고 합의 기구

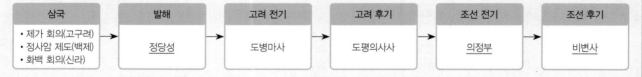

삼국	발해	고려 전기	고려 후기	조선 전기	조선 후기
• 제가 회의(고구려) • 정사암 제도(백제) • 화백 회의(신라)	정당성	도병마사	도평의사사	의정부	비변사

1 중국의 역사 왜곡 : 동북공정 프로젝트

1. 동북공정[1] 추진 이유

(1) 향후 한반도에서 예상되는 정세 변화로 인해 중국 동북 지역에 미칠 정치적·사회적 영향과 충격을 미리 차단하여 동북 지역을 안정시키고 동북아 국제 질서에 적극 대처하기 위해서이다.

(2) 이를 위해 중국은 국가주의 역사관, 특히 각 민족의 단결을 강조하는 통일적 다민족 국가론을 동북 지역에 적용하여 중국의 역사적 정체성을 완결하고자 한다. 동시에 조선족이 중국 국민으로서의 정체성을 확고히 가져 동요하거나 이탈하지 못하도록 사전에 방지하려는 목적을 가진다.

(3) '고조선사·부여사·고구려사·발해사＝중국사'라는 논리를 일반화하여 '만주는 한민족의 故土(고토)＝고조선사·부여사·고구려사·발해사＝한국사'라는 한국의 역사 인식에 대응하고, 한반도와 중국 동북 지역 사이의 역사적 관련성을 부정하고자 한다.

(4) '고조선사·부여사·고구려사·발해사＝한국사'라는 논리가 지속될 경우, 몽골이 원사(元史)를, 중앙아시아 일부 국가가 서역사를, 베트남이 진(秦)·한(漢) 시기 백월과 남월의 역사를 각자 자국사로 주장하는 상황이 벌어질 수 있을 것이다. 따라서 중국은 역사·민족·국가의 정체성을 확립하기 위해 주변 민족 국가의 역사 논리에 적극적으로 대처할 필요성을 느꼈던 것이다.

2. 동북공정의 특성

(1) 동북공정은 현재의 필요를 위해 과거의 이미지를 만들어 중화 민족 국가의 권위를 내세우고, 국민적 통합과 영토적 통합을 완수하려는 '이고위금'[2]의 전형적인 사례이다. 더욱이 '현재의 중국 영토 내에서 각 민족이 이루어 낸 역사적 활동은 모두 중국사'라는 현재 편의적 역사관은 결국 '영토 지상주의' 역사 인식의 산물인 것이다.

(2) 향후 한반도의 정세 변화와 동북아 국제 관계 변화에 대한 예측과 대비책 마련이라는 중국 정부의 적극적이고 전략적인 의지의 반영으로, 우리 민족의 현재·미래와도 직접 연결되어 있다.

3. 동북공정의 내용

(1) 고조선사 문제

중국의 주장	우리의 입장
고조선은 기자 조선 ⇨ 위만 조선 ⇨ 한사군으로 이어지는 중국사이다.	고조선은 독자적인 청동기 문화를 이룩한 단군 조선의 나라이다.
진시황제의 장성은 대동강에 이르렀다.	중국 문헌과 유물로 보아 장성은 요하까지 축조된 것이 명백하다.

(2) 부여사 문제

중국의 주장	우리의 입장
부여족은 한민족과 아무 관계없는 중국의 고대 소수 민족 중의 하나이다.	부여는 고대 한국 민족의 원류인 예맥족이 세운 나라이다.

---

1) 동북공정(東北工程): '동북변강역사여현상계열연구공정(東北邊疆歷史與現狀系列研究工程)'의 줄임말로, 동북 사회 과학원 산하 변강사지연구중심(邊疆史地研究中心)에서 2002년 2월 28일부터 5년간 시행한 연구 사업이다. 중국 동북 3성(헤이룽장 성, 지린 성, 랴오닝 성)에서 일어난 과거 역사와 그로 인해 파생되어 나온 현대사 및 미래사가 주요 연구 대상이다.
2) 이고위금(以古爲今): 현재의 정치적 의도에 따라 과거의 역사적 이미지를 만들어 낸다는 뜻

(3) 고구려사 문제

중국의 주장	우리의 입장
고구려는 중국 민족이 세운 중국의 지방 정권이다.	고구려는 민족의 기원과 역사 계승 의식 모두 중국과 별개인 우리의 자주 국가이다.

■ 중국의 동북공정 프로젝트 중 고구려사 부분

쟁점	중국 학계의 주장	한국 학계의 반박
고구려 종족	중국 고이(高夷)의 후예	고조선, 부여와 같은 예맥(濊貊)족
조공의 성격	고구려는 중국의 지방 정권으로 중국 황제에게 조공을 바침.	조공은 강대국과 약소국 간의 전근대적 외교 형식
평양 천도 후 고구려사	평양 천도 후 고구려는 현재 북한 영토이지만 과거 중국의 영토 안에 있었으므로 중국사	현재 영토 내에서 이루어진 모든 역사를 중국사로 간주하는 중국의 통일적 다민족 국가론과도 모순
수(隋) · 당(唐)과의 전쟁	변강의 소수 민족 세력을 통제하기 위한 중국의 통일 전쟁	고구려와 중국의 국가 간 전쟁
유민의 거취	고구려 멸망 후 다수의 지배 계층이 중국에 들어와 한(漢)족과 융합됨.	다수가 신라로 가거나 발해 건국에 기여
고구려와 고려의 연계성	고구려와 고려는 별개의 국가	고려는 고구려를 계승한 국가

(4) 발해사 문제

중국의 주장	우리의 입장
발해의 국호는 말갈국이었다.	발해는 처음에는 진국, 이후에는 고려, 혹은 고려국이라고 불렀다.
발해는 중국의 지방 정권이었다.	발해는 고구려 계승 의식을 분명히 한 자주독립 국가이다.
발해사는 중국 당나라 역사의 일부이다.	발해는 신라와 더불어 남북국 시대를 이룬 한국사의 일부이다.

(5) 국경 문제

중국의 주장	우리의 입장
백두산정계비는 원래 소백산에 있었다.	백두산정계비는 세워질 때부터 1931년까지 백두산 기슭에 있었다.
오랜 옛날부터 백두산이 아니라 중국의 산인 창바이산[長白山]이다.	백두산은 한 · 중 공동의 유산이다.

■ 간도 관련 주요 연표

기원전 37~기원후 668년	고구려 영토
698~926년	발해 영토
고려~조선	거란, 여진족, 조선인 혼재
1712년	청나라가 백두산정계비를 세워 조(朝) · 청(淸) 경계 설정
1909년	청과 일본 간의 간도 협약으로 중국 귀속
1932년	만주국 수립
1945년	일본 패망 후 중국군이 간도 지역 점령
1952년	옌볜 조선족 자치구
1955년	옌볜 조선족 자치주
1962년	북한과 중국이 비밀리에 백두산 천지 분할, 북한은 간도 요구 중단
2002년	동북공정 2003년 중점 과제 중 하나로 간도 문제 선정

▲ 간도

2 일본의 역사 왜곡: 임나일본부설

임나일본부설은 일본의 야마토왜[大和倭]가 4세기 후반에 한반도 남부 지역에 진출하여 백제·신라·가야를 지배하고, 특히 가야에는 일본부(日本府)라는 기관을 두어 6세기 중엽까지 직접 지배하였다는 설로, 야마토왜의 '남선경영설(南鮮經營說)'이라고도 불린다. 이 주장은 현재 일본의 교과서에 수록되어 일본인의 한국에 대한 편견과 우월감을 조장하고 있다. 일본의 임나일본부에 관한 연구는 이미 17세기 초에 시작되어 19세기 말에는 본격적인 문헌 고증에 의해 정설로 뿌리를 내림과 동시에 각국에 소개되었다. 이를 통해 3세기경에는 외국에 식민지를 건설할 정도로 일본의 고대 사회가 발전하였다는 논리로 나아갔다.

이는 과거로의 환원이며 일본의 한국에 대한 제국주의적 침략 행위를 정당화하는 도구로 사용되었고, 일본인과 한국인은 본래 같은 뿌리에서 태어났다는 '일선동조론(日鮮同祖論)'과 함께 표리 관계를 이루면서 35년간의 식민 통치를 합리화하는 관념적 지지대로서 기능하였다. 따라서 식민 사학의 극복을 논의할 때, 임나일본부설에 대한 비판과 부정이 빠놓을 수 없는 과제임은 당연하다.

구분	일본의 주장	우리의 반박
『일본서기』	『일본서기』에 의하면 신공황후(神功皇后)가 보낸 왜군이 369년 한반도에 건너와 7국(國)과 4읍(邑)을 점령하였고, 그 뒤 임나(任那 : 伽倻)에 일본부가 설치되었으며, 562년 신라에 멸망하였다고 한다. 즉, 일본은 369년부터 562년까지 약 200년간 한반도 남부를 지배했으며, 그 중심 기관이 가야에 두었던 임나일본부라는 것이다.	• 720년 편찬된 『일본서기』보다 8년 먼저 서술된 『고사기』에는 임나일본부에 대한 언급이 없다. • '일본'이라는 국호도 7세기 이후에 사용되었는데 그 이전에 '일본부'라는 용어를 사용했다는 것은 시기적으로 맞지 않다. • 당시 일본은 통일 정권이 성립되지 못한 채 여러 소국의 분립 상태에 놓여 있었으므로 바다를 건너와 식민지를 경영할 만큼 강력한 세력이 없었다. • 200여 년간 왜가 한반도 남부를 지배하였다면 한국 측 기록이나 유물·유적이 남아 있어야 하는데 발견되는 것이 전혀 없다.
광개토 대왕비	신묘년(辛卯年) 기사 부분[倭以辛卯年 來渡海 破百殘 ○○ ○羅 以爲臣民]—일본 학자들은 이것을 서기 391년 "신묘년에 왜가 바다를 건너와 백제와 임나(가라), 신라를 격파하고 신민으로 삼았다."고 해석하여 당시 왜의 한반도 남부 지배를 확인해 주는 결정적인 증거라고 주장하고 있다.	• 일본 측의 해석과 다르게 앞부분의 주어는 왜이지만 뒷부분의 주어는 고구려로 볼 수도 있다. 즉, "왜가 신묘년에 건너왔기에, (고구려가) 백제(또는 왜)를 격파하고 신라를 신민으로 삼았다."라는 해석인데, 실제 이 비문은 광개토 대왕의 업적을 기리기 위한 것이지 일본을 칭송하기 위한 것이 아니며, 광개토 대왕비이기에 당연히 곳곳에 주어를 생략하고 있다. 그리고 고구려가 신라를 도와 왜구를 격퇴한 것은 역사적 사실이기 때문에 충분히 가능한 해석이다. • 1970년대 여러 사진·탁본·해독문을 조사한 후 일본 육군 참모부에 의해 상당한 비문 변조가 행해졌다는 주장이 제기된 바도 있기에 비문 자체의 내용조차 그 신빙성이 의문시되고 있다.
『송서』	중국의 역사서인 『송서(宋書)』 왜국전을 보면 왜의 무왕에게 "使持節都督倭新羅任那 加羅秦(辰)韓 慕(馬)韓六國諸軍事安東大將軍倭國王"의 관직을 하사한 것은 임나일본부의 사실을 반영한 것이라 한다.	옆의 관직명을 보면 '임나'와 '가라'가 중복된다든지, 마한·진한은 이미 멸망했는데도 나타나고 있다는 점에서 허구적인 명예직임을 알 수 있다. 예컨대, 남제에서 백제 중신들에게 조선 태수, 대방 태수의 관직이나 당시 북위 지역인 북중국의 광양 태수, 청하 태수 등의 관직을 수여했던 것처럼 권위를 높이고자 했던 왜왕의 요청에 의해 자신들과는 관계없는 지역의 왕을 칭하는 것을 허용한 것으로 보인다. 반면에, 송과 이미 외교 관계를 맺고 있던 백제왕을 칭하는 것은 허락할 수 없었기에 백제는 빠졌으리라고 볼 수 있다.
칠지도	백제의 진상설—현재 일본의 이소노카미 신궁에 보관 중인 칠지도(七支刀)의 명문이 1873년 소개되었는데 명문 속에 "供供侯王"의 供이 '바치다'는 뜻으로 해석되면서, 『일본서기』에 "372년 백제 사신이 신공황후에게 칠지도 한 자루를 바쳤다."는 기록의 증거물로 제시된다. 즉, 백제가 왜의 속국이었다는 백제 진상설이다.	명문의 侯王을 제후인 왕으로 해석하여 동진에서 백제를 통해 왜왕에게 하사했다는 동진 하사설도 있고, 후왕이 중국 사서에서 볼 수 있는 백제의 관직 이름이고 供이 '바치다'라는 뜻 이외에 '주다'는 의미도 있기에 당시 백제왕의 신하로 간주되던 왜왕에게 준 백제 하사설도 유력하다.

02 : 고대의 경제

구분	삼국	통일 신라	발해
수취 체제 사료 53	• 기본 세금 　– 토지세(조세, 전세, 租) 　– 공납(현물, 調) 　– 역(군역과 부역, 庸) • 고구려: 조(호구세), 인두세, 역 • 백제: 조, 인두세, 역 • 신라: 조세, 공물, 역	• 조세(생산량의 1/10) • 수취 체제 정비 　– 공물(촌락 단위로 특산물 징수) 　– 역(16~60세 남자 – 군역, 요역 동원) • 민정 문서사료 54: 조세·공물을 위한 기초 자료 　(3년마다 촌주★가 작성)	조세(곡물)·공물(특산물)·부역(노동력) 징수 ★ 촌주: 신라는 말단 행정 단위인 촌의 백성을 지배하기 위해 지방 유력자를 촌주로 임명하여 행정 실무를 담당하게 함.
	▶ **고대 수취 체제의 특징**: 토지보다는 노동력 중시 ⇨ 인두세 중시		★ 식읍과 녹읍 • 식읍: 왕족·공신들에게 지급, 조세·공납 수취, 노동력 징발권 부여 • 녹읍: 관료들에게 지급, 조세·공납 수취, 노동력 징발권 부여
토지 제도	• 왕토 사상 ⇨ but 자영농 존재 • 귀족: 노비, 토지(식읍사료 55, 녹읍)★ – 경제 독점 cf 삼국의 토지 측량 단위 	고구려	경무법: 밭이랑 기준
백제	두락제: 파종량 기준
신라	결부법: 수확량 기준(고려, 조선에 계승)		토지 제도 변화사료 56 • 신문왕: 관료전★ 지급(687), 녹읍 폐지(689) 　⇨ 왕권 강화 • 성덕왕: 정전★ 지급(정남, 722) 　⇨ 국가의 농민 지배력 강화 • 경덕왕: 녹읍 부활(757) 　⇨ 귀족 경제 강화	★ 관료전: 관리들에게 관직 복무의 대가로 지급한 토지, 조세만 징수 ★ 정전: 성덕왕 때 백성들에게 지급된 토지
경제 생활 **농업 기술**	철제 농기구 보급, 우경 장려(6C 지증왕)	농경·목축 발달 ⇨ 차 도입	• 밭농사 중심, 철제 농기구·수리 시설 확충 ⇨ 일부 지방 벼농사 보급 • 목축·수렵 발달: 솔빈부(말·모피·녹용·사향 등 생산)
수공업	노비 – 생산 담당(관영 수공업)	금·은 세공, 나전 칠기(당에서 도입) 발달	금속 가공업·직물업·도자기업 발달
상업	• 신라(5C, 소지왕): 경주에 시장(시사) 설치 • 신라(6C, 지증왕): 경주에 동시 및 동시전(시장 감독 관청) 설치	시장 증가: 동시+서시·남시 증설(효소왕)	• 수도(상경 용천부) 등 도시·교통 요충지 발달 • 화폐 사용: 주로 현물 화폐 사용, 외국 화폐도 통용
대외 무역	• 4세기 미천왕의 한사군(낙랑, 대방) 축출로 중국과 무역 활발 • 백제(4C, 근초고왕): 요서(일시 점령) – 동진의 산둥 – 왜 ⇨ 고대 상업권 형성 • 고구려(5C, 장수왕): 북위, 송, 유연 연결 • 신라(6C, 진흥왕): 한강 하류 확보 이후 당항성(경기도 남양) 구축 – 중국과 직접 교류 cf 3세기 김해의 금관가야: 해상 교통을 이용하여 중국·왜와 연결하는 중계 무역 발달[종기 김해 대성동 고분 – 북방계 청동솥, 바람개비 동기(일본에서도 출토)]	• 대당 무역 활발: 공·사무역 발달 　– 산둥반도~양쯔강 하류: 신라방(신라인 집단 거주지), 신라소(관청), 신라관(유숙소), 신라원(사원), 법화원(신라 하대 장보고가 세운 사원) 설치 　– 무역항: 당항성, 영암, 울산항(국제항, 이슬람 상인 교류) 　– 장보고의 활약사료 57(하대): 청해진(완도) 설치 　⇨ 남·황해 해상 무역 장악 • 대일 무역: 8C 후 활발 cf 일본, 쓰시마섬에 신라 역어소 설치	• 대당 무역 　– 해·육로 이용 　– 당이 덩저우에 발해관 설치 　– 수출품: 모피, 인삼, 불상, 삼채 도자기 등 　– 수입품: 귀족의 수요품(비단, 책) • 대일 무역: 활발(외교 관계 중시 – 신라 견제 의도) • 대신라 무역: 신라도(발해에서 신라로 통하는 교역로) ▶ **발해의 5도(道)**: 일본도, 신라도, 조공도, 영주도, 거란도
귀족의 생활 사료 58	토지·노비 소유 ⇨ 고리대로 농민의 토지 약탈 및 노비화	• 통일 전 경제 기반: 식읍·녹읍 ⇨ 조세·공물·노동력 징수 • 통일 후 경제 기반: 관료전 지급 ⇨ 조세만 징수(경제적 특권 제약) • 호화 생활: 당·아라비아에서 사치품 수입, 호화 별장 소유 cf 흥덕왕: 사치 금지령사료 47	대토지 소유
농민의 생활 사료 58	• 자기 토지 또는 남의 토지 경작 • 시비법 미발달 ⇨ 휴경법★ 농사 • 철제 농기구 보급(4~5C) ⇨ 우경 확대(6C)	• 남의 토지 경작: 수확량의 반 이상 납부 • 조세 부담 가중: 전세(1/10), 공물, 역 부담 가중 • 향·부곡의 농민: 일반 농민보다 공물 부담 가중	★ 휴경법: 시비법이 발달하지 못하여 1년 또는 몇 년을 묵혀 두었다가 어느 정도 지력을 회복한 후에 경작하는 농업 기술

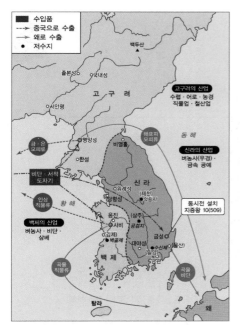

▲ 삼국의 경제 활동

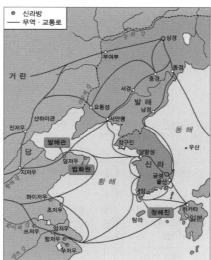

▲ 남북국 시대의 무역로

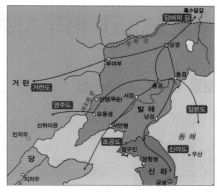

▲ 발해의 5도

참고 **발해와 일본의 교류 증거**

• 발해 중대성첩: 841년 발해 중대성에서 일본의 태정관에 보낸 문서

• 발해에서 발견된 일본 화폐: 일본 나라 시대의 화폐인 화동개진(和同開珍)

• 일본에서 발견된 목간: 목간에 견고려사(遣高麗使)라고 쓰여 있어 당시 일본에서 발해에 사신을 보냈음을 확인 가능

한걸음 더

❖ **민정 문서**(신라 장적, 신라 촌락 문서)

1. 발견 장소: 일본 동대사(東大寺) 정창원(正倉院)
2. 조사 지역: 서원경(청주) 지방의 4개 촌락
3. 작성 시기: 8C 중엽 경덕왕 때로 추정
4. 작성자: 3년마다 촌주(토착민)가 작성
5. 작성 목적: 조세 징수와 부역 징발의 자료 파악
6. 내용: 마을 면적, 토지 결수, 인구수, 호구 수, 마전(麻田), 가축 수(소·말), 유실수 (뽕나무, 잣나무, 호두나무) 등
   ① 호구 조사 방법: 9등급[기준-인정(사람)의 다과] → 10% 정도 차지
   ② 인구 조사 방법: 6등급[기준-남녀 구별(노비 포함), 연령별]✱
7. 민정 문서에 나오는 토지 종류-연수유답, 관모답, 내시령답, 촌주위답, 마전
   ① 연수유답[烟受有畓, 정전(丁田)]: 농민들이 호별로 경작하는 토지
   ② 관모답(官謨畓): 그 소출이 국가에 들어가는 관유지
   ③ 내시령답(內視令畓): 내시령이라는 관료에게 할당된 관료전
   ④ 촌주위답(村主位畓): 촌주에게 할당된 토지
   ⑤ 마전(麻田): 마(삼베)를 공동으로 경작하여 국가에 바치는 토지
8. 촌주: 촌주는 왕경인(王京人)이 아닌 토착민 중에서 국가가 임명, 촌주위답 지급 ⇨ 촌민으로 하여금 공동 경작

✱ **인정(사람)의 구별**

구분	남	여
1~9세	소자(小子)	소여자(小女子)
10~12세	추자(追子)	추여자(追女子)
13~15세	조자(助子)	조여자(助女子)
16~57세	정(丁)	정녀(丁女)
58~60세	제공(除公)	제모(除母)
61세 이상	노공(老公)	노모(老母)

Chapter
03 : 고대의 사회

1 신분제 사회의 성립

삼국 시대	특징		친족 공동체 중심의 철저한 계급 사회(⇨ 개인의 신분은 능력보다는 그가 속한 친족의 위치에 따라 결정) 예 신라의 골품 제도
	지배층	귀족	정치권력 및 사회 경제적 특권 유지
	피지배층	평민	• 농민이 대부분. 신분적으로 자유민이나 귀족에 비해 정치 · 사회적 제약이 많음. • 국역(조세와 공납 납부 · 노동력 제공)의 의무 담당
		천민 사료 59	노비, 집단 예속인
	율령의 정비		지배층의 특권 유지 목적, 신분적 차별 엄격

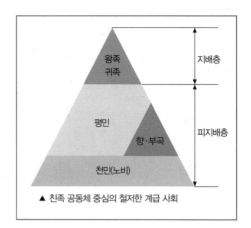

▲ 친족 공동체 중심의 철저한 계급 사회

2 삼국 시대의 사회 모습

1. 고구려

사회 기풍			산간 지역에 위치, 식량 부족 ⇨ 일찍부터 대외 정복 활동, 씩씩한 사회 기풍
형벌			• 반역자 · 패전자 ⇨ 사형 • 절도자 ⇨ 12배 배상(1책 12법) • 남의 소 · 말을 죽인 자 ⇨ 노비
사회 계층	지배층	왕족	• 계루부 고씨 – 왕위 세습 • 절노부 – 왕비 세습
		귀족	5부 출신의 족장, 성주 – 자기 병력 관리 ⇨ 국가 동원 시 대모달, 말객 등의 군관이 지휘
		생활 모습	고분 벽화(쌍영총 등) – 귀천에 따라 인물 크기 차등 묘사
	피지배층	평민	• 대부분 자영농 • 흉년이 들거나 빚을 갚지 못하면 노비로 전락(부채 노비) ⇨ 농민 구제책: 진대법*(고국천왕) 실시
		천민 · 노비	피정복민, 몰락한 평민, 부채 노비(고리대를 갚지 못한 자가 그 자식을 노비로 변상)
	풍습		• 지배층: 형사취수제*, 서옥제* 사료 60(데릴사위제) • 일반 백성: 자유로운 교제, 남자 집에서 돼지고기와 술만 보낼 뿐 예물은 주지 않음.

✱ 진대법: 빈민 구제를 위해 봄에 양곡을 대여해주고 가을 추수 후 거두어들이는 제도. 2C 고구려 고국천왕 때 재상 을파소의 건의로 평민의 노비 전락 현상을 방지하기 위해 실시(고려: 의창 ⇨ 조선: 환곡)

✱ 형사취수제: 형이 죽으면 동생이 형수를 아내로 삼는 제도. 이러한 결혼 풍습은 고구려뿐만 아니라 부여, 흉노 등 북방 민족 사이에서도 널리 나타났으며, 재산(노동력)이 축소되는 것을 방지하고자 실시되었다. 『삼국사기』에는 고국천왕이 죽은 뒤 왕비인 우씨(于氏)가 고국천왕의 아래 동생인 발기(發岐)를 제쳐 두고 막냇동생인 연우와 혼인함으로써 연우(山上王)가 왕위에 올랐다는 이야기가 실려 있다.

✱ 서옥제: 신부 집 뒤에 사위 집인 서옥을 지어 놓고 신랑을 살게 한 후 첫 아이가 생기면 신부를 데려가게 한 풍습으로, 모계 사회의 유풍이며 봉사혼의 일종으로 노동력 확보를 위한 것이다. 예서제라고도 한다.

2. 백제

사회 기풍	언어 · 풍속 – 상무적 기풍, 엄격한 형법 적용 등이 고구려와 유사	
형벌	• 반역자 · 패전자 · 살인자 ⇨ 참수형 • 절도자 ⇨ 귀양과 2배 배상 • 관리의 뇌물 수수 · 횡령 ⇨ 3배 배상 및 종신 금고형	
사회 계층	지배층	왕족인 부여씨(고구려 계통)와 8성의 귀족 ⇨ 능숙한 한문 구사, 관청 실무에 밝음.
	피지배층	농민(대부분), 천민, 노비

▲ 고구려의 시녀도(평남 강서 수산리 고분 벽화)

▲ 고구려의 안악 3호분 대행렬도(황해 안악, 그래픽 복원도)

▲ 양직공도(梁職貢圖)의 백제 사신도(중국 난징 박물관 소장) | 6세기 양나라에 파견된 백제 사신을 그리고 해설하였다.

---

cf 헷갈리는 형벌 제도 정리

1. 도둑질한 경우
   • 고조선: 노비가 되거나 돈으로 지불
   • 부여, 고구려: 1책 12법
   • 백제: 귀양+2배 배상

2. 노비가 되는 경우
   • 고조선: 도둑질한 경우
   • 고구려: 반역자의 가족, 남의 소나 말을 죽인 경우
   • 백제: 살인자 · 반역자 · 전쟁에서 패한 자의 가족, 간음한 여자는 남편 집의 노비로 삼음.

---

cf 고대 사회의 인구 파악

• 백제: 부여 궁남지에서 출토된 목간에 따르면 인구를 '중구(中口) 4명', '소구(小口) 2명' 등 연령에 따라 몇 개의 등급으로 구분
• 신라: 단양 적성비에 보이는 소녀(小女), 소자(小子) 등의 표현을 통해 신라의 사회상 유추
• 통일 신라: 민정 문서에 인구 6등급 구분

메모

3. 신라

골품 제도	성격		개인의 신분뿐만 아니라 그 친족의 등급 표시, 개인의 사회·정치 활동 제한(관등 조직은 골품 제도와 밀접한 관련)사료 61
	성립		중앙 집권 국가로 발전하는 과정에서 각 지방의 족장 세력을 왕 밑에 통합·편제하기 위해서 세력의 정도에 따라 신분 규정
	내용	성골	부부가 모두 왕족으로 왕이 될 자격이 있는 최고 신분, 진덕 여왕을 마지막으로 성골 단절
		진골	• 정치·군사권 장악, 5관등 이상 요직 독점 • 금관가야 왕족의 김유신계와 고구려 왕족 안승 등을 진골로 편입 • 무열왕 이후 진골에서 왕위 계승
		6두품 사료 62	• 대족장에게 부여한 신분, 득난이라고 불림. • 학문·종교 분야에서 활동(원효, 설총, 최치원 등), 도당 유학생의 주류 형성 • 중대: 전제 왕권과 연결, 왕의 정치적 조언자 역할(⇨ 집사부 시랑, 대표 6두품: 강수·설총) • 하대: 지방 호족·선종과 연결, 신라 비판 세력 형성(대표 6두품: 최치원, 최승우, 최언위)
		5·4두품	소족장에게 부여한 신분
		3~1두품	통일 이후 3~1두품의 신분 구별이 차츰 사라져 일반 백성과 비슷하게 됨.
	운영	2원적 운영	왕경인을 대상으로 한 경위제(17관등)와 지방 촌주들을 대상으로 한 외위제(11관등) ⇨ 삼국 통일 이후 외위제 소멸
		중위제(重位制)	• 6두품: 아찬(4중아찬) • 5두품: 대나마(9중나마)
화백 회의 사료 63	성격		부족 대표들이 함께 모여 정치를 운영하던 씨족 사회의 전통을 계승·발전
	성립		부족 회의인 남당 제도가 진덕 여왕 때 화백 회의와 집사부로 분리
	운영		집단의 부정 방지와 단결 강화를 위한 만장일치제
	회의 장소		4영지(청송산, 오지산, 피전, 금강산)
	기능		귀족들의 단결 강화, 국왕과 귀족 간의 권력 조절
화랑도 제도 사료 64	성격		원시 사회의 청소년 집단에서 기원, 군사 양성 조직으로 종교적 수련과 도의 연마의 교육 단체
	성립		• 진흥왕 때 국가적 조직으로 확대 • 화랑(귀족)과 낭도(귀족, 평민 포함) ⇨ 계층 간 대립과 갈등 조절 완화 역할
	정신		진평왕 때 원광의 세속 5계✱(유교·불교·고유 사상 융합) ⇨ 화랑도 이념, 국가 이념
	미륵 신앙사료 65		화랑은 중생을 구제하기 위해 환생한 미륵불이라는 미륵 신앙과 연결
	임신서기석사료 77 (진평왕, 612?)		신라의 두 화랑이 3년 안에 『시경』, 『상서』, 『예기』, 『춘추전』 등을 습득할 것을 맹세한 내용이 적힌 비문 ⇨ 신라 화랑도들이 유교 경전을 공부했음을 확인
	난랑비문사료 75		유·불·도의 현묘한 도가 화랑도('우리나라에 현묘한 도가 있으니 이를 풍류라 한다. 이는 실로 3교를 포함하여 중생을 교화한다.')
	대표 화랑		김유신(용화향도), 김춘추, 관창, 죽지랑, 사다함 등

✱ 세속 5계
1. 事君以忠(사군이충)
2. 事親以孝(사친이효)
3. 交友以信(교우이신)
4. 臨戰無退(임전무퇴)
5. 殺生有擇(살생유택)

등급	관등명	진골	6두품	5두품	4두품	복색	중시령	시랑경	도독	사신	군태수	현령
1	이벌찬					자색						
2	이찬											
3	잡찬											
4	파진찬											
5	대아찬											
6	아찬					비색						
7	일길찬											
8	사찬											
9	급벌찬											
10	대나마					청색						
11	나마											
12	대사					황색						
13	사지											
14	길사											
15	대오											
16	소오											
17	조위											

◀ 신라의 골품과 관등·관직표

통일 신라	**민족 통합 정책**	• 백제 · 고구려의 옛 지배층에게 골품 및 관등 부여 • 백제 · 고구려의 유민을 9서당✱(중앙군)에 편입
	전제 왕권의 강화	• 신문왕 때 진골 귀족 일부 숙청 • 6두품의 정치적 진출 활발(학문적 식견, 실무 능력 ⇨ 국왕 보좌), but 신분 제약은 여전, 집사부 시랑까지 진출 가능
	진골 귀족	최고 신분층으로 정치 · 사회적 비중 여전 ⇨ 중앙 관청의 장관직 독점, 합의를 통한 국가 중대사 결정의 전통 유지
발해	**지배층** 사료 66	• 왕족(대씨) · 귀족(고씨 등) 등 고구려계(다수), 말갈인(일부) • 당의 빈공과 응시: 당의 제도 · 문화 수용 └➤ 당나라에서 재당 외국인을 위해 설치한 과거 시험의 한 분과
	피지배층	말갈인: 일부는 지배층에 편입 또는 촌장으로 국가 행정 보조
	사회 모습	상층 사회는 당의 제도와 문화 수용, 하층 촌락민은 고구려나 말갈의 전통 유지
통일 신라의 사회 모습	**도시 번성**	• 금성(경주) ⇨ 정치 · 문화의 중심지(계획 도시) • 5소경(백제 · 고구려 · 가야의 일부 지배층, 신라 귀족의 이주) ⇨ 지방 문화의 중심지
	귀족의 생활사료 67	금입택에 거주, 노비와 사병 보유, 불교의 적극 후원, 수입 사치품 선호 ⓔ 흥덕왕의 사치 금지령
	평민의 생활	• 자기 토지를 경작하거나 귀족의 토지를 소작하여 생계 유지, 부채로 인해 노비로 전락하기도 함. • 10호 정도의 혈연 집단이 거주하는 자연 촌락인 촌에 편입, 몇 개의 촌을 관할하는 촌주를 통해 국가의 지배를 받음 (⇨ 민정 문서 내용).
통일 신라 말의 사회 모순	**중앙 정부의 통제 약화**	귀족들의 정권 다툼, 토지 소유 확대, 지방 토착 세력 · 사원 세력의 성장(대토지 소유) ⇨ 자영농 몰락과 농민의 조세 부담 증가
	9C 이후	지방 유력자의 무장 조직 결성 ⇨ 통합한 호족 등장
	정부의 대책	수리 시설 정비, 재해 시 조세 감면, 구휼 정책 실시 등 지배 체제 재확립 노력 실패 ⇨ 농민층의 몰락 초래
	9C 말 진성 여왕	정치 기강 문란, 지방의 조세 납부 거부 ⇨ 정부가 강압적 조세 징수 시도 ⇨ 전국적인 농민 봉기 발생(원종 · 애노의 난), 중앙 정부의 지방 통제력 상실

✱ 9서당

신문왕 때 완성된 중앙 군대. 신라인을 비롯하여 고구려인, 백제인, 말갈인 등 귀속민과 포로 중 용감한 자를 뽑아 조직. 옷깃의 색깔로 구별

명칭	구성인
녹금서당	신라인
자금서당	
비금서당	
황금서당	고구려인
백금서당	백제인
청금서당	
적금서당	보덕국인 (고구려인)
벽금서당	
흑금서당	말갈인

cf 신라 하대의 사회 변화 총정리

1. 진골 귀족들 간의 왕위 쟁탈전: 지방 통제력 약화 예 무열계 방계의 지방 반란(김헌창 · 김범문의 난)
2. 지방 호족의 성장: 사병+농장+행정권 장악 ⇨ 성주 · 장군 자칭 ⇨ 반(半)독립적 세력으로 성장
3. 농민 몰락: 귀족의 과도한 수취, 귀족과 호족의 토지 확대 ⇨ 초적화
4. 6두품의 개혁 주장: 골품제 비판, 새로운 정치 이념 제시 ⇨ 좌절 ⇨ 반(反)신라적 경향
   • 최승우: 후백제 견훤에게 귀의
   • 최언위: 고려 왕건에게 귀의
   • 최치원: 진성 여왕에게 개혁안 건의 ⇨ 이후 은닉 생활
5. 선종, 풍수지리설: 호족 지지
6. 중앙 귀족의 향락적 생활 반발: 은둔적 도교 · 노장사상의 유행

04 : 고대의 문화

Chapter

1 고대 문화의 성격

1. 고대 문화의 공통점

삼국	중앙(귀족) 문화	발달-중국 남북조 영향, 불교 영향 예 금동 미륵보살 반가 사유상
	지방(서민) 문화	저조 예 신라 토기, 신라 토우
통일 신라	중앙 문화	더욱 발달(불교 예술 ⇨ 절정)
	지방 문화	수준 향상(5소경 · 정토종의 보급)

▲ 금동 미륵보살 반가 사유상

▲ 노래 · 연주하는 토우

2. 나라별 문화의 성격 및 특징

구분	성격	특징
고구려	외래문화 개성 있게 수용(북조 영향)	패기, 정열
백제	세련된 귀족 문화(남조 영향)	우아, 세련
신라	소박(고구려 ⇨ 백제 영향) ⇨ 후기 조화미	소박, 조화
통일 신라✱	민족 문화 토대 마련	조화미, 정제미, 불교적, 귀족적
발해✱	고구려 문화 기반 위에 당 문화 흡수	고구려보다 부드러워지면서 웅장, 건실한 기풍

✱ 통일 신라 문화
• 민족 문화의 토대 확립
• 국제 문화 조류에 참여: 당과의 활발한 교류, 중앙아시아와 교류
• 조형 미술의 발달: 종교적 열정이 예술과 접목
• 민간 문화의 수준 향상: 5소경 · 정토종의 보급

✱ 발해 문화
• 고구려적 요소: 정혜 공주 무덤(굴식 돌방무덤, 모줄임천장 구조), 온돌, 기와, 석등, 불상 등
• 당적 요소: 수도 상경의 주작대로
• 기타: 중앙아시아와 교류

cf 통일 신라와 발해의 문화 비교

구분	통일 신라	발해
문화 기반	삼국+당+인도	고구려(기반)+당(수용)
특징	조화미, 정제미	웅장, 건실
고분 양식	굴식 돌방무덤	굴식 돌방무덤
불교	5교 9산	삼론종
금석문	최치원의 4산 비문	정혜 · 정효 공주 비문

2 사상의 발달

1. 원시 종교

(1) **삼국의 민간 신앙**: 천신, 일월신, 산신, 해신 등을 숭배하는 샤머니즘과 점술 확산

(2) **삼국의 시조신 숭배**

고구려	고등신(주몽), 부여신(주몽의 어머니인 유화 부인), 종묘 · 사직에 제사(3C 이전 소노부)
백제	동명신(온조의 부친인 주몽), 국모신(유화), 온조신, 구이신(고이왕)
신라	나을신(박혁거세), 신궁의 설립(김씨 왕족의 시조를 모심.)

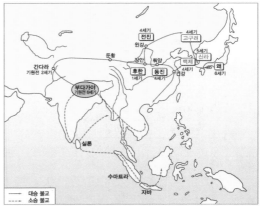

▲ 삼국 불교의 전래도

2. 불교의 수용과 불교 사상의 발달

(1) 삼국 불교의 수용

구분		수용 시기	전교자	비고
고구려		소수림왕 2년(372)	전진의 순도	삼론종✱ 발달
백제		침류왕 원년(384)	동진의 마라난타	• 율종의 발달(겸익의 도입) • 일본에 불교 전파(성왕 – 노리사치계)
신라	전교	눌지왕 41년(457)	고구려의 묵호자	• 계율종 발달(자장) ┌ 법흥왕~진덕 여왕: 불교식 왕명 사용 ├ 진흥왕: 국통 · 주통 등 불교 교단 조직(고구려 승려 혜량–최초 국통) └ 진평왕: 원광의 세속 오계(사회 윤리 확립에 기여), 걸사표 • 업설✱과 미륵불 신앙✱ ⇨ 왕의 권위 향상, 귀족 특권 인정, 화랑 제도의 정신적 기반
	공인	법흥왕 14년(527)	이차돈의 순교 ^{사료 68} cf 백률사 석당 (이차돈 순교비)	

✱ 삼론종: 대승 불교의 공(空)사상을 중심으로 한 불교의 한 종파. 고구려의 순도, 혜관 등이 여기에 속하였다.

✱ 업설: 사람의 행위에 따라 업보를 받는다는 이론으로, 왕은 선한 공덕을 많이 쌓아 현재의 높은 지위에 오르게 되었다는 해석을 가능하게 하였다.

✱ 미륵불 신앙: 미륵불이 나타나 이상적인 불국토를 건설한다는 신앙으로, 화랑도와 밀접한 관련을 가지며 정착하였다.

(2) 삼국 불교의 성격 및 역할

성격	• 왕실 · 귀족 불교 • 호국 불교 ^{증거} 『인왕경(仁王經)』, 인왕 법회＝백좌강회(百座講會)✱, 팔관회, 황룡사 9층 목탑 등^{사료 69} • 현세구복적 성격 • 민간 신앙과 연결: 샤머니즘적 성향, 치병(治病) · 적병(敵兵) 격퇴 등의 밀교(密敎) 성행
역할	• 중앙 집권화에 기여 • 강화된 왕권을 이념적으로 뒷받침: 신라의 불교식 왕명 • 새로운 국가 정신 확립: 원광의 세속 오계 • 새로운 문화 창조

> ✱ 인왕 법회＝백좌 강회(百座講會)
> 『인왕반야경』을 읽으면서 국가의 안위를 기원하는 불교 법회. 신라 진흥왕 때인 6세기 중엽에 고구려에서 귀화한 혜량법사가 팔관회와 함께 법회 강의를 한 것에서 비롯하였다.

(3) 삼국의 승려

고구려	도현	『일본세기』 저술 cf 『일본서기』: 일본에서 가장 오래된 사서
	혜관	일본에 삼론종 전파
	혜자	일본 쇼토쿠(성덕) 태자의 스승
	혜량	신라에 들어가 불법 전도, 신라 최초의 국통(승통)이 됨. cf 진흥왕
	보덕	열반종 창시, 백제에 전파
백제	혜총	일본에 계율종 전파, 쇼토쿠(성덕) 태자의 스승
	겸익	성왕 때 인도에 유학, 불경의 율부 72권을 번역, 율종 확립
	노리사치계	성왕 때(552) 일본에 불상 · 불경 전파
	관륵	무왕 때 일본에 천문 · 역법 등 전파
신라	자장	당에 유학, 계율종 창시, 황룡사 9층 목탑 건립 cf 선덕 여왕 때 대국통
	원광	수나라에서 성실종 전래, 세속 오계 · 걸사표 지음.

(4) 통일 신라의 불교

특징	• 불교의 이해 기준 마련: 원효 • 불교의 대중화 ┌ 원효: 정토종(아미타 신앙) 처음 보급 　　　　　　　└ 의상: 아미타 신앙과 함께 관음 신앙 보급		
전개 과정	**통일 전후기**	교종 · 선종의 도입	
	중대	교종의 유행(5교)	
	하대	선종의 유행(9산)	

(5) 교종과 선종

구분	융성 시기	내용	지지 세력	영향
교종(5교)✱	중대	교리 중심(형식적)	귀족, 왕실	조형 미술 절정
선종(9산)✱ 사료 70	하대	참선 중심(비형식적, 견성오도✱ · 즉시성불✱ · 불립문자 직지인심✱)	6두품, 호족	• 조형 미술 쇠퇴 ⇨ 부도 미술은 발달 　예 진전사지 승탑(강원도 양양), 쌍봉사 철감선사 승탑 　(전남 화순) • 고려 왕조의 사상적 기반 • 중국 문화의 이해 폭 확대

✱ 신라의 교종 5교

교명	창설자	중심 사찰	소재(위치)
열반종	보덕	경복사	전주
계율종	자장	통도사	양산
법성종	원효	분황사	경주
화엄종	의상	부석사	영주
법상종	진표	금산사	김제

▶ **진표의 법상종**: 의상과 원효의 교종 불교가 경주를 중심으로 신라 내에 전파된 것과 대조적으로 옛날 백제 영토였던 지역에서는 미래의 부처인 미륵불이 지상에 와서 이상 사회를 실현해줄 것을 믿는 법상종의 미륵 신앙이 널리 퍼졌다. 백제계 유민 진표는 김제의 금산사를 중심으로 활약하면서 백제 유민에게 미륵 신앙을 전파하였는데, 그 전통이 후백제를 세운 견훤과 고구려 유민에게도 영향을 주었다.

✱ 신라의 선종 9산

9산	창설자	중심 사찰	9산	창설자	중심 사찰
가지산	도의	보림사(장흥)	봉림산	현욱	봉림사(창원)
실상산	홍척	실상사(남원)	사자산	도윤	흥녕사(영월)
동리산	혜철	태안사(곡성)	희양산	도헌	봉암사(문경)
사굴산	범일	굴산사(강릉)	수미산	이엄	광조사(해주)
성주산	무염	성주사(보령)			

▶ **9산의 성립**
　• 전래: 선덕 여왕 때 법랑
　• 최초: 가지산파 ⇨ 마지막: 수미산파(개성의 왕건 지지)

✱ **견성오도(見性悟道)**: 인간성을 바라보면 곧 진리를 깨친다.

✱ **즉시성불(卽時成佛)**: 즉시 부처(깨달은 자)가 된다는 의미로 직관적인 인식 방법을 중시하였다.

✱ **불립문자 직지인심(不立文字 直指人心)**: 문자를 떠나서 곧장 마음을 터득할 수 있다.

▲ 쌍봉사 철감선사 승탑(전남 화순)

▲ 5교와 9산

(6) 통일 신라의 승려

① 원효 사료 71

『금강삼매경론』, 『대승기신론소』	불교를 이해하는 기준을 확립. 특히 『대승기신론소』는 당시 인도에서 대립하고 있던 중관 사상과 유식 사상을 화합
화쟁(和諍) 사상	『십문화쟁론』에서 여러 종파의 모순 상쟁(相爭)을 보다 높은 차원에서 융화시키려는 사상인 화쟁 사상을 주장
일심(一心) 사상	모든 만물의 시초가 일심에서 발생하여 일심으로 돌아온다고 보고 마음의 순수성을 강조
무애(無碍) 사상	"일체에 걸림이 없는 사람은 단번에 생사를 벗어난다[一切無碍人一道出生死]."라고 주장하며 무애의 자유정신을 강조, 무애가(無碍歌) 지음.
정토종(아미타 신앙) 보급	현세를 고난으로 여기고, 아미타불이 살고 있다는 서방 정토(西方淨土), 곧 극락으로 왕생하기를 기원하는 신앙(내세구복적), '나무아미타불' 염불 ⇨ 불교의 대중화에 공헌
법성종 개창	교종 5교의 하나

> **cf 원융 사상(圓融思想)**
> 우리나라 특유의 불교 사상 가운데 하나인 원융 사상은 온갖 것을 나누지 않고 하나로 엮어 보자는 뜻으로, 모든 사상을 분리시켜 고집하는 것이 아니라 더 높은 차원에서 하나로 엮는 교리 통합론이다. 우리나라에서 원융 사상은 원효의 화쟁 사상에서 시작되었으며, 의상은 화엄 사상을 통해 원융 사상을 천명하였다. 이후 원융 사상은 고려의 균여, 의천, 지눌, 보우 등에게 영향을 주었다.

② 의상 사료 72

화엄종 창설	부석사에서 화엄종 개창 cf 낙산사 창건
화엄 사상 정립	『화엄일승법계도』를 저술하여 모든 존재는 상호 의존적인 관계에 있으면서 서로 조화를 이루고 있다는 화엄 사상을 정립 [一卽多, 多卽一] ⇨ 전제 왕권 뒷받침 cf 통일 신라 사회 통합에 기여
관음 신앙 주도	아미타 신앙과 함께 현세에서 고난을 구제받고자 하는 관음 신앙 주도 ⇨ 불교의 대중화에 공헌
민심 강조	문무왕이 경주에 도성을 쌓으려고 하자 '민심(民心)의 성(城)'을 강조하면서 이를 만류
제자 양성	진정(빈민 출신), 지통(노비 출신) 등 신분을 불문하고 3,000여 명의 제자 양성 cf 의상의 제자들 안에서 후백제 견훤을 지지한 관혜(남악파, 지리산)와 고려 태조 왕건을 지지한 희랑(북악파, 태백산)으로 나뉨.

③ 기타

원측	당의 서명사에서 유식 불교(唯識佛教, 불교 철학) 강연
혜초	『왕오천축국전』 저술 ⇨ 인도와 서역 지방 역사 연구의 1차 사료 └→ 1908년 프랑스 탐험가 펠리오에 의해 일부가 둔황 석굴에서 발견
김교각	신라 왕손, 당에 들어가 75년간 고행과 포교 활동 전개 ⇨ 등신불, 지장보살의 화신으로 평가

(7) 발해의 불교

특징	고구려 불교 계승 ⇨ 왕실, 귀족 지지
국가적 후원	문왕은 불교적 성왕(전륜성왕✱)의 이념을 받아들여 많은 사원 건립 (수도 상경)
일반 백성	피지배층 말갈인 ⇨ 샤머니즘 숭상

> **✱ 전륜성왕(轉輪聖王)**
> 인도의 신화에서 무력이 아닌 부처님의 정법[윤보(輪寶)]에 의해 전 세계를 통일하고 지배한다고 여기는 이상적인 제왕이다. 고대 사회에서 신라의 진흥왕, 백제의 성왕, 발해의 문왕 등이 이 이념을 강조하였다. 특히 진흥왕은 큰 아들 이름을 동륜, 둘째 아들 이름을 사륜으로 짓기까지 하였다.

✦ 알아 두면 좋은 부처의 여러 모습

구분	내용	전각
석가모니	진리를 깨달은 자, 고타마 싯다르타	대웅전
미륵불	대승 불교의 대표적 보살 가운데 하나로, 석가모니불에 이어 중생을 구제할 미래의 부처	미륵전, 용화전(龍華殿)
아미타불	대승 불교에서 서방정토(西方淨土) 극락 세계에 머물면서 법(法)을 설한다는 부처	극락전, 극락보전, 무량수전
비로자나불	화엄종의 주존불로 우주 어디서나 빛을 비추는 참된 부처. 진리의 화신, 지권인 지권인(智拳印) ▶	대적광전, 화엄전, 비로전 例 • 보림사 비로자나 철불(859) • 동화사 비로자나 철불(863) • 도피안사 비로자나 철불(865) 등
관세음보살	자비로 중생의 괴로움을 구제하고 왕생의 길로 인도하는 불교의 보살	관음전, 원통전
지장보살	아미타 부처가 살고 있는 서방정토(극락)와 반대편인 동쪽의 지옥에 있으면서 지옥 중생들을 구제하는 보살	지장전(地藏殿)

3. 도교와 노장사상

도입	고구려 영류왕 때(624) 당에서 『도덕경(道德經)』 도입 ⇨ 고구려와 백제 귀족들 사이에 산천 숭배나 신선사상과 결합되어 널리 보급	
교리	무위자연(無爲自然), 불로장생, 은둔적 경향, 신선사상	
중국 도교와의 차이	• 금욕주의를 존중하고 산천의 기를 흡수하는 수련 도교의 성격이 강한 점 • 하늘(조상)에 대한 숭배 관념을 통해 민족의식을 고양한 점	
시대별 특징	고구려	7C 연개소문: 불교 세력을 누르기 위하여 도교 장려^{사료 73} ↔ 보덕: 도교의 불로장생 사상에 대항하기 위해 열반종 개창(백제로 망명), 도현: 일본으로 감(『일본세기』 저술).
	(통일) 신라 말	귀족들의 향락적·퇴폐적 생활에 반발 ⇨ 은둔적 경향의 도교·노장사상 유행
시대별 영향	고구려	강서대묘의 사신도(청룡, 백호, 주작, 현무)
	백제	산수문전, 사택지적비★^{사료 74}, 무령왕릉의 지석(매지권), 금동 대향로 등
	신라	구체적 유물 × ⇨ 화랑도의 명칭(국선·풍월도·풍류도)
	통일 신라	김유신 묘의 12지 신상, 최치원의 난랑비문★^{사료 75}
	발해	정효 공주 비문^{사료 76}(⇨ 불로장생)
	고려	민간 신앙으로 발전, 초제 거행, 복원궁 설치(예종), 도사·도관 등장, 팔관회
	조선	• 15세기: 초제 담당 기구인 소격서 설치, 마니산 초제 중시 • 16세기: 소격서 폐지(조광조 건의)

★ 사택지적비
백제 의자왕 때 대좌평을 역임한 귀족 사택지적이 남긴 4·6 변려체의 유일한 백제 비석(부여 출토) ⇨ 지난날의 영광과 세월의 덧없음을 한탄

★ 난랑비문
'유·불·선(도교) 3교의 현묘한 도가 화랑도이다.'

4. 풍수지리설

도입	신라 말기 승려 도선이 당에서 도입	
내용	경험에 의한 인문지리적 지식을 활용하려는 학설로서, 뒤에 예언적인 도참 신앙과 결부	
역할	신라 말 국토를 지방 중심으로 재편성할 것을 주장 ⇨ 신라 정부의 권위 약화	
시대별 영향	신라 말기	신라 정부의 권위 약화
	고려	• 북진 정책의 이론적 근거(⇨ 서경 길지설) • 국가적 차원에서 중요시 ⇨ 『도선비기』·『송악명당기』 유포 • 풍수지리설 집대성 ⇨ 『해동비록』
	조선 전기	한양 천도의 합리화(⇨ 남경 길지설)
	조선 중기	산송 문제 야기(묏자리 쟁탈전)

3 **학문의 발달**

1. 한자의 보급과 유학

→ 한자의 우리말 표기법을 가리키는 용어
→ 한자의 뜻과 소리를 빌려 우리말을 적은 방식

한자의 보급	철기 시대에 보급(진과, 경남 의창 다호리 유적의 붓), 한문의 토착화(이두와 향찰 사용)
유학 교육	충 · 효 · 신의 도덕 규범 강조

2. 각국의 한학 발달

고구려	태학(소수림왕)	최고 국립 교육 기관(유교 경전, 역사서 교육), 귀족 자제 교육			
	경당(장수왕)	지방에 세운 사립 교육 기관(한학, 무술 교육), 평민 자제 교육			
	기타	관구검기공비, 광개토 대왕비, 충주(중원) 고구려비			
백제	박사 제도	5경＊박사, 의박사, 역박사 ⇨ 유교 경전, 역사서 교육			
	기타	개로왕 국서, 사택지적비, 무령왕릉 지석 등			
신라	화랑도 제도	유교 경전, 역사서 교육			
	기타	전진에 보낸 국서, 울진 봉평비, 단양 적성비, 순수비, 임신서기석사료 77 등			

＊5경
유교의 다섯 가지 기본 경전으로 『시경』, 『서경』, 『역경』, 『예기』, 『춘추』를 가리킨다.

통일 신라	국학 (신문왕, 682) 사료 78	목적	유교 이념 보급을 통해 왕권 강화		
		체제	박사와 조교 두고 9년간 3분과로 교육, 문묘 설치		
		과목	1과(철학)	『예기』, 『주역』,	『논어』, 『효경』 → 공통 과목
			2과(역사)	『좌전』, 『모시』,	『논어』, 『효경』
			3과(문학)	『상서』, 『문선』,	『논어』, 『효경』
			특징	『논어』 · 『효경』 강조 ⇨ 전제 왕권 강화	
		입학 자격	15~30세의 대사(12관등) 이하 귀족 자제		
		변천	성덕왕 때 국학 안에 공자와 제자들의 화상 안치(문묘 제도 효시) ⇨ 경덕왕 때 태학감으로 명칭 변경 ⇨ 혜공왕 때 국학으로 환원		
	독서삼품과 (원성왕, 788) 사료 78	성격	국학 안에 설치, 관리 채용을 위한 일종의 국가 시험 제도		
		목적	능력 중심의 관리 채용을 통해 왕권 강화		
		내용	상품	『좌전』, 『문선』, 『예기』, 『논어』, 『효경』	
			중품	『곡례』, 『논어』, 『효경』	
			하품	『곡례』, 『효경』	
			특품	5경, 삼사(『사기』, 『한서』, 『후한서』), 『제자백가서』에 능통 ⇨ 서열에 관계없이 등용	
		결과	골품제를 지지하는 진골 귀족의 반발로 제대로 시행 못됨. ⇨ 학문 보급에 기여		
발해	주자감	최고 국립 교육 기관			
	기타	• 여사(女師) 제도: 왕족 여성의 교육을 담당 • 고유 문자 사용(압자기와), 그러나 공식 기록은 한자 사용 📖 외교 문서, 정혜 공주사료 79 · 정효 공주 비문(4 · 6 변려체)사료 76			

3. 역사 편찬과 유학의 보급

(1) **역사 편찬의 목적**: 자국의 전통 이해, 왕실의 권위 강화, 백성들의 충성심 고취

(2) **삼국의 국사 편찬**

구분	책명	시기	저자	현존 여부
고구려	유기(留記) 100권	미상	미상	현존하지 않음.
	신집(新集) 5권	영양왕(600)	이문진	
백제	서기(書記)	근초고왕(346~375)	고흥	
신라	국사(國史)	진흥왕(545)	거칠부	

(3) 통일 신라의 대표적 학자

강수(强首)	6두품 출신, 통일 초의 문장가, 외교 문서 작성에 능통('답설인귀서'), 도덕 중시
설총(薛聰)	• 원효의 아들, 6두품 출신, 경서에 조예가 깊었고 이두를 정리하여 한문학 학습에 커다란 도움을 줌. • '화왕계(花王戒)' 사료 80를 써서 국왕의 도덕성을 강조
김대문(金大問)	• 성덕왕 때의 진골 출신 한학자·역사학자 • 『계림잡전』, 『화랑세기』, 『고승전』, 『한산기』 등 신라의 역사·지리에 관해 저술함으로써 문화를 주체적으로 인식하는 경향을 보여 줌.
최치원(崔致遠) 사료 81	• 진성 여왕 때 문란해진 정치를 바로잡고자 개혁안 10여 조를 건의했으나 시행되지 않자, 정치에 뜻을 잃고 은둔 생활을 함. • 저서로 『계원필경』과 『제왕연대력』이 유명하며, 4·6 변려체의 4산 비명(숭복사비, 쌍계사 진감선사비, 성주사 낭혜화상비, 봉암사 지증대사비)과 난랑비문 등이 전함.
기타 사료 82	• 도당 유학생: 김운경, 김가기 등 • 통일 신라의 한학자들은 대부분 6두품 귀족 출신으로 유교를 신봉, 도덕적 합리주의 지향

한걸음 더

✦ 고운(孤雲) 최치원(857~미상)

신라 하대 학자로 6두품 출신이다. 12세 때 당나라에 유학하여, 18세 때 빈공과에 합격하고 당나라에서 관료 생활을 시작한 최치원은 황소의 난(879) 때 반란군을 진압하는 글인 '토황소격문(討黃巢檄文)'을 작성해 널리 이름을 떨치게 되었다.

885년 헌강왕 때 귀국한 후 최치원은 왕실에서 외교 문서를 작성하는 등 많은 일을 하였으나, 신라 사회는 헌강왕 이후 왕이 두 번이나 교체되었고 진성 여왕 때 조세의 문란으로 원종·애노 등 농민 반란이 일어나면서 이미 붕괴를 눈앞에 두고 있었다. 895년 최치원은 전국적인 내란 중 사찰을 지키다가 전몰한 승병들을 위해 만든 해인사 경내의 한 공양탑(供養塔)의 기문(記文)에서 당시의 처참한 상황에 대해, "당토(唐土)에서 벌어진 병(兵)·흉(凶) 두 가지 재앙이 서쪽 당에서는 멈추었고, 동쪽 신라로 옮겨 와 그 험악한 중에도 더욱 험악해 굶어서 죽고 전쟁으로 죽은 시체가 들판에 별처럼 흐트러져 있었다."고 적었다.

최치원은 진성 여왕 때 개혁을 요구하는 시무 10조를 지어 아찬에 올랐지만, 진골 귀족들의 반대로 뜻을 펼칠 수가 없자 지방으로 내려갔다. 최치원이 즐겨 찾은 곳은 경주의 남산, 강주(경상북도 의성)의 빙산, 합천의 청량사, 지리산의 쌍계사, 합포현(창원)의 별서 등이었다고 한다. 이 밖에도 부산의 해운대를 비롯해 그의 발자취가 머물렀다고 전하는 장소가 여러 곳이 있다. 최치원의 대표 저서로는 『계원필경』, 『제왕연대력』, 4산 비명(숭복사비, 쌍계사 진감선사비, 봉암사 지증대사비, 성주사 낭혜화상비) 등이 있다.

메모

4 과학 기술의 발달

1. 천문학과 수학의 발달

천문학	• 농경과 밀접, 왕의 권위를 하늘과 연결 • 함안 아라가야의 별자리 천문도(함안 말이산 고분)와 고구려의 별자리 천문도, 신라의 첨성대(7C 선덕 여왕) 등
수학	고구려 고분의 석실이나 천장의 구조, 백제의 정림사지 5층 석탑, 신라의 황룡사 9층 목탑과 석굴암 석굴 구조 등에 수학적 지식 이용

2. 목판 인쇄술과 제지술의 발달

목판 인쇄술	무구 정광 대다라니경✱[8C 초엽, 현존하는 세계에서 가장 오래된 목판 인쇄물, 불국사 3층 석탑(석가탑)에서 발견]
제지술	무구 정광 대다라니경에 사용된 종이, 구례 화엄사 석탑의 두루마리 불경 등

> ✱ 무구 정광 대다라니경
> 1966년 불국사 3층 석탑(석가탑)에서 출토된 묵서지편(墨書紙片, 문서 뭉치) 일부가 2005년 중수기(重修記, 탑을 보수한 기록)로 밝혀졌으며, 중수기에 1024년 탑을 보수하면서 다라니경을 넣었다는 기록이 있다는 주장이 제기되면서 학계는 혼란에 빠졌다. 이 경우 제작 연대가 일본 목판본인 백만탑 다라니경(770)보다 늦어질 수 있기 때문이다.

3. 금속 기술의 발달

고구려	오회분(만주 길림) 4호묘 · 5호묘 – 야철신(철을 단련하고 수레바퀴를 제작하는 인물) 벽화 ⇨ 고구려의 금속 제작 기술 짐작
백제	칠지도✱(4C 후반), 무령왕릉의 금제 장식, 백제 금동 대향로 등
신라	금 세공 기술 발달(금관 등), 성덕 대왕 신종(경덕왕 때 제작 시작~혜공왕 때 완성)

> ✱ 칠지도(七枝刀)
> 369년 백제 근초고왕이 일본 후왕(侯王)에게 하사한 철제 상감 칼이다. 이 칼을 통해 백제의 일본 진출과 함께 백제와 일본 두 나라의 친교 관계를 알 수 있다.

4. 농업 기술의 혁신

철제 농기구 사용	쟁기의 보급 – 가축의 힘 이용, 호미 사용
고구려	일찍부터 쟁기갈이 실시, 고구려 지형과 풍토에 맞는 보습 사용
백제	수리 시설 확충, 철제 농기구 개량, 논농사 발전
신라	5~6C 우경의 보급(지증왕)

한걸음 더

✦ 학문과 기술의 발달 총정리

구분	고구려	백제	신라	통일 신라	발해
교육 기관	태학, 경당	5경박사, 의 · 역박사	화랑도	국학	주자감
한문학	• 광개토 대왕릉비 • 충주(중원) 고구려비	• 사택지적비 • 개로왕 국서	• 단양 적성비 • 진흥왕 순수비 • 임신서기석	• 김대문 • 설총 • 최치원	정효 · 정혜 공주 비문
국사	• 『유기』 100권 • 『신집』 5권	『서기』	『국사』		
기술학	역학, 의학, 천문학	건축, 금 · 은 세공, 유리 제조	천문학, 금 · 은 세공	목판 인쇄술, 풍수지리설	자기 기술(삼채 도자기)

5 고대인의 자취와 멋

1. 고분과 고분 벽화

(1) 여러 고분 양식

돌무지무덤(적석총)		돌을 쌓아 만든 무덤 양식(청동기~삼국)
토총	돌무지덧널무덤	덧널을 설치하여 관과 부장품을 넣고 그 위에 돌을 쌓아올린 후 흙을 덮은 무덤 양식 ⇨ 벽화(×), 도굴이 어려움, 단장(單葬)
	굴식 돌방무덤	무덤 안에 돌로 방과 통로를 만들어 관과 부장품을 보관하는 무덤 양식 ⇨ 벽화(○), 도굴이 쉬움.
벽돌무덤		무덤 안의 방을 벽돌로 쌓은 양식, 중국 영향

(2) 고구려 ☞ 북한 – 평양 고구려 고분군(유네스코 세계 문화유산 등재), 중국 – 고대 고구려 왕국 수도와 묘지(유네스코 세계 문화유산 등재)

구분	고분 형태	대표적 고분	특징
초기	돌무지무덤(적석총)	장군총(계단식 7층)	돌로 쌓아 만든 무덤
후기	토총(내부: 굴식 돌방무덤★) ⇨ 벽화(○)	강서 고분, 쌍영총 등	• 돌로 1개 이상의 방을 만들고 그것을 통로로 연결, 옆방과 널방으로 구분한 것이 일반적이고 벽화를 그려 넣기도 함. • 벽화: 초기–무덤 주인의 생활 모습 표현 ⇨ 불교의 내세관 ⇨ 후기–추상화, 사신도 같은 상징적 그림

(3) 백제 ☞ p.281 백제 역사 유적 지구 참고

구분	고분 형태	대표적 고분	특징
한성 시기	(계단식) 돌무지무덤	서울 석촌동 고분	고구려 초기의 무덤 형태 ⇨ 고구려 유이민이 백제를 건국한 사실 확인
웅진 시기	굴식 돌방무덤	공주 송산리 고분군	고구려의 영향을 받았으나 보다 부드럽고 온화한 기풍
	벽돌무덤	공주 송산리 고분군 (무령왕릉★, 6호분)	• 중국 남조(양)의 영향 • 6호분 – 사신도, 일월도 벽화
사비 시기	굴식 돌방무덤	부여 능산리 고분	능산리 1호분(동하총): 규모는 작지만 보다 세련된 벽화(사신도, 연꽃무늬 등) 발견

★ 고구려의 굴식 돌방무덤

구분	위치	특징
무용총	만주 집안	무용도, 사냥도, 행렬도, 거문고를 연주하는 그림 등
각저총	만주 집안	씨름도, 별자리 그림
수산리 고분	평남 강서	일본 다카마쓰 고분의 여인도에 영향 ⇨ 고구려 문화의 일본 전파 짐작
쌍영총	평남 용강	• 서역 계통의 영향을 받은 팔각 쌍기둥(전실과 후실 사이)과 모줄임 천장은 당대 건축 예술의 수준을 보여 줌. • 벽화: 무사, 우차, 여인 등 ⇨ 당시 생활 모습 짐작
강서 고분	평남 강서	사신도(청룡·백호·주작·현무) ⇨ 도교 영향

★ 무령왕릉

1971년 공주 송산리 고분군에서 무령왕과 그 왕비의 능이 발견되어 많은 부장품[일본산 금송(金松)관, 금제 관식·지석(誌石)·석수(石獸)·토지 매지권(土地買地券)·양나라 동전 등]이 출토되었다. 이 고분은 연화문의 벽돌로 만들어진 벽돌무덤으로, 당시 양을 비롯한 남조 및 일본과의 밀접한 교류 관계를 보여 주며, 피장자를 확인시켜 줌(영동대장군 사마왕)과 동시에 도교의 영향을 받은 지석(매지권)이 발견되어 백제사 연구에 중요한 자료가 되고 있다.

(4) 신라 🔵 p.279 경주 역사 유적 지구 참고

구분	대표적 고분	특징
돌무지덧널무덤	• 천마총(155호분) • 호우총 • 황남대총(98호분)	• 지상이나 지하에 시신과 껴묻거리를 넣은 나무덧널을 설치하고 그 위에 댓돌을 쌓은 다음 흙으로 덮은 무덤 • 규모가 큰 것은 대개 돌무지덧널무덤 • 벽화가 없는 대신 도굴이 어려워 많은 부장품이 발견됨.
		• 천마총: 천마도[말안장 안쪽의 다래(가리개)에 그린 그림], 금관, 금귀걸이, 달걀 껍질 등 발견 • 호우총: 광개토 대왕의 명문이 새겨진 호우명 그릇 발견 ⇨ 5C경 고구려와 신라의 긴밀한 관계 짐작 • 황남대총(쌍분, 남분–남자 무덤, 북분–여자 무덤): 금관, 금제 허리띠, 가락바퀴, 서역 유리병 등 5만여 점 유물 발견
굴식 돌방무덤	어숙묘	• 통일 직전 축조(2기 발견) • 고구려와 백제의 영향, 벽화 발견

(5) 통일 신라와 발해

통일 신라	화장법	불교 영향으로 화장 유행 🔲 대왕암^{자료 83}
	굴식 돌방무덤	무덤 주위에 둘레돌을 두르고 12지 신상을 조각하는 신라만의 독특한 양식 형성 🔲 성덕 대왕릉, 김유신 묘, 원성왕릉(일명 괘릉) 등 ⇨ 고려, 조선 계승
발해	굴식 돌방무덤	• 모줄임천장 구조, 고구려 영향 • 정혜 공주 묘(육정산 고분군): 모줄임천장 구조, 돌사자상 출토
	벽돌무덤	정효 공주 묘(용두산 고분군): 평행고임천장 구조, 묘지✱, 벽화(12명 인물도) 발견 ⇨ 당 문화의 영향

2. 건축과 탑

▶ 북성·내성·중성·외성으로 구별

삼국	왕궁터	고구려	• 졸본: 오녀산성 내부 건물지 발견 • 국내성: 평지성인 국내성과 배후 산성인 환도산성이 궁궐지로 추정 • 평양: 장수왕이 평지성인 안학궁과 배후 산성인 대성산성 축조 　⇨ 평원왕 때(586) 평지성과 산성이 결합된 평양성(장안성) 건립
		백제	• 한성 시대: 풍납토성(북성), 몽촌토성(남성), 이성산성(경기 하남시) • 웅진 시대: 공산성(공주) • 사비 시대: 부소산성, 무왕 때 별궁 연못 궁남지 축조
		신라	통일 이후 당의 장안성을 본떠 수도 금성을 구획, 월성 지구(궁궐지로 추정)
	사원		신라의 황룡사(6C 진흥왕), 백제의 왕흥사·미륵사(7C 무왕)
	탑	고구려	주로 목탑 건립 ⇨ 현존 ×
		백제	• 익산 미륵사지 석탑✱: 목조탑 양식, 현존 최고 • 부여 정림사지 5층 석탑: 목조탑 양식, 배흘림기둥, 일명 '평제탑'
		신라	• 황룡사 9층 목탑: 선덕 여왕 때 자장의 건의로 건립, 백제의 아비지 건축 ⇨ 13C 몽골 침입 때 소실 • 분황사 (모전) 석탑: 선덕 여왕 때 석재를 벽돌 모양으로 쌓은 탑, 현재 3층까지 현존
통일 신라	사원	불국사	• 신라인이 그린 불국, 이상적인 피안의 세계를 지상에 옮겨 놓은 것으로 『법화경』에 근거한 석가모니불의 사바세계와 『무량수경』에 근거한 아미타불의 극락세계 및 화엄경에 근거한 비로자나불의 연화장세계를 형상화 • 경덕왕 때 김대성(진골) 창건 시작 ⇨ 혜공왕 때 완성
	탑	중대	• 감은사지 3층 석탑: 호국 불교 • 불국사 3층 석탑(석가탑): 무구 정광 대다라니경 발견 • 화엄사 4사자 3층 석탑: 탑의 기단부에 사자상 조각
		하대	진전사지 3층 석탑: 기단·탑신에 부조로 불상 조각
	승탑비	배경	신라 말기 선종의 유행
		구분	• 승탑: 승려들의 사리를 봉안, 팔각 원당형(기본형), 진전사지 승탑(강원도 양양), 쌍봉사 철감선사 승탑(전남 화순) • 탑비: 승려의 일대기 기록
		의의	지방 호족들의 정치적 역량 반영
발해	건축		• 수도 상경: 당의 장안성 모방(외성을 쌓고 남북으로 넓은 주작대로, 그 안에 궁궐과 사원 건축) • 온돌 장치: 고구려 양식
	사원		높은 단 위에 금당 건축, 그 좌우에 회랑으로 연결되는 건물 배치
	탑		영광탑(중국 길림성 장백현 소재): 5층 벽돌탑, 탑 아래 묘실[地宮] 발견 ⇨ 당이나 통일 신라 벽돌탑에 영향 받음.

(중대 탭 행 관련) 이중 기단에 3층 석탑 양식 · 🔵 충주 탑평리 7층 석탑(중앙탑): 통일 신라 유일한 7층 석탑 · 🔵 안동 법흥사지 7층 전탑: 가장 크고 오래된 전탑

✱ 묘지(墓誌)

죽은 자의 생애와 가족 관계 등을 기록하여 무덤에 함께 묻은 유물을 말한다. 돌에 기록하기도 하고 석관에 기록한 것도 있으며, 조선 시대에는 백자로 만들기도 하였다.

✱ 미륵사지 석탑의 재발견^{자료 33}

2009년 1월 미륵사지 석탑의 탑신 해체 작업 중 발견된 사리장엄에서 미륵사를 창건한 사람이 무왕의 부인인 당시 백제의 최대 귀족인 사택 집안의 딸이라고 새긴 문구가 발견되면서 미륵사 창건 주체에 대한 재연구가 이루어지게 되었다.

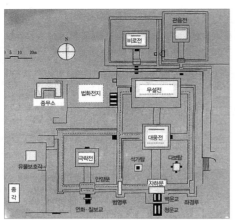

▲ 불국사 배치도 | 불국사는 크게 대웅전을 중심으로 청운교, 백운교, 자하문, 석가탑, 다보탑 등이 있는 구역과 극락전을 중심으로 연화교, 칠보교, 안양문 등이 있는 구역으로 나누어져 있다.

한걸음 더

✦ 우리나라 탑 총정리

구분	탑명	특징	
백제	익산 미륵사지 석탑(서탑)	현존 최고, 목조탑 양식	
	부여 정림사지 5층 석탑	백제의 대표적 석탑	
신라	분황사 (모전) 석탑	벽돌탑 양식의 석탑	
	황룡사 9층 목탑	호국 불교, 몽골 침입 때 소실(13C)	
통일 신라	감은사지 3층 석탑	호국 불교	이중 기단에 3층 석탑 양식
	불국사 3층 석탑	무구 정광 대다라니경 발견	
	화엄사 4사자 3층 석탑	탑의 기단부에 사자상 조각	
	진전사지 3층 석탑	신라 말 ⇨ 기단·탑신에 부조로 불상 조각	
고려	현화사 7층 석탑	신라 양식	
	월정사 8각 9층 석탑	송의 영향(⇨ 다각 다층탑)	
	경천사지 10층 석탑	원의 영향(대리석)	
조선	원각사지 10층 석탑(15C)	경천사지 10층 석탑의 영향(대리석)	
	법주사 팔상전(17C)	현존 최고 목조 5층탑	

▶ 탑(Stupa)
1. 의미: 석가모니의 진신 사리를 봉안하기 위한 축조물
2. 변화: 처음에는 주로 토탑(土塔)이었으나 중국으로 불교가 전파되면서 목탑(木塔) 양식이 주류를 이루었다가 전탑(塼塔)과 석탑(石塔)이 대신하게 되었다.

3. 불상, 조각과 공예

(1) 불상

삼국	공통	금동 미륵보살 반가 사유상	ⓒ 신라의 경우 탑 모양의 관을 쓴 금동 미륵보살 반가 사유상도 있음.
	고구려	연가 7년명 금동 여래 입상	• 두꺼운 의상과 긴 얼굴 모습 ⇨ 북조 양식 • 강인한 인상, 은은한 미소 ⇨ 독창성
	백제	서산 마애 삼존불	부드러운 자태, 온화한 미소
	신라	경주 배동 석조 여래 삼존 입상 (경주 배리 석불 입상)	푸근한 자태, 부드럽고 은은한 미소, 경주 남산 소재
통일 신라		석굴암의 본존불과 보살상	• 통일 신라 불상 중 최고 • 본존불: 균형 잡힌 모습, 사실적 조각 • 보살상: 사실적 조각 • 특징: 입구 쪽 소박한 자연스러움이 안쪽으로 들어가면서 점점 정제되어 불교의 이상세계를 구체적으로 실현
발해		흙을 구워 만든 불상(전불), 이불병좌상	상경과 동경 절터에서 발견, 고구려 양식 계승

(2) 조각과 공예

조각	통일 신라	• 무열왕릉비 귀부(거북 조각)와 이수(용 조각): 생동감, 사실미 • 성덕 대왕 둘레돌의 12지 신상: 사실미 • 불국사 석등과 쌍사자 석등: 단아, 균형 잡힌 걸작
	발해	• 벽돌·기와무늬: 고구려 영향(소박, 힘찬 모습) • 석등: 석조 미술의 대표, 팔각의 단 위에 중간이 약간 볼록한 간석 및 그 위에 올린 창문과 기왓골이 조각된 지붕 ⇨ 발해 특유의 웅장감 표현
공예	백제	창왕명 석조 사리감(위덕왕, 부여), 왕흥사지 사리함(부여), 백제 금동 대향로(부여)
	통일 신라	• 상원사 동종: 현존 최고, 성덕왕 때 주조(725) • 성덕 대왕 신종(봉덕사종, 일명 에밀레종): 맑고 장중한 소리, 비천상 유명, 경덕왕 때 주조 시작 ⇨ 혜공왕 때 완성
	발해	삼채 도자기: 가볍고 광택남, 당에 수출

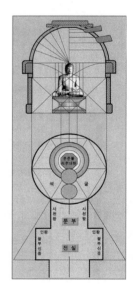

▲ 석굴암 배치도 | 정사각형과 대각선, 정삼각형과 수선, 원형과 균등 분할 등 기하학 기법을 응용하여 조화의 미를 창조하였다.

4. 글씨, 그림과 음악

서예	삼국	광개토 대왕릉비문: 선돌 형태의 자연석 – 웅건한 서체(예서체)
	통일 신라	• 김인문: 화엄사의 화엄경 석경 등 여러 사찰의 비문 작성 • 김생: 신라의 독자적인 서체 개발 ⇨ 고려 시대에 그의 글씨를 모아 새긴 『집자비문』이 현존 • 요극일: 구양순체로 유명
그림	삼국	신라의 솔거(대표 화가), 화엄경 변상도(섬세, 유려한 모습 ⇨ 신라 그림의 높은 수준 짐작), 천마총의 천마도
	통일 신라	김충의(당에서 활동)
음악	삼국	왕산악(고구려, 거문고), 백결(신라, 방아 타령), 우륵(대가야 ⇨ 신라 귀화, 가야금, 충주 탄금대)
	발해	• 일본에 영향(일본, 악공을 발해에 파견해 발해 음악을 배움.) • 발해의 악기 ⇨ 이후 송의 악기 제작에 영향

5. 한문학과 향가 ^{사료 84}

한시	황조가*(고구려 유리왕), 을지문덕의 오언시(고구려), 정읍사(백제, 민중들이 어려운 생활 속에서 소망을 노래), 회소곡*(신라, 일반 민중들 사이에서 유행한 노동과 관련된 노래)
향가	• 승려나 화랑 • 작품: 혜성가(융천사), 서동요(백제 무왕), 진성 여왕 때 향가집 『삼대목』 편찬(현존 ×) 데 『삼국유사』에 14수, 『균여전』에 11수 현존
설화 문학	일반 서민들 사이에서 구전, 에밀레종 설화, 설씨녀 이야기, 효녀 지은 이야기 등
발해의 한문학	4 · 6 변려체(정혜 공주와 정효 공주 비문), 양태사의 '다듬이 소리[야청도의성(夜聽搗衣聲)]'

> **✻ 황조가**
> 펄펄 나는 꾀꼬리는 암수 서로 정다운데
> 외로운 이 내 몸은 누구와 함께 돌아갈고

> **✻ 회소곡**
> 신라 유리왕 때 지은 작자 미상의 노래. 왕녀 두 사람이 여자들을 두 패로 나누어 길쌈 대회를 열었는데 진 편에서 한 여자가 탄식하여 노래하기를 '회소회소'라고 한 데서 유래하였다.

6 일본으로 건너간 우리 문화

1. 삼국 문화의 일본 전파: 야마토 조정의 성립과 아스카 문화 형성에 영향

	아직기(근초고왕)	일본 왕자의 스승으로 한문을 가르침.	
백제	왕인(근구수왕)	『논어』, 『천자문』을 전함.	• 교토 광륭사(고류사) 미륵보살 반가 사유상(일본 국보 제1호): 일본 고대 불상에서 찾아볼 수 없는 적송(赤松)으로 만든 불상 • 호류사의 백제 관음상
	단양이 · 고안무(무령왕)	5경박사로 유학 전파	
	노리사치계(성왕)	불상과 불경 최초 전파	
	혜총(위덕왕)	계율종을 전하고, 쇼토쿠 태자의 스승이 됨.	
	관륵(무왕)	천문, 지리, 둔갑술 등을 전함.	
	그림 전파	인사라아(일본 회화의 시조), 아좌 태자(쇼토쿠 태자 초상화), 하성(산수화, 사천왕상) 등	
	음악과 춤 전파	미마지(일본 전통 가면극 영향)	
	기타	정안나금(비단 짜는 기술 전파), 반량풍 · 정유타(일본 의학 발전)	
고구려	혜자(영양왕)	쇼토쿠 태자의 스승이 됨.	
	승륭(영양왕)	역학, 천문, 지리학을 전함.	
	담징(영양왕)	유교 경전, 종이, 먹, 붓, 맷돌 등을 전하고, 호류사의 금당 벽화를 그림.	
	혜관(영류왕)	삼론종의 개조	
	도현(보장왕)	『일본세기(日本世紀)』 저술	
신라	지봉	유식종 전파	
	기타	조선술과 축제술 전래(⇨ 한인의 연못)	

2. 통일 신라 문화의 전파

불교와 유교 문화 전래	하쿠호 문화 성립에 기여
심상	의상의 화엄 사상 전래 ⇨ 일본 화엄종 성립

한걸음 더

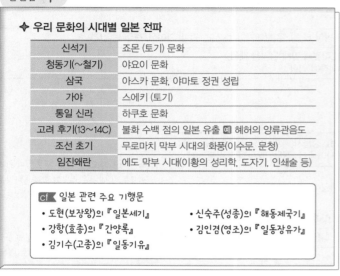

✦ 우리 문화의 시대별 일본 전파

신석기	죠몬 (토기) 문화
청동기(~철기)	야요이 문화
삼국	아스카 문화, 야마토 정권 성립
가야	스에키 (토기)
통일 신라	하쿠호 문화
고려 후기(13~14C)	불화 수백 점의 일본 유출 **예** 혜허의 양류관음도
조선 초기	무로마치 막부 시대의 화풍(이수문, 문청)
임진왜란	에도 막부 시대(이황의 성리학, 도자기, 인쇄술 등)

cf 일본 관련 주요 기행문
- 도현(보장왕)의 『일본세기』
- 강항(효종)의 『간양록』
- 김기수(고종)의 『일동기유』
- 신숙주(성종)의 『해동제국기』
- 김인겸(영조)의 『일동장유가』

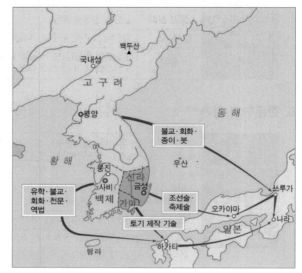

▲ 삼국 문화의 일본 전파

메모

◈ 돌무지무덤

돌을 쌓아 만든 무덤 양식으로, 청동기 시대부터 삼국 시대까지 만들어졌다. 서울 석촌동 고분은 고구려 초기 무덤 양식인 계단식 돌무지무덤 양식으로, 고구려인들이 백제를 건국했음을 알려 준다.

▲ 장군총(고구려, 중국 집안) | 화강암으로 7층의 피라미드형으로 만들었고 4층에 널방을 설치하였다.

▲ 서울 석촌동 돌무지무덤(백제)

◈ 굴식 돌방무덤

무덤 안에 돌로 방과 통로를 만들어 관과 부장품을 보관하는 무덤 양식으로, 무덤 내부의 벽과 천장에 벽화가 그려져 있는 것이 특징이다.

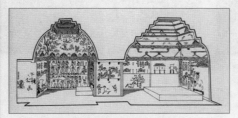

▲ 투시도를 통해 본 굴식 돌방무덤의 구조(고구려 덕흥리 고분)

▲ 견우직녀도(고구려, 덕흥리 고분)

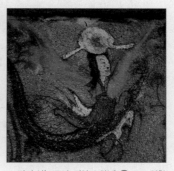

▲ 달의 신(고구려, 집안 오회분) 웹 도교 영향

▲ 강서대묘 현무도(고구려) | 사신도의 하나로, 북쪽 방위신이다. 웹 도교 영향

▲ 각저총 씨름도(고구려, 중국 집안)

▲ 무용총 수렵도(고구려, 중국 집안)

▲ 무용총 무용도(고구려, 중국 집안)

🔹 돌무지덧널무덤

신라에서 주로 만든 무덤으로, 덧널을 설치하여 관과 부장품을 넣고 그 위에 돌을 쌓아올린 후 흙을 덮었다. 돌무지덧널무덤은 구조상 벽화가 없으며 도굴이 어렵다.

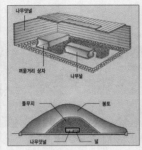

▲ 돌무지덧널무덤의 구조와 부분 명칭

▲ 천마도(신라, 국립 중앙 박물관) | 말안장 안쪽의 다래(가리개)에 그린 그림

▲ 김유신 묘(통일 신라, 경주) | 통일 신라기에 굴식 돌방무덤이 유행하면서 무덤 주위에 둘레돌을 두르고 12지 신상을 조각하는 양식이 처음 나왔다.

▲ 김유신 묘 둘레돌 중 일부

🔹 벽돌무덤

무덤 안의 방을 벽돌로 쌓는 양식으로 중국의 영향을 받았다.

▲ 무령왕릉 현실(백제, 공주)

▲ 무령왕릉 석수 (백제, 공주)

▲ 무령왕릉 지석 | 백제 25대 왕인 무령왕과 왕비의 지석으로, 왕과 왕비의 장례를 지낼 때 땅의 신에게 묘소로 쓸 땅을 사들인다는 매지권을 작성하여 그것을 돌에 새겨 넣었다.

▲ 정효 공주 무덤 벽화(발해, 중국 중경 현덕부) | 당의 영향을 받은 벽돌무덤으로, 내부에 12명의 인물도(벽화)가 있다.

🔹 불교 관련 문화(탑, 승탑, 절)

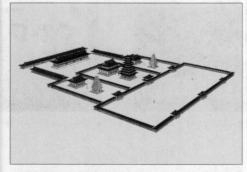

▲ 미륵사(전북 익산) 복원 상상도 | 7세기 백제 무왕 때 세워진 미륵사는 중앙에 거대한 목탑과 동서에 석탑을 둔 형태를 따르고 있다.

▲ 미륵사지 석탑(백제, 익산) | 목탑 양식의 석탑(현존 최고)

▲ 정림사지 5층 석탑(백제, 부여) | 660년 백제 멸망 직후 당의 소정방이 탑신에 새긴 '백제를 평정한 공을 기리는 글' 때문에 '평제탑(平濟塔)'이라는 수모를 겪기도 했다.

▲ 황룡사(경북 경주) 복원 상상도 | 6세기 신라 진흥왕 때 세워진 황룡사는 선덕 여왕 때 자장의 건의로 건축된 9층 목탑으로도 잘 알려져 있다.

▲ 분황사 (모전) 석탑(신라) | 석재를 벽돌 모양으로 쌓은 탑으로, 현재 3층만 남아 있다.

▲ 충주 탑평리 7층 석탑(충주 중앙탑) | 높직한 토단 위에 서 있는 7층 석탑은 나라의 중앙에 있다 하여 중앙탑이라는 이름으로 알려져 있다. 통일 신라 석탑 중 유일한 7층 석탑이며 가장 높은 탑이다.

▲ 불국사 3층 석탑(일명 석가탑, 통일 신라, 경주) | 통일 신라 때는 이중 기단 위의 3층 석탑이 유행하였다(무구 정광 대다라니경 발견).

▲ 불국사 다보탑(통일 신라, 경주)

▲ 안동 법흥사지 7층 전탑 (통일 신라) | 현존하는 가장 오래된 벽돌탑

▲ 진전사지 3층 석탑(통일 신라 하대, 양양) | 신라 하대에 기단과 탑신에 부조로 불상을 조각하는 양식이 출현하였다.

▲ 쌍봉사 철감선사 승탑(통일 신라 하대, 전남 화순) | 신라 하대 선종의 영향을 받은 승탑이다.

▲ 영광탑(발해, 길림성 장백현) | 당 또는 신라 양식의 발해 전탑(벽돌탑)

▲ 석등(발해, 동경)

▲ 성덕 대왕 신종(통일 신라) | 아연이 함유된 청동으로 제작, 비천상 조각과 맑고 장중한 소리로 유명하다.

🔷 불교 관련 문화(불상)

▲ 삼산관 금동 미륵보살 반가 사유상(삼국) | 미륵보살은 미래에 부처로 태어나 중생을 구제할 보살로, 삼국에서 유행하였다.

▲ 연가 7년명 금동 여래 입상(고구려) | 중국 북조의 양식과 고구려의 독창성이 결합 (옛 신라 의령 지역 출토)

▲ 이불병좌상(발해) | 고구려 불교 미술의 전통 계승(동경 출토)

▲ 서산 마애 삼존불(백제) | '백제의 미소'라 불리는 백제의 대표 불상

▲ 경주 배동 석조 여래 삼존 입상(구, 배리 석불 입상, 신라)

▲ 석굴암 본존불(통일 신라, 경주)

▲ 경주 남산 칠불암 마애불(통일 신라)

▲ 철원 도피안사 철조 비로자나불 좌상(통일 신라)

🔷 도교 관련 대표 문화

▲ 현무도(고구려, 강서대묘) | 사신도의 하나로, 북쪽 방위신이다.

▲ 산수문전(백제, 부여) | 신선 사상을 바탕으로 만든 백제의 벽돌이다.

▲ 경주 원성왕릉(괘릉)의 12지 신상

▲ 백제 금동 대향로

▶ 백제 금동 대향로

1. 출토: 1993년 부여 능산리
2. 전래: 중국 전국 시대 말기부터 한나라에 이르는 시기에 많이 만들어진 박산 향로가 우리나라에 전래
   ↳ 당시의 산악 숭배, 무속, 불로장생의 신선 사상이 조형적 배경
3. 특징
   ① 박산 향로의 형식과 유사
   ② 6~7세기 백제 공예의 최고 걸작품으로 도교와 불교의 색채가 엿보임.
   ③ 구조(높이: 64cm)
   ┌ 뚜껑 부분: 봉황, 5명의 악사상, 크고 작은 산, 인물상, 동물상, 기마상, 불꽃무늬 등 조각
   ├ 몸통 부분: 연꽃, 물고기, 동물상 등 조각
   └ 밑부분: 용 조각

고대 기술·천문·공예·인쇄 문화

▲ 칠지도(백제, 일본 왕실 소장)

▲ 무령왕릉 금제 관식(백제, 공주 무령왕릉 출토)

▲ 금관(신라, 경주 황남대총 출토)

▲ 첨성대(신라, 경주) | 신라 선덕 여왕 때 건립한 가장 오래된 천문대이다.

▲ 무구 정광 대다라니경 | 불국사 3층 석탑에서 발견된 것으로, 현존하는 세계에서 가장 오래된 목판 인쇄물이다.

발해 문화

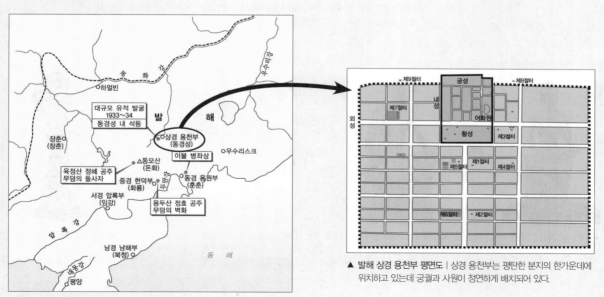

▲ 발해의 유적지

▲ 발해 상경 용천부 평면도 | 상경 용천부는 평탄한 분지의 한가운데에 위치하고 있는데 궁궐과 사원이 정연하게 배치되어 있다.

▲ 발해의 금제 관식(용두산 고분군 출토)

▲ 발해의 돌이수(상경 용천부) | 발해의 굳건한 의지를 상징하는 돌이수

▲ 정혜 공주 무덤 돌사자상(발해, 중국 길림성 돈화)

🔷 우리 문화의 일본 전파

▲ 고구려 강서 수산리 고분 벽화

▲ 일본 다카마쓰 고분 벽화 | 1972년 일본의 나라 지방 다카마쓰 고분에서 고구려 강서 수산리 고분 벽화와 같은 계통의 여인도, 성좌도, 사신도 등의 채색 벽화가 발견되었다. 이는 일본의 고대 문화가 고구려의 영향을 받았음을 증명하고 있다.

▲ 호류사[法隆寺] 금당 벽화(복원도) | 담징이 그렸다고 전해지는데, 1949년에 불타 버린 것을 복원하였다.

▲ 금동 미륵보살 반가 사유상 (삼국)

▲ 고류사 미륵보살 반가 사유상(일본 국보 제1호) | 일본 고대 불상에서 찾아볼 수 없는 적송(赤松)으로 만든 불상이다. 적송은 한국 목조 불상의 특징으로 고대 우리 문화가 일본에 영향을 끼쳤음을 단적으로 보여 주고 있다.

▲ 가야와 일본의 교류 | 일본 스에키 토기는 가야 토기의 영향을 받았다.

▲ 호류사의 백제 관음상 | 일본 아스카 문화의 대표적인 작품으로, 백제의 영향을 받아 만들어졌다.

🔷 동아시아 속에 나타난 고대인의 모습

▲ 고구려와 서역의 교류 | 7C경 제작된 사마르칸트 아프로시압 궁전 벽화로, 깃털 꽂은 모자와 환두대도를 찬 두 사람을 고구려 사신으로 보고 있다.

▲ 왕희도[중국 당(7C), 대만 소재] | 6C 중국 양나라를 방문한 총 24개국 26명의 사신 중 삼국 사신들의 모습이다. 왼쪽부터 고구려, 신라, 백제인의 모습이다.

🔷 우리 문화 속에 나타난 서역 문화

▲ 황남대총 고분에서 출토된 유리그릇(신라)

▲ 계림로 14호분의 황금 보검(신라)

▲ 경주 원성왕릉(괘릉)의 무인상(통일 신라)

▲ 송림사 5층 석탑에서 출토된 송림사 금동제 사리 장치와 유리그릇(통일 신라)

🔷 고대인의 희로애락

▲ 노래하고 연주하는 모습의 토우 (신라)

▲ 주검을 안고 슬퍼하는 여인 토우(신라) | 죽은 사람의 얼굴에는 천이 덮여 있으며, 슬퍼하는 여인은 고개를 떨어뜨리고 있다.

▲ 거문고 타는 모습(고구려, 무용총) | 거문고를 무릎 위에 올려 놓고 연주하고 있다.

간추린 선우한국사

합격까지 박문각

중세 사회의 발전

01 : 고려의 정치

중세의 세계

1. 동양

(1) **중국**: 당 말 5대 10국(907, 당 멸망) ⇨ 송(960) ⇨ 금의 건국(1115) ⇨ 북송 멸망(1127) · 남송 시작 ⇨ 원(1271) ⇨ 명(1368)

(2) **일본**: 헤이안 시대(9~12C) ⇨ 가마쿠라 막부(1192) ⇨ 무로마치 막부(1336)

2. 서양: 게르만 민족의 이동으로 고대 사회에서 중세 사회로 전환

(1) 서유럽 문화권(로마 가톨릭 중심)

(2) 비잔틴 문화권(그리스 정교 중심)

(3) 이슬람 문화권

▶ 세계사의 주요 사건: 원의 성립 ⇨ 동서 문화 교류 촉진[마르코 폴로의 『동방견문록』(1299)]

◈ 중세 사회의 성격 비교

구분	중세 유럽 사회	한국의 중세 사회(고려)
정치	왕권 약화로 지방 분권화	• 호족이 사회적 지배 세력으로 대두되었으나 11세기 말 이후에 문벌 귀족화됨. • 유교 정치 이념을 중시
경제	장원 중심의 자급자족 경제	전시과 중심의 농업 경제
사회	승려 · 귀족 · 농노의 신분제	귀족 · 중간 계층 · 양인 · 천민의 신분제
문화	크리스트교적 · 봉건 귀족 중심의 문화	중앙과 지방 문화가 함께 발달한 불교 중심 문화

---

1 중세 사회로의 이행

1. 중세 사회의 성립 과정: 신라 말 호족의 성장과 독립 ⇨ 후삼국 성립 ⇨ 고려의 건국 ⇨ 민족의 재통일

(1) 신라 말

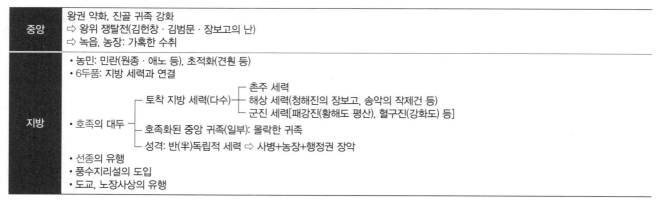

중앙	왕권 약화, 진골 귀족 강화 ⇨ 왕위 쟁탈전(김헌창 · 김범문 · 장보고의 난) ⇨ 녹읍, 농장: 가혹한 수취
지방	• 농민: 민란(원종 · 애노 등), 초적화(견훤 등) • 6두품: 지방 세력과 연결 • 호족의 대두 ┬ 토착 지방 세력(다수) ┬ 촌주 세력 　　　　　　　│　　　　　　　　　├ 해상 세력(청해진의 장보고, 송악의 작제건 등) 　　　　　　　│　　　　　　　　　└ 군진 세력[패강진(황해도 평산), 혈구진(강화도) 등] 　　　　　　　├ 호족화된 중앙 귀족(일부): 몰락한 귀족 　　　　　　　└ 성격: 반(半)독립적 세력 ⇨ 사병+농장+행정권 장악 • 선종의 유행 • 풍수지리설의 도입 • 도교, 노장사상의 유행

(2) 10C 초

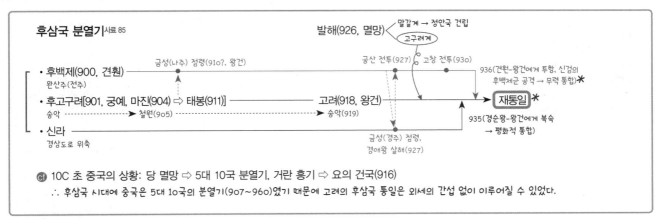

후삼국 분열기 | 사료 85

발해(926, 멸망)   말갈계 → 정안국 건립
고구려계

- 후백제(900, 견훤) ――― 금성(나주) 점령(910?, 왕건) ―――――――― 공산 전투(927)   고창 전투(930)   936(견훤-왕건에게 투항, 신검의
  완산주(전주)   후백제군 공격 → 무력 통합 ✱

- 후고구려[901, 궁예, 마진(904) ⇨ 태봉(911)] ――――――― 고려(918, 왕건) ―――――――――――― **재통일** ✱
  송악 --------------→ 철원(905) ――――――→ 송악(919)

- 신라 ―――――――――――――――――――――――――――――――――― 935(경순왕-왕건에게 복속
  경상도로 위축   → 평화적 통합)

  금성(경주) 점령,
  경애왕 살해(927)

🄒 10C 초 중국의 상황: 당 멸망 ⇨ 5대 10국 분열기, 거란 흥기 ⇨ 요의 건국(916)
    ∴ 후삼국 시대에 중국은 5대 10국의 분열기(907~960)였기 때문에 고려의 후삼국 통일은 외세의 간섭 없이 이루어질 수 있었다.

✱ 고려와 후백제의 30년 통일 전쟁

1단계	금성(나주) 전투(910?)	견훤의 측근인 능창의 패배 ⇨ 후백제의 해외 외교 통로 차단
2단계	공산(영천, 대구 팔공산) 전투(927)	왕건의 패배 ⇨ 신숭겸 전사
3단계	고창(경북 안동) 전투(930)	고려의 승리 ⇨ 삼국 통일의 주역이 고려로 기울어지는 결정적인 계기
4단계	일리천(경북 선산) 통일 전쟁(936) 사료 86	후백제 견훤의 맏아들 신검이 견훤을 김제 금산사에 감금하자(935), 견훤이 왕건에게 투항 ⇨ 왕건은 신검의 후백제군을 일리천(경북 선산)과 황산(충남 논산) 전투에서 격파 ⇨ 후백제의 패배 ⇨ 멸망

✱ 왕건의 통일 배경

1. 수취 체제의 결함 제거 ⇨ 새 사회 건설의 방향 제시
2. 호족 연합 전선 구축 가능
3. 6두품의 사상적 지원
4. 선종의 지원(이엄)
5. 군진 세력의 지원[혈구진(강화도)·패강진(황해도 평산)]
6. 해상 세력의 지원
7. 친신라 정책으로 정통과 권위 계승

🄒 견훤·궁예·왕건의 세력 기반

구분	출신	기본 세력	통합 세력
견훤	농민	지방 군사	호족
궁예	왕족	초적	호족
왕건	호족	호족	해상 세력

▲ 후삼국의 정립

▲ 고려의 민족 재통일

2. 중세 사회*의 성격

지배층 교체	호족이 지배자가 된 문벌 귀족 사회
유교	정치 이념으로 채택
밀도 높은 중세 문화의 발달	중앙+지방 문화 발달, 골품제의 폐지
강력한 민족의식의 성장	북방 민족과의 항쟁 과정(거란 ⇨ 여진 ⇨ 몽골 ⇨ 홍건적·왜구), 고구려 옛 영토(요동) 수복 운동 전개

✱ 우리나라의 고대·중세 사회 비교

구분	고대(신라)	중세(고려)
지배 세력	진골 귀족	호족 ⇨ 문벌 귀족 ⇨ 무신 ⇨ 권문세족
정치 제도	골품 제도에 기초	유교적 정치 질서 중시
수취 체제	녹읍 토대 ⇨ 인신적 지배	토지 매개 ⇨ 전시과 체제
문화	귀족적·불교적	혈족적·종교적 제약 극복
민족의식	저조(보수적)	강화(북진 정책의 추진)

한걸음 더

✦ **고려 역사 속에서 보이는 고구려 계승 의식 vs 신라 계승 의식**

건국 후 고려는 고구려를 계승한 나라임을 분명히 하였다. 그러나 통일 이후 신라 지배층이 고려의 새로운 지배층으로 대거 유입되자 고려는 신라를 계승한 왕조라는 역사의식을 갖게 되었다. 『삼국사기』의 기사를 살펴보면 신라에 대해 상당히 우호적이며, 고려 왕조는 공식적으로 신라를 정통 왕조라 보았다. 이는 고려가 통일 신라를 계승하여 그 영토의 대부분을 지배하게 된 사실과도 깊은 연관이 있다. 그러나 이와 함께 주목해야 할 것은 고려가 고구려를 계승한 왕조임을 주장한 사실이다. 이는 거란 침입 시 서희가 소손녕과의 담판에서 고려는 고구려의 후계자라고 주장한 것에서도 알 수 있다. 무신 정변 이후 고려 사회의 지배적 위치에 있었던 신라 세력이 몰락하자 고려는 대내적으로 고구려의 계승자라는 역사 계승 의식을 다져가게 되었다. 이규보의 『동명왕편』이 그 대표적 예이다.

(—— 고구려 계승 의식, 〜〜 신라 계승 의식)

✦ **고려의 고구려·신라 계승 의식**

구분	고구려 계승 의식	신라 계승 의식
지역	서경(평양)	동경(경주)
국호	고려(高麗)	–
외교	• 서희 • 묘청, 정지상	• 소손녕(거란) • 김부식
민란	최광수	김사미, 효심
역사서	이규보의 『동명왕편』	김부식의 『삼국사기』
왕	태조: 가장 강조	현종: 설총, 최치원 재평가

2 중세 사회의 전개

1. 태조(918~943): 개혁 정책

애민 정책 [사료 87]	조세 감면(1/10), 토지 등급: 비옥도에 따라 3등급, 전쟁 회피, 흑창 실시
민족 융합 정책	골품제 폐지, 각계각층의 정치 세력 포용, 능력 본위의 개방적 사회 제시
북진 정책	• 고구려 계승 이념 표방: 국호–'고려', 독자적 연호[천수(天授)] 사용, 평양–서경(西京) 중시 • 북방 영토 확장: 태조 말년에 청천강~영흥만 진출 • 거란에 대한 강경책: 만부교 사건(942)
호족 세력 통합 정책	• 회유책: 정략결혼, 사성 정책, 중앙 관리로 수용, 지방 호족의 지방 자치 허용 • 견제책: 사심관 제도, 기인 제도 [사료 88]
숭불 정책	연등회와 팔관회 중시(훈요 10조 [사료 89])
기타	• 『정계』·『계백료서』: 태조가 새 왕조의 정치 도의와 신하들이 준수해야 할 절의를 훈계하기 위해 저술 • 역분전 지급: 일종의 공신전, 관품보다는 인품과 공로에 따라 토지 지급(경기 대상) • 지방 조세 징수: 지방관을 파견하지 않는 대신 조장, 금유, 전운사 등 임시 관리를 파견하여 조세 징수

▲ 왕건 상 | 황제만이 착용한다는 통천관을 쓰고 있는 왕건 상(평양 조선 중앙 박물관)

2. 혜종(943~945): 왕규의 난 진압 ┐
3. 정종(945~949): 서경 천도 계획, 광군 설치 ┘ ─ 왕권의 불안정

4. 광종(949~975): 왕권 강화책

주현 공부법 실시(949)	주현 단위로 세금 징수 ⇨ 국가 수입 증가
노비안검법 실시(956)	불법으로 노비로 전락한 사람을 양인으로 환원시켜 준 제도 ⇨ 귀족 경제력 약화
과거 제도 실시(958) 사료 90	후주의 귀화인 쌍기의 건의로 실시 ⇨ 신·구세력 교체 ⇨ 귀족 정치력 약화
공복 제정(960) 사료 91	자(紫)·단(丹)·비(緋)·녹(綠)색으로 관리의 복색 구분 ⇨ 새로운 관료 체제 탄생 및 중앙 집권화 확립
자주성 과시	• 스스로 황제라 칭하고[칭제건원(稱帝建元)], 독자적인 연호 사용[광덕(光德)·준풍(峻豊)] • 개경-황도(皇都), 서경-서도(西都)라 부름.
제위보 설치(963)	빈민 구제를 위한 재단
불교 정비	• 승과 제도 실시(교종선, 선종선), 국사 및 왕사 제도 실시 • 제관과 의통: 남중국에서 천태종 수용 • 균여: 교종 중심의 불교 통합 기도, 귀법사·홍화사 창건
외교	송과 국교 수립(962) ⇨ 독자적 연호 폐지, 송의 연호 사용

5. 경종(975~981): 반동(反動)정치, (시정) 전시과 실시

6. 성종(981~997): 유교적 중앙 집권화 정책

최승로의 시무 28조 채택	유교 정치에 입각한 중앙 집권 관료 체제 확립
관제 정비	중앙-2성 6부, 지방-12목(최초 지방관 파견) ⇨ 향리 제도 마련(호장·부호장 등의 향직 개편) 사료 92
관계(官階) 정비	당의 문산계와 무산계 도입 ⇨ 관직의 2원화, 무관의 차별(무관의 고위직을 문관이 차지) • 문산계: 중앙의 문·무관 • 무산계: 지방의 향직, 노병(老兵), 탐라의 왕족, 여진의 추장, 공장(工匠), 악인 등
교육 시설	국자감 설치(개경), 전국 12목에 경학·의학박사 파견, 서경에 수서원·개경에 비서성 개설(도서관 설치), 과거 제도 정비, 교육 조서 반포, 문신월과법★ 실시
사회 구호 시설	의창(춘대추납의 빈민 구제 제도, 전국 각 주 설치), 상평창(쌀 비축 ⇨ 물가 조절, 개경·서경·12목 설치)
화폐 발행	건원중보 ⇨ 유통 실패
분사(分司) 제도 정비	서경에 임시 정부 조직소 정비
노비환천법 실시	양민이 된 구 노비 중 반정부적인 색채가 있거나 치안을 어지럽히는 자를 선별하여 다시 노비로 돌려놓은 제도
불교 정책	유교를 정치 이념, 불교를 종교 이념으로 구분 ⇨ 연등회·팔관회 불교 행사 축소 및 폐지
외교	거란의 1차 침입(993) ⇨ 서희의 외교 담판으로 강동 6주 획득

✻ 문신월과법
관리들의 질적 향상을 위해 실시하였는데, 개경의 문신들에게는 매월 시 3편과 부 1편을, 지방관에게는 매년 시 30편과 부 1편을 지어 중앙에 올리게 하였다.

✻ 분사 제도
고려가 서경(西京: 평양)에 중앙 부서의 분소(分所)를 설치한 제도로, 고려 태조 때부터 시작하여 예종 11년(1116)에 완성되었다. 그러나 묘청의 난(1135)을 계기로 이후 독립성이 쇠퇴되었고 조위총의 난(1174)을 계기로 완전히 폐지되었다.

✤ **최승로의 시무 28조 구조**

1. 역대 왕들의 업적 평가(= 5조 치적평[사료 93])

2. 앞으로의 정책 제시(= 시무 28조[사료 94])
   ① 유교를 정치 이념으로 채택['유교는 치국의 본, 불교는 수신의 본' ⇨ 불교 행사 축소(연등회, 팔관회 일시 폐지)]
   ② 지방관 파견 ⇨ 호족 견제(호족의 향리화, 중앙 집권 도모)
   ③ 전제 왕권 규제 ⇨ 문벌 귀족 정치 [증기] 도병마사, 식목도감, 대간 제도

3. 시무 28조 내용(22개 현존)
   • 왕의 과다한 보시(법이나 재물을 베풂) 제한
   • 중국과의 사사로운 무역 금지
   • 사찰의 고리대업 금지
   • 외관(지방관) 파견
   • 조회 시 백관의 공복 제도 확립(⇨ 중국 및 신라의 제도에 의하여 공복 착용)
   • 예악(禮樂)을 비롯한 유교 도리는 중국 문물을 본받더라도 일상적인 의복 등은 고려의 풍속에 맞게 할 것
   • 연등회와 팔관회의 축소
   • 사찰 건립 제한
   • 토호의 가옥 규모 제한
   • 불경·불상의 금·은 제한
   • 공신의 등급에 따라 자손 등용
   • 불교의 종교적 기능과 유교의 치국적 기능 강조
   • 노비의 신분을 엄격히 규제 ⇨ 노비환천법

7. 목종(997~1009): 개정 전시과(998), 강조의 정변(1009)[사료 95] ⇨ 거란의 2차 침입 구실
↳ 강조가 역모를 꾸미던 목종의 모후 천추태후와 김치양 일파를 제거하는 과정에서 목종을 살해하고 현종을 즉위시킨 사건

8. 현종(1009~1031): 지방 제도 완성

지방 제도 개편	경기, 5도(일반적 행정 구역) 양계(군사적 행정 구역) 정비
주창수렴법	흉년에 빈민을 구제하는 방편으로 각 주에 주창 설치, 비축미 저장
면군급고법	70세 이상 노부모가 있는 정남의 군역을 면해 주거나 외직을 피하게 해준 제도
향리 정책	주현 공거법 실시(지방의 향리 자제에게도 과거 응시 자격 허용), 향리의 관복 제정
불교 정책	성종 때 잠시 폐지되었던 연등회·팔관회 부활, 현화사·중광사 등 사찰 건립
외교	거란의 침입[2차-양규, 3차-강감찬의 귀주 대첩(1019)] ⇨ 거란 침입 후 대책: 개경에 나성 축조, 『7대 실록』 편찬(현존 ×), 초조대장경 편찬[현종 2년(1011)~선종 4년(1087?)] ⓒⅰ 천리장성 축조[덕종 2년(1033)~정종 10년(1044)]

9. 문종(1046~1083): 중앙 정치의 완성(최전성기)

경정 전시과 실시(1076)	현직 관료에게 수조권 지급
녹봉 제도 정비	현직 관리에게 쌀, 보리, 베, 비단 등 현물 지급(1년에 2번)
애민 정책	사형에 대한 3심제 실시, 동·서대비원(개경) 설치 ⓒⅰ 정종-대비원 설치
불교 정책	흥왕사(개경) 창건, 문종의 두 아들(의천, 도생) 승려 됨.
기인선상법 제정	기인은 향리의 자제여야 한다는 규정 폐지, 볼모의 성격 소멸
남경 설치	한양-남경 설치 ⓒⅰ 숙종 때 김위제의 주장으로 남경개창도감 설치, 남경 강조

3 중세의 통치 조직

1. 중앙의 통치 조직

(1) 정비 과정

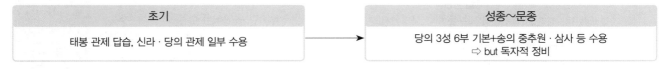

초기	성종~문종
태봉 관제 답습, 신라 · 당의 관제 일부 수용	당의 3성 6부 기본+송의 중추원 · 삼사 등 수용 ⇨ but 독자적 정비

(2) 중앙 관제

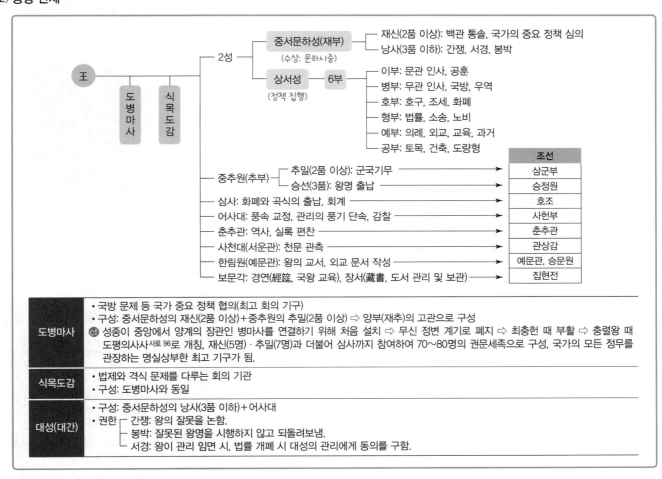

도병마사
- 국방 문제 등 국가 중요 정책 협의(최고 회의 기구)
- 구성: 중서문하성의 재신(2품 이상)+중추원의 추밀(2품 이상) ⇨ 양부(재추)의 고관으로 구성
- 📌 성종이 중앙에서 양계의 장관인 병마사를 연결하기 위해 처음 설치 ⇨ 무신 정변 계기로 폐지 ⇨ 최충헌 때 부활 ⇨ 충렬왕 때 도평의사사(사료 96)로 개칭, 재신(5명) · 추밀(7명)과 더불어 삼사까지 참여하여 70~80명의 권문세족으로 구성, 국가의 모든 정무를 관장하는 명실상부한 최고 기구가 됨.

식목도감
- 법제와 격식 문제를 다루는 회의 기관
- 구성: 도병마사와 동일

대성(대간)
- 구성: 중서문하성의 낭사(3품 이하)+어사대
- 권한 ┌ 간쟁: 왕의 잘못을 논함.
  ├ 봉박: 잘못된 왕명을 시행하지 않고 되돌려보냄.
  └ 서경: 왕이 관리 임면 시, 법률 개폐 시 대성의 관리에게 동의를 구함.

한걸음 **더**

1. **고려 통치 제도의 특징**: 전통적인 요소를 기반으로 해서 당 · 송 제도를 수용
   ① 당의 제도 수용: 3성 6부제
   ② 송의 제도 수용: 중추원, 삼사
   ③ 고려 실정에 맞는 독자적인 제도 설치: 2성 6부의 운영, 도병마사, 식목도감
2. **양부**: 중추원, 중서문하성
3. **국왕 견제 기능**: 도병마사, 식목도감, 대성의 봉박 · 간쟁 · 서경권, 상소 등
4. **관직 품계**: 문 · 무반의 양반 제도, 정(正) · 종(從) 각 9품 총 18품계 ⇨ 관직의 2원화(문산계, 무산계)

5. 산직(散職): 관리 정원의 한계를 극복하기 위해 일정한 직임이 있는 실직(實職) 외에 일정한 직임이 없는 산직을 두었다. 산직으로 성종 때 검교직·동정직이, 공민왕 때 첨설직이 정비되었다.

① 검교직: 문반 5품, 무반 4품 이상의 해당 관직에 설정 ⇨ 녹봉과 토지 지급
② 동정직: 문반 6품 이하·무반 5품 이하, 남반(南班)·승관(僧官) 등에 설정, 초입사직 때와 음서로 처음 벼슬한 자에게 설정 ⇨ 녹봉은 없고 토지만 지급 **[중기]** 한인전
③ 첨설직: 고려 말 홍건적과 왜구를 막는 과정에서 군공을 세운 사람들에게 지급 ⇨ 품계만 있음.

6. 혼동하기 쉬운 고려와 조선의 제도

구분	고려	조선
삼사	회계 기구	언론, 학술 기관(사간원·사헌부·홍문관)
백정	농민(양인)	도살업자(천민) ⇨ 법적으로 양인(신량역천)
별사전	승려, 지리업 종사자에게 지급	준공신에게 지급

2. 지방의 행정 조직

(1) 정비 과정

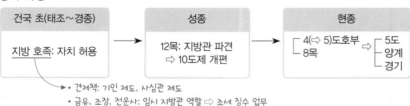

- 견제책: 기인 제도, 사심관 제도
- 금유, 조장, 전운사: 임시 지방관 역할 ⇨ 조세 징수 업무

▲ 고려의 5도 양계: 4도호부 ⇨ 5도호부[안동 도호부 (경주) 추가]

경기	개경부 관할
5도	• 일반적 행정 구역(장: 안찰사) • 서해·양광·교주·경상·전라도
양계	• 군사적 행정 구역(장: 병마사) • 북계·동계가 있고 그 밑에 진 설치
8목 5도호부	• 행정(8목)·군사(5도호부)의 중추적 기능 • 5도호부: 안동·안서·안남·안북·안변 도호부
속군· 속현	주군·주현 아래 지방관이 파견되지 않은 속군·속현 다수 존재 ⇨ 실제 행정: 향리* 담당
3경	개경, 서경(태조 때 설치), 동경[성종 때 설치 ⇨ 남경(문종 때 설치)]
향·소· 부곡 자료 97	• 특수 집단(향·부곡-농민, 소-수공업자) • 향·부곡: 삼국 시대 존속 ⇨ 소: 고려 때 처음 출현 • 지위: 신분은 양민이지만 천대받았고 세금도 더 많이 냄. • 변천: 무신 정변 때 일부 현으로 승격 [예 공주 명학소의 난(민란), 처인부곡 (몽골 항쟁)] ⇨ 조선 초 완전 소멸
계수관제 (界首官制)	• 중국에 없었던 고유 제도로 경·도호부·목의 수령 내지 그들이 관할하는 행정 구역 • 중앙과 지방의 군현을 잇는 중간 기구의 기능 담당

(2) 지방 행정 조직

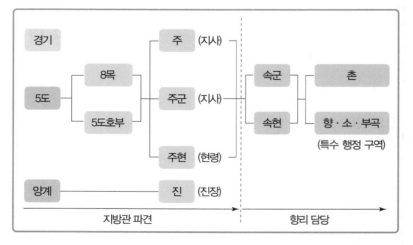

(3) 특징

2원적 조직	일반적 행정 구역, 군사적 행정 구역 구분
속군·속현 다수 존재	지방관 파견 ×
실무 담당	향리-조세·공납·역(일품군 지휘) 담당, 외역전 지급

✱ 3경

전기	후기
개경	개경
서경	서경
동경 →	남경

3. 군사 제도: 병농일치의 부병제

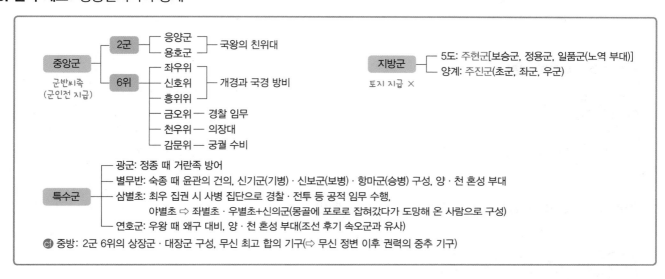

- **중앙군** 군반씨족 (군인전 지급)
  - **2군**
    - 응양군
    - 용호군 ─ 국왕의 친위대
  - **6위**
    - 좌우위
    - 신호위 ─ 개경과 국경 방비
    - 흥위위
    - 금오위 ─ 경찰 임무
    - 천우위 ─ 의장대
    - 감문위 ─ 궁궐 수비

- **지방군** 토지 지급 ✕
  - 5도: 주현군[보승군, 정용군, 일품군(노역 부대)]
  - 양계: 주진군(초군, 좌군, 우군)

- **특수군**
  - 광군: 정종 때 거란족 방어
  - 별무반: 숙종 때 윤관의 건의, 신기군(기병)·신보군(보병)·항마군(승병) 구성, 양·천 혼성 부대
  - 삼별초: 최우 집권 시 사병 집단으로 경찰·전투 등 공적 임무 수행, 야별초 ⇨ 좌별초·우별초+신의군(몽골에 포로로 잡혀갔다가 도망해 온 사람으로 구성)
  - 연호군: 우왕 때 왜구 대비, 양·천 혼성 부대(조선 후기 속오군과 유사)

cf 중방: 2군 6위의 상장군·대장군 구성, 무신 최고 합의 기구(⇨ 무신 정변 이후 권력의 중추 기구)

4. 관리✱ 등용 제도

실시		광종 – 왕권 강화 및 호족 세력 견제 의도 cf 후주의 귀화인 쌍기 건의	
종류	문과	제술과	한문학 시험 ⇨ 가장 중시
		명경과	유교 경전 시험
	잡과		기술관 등용, 의학·천문·음양지리 등 시험
	승과		교종시와 선종시로 구분, 승려 등용
	무과		무신을 등용하기 위한 무과는 거의 실시되지 못함(공양왕 때 설치).
과거 시기 및 자격		• 정기 시험인 식년시(3년마다), 부정기 시험(격년시) • 법제적으로 양인 이상은 응시 가능, but 현실은 주로 잡과에 응시 • 천민, 승려의 자손, 향·소·부곡인, 악공(樂工), 잡류(雜類)의 자손은 응시 자격 없음.	
지공거		과거를 총괄하는 시험관 cf 지공거와 합격자 사이에 좌주와 문생 사료 98 이라는 특별한 관계 성립 ⇨ 문벌 강화 계기	
음서 제도		• 목종 때 처음 실시 • 공신·종실의 자손 및 5품 이상 관료의 친속(아들, 손자, 외손자, 사위, 동생, 조카)에게는 1인에 한하여 과거를 거치지 않고 관료가 될 수 있게 한 특별 채용 제도	

4 문벌 귀족 사회의 성립과 동요

집권 세력의 변천 과정

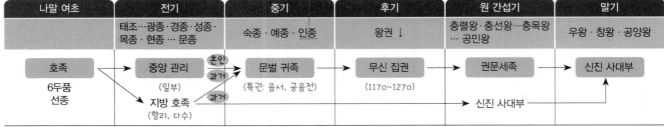

나말 여초	전기	중기	후기	원 간섭기	말기
	태조···광종·경종·성종· 목종·현종 ··· 문종	숙종·예종·인종	왕권 ↓	충렬왕·충선왕···충목왕 ··· 공민왕	우왕·창왕·공양왕

```
1126 금에게 사대 응락
1126 이자겸의 난
1135 묘청의 난
1145 김부식의 『삼국사기』
cf 서긍의 『고려도경』
```

호족 (6두품 선종) → 중앙 관리 (일부) → [혼인/과거] 문벌 귀족 (특권: 음서, 공음전) → 무신 집권 (1170~1270) → 권문세족 → 신진 사대부

지방 호족 (향리, 다수) → 신진 사대부

1. 문벌 귀족* 사회의 성립

형성 과정	과거, 혼인
성격	• 능력 본위의 개방적 존재 예 과거 제도 • 특권: 음서, 공음전 ⇨ 폐쇄적·보수적 성격(1126년 금에게 사대 응락)
대표적 문벌	경원 이씨(이자겸), 경주 김씨(김부식), 해주 최씨(최충), 파평 윤씨(윤관) 등

＊ 신라와 고려의 귀족 비교

구분	형성	성격	신분
신라	골품제	혈연 본위(폐쇄적)	불변
고려	과거제	능력 본위(개방적)	변동 가능

2. 문벌 귀족의 동요 (이자겸의 난 ⇨ 묘청의 난 ⇨ 무신 정변)

(1) 이자겸의 난 (1126, 인종) 사료 99

배경	• 경원 이씨의 왕실과의 혼인 관계 ⇨ 외척 세력 강화, 왕권 약화 • 왕의 측근 세력과 문벌 귀족의 대립
결과	문벌 귀족 사회의 붕괴 촉진 계기, 서경 천도 운동 대두

(2) 묘청의 난 (1135, 인종) 사료 100

배경	• 족벌과 지역 간의 대립 심화 • 금과의 사대 외교에 불만 고조 • 서경 천도론 대두
경과	서경에 대위국(大爲國), 연호를 천개(天開), 군대를 천견충의군(天遣忠義軍)이라 하고 난을 일으킴. ⇨ 김부식에 의해 1년 만에 진압
결과	• 문신 위주의 문벌 귀족 체제 강화 • 분사 제도의 독립성 폐지: 3경제 폐지 ⇨ 3소제 실시
성격	• 문벌 귀족 내의 족벌과 지역의 대립 • 풍수지리설이 결부된 자주적 전통 사상과 사대적 유교 정치사상과의 충돌 • 고구려 계승 이념에 대한 이견(異見)

(3) 묘청의 난 당시 서경파와 개경파 비교

구분	서경파	개경파
인물	묘청, 정지상 등	김부식, 김인존 등(문벌 귀족)
지역	서경	개경
사상	풍수지리설, 불교	유교
대외 관계	북진 정책	사대주의
주장	• 금국정벌론 • 칭제건원	금에 대한 사대 주장(금을 치는 것은 송에게 이용당하는 것이라고 반대)
성격	자주적(고구려 계승 의식)	보수적(신라 계승 의식)

(4) **무신 정변**(1170, 의종, 일명 경인의 난)

① 원인과 결과

원인	・문신 우대와 무신 차별✱: 군인전 몰수, 무학재 폐지 등 ・의종의 실정
결과	정중부의 난(1170, 경인의 난) ⇨ 의종 폐위, 명종 즉위

> ✱ 고려의 숭문경무(崇文輕武) 현상
> 1. 문신 최고 합의 기구인 도병마사가 무신 최고 합의 기구인 중방보다 상위 차지
> 2. 무반이 올라갈 수 있는 최고 관직은 정3품인 상장군이었으며, 그 이상은 승진 불가능
> 3. 군대 최고 통솔권은 문신이 장악
> 4. 무과가 없고, 인종 때 무신 교육 기관인 강예재(무학재) 폐지

② 무신 정권의 변천(1170~1270)

변천 과정	이의방 ⇨ 정중부 (1170) (1174)	경대승 (1179)	이의민 (1183)	최충헌 사료 101 (1196)	최우 (1219)	최항 ⇨ 최의 (1249) (1257)	김준 ⇨ 임연 ⇨ 임유무 (1258) (1268) (1270)
특징	중방(⇨ 무신 최고 합의 기구)	・중방 ・도방 처음 설치(⇨ 사병 양성소)	중방	・최씨 전제 정치의 추진 ・봉사 10조✱ 사료 102 건의: 토지 겸병과 승려의 고리대업 금지, 조세 제도 개혁 등 제시 ⇨ 실패 ・흥녕부 설치(1206): 희종으로부터 진강후 책봉, 흥녕부(진강부) 설치 ・교정도감 설치(1209) ┌ 반대파 숙청⇨무신 최고 권력 기구화 └ 교정별감(장): 최씨 일가 세습 ・중방 약화 cf 도병마사 부활 ・(6번) 도방 설치 ・조계종(수선사 결사) 후원 ・이규보 발탁	・정방 설치: 인사권 장악 ・서방 설치: 문신(이인로, 이규보, 최자) 등용 ⇨ 패관 문학 발달 ・(내·외) 도방 설치 ・삼별초 조직: 공적 임무를 띤 사병 집단 ・강화도 천도(1232): 몽골과 항쟁, 팔만대장경 조판 ・『상정고금예문』(1234): 금속 활자 인쇄(현존 ×) ・『남명천화상송증도가』(1239): 최우가 발문 기록 cf 신품 4현		무신 정권 몰락기
사회적 동요	・김보당의 난(1173) ・조위총의 난(1174) ・귀법사·중광사의 봉기(1174) ・망이·망소이의 난(1176)	전주 관노의 난(1182)	김사미·효심의 난(1193)	・만적의 난(1198) ・최광수의 난(1217)	이연년의 난(1237)		
비고	・무신 연합 정치 ・사회 동요기			・최씨 1인 독재기 ・사회 안정기			무신 정권 몰락기

> ✱ 역대 주요 시무책
>
> | 최치원의 시무 10조(통일 신라) | 골품 제도의 폐지, 과거 제도 실시 등 |
> |---|---|
> | 최승로의 시무 28조(고려 전기) | 유교 정치사상 채택, 외관 파견 등 |
> | 최충헌의 봉사 10조(고려 후기) | 조세 제도의 개혁, 토지 겸병과 고리 대업 금지 |
> | 정도전, 조준 (고려 말기) | 토지 제도의 개혁 (과전법) 주장 |

> ✱ 최씨 무신 정권의 세력 기반
>
> | 정치 | 교정도감, 정방 |
> |---|---|
> | 군사 | 도방, 삼별초 |
> | 경제 | 농장, 노비 |
> | 문화 | 서방, 조계종 |

③ 무신 정권(후기) 사회의 성격

정치	왕권 약화, 문벌 귀족 몰락, 새로운 관료 체제 형성
경제	전시과 동요 ⇨ 농장 확대
사회	사회적 동요
문화	패관 문학·조계종 발달

④ 사회적 동요

반(反)무신난(지배층)		・김보당의 난(일명 계사의 난, 1173): 최초 반무신난, 의종 복위 운동 ・조위총의 난(1174) 사료 103: 서경 유수 조위총 + 농민 합세 ⇨ 서경의 분사 제도 완전 폐지 ・교종계 승려의 난(1174): 귀법사, 중광사 등
반(反)사회적 난 (농민, 천민)	특수민	・망이·망소이의 난(1176): 공주 명학소의 특수 행정민들이 주도 사료 104 ⇨ 충순현으로 승격 ・전주 관노의 난(1182) ・만적의 난(1198) 사료 105: 최충헌의 사노비, 신분 해방 및 정권 탈취 시도
	농민	・김사미·효심의 난(1193) 사료 106: 운문, 초전에서 봉기 ⇨ 신라 부흥 표방 ・최광수의 난(1217): 평양 중심 ⇨ 고구려 부흥 표방 ・이연년의 난(1237): 담양 중심 ⇨ 백제 부흥 표방

▲ 하층민의 동요

Part 03 | 고려 정치

5 대외 관계*의 변화

고려의 대외 관계 변천

✱ 고려의 외교 정책
고려는 대외적으로는 왕을 칭하면서도 대내적으로는 황제국 체제를 지향하는 이른바 '외왕내제(外王內帝)'의 입장을 취하였다.

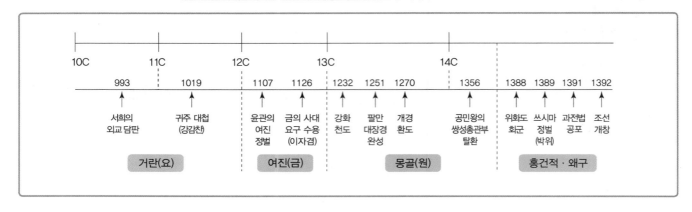

1. 전기: 친송 북진 정책

(1) 고려 · 송 · 거란의 관계

대륙의 정세	중국의 혼란기 이용, 요(거란)의 연운 16주 차지
정안국(938?~986) 등장	발해 유민들이 압록강 일대에 세운 나라, 고려와 송에 자주 왕래 ⇨ 거란 자극
고려	• 거란: 강경책 – 서경(평양) 설치, 만부교 사건✱(태조) • 송: 수교(962, 광종) 고려 ⟷ 송 (경제적·문화적 목적 / 군사적·정치적 목적)

✱ 만부교 사건(942)
거란이 발해를 멸망시킨 뒤, 942년에 사신과 낙타를 고려에 보내어 교류를 원하자 태조 왕건은 '거란은 발해를 멸망시킨 무도한 나라이기에 국교를 맺을 수 없다.'면서 사신들은 유배 보내고 낙타는 개성의 만부교에 매달아 굶어 죽게 하였다.

(2) 거란(요)의 침입

① 1차(성종, 993)

원인	고려의 친송 북진 정책
경과	안융진 전투, 소손녕과 서희의 외교 담판 사료 107
결과	고려는 송과 국교 단절 약속 ⇨ 강동 6주 차지(압록강 이남, 청천강 이북 차지)

② 2차(현종, 1010)

원인	고려의 계속된 친송 정책
경과	강조의 정변✱을 구실, 강동 6주 반환 요구 ⇨ 거란(성종)의 흥화진 포위, 양규 등의 저항 ⇨ 거란군은 강조가 주둔한 통주로 이동(cf 강조, 거란 성종에게 처형당함 사료 107) cf 현종의 나주 피난
결과	현종의 친조 약속, 거란 철수

✱ 강조의 정변(1009)
목종의 모후인 천추태후와 김치양이 자신들의 불륜 관계로 태어난 아들을 왕위에 올리려 하자 강조가 군사를 일으켜 김치양 일파를 제거하고 목종을 폐위한 사건

③ 3차(현종, 1018)

원인	강동 6주 반환 거절
결과	강감찬의 귀주 대첩(1019)

▲ 강동 6주와 천리장성 | 강동 6주는 흥화진(의주), 용주(용천), 통주(선주), 철주(철산), 귀주(귀성), 곽주(곽산)이다.

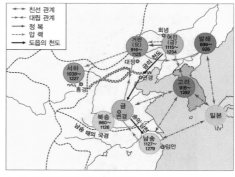

▲ 10~12세기 동아시아의 외교 관계

④ 전란의 결과: 고려 · 송 · 요 삼국의 세력 균형 유지

⑤ 전후의 시책

나성 축조(개경, 현종)	강감찬의 건의
천리장성 축조	압록강~동해안 도련포, 1033년(덕종 2)~1044년(정종 10)
문화적 사업	『7대 실록』 편찬(현종), (초조)대장경 조판(현종~선종?), 원효의 『대승기신론소』가 거란(요)에 전파

2. 여진* 정벌과 9성 개척

(1) 윤관의 여진 정벌

초기 관계	회유 · 동화 정책 ⇨ 12세기 초: 여진족 통합, 고려와 충돌
별무반 ^{사료 108} 편성(1104, 숙종)	윤관 건의, 기병 보강 특수 부대, 신기군(기병) · 신보군(보병) · 항마군(승병)으로 조직
9성 축조(1107, 예종)	여진 토벌 ⇨ 동북 지방 일대에 9성 축조 ⇨ 1년 7개월 만에 여진에게 환부

(2) 금의 압력과 북진 정책 좌절

금의 건국	여진의 금 건국(1115), 송과 연합 ⇨ 요 공격
귀족 사회의 동요	금이 고려에게 사대 관계를 요구 ⇨ 이자겸, 김부식 등은 정권 유지와 금과의 충돌을 피하기 위해 응락(1126)^{사료 109}
결과	고려의 북진 정책 좌절, 귀족 사회 내부의 모순 격화 **예** 이자겸의 난(1126, 인종)
남송 건국	금의 송 공격 ⇨ 화남 지역에 남송 건국(1127)

▲ 동북 9성 위치에 대한 여러 가지 이론
1. 조선 한백겸 등 실학자들의 주장: 길주 이남 함경남도설
2. 일제 식민 사관 주장: 함흥평야 일대설
3. 1970년대 새로운 설: 9성의 최북단(공험진의 선춘령)
   인 두만강 이북설

▲ 척경입비도 | 고려 예종 때 윤관이 여진을 물리친 후 동북 9성을 쌓고 마침내 선춘령에 '고려지경(高麗之境)'이라는 비를 세운 사실을 조선 후기에 그린 것이다.

＊ 여진족의 명칭 변화

명칭	숙신	읍루	물길	말갈	여진	만주족 (야인)
중국	춘추 전국	한	남북조	수 · 당	송 · 명	청
우리 나라	연맹 왕국 시대		삼국 · 남북국 시대		고려	조선

메모

3. 몽골과의 전쟁(1231~1270)

(1) 13세기 대륙 정세의 변화

① 몽골의 흥기(1206)
② 대요수국 건국(1216): 거란족
③ 동진국 건국(1217): 여진족

cf 거란장
거란 유민들이 고려에 와서 함께 모여 살았던 곳.
거란을 토벌한 이후 고려는 포로들을 각 주와 군
에 나누어 보내 토지를 주고 농사를 짓게 하였다.

(2) 거란족의 침입과 여·몽 협약

① 대요수국의 침입
② 강동의 역(1219): 몽골·동진국·고려의 연합 군대가 강동성에 웅거한 거란족 토벌 ⇨ 고려와 몽골의 첫 접촉
③ 여·몽 협약(1219): 몽골의 지나친 조공 요구

(3) 몽골의 침입(1231~1259, 총 6차 침입)^{사료 110}

1차 침입 (1231, 고종 18년)	몽골 사신 저고여의 피살 사건 구실 ⇨ 귀주성 박서, 충주 관노비 등 저항 ⇨ 다루가치(지방 감독관) 파견 후 철수
2차 침입 (1232, 고종 19년)	• 원인: 고려의 강화도 천도(1232) ⇨ 항몽 강화 • 결과: 처인성(경기 용인)에서 승려 김윤후가 살리타 사살

(4) 몽골과의 강화(1259, 고종 46년) 및 개경 환도(1270, 원종 11년)

배경		전쟁의 후유증: 국토 황폐, 백성의 생활 피폐
경과		고려의 새 정부(원종)가 몽골과 강화(1259) ⇨ 개경 환도(1270) ⇨ 무신 정권의 종말
문화재 소실 및 사업	소실	대구 부인사의 초조대장경(2차 침입), 교장(속장경, 흥왕사 보관), 황룡사 9층 목탑(3차 침입) 등
	사업	재조(팔만)대장경 조판^{사료 111}, 『상정고금예문』 금속 활자로 재조판(1234) ⇨ but 현존 ×(이규보의 『동국이상국집』에 기록)

(5) 삼별초*의 항쟁(1270~1273)

원인	고려 정부의 개경 환도
경과	강화도(배중손 지휘, 승화후 온을 왕으로 추대) ⇨ 진도(본격, 용장성 구축)^{사료 112} ⇨ 제주도(김통정 지휘)
기반	지리적 이점, 일반 민중의 적극적 지지
결과	여·몽 연합군에 의해 제주도 함락 ⇨ 탐라총관부 설치

★ 삼별초
원래 개경을 도적으로부터 지키기 위해 야별초를 조직하였
는데, 기능과 인원이 늘어 좌별초와 우별초로 구분하고, 몽
골에 포로로 잡혀갔다 도망 온 자들로 편성된 신의군이 생
기면서 이른바 '삼별초'라는 무력 기반이 형성되었다.

---

6 고려 후기의 정치 변동

1. 원의 내정 간섭 ^{사료 113}

(1) 여·원 연합군의 일본 정벌

1차(1274, 충렬왕 원년)	둔전경략사 설치 ⇨ 실패
2차(1281, 충렬왕 8년)	정동행성 설치 ⇨ 실패
영향	고려의 인적·물적 부담 증가

(2) 영토의 축소

쌍성총관부(1258~1356)	화주(영흥)에 설치 ⇨ 철령 이북을 직속령화 ⇨ 공민왕 때 유인우가 탈환
동녕부(1270~1290)	자비령 이북 차지, 서경에 설치 ⇨ 충렬왕 때 반환
탐라총관부(1273~1301)	삼별초의 항쟁 진압 후 제주도에 설치 ⇨ 충렬왕 때 반환

(3) 관제의 변경과 내정 간섭

① 관제 변경: 중서문하성 · 상서성 ⇨ 첨의부, 6부 ⇨ 4사

원 간섭 전		원 간섭 후
2성(중서문하성, 상서성)		첨의부
6부	이부	전리사
	예부	
	호부	판도사
	병부	군부사
	형부	전법사
	공부	폐지
도병마사		도평의사사(도당)
중추원		밀직사
어사대		감찰사
문하시중		첨의중찬
상서		판서
조(祖) · 종(宗)		충○왕(王)
폐하 · 태자 · 짐		전하 · 세자 · 고

② 내정 간섭

정동행성	일본 정벌 기구(초기) ⇨ 고려 내정 간섭 기구 (장: 승상 – 고려왕 임명)
순마소	반원 인사 색출을 위한 감찰 기구
만호부	원의 군사 기구
다루가치	감찰관 ⇨ 조세 징수와 내정 간섭
심양왕	만주 지역의 고려인을 통치하기 위하여 고려 왕족을 심양왕으로 임명 ⇨ 고려왕 견제
독로화 (禿魯花, 뚤루게)	고려 세자가 인질인 독로화로 가 원의 수도에 상주
경제적 수탈	공녀 요구(결혼도감 설치), 특산물 징발, 응방(매 징발) 설치 등

(4) 풍속의 변동

몽골풍	고려 상류층에 유행한 몽골 풍속 예 체두변발, 족두리, 몽골어, 몽골 이름 등
고려양	원나라에 유행한 고려 풍속 예 두루마기, 음식 등

(5) 권문세족의 등장

형성	문벌 귀족 가문, 무신 정권기에 등장한 가문, 원과의 관계를 통해 성장한 가문 등
정치적 특권	음서, 도평의사사 장악
경제적 특권	농장, 노비 소유

2. 반원 개혁 시도

(1) **충렬왕의 개혁 정치**(1274~1308): 홍자번의 편민 18사 건의, 전민변정도감 설치 ⇨ 토지와 노비에 대한 개혁 시도

↳ 원종 때 처음 설치

(2) **충선왕**사료 114**의 개혁 정치**(1298, 1308~1313)

정방 폐지 시도	반원 · 반귀족 정치 도모
사림원 설치	신진 사대부와 결속
만권당 설치	원의 수도 연경에 설치한 학술 연구 기관 ⇨ 성리학, 조맹부의 송설체 수용
재정 개혁	의염창 설치 ⇨ 소금 · 철의 전매 사업 실시, 농장에 징세
동성 결혼 금지	왕실 내 동성 결혼 금지(즉위 교서)
티벳 유배(1320)	원의 왕위 쟁탈전에 연루 ⇨ 티벳에 유배

cf 헷갈리는 도감

〈고려〉
- 성종 – 식목도감
- 숙종 – 의천의 교장도감, 주전도감
- 예종 – 구제도감
- 희종 – 최충헌의 교정도감
- 고종 – 최우의 대장도감
- 충렬왕 – 경사교수도감
- 충숙왕 – 찰리변위도감
- 충목왕 – 정치도감
- 공민왕 – 전민변정도감
- 우왕 – 최무선의 화통도감
- 공양왕 – 정도전의 급전도감

〈조선〉
- 세조 – 간경도감

(3) **충숙왕의 개혁 정치**(1313~1330, 1332~1339): 찰리변위도감 설치 ⇨ 토지 문제 등 개혁 시도

(4) **충목왕의 개혁 정치**(1344~1348): 반원 · 반귀족 정치 도모, 정치도감 설치

(5) **결과**: 원의 간섭, 권문세족의 반발 ⇨ 실패 ⇨ 공민왕의 반원 정책 기반 마련

3. 공민왕^{사료 115}의 반원 개혁 정치(1351~1374)

(1) **배경**: 원 ⇨ 명 교체기

(2) **대외적**: 반원 자주 정책

친원 세력 숙청	기철 등 친원파 세력 숙청 등
관제 복구	2성 6부 복구, 정동행성 이문소 폐지
몽골풍 폐지	몽골어, 체두변발 등 폐지
친명 정책 추진	원의 연호 사용 폐지 ⇨ 명의 연호 사용, 사신 파견
영토 수복	• 쌍성총관부 탈환(1356) • 요동 공략[1차: 최영-실효 없음, 2차: 이성계-요양 일시 점령(⇨ 명 차지)]

▲ 공민왕의 영토 수복

(3) **대내적**: 왕권 강화 정책(= 권문세족 억압)

정방 폐지	권문세족이 지닌 인사권 박탈
전민변정도감 설치	농장과 노비 제도 개혁(신돈 등용)
인재 배출	성균관＊을 통하여 유학 교육 강화, 과거 제도 정비

(4) **개혁 정치의 실패**

대외적 요인	• 원의 압력 • 홍건적, 왜구의 잦은 침입
대내적 요인	• 권문세족의 반발 • 개혁 추진 세력(신진 사대부)의 미약 ⇨ 결정적 요인

> **＊ 성균관**
> 고려 초기에 설치된 국자감(성종)은 국학(예종)으로 불리다가 충렬왕 때 성균관으로 개칭되고 공민왕 때 국자감으로 바꾸었다가 다시 성균관으로 바꾸었다.

4. 신진 사대부＊의 등장

(1) **시기**: 무신 집권기부터 등장

(2) **출신 배경**

경제적	지방 중소 지주층
신분적	대다수 향리 출신 ⇨ 과거를 통해 정계 진출 (⇨ 학자적 관료)
사상적	성리학 수용

> **＊ 권문세족과 신진 사대부의 비교**
>
> | 구분 | 권문세족 | 신진 사대부 |
> |---|---|---|
> | 정치 | 귀족 연합적 정치 운영
(도평의사사 중심) | 중앙 집권의 강화와 관료 정치의 정비 주장 |
> | 외교 성향 | 친원 정책 | 친명 정책 |
> | 경제 기반 | 대지주(농장 확대), 부재지주 | 중소지주, 재향지주 |
> | 신분 | 귀족 - 음서 중시 | 중류층(향리층) - 과거 중시 |
> | 사상 | 불교 | 성리학 수용 ⇨ 척불론 |

한걸음 더

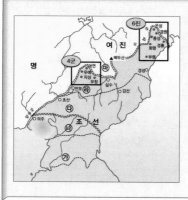

✦ 역대 국경선 변경

㉮ 나말 여초: 대동강~원산만

㉯ 고려 태조 말: 청천강~영흥만

㉰ ┌ 고려 성종: 서희의 강동 6주(압록강 어귀)
　　└ 고려 덕종~정종: 천리장성 축조(1033~1044)

㉱ 고려 공민왕: 쌍성총관부 탈환

㉲ 조선 세종: 4군(압록강)~6진(두만강) 개척 ⇨ 현재의 국경선

5. 홍건적과 왜구의 침입 ^{사료 116}: 신흥 무인의 대두

(1) 홍건적의 침입: 백련교도가 중심이 되어 봉기한 한족의 농민 반란

1차 침입(1359, 공민왕 8년)	서경 함락 – 이방실, 이승경 등 격퇴
2차 침입(1361, 공민왕 10년)	개경 함락 ⇨ 공민왕이 복주(안동**✷**)로 피난 – 이방실, 이성계, 최영, 정세운, 안우 등 격퇴

> **✷ 안동 '놋다리 밟기'(민속놀이)의 유래**
>
> 고려 공민왕 때 홍건적의 난을 피해 노국 공주를 데리고 안동으로 피난 와 개울을 건널 때, 마을의 부녀자들이 허리를 굽혀 다리를 놓았다는 데서 유래되었다고 전해진다.

(2) 왜구의 침입: 조운선 약탈 ⇨ 수도 이전까지 논의(개경 ⇨ 철원)

최영	1376, 우왕 2년	홍산 대첩(부여)
최무선	1380, 우왕 6년	진포 대첩(금강) – 최무선의 화통도감, 화약(포) 처음 사용
이성계	1380, 우왕 6년	황산 대첩(남원)
정지	1383, 우왕 9년	관음포 대첩(남해)
박위	1389, 창왕 1년	쓰시마 정벌

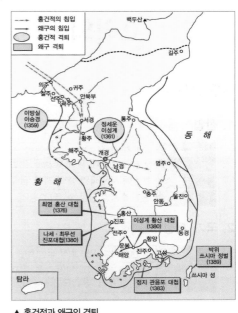

▲ 홍건적과 왜구의 격퇴

> **✷ 이성계의 4불가론**
> 1. 소국이 대국을 배반함은 불가하다[以小逆大其不可].
> 2. 여름철에 군사를 일으킴은 불가하다[夏月發兵其不可].
> 3. 거국적으로 원정할 경우 왜구 침입의 우려가 있어 불가하다 [擧國遠征倭乘其虛].
> 4. 장마철이라 활이 녹슬고 대군이 질병에 걸릴 가능성이 있어 불가하다[時方暑雨弩弓解膠大軍疾疫].

6. 요동 정벌과 위화도 회군

(1) 요동 정벌

원인	우왕 말년, 명이 원의 직속령이었던 철령 이북의 땅을 지배하겠다고 통보
의견 대립	• 출병 주장: 최영 중심 • 출병 반대: 이성계 중심(이성계의 4불가론**✷**)

(2) 위화도 회군(1388)

내용	이성계 등이 위화도에서 회군, 반대파 최영 등을 축출
결과	• 이성계 일파의 정치적 실권 장악 ⇨ 새 왕조 개창 기반 마련 • 명과의 관계 호전

> **cf 이성계의 요동 수복 운동**
>
> | 공민왕 | • 1차 최영 시도: 실패
• 2차 이성계 시도: 요양 일시 점령 ⇨ 명 차지 |
> |---|---|
> | 우왕 | 명의 철령위 문제로 요동 수복 주장
• 최영과 우왕: 요동 수복 주장
• 이성계: 반대 ⇨ 위화도 회군(1388) |
> | 조선 | 태조(이성계)는 정도전과 함께 요동 수복 주장 ⇨ 이방원·조준 반대 |

한걸음 더

> **✦ 역대 왕의 피난**
> - 고려 ┌ 거란 2차 ⇨ 현종, 나주로 피난
>   └ 홍건적의 난(2차) ⇨ 공민왕, 복주(안동)로 피난
> - 조선 ┌ 임진왜란 ⇨ 선조, 평양과 의주로 피난
>   ├ 인조 ┌ 이괄의 난 ⇨ 공주로 피난
>   │   ├ 1차 정묘호란 ⇨ 강화도로 피난
>   │   └ 2차 병자호란 ⇨ 남한산성으로 피난
> - 현대: 6·25 전쟁 ⇨ 이승만 정부, 부산으로 피난
>   └▶ 임시 수도 부산에서 1차 발췌 개헌 실시(1952)

Chapter 02 : 고려의 경제

1 경제 정책

1. 산업

중농 정책 사료 117	• 개간 장려, 농번기 잡역 동원 금지 • 농민 안정책: 재해 시 세금 감면, 고리대 이자 제한, 의창(춘대추납의 빈민 구제 제도)
상업	개경에 시전(국영 점포) 개설, 금속 화폐 주조
수공업	관청 수공업 중심, 소(所) 수공업, 사원 수공업, 민간 수공업

2. 국가 재정

조사 자료	양안(토지 대장)·호적 작성(호구 장부) ⇨ 조세·공물·역 부과
재정 운영	관청: 호부(호적과 양안 작성, 인구와 토지 관리), 삼사(재정 관련 사무), 재정 지출(관리의 녹봉·국방비, 각종 경비) ⇨ 관청 운영 경비: 국가에서 지급된 토지(공해전)에 의존하거나 스스로 충당

3. 토지 제도 사료 118

특징	1. 원칙: 토지 국유제
	• 수조권 ┌ 국가·관청(⇨ 공전) ┐ 전주
	               └ 개인·사원(⇨ 사전) ┘
	• 경작권 – 농민, 외거 노비 ┐ ⇨ 전객
	2. 실제: 민전(개인 사유제) 존재 ┘
		• 사전(私田)과 공전(公田)의 두 개념
		  – 소유권: 국가 소유지 ⇨ 공전, 개인 사유지(민전) ⇨ 사전
		  – 수조권: 사유지인 민전에서 국가가 수조권을 가지면 공전, 관료가 수조권을 가지면 사전
		• 전주 전객제: 토지에 대한 수조권을 가진 관리(전주)와 그 땅에서 농사짓는 농민(전객, 민전 소유자)의 관계
		• 지주 전호제: 토지에 대한 소유권을 가진 지주와 그 땅에서 농사짓는 농민(전호, 소작농)의 관계

• 전시과

토지 명칭	시기	개편 배경	지급 대상자	지급 기준	특징	지급 규모
역분전	태조		개국 공신	성행(性行), 공로	논공행상적	경기 대상
시정 전시과	경종	광종 때의 4색 공복 제도(자삼·단삼·비삼·녹삼) 개편	문무 직산관	관품(官品)과 인품(人品)을 반영 cf 자삼의 경우 18등급으로 구분	• 역분전을 모체로 함. • 문반·무반·잡리(雜吏)로 나누어 지급액 규정	전국적 규모 – 전지 + 시지 지급
개정 전시과	목종	성종 때 실시된 중국식 문·무산계 제도의 개편	문무 직산관	관직	• 18품 전시과 • 산직 지급 액수 감소 • 군인전 명시 • 한외과(限外科) 명시	
경정 전시과	문종	관리에게 지급할 수조지의 부족	문무 현직 관리	관직	• 공음전시과의 법제화 • 무관 차별 개선 • 한외과 소멸 ⇨ 외역전, 별사과 등 설치	

• 무신 집권기: 전시과 붕괴 ⇨ 농장 확대
• 권문세족 집권기: 농장 확대(사패전 지급) 사료 119 cf 녹과전(1271, 원종): 경기 8현의 땅을 녹이 적은 관리에게 별도 지급
• 과전법(1391, 공양왕): 급전도감 설치, 농장 혁파 ⇨ 사대부 관료에게 수조권 지급

전시과의 토지 종류	전시과 (과전)	• 문무 현직 관료에게 관등의 고하에 따라 18등급으로 나누어 전지·시지(연료 채취지) 지급 • 1대에 한하여 수조권 지급(관직 복무와 직역에 대한 대가)
	공음전	• 5품 이상의 고급 관리에게 지급 • 음서제와 더불어 귀족의 신분을 유지할 수 있는 기반
	한인전	6품 이하 하급 관리의 자제로서 관직에 오르지 못한 사람에게 지급 ⇨ but 관직 진출 시 반납
	구분전	하급 관리나 군인의 유가족에게 지급
	내장전	왕실의 경비를 충당하기 위해 지급, 장(莊)·처(處)라 불렸으며, 특정한 행정 구역을 이루기도 함(세습).
	군인전	중앙군의 군인에게 군역의 대가로 지급, 군역의 세습에 따라 토지도 세습
	외역전	향리에게 향역의 대가로 지급, 향리직이 세습되므로 토지도 세습
	별사전	승려, 지리업 종사자에게 지급

전시과의 토지 종류	공해전	중앙과 지방의 각 관아에 지급
	사원전	사원에 지급된 토지, 면세·면역의 혜택 부여
	민전	• 조상 대대로 내려오는 일반 백성들의 사유지, 매매·상속·임대 가능 • 전시과와 더불어 토지 제도의 근간 • 고려 정부는 민전을 공전이라 부르고 수확량의 1/10을 징수

ⓒ **영업전**(세습 토지): 공신전, 공음전, 내장전, 외역전, 군인전
ⓒ **외역전, 군인전**: 직역의 세습으로 토지도 세습[전정연립(田丁連立)]

한걸음 더

✦ 전시과의 토지 지급 액수

시대		구분	1	2	3	4	5	6	7	8	9	10	11	12	13	14	15	16	17	18
경종 (976)	시정 전시과	전지	110	105	100	95	90	85	80	75	70	65	60	55	50	45	42	39	36	33
		시지	110	105	100	95	90	85	80	75	70	65	60	55	50	45	40	35	30	25
목종 (998)	개정 전시과	전지	100	95	90	85	80	75	70	65	60	55	50	45	40	35	30	27	23	20
		시지	70	65	60	55	50	45	40	35	33	30	25	22	20	15	10			
문종 (1076)	경정 전시과	전지	100	90	85	80	75	70	65	60	55	50	45	40	35	30	25	22	20	17
		시지	50	45	40	35	30	27	24	21	18	15	12	10	8	5				

'전시과 토지 지급 액수'에서 알 수 있는 것은 시간이 갈수록 전지와 시지의 지급액이 줄어들고 있다는 점이다. 전지의 지급액이 줄어든 것은 문벌 귀족이 농민의 사유지(민전)를 점탈하고 농장을 확대함에 따라 관리에게 지급할 수조지가 줄어들었기 때문이다. 시지의 지급액이 줄어든 것 역시 지배층에 의해 개간 사업이 이루어져 임야가 줄었기 때문이었다. 지배층의 농장 확대는 농민의 몰락과 국가 재정의 고갈로 이어졌으며, 이는 고려의 지배 구조가 서서히 무너졌음을 의미한다.

ⓒ **역대 토지 제도의 변천**
녹읍 ⇨ 관료전, 정전 ⇨ 역분전 ⇨ 전시과(시정 → 개정 → 경정) ⇨ 녹과전 ⇨ 과전법 ⇨ 직전법 ⇨ 관수관급제

✳ 조운(漕運)
조운 담당 부서는 호부 안에 있는 조창(漕倉)이고 책임자는 판관(判官)으로 판관 아래 실무를 담당하는 색전(色典)이라는 향리가 있었다. 13조창이 운영되었고, 각 조창에는 일정한 수의 조선(漕船)이 확보되었는데 해로를 이용할 경우 최고 1,000석을 실을 수 있는 초마선이, 수로를 이용할 경우 최고 200석을 실을 수 있는 평저선이 사용되었다.
조운의 시기는 당해년의 것을 일단 조창에 집적했다가 다음해 2월부터 수송을 시작하여 가까운 곳이면 4월까지, 먼 거리면 5월까지 완료하게 하였다. 한편 조세미를 생산지에서 조창까지 운반하는 것은 일반 군현민이, 조창에서 개경 조창까지는 조창민이 운반하였다. 조운 제도는 고려 말 왜구들의 침략으로 크게 붕괴되었다.

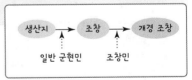

4. 수취 제도 사료 120

조세 [토지세, 租]	부과 기준	• 비옥도 정도에 따라 3등급으로 부과 • 민전: 생산량의 1/10 징수 ⓒ 지대: 공전 소작 – 1/4, 사전 소작 – 1/2
	운반 방법	조창(조운할 곡식을 모아 보관하는 창고) ⇨ 조운✳을 통해 개경의 좌창(관리의 녹봉 지급)·우창(왕실 및 국용 전반 비용 지급)으로 운반·보관(ⓒ 양계 제외), 조창(漕倉) 담당(13개 조창)
공물[調]	방법	중앙 관청에서 주현에 공물 종류와 액수 할당 부과 ⇨ 호구(민호)를 9등급으로 구별, 공물 징수
	종류	상공(매년 징수), 별공[필요에 따라 수시로 징수, 소(所) 담당] ⇨ 조세보다 큰 부담
역[庸]	대상	16~60세 남자(정남)의 노동력을 무상 동원
	종류	군역, 요역(노동력)
잡세		어염세(어민), 상세(상인) 등

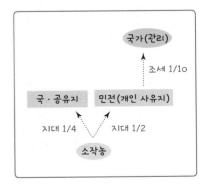

귀족 사료 121	경제 기반		• 상속 토지 · 노비(외거 노비＊ 포함), 과전(생산량의 1/10 징수), 공신전 및 공음전(세습, 수확량의 1/2), 녹봉＊ • 농장 소유: 고리대와 권력 이용하여 농민의 토지 약탈, 토지 매입 · 개간 ⇨ 농장 소유, 사치스러운 생활		
농민	생계 기반		민전, 국 · 공유지, 다른 사람의 소유지 경작		
	개간 활동		진전＊이나 황무지 개간 시 일정 기간 소작료 · 조세 감면, 주인이 없을 때는 소유지로 인정		
	농업 기술 사료 122	전기	• 우경에 의한 심경법(밭 깊이갈이)의 일반화 • 시비법의 발달(전기: 녹비 ⇨ 후기: 퇴비 사용) ⇨ 휴경지 감소 • 밭농사: 2년 3작의 윤작법(돌려짓기) 시작(일부) ⇨ but 휴경 방식 존속(불역전 소수, 일역전 · 재역전 다수) └▶ 점차 보급 → 조선 시대 일반화		
		후기	• 해안 간척 사업(강화도) • 문익점의 목화씨 전래(1364, 공민왕 13년) • 논농사: 직파법 ⇨ 이앙법(모내기법, 남부 일부 지방) • 『농상집요』 소개: 원의 농서		
	후기		권문세족의 토지 약탈, 과도한 조세 수취로 소작농 · 노비로 전락		
수공업	관청 수공업		공장안＊ 작성, 왕실 · 국가 수요품 생산	전기 발달	
	소(所) 수공업		각종 수공업품 생산 ⇨ 공물(별공)로 납부(금, 은, 철, 구리, 실, 옷감, 종이, 먹, 차, 생강 등 생산)		
	사원 수공업		승려와 노비가 제품 생산(베, 모시, 기와, 술, 소금 등)사료 123	후기 발달	
	민간 수공업		가내 수공업 중심(삼베, 모시, 명주 생산)		
상업	전기	도시	• 시전 설치(개경, 관청과 귀족 이용), 관영 상점(또는 시전) 설치[개경, 서경(평양), 동경(경주) 등 대도시], 비정기적 시장(도시 거주민 이용) • 경시서＊사료 124 설치: 개경, 상행위 감독		
		지방	관아 근처 시장 설치, 행상들의 활동, 사원의 상업 활동		
	후기	도시	• 개경: 민간 및 관청의 수요 증가 ⇨ 시전 규모 확대, 업종의 전문화 • 상업 활동 지역의 확대: 예성강 하구의 벽란도 등 – 교통과 산업의 중심지로 부각		
		지방	교통로 발달(조운로, 육상로), 원(여관)이 상업 중심지 역할		
		특징	• 국가의 재정 수입 증대책: 소금 전매제(충선왕), 관청의 물건 강매 및 조세 대납 대행 • 농민의 상업 활동은 부진		
화폐 사료 125	발행 의도		국가 재정 확충 및 정부의 경제 활동 장악 의도		
	한계		자급자족적 경제 구조와 국가의 강제 정책에 대한 귀족의 반발로 제한적으로 유통(주점, 다점 등) ⇨ 일반적 거래는 곡식 · 삼베 이용		
	성종		건원중보: 최초의 철전		
	숙종		• 삼한통보(중보), 해동통보(중보) 등 동전: 강제 유통 시도 • 활구(은병): 우리나라 지형을 본따서 은 1근으로 주조 cf 대각국사 의천의 주전론사료 126, 주전도감 설치	 ▲ 삼한통보	
	공양왕		저화: 최초의 지폐 cf 원 간섭기: 보초(지폐) 도입		
금융	고리대 성행		왕실, 귀족, 사원(장생고)의 고리대사료 127 ⇨ 농민 몰락		
	보의 출현		기금의 이자로 공적 사업 경비 충당 ⇨ 한계: 농민에게 폐해	▲ 해동통보　▲ 활구	
		학보	태조 때 서경에 둔 학교 재단		
		광학보	정종 때 승려의 면학을 위해 만든 재단		
		제위보	광종 때 빈민 구제를 위해 만든 재단		
		팔관보	팔관회의 경비 충당을 위해 만든 재단		
		경보	불경 간행을 위해 만든 재단		

＊ 외거 노비: 주인집 밖에서 거주하는 노비로 독자적 생활 기반(집, 토지, 가축) 소유 가능, 신공(身貢)으로 주인에게 노동력이나 물품 제공

＊ 녹봉: 문종 때 완비한 것으로 현직에 근무하는 관리가 1년에 2번씩 녹패라는 문서를 창고에 제시하고 녹봉(쌀 · 보리 등의 곡식, 베 · 비단)을 수령하였다. 관료를 47등급으로 나누어 1등급은 400석, 최하 47등급은 10석을 받았다.

＊ 진전: 경작하던 주인이 방치해서 황폐해진 토지. 주인이 있으면 소작료 감면, 주인이 없으면 소유 인정

＊ 공장안: 국가에서 필요한 물품(무기류, 가구류, 마구류 등) 생산에 동원할 수 있는 기술자를 조사하여 기록한 장부

＊ 경시서: 고려 시대부터 조선 시대까지 시전의 상업 행위를 관리 · 감독하던 관청. 조선 세조 때 평시서로 개칭

무역	공무역 중심	사무역 통제, 대외 무역 활발, 벽란도가 국제 무역항으로 번성
	송	• 광종 때 시작 ⇨ 가장 큰 비중 • 수출품: 나전 칠기, 화문석, 인삼, 종이(청오지), 먹, 붓 등 • 수입품: 비단, 서적, 약재―왕실, 귀족의 수요품
		교류 목적: 고려 ⟷ 송 경제상·문화상 이유 (위), 군사상·정치상 이유 (아래)
	거란·여진	• 수출품: 농기구, 식량 등 • 수입품: 은, 모피 등
	일본	• 11C 후반 내왕(來往), 교류 가장 미약 • 수출품: 문방구, 서적, 식량 등 • 수입품: 감귤, 진주, 수은 등
	아라비아	고려에 수은, 향료, 산호 등 판매, 고려(Corea)가 세계에 알려짐.
	원	공·사무역 활발, but 금·은·소·말 등의 유출 심각

cf 역대 주요 무역항

• 신라: 당항성(경기도 남양)
• 통일 신라: 영암, 울산(국제항), 당항성
• 고려: 벽란도(예성강 입구, 국제항), 합포
• 조선 전기: 3포(부산포, 제포(진해), 염포(울산))
• 조선 후기: 부산포
• 강화도 조약(1876): 부산, 원산, 인천

▲ 고려의 교통로와 산업 중심지

▲ 고려의 대외 무역 | 고려 전기 북송 시대에는 벽란도―옹진―산동 반도―덩저우의 무역로가, 고려 후기 남송 시대에는 벽란도―흑산 도―군산도―밍저우의 무역로가 이용되었다.

메모

03 : 고려의 사회

1 사회 구조의 개편

1. 특징

개방적 사회	신라의 골품 체제에서 탈피, 지방 호족이나 유교적 지식인들이 새로운 사회 지배층으로 등장 ⇨ 전 시대보다 개방적 사회로 변화
문벌 귀족 사회	가문과 문벌을 중시하는 귀족 계층이 왕실과 더불어 지배층으로서의 특권 유지
신분제 사회	귀족, 중류층, 양민, 천민으로 구성^{사료 128}
대가족 사회	사회 운영을 효율적으로 하기 위해 귀족에서 양인까지 모두 대가족 단위로 편제(⇨ 본관✱과 성의 사용 일반화)
사회 계층의 변동	원칙적으로 신분 제도는 세습되었지만 정치 상황에 따라 사회 계층의 변동이 발생 예 • 향리직 ⇨ 문반직 진출 • 군인 ⇨ 무반으로 출세 • 외거 노비 ⇨ 양인화 • 향 · 소 · 부곡 ⇨ 일부 군현 승격

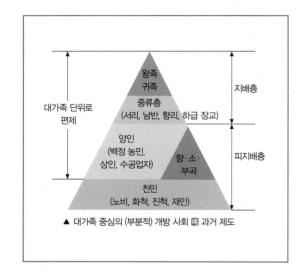

▲ 대가족 중심의 (부분적) 개방 사회 예 과거 제도

✱ 본관제

고려 평민들이 성씨(姓氏)를 가지게 되면서 성이 보편화되었다. 국가에서는 특별한 공이 있는 사람에게 성씨를 내려 주기도 하고, 주민 스스로가 중국 성을 받아들여 자신의 성으로 삼기도 하였다. 국가는 오래 전부터 사용하던 성씨가 있으면 이를 '토성(土姓)'이라 하여 정식으로 인정해 주고 그들이 사는 고장을 본관(本貫)으로 정하도록 하여 이것을 영역 내의 계서적(階序的) 지배 방식으로 이용하였다.

메모

2. 신분 제도

		초기	중기	후기	원 간섭기	여말 선초
지배층의 변동	**변화 과정**	호족 ┬ 중앙 관료 ---→ 문벌 귀족 → 무신 집권 ----→ 권문세족 -----→ 여말 선초 ┘└ 지방 호족(향리) ----------- 신진 사대부 →				
	문벌 귀족^{사료 129}	왕족, 5품 이상의 고위 관료 ⇨ 음서, 공음전의 혜택을 받는 특권층				
	권문세족^{사료 130}	고려 후기(원 간섭기)의 최고 권력층, 요직 독점(도평의사사 장악), 농장 차지(부재지주), 음서를 통한 신분 세습				
	신진 사대부^{사료 131}	무신 집권기 과거를 통해 관리로 진출, 원 간섭기에 권문세족과 대립 ⇨ 개혁적 성향				
중류층	**형성**	지배 체제 정비 과정에서 통치 체제의 하부 구조 담당, 중간적 역할 담당				
	말단 행정직	남반(궁중의 숙직, 국왕의 시종 등 궁궐 잡일을 담당한 내료직), 군반(직업 군인), 서리(중앙 관청의 실무 담당), 하층 향리✱(지방 행정의 실무 담당), 역리 등 ⇨ 직역 세습, 전시과 토지 지급받음.				

<table>
<tr><td rowspan="7">양인
(평민,
상민)</td><td colspan="2">구성</td><td colspan="3">일반 농민(백정), 상공업 종사자, 향·소·부곡민 등</td></tr>
<tr><td colspan="2">백정✱ 농민^{사료 132}</td><td colspan="3">법제적으로 과거 응시와 군인으로 진출 가능, 조세·공납·역의 의무, 민전이나 타인의 토지 소작</td></tr>
<tr><td colspan="2">상인, 수공업자</td><td colspan="3">농민보다 천대</td></tr>
<tr><td rowspan="4">특수 집단</td><td>향·소·부곡
^{사료 133}</td><td>• 향·부곡 ⇨ 농업·목축에 종사
• 소 ⇨ 수공업에 종사, 별공 담당
• 무신 집권기 일부 향·소·부곡 ⇨ 군현 승격 예 처인부곡, 다인철소, 공주 명학소</td><td rowspan="3">• 하급 이족(吏族) 신분층[향리, 토성이민(土姓吏民)]이 지휘·감독 ⇨ 주현을 통하여 간접적으로 중앙 정부의 통제를 받음.
• 법제적으로 양인 신분이나, 일반 군현민의 양인보다 차별을 받고 세금은 더 많이 부담[신량역천✱(身良役賤)], 과거 응시 자격은 없음.</td></tr>
<tr><td>역(驛)·진(津)·관(館)</td><td>• 역: 육상 교통 업무
• 진: 수로 교통
• 관: 숙박소</td></tr>
<tr><td>장(莊)·처(處)</td><td>왕실 소속의 농지나 사원의 토지 경작</td></tr>
</table>

<table>
<tr><td rowspan="10">천민</td><td colspan="3">구성</td><td colspan="2">대부분 노비, 화척(도살업자), 진척(뱃사공), 재인(광대) 등</td></tr>
<tr><td rowspan="8">노비</td><td colspan="2">특징</td><td colspan="2">• 재산으로 간주, 매매·상속·증여의 대상
• 일천즉천(一賤則賤, 종부종모법) 적용: 부모 중 한쪽이 노비면 그 자식도 노비
• 천자수모법(賤子隨母法) 적용: 노비 간의 소생은 어머니의 소유주 쪽에 귀속</td></tr>
<tr><td colspan="2">구분</td><td colspan="2">• 소유주에 따라: 공노비·사노비
• 주거 형태에 따라: 솔거 노비·외거 노비
• 신역의 의무에 따라: 입역 노비, 납공 노비로 구분</td></tr>
<tr><td rowspan="2">공노비</td><td>솔거 노비(입역 노비)</td><td>궁궐, 중앙 관청, 지방 관아에서 잡역에 종사</td><td rowspan="4">60세가 되면 역 면제</td></tr>
<tr><td>외거 노비(납공 노비)</td><td>• 독자적 생활 기반 소유: 가족, 집, 토지 소유 가능
• 농경을 통해 얻은 수입 중 규정된 액수를 소속 관청에 납부</td></tr>
<tr><td rowspan="2">사노비</td><td>솔거 노비(입역 노비)</td><td>귀족이나 사원이 직접 부리는 노비, 주인집에 거주</td></tr>
<tr><td>외거 노비(납공 노비)
^{사료 134}</td><td>• 주인과 따로 살면서 농업에 종사, 일정량의 신공(身貢) 납부
• 독자적 생활 기반 소유: 가족, 집, 토지 소유 가능</td></tr>
<tr><td colspan="2">기타</td><td colspan="3">• 양수척, 화척(도살업자), 재인(광대) 등
• 대개 거란이나 여진에서 귀화한 사람들 ⇨ 호적 등록 ×, 세금 징수 ×</td></tr>
</table>

Part 03 | 고려사회

✱ **향리:** 지방관을 보좌하여 지방 행정의 말단을 담당한 계층으로, 조세·역역(力役)의 징수 및 간단한 소송을 처리하였다. 고려의 향리는 신라 말의 호족에서 기원하여, 중앙의 군현제 정비 작업이 진행됨에 따라 그 독자성을 상실하고 지위가 격하되었다. 그러나 고려의 상층 향리층은 과거에 응시할 수 있었으며, 이를 통해 조선 왕조 건국의 주도 세력인 사대부 계층으로 성장할 수 있었다.

✱ **백정:** 고려 때 특정한 직역을 부담하지 않고 주로 농업에 종사하던 농민층. 백(白)은 '없다', '아니다'라는 의미를 지니고, 정(丁)은 '정호(丁戶, 16~60세까지의 민정 중에서 국가에 직역을 지고 있는 사람(군인·향리·기인 등)]'라는 뜻이므로 백정은 정호가 아닌 사람을 가리킨다.

✱ **신량역천(身良役賤):** 양인 중에서 가장 지위가 낮은 계층은 향·소·부곡, 진(津, 수로 교통)·역(驛, 육상 교통 업무)·관(館, 숙박소), 장·처(莊·處, 왕실 소속의 농지) 등 말단 행정 구역에 사는 주민들로, 이들의 직업은 농업·수공업·도살업·어업·소금 굽는 일·광업·봉화 올리는 일·목축업 등 다양하였다. 이들에게 '간(刊)'·'척(尺)'이라는 칭호를 붙였는데, 이들은 법제적으로 양인이지만 직역이 천하다고 하여 '신량역천(身良役賤)'계층이라 하였다. 이들은 천역(賤役)에서 벗어나지 않는 한 양인으로서의 권리를 행사할 수 없었다.

농민의 공동 조직	공동체 의식	일상의례와 공동 노동 ⇨ 공동체 의식 강화
	향도✽	• 대표적 공동체 조직 • 매향✽ 활동을 하는 무리를 향도라 부르고 대규모 인력이 동원되는 불교 행사에 주도적 역할 • 전기: 불교 신앙 조직 ⇨ 후기: 공동체적 농민 조직으로 발전
	사천 매향비	1387년 향나무를 바닷가에 묻고 세운 사천 매향비는 당시 왜구에 의해 격심한 침탈을 받던 해안 지방 민중들이 내세의 행운과 국태민안을 기원하면서 세운 비
	예천 개심사지 5층 석탑	석탑 상층 기단면에 예천 지역의 두 향도가 함께 탑을 건립했다는 명문 기록(1010, 현종 원년)
사회 시책	목적	농민 생활 안정 ⇨ 국가 체제의 안정 도모
	내용	농번기에 잡역 면제, 자연재해 시 조세 · 부역 감면, 법으로 이자율 제한(고리대 피해 방지)
	권농 정책	황무지나 진전 개간 시 일정 기간 면세
사회 제도	목적	농민 생활 안정
	흑창(태조)	평시에 곡물을 비축했다가 흉년에 빈민을 구제(고구려 진대법을 계승 · 발전)
	의창(성종)	흑창 개칭, 전국에 설치
	상평창(성종) 사료 136	• 개경 · 서경 · 12목에 설치 • 곡식과 베의 값이 내렸을 때 사들였다가 값이 오르면 싸게 내다 팖으로써 물가 조절
	동 · 서대비원(문종)	개경 설치, 환자 진료 및 빈민 구휼 담당 cf 정종: 대비원 ⇨ 문종: 동 · 서대비원
	혜민국(예종)	의약 전담
	기타 진휼 기관	구제도감(예종, 질병 환자 치료 및 죽은 사람 매장 담당)사료 137, 제위도감(예종), 구급도감(설치 시기 애매)
법률	관습법 중시	당률을 모방한 71개조의 법률과 보조 법률이 있었으나 대부분의 경우는 관습법 의거
	지방관의 사법권 사료 138	지방관은 중요한 사건만 개경의 상부 기관에 올리고 대개는 스스로 처결
	형벌 사료 139	• 실형주의: 태 · 장 · 도(징역) · 유(유배✽) · 사(사형)의 5종✽ • 수속법(收贖法): 동(銅)을 납부하여 처벌을 면제받는 제도 • 중죄: 불효죄 · 반역죄 • 면죄 규정: 부모상을 당한 경우나 노부모 봉양 시 ⇨ 형벌 집행 보류
	삼원신수법(문종)	중요 사건을 판결하기 위한 일종의 3심 제도
풍습	혼인	• 일부일처제 일반화, 남 20세 · 여 18세 전후 • 왕실 내에서 전기에 근친혼 · 동성혼 성행 ⇨ 후기에 여러 번 금지령을 내렸으나 사라지지 않음. cf 충선왕의 교지사료 140
	상장제례	유교적 규범을 시행하려는 정부의 의도와는 달리 대개 토착 신앙과 융합된 불교의 전통 의식과 도교 풍속에 따름.
	불교 행사	• 연등회(전국, 연초) • 팔관회(개경 · 서경, 연말, 토착 신앙과 불교 융합, 왕이 직접 참석) ⇨ 공무역 발달
	명절	정월 초하루, 삼짇날, 단오 때 격구, 그네뛰기, 씨름 등 즐김.
재산 상속 사료 141	자녀 균분 상속	부모의 유산은 자녀에게 골고루 분배, 부모 뜻에 따라 자녀 간에 차등
	제사	자녀 윤행(輪行)
여성의 지위 사료 142	호적 기재	자녀 간의 차별 없이 태어난 차례대로 호적 기재, 여성도 호주 가능
	여성의 재가	비교적 자유롭게 이루어졌고, 그 자식의 사회적 진출에도 차별을 두지 않음. cf 고려 말 점차 규제
	재산 상속	남편이 죽으면 재산 분배권은 아내가 지님.
	음서 혜택	사위 · 외손자도 가능
	상복 제도	친가 · 외가의 차이가 거의 없음.

✽ **유배**: 고려 귀족들의 경우 유배(귀양) 중 귀향형이 있었는데 그들에게 수도 개경은 절대적 의미를 지니는 것이어서, 죄를 짓고 귀향(본관지)가는 것을 가장 두려운 형벌로 생각하였다.

✽ **5종**

태형(笞刑)	10~50대의 볼기
장형(杖刑)	60~100대의 볼기
도형(徒刑)	1~3년의 징역 혹은 강제 노역
유형(流刑)	유배
사형(死刑)	교수형, 참수형

✽ **향도**: 고려 시대의 향촌 공동체. 부처님의 가호와 산천 수호신에 대한 신앙으로 결속되었기 때문에 붙여진 이름이다. 향도 공동체에서는 2월에 농경 개시제로서 연등회를, 10월에 추수 감사제로서 팔관회를 열었다. 이렇듯 전통문화가 강하게 남아 있는 향도는 조선 중기 이후 사림 세력이 성장함에 따라 유교적인 향약으로 대체되었다.

✽ **매향**: 불교 신앙의 하나로, 향나무를 땅에 묻는 활동. 위기가 닥쳤을 때를 대비하여 향나무를 바닷가에 묻어 두었다가 이를 통하여 미륵을 만나 구원받고자 하는 염원에서 비롯되었다.

3 고려 후기의 사회 변화

무신 집권기 하층민의 동요 사료 104,105,106	배경	중앙 정부의 통치력 약화, 무신들의 가혹한 수탈 강화
	농민 봉기	• 망이 · 망소이(공주 명학소) ⇨ 현으로 승격 • 김사미(운문) · 효심(초전) ⇨ 신라 부흥 주장 • 최광수(서경) ⇨ 고구려 부흥 주장 • 이연년(담양) ⇨ 백제 부흥 주장
	천민 봉기	최충헌 집권기 때 만적의 난사료 105 ⇨ 신분 해방 · 정권 탈취 주장
몽골 침입과 백성의 생활	최씨의 강화 천도	백성들의 산성 · 섬 이주, 준비 없이 몽골 침략에 맞섬.
	백성들의 대몽 항전	충주 다인철소✱, 처인부곡✱의 승리사료 110
	원 간섭기	일본 원정에 동원 ⇨ 막대한 희생 강요당함.
원 간섭기의 사회 변화	신흥 귀족 등장	역관, 향리, 평민, 부곡민, 노비, 환관 등 하층 신분 계층 ⇨ 친원 세력화, 권문세족으로 성장
	고려 · 원의 문물 교류	고려에 몽골풍 유행, 고려인의 몽골 이주로 몽골에 고려풍 유행
	공녀 문제	결혼도감을 통해 공녀 공출 ⇨ 조혼의 풍속
	왜구의 침입	14C 중반부터 침략(쓰시마 섬에 근거), 식량 약탈, 인명 손실 ⇨ 격퇴 과정에서 신흥 무인 세력 성장

▲ **밀양 박씨 묘 벽화** | 고려 말·조선 초의 제사 의식과 복장 등의 생활 모습을 보여 주는 고려 말 벽화이다.

▲ **거창 둔마리 고분 벽화** | 고려 고분으로 천녀상, 주악상, 무용도 등의 벽화가 그려져 고려의 복식, 생활상, 종교 등을 보여 주고 있다.

✱ **충주 다인철소의 승리**
1254년 몽골군이 철 생산지인 다인철소를 공격하자 이곳 주민들의 치열한 항전으로 승리
⇨ 익안현으로 승격

✱ **처인부곡의 승리**
1232년 몽골의 제2차 침입 때 승려 김윤후의 지휘로 처인(용인) 부곡민들이 적장 살리타를 사살
⇨ 처인현으로 승격

한걸음 더

✧ 고려 시대의 지배 계층 비교

구분	문벌 귀족	권문세족	신진 사대부
대두 시기	전기(성종 이후)	후기(무신 정권 붕괴 이후)	후기(무신 집권기) ⇨ 말기 부각
출신 성향	호족(대부분)	• 전기부터 이어온 가문 • 무신 정권기에 대두한 가문 • 원을 배경으로 등장한 가문	• 하급 관리 • 향리
정치 성향	• 보수적 • 관직 독점(그러나 관직에 집착하지 않음.) ⇨ 보다 귀족적	• 보수적 • 관직 독점(도평의사사 장악)	• 진취적 ⇨ 개혁 정치 강조 • 신흥 관료 ⇨ 능력 중시
경제적 기반	• 공음전(세습) • 전시과	농장(재경 부재 대지주)	중소지주(재향 중소지주)
정계 진출	음서 · 과거	주로 음서	과거
학문	훈고학	훈고학	성리학
불교	지지	지지	비판(정도전의 『불씨잡변』, 『배불론』)
외교	친송 정책(전기) ⇨ 금에 사대 응락(중기)	친원 정책	친명 정책
세력 유지	왕실과의 통혼	원과 결혼	능력 중시

1 중세 문화의 성격

호족 문화	지방 호족들이 새로운 문화 주인공으로 등장	
	중앙 귀족 문화	세련 예 청자, 불교 회화, 금속 공예 등
	지방 문화	자유 분방 예 논산 관촉사 석조 미륵 보살 입상 등 거대한 석불, 거창 둔마리 고분 벽화 등
유교와 불교의 융합	유교를 새로운 정치 이념으로 표방하면서도, 불교를 생활 이념으로 인정	
출판문화의 발달	한문학의 발달, 대장경의 간행, 실록의 편찬, 사서의 출판, 금속 인쇄술의 출현 등 출판문화 발달	
불교문화와 공예의 발달	불교 미술의 발달과 함께 귀족들의 생활 도구를 중심으로 한 미술 공예 발달 예 청자, 나전 칠기, 불교용품 등	

2 유학의 발달과 역사서의 편찬

cf 중국 유학의 변천 과정					
춘추 전국 시대	한·당 대	송 대	명 대	청 대	청 말
원시 유학(공자의 仁, 맹자의 王道政治)	훈고학 (경전 해석)	성리학 (관념 철학)	양명학 (지행합일)	고증학 (실사구시)	공양학

1. 유학의 발달

특징		유교와 불교가 서로 보완·발전('유교는 치국의 도, 불교는 수신의 도' – 최승로의 시무 28조)	
전기	성격	자주적·주체적	
	과정	태조	최언위 등 신라 6두품 계통의 유학자 활약
		광종	과거 제도 실시 ⇨ 유학에 능숙한 관료 등용
		성종	유교 정치사상 정립, 국자감 설치, 비서성(개경)·수서원(서경) 설치(서적 출판·수집)
		현종	신라의 설총과 최치원을 문묘에서 제사 지냄. ⇨ 신라의 유교 전통 계승 의지 표명
	대표 유학자	최승로	성종 때 시무 28조 제시 ⇨ 유교 사상을 정치 이념으로 제시
		김심언	시무 2조 제시
중기	성격	보수적·현실적	
	과정	숙종	• 관학 진흥책 실시 ⇨ 국자감에 서적포 설치(서적 간행) • 평양에 기자 사당 건립
		예종	• 관학 진흥책 실시 ⇨ 국학 안에 7재 전문 강좌 설치 • 청연각(도서 수집 및 강론 장소), 보문각(경연) 설치
	대표 유학자	최충	목종 때 과거 급제 ⇨ 문종 때 은퇴 후 사립 학교인 9재 학당(문헌공도) 건립
		김부식	보수적 유학, 『삼국사기』 저술
무신 정변기		위축	
원 간섭기 – 성리학 자료 143	내용	• 남송의 주희가 완성, 우주의 근원과 인간의 심성 문제를 철학적으로 규명하려는 학문 • 불교(선종)의 철학적 사변에 유학을 접목하여 5경보다 4서를 중시	
	전래	충렬왕 때 안향이 소개 ⇨ 백이정, 이제현(만권당에서 활약), 박충좌 등에게 전수 ⇨ 이색(성균관 유생 양성) ⇨ 정몽주, 권근, 정도전 등 신진 사대부에게 계승	
	성격	일상생활에 관계되는 실천적 기능 강조–「소학」,✱ 『주자가례』✱ 중시, 가묘 건립	
	영향	권문세족과 불교의 폐단 비판[정도전의 『불씨잡변』(1394)] ⇨ 새로운 지도 이념으로 등장	

✱ 『소학』
주자가 쓴 어린이들의 수신서, 일상 생활의 예의범절과 충신·효자의 사례를 모은 책

✱ 『주자가례』
주자의 가례를 모아 명나라 구준이 편찬한 가정 의례서

2. 교육 기관

목적		관리 양성과 유학 교육	
전기	태조	신라 계통의 학자 등용, 개경·서경에 학교 설립	
	성종	• 중앙 교육: 국자감 설치 ⇨ 문묘, 돈화당(강학), 재(기숙사) 구성 • 지방 교육: 향교 설치 – 지방 관리와 서민 자제 교육 cf 문신월과법: 중앙의 문신들은 매월 시 3편과 부 1편을, 지방관들은 매년 시 30편과 부 1편을 지어 연말에 중앙에 바치게 한 제도 ⇨ 관리의 질적 향상 도모	
중기 사료 144	사학의 융성	최충의 9재 학당(문헌공도)을 비롯한 사학 12도 융성(개경) ⇨ 관학 쇠퇴	
	관학 진흥책	숙종	국자감✱에 서적포 설치(도서 간행)
		예종	• 국자감을 국학으로 개칭, 국학에 7재✱ 설치(전문 강좌) • 양현고 설치: 장학 기금 • 청연각, 보문각 설치: 궁중에 설치한 도서관 겸 학문 연구소
		인종	경사 6학 정비, 7재 중 무학재 폐지 ⇨ 무신 정변의 원인 제공
		충렬왕	섬학전 설치(안향 건의, 장학 기금), 국학을 성균관으로 개칭

✱ 7재
고려 예종 때 국학에 설치되었던 7종의 전문 강좌. 1재에서 6재까지는 유학재, 7재는 무학재(강예재)로 구성

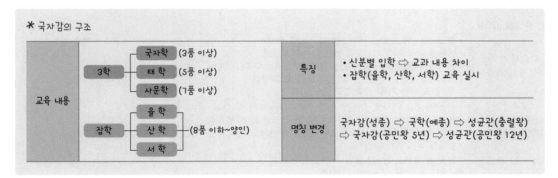

✱ 국자감의 구조

교육 내용	3학	국자학 (3품 이상) 태 학 (5품 이상) 사문학 (7품 이상)	특징	• 신분별 입학 ⇨ 교과 내용 차이 • 잡학(율학, 산학, 서학) 교육 실시
	잡학	율 학 산 학 (8품 이하~양인) 서 학	명칭 변경	국자감(성종) ⇨ 국학(예종) ⇨ 성균관(충렬왕) ⇨ 국자감(공민왕 5년) ⇨ 성균관(공민왕 12년)

3. 과거 제도: 광종 때 후주에서 귀화한 한림학사 쌍기의 건의로 실시

(1) 과거의 종류

구분		시험 내용
문과	제술과	한문학 ⇨ 우대
	명경과	유교 경전
잡과		의학, 천문, 음양지리 등
승과		교종시, 선종시
무과		없음(제대로 시행 ×).

(2) 시험 방법

시기	• 원칙: 식년시(3년에 한 번) • 격년시(2년)도 있었음.
응시 대상	• 양인 이상의 자제 • 제한 대상: 천민과 승려의 자제
시험 절차	• 초기: 단층제(1차 시험) • 후기: 3층제(향시 ⇨ 국자감시 ⇨ 예부시)
지공거(시험관)와 합격자 관계	좌주와 문생의 특별한 관계 유지 ⇨ 문벌 귀족 강화

(3) 기타: 음서, 천거 등

음서 제도	• 5품 이상 관리의 친속(외손자, 사위 포함)에게는 1인에 한하여 과거를 거치지 않고 관리가 될 수 있게 해준 제도 ⇨ 문벌 귀족 강화 • 음서 대상 나이: 법–18세 이상, 현실–15세 전후

4. 역사서의 편찬

구분	역사서	내용	비고
초기	삼국사(『구삼국사』)	단군 조선–고구려–고려로 이어져 온 역사 계승 의식을 표방한 관찬 사서	현존 ×
	7대 실록(황주량, 현종)	1대 태조~7대 목종에 이르는 사실을 현종 때 편찬하기 시작, 덕종 때 완성	
	가락국기(김양감, 문종)	가야 지방사 기록	
	고금록(박인량, 문종)	편년체 사서	
	속편년통재(홍관, 예종)	고려 초 『편년통재』를 개찬 · 서술	
중기	삼국사기 사료 145 (김부식, 인종, 1145)	• 인종의 지시로 김부식 등이 『구삼국사』를 기본으로 편찬한 기전체 사서 • 삼국, 통일 신라, 후삼국 시대 역사 기록 ⇨ 현존하는 최고(最古)의 역사서 • 본기 28권(고구려 10권, 백제 6권, 신라 · 통일 신라 12권), 연표 3권, 지 9권, 열전 10권(50여 인의 인물 기록, but 대부분 신라인 중심) ⇨ 본기를 전체 분량의 절반 이상으로 하여, 열전 위주의 중국 문헌과 근본적으로 다름.	유교적 합리주의 사관 cf 묘청의 난 진압 이후 저술
	상정고금예문 (최윤의, 인종)	• 유교 정치 이념의 구현을 위하여 서술 • 이규보의 『동국이상국집』에 13세기 최우 정권(고종) 때 『상정고금예문』을 금속 활자로 다시 인쇄했다는 기사가 수록되어 있음.	현존 ×
	편년통록 (김관의, 의종)	고려 왕실의 권위 확보(왕건의 가계 제시)와 고려 왕실의 중흥을 기원하는 유교적 사관을 제시	현존 ×
후기 사료 146	동명왕편 (이규보, 명종, 1193)	• 고구려 건국 영웅인 동명왕의 업적을 칭송한 일종의 민족 서사시 • 이규보의 『동국이상국집』에 수록	민족적 자주 의식 강조 ⇨ 고구려 계승 의식
	해동고승전 (각훈, 고종, 1215)	• 교종의 입장에서 저술 • 삼국 시대의 승려 30여 명의 전기를 수록한 승려전으로 2권이 현존	자주적 역사 의식
	고금록 (원부 · 허공, 충렬왕, 1284)		현존 ×
	삼국유사 (일연, 충렬왕, 1281?)	• 불교사를 중심으로 고대의 설화나 야사를 수록 • 단군을 우리 민족의 시조로 보는 자주 의식 표출 • 전체 5권 2책으로 구성, 권과는 별도로 「왕력」 · 「기이」 · 「흥법」 · 「탑상」 · 「의해」 · 「신주」 · 「감통」 · 「피은」 · 「효선」의 9편목으로 구성 cf 불교 관련 기록: 신라 불교 중심 기록	고조선 계승 의식
	제왕운기 (이승휴, 충렬왕, 1287)	• 상권은 중국 역사를, 하권은 단군 이야기에서부터 우리나라 역대 왕의 업적을 7언시의 한시로 기록 ⇨ 우리 역사를 중국사와 대등하게 파악 • 예맥, 부여, 옥저, 삼한, 삼국 모두 단군의 후손으로 기록 • 발해를 우리 역사로 인식	
말기	천추금경록(정가신, 충렬왕) 세대편년절요(민지, 충렬왕) 본조편년강목(민지, 충숙왕) 세대편년(이제현, 충숙왕)	충렬왕 때 경사교수도감 설치 ⇨ 유교 사관 부흥 cf 『본조편년강목』: 편년체+강목체	현존 ×
	사략(이제현, 공민왕)	• 고려 태조~숙종까지 기록 • 현재 『사략』의 사론(국왕 업적에 대한 평가 부분)만 현존	성리학적 사관(정통, 대의명분 강조)

한걸음 더

✦ 역사 서술의 체제

구분	서술 방법	대표적인 사서	기원(중국 사서)
기전체(紀傳體)	본기(本紀), 세가(世家), 지(志), 열전(列傳) 등으로 구분하는 정사체	『삼국사기』, 『고려사』, 『동사(東事)』, 『동사(東史)』, 『해동역사』 등	사마천의 『사기』
편년체(編年體)	연 · 월 · 일별로 서술	『삼국사절요』, 『고려사절요』, 『동국통감』, 『조선왕조실록』 등	사마광의 『자치통감』
기사본말체(紀事本末體)	사건의 발단과 결과를 실증적으로 기술	이긍익의 『연려실기술』	원추의 『통감기사본말』
강목체(綱目體)	강(綱: 대의), 목(目: 세목)으로 나누어 서술	안정복의 『동사강목』	주희의 『자치통감강목』

✦ 『삼국사기』와 『삼국유사』 비교

구분	『삼국사기』	『삼국유사』
시기	고려 중기 인종(1145)	고려 후기 충렬왕(1281?)
저자	김부식(문벌 귀족)	일연(승려)
서술 시대	삼국~후삼국까지 기록	고조선, 삼한, 부여, 삼국~고려까지 기록
사관	유교 사관(보수적 · 합리적 · 사대적)	신이(神異)적 불교 사관(주체적)
체제	기전체	기사본말체와 유사
의미	현존하는 최고(最古)의 사서	단군 신화, 설화, 야사, 향가 수록(단군 이야기 최초 수록)

3 불교 사상과 신앙

1. 불교 정책: 국가적 차원으로 지원 사료 147

> ↗ 불교 관련 사무 담당 관청, 조선 세종 때 폐지

태조		사원 건립, 훈요 10조 ⇨ 불교 숭상, 연등회·팔관회 강조, 승록사 설치
광종	승과 제도 실시	교종선과 선종선을 두고, 급제자에게는 품계 지급 ⇨ 국사·왕사 제도 마련
	고승의 활약	• 의통: 중국 천태종의 16대 교조 • 제관: 『천태사교의』 저술(천태종의 기본 교리) • 균여: 교종 통합 시도 • 혜거: 선종 통합 시도
성종		유교 정치사상 강조 ⇨ 연등회, 팔관회 폐지
현종		연등회, 팔관회 부활

2. 고려 불교의 특징 및 전개 과정

(1) **특징**: 유교와 불교의 융합, 교종과 선종의 통합 시도

(2) **전개 과정**

> ✳ 균여의 종파 통합
> 신라 말 해인사에는 후백제 견훤을 지지한 관혜와 고려 태조 왕건을 지지한 희랑의 두 화엄사종(華嚴寺宗)이 있었는데, 그 법문을 각각 남악(南岳, 지리산)과 북악(北岳, 태백산)이라 불렀다. 균여는 북악의 법통을 계승하여 남악까지 통합하였다.

건국 초		5교 9산의 대립 지속
전기		광종의 불교 정비: 승과 제도 실시, 불교 종파 통합 시도
	교종 통합 시도	균여✳['북악(태백산)의 법손']사료 148 • 화엄종 중심 ⇨ 북악(태백산)의 법통 계승 + 남악(지리산) 통합, 귀법사 창건 • 성상융회(性相融會)·성속무애(聖俗無碍) 주장 • 『보현십원가』(향가) 작성 ⇨ 불교의 대중화
	선종 통합 시도	혜거: 법안종 중심

중기 – 천태종의 성립

• 화엄종과 법상종의 유행(왕실과 귀족들의 지원)

종파	중심 사찰	위치	특징	지지 세력	공통점
화엄종	흥왕사	개경	화엄 사상이 바탕	왕실	교종
법상종	현화사	개경	유식 사상이 바탕	귀족	

• 대각국사 의천의 교단 통합 운동사료 149
- 원효의 화쟁 사상 계승
- 교종 통합 시도: 화엄종을 중심으로 통합(흥왕사)
- 선종 통합 시도: 교종의 입장에서 선종 통합 ⇨ (해동) 천태종 창시(국청사), 교관겸수(敎觀兼修), 성상겸학(性相兼學) 주장

> ↗ 교학과 선을 함께 수행하되, 교학의 수련을 중심으로 선을 포용하려는 통합 이론

- 저서: 『원종문류』(화엄종 연구서), 『석원사림』(석가 일대기), 『천태사교의주』(천태종 연구), 『대각국사문집』, '신편제종교장총록' ⇨ 교장(일명 속장경, 흥왕사)
  ⊙ 숙종 때 주전론 주장

후기 – 신앙 결사 운동과 조계종

• 배경: 의천 사후 개경 중심의 귀족 불교 타락 ⇨ 무신 집권 이후 불교 본연의 자세 주장
• 신앙 결사 운동

구분	종파	인물	중심 사찰	내용	특징	지지 세력
수선사 (1204)	조계종	지눌 사료 150	송광사 (순천)	독경, 선 수행, 노동의 강조	• 성리학을 수용할 수 있는 사상적 토대 마련 • 대몽 항쟁에 일익	개혁적 승려, 지방민, 최씨 정권
백련사 (1208)	천태종	요세 사료 151	만덕사 (강진)	(미타)정토 신앙 수용 ⇨ 참회 강조(법화 신앙) ⊙ '보현도량' 결성	백성들의 신앙적 욕구를 고려 ⇨ 하층민의 교화에 노력	지방민

• 보조국사 지눌의 조계종
- 중심 사찰: 송광사
- 조계종 사상 체계: 선종 중심으로 교종을 포용하여 선·교 일치 사상을 완성
  ⇨ 정혜쌍수(定慧雙修), 돈오점수(頓悟漸修)✳
• 혜심사료 152의 유·불 일치설: 심성의 도야 강조 ⇨ 성리학 수용의 사상적 토대

> ✳ 정혜쌍수와 돈오점수
> 정혜쌍수는 선과 교학을 나란히 수행하되, 선을 중심으로 교학을 포용하자는 이론이며, 돈오점수는 단번에 깨닫고 꾸준히 실천하자는 주장으로, 선종은 돈오를 지향한다. 지눌은 돈오를 지향처로 삼으면서도 사람들이 오래 익혀 온 잘못된 습관을 고치기 위해서는 꾸준한 실천이 필요하다는 뜻에서 점수를 아울러 강조하였다.

원 간섭기	불교의 세속화와 타락 ⇨ 보우(원의 임제종 도입)의 교단[선종(9산)] 통합 시도·실패 ⇨ 신진 사대부의 불교 비판사료 153

(3) 천태종과 조계종의 비교

구분	천태종	조계종
융성 시기	문벌 귀족 사회 전성기	무신 집권기
중심 사찰	국청사	송광사
특징	교종을 중심으로 선종 포섭	선종을 중심으로 교종 융합
성격	절충적 성격(정책적인 교단의 통합)	교리적 통합(교·선 통합의 사상 체계 마련)
주장	교관겸수, 성상겸학, 지관(止觀) 중시	정혜쌍수, 돈오점수

3. 대장경* 간행: 불교 교리의 체계화

배경	호국 불교, 현세 이익적 불교로서의 성격
초조대장경 (1011~1087)	부처의 힘을 빌려 거란 격퇴 염원, 대구 부인사 보관(⇨ 몽골 2차 침입 때 소실, 현재 인쇄본 일부-우리나라와 일본 소장)
교장사료 154 (속장경, 1091~1101)	의천, 국내·송·요·일본 등에서 불경 수집 ⇨ 불교 목록인 '신편제종교장총록' 작성 ⇨ 흥왕사에 교장도감 설치, 10년에 걸쳐 4,760여 권 간행(⇨ 몽골 침입 때 흥왕사 화재로 소실, 현재 인쇄본 일부가 일본 동대사에 보관) cf 정식 대장경 아님.
재조대장경 (팔만대장경)	• 몽골 2차 침입 이후 강화도에서 작성(1236~1251), 최우가 강화도 선원사에 대장도감·진주에 분사(대장)도감을 설치 cf 담당 승려-수기　　→ 판각 담당 • 총 81,258판 현존 ⇨ 합천 해인사 장경판전(15C 건축)에 보관 cf 유네스코 세계 기록 문화유산 등재

✱ 대장경
불교의 교리를 집대성한 것으로 경(經)·율(律)·론(論)의 삼장으로 구분. 경은 부처가 설법한 것으로서 기본 교리이고, 율은 교단에서 지켜야 할 생활 규범, 론은 경과 율에 대한 승려나 학자들의 해석을 말한다.

✱ 초제
서낭신, 토지신 등 많은 신을 모시면서, 재앙을 물리치고 복을 기원하는 의례. 도사가 초제를 주관하였다.

✱ 팔관회
고려 때의 불교 행사로 성종 때를 제외하고 전 시기에 걸쳐 실시. 중동(仲冬-11월, 개경)과 맹동(孟冬-10월, 서경) 2회 행사

4. 도교와 풍수지리설

(1) **도교**: 도교 사원(도관) 건립(예종의 복원궁사료 155), 도교 행사(초제* 거행), 팔관회*(국가적 차원에서 명산대천에 제사) ⇨ 도교·민간 신앙·불교 결합 ⇨ 한계: 일관성의 결여, 비조직적 신앙(교단 성립 ×)

(2) **풍수지리설** 사료 156

내용	나말 여초에 도선에 의해 도입 ⇨ 지형, 지세에 따라 국가나 개인의 길흉화복이 많은 영향을 받는다는 일종의 지리학	
발달	미래의 길흉화복을 예언하는 도참 신앙이 결부되어 고려 시대에 크게 유행	
변천	서경 길지설	서경 천도와 북진 정책의 이론적 근거 ⇨ 개경 세력과 서경 세력의 정쟁에 이용(묘청의 서경 천도 운동)
	남경 길지설 (한양 명당설)	중기 이후 북진 정책의 퇴조와 함께 대두, 한양을 남경으로 승격 ⇨ 조선 건국의 합리화에 이용
저서	『도선비기』, 『해동비록』 등	

→ 고려의 풍수지리서로 김인존, 박승중 등이 예종의 명을 받아 저술

→ 신라 말 승려 도선이 지은 참위서로 고려 건국을 예언한 내용 등이 수록

4 과학 기술의 발달

특징		고대 사회의 전통적 과학 기술 계승, 중국과 이슬람의 과학 기술 수용
배경		• 국자감에서 잡학 교육(율·서·산학) 담당, 잡과의 실시-주로 중간 계층 담당 • 통문관·사역원(외국어 교육), 사천대(천문학 담당) 등
천문학		사천대(서운관) 설치: 개성의 첨성대에서 관측 업무 수행
역법		고려 초: 당의 선명력 사용 ⇨ 충선왕: 원의 수시력✱ 사용 ⇨ 공민왕: 명의 대통력 사용
인쇄술	목판 인쇄술 (고정식)	고려대장경(초조대장경, 재조대장경)을 통해 고려 목판 인쇄술의 최고 수준을 입증
	금속 활자	• 『상정고금예문』(인종) 사료 157: 서양보다 216년 앞선 것이지만 현재 전해지지 않음. ⇨ 이규보의 『동국이상국집』에 『상정고금예문』이 금속 활자로 인쇄되었다는 기사 수록 • 『직지심체요절』(우왕, 1377): 백운화상이 역대 스님들의 법어·어록 등에서 필요한 내용을 발췌하여 청주 흥덕사에서 간행 ⇨ 현존하는 세계 최고의 금속 활자본 cf 유네스코 세계 기록 문화유산 등재 cf 『남명천화상송증도가』(고종, 1239): 최우(이)가 이미 간행된 금속 활자본을 견본으로 삼아 다시 목판본으로 펴냈다는 기록을 이 책 맨 뒤에 남김.
	서적원	공양왕 때 설치, 주자와 인쇄를 담당
의학		• 태의감(의료 업무, 의료 교육) 설치, 지방-의학박사 파견, 과거-의과 설치 • 개경에 약국 개설, 대비원·혜민국 설치 • 『향약구급방』(1236~1251?, 고종) 간행 사료 158: 현존 최고의 의서, 독자적 연구 계기
농업 기술	권농 정책	황무지 개간 장려, 무기를 농기구로 개조
	농업 기술	2년 3작의 윤작법, 우경에 의한 심경법, 시비법 발달, 문익점-목화씨 전래(공민왕), 말기-이앙법 시작(남부 일부 지방)
	농서	이암이 원의 『농상집요』 소개
화약 무기 제조	화약 제조술	화통도감 설치(최무선) ⇨ 진포 싸움에서 왜구 격퇴
	조선 기술	대형 범선 제조, 배에 화포 설치, 대형 조운선 등장, 누전선(왜구 격퇴 전함) 제조

Part 03 | 고려 문화

✱ 수시력
원의 역법으로 1년을 365.2425일로 계산, 이것은 300년 후인 16C 말 서양의 그레고리우스력과 동일하다.

cf 목판 인쇄술과 활판 인쇄술의 장단점

구분	목판 인쇄술	활판 인쇄술
장점	한 종류의 책을 대량 생산	다양한 책 인쇄 가능
단점	다양한 책 인쇄 불가능	소량 생산 cf 금속 활자 단계 ⇨ 대량 생산 가능

5 귀족 문화의 발달

1. 문학의 발달

전기		• 한문학, 향가 주류 – 자주적 성격 • 한문학: 중국 모방에서 벗어나 독자적인 모습(박인량, 정지상 등) • 향가: 균여의 보현십원가✱ 11수(광종) ⇨ 불교의 대중화에 기여, 한시에 밀려 사라짐.
중기		문벌 귀족 영향 ⇨ 당의 시와 송의 산문 숭상, 풍조: 보수적, 사대적
후기		• 낭만적·현실 도피적인 경향의 수필 유행 예 임춘의 '국순전', 이인로의 '파한집' 등 • 형식보다 내용 중심의 현실 표현(최씨 무신 집권기) 예 이규보, 최자, 진화 등
	문학의 주축	신진 사대부, 민중
	경기체가	향가 형식 계승 예 한림별곡, 관동별곡, 죽계별곡 등
	가전체 문학	현실 비판, 형식에 구애받지 않음. 예 이규보의 '국선생전', 이곡의 '죽부인전' 등
	패관 문학	민간에 떠도는 이야기를 주제로 한 문학 예 이규보의 '백운소설', 이제현의 '역옹패설'
	한시	진화 사료 159	"송은 이미 쇠퇴하고 북방 오랑캐(여진족)는 아직 미개하니, 앉아서 기다려라, 문명의 아침은 동쪽(고려)의 하늘을 빛내고자 한다." ⇨ 고려 문화에 대한 자신감 역설
		이규보	서사시 『동명왕편』 ⇨ 종래의 한문학 경향에 구애받지 않고 자유로운 문체 구사
	장가(속요) 사료 160		민중 사회에서 유행(자유 형식, 서민의 생활 감정) 예 청산별곡, 가시리, 쌍화점 등

✱ 보현십원가
균여가 중생을 교화하기 위하여 어려운 불경을 향가로 풀이. 보현보살이 제시한 열 가지 소망을 작자 스스로 실천할 것을 다짐하는 내용을 수록

2. 건축과 조각

건축	전기		개경에 만월대 등의 궁전, 현화사·흥왕사 등의 사찰 건립 ⇨ 현존 ×	※ 고려 건축의 특징 • 경사진 지대에 층단식 건축 • 기둥의 가운데가 볼록한 엔타시스 기둥 • 처마 끝과 주춧돌의 각도를 30도로 하여 태양 광선 조정
	후기	주심포식★	• 봉정사 극락전(안동, 1363, 공민왕 12년): 현존하는 가장 오래된 목조 건축물, 맞배지붕★ • 부석사 무량수전(영주, 1376, 우왕 2년): 대표적 목조 건축물, 배흘림기둥 양식, 팔작지붕 • 수덕사 대웅전: 맞배지붕, 내부에 사실적 벽화	
		다포식★	원의 영향, 성불사 응진전, 석왕사 응진전, 심원사 보광전 ⇨ 조선 시대 건축에 영향	
탑	특징		형식에 구애받지 않는 다양한 형식의 다각 다층탑	
	전기		• 현화사 7층 석탑(개성): 신라 영향 • 불일사 5층 석탑(개성): 고구려 영향 • 월정사 8각 9층 석탑(오대산): 송의 영향+독자성, 다각 다층탑 대표	
	후기		경천사지 10층 석탑(국립 중앙 박물관): 원의 영향(대리석) ⇨ 조선 시대 원각사지 10층 석탑(세조)의 원형	
승탑	특징		선종의 유행과 관련, 승려들의 묘탑	
	팔각 원당형		기본 양식, 연곡사지 북승탑(구례), 갑사 승탑(공주), 고달사지 원종대사 혜진탑(여주) 등	
	특수 형태		정토사 홍법국사 실상탑(국립 중앙 박물관), 법천사 지광국사 현묘탑(경복궁) 등	
불상	특징		석불, 금동불이 주류, 9C 말 철불 제작 유행 ⇨ 형식에 구애받지 않고 자유분방	
	대표 불상		부석사 소조 아미타여래 좌상: 신라 양식 계승 ⓓ 부석사 무량수전	
	석불		• 논산 관촉사 석조 미륵보살 입상(일명 은진미륵, 2018년 국보로 승격됨), 안동 이천동 석불 ⇨ 통행이 많은 길목에 거대한 불상 건립 • 파주 용미리 마애 이불상	
	철불		광주 하사창동(구, 춘궁리) 철불: 고려 초기 제작, 대형 철불이 많이 조성되었던 시대적인 특징 반영	

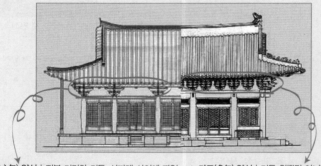

※ 주심포 양식과 다포 양식

▲ 주심포(柱心包) 양식 | 지붕 머리와 기둥, 서까래 사이에 짜임새(포, 두공)가 기둥 위에만 있는 양식이다. 하중이 공포를 통해 기둥에만 전달되기 때문에 자연히 그 기둥은 굵고 배흘림이 많은 경향을 보이는 대신 간소하고 명쾌하다.

▲ 다포(多包) 양식 | 기둥 위뿐만 아니라 기둥 사이에도 공포를 짜 올리는 방식으로 원을 통해 전래되어 조선 시대에 일반화되었다. 하중이 기둥과 평방의 공포를 통해 벽체에 분산되므로, 주심포 건축과는 달리 중후하고 장엄하다.

※ 지붕의 형태

▲ 맞배지붕

▲ 우진각지붕

▲ 팔작지붕

※ 부석사

부석사는 신라의 삼국 통일기에 의상대사가 창건한 절이다. 의상대사는 670년 당나라의 신라 침공 소식을 전하려고 신라로 돌아온 뒤 다섯 해 동안 양양 낙산사를 비롯하여 전국을 다녔는데 마침내 부석사를 수도처(修道處)로 삼았다. 의상이 부석사에 자리를 잡아 화엄 사상을 닦고 수많은 제자를 길러내면서 부석사는 화엄 종찰로서의 면모를 갖추게 되었다.

부석사는 그 명성만큼 이야깃거리가 많은 절이다. 의상대사와 선묘의 설화, 의상대사의 부석사 창건 이야기, 궁예가 신라왕의 초상을 내리친 사건, 의상대사가 짚고 다니던 지팡이를 꽂은 자리에 난 선비화, 이 골담초를 보고 '지팡이에 원래 조계수가 있어 비와 이슬의 은혜를 조금도 입지 않았네.'라고 시를 쓴 이황, 홍건적의 난을 피해 이곳에 왔던 공민왕이 무량수전 현판을 쓴 이야기, 부석과 석룡의 이야기 등 많은 이야기가 전해지고 있다.

3. 청자와 공예

✻ 상감법
나전 칠기나 은입사 공예에서 응용된 것으로, 그릇 표면을 파낸 자리에 백토·흑토를 메워 무늬를 내는 방법

발달 배경	귀족들의 사치 생활을 충족하기 위하여 다양한 예술 작품 제작	
특징	귀족들의 생활 도구, 불교 의식에서 사용하는 불구(佛具) 등을 중심으로 발전	
고려자기	발달 과정✻	신라와 발해의 기술 계승, 송의 자기 기술 도입 ⇨ 순수(비색) 청자(예 서긍의 『고려도경』사료 161) ⇨ 상감법✻ 개발, 상감청자 대두(후기 무신 정권 전후) ⇨ 원 간섭기 이후 퇴조
	생산지	전라도 강진과 부안 유명, 강진에서 최고급 청자 생산 ⇨ 중앙에 공급
금속 공예	은입사: 청동기 표면을 파내고 실처럼 만든 은을 채워 무늬 장식 예 청동 은입사 포류수금문 정병과 향로 등	
나전 칠기 공예	화장품함, 문방구 등 ⇨ 현존하는 기술, 신라 때 당에서 수입 ⇨ 고려 때 송에 수출	
범종	화성의 용주사종, 해남 대흥사의 탑산사종 등 ⇨ 신라 양식 계승	

✻ 우리나라 도자기의 발달 과정

신석기 토기 → 신라 토기·발해 자기·송 자기 → [고려 전기~중기] 순수(비색) 청자 → 양·음각 청자 → [고려 후기] 상감 청자 → [고려 말~조선 전기] 분청사기 → [16세기] 순백자 → [조선 후기] 청화 백자(철사·진사), 달항아리

4. 글씨, 그림과 음악

서예	전기	구양순체: 유신, 탄연, 최우 등
	후기	송설체(또는 조맹부체, 원의 서체): 이암
그림	전기	인종 때 이령의 예성강도, 이광필 ⇨ 현존 ×
	후기	• 4군자 중심의 문인화 유행 ⇨ 현존 × • 공민왕의 '천산대렵도'(원대 북화 영향) • 불화의 유행: 권문세족과 왕실의 구복적 요구 ⇨ 아미타불도, 지장보살도, 관음보살도 등 예 혜허의 양류관음도(일본에 현존) • 사경화(불교 경전 앞에 그 경전의 내용을 알기 쉽게 설명한 그림)의 유행 • 벽화의 제작: 부석사 조사당의 사천왕상, 보살상
음악	아악	송에서 수입된 대성악 ⇨ 아악으로 발전, 궁중 음악(주로 제사 때 사용), 고려와 조선의 문묘제례악 ⇨ 현존 ○
	향악(속악)	• 우리의 고유 음악이 당악(송의 송악) 영향을 받아 발달 • 동동, 대동강, 한림별곡 등 ⇨ 노래 부르는 가사(창사)가 우리말로 되어 있음.
	악기	전통 악기와 송의 악기 수입
	가면극	산대놀이, 처용무

5. 고려의 외래 문물 영향

전기(송의 영향)	후기(원의 영향)
• 은입사 • 대성악(⇨ 아악) • 월정사 8각 9층 석탑 • 기타: 도자기, 서적, 비단, 약재	• 성리학 • 화약 • 경천사지 10층 석탑 • 목화, 수시력, 조맹부체(송설체) • 『농상집요』, 천산대렵도 • 다포 양식 • 임제종(공민왕 때 보우 전래)

Part 03 | 고려 문화

건축

▲ 부석사 무량수전(경북 영주) 실측도

▲ 부석사 무량수전(경북 영주)

▲ 수덕사 대웅전(충남 예산)

탑·승탑

▲ 불일사 5층 석탑(경기 개성)

▲ 무량사 5층 석탑(충남 부여)

▲ 월정사 8각 9층 석탑(강원 평창)

▲ 경천사지 10층 석탑
　(국립 중앙 박물관)

▲ 고달사지 원종대사 혜진탑
　(경기 여주)

▲ 정토사 홍법국사 실상탑
　(국립 중앙 박물관)

▲ 법천사 지광국사 현묘탑(경복궁)

▲ 신륵사 보제존자 승탑(경기 여주)

◈ 불상

▲ 광주 하사창동(구, 춘궁리) 철불
(국립 중앙 박물관)

▲ 부석사 소조 아미타여래 좌상
(경북 영주)

▲ 관촉사 석조 미륵보살 입상
(충남 논산)

▲ 고려의 불교 문화

▲ 파주 용미리 마애 이불상(경기)

▲ 운주사 와불(전남 화순)

◈ 회화

▲ 부석사 조사당 벽화(경북 영주)

▲ 혜허의 양류관음도 | 일본에 전해 오고
있는데, 섬세하고 화려하여 불화 중에
서 대표적인 걸작으로 꼽는다.

▲ 천산대렵도(국립 중앙 박물관)

▲ 거창 둔마리 고분 벽화

◈ 청자와 공예

▲ 청자 참외 모양 병

▲ 청자 상감 운학문 매병

▲ 청자 상감 국화모란당초문 모자합

▲ 청동 은입사 포류수금
문 정병

▲ 청자 투각칠보문 뚜껑
향로

▲ 장신구(은반지, 금 장신구, 금 귀이개)

▲ 은제 도금 탁잔

▲ 나전 칠기 국화·당초무늬 원형합

🔶 과학 기술

▲ 고려의 첨성대(경기 개성)

▲ 누전선과 판옥선 | 누전선은 고려 시대 왜구를 막기 위해 만들어진 전함이고, 판옥선은 조선 시대 수군의 주력함으로 갑판 위에 2층의 판옥을 올린 것이다.

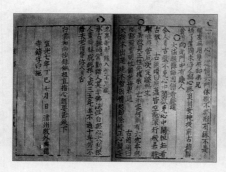

▲ 『직지심체요절』과 판틀의 복원품 | 청주 흥덕사에서 간행된 『직지심체요절』은 최초의 금속 활자본으로, 백운화상이 석가모니의 뜻을 중요한 대목만 뽑아 해설한 책이다(유네스코 세계 기록 문화유산).

▲ 팔만대장경(해인사) | 13세기 몽골의 침략을 부처님의 힘으로 물리치고자 만들었다(유네스코 세계 기록 문화유산).

간추린 선우한국사

PART

04

근세 사회의 발전
(조선 전기)

01 : 조선 전기의 정치

Chapter

근세의 세계

1. 동양
(1) **중국의 변화:** 명의 건국(1368) ⇨ 15세기 초 정화의 남해 원정(인도양, 아프리카 진출) ⇨ 청의 건국(1636)

(2) **이슬람 세력의 번영**
　① 오스만 제국: 서아시아, 아프리카, 유럽의 3대륙에 걸친 제국
　② 중앙아시아: 티무르 제국
　③ 이란: 사파비 왕조
　④ 인도: 무굴 제국 – 인도 문화와 이슬람 문화의 융합
　⑤ 동남아시아: 인도네시아, 말레이시아

(3) **일본:** 14C 무로마치 막부 ⇨ 15C 중엽 전국 시대 ⇨ 16C 후반 에도 막부 설치(네덜란드와 교류)

2. 서양: 중세 봉건 사회 붕괴 ⇨ 새로운 근대 사회와 근대 문화 태동
(1) **르네상스**
　① 14~15C: 이탈리아 중심 ⇨ 16C: 알프스 이북
　② 그리스 · 로마의 고전 문화 부흥, 인간주의적 · 현세적인 근대 문화 운동

(2) **신항로 개척과 유럽 세계의 확대**
　① 신항로의 개척 · 신대륙의 발견: 콜럼버스의 아메리카 항로 발견(1492), 바스코 다 가마의 인도 항로 발견(1498)
　② 중상주의 정책: 상업 혁명, 자본주의 발전, 식민지 개척

(3) **종교 개혁**
　① 프로테스탄트 교회의 성립(16C): 루터파, 칼뱅파, 영국 국교회
　② 로마 가톨릭의 전파: 예수회 창설

---

1 근세 사회의 성립과 발전

1. 조선의 건국

(1) **고려 말의 정치 상황:** 신진 사대부의 대두

　① 권문세족과 신진 사대부의 갈등

구분	권문세족	신진 사대부
대외관	친원파 관료	친명파 관료
사상	불교 · 훈고학	성리학, 불교 비판
경제적 기반	농장(중앙, 부재지주)	중소지주(지방, 재향지주) ⇨ 향리 계열
관료 진출	음서(도평의사사)	과거
성향	보수적	혁신적

　② 신진 사대부의 분열

구분	온건파	혁명파
인물	• 정몽주, 이색, 길재 • 다수	• 정도전, 조준, 남은, 윤소종 • 소수
주장	고려 왕조 틀 안에서의 점진적 개혁 추진	• 고려 왕조 부정 ⇨ 역성혁명 추진 • 이성계(신흥 무인 세력)와 연결
주장	전면적 토지 개혁 반대	전면적 토지 개혁 주장
주장	• 『춘추』 중시 ⇨ 왕도 강조 • 불교: 문제점만 비판	• 『주례』 중시 ⇨ 왕도와 패도의 조화 추구 • 불교: 전면 비판
계승	사학파(사림파) ⇨ 16세기 주도	관학파(훈구파) ⇨ 15세기 주도

(2) 조선 건국 과정

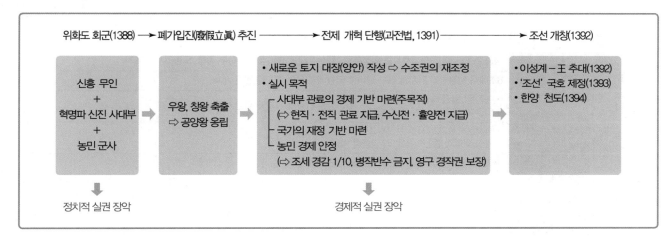

(3) 근세 사회의 특징(고려 왕조에 비해 진전된 점)

정치적	중앙 집권적 양반 관료 정치, 왕권과 신권의 조화, 언론·학술 정치 발달
사회·경제적	양인의 권익 신장, 자영농 증가, 능력이 보다 존중됨.
문화적	교육의 기회 확대, 정신문화와 물질문화의 발달 ⇨ 민족문화의 기반 마련

2. 집권 체제의 정비

(1) 태조(1392~1398): 새 왕조의 기틀 마련

정도전의 재상 중심 정치 체제 구현 자료 162	「조선경국전」, 「경제문감」 등 저술	민본적 통치 이념 제시
	「불씨잡변」	불교 비판, 통치 이념으로 성리학 제시
	「진도(陣圖)」	요동 수복 운동 추진, 진법 고안
	도평의사사 중심	정도전, 조준 등에 의한 재상 중심의 정치 추구
왕조의 기틀 마련	'조선' 국호 제정(1393), 한양 천도(1394, 남경 길지설 영향), 경복궁, 종묘, 사직 등 설치 cf p.153 참고	
고려의 구질서 유지	신정강령 17조	
국가 정책의 제시	숭유억불, 농본억상, 사대교린 정책(cf p.126 참고)	
군제 개편	삼군도총제부를 의흥삼군부로 개편	

cf 태조의 가계도

태조

신의 왕후 한씨 — 6남 2녀 — 방우 / 방과(2대 정종) / 방의 / 방간 / 방원(3대 태종) / 방연

신덕 왕후 강씨 — 2남 1녀 — 방번 / 방석

(2) 정종(1398~1400)

개경 천도(1399)	1차 왕자의 난(1398, 정도전 제거) 이후 개경 천도
2차 왕자의 난(1400)	개국공신 박포 등을 제거하고 이방원을 세제(世弟: 왕위를 물려받는 아우)로 책봉
의정부 설치	이방원 주도하에 의정부 설치

(3) 태종(1400~1418): 왕권 강화를 통한 국왕 중심의 통치 체제 정비(외척 제거)

cf 태종의 가계도

태종 ── 양녕 대군
4남 4녀 ── 효령 대군
원경 왕후 민씨 ── 충녕 대군(4대 세종)
      ⋮ ── 성녕 대군

① 왕권 강화책

개국 공신 축출	정도전 제거(1차 왕자의 난), 박포 제거(2차 왕자의 난)
도평의사사 폐지	정종 2년(1400) 도평의사사를 의정부로 개편 ⇨ 태종 1년(1401) 문하부 통합, 도평의사사 폐지
6조 직계제 채택^{사료 163}	6조에서 의정부를 거치지 않고 곧바로 국왕에게 올려 재가를 받은 체제
승정원, 의금부 설치	• 승정원: 왕명 출납 담당 ⎤ ⇨ 왕권 강화와 유지를 위한 핵심 기관 • 의금부: 왕명에 의한 특별 재판소 ⎦
대신 및 종친·외척 견제	• 중서문하성의 낭사를 사간원으로 독립 ⇨ 대신 견제 • 왕실 외척과 종친의 정치적 영향력 약화
사병 폐지	왕이 군사권 장악, 지방 군인의 군적을 삼군부에 귀속
신문고 제도 실시	백성의 억울함을 왕에게 호소하여 풀어 주는 제도, 하극상을 금하며 자신, 적첩, 양천, 부자에 관한 일에 한하여 운영되었으나, 사실은 반(反)왕 세력을 색출·제거하는 데 주로 운영(의금부 담당) ⇨ 연산군 때 폐지되었다가 영조 때 부활(병조 담당)
기타	한양 재천도(1405), 창덕궁 창건, 『속육전』 간행, '혼일강리역대국도지도' 제작, 아악서 설치(음악 정리), 사섬서 설치(저화 발행), 동·서활인서 설치, 주자소 설치[계미자(동활자) 주조]

② 국역 기반 강화

호패법 실시	유민 방지, 인적 자원 확보
양전 사업 실시	20년마다 실시, 양안 작성
불교 억압	사원의 토지 몰수, 사원의 노비 제한, 도첩제 강화
서얼차대법, 재가금지법	양반의 수적 증가 억제, 유교 윤리 강조
양인 수 증가	향·소·부곡 폐지, 노비변정사업 실시

✱ 과부재가금지법
1404년(태종 4)부터 재가나 삼가한 과부를 실행(失行)한 여자와 마찬가지로 기록하게 하였고, 이후 1477년(성종 8) 『경국대전』에 재가한 사족 부녀의 자손은 관리로서 등용하지 않는다는 금고법을 입법·시행하였다.

✱ 호패 제도
• 실시 목적: 군역과 노동력 부과 대상 파악
• 특징: 노비에서 양반까지 모든 남자 장정에게 발급, 신분에 따라 호패의 재질과 기재 내용이 다름.
• 담당: 중앙 – 한성부, 지방 – 관찰사, 수령
• 한계: 국가에 대한 과중한 부담에서 벗어나려는 농민들을 철저히 통제하는 데 주로 이용됨.

(4) 세종(1418~1450): 유교 정치의 구현

재상 중심의 정치		의정부 서사제 실시(6조에서 올라오는 모든 일들을 영의정, 좌의정, 우의정이 중심이 되는 의정부에서 논의한 다음, 합의된 사항을 왕에게 올려 결재받는 방식) ⇨ 왕권과 신권의 조화^{사료 167}
집현전 설치		학문 연구, 경연, 서연에 참여 ⇨ 국왕의 통치 자문
민생 안정책	조세 제도의 개혁	공법(연분 9등법, 전분 6등법) 실시^{사료 193}
	형벌 제도 개선	금부삼복법 실시(사형죄일 경우 3심제 실시)
	노비의 지위 개선	노비에 대한 주인의 사적인 사형 금지, 출산 휴가 기간 연장(여자 노비: 기존 7일 ⇨ 130일, 남자 노비: 30일), 장영실(관노비) 우대^{사료 164}
	과학 기구 제작	자격루(자동 시보 물시계, 경복궁), 측우기(강우량 관측 기구, 궁궐, 서운대, 각 감영 및 군현 설치), 앙부일구(해시계), 혼천의(천문 관측기) 등
	역법 정리	『칠정산』 내·외편
민족 문화 창제		한글 창제
대외 정책	여진	4군(압록강 cf 최윤덕의 건주위 이만주 정벌), 6진(두만강 cf 김종서) 설치
	일본	• 강경책: 쓰시마 정벌(이종무, 1419, 세종 1년) • 회유책: 3포 개항(부산포·제포·염포, 1426, 세종 8년) ⇨ 계해약조(세사미두 200석, 세견선 50척, 거류 왜인 60명으로 제한, 1443, 세종 25년)
기타		4대 사고(서울 춘추관, 충주, 성주, 전주) 설치, 『고려사』(세종~문종), 『석보상절』, 『삼강행실도』, 『농사직설』, 『향약채취월령』, 『향약집성방』, 『의방유취』, 『신찬팔도지리지』, 정간보(악보) 창안

✱ 학술 연구 기관
• 집현전(세종~세조)
• 홍문관(성종~연산군)
• 규장각(정조)

(5) 세조(1455~1468): 왕권 강화와 부국강병

cf 세종의 가계도

세종 — 8남 2녀
소헌 왕후 심씨
├ 5대 문종 — 6대 단종
├ 수양 대군(7대 세조)
├ 안평 대군
└ …

계유정난(1453) 사료 165	배경	단종 때 왕권 약화로 재상 중심의 정치 실시(김종서, 황보인)
	결과	수양 대군이 김종서 등 축출 ⇨ 권력 장악
왕권 강화책		• 6조 직계제 부활 사료 166 • 공신, 언관들의 활동 견제: 집현전·경연 폐지, 정치 참여가 제한되었던 종친 등용
『경국대전』 편찬·착수		호전, 형전 완성
직전법 실시		현직 관리에게만 수조권 지급, 수신전·휼양전 폐지 ⇨ 국가의 수입 기반 확대
부국강병책	국방력 강화	5위(중앙군), 보법 제정, 진관 체제 실시
	여진족 소탕	사민 정책 강화, 토관 제도 실시
유향소 폐지		지방 세력 억제(이시애의 난 계기)
원상제 실시(1468)		전·현직 재상들이 왕권을 대신하여 국가 중대사 담당(대리 서무제)
기타		간경도감 설치(불경 간행), 원각사지 10층 석탑 건립, 『동국지도』(양성지), 인지의(토지 측량 기구), 상평창 부활, 전폐(팔방통보, 유엽전) 발행

(6) 성종(1469~1494): 중앙 집권 체제의 정비

국가 통치 체제 확립	『경국대전』 완성
사림파 등용	세조 이래 비대해진 훈구파 견제 목적
홍문관(옥당) 설치	경연*의 활성화
도첩제 폐지	유교적 이상 정치 추구
관수 관급제 실시	직전법 체제하에서 관수 관급제 실시, 국가의 수조권 대행 ⇨ 국가의 토지 지배력 강화
기타	『동국여지승람』, 『국조오례의』(세종~성종), 『동문선』, 『해동제국기』(신숙주), 『악학궤범』, 『동국통감』, 『금양잡록』, 합자보(음악 연주법)

＊ 경연 제도
고려·조선 때 왕과 대신이 모여 학술 연구 및 정책을 토론하는 제도. 세종 때는 집현전에서, 성종 때는 홍문관에서 경연을 담당하였다.
cf 세조와 연산군 때 폐지

〈주요 경연 과목〉
- 고려: 『정관정요』 등
- 조선 전기: 『대학연의』, 『소학』, 『근사록』 등
- 조선 후기: 『심경』, 『성학집요』, 송시열의 『심경석의』·『절작통편』 등
  cf 영조 때 이이의 『성학집요』 포함

＊ 도첩제와 그 목적
1. 의미: 승려의 출가 허가 제도
2. 시행 과정: 태조-실시 ⇨ 태종-강화 ⇨ 성종-폐지
3. 도첩제의 목적
   ┌ 고려: 승려의 자질 향상 도모
   └ 조선: 승려의 수 규제 ⇨ 국가의 재정 및 국역 기반 마련

＊ 성리학적 명분론
성리학에서는 모든 인간 관계에서 그 직분이나 신분에 맞지 않고 분에 넘치는 행위를 천리에 어긋나는 것으로 여겼다. 이에 군(君)과 신(臣), 부(父)와 자(子), 부(夫)와 부(婦), 주(主)와 노(奴), 반(班)과 상(常), 화(華)와 이(夷) 사이에는 사회적 분수가 있으며 이러한 관계는 상명하복(上命下服) 속에서 서로 조화를 이루어야 한다고 보았다.

3. 유교적 통치 이념: 성리학적 명분론*의 영향

정치	유교의 덕치주의와 민본 사상을 바탕으로 한 왕도 정치 구현
사회	양반 중심의 지배 질서와 가족 제도에 응용 ⇨ 양천(良賤)과 반상(班常)의 엄격한 구분, 신분에 따른 직역의 법제화, 가부장적 가족 제도, 친족 관념의 강화
경제	지주 전호제 관철, 주인과 종의 관계-종적 질서로 편제
외교	존화양이(尊華攘夷) 사상 적용 ⇨ 전기: 배원친명책, 후기: 존명배청책(17C 북벌론, 조선 중화주의) 주장
문화	불교, 도교, 토속 신앙을 포함한 종교적 생활 ⇨ 이단시, 유교식 개편

2 통치 체제의 정비

1. 중앙의 정치 체제

(1) 정치 제도의 특색

① 법치 국가: 『경국대전』으로 법제화, 경직과 외직, 동반(문관)과 서반(무관)으로 편성(⇨ 경직·동반 중시)

② 관계 구분

품계	정1품에서 종9품까지 18등급, 6품 이상은 상하의 구분으로 총 30단계
당상관	정3품 이상 ⇨ 중요 정책 결정에 참여, 관찰사 임명 가능
당하관	정3품 이하 ⇨ 승진 근무 일수 필요
참상관	종6품 이상 ⇨ 목민관인 수령 임명 가능, 월 4회 개최되는 조참(朝參)에 참여
참하관	정7품 이하

③ 인사 제도

상피제	중앙직일 경우 가까운 인척끼리 한 부서에 근무 못하게 하고, 지방직일 경우 자기 출신지에 임명 안됨, 친족의 과거 응시 시 시험관이 될 수 없음.
임기제(사만제)	해당 직위에 따른 임기제 실시
서얼 출신	당상관 임명 제한
순자법(循資法)	관원 직책에 대한 임기제 규칙 – 근무 기간에 의해 관리 승진 ❸ 당하관에게만 적용
행수법(行守法)	품계가 높은 사람이 낮은 관직을 가지면 관직 앞에 행(行)자를, 반대의 경우는 수(守)자를 붙임.

④ 행정 제도

겸임제	재상과 당상관은 요직을 겸임, 관찰사는 육·수군의 절도사 겸임 ⇨ 겸임 시 녹봉과 과전 지급 안됨.
분경(奔競) 금지	청탁을 막기 위해 이조·병조 당상관을 사적으로 만나는 것 금지
해유(解由)	관원 교체 시 후임자에게 업무와 물품을 인계하는 일과 그 문서를 해유라고 함(호조에 보고).
관고(官誥)	인사 발령 시 임명장, 교지(教旨, 4품 이상, 대간의 서경 면제), 교첩(教牒, 5품 이하 – 이조·병조 발행) 등을 관고라고 함.
고과(考課)·포폄(褒貶)	당상관이 6개월마다 당하관의 근무 성적 평가(고과제) ⇨ 승진·좌천(포폄제)
대가제(代加制)	문무 현직 관원이 자궁(정3품 당하관 계급)이 되면 그에게 별가(別加)된 품계를 아들·동생·사위·조카 등에게 주는 제도 ⇨ 조선 양반 제도의 특징, but 일반적 상황 아님.

✱ 조선의 품계표

구분		품계	동반(문관) 품계명	서반(무관) 품계명
당상관		정1품	대광보국숭록대부	
			보국숭록대부	
		종1품	숭록대부	
			숭정대부	
		정2품	정헌대부	
			자헌대부	
		종2품	가정대부	
			가선대부	
당하관	참상관	정3품	통정대부	절충장군
			통훈대부	어모장군
		종3품	중직대부	건공장군
			중훈대부	보공장군
		정4품	봉정대부	진위장군
			봉렬대부	소위장군
		종4품	조산대부	정략장군
			조봉대부	선략장군
		정5품	통덕랑	과의교위
			통선랑	충의교위
		종5품	봉직랑	현신교위
			봉훈랑	창신교위
		정6품	승의랑	돈용교위
			승훈랑	진용교위
		종6품	선교랑	여절교위
			선무랑	병절교위
	참하관	정7품	무공랑	적순부위
		종7품	계공랑	분순부위
		정8품	통사랑	승의부위
		종8품	승사랑	수의부위
		정9품	종사랑	효력부위
		종9품	장사랑	전력부위

(2) 중앙 관제

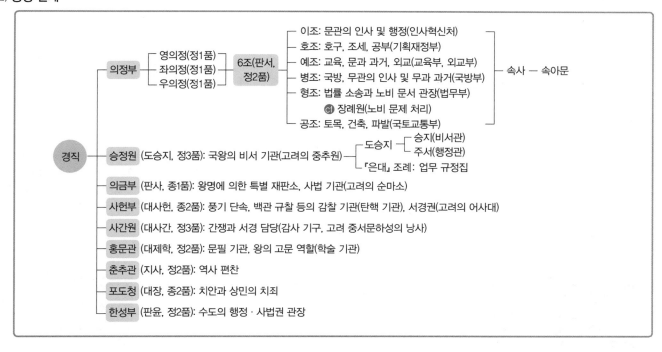

▌중앙 정치 구조(왕권과 신권의 조화)

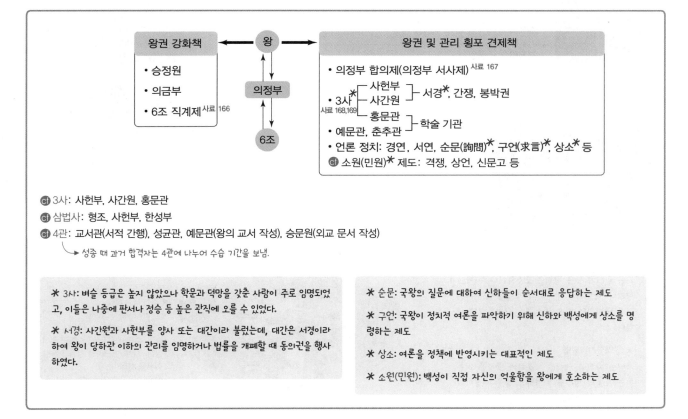

Part 04 | 조선 전기 정치

ⓒ 3사: 사헌부, 사간원, 홍문관

ⓒ 삼법사: 형조, 사헌부, 한성부

ⓒ 4관: 교서관(서적 간행), 성균관, 예문관(왕의 교서 작성), 승문원(외교 문서 작성)
  ↳ 성종 때 과거 합격자는 4관에 나누어 수습 기간을 보냄.

✱ 3사: 벼슬 등급은 높지 않았으나 학문과 덕망을 갖춘 사람이 주로 임명되었고, 이들은 나중에 판서나 정승 등 높은 관직에 오를 수 있었다.

✱ 서경: 사간원과 사헌부를 양사 또는 대간이라 불렀는데, 대간은 서경이라 하여 왕이 당하관 이하의 관리를 임명하거나 법률을 개폐할 때 동의권을 행사하였다.

✱ 순문: 국왕의 질문에 대하여 신하들이 순서대로 응답하는 제도

✱ 구언: 국왕이 정치적 여론을 파악하기 위해 신하와 백성에게 상소를 명령하는 제도

✱ 상소: 여론을 정책에 반영시키는 대표적인 제도

✱ 소원(민원): 백성이 직접 자신의 억울함을 왕에게 호소하는 제도

2. 지방 제도

(1) 지방 제도의 구조

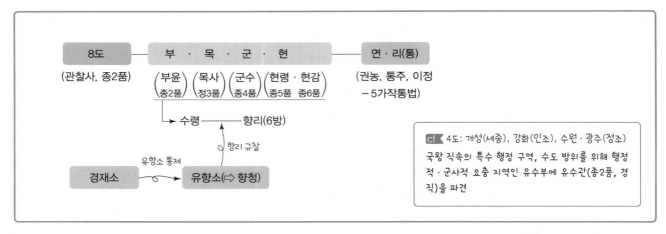

관찰사(감사) 사료 170	행정·군사·사법권 행사, 감영 근무 ⇨ 수령 지휘·감독, 수령의 근무 평가, 병마절도사·수군절도사 겸직, 임기 360일	
수령(목민관)	부·목·군·현에 파견된 지방관, 동헌 근무 ⇨ 조세·공납의 징수 임무, 임기 1,800일	
향리	수령 밑 6방에 예속, 지방 말단의 행정 실무 담당, 무보수 세습직	
특수 지방 제도	유향소^{사료 171} (⇨ 향청)	• 기능: 지방 자치 기구, 군현의 수령 보좌, 풍속 교정, 향리 규찰 등 • 구성: 향촌의 덕망 있는 인사로 구성(좌수, 별감)
	경재소	유향소를 통제하기 위해 그 지방의 중앙 관리로 구성된 중앙 기구, 정부와 유향소 사이의 연락 담당
	경저리	중앙과 지방의 연락 사무 담당

▲ 조선의 8도

(2) 특징

중앙 집권 체제의 강화	모든 군현에 지방관 파견
수령의 실무 담당 사료 172	향리 지위 약화(⇨ 수령 밑 6방 예속), 부민고소금지법✱과 원악향리처벌법✱ 실시
속현 폐지, 향·소·부곡 폐지	양인 수 증가
면리제 실시	인구 증가로 자연 촌락 증가 ⇨ 면리제 실시
상피제와 임기제의 철저한 적용	권력의 독점 금지

✱ 부민고소금지법
하급 관리가 상급 관원을 고소하거나, 지방의 향리나 백성들이 관찰사나 수령을 고소하는 것을 금지하던 법으로 수령의 권위를 강화시켰다.

✱ 원악향리처벌법
자신의 지위나 세력을 이용하여 백성을 괴롭히는 토호적 향리를 처벌하는 법을 제정하여 향리를 통제하였다.

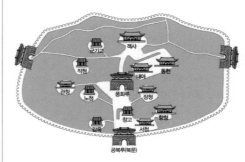

◀ 조선 읍성 모습
• 객사: 지방을 여행했던 관리나 사신의 숙소
• 내아: 수령 살림집
• 동헌: 수령이 정무를 집행했던 관아 건물
• 장청: 지방 각 군아와 감영에 딸린 장교가 직무를 처리하는 곳
• 작청: 향리(아전)가 직무를 보던 곳
• 향청: 향촌 자치 기구

✦ 고려 안찰사와 조선 관찰사 비교

구분	안찰사(고려)	관찰사(조선)
관품	5·6품	2품
행정 기구	단기적으로 교대하는 순회직으로, 행정 기구를 갖추지 못한 채 지방 순시·감독	행정 기구(감영)를 갖춘 지방관으로, 관내 수령을 지휘·감독
소속	경직(京職, 문산계)	외직(外職)
임기	6개월	360일(약 1년)
상피 제도	초기에는 적용 안 함.	적용

✦ 고려와 조선의 향리 비교

구분	고려	조선
차이점	• 권한이 강함. • 보수가 있음(외역전 지급). • 군사 지휘권의 행사(일품군) • 농민을 사적으로 지배할 수 있음. • (문과) 과거를 통해 중앙 관리로 진출 • 직접 행정 실무 담당(읍사 조직 마련, 공해전 지급)	• 권한이 약함. • 보수가 없음. • 군사 지휘권 없음. • 항리와 토호의 사적인 농민 지배 금지 • (문과) 과거 응시 가능, but 현실적으로 주로 잡과 응시 • 수령 밑 6방에 예속, 지시에 따라 실무 담당
공통점	• 세습 신분 • 지방의 행정 실무 담당 • 중간 계층	

✦ 고려와 조선의 제도 비교

구분			고려	조선
중앙 조직	합의 기구		도병마사 ⇨ 도평의사사	의정부
	실무 기구		6부	6조
	왕명 출납		중추원	승정원
	대성(대간)	담당	중서문하성의 낭사	사간원
			어사대	사헌부
		서경 대상 관리	모든 관리	5품 이하 당하관
지방 조직	지방 조직		5도 양계	8도
	지방관		안찰사	관찰사
	지방관 파견		일부 군현	모든 군현
	실무 담당(조세·공납·역)		향리	지방관
	지방 통제		사심관	경재소, 유향소
	특수 행정 구역		향·소·부곡	폐지
	속현		존재	폐지
	말단 행정 조직		촌	면, 리(통)

✦ 지방 행정 조직의 변천 총정리

구분	지방 조직(지방관)	비고
고구려	5부(욕살)	군사적인 일원적 행정 구역
백제	5방(방령)	
신라	5주(군주)	
통일 신라	9주(총관 ⇨ 도독)	
발해	15부(도독)	
고려	5도(안찰사) 양계(병마사)	일반적 행정 구역과 군사적 행정 구역의 분리
조선	8도(관찰사)	
2차 갑오개혁(1894)	23부	
대한 제국(1897)	13도	

3. 군역 제도와 군사 조직

(1) 원칙 및 대상

원칙	양인 개병제, 병농 일치의 부병제
대상	16세 이상 60세 이하의 양인 남자
면제 대상	현직 관료, 학생

(2) 운영

양인	보법	정군(현역군)이나 보인(봉족: 정군의 비용 부담)으로 편성
	고급 특수군	외척, 종친, 공신, 고급 관료의 자제
노비		원칙적으로 군역 의무는 없으나, 필요에 따라 특수군(잡색군)으로 편제

(3) 군사 조직

구분	내용	임무	구성
중앙군	5위	궁궐, 서울 수비	• 정군: 양인 의무병 • 갑사: 간단한 시험을 거쳐 선발된 일종의 직업 군인 • 특수병: 왕족, 공신, 고급 관료의 자제 • 품계+녹봉
지방군	영진군(병영, 수영)	• 국방 요지인 영, 진에 소속 • 일부는 교대로 수도 방위	• 정군 • 품계
특수군	잡색군	• 예비군의 일종 • 평상시 본업 종사, 유사시 향토 방위	서리, 전직 관리, 노비 등(농민 제외)

▶ **진관 체제**(세조~): 전국 군현을 지역 단위의 방위 체제로 편성, 각 도에 한두 개의 병영을 두어 병사가 관할 지역 군대를 장악하고, 병영 밑에 몇 개의 거진(巨鎭)을 설치하여 거진의 수령이 그 지역 군대를 통제하는 체제
▶ **제승방략 체제**(16세기) 변화^{사료 173}: 고을의 수령이 유사시에 그 지방에 소속된 군사를 이끌고 본진(本鎭)을 떠나 배정된 방어 지역으로 가면 중앙에서 파견한 장수가 지휘하는 방어 체제

4. 교통과 통신 체계의 정비

(1) 목적: 군사 조직의 효율적 운영, 중앙 집권 체제 강화

(2) 내용

역(驛)	출장 관리의 숙박 및 관물의 운송 편의를 위해 주요 도로 30리마다 설치, 병조 담당, 역전(驛田) 지급, 찰방·역승 감독
원(院)	교통의 요충지에 둔 국립 여관 ➝ 지방 수령 ×
조운제	강, 바다에서 선박 이용, 주로 세금 징수 때 사용
봉수제	군사적인 위급 사태 대처
파발제	선조 때 설치된 변방의 소식을 중앙에 직접 전달하는 통신 방법(명나라의 제도)

✱ 봉수제
변방에서 발생하는 군사적인 긴급 사태를 중앙에 급히 알리기 위해 설치된 것으로 횃불과 연기로써 소식을 전하던 통신 체제이다. 조선의 봉수제는 세종 때 정비되었는데 평상시에는 횃불 1개, 적이 나타나면 2개, 국경에 접근하면 3개, 국경을 넘어오면 4개, 접전을 하면 5개를 올렸다. 봉수는 경흥·동래·강례·의주·순천의 5곳을 기점으로 하여 한양의 목멱산(현재 남산)을 종점으로 하였다.

✱ 파발제
파발은 봉수에 비해 정보가 정확하고 비밀이 유지된다는 장점이 있었지만, 속도가 느리고 경비가 많이 든다는 단점이 있었다. 1583년(선조 16)부터 사람이 뛰어서 전달하는 보발(步撥)이 시행되다가, 1592년 말을 타고 전달하는 기발(騎撥)이 경상도에 설치되었다. 보통 보발은 3리마다, 기발은 25리마다 1참(站)을 두었다. 한편 일의 완급에 따라 방울을 달았는데, 방울 셋을 달면 3급(級: 초비상), 둘은 2급, 하나는 1급을 표시하였고, 담당 부서는 공조였다.

5. 교육과 과거 제도

과거 제도와 교육 기구

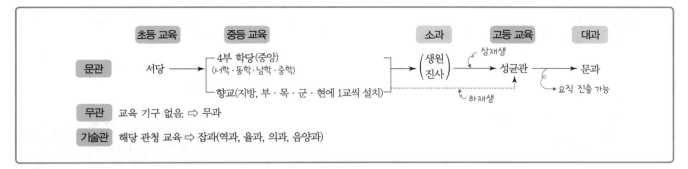

(1) **교육 제도의 특징**: 인문 교육 중시, 기술 교육 천시, 지방에 서당 · 향교 · 서원 설치 ⇨ 교육 기회 확대

인문 교육	초등	서당: 전국, 초등 교육 기구
	중등	4부 학당(중앙), 향교(지방, 부·목·군·현에 1교씩 설치) • 종6품 교수와 정9품 훈도가 교육 • 매년 2회 시험, 성적 우수자는 소과 초시 면제, but 성적 미달 교생은 군역의 의무 부과 **cf** 수령의 칠사 중 향교의 흥함과 쇠함 여부는 수령의 인사 점수에 반영됨.
	고등	성균관(중앙): 최고의 교육 기관 • 구조: 명륜당(강의실), 문묘(공자의 사당), 재(기숙사), 존경각(도서관), 비천당(과거 시험 보는 곳) • 유생: 권당, 알성시의 특권 부여, 성적 우수자는 대과 초시 면제
기술 교육		해당 관청 담당, 군현의 크기와 지방의 특성 고려 ⇨ 교육 내용 조정

→ 성균관 유생들이 국정에 불만이 있을 때 단결하여 관청에 나가는 행위

＊ 기술 교육

해당 관청	내용
전의감	의학
사역원	외국어
관상감	천문, 지리학
형조	율학(법률)
호조	산학(수학)
도화서	그림
소격서	도학(도교)
장악원	악학(음악)

(2) **과거 제도의 특징**

① 문과 중시
② 무과 실시 ⇨ 과거를 통한 문무 양반 제도 정립
③ 개인의 능력 존중: 문음의 범위 축소, 문과 합격자 우대
④ 농민: 유학 교육 및 문과 응시 가능, but 현실적으로는 거의 불가능
⑤ 제한 대상: 탐관오리의 자제, 재가한 여자의 자손, 서얼의 문과 응시 제한
⑥ 고려 때 있었던 승과 폐지 **cf** 명종 때 일시 부활

→ 양반의 첩의 자손으로 서자는 양인 첩의 자손, 얼자는 천인 첩의 자손.
『경국대전』에 이들의 문과 응시 금지 규정이 있다.

(3) **과거의 종류**

① 문과

소과(생진과)	• 생원과(유교 경전 시험) • 진사과(문장 시험) ⇨ 초시 ⇨ 복시(백패 수여)
대과(문과)	• 초시: 생원, 진사, 성균관 유생 응시(지역에 따라 인원수 차이 남.) • 복시: 초시 합격자(33명) **cf** 무과 28명 • 전시: 갑(3명) · 을(7명) · 병(23명)으로 등급 결정 ⇨ 홍패 수여, 갑과 제1인자는 참상관(종6품) 기용, 기성 관리는 4등급 진급
담당 부서	예조
시험 시기	• 식년시: 정기 시험(3년마다 실시) • 부정기 시험*: 증광시, 별시, 정시, 알성시, 백일장 등

원점 300점을 취득한 유생 대상 →

＊ 부정기 시험

• 증광시: 즉위 축하 · 태자 탄생 · 궁궐 낙성 등 특별한 경사가 있을 때 보는 시험
• 별시, 정시: 국가적인 일반 경사가 있을 때 보는 시험
• 알성시: 왕이 성균관의 문묘에 배알할 때 그곳에서 보는 특별 시험
• 백일장: 시골 유생의 학업 권장을 위한 임시 시험

② 무과

과정	초시 ⇨ 복시(28명) ⇨ 전시[갑과(3명) · 을과(5명) · 병과(20명), 홍패 수여, 장원 없음.]
담당 부서	**병조** **cf** 조선 후기 무과 인원 증가 및 만과(萬科): 을묘왜변(명종, 1555), 니탕개의 난(선조) 때 무과 인원을 늘렸지만 임진왜란(선조) 이후 무과 인원이 대량 증가. 특히 별시 · 정시 등에서 한 번에 만여 명을 뽑아 이를 만과(萬科)라고 함.

③ 잡과

종류	역과(사역원), 의과(전의감), 음양과(관상감), 율과(형조)
과정	초시 ⇨ 복시(백패 수여, 3품까지만 승진 가능)
담당 부서	해당 관청

④ 특별 채용 제도

천거	추천제
문음	2품 이상 고급 관리의 자제 대상으로 무시험 관직 등용 **cf** 고려 때 음서-5품 이상
취재	과거와 달리 하급 관리(하급 기술관, 하급 군인 등)를 위한 특별 시험
이과	하급 관리(서리, 향리, 아전 등) 선발 시험

cf 과거의 종류와 정원

종류	소과		문과(대과)	무과
	생원시	진사시		
초시	한성시 200명 향시 500명	한성시 200명 향시 500명	(성균)관시 50명 한성시 40명 향시 150명	원시 70명 향시 120명
복시	100명	100명	33명	28명
전시	-	-	갑과 3명 을과 7명 병과 23명	갑과 3명 을과 5명 병과 20명

한걸음 더

✦ 역대 관리 등용 제도의 비교

1. 독서삼품과
   ① 시기: 신라 하대(원성왕)
   ② 내용: 성적순 관리 등용 제도
   ③ 실시 목적: 왕권 강화, 진골 귀족 견제
   ④ 결과: 진골 귀족의 반발로 실패, 학문 보급 기여

2. 고려와 조선의 과거제 비교

구분	고려	조선
문과	○	○
무과	×	○
잡과	○	○
승과	○	×
시험 시기	식년시(3년마다)	
부정기 시험	격년시	증광시, 별시, 정시, 알성시, 백일장
과거 응시 대상	양인 이상 가능 ⇨ 실제로 농민은 어려웠음.	
문과 응시 제한	천민, 승려의 자손 등	천민 승려 재가한 여자의 자손, 서얼 등
시험관(지공거)	시험관과 합격자: 좌주와 문생의 관계 성립 ⇨ 문벌을 강화하는 결과	아무 관계 아님.
특별 채용 제도	음서(5품 이상 고관의 자제 등) ⇨ 요직 진출 가능	문음(2품 이상) ⇨ 요직 진출 불가능

한걸음 더

✦ 「국조방목(國朝傍目)」

조선 시대의 문과 급제자 명부. 「국조방목」에 의하면 서북인으로서 과거 급제자는 많았으나, 당상관에 오른 사람은 한 사람도 없었다. 이처럼 조선 시대에 서북인을 중용하지 않는 것은 은연 중 원칙이 되어 불문율처럼 지켜졌다.
심지어 영조 이후 문과 합격자 5,191명 가운데 한양 출신이 가장 많았고 그 다음이 바로 평안도 출신이었다. 이는 조선 후기 평안도에 중국과의 무역으로 부를 축적한 계층이 늘면서 과거를 준비할 경제적 여력이 생긴 사람이 많아졌고, 경상도를 기반으로 삼은 남인 세력이 몰락한 것이 한 요인이었을 것으로 보인다.

3 사림의 대두와 붕당 정치

1. 사림파의 중앙 정계 진출

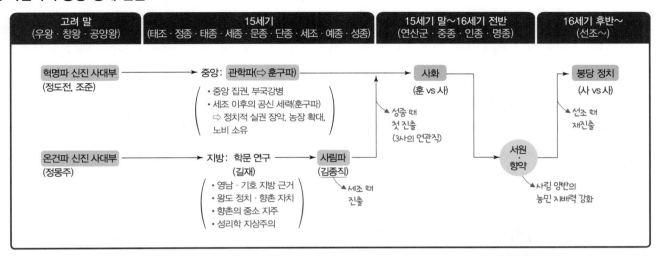

| 고려 말
(우왕·창왕·공양왕) | 15세기
(태조·정종·태종·세종·문종·단종·세조·예종·성종) | 15세기 말~16세기 전반
(연산군·중종·인종·명종) | 16세기 후반~
(선조~) |

혁명파 신진 사대부 (정도전, 조준) → 중앙: 관학파(⇨ 훈구파)
- 중앙 집권, 부국강병
- 세조 이후의 공신 세력(훈구파)
  ⇨ 정치적 실권 장악, 농장 확대, 노비 소유

온건파 신진 사대부 (정몽주) → 지방: 학문 연구 (길재)
- 영남·기호 지방 근거
- 왕도 정치·향촌 자치
- 향촌의 중소 지주
- 성리학 지상주의

→ 사림파 (김종직) 세조 때 진출

→ 사화 (훈 vs 사) 성종 때 첫 진출 (3사의 언관직)

→ 서원·향약 → 사림 양반의 농민 지배력 강화

→ 붕당 정치 (사 vs 사) 선조 때 재진출

2. 훈구파와 사림파^{사료 174}의 비교

구분	관학파(훈구파)	사학파(사림파)
연원	고려 말 혁명파 신진 사대부	고려 말 온건파 신진 사대부
정치적 입장	개혁의 논리를 내세워 정치 혁명에 참여, 역성 혁명 주도 ⇨ 유교 국가 운영에 학문적 이론 제공, 『주례』 중시	소극적 개혁, 고려 왕조에 대한 의리와 명분 주장 ⇨ 향촌 건설과 교육에 주력
정치 목적	중앙 집권, 부국강병 →주나라의 제도를 기록한 유교 경전	향촌 자치, 유교적 왕도 정치
중심인물	정도전, 권근	김종직, 조광조
출신	성균관, 집현전	사학을 통해 양성
학문 성향	사장(詞章, 문학)적 경향	경학(經學, 유학의 경전)적 성향
사상	불교, 도교, 풍수지리설, 민간 신앙 등을 포섭하여 사회 안정	성리학 이외의 사상은 이단으로 철저히 배격, 성리학 제일주의
역사의식	자주적 역사관 (단군 조선 > 기자 조선)	존화주의적·왕도주의적 역사관 (단군 조선 < 기자 조선)
활동 시기	15세기 정치 주도 ⇨ 세종, 세조 때 근세 문화 창조	15세기 말 성종 때 중앙 정계 진출 ⇨ 훈구 세력과 정치적 갈등 야기(사화) ⇨ 16세기 이후 사회 주도(붕당 정치)
영향	15세기 민족문화 발달	16세기 성리철학 발달

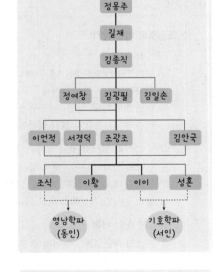

✱ 사림의 계보

정몽주 — 길재 — 김종직 — 정여창 · 김굉필 · 김일손 — 이언적 · 서경덕 · 조광조 · 김안국 — 조식 · 이황 · 이이 · 성혼

영남학파 (동인) / 기호학파 (서인)

✱ 사림파의 주장
- 관학 교육보다는 사학 교육(서원) 중시
- 과거 제도보다는 천거 제도 주장
- 국가 주도의 의창보다는 향촌 자치의 사창 제도 실시 주장
- 수령 통제하의 5가작통보다는 자치적 공동체로서의 향약 실시 주장

3. 사화(士禍)의 발생

(1) **사화의 뜻**: 훈구 세력의 자기 분열 현상이거나 사림에 대한 정치적 보복 사건

(2) **배경**: 향촌 사회에서 사회적·경제적 지위를 굳힌 사림 세력이 과거를 통해 3사의 언관직에 진출하여 훈구 세력의 비리(대토지 소유 현상)를 비판하면서 그들을 견제

① 사회적·경제적 이해관계의 대립과 이에 따른 정치적·경제적 관점의 차이
② 양반의 증가에 따른 양반 계층의 양분화 현상
③ 언로(言路)의 개방과 연산군의 실정(失政)

(3) 4대 사화[175]

사화	발생 연대	발단	화를 가한 자	화를 입은 자	피해 측
무오사화	연산군 4년 (1498)	김종직의 문인인 김일손이, 김종직이 세조를 비방한 '조의제문'을 사초에 실어 훈구파의 반감을 삼.	이극돈, 유자광, 윤필상	김종직, 김일손	사림파
갑자사화	연산군 10년 (1504)	궁중파가 연산군 모(母) 윤씨의 폐출 사건을 들추어서 훈구파와 사림파의 잔존 세력 제거	연산군, 임사홍	김굉필, 정여창	훈구파 및 사림파
기묘사화	중종 14년 (1519)	신진 사류인 조광조 일파의 급진적 개혁 정치 추진에 대한 반정 공신의 반발과 모략	홍경주, 남곤, 심정	조광조, 김식 등 75명(기묘명현)	신진 사류
을사사화	명종 즉위년 (1545)	왕실의 외척인 대윤(大尹)과 소윤(小尹)의 정권 다툼	윤원형, 이기 등 소윤	윤임, 이언적, 유관 등 대윤	대윤파 신진 사류

(4) 사화의 영향

정치 기강의 문란	수취 체제의 문란으로 인한 농촌의 피폐
낙향한 사림	서원과 향약을 통해 성리학 발달 [cf] p.139 참고
유학계	은둔파와 관계 진출파로 분열

한걸음 더

✦ 조광조의 혁신 정치[176]

1. 사림 세력 강화

① 위훈 삭제(僞勳削除): 훈구 세력을 약화시킬 목적으로 부당한 공신 세력의 칭호와 토지, 노비 몰수를 주장

② 현량과 실시: 사림 천거제

③ 낭관권(郎官權) 형성: 낭관권은 이조 전랑이 가진 3사(홍문관, 사간원, 사헌부) 인사권과 자기 후임자 추천권[자천제(自薦制)]을 의미하는데, 그 권한이 컸기 때문에 전랑권(銓郎權)으로도 불림.

2. 정통 성리학 질서 추구

① 향약의 실시: 훈구 세력의 경재소와 유향소 체계 무시, 향약 실시 주장

② 유교 윤리 보급: 『주자가례』, 『소학』, 『삼강행실도』 등 보급 ⇨ 『여씨향약』·『소학』을 국문으로 번역

③ 불교 행사인 기신재와 도교 행사인 소격제 폐지 주장: 소격서 혁파

3. 현실에 대한 개혁

① 방납의 폐단 시정: 수미법 주장

② 토지 제도 개혁: 균전제, 한전론 실시를 통한 토지 집중 현상의 완화 주장

4. 조광조의 절명시

愛君如愛父(애군여애부)	임금 사랑하기를 아버지 사랑하듯이 하였고
憂國如憂家(우국여우가)	나라 근심하기를 집안 근심하듯이 하였노라.
白日臨下土(백일임하토)	밝은 해가 아래 세상을 내려다보고 있으니
昭昭照丹衷(소소조단충)	거짓 없는 이내 충정을 환하게 비추리라.

4. 붕당의 출현 cf p.139 서원과 향약, p.160 붕당 정치의 전개 참고

(1) 배경

> ① 사림 세력의 성장: 서원, 향약을 바탕 ⇨ 16세기 후반 중앙 정치에 대두
> ② 사림 세력의 대립: 선조 때 정국을 주도하게 된 사림들이 척신 정치의 잔재 청산을 둘러싸고 기성 사림과 신진 사림이 대립
> ③ 관직과 경제적 특권의 한정

(2) 붕당[사료 177]의 형성 계기: 이조 전랑직 자리[사료 178]와 척신 세력* 문제를 두고 동인과 서인으로 양분[사료 179]

* 척신(戚臣) 정치
명종 대 외척에 의해 주도된 정치 형태

붕당	출신 배경	척신 정치 개혁	지지 인물	정치적 입장	학맥
동인	신진 사림	적극적	김효원	• 수기(修己)의 강조 • 지배자의 도덕적 자기 절제	이황, 조식, 서경덕의 학문 계승
서인	기성 사림	소극적	심의겸	• 치인(治人)에 중점 • 제도 개혁을 통한 부국안민	이이, 성혼의 학문 계승

5. 붕당 정치의 전개

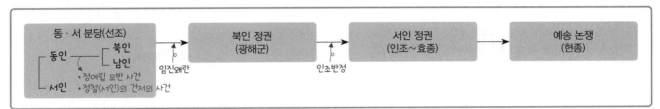

초기	동인이 정국 주도
동인의 분열	정여립 모반 사건과 정철(서인)의 건저의 사건 계기 ⇨ 남인(온건파)·북인(급진파)으로 분열 ⇨ 남인의 정국 주도 ⇨ 왜란 이후 북인 주도
광해군과 북인(대북파, 조식 계열) 정권	정권 독점과 광해군의 실정 ⇨ 인조반정(1623)으로 몰락
인조반정 이후	서인의 우세, 남인의 참여 ⇨ 상호 비판적인 공존 체제
현종 때	서인과 남인의 예송 논쟁*[사료 180] 발생 ⇨ 남인의 우세 속에 서인과 공존

* 예송 논쟁 cf p.162 참고
• 배경: 차남으로 왕위에 오른 효종의 정통성과 관련하여 발생 cf 『국조오례의』에 이런 사례가 없음.
• 근본 목적: 남인(견제당)이 서인(집권당)의 북벌론의 무모함을 비판 ⇨ 예학 빌미
• 구분 ┌ 기해예송(1659): 서인 승리(서인 1년설, 남인 3년설)
    └ 갑인예송(1674): 남인 승리(서인 9개월, 남인 1년설)
• 결과: 남인 우세 속에 서인과 공존하는 정국이 유지 [숙종 초 경신환국(1680)이 일어날 때까지]

6. 붕당 정치의 성격*

붕당 간의 견제와 협력	초기에는 붕당을 군자당과 소인당으로 인식 ⇨ 모두 다 군자당으로 보고 붕당 간의 견제와 협력을 바탕으로 하는 붕당 정치 전개
특징	비변사를 통한 의견 수렴, 3사의 언관과 이조 전랑*의 정치적 비중 강화, 산림*의 출현, 서원과 향약 활용
한계	백성들의 의견을 반영하지 못하고 지배층의 의견을 수렴하는 데 그침.

* 이조 전랑
이조의 정랑(정5품)과 좌랑(정6품)을 함께 이르던 말이다. 이들은 당하관 관원 천거와 재야인사 추천권을 가지고 있어 전랑(銓郎)이라고도 불렀다. 특히 이들은 삼사(三司) 관리의 추천권을 가진 핵심 요직으로, 품계는 낮았으나 막강한 권한을 가지고 있었다.

* 산림
시골에 은거해 있던 학덕 높은 학자 가운데 국가의 부름을 받아 특별 대우를 받던 인물. 붕당 정치의 사상적 지주로 17세기 효종 때 중용되었다.

* 사화와 붕당의 비교

구분	사화	붕당
시기	15C 말~16C 전기	16C 후반 이후
성격	훈구파와 사림파의 대립	사림파 내부의 정권 쟁탈전
범위	중앙	전국적(지방의 서원, 농장이 근거)
양상	일시적 정쟁	장기적 정쟁

4 조선 전기의 대외 관계: 사대교린*

> **＊ 사대교린**
> 조공 관계로 맺어진 중국 중심의 동아시아 국제 질서 속에서 나타난 외교 정책이다. 그러나 이것은 예속 관계가 아니라, 서로의 독립성을 바탕으로 이루어진 관계였다.

1. 명 [사료 181]: 사대에 기초한 친선(15C: 자주적 친명 ⇨ 16C: 지나친 친명)

태조	요동 수복 운동 추진(정도전의 『진도』) ⇨ 비원만
태종	요동 수복 보류, 여진 토벌 ⇨ 친선

> **cf 명과의 조공 무역**
> 명은 조선에게 3년에 1회 정기 사절을 보낼 것을 요청, but 조선은 1년에 3회 정기 사절단 파견 및 기타 수시로 사절 파견을 통해 조공 무역을 행함.

2. 여진: 교린 – 화전(和戰) 양면 정책

회유책	귀순 장려, 조공·국경 무역 허용, 북평관(여진 사신 유숙소) 설치
강경책	• 진·보 설치 • 4군 6진 설치(세종): 압록강~두만강 차지 • 사민 정책＊(태종~중종): 북방 이주 정책

> **＊ 사민 정책에 대한 민심 수습책**
> • 토관 제도: 상피제의 예외, 함경도와 평안도는 그 지방의 토착민을 관리로 채용
> • 잉류: 조운(창) 제도의 예외, 함경도와 평안도는 세금을 걷되 중앙으로 보내지 않고 자체 비용으로 사용(국방상·경제상 이유) cf 조선 후기 대동법 적용

▲ 조선 초기의 대외 관계

3. 일본: 교린 – 화전(和戰) 양면 정책

회유책	3포 개항[부산포, 제포(진해), 염포(울산)－1426, 세종 8년], 계해약조(1443, 세종 25년), 동평관(왜 사신 유숙소) 설치
강경책	이종무의 쓰시마 토벌(1419, 세종 1년)

4. 동남아시아: 류큐(오키나와), 시암(타이), 자와(인도네시아) 등과 교류 – 불경, 유교 경전, 범종 등 수출

> **한걸음 더**
>
> **◆ 일본에 대한 교린 정책의 이원화**
>
> 조선의 일본에 대한 교린 정책은 중앙의 막부 정권과 왜구 세력과의 관계로 이원화될 수밖에 없었다. 그 결과 국왕과 장군의 관계는 통신사(通信使)를 파견해 통치권자 간의 국서 교환이라는 대등 형식[대등 교린]을 취했지만, 실제로 행장(行狀)·도서(圖書, 일종의 입국 사증)·문인(文引, 대마도주가 발행한 도항 증명서) 등 각종 규정으로 통제하는 기미 정책[기미교린]을 실시하여 일본과의 교린 관계를 지속하였다.
>
> **◆ 『해동제국기』** [사료 182]
>
> 1443년(세종 25)에 서장관(書狀官)으로 일본에 다녀온 신숙주(1417~1475)가 1471년(성종 2) 왕명을 받아 그가 직접 관찰한 일본의 정치·외교 관계·사회·풍속·지리 등을 종합적으로 정리 및 기록한 책이다. 이는 15세기 한·일 관계와 일본 사회 연구에 귀중한 자료이다.
>
> **◆ 역사고사(歷史故事) 화첩**
>
> 고려 예종 때부터 조선 선조 때까지 북관, 즉 함경도에서 용맹과 지략으로 무공을 세운 인물들의 행적 또는 일화를 모아 글과 그림으로 쓴 책이다. 내용은 총 여덟 장면으로 이루어져 있는데 '척경입비도'는 고려 예종 때 윤관이 여진을 물리치고 동북 9성을 쌓아, 마침내 선춘령에 '고려지경(高麗之境)'이라는 비를 세운 사실을 그린 것이고, '야연사준도'는 김종서가 6진을 개척하고 함경도에 있을 때의 일화를 그린 것이다. cf p.85 참고
>
> ▲ 야연사준도

5 양 난의 극복과 대청 관계

1. 왜란 전의 대일 관계

(1) 왜구의 소란

15세기	3포 개항(1426, 세종 8년) ⇨ 계해약조(1443, 세종 25년): 세견선 50척, 세사미두 200석, 거류 왜인 60명으로 제한 무역
16세기	• 삼포왜란(1510, 중종 5년): 비변사 처음 설치(임시 기구) ⇨ 임신약조(1512, 중종 7년): 제포(만) 개항, 세견선·세사미두 반감 • 사량진왜변(1544, 중종 39년) ⇨ 정미약조(1547, 명종 2년): 규정 위반에 대한 벌칙 강화 • 을묘왜변(1555, 명종 10년)^{사료 183}: 국교 단절, 비변사 상설 기구화

(2) 16세기 우리의 정세

> ① 사화와 당쟁으로 사림 관료층이 분열, 국방 약화
> ② 통신사의 상반된 복명(서인 황윤길: 일본 경계 주장, 동인 김성일: 대일 안심론 주장)
> ③ 니탕개의 난(1583) 이후 이이의 10만 양병설 주장(『만언봉사』)

(3) 일본의 정세: 도요토미 히데요시(1536~1598)가 전국 시대의 혼란을 수습한 후 침략 전쟁 준비 ⇨ 임진왜란(1592)

2. 왜군의 침략 및 수군, 의병의 승리

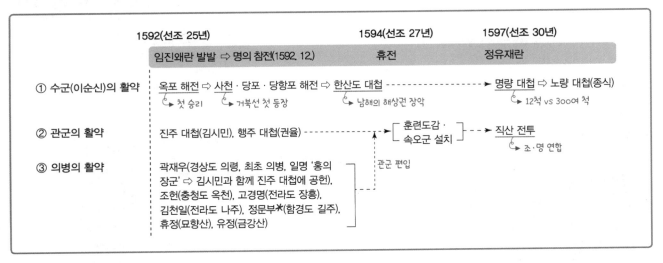

	1592(선조 25년)	1594(선조 27년)	1597(선조 30년)
	임진왜란 발발 ⇨ 명의 참전(1592. 12.)	휴전	정유재란
① 수군(이순신)의 활약	옥포 해전 ⇨ 사천·당포·당항포 해전 ⇨ 한산도 대첩 ----------⇨ 명량 대첩 ⇨ 노량 대첩(종식) ↳ 첫 승리 ↳ 거북선 첫 등장 ↳ 남해의 해상권 장악 ↳ 12척 vs 300여 척
② 관군의 활약	진주 대첩(김시민), 행주 대첩(권율) ------- [훈련도감· 속오군 설치] ---⇨ 직산 전투 ↳ 조·명 연합
③ 의병의 활약	곽재우(경상도 의령, 최초 의병, 일명 '홍의 장군' ⇨ 김시민과 함께 진주 대첩에 공헌), 조헌(충청도 옥천), 고경명(전라도 장흥), 김천일(전라도 나주), 정문부✱(함경도 길주), 휴정(묘향산), 유정(금강산) 관군 편입

---

cf. **임진왜란 기록**
• 『난중일기』: 충무공 이순신이 임진왜란 7년 상황을 기록
  cf 유네스코 세계 기록 문화유산 등재
• 『징비록』: 문신 유성룡이 임진왜란·정유재란에 대한 자신의 경험과 사실을 기록
• 『간양록』: 임진왜란 때 일본에 잡혀갔던 강항이 일본에서의 체험을 기록
• 기타: 정경운의 『고대일록』, 이로의 『용사일기』, 오희문의 『쇄미록』 등

✱ **북관 대첩비(정문부)**
임진왜란 때 함경북도 길주에서 정문부 의병장이 왜군을 격퇴한 것을 기념해 숙종 34년(1707)에 세운 승전비. 러·일 전쟁 중인 1905년 10월 일본군이 약탈해 야스쿠니 신사로 옮겨져 오랫동안 방치되어 있다가 100년 만인 2005년 10월에 반환되어, 2006년 3월 1일 북한으로 전달되었다.

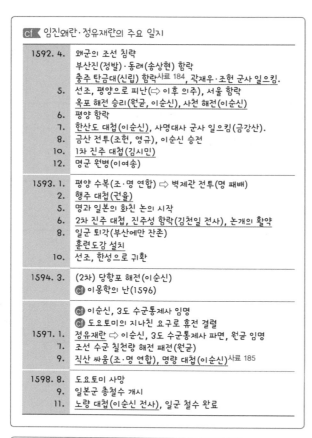

cf 임진왜란·정유재란의 주요 일지

1592. 4.	왜군의 조선 침략
	부산진(정발)·동래(송상현) 함락
	충주 탄금대(신립) 함락사료 184, 곽재우·조헌 군사 일으킴.
5.	선조, 평양으로 피난(⇨ 이후 의주), 서울 함락
	옥포 해전 승리(원균, 이순신), 사천 해전(이순신)
6.	평양 함락
7.	한산도 대첩(이순신), 사명대사 군사 일으킴(금강산).
8.	금산 전투(조헌, 영규), 이순신 승전
10.	1차 진주 대첩(김시민)
12.	명군 원병(이여송)
1593. 1.	평양 수복(조·명 연합) ⇨ 벽제관 전투(명 패배)
2.	행주 대첩(권율)
5.	명과 일본의 화친 논의 시작
6.	2차 진주 대첩, 진주성 함락(김천일 전사), 논개의 활약
8.	일군 퇴각(부산에만 잔존)
	훈련도감 설치
10.	선조, 한성으로 귀환
1594. 3.	(2차) 당항포 해전(이순신)
	cf 이몽학의 난(1596)
	cf 이순신, 3도 수군통제사 임명
	cf 도요토미의 지나친 요구로 휴전 결렬
1597. 1.	정유재란 ⇨ 이순신, 3도 수군통제사 파면, 원균 임명
7.	조선 수군 칠천량 해전 패전(원균)
9.	직산 싸움(조·명 연합), 명량 대첩(이순신)사료 185
1598. 8.	도요토미 사망
9.	일본군 총철수 개시
11.	노량 대첩(이순신 전사), 일군 철수 완료

cf 임진왜란 3대첩

한산도 대첩(이순신), 진주 대첩(김시민), 행주 대첩(권율)

cf 우리나라의 4대첩

살수 대첩(을지문덕), 귀주 대첩(강감찬), 한산도 대첩(이순신), 행주 대첩(권율)

▲ 임진왜란 때 관군과 의병의 활동

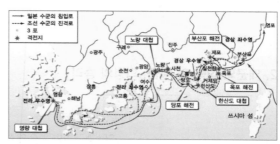

▲ 임진왜란 해전도

3. 왜란의 영향

✱ 공명첩

이름을 쓰지 않은 관직 수여증, 납속의 영수증. 임진왜란 중 군공을 세운 자에게 수여하거나, 국가 재정을 충당하기 위해 대량으로 발급하여 신분 질서의 혼란을 가져왔다.

| 국내 | • 인구의 감소
• 국가 재정의 궁핍: 토지 대장·호적의 상실
• 공명첩✱사료 186 대량 발급: 신분제의 동요 초래
• 사회적 동요: 이몽학의 난(충청도) 등
• 문화재 소실: 불국사·경복궁·실록 보관 사고(전주 사고 제외) 등 소실
• 새로운 산물 전래: 일본을 통해 조총·담배·고추·호박 등 전래
• 허준의 『동의보감』 편찬(광해군 때) |
| 국외 | • 동아시아 정세 변화: 명의 쇠퇴, 여진 흥기(후금 ⇨ 청)
• 일본의 중세 문화 발전: 활자, 그림, 서적, 성리학(이황), 도자기 등 약탈 |

4. 광해군의 정책(1608~1623): 북인 정권 수립

| 대내 정책 | • 부국강병책: 양안·호적 작성
• 『동의보감』 편찬, 5대 사고 정비 |
| 대외 정책 | • 명, 후금 관계: 자주적 중립 외교(북인)사료 187
• 대일 관계: 기유약조(1609)로 무역 재개[제한 무역(세사미두 100석, 세견선 20척), 부산포에 왜관 설치]
    cf 일본과 국교 재개(1607, 선조 40년) ⇨ 조선 통신사 파견(1607~1811, 12회) |

cf 조선의 대일 관계 총정리

1419(세종)	쓰시마 정벌
1426(세종)	3포 개항
1443(세종)	계해약조
1510(중종)	삼포왜란
1512(중종)	임신약조
1544(중종)	사량진왜변
1547(명종)	정미약조
1555(명종)	을묘왜변
1592(선조)	임진왜란
1597(선조)	정유재란
1607(선조)	국교 재개, 통신사 파견
1609(광해군)	기유약조
1811(순조)	국교 단절
1876(고종)	강화도 조약

5. 인조반정(1623): 서인 – 친명배금 정책(⇦ 호란의 원인)

6. 호란의 발생

정묘호란 (1627, 인조 5년)	배경	서인의 친명배금 정책 ⇨ 명의 철산 가도 주둔 사건(1621~1629)+이괄의 난(1624) 이후 잔여 세력이 후금에 투항하여 인조반정의 부당함 호소
	경과	후금의 침입 ⇨ 의병 발생(정봉수, 이립 등), 왕실 강화도로 피난
	결과	형제 관계 체결
병자호란 (1636, 인조 14년)	배경	후금은 국호를 청이라 고치고 황제를 칭하면서 조선에 군신 관계 요구
	경과	조정의 의견 대립[주전론(主戰論) vs 주화론(主和論)]^{사료 188} ⇨ 척화 주전론 대세
	결과	청 태종 공격, 백마산성(임경업)을 우회하여 서울 점령 ⇨ 왕실은 강화도로 피난, but 인조·소현 세자 등은 남한산성에서 45일간 항전 ⇨ 삼전도(서울 송파)에서 굴욕적인 강화 체결, 군신 관계 체결, 두 왕자(소현 세자* · 봉림 대군)와 척화파 주동 인물을 볼모로 청에 압송 cf 삼전도비

▲ 정묘호란과 병자호란

> ✳ 소현 세자의 업적
> 소현 세자는 청나라에 인질로 억류되어 있으면서 조선인 포로의 속환 문제와 청나라의 조선에 대한 병력 지원 요구 등 여러 정치·경제적 현안을 맡아 처리하였다. 베이징에 있을 때는 독일의 예수회 선교사이자 천문학자인 아담 샬과 교류하며 천구의와 천문서, 천주상 등을 선물로 받았다.

▲ 삼전도비 | 병자호란 때 청 태종이 조선을 침략하고 이를 기념하기 위해 세운 비

7. 북벌론의 대두

내용	• 청을 치자는 주장 – 성리학적 명분(명에 대한 의리) 제시 • 송시열 · 송준길 · 이완 등 서인 주장, 효종 때 절정(어영청 강화)
결과	실패 ⇨ 서인 정권의 군사적 기반 강화

▲ 남한산성 행궁(경기 광주) | 남한산성은 병자호란 중에 인조가 피신하였던 곳으로, 이후 도성 방위의 임무를 맡았다. cf 유네스코 세계 문화유산 등재

8. 나선 정벌: 효종 때 청의 요구로 러시아에 정벌군 파견 ⇨ 1차(1654) – 변급, 2차(1658) – 신유

▲ 나선 정벌

cf 고려·조선의 북방 정책 관련 인물 총정리		
서희	고려 성종	10세기 말 거란의 1차 침입 때 외교 담판으로 강동 6주 획득
강감찬	고려 현종	11세기 거란의 3차 침입을 물리침(귀주 대첩).
윤관	고려 숙종, 예종	• 12세기 여진을 치기 위해 별무반 조직 • 동북 9성 구축(⇨ 이후 여진에 반환)
박서	고려 고종	13세기 몽골의 침입을 귀주에서 물리침.
김윤후	고려 고종	13세기 몽골의 침입을 처인성 싸움에서 물리침. 이후 충주 산성 방호별감이 되어 다시 몽골을 물리침.
최윤덕	조선 세종	• 15세기 여진족 이만주를 정벌 • 평안도에 4군 설치 cf 이종무와 함께 쓰시마 정벌
김종서	조선 세종	두만강 유역의 여진족을 몰아내고 6진 개척
임경업	조선 인조	병자호란 당시 백마산성에서 항쟁
송시열 (서인)	조선 효종	친명배청(親明背淸)의 입장에서 청(여진족)에 대한 북벌론 주장
윤휴 (남인)	조선 숙종	숙종 초 친명배청(親明背淸)의 입장에서 청(여진족)에 대한 북벌론 제기, but 실천에 옮기지 못함.

02 : 조선 전기의 경제

1 경제 정책

1. 농본주의 정책

목적	고려 말 파탄된 국가 재정과 민생 문제 해결, 왕도 정치 실현
중농 정책 ^{사료 189}	개간 장려, 양전 사업 실시, 새로운 농업 기술과 농기구 개발 · 보급
억상 정책	사치 · 낭비 · 농촌 피폐 · 빈부 격차 방지 목적, 사농공상의 차별적 직업관 ⇨ 자유 상업 규제, 물화의 수량 · 종류 통제
상품 화폐 경제의 미발달	유교적 경제관(검약) ^{사료 190}, 도로와 교통 수단 미비, 자급자족적인 농업 중심의 경제 ⇨ 정부의 화폐 정책 실패(약간의 저화와 동전만이 삼베 · 미곡과 함께 사용)
변화(16세기)	농민 통제력 약화, 상공업 통제 정책 해이 ⇨ 자유로운 상업 활동 전개

2. 토지 제도

(1) 과전법 ^{사료 191}

특징	1. 원칙: 토지 국유제 　• 수조권 ─┬─ 국가 · 관청(⇨ 공전) 　　　　　└─ 개인 · 사원(⇨ 사전) ⇨ 전주 　• 경작권 ─ 농민, 외거 노비 ⇨ 전객 2. 실제: 민전(개인 사유제) 존재	• 사전(私田)과 공전(公田)의 두 개념 　─ 소유권: 국가 소유지 ⇨ 공전, 개인 사유지(민전) ⇨ 사전 　─ 수조권: 사유지인 민전에서 국가가 수조권을 가지면 공전, 관료가 수조권을 가지면 사전 • 전주 전객제: 토지에 대한 수조권을 가진 관리(전주)와 그 땅에서 농사짓는 농민(전객, 민전 소유자)의 관계 • 지주 전호제: 토지에 대한 소유권을 가진 지주와 그 땅에서 농사짓는 농민(전호, 소작농)의 관계
시기	공양왕(1391), 정도전 · 조준 등 주장 ⇨ 급전도감 설치	
목적	• 사대부 관료의 경제 기반 마련(현직 · 전직 관료 18과 지급, 세습 불가) 　cf 유가족: 수신전, 휼양전 ⇨ 1대 세습 허용, 경기 대상 • 국가 재정 확보 • 농민 경제 안정[영구 경작권 보장, 조세율 인하(1/10), 병작반수의 법적 금지]	

＊ 과전법의 과전 분급 액수

등급	지급 결수	등급	지급 결수
1과	150결	10과	65결
2과	130결	11과	57결
3과	125결	12과	50결
4과	115결	13과	43결
5과	106결	14과	35결
6과	97결	15과	25결
7과	89결	16과	20결
8과	81결	17과	15결
9과	73결	18과	10결

토지의 종류	공전	내수사전	왕실 경비에 충당
		적전	왕의 친경지
		둔전	군대(관둔전), 관청(국둔전) 비용에 충당
	사전 (경기 대상)	과전＊	현직 · 전직 관료, 경기 대상(1대 제한)
		수신전	과전을 받은 사람이 죽었을 때 그의 처에게 수조권을 준 토지(1대 세습)
		휼양전	과전을 받은 부모가 모두 죽고 자녀가 어릴 때 성인이 되는 20살까지 주던 토지(1대 세습)
		공신전	공신에게 지급(세습)
		별사전	준공신에게 지급(3대까지 세습) cf 고려의 별사전: 승려나 지리업 종사자에게 지급
		공해전, 늠전	중앙 관청과 지방 관청에 지급된 토지
		학전	성균관, 4학, 향교에 소속된 토지
		사원전	불교 사원에 지급된 토지

> **cf 과전(사전)의 수조지 지급 변화**
> 1. 사전의 하삼도 이급(1417, 태종 17년): 사전이 경기도에 제한되었기 때문에 사전의 부족에 따라 태종 17년 과전 · 공신전 · 별사전 · 수신전 등의 1/3을 하삼도(경상 · 전라 · 충청도)로 이급
> 2. 사전의 경기 환급(1431, 세종 13년): 사전 하삼도 이급에 대한 재경 사대부의 반발과 경기 지방의 식량 문제 등으로 큰 혼란이 야기되어 세종 13년에 다시 경기도로 환급
> ∴ 결과: 과전의 결수 감소, 직전법 실시

(2) 토지 제도의 변천 사료 192

구분	시기	내용	지급 배경	결과	영향
직전법	세조	현직 관료	관료에게 지급할 토지 부족 현상	국가의 토지 지배력 강화 (수신전·휼양전 폐지)	현직 관리의 위기의식 초래 ⇨ 가혹한 수취, 겸병★, 농장 확대
관수 관급제	성종	국가의 수조권 대행	관료의 수조권 남용	국가의 토지 지배력 강화	현직 관리의 위기의식 초래 ⇨ 농장 확대의 가속화

★ 겸병: 한 토지를 같이 소유한다는 뜻으로, 귀족이 농민의 토지를 ▰앗는 수단으로 쓰임.

▶ 16세기 중엽(명종): 직전법 폐지, 녹봉 지급 ⇨ 지주 전호제 강화, 병작반수제 강화

한걸음 더

❖ 전시과와 과전법의 비교

구분		고려의 전시과	조선의 과전법
유사점		• 토지 국유제 원칙 • 관등에 따라 차등 지급	• 관리에게 수조권 지급 • 세습 불가
차이점		전지(과전)와 시지 지급	전지(과전)만 지급
		전국적 규모	경기에 한하여 지급(중앙 집권과 재정 확보책)
토지 분급의 차이	중앙군	군인전 지급	토지 지급 없고 녹봉만 지급
	한량	한인전 지급(6품 이하)	군전(軍田) 지급 ⓓ 유향품관
	향리	외역전 지급	토지 지급 없고, 무보수 세습직
비고		과전법과 전시과는 그 원칙에 있어서 유사한 점이 많았다. 그러므로 고려 말 이성계의 과전법 공포는 전시과의 원칙으로 환원한 것이라 할 수 있다.	

한걸음 더

❖ 조(租)와 세(稅)

1. 조(租): 수조권자(전주)가 경작자(전객)로부터 받는 것으로 공·사전을 막론하고 1결당 1/10(약 30두)을 징수하였다.
2. 세(稅): 수조권자가 경작자로부터 받는 조에서 1결당 1/15(약 2두)을 국가에 바치는 것으로 공전에는 세가 없다. 성종 때 관수 관급제가 실시되면서 조와 세의 구별이 없어졌다.

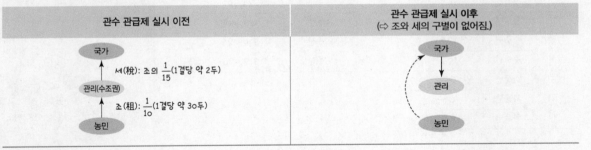

관수 관급제 실시 이전	관수 관급제 실시 이후 (⇨ 조와 세의 구별이 없어짐.)

3. 수취 제도

조세	**태조**	과전법	1결당 1/10(30두) **예** 답험손실법: 수조권자가 매년 풍흉을 살펴보고 수조율 확정
	세종의 공법(1444) 공법상정소(1436) 전제상정소(1443) 사료 193,194	연분 9등법✽	풍흉에 따라 1결당 최고 20두~4두
		전분 6등법✽	• 땅의 비옥도에 따라 토지 크기를 6등급으로 구분(양안 기록) • 수등이척법: 1결 면적을 조절하는 방법으로 토지 비옥도에 따라 양전척의 길이 차등
	▶운송: 쌀, 콩으로 납부, 군현에서 납부 ⇨ 조창✽(전라도·충청도·황해도–바닷길, 강원도–한강, 경상도–낙동강·남한강) ⇨ 경창✽으로 운송, 　호조 담당 ▶잉류 지역: 평안도·함경도(그 지역의 군사비와 사신 접대비로 사용), 제주도		

공납	**부과 기준**		군현 단위 부과 ⇨ 민호마다 현물로 부과
	징수 방법		각 지역의 특산물을 조사하여 중앙에서 군현에 물품과 액수 부과 ⇨ 민호(호구) 징수
	종류	상공	관청이나 왕실의 수요 충당을 위해 호조에서 정기적으로 징수
		별공	상공 이외에 관청의 필요에 따라 징수
		진상	지방관이 국왕에게 바치기 위하여 농민으로부터 징수
	폐단		• 생산량 감소, 생산지 변화 ⇨ 기준에 맞는 품질과 수량을 맞추기 위해 다른 곳에서 구입 • 전세보다 더 큰 부담됨.

역	**부과 대상**		16~60세 정남
	구분	군역	• 일정 기간 군사 복무(정군, 보인✽) • 군역 면제층: 현직 관리, 학생
		요역	• 가호(민호) 기준–정남의 수를 고려하여 동원 • 성종 때 토지 8결당 1인씩 연 6일 이내에 동원하도록 규정(⇨ 현실은 임의로 징발)

기타	• 염전, 광산, 산림, 어장, 상인, 수공업자 등이 내는 세금 • 국가 재정의 지출: 군량미나 구휼미로 비축, 나머지는 왕실 경비, 공공 행사비, 관리의 녹봉, 빈민 구제비, 의류비 등으로 지출

중앙 관청
↓ ↑
각 군·현
↓ ↑
가호(민호)

✽ **연분 9등법의 전세율**

연분		1결당 전세율
상	상상년	20두
	상중년	18두
	상하년	16두
중	중상년	14두
	중중년	12두
	중하년	10두
하	하상년	8두
	하중년	6두
	하하년	4두

✽ **전분 6등법 각 등급의 1결당 면적**

전분	면적(평방적)
1등전	227,527
2등전	268,324
3등전	324,900
4등전	413,449
5등전	570,025
6등전	912,025

--- 조운 수로
→ 조창까지의 육·수운
● 조창
☐ 잉류 지역

▲ 조선 시대의 조운로

✽ 조창: 강가나 바닷가의 교통의 요지에 위치하여 조세를 모아 놓은 중간 창고

✽ 경창: 서울의 남쪽 한강 연안에 설치되었던 중앙 창고. 전국의 각 조창에서 운송하여 온 세곡을 수·납·보관

✽ 보인: 정군이 복무하는 데 드는 비용을 보조

② 양반과 평민의 경제 활동

양반	경제 기반	과전, 녹봉, 자신 소유의 토지와 노비 등
	토지 경영	대규모 농장 소유 ⇨ 직접 경작(노비 노동) 또는 농민의 소작(병작반수✳) ⇨ 15C 후반 농장 증가, 유망민을 노비처럼 이용, 중국의 농업 기술 도입
	노비 소유	• 구매·소유한 노비가 출산한 자녀를 노비화, 소유 노비를 양인 남녀와 혼인시켜 노비의 수 증대 • 솔거 노비, 외거 노비✳[주인의 땅을 경작·관리(작개지✳, 사경지), 매년 신공✳ 납부]
농민	권농 정책	농민 토지 점탈 규제, 개간 장려, 농서 간행(『농사직설』✳, 『금양잡록』✳ 등)
	농업 생산력 증대	• 밭농사: 조·보리·콩의 2년 3작 널리 시행 • 논농사: 남부 일부 지방에 모내기법 보급 ⇨ 벼·보리의 2모작 가능 • 시비법 발달: 밑거름, 뒷거름 ⇨ 휴경지 소멸, 연작 가능(매년 경작) • 기타: 농기구 개량(낫·쟁기·호미), 목화·약초·과수 재배 확대
	농민 생활의 악화	배경	지주제의 확대, 자연재해, 고리대, 세금 부담 ⇨ 다수가 자영농에서 소작농으로 전락(병작반수), 유민 증가
		정부 대책 _{자료 195}	구황✳ 방법 제시(『구황촬요』 보급), 호패법, 5가작통법 강화(농민의 유망 방지 및 통제 강화)
		양반 지주 대책	향약, 사창제 실시 ⇨ 농촌 사회 안정 도모
수공업	관영 수공업	• 전문적 기술자를 공장안(관장이 등록된 대장)에 등록−각 관청에 소속, 관영 필수품 생산, 납품량 초과분은 판매 가능 • 부역 동원 이외에는 사적 생산 가능 ⇨ 16C 부역제의 해이, 상업의 발달로 쇠퇴
	민영 수공업	양반의 사치품, 농기구 생산
	가내 수공업	자급자족적 형태로 생활필수품 제작 ⇨ 무명, 명주, 모시, 삼베 등
상업 _{자료 196}	정책	상업 활동에 대한 국가 통제 강화, 종로 거리에 상점가 조성, 개경의 시전 상인 이주 (⇨ 점포세와 상세 징수)
	시전 상인	• 왕실·관청에 물품 공급 ⇨ 독점 판매권 부여(조선 전기, 한 시전에서 한 가지 물품을 독점적·전문적으로 판매) ⇨ 금난전권✳은 조선 후기(1637, 인조 15년)에 부여 • 육의전: 시전 중 비단, 무명, 삼베, 모시, 종이, 어물 취급 • 경시서: 시전 감독 기구로서 도량형 검사, 물가 조절(⇨ 평시서로 개칭)
	장시	• 15C 후반 등장: 일부−정기 시장화(5일장) ⇨ 16C 중엽 전국적 확대 에 조선 후기 전국 1,000여 개로 확대 • 보부상✳(관허 상인)이 유통망 형성
	화폐	조선 초기 저화(지폐)·조선통보(동전)✳ 보급 ⇨ 유통 부진, 농민은 쌀·무명을 화폐로 사용
	대외 무역	정부의 통제, 명과의 무역(사신 왕래에 따른 공·사무역 허용), 여진과의 무역(무역소를 통한 무역), 일본과의 무역(왜관을 통한 무역), 국경 부근의 사무역은 엄격히 감시
수취 체제의 문란(16C) _{자료 197}	수취 제도	지주 전호제 일반화 ⇨ 조세 제도 부담 가중(병작반수)
	공납제	공납의 폐단(인납✳·방납✳) ⇨ 농민 부담 가중, 토지 이탈 ⇨ 족징, 인징 ⇨ 수미법✳ _{자료 198} 주장
	군역	• 군역의 요역화✳ ⇨ 대립제✳의 음성화 ⇨ 방군수포제✳ ⇨ 군적수포제(1541, 중종 36년, 대립제의 양성화): 양인 장정에게 12개월마다 군포 2필 징수 • 군적✳ 부실: 군포 과중으로 도망자 속출 ⇨ 남은 농민의 부담 가중
	환곡제	농민에게 곡식 대여: 15C 의창 담당 ⇨ 16C 상평창 담당(원곡의 1/10 이자 징수), 수령과 향리의 과도한 이자 징수 ⇨ 농민 생활 악화, 유민 증가, 도적의 횡행(임꺽정의 난 등)

▲ 조선 전기의 상업 구역

✳ **병작반수**: 농지가 없거나 부족한 농민이 남의 땅을 빌려 경작하고 수확량을 지주와 반씩 나누어 갖는 소작 형태. 타조법 혹은 병작이라고도 한다.

✳ **외거 노비**: 공노비의 경우 중앙 각 관청에 소속되어 있으면서 서울 바깥에 거주하는 노비. 사노비의 경우 주인과 떨어져 살면서 직접 노동력이 아닌 그에 상응하는 신공을 바치는 노비

✳ **작개지(作介地)**: 외거 노비가 주인의 토지를 경작하고 수확량을 모두 주인에게 바치는 토지. 외거 노비가 수확량을 가지는 토지는 사경지(私耕地)

✳ **신공**: 외거 노비가 주인에게 노동력 대신 바치는 일정량의 현물. 노(남자)는 면포 1필·저화 20장, 비(여자)는 면포 1필·저화 10장

✳ **『농사직설』**: 세종 때 정초가 쓴 농서. 우리 농민들의 실제 경험(모내기법 등)을 토대로 농사 기술을 이론적으로 정리

✳ **『금양잡록』**: 성종 때 강희맹이 쓴 농서. 금양(지금의 시흥) 지방에서 저자가 직접 경험하고 들은 농경 방법을 기술

✳ **구황**: 기근 때의 빈민 구제 방법으로 곡식 대신 먹을 수 있는 식물 등을 제시, 『구황촬요』는 이러한 구황 방법을 제시한 책

✳ 금난전권(禁難廛權): 난전의 영업을 금지시킬 수 있는 권리(금할 禁, 어지러울 難, 가게 廛, 권리 權). 병자호란 직후 국가 재정이 고갈되자 도성(한양)의 시전 상인에게 금난전권을 부여

✳ 보부상: 봇짐장수와 등짐장수로 '보부상단' 조합 조직

✳ 조선통보: 세종 때 만들어진 동전. 지폐인 저화의 보조 수단으로 사용되다가 20년 만에 폐지

✳ 인납: 1~2년의 공납물을 한꺼번에 앞당겨 미리 징수하는 제도

✳ 방납: 공물을 중간 상인이 대신 납부하고 그 대가를 요구하는 제도

✳ 수미법: 공납의 폐단을 극복하기 위해 이이와 유성룡이 제안했던 공납 개혁안. 모든 공물을 쌀로 통일하여 걷을 것을 제안하였으나 실현되지는 못함.

✳ 군역의 요역화: 농민들의 생활이 어려워지자 농사철에 요역에 동원되는 것을 기피하였고 이에 군인들을 왕릉 축조, 성곽 보수 등 각종 토목 공사에 동원함.

✳ 대립제: 중앙군에서 나타난 현상으로 정군이 보인에게서 받은 베로 다른 사람을 고용하여 대신 번을 서게 함.

✳ 방군수포제: 군대 지휘관이 군 복무를 맡은 군인을 돌려보내고 그 대가로 베를 거두어들인 제도. 그 결과 지방군이 감소되었고 국방 체제의 약화를 초래함.

✳ 군적: 군역 부담자의 장적

한걸음 더

✦ 조선의 경제 관련 주요 용어 정리

농업	양전(量田)	토지 조사 사업(20년마다 실시)
	양안(量案)	토지 대장
	은결(隱結)	실제로는 경작되고 있으면서 양안에는 누락된 토지
	「구황촬요」	잡곡, 도토리, 나무껍질 등을 가공하여 먹는 방법을 소개한 책
	시비법	밑거름과 덧거름을 주어 휴경하지 않고 매년 경작하는 기술
수공업	관장	관청에 소속된 장인으로, 관청에 책임량을 납품하고 초과한 생산품에 대해서는 세를 내고 판매
	공장안	관장이 등록된 대장
상업	경시서	시전 감독 기구로 도량형 검사, 물가 조절(⇨ 평시서로 개칭)
	시전 상인	조선 전기 한 시전에서 한 가지 물품을 독점적·전문적으로 판매(독점 판매권)
	육의전(시전)	비단, 무명, 삼베, 모시, 종이, 어물 취급
	금난전권	조선 후기 시전 상인이 난전을 금지할 수 있는 권리(독점 판매권)
	신해통공	1791년 정조가 육의전을 제외한 시전 상인들의 금난전권을 없앤 조치

✦ 조선의 각종 장부

공안	국가 재정의 세입표
횡간	국가 재정의 세출표
정안	노동력 징발 대장
양안	토지 대장, 20년마다 작성(호조, 각 도, 각 고을에 보관)
호적	• 작성 절차: 3년마다 작성, 호주가 호구 단자 2부 작성 ⇨ 이임·면임의 검사를 거쳐 주군에 보냄. ⇨ 주군에서 기존 호적과 비교·작성 • 보관: 호조, 한성부, 해당 도, 해당 고을 • 내용: 호주의 거주지·관직·신분·성명·나이·본관(本貫)·4대조(증조, 조, 부, 외조), 처의 성씨·나이·4대조, 자녀의 이름·나이(사위는 본관도 기록), 노비와 머슴의 이름·나이 기록
선원록	조선 왕실의 족보
청금록	성균관, 향교, 서원의 학생 명단
향안	지방 양반의 명단

메모

03 : 조선 전기의 사회

1 양반 관료 중심의 사회

1. 양천 제도와 반상 제도

사회 구조	성리학적 명분론*에 기초한 양반 중심의 가부장적 종적 사회

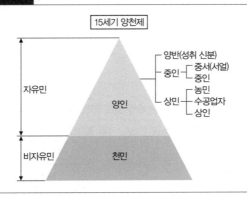

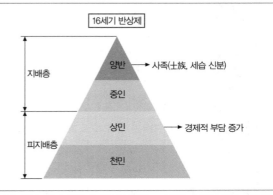

▶ **양천제*의 법제화**: 양인(자유민), 천민(비자유민) ⇨ 갑오개혁(1894) 이전까지 조선의 기본적 신분제(실제로는 양천제의 원칙에 의해 운영되지 않음.)

▶ **반상제**: 양인 내의 양반과 상민의 구별 ⇨ 양반·중인·상민·천민의 신분제 정착

신분 이동 가능	• 법적으로 양인이면 누구나 과거 응시 및 관직 진출 가능 ⇨ but 일반적 상황은 아님. • 양반도 죄를 지으면 노비가 되거나 경제적으로 몰락하면 중인, 상민이 되기도 함. • 태종의 여성 재가 금지 사료 199(⇨ 『경국대전』 명시는 성종 때)

✱ 성리학의 신분관

성리학은 본래 이기론(理氣論)에 토대한 명분론을 내세워 현실의 인간관계를 설명한 중세적 세계관이었다. 즉, 인간은 이(理)를 본래 지니고 있어 자율적으로 행할 수 있으며, 기(氣)의 작용으로 선악의 차이가 나타나는데, 이것을 조화롭게 이끌어 가기 위해서는 성리학적인 사회적 명분이 바로 지켜져야 한다는 것이다. 따라서 조선 사회에서는 반상(班常)과 양천(良賤)이 엄격히 구분되고, 신분에 따른 직역이 법제화되었다.

✱ 양천제

15C 조선 왕조는 양천제라는 국가적 신분 규범을 토대로 모든 인민을 양인과 천민으로 나누었다. 이때 양인을 대상으로 군역을 징발하는 대신 그 대가로 그들에게 벼슬할 수 있는 사환권(仕宦權)을 인정하는 국역 체계를 편성하였다. 이러한 국가 운영 체계는 백성을 왕의 공민으로 지배하고자 한 사상의 반영이었다.

메모

2. 신분 구조

양반	개념	15C	문반과 무반을 아우르는 명칭(성취 신분)
		16C 이후	문무반의 관리뿐만 아니라 그 가족이나 가문까지 포함(세습 신분, 사족, 특권층)
	지위	경제적	토지, 노비 소유 ⇨ 지주층
		정치적	국가의 고위 관직 독점(과거, 음서, 천거 등), 현직 또는 예비 관료로 활동
		사회적	외가, 처가 또는 농장이 있는 곳으로 자유 이주 가능
	특권		각종 국역 면제
중인 사료 200	개념	넓은 의미	양반과 상민의 중간 계층(서얼, 문관의 하급인 서리, 무관의 하급인 군교, 지방 향리 등)
		좁은 의미	기술관 지칭(의관 · 역관 · 천문관 · 화원 등)
	구성	중인(서리, 향리, 기술관)	• 직역 세습, 전문 기술 · 행정 실무 담당, 같은 신분층 안에서 혼인 • 문과 응시 허용
		중서(서얼)	• 양반의 첩에서 난 자식(양첩 – 서자, 천첩 – 얼자) • 서얼차대법(태종): 문과 응시 금지, 무과 · 잡과에 가끔 등용 ⇨ 승진에 한계(한품서용)
상민	개념		자유민, 법제적으로 과거 응시 자격이 있으나, 실제적으로는 군공을 제외하면 신분 상승이 거의 불가능
	구성	농민	조세 · 공납 · 부역의 의무
		수공업자(공장)	관영 수공업 · 민영 수공업 종사 ⇨ 공장세 부담
		상인	시전 상인 · 보부상 ⇨ 국가 통제하에 상업 종사, 상인세 부과, 농민보다 천시
		신량역천★	신분상으로는 양인이나, 천역에 종사하는 사람 예 백정★(도살업자), 해척(어부), 염간(소금 굽는 사람), 사기간(도자기 굽는 사람) 등
천민	개념	비자유민	노비(공노비, 사노비), 무당, 창기, 광대, 백정(초기 – 신량역천 ⇨ 천민) 등
	노비	지위	재산으로 취급(매매 · 상속 · 증여의 대상), 부모 중 한쪽이 노비면 자녀는 노비 사료 201

	공노비	입역 노비	궁중과 중앙 관청, 지방 관아에서 잡역 담당	유외잡직(流外雜職, 하급 기술직) 진출 가능
		납공 노비	지방에 거주하면서 매년 일정액의 신공 납부 ⇨ 독자적 생활 기반 소유 가능	
	사노비	솔거 노비	주인집 거주	
		외거 노비	주인과 떨어져 독립된 가옥에서 거주 ⇨ 독자적 생활 기반(토지, 집, 가족) 소유 가능, 주인에게 신공 납부	
	세종의 노비 처우 개선 사료 202		노비에 대한 사적인 사형 금지, 노비 출산 휴가 연장(여자 노비 130일, 남자 노비 30일)	

★ 신량역천
노비로 몰락한 양인을 조사하여 다시 양인으로 환원시키는 과정에서 나타나게 되었다. 이들은 실제로는 양인 신분이지만 천역에 종사하였다. 조예(관청의 사령), 일수(지방 관청의 하인), 나장(하급 군졸), 역보(역졸), 조군(조운선의 사공), 수군(해군), 봉군(봉수대 수직자) 등 7가지로, 일명 칠반천역(七般賤役)이라고도 하였다. 기타 백정(도살업자), 염간(소금 굽는 사람), 사기간(도자기 굽는 사람) 등도 해당된다.

★ 백정
도살업자. 백정은 원래는 신량역천으로 천인이 아니었으나 직업이 사회적으로 천시되면서 점차 천인화된 것으로 보인다.

cf 고려와 조선의 백정 비교		
구분	**고려**	**조선**
농민	백정	농민
도살업자	화척	백정

2 사회 정책과 법률 제도

1. 사회 정책: 농민 생활 안정 추구

배경	농본 정책	성리학적 명분론에 입각한 신분 질서 유지와 농민의 생활 안정 추구 목적
	농민 생활의 불안	무거운 조세·요역 부담, 관리·양반 지주들의 수탈 ⇨ 전호, 노비, 유민으로 전락 ⇨ 국가 안정 및 재정 위험
내용	국가적 시책	양반 지주의 토지 겸병 억제, 재해 시 조세 감면, 환곡제✱ 사료 203
	향촌 자치적 농민 구제책	사창제✱(양반 지주의 향촌 질서 유지책)
	의료 시설	혜민국, 동·서대비원	수도권 안에 거주하는 서민 환자의 구제와 약재 판매
		제생원	지방민의 구호 및 진료 담당
		동·서활인서	여행자, 유랑자의 수용과 구휼 담당

✱ 환곡제
• 춘궁기에 양식과 종자를 빌려주고 추수기에 회수하는 제도(=춘대추납의 빈민 구제책)
• 운영 기구 ─ 의창(15C): 빌려준 원곡만 징수
        └ 상평창(16C): 모곡이라 하여 원곡의 소모분을 감안, 1/10 이자 징수
           ⇨ 점차 고리대화

✱ 사창제
향촌 사회에서 사림 양반들에 의해 자치적으로 운영된 춘대추납의 빈민 구제책으로 성종 때 폐지되었다. 이후 일부 지방에서 실시하였으나 제대로 운영되지 못하다가 흥선 대원군 때 전국적으로 실시하였다.

2. 법률 제도

기본법	형법	운영	『경국대전』의 형전, 대명률(명의 기본 법전) 주로 적용	
		중죄	반역죄, 강상죄✱ 중시 ⇨ 연좌제 실시(본인은 물론 부모·형제·처자 처벌, 고을 호칭 강등, 수령 파면)	
		형벌	태·장·도·유·사형	
	민법	운영	• 관습법에 의하여 지방관이 처리 • 초기: 노비 소송이 주류 ⇨ 16C 이후 산송(묏자리를 둘러싼 분쟁) 주류	
상속	운영		종법✱에 의거	
	내용		조상의 제사, 노비 상속 중시, 고려에 비해 물건과 토지의 소유권 관념 발달	
사법 기관	중앙	의금부	왕명에 의한 특별 재판소	▶ 3법사: 형조·사헌부·한성부 ▶ 3사: 언론 기관(사간원·사헌부·홍문관)
		사헌부	감찰 기관, 관리의 풍기 단속	
		형조	사법 행정의 감독 기관, 일반 사건에 대한 재심 기관	
		한성부	수도의 치안과 일반 행정 담당, 수도의 토지·가옥에 대한 소송 담당	
		장례원	노비 문제 처리(형조 소속)	
		포도청	일반 평민의 범죄 처리, 각종 형사·민사 사건 담당	
	지방	관찰사와 수령이 각각 관할 구역 내의 사법권 행사 ⇨ 중요한 사건은 중앙 상부 기관 담당			
	항소·상소제	• 재판 불복 시 상부 관청에 소송 제기 가능[금부삼복제(3심제, 세종)-1심: 지방관, 관찰사, 한성부 ⇨ 2심: 형조 ⇨ 3심: 의금부] • 신문고 사료 204[의금부 관장(태종)]로 임금에게 호소(하극상 금지 ⇨ 일반적으로 시행 안 됨.) ⇨ 연산군 때 폐지 ⇨ 영조 때 부활(병조 관장)			
	특징	• 행정 기관과 사법 기관이 명확하게 구분되지 않음. • 지방관의 자율적 권한 강화 ⇨ 2차 갑오개혁 때 사법권 독립 및 지방관의 사법적 권한 폐지			
	한계	국민을 관리·통제하기 위한 수단			

✱ 강상죄: 부모나 남편을 죽이거나, 노비가 주인을 죽이거나, 관노가 관장을 죽인 행위 등 삼강(三綱)과 오상(五常)에 어긋나는 죄

✱ 종법: 친족 조직 및 제사의 계승과 종족의 결합을 위한 친족 조직의 기본이 되는 법

✦ 고려와 조선의 법률 제도 비교

구분		고려	조선
법률	형법	당률을 참작한 71개조와 보조 법률 존재	성문법 중심(『경국대전』 중심＋대명률 참고)
	민법	관습법 적용	관습에 의거 ⑨ 가족 제도의 경우 『주자가례』 의거, 상속의 경우 '종법' 의거
재판권		지방관이 대개 스스로 처결	
형벌		태 · 장 · 도 · 유 · 사형 ⑨ 고려 개경 귀족의 경우—귀향형 존재	
중죄		반역죄, 불효죄	반역죄, 강상죄

3 향촌 사회의 조직과 운영

1. 향촌 사회의 모습

기원		고려 시대 사심관 제도에서 분화 · 발전
유향소	성격	정부에서 지방민의 자치를 허용한 제도
	기능	수령 보좌, 향리 규찰, 백성 교화
	구성	향촌의 덕망 있는 인사−좌수 · 별감 선출, 자율적으로 규약 구성
	활동	향안(지방 사족의 명단)에 오른 사족들이 향회를 통해 결속 강화, 지방민 통제
	명칭 변경	경재소가 혁파(1603)되면서 향소 또는 향청으로 변경
경재소	성격	중앙 정부가 현직 관료로 하여금 연고지의 유향소를 통제하기 위한 제도
	기능	유향소(지방)와 중앙 사이의 연락 업무

2. 촌락의 구성 및 운영

> ✻ 동성촌락
> 동성동본의 씨족원들이 한 마을에 집단 거주하면서 마을 전체에 지배적인 영향력을 행사하는 촌락

촌락	성격		농민 생활의 기본 단위 · 향촌 구성의 기본 단위
	편제		면리제
	구성	자연촌	반촌(班村) · 민촌(民村) 구분. but 대부분 양반, 평민, 천민이 섞여 거주
		반촌	주로 양반들 거주, 친족 · 처족 · 외족의 동족으로 구성된 다양한 성씨[이성잡거(異姓雜居)] 거주 ⇨ 18C 이후 동성촌락✻으로 발전
		민촌	대부분 평민과 천민 거주, 다른 촌락에 거주하는 지주의 소작농으로 생활 ⇨ 18C 이후 신분 구성 변화, 다수가 신분 상승
		특수 마을	역촌 · 진촌 · 원촌(교통의 요충지), 어촌, 점촌(수공업 생산) 등
운영	정부	면리제	촌 단위의 몇 개 리(理)로 구성
		5가작통법	서로 이웃하고 있는 다섯 집을 하나의 통으로 묶고 통수를 두어 관리
	촌락 공동체 조직	동계 · 동약	사족들의 촌락민에 대한 사회 · 경제적 지배 강화 목적 ⇨ 왜란 이후 평민도 참여
		두레 · 향도	촌락의 농민 공동체 조직
풍습			• 석전(돌팔매놀이, 상무 정신 신장 목적) • 향도계 · 동린계[농민들의 자생적 생활 문화 조직, 마을 행사(장례 등)를 도와주는 기능으로 전환] ⇨ 양반 사족들은 음사로 금지시킴.

1. 예학과 보학의 보급

예학	**성격**	양반들이 성리학적 도덕 윤리를 강조하면서 신분 질서의 안정을 추구하고자 성립한 학문
	발달 배경	• 신분 질서 유지를 위해 상하 관계 중시(성리학적 명분론의 강조) • 16C 중반 『주자가례』에 대한 학문 연구 본격화
	기본 덕목	가부장적 종법 질서 구현, 삼강오륜 강조
	발전	양 난으로 인하여 흐트러진 유교적 질서 회복 강조 ⇨ 예학, 예치 강조
	대표적 학자	김장생, 정구
	기능	종족 내부의 의례 강조, 유교주의적 가족 제도 확립
	폐단	사림 간 정쟁의 구실로 이용, 사림의 향촌 사회 지배력 강화(향약 시행, 『소학』 보급, 가묘와 사당 보급), 양반 문벌제도의 강화
보학	**성격**	양반의 가족 내력을 기록하고 암기하는 학문(족보 ✱ 사료 205,206)
	발달 배경	사림 양반들의 문벌 형성, 신분적 우위 확보 의지
	기능	종족의 종적인 내력과 횡적인 종족 관계 강화
	결과	양반 문벌제도 강화

↳ 송나라 때 주자가 아동에게 유학의 기본을 가르치기 위해 엮은 책

> ✱ 족보
> • 고려: 국가에서 제작(목적: 과거 응시자의 신분 확인)
> • 조선: 양반 가문에서 제작(목적: 신분적 우위성 유지)
> • 성화보: 현존하는 가장 오래된 족보(안동 권씨의 족보, 1476)
> • 선원록: 조선 왕실의 족보

2. 서원과 향약

서원 사료 207	**목적**	선현의 제사 및 성리학 연구, 사림 자제 교육
	최초	중종 때 주세붕이 세운 백운동 서원 ⇨ 명종 때 이황의 건의로 소수 서원으로 사액
	사액 서원	국가로부터 서적, 토지, 노비 지급 ⇨ 면세, 면역의 특권 받음.
	영향	학문과 교육의 지방 확대, 사림의 세력 기반 마련, 당쟁의 온상화 및 국가 지배력 약화 ◉ 유네스코 세계 문화유산 등재

▶ **사액 서원의 증가와 정리**: 선조 때 사액 서원만 100개가 넘었으며, 18C에는 서원이 7백여 개소, 고종 때는 1,000여 개소가 되었는데 그중 사액 서원이 약 1/3 차지✱ ⇨ 영조 · 흥선대원군 때 대폭 정리

향약	**성립**	전통적 공동체 조직 · 미풍양속 계승, 삼강오륜의 유교 윤리 가미
	역할	사회 풍속 교화 및 질서 유지, 치안 담당 등 향촌 자치적 기능
	최초	중종 때 조광조 등이 여씨향약 시행 ⇨ 16C 후반 이황(예안향약), 이이(해주향약 사료 208 · 서원향약)에 의해 전국적 보급
	결과	사림의 농민 통제력 강화
	폐단	토호와 양반 등 지방 유력자들이 주민들을 위협 · 수탈하는 배경 제공, 향약 간부들의 반목 ⇨ 풍속과 질서 훼손

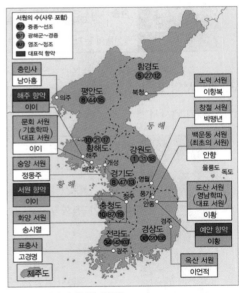

▲ 사림의 세력 기반(서원과 향약)

↳ 특정 가문의 선조를 받드는 사당

✱ 19C 서원 · 사우의 분포

경상도	324	황해도	52
전라도	185	강원도	53
충청도	118	평안도	65
경기도	69	함경도	43

▲ 서원의 구조

Chapter

04 ː 조선 전기의 문화

1 민족 문화의 융성

1. 발달 배경

관학파 계열의 관료와 학자	15세기 문화 주도, 성리학 이외의 학문과 사상에 관대, 중앙 집권 체제의 강화·민생 안정·부국강병 추구 ⇨ 과학 기술과 실용적 학문의 발달, 민족적·자주적 성격의 민족 문화 발달
한글 창제	민족 문화의 기반 확대 ⇨ 민족 문화의 발달

2. 한글 창제 ^{사료 209}

배경		우리말을 표현할 문자 필요, 피지배층의 도덕적 교화 목적
창제		세종 때 집현전 안에 정음청 설치, 한글 창제(1443) ⇨ 훈민정음 반포(1446) 웹 유네스코 세계 기록 문화유산 등재
보급	세종	• '용비어천가'(훈민정음으로 쓰인 최초의 작품, 왕실의 덕을 찬양) • '월인천강지곡'(부처님의 덕을 찬양) • 불경(『석보상절』), 농서 등 간행, 서리 채용 시험의 필수 과목 ⇨ 행정 실무에 이용
	중종	• 조광조의 혁신 정책에 의해 언문청 설치 ⇨ 한글 보호 • 최세진의 『훈몽자회』: 한자의 음(音)과 뜻을 최초로 우리말로 기록
결과		백성들의 문자 생활, 국문학 발전 ⇨ 민족 문화의 기반 확립

3. 역사서의 편찬

> ＊ 표전 문제: 조선 초기 명나라에 보낸 조선의 표전문 글귀가 예의에 어긋났다고 명이 트집을 잡은 사건

(1) 15세기 역사서 ^{사료 210}

건국 초	특징		조선 왕조의 정통성에 대한 명분과 성리학적 통치 규범 정착(⇨ 성리학적 사관)
	사서	고려국사(정도전, 태조)	이제현의 사학을 계승, 고려 시대 역사 정리
		동국사략(권근, 태종)	단군 조선~삼국까지의 역사 정리
15세기 중엽	특징		민족적 자각 강조, 고려 시대 역사를 자주적 입장에서 재정리
	사서	고려사 (정인지, 세종~문종)	• 고려 왕조의 역사를 자주적 입장에서 재정리 ⇨ 『고려국사』에서 사용했던 제후국의 칭호를 '조(祖)'·'종(宗)'의 용어로 환원 • 조선 건국을 합리화하는 과정에서 고려 말 사실이 왜곡됨. • 국왕 중심의 사서 • 본기 대신 세가 46권(이는 역사 서술에서 군주 쪽에 비중을 두려는 세종의 의지 반영), 지 39권, 표 2권, 열전 50권(우왕과 창왕의 정통성을 부정하여 세가가 아닌 열전에 수록), 목록 2권 ⇨ 총 139권 • 기전체
		고려사절요(김종서, 문종)	• 정도전의 『고려국사』를 보완·편찬, 『고려사』에서 빠진 부분을 보완 • 신권(재상) 중심의 사서
		응제시주(권람, 세조)	• 권람의 조부인 권근이 표전 문제＊로 정도전 대신 명에 사신으로 갔을 때 지은 응제시와 명제의 시에 권람이 주석을 붙인 책 • 단군을 비롯한 역대 개국시조의 설화 기록
		삼국사절요(서거정, 성종)	자주적인 통사를 편찬하려는 입장에서 고조선에서 삼국 시대까지 역사 재정리
		동국통감(서거정, 성종)	• 고조선에서 고려 말까지의 역사를 정리한 최초의 통사(通史) • 3조선(단군·기자·위만)–삼한–삼국–통일 신라–고려를 정통으로 인식 • 외기(삼국 이전)–삼국기–신라기–고려기로 서술

(2) 16세기 역사서 ^{사료 211}

특징	• 사림의 정치의식과 문화의식을 반영하는 사서 편찬 • 기자 조선에 주목 • 유교 문화와 대립되는 고유 문화는 이단시함.
사서	**동국사략**(박상, 16세기 초?)	15세기 『동국통감』 비판 ⇨ 새롭게 쓴 사림의 통사
	동몽선습(박세무, 중종)	향촌 서당의 어린이 역사 기본서
	표제음주동국사략 (유희령, 중종)	『동국통감』을 간략하게 정리한 고조선에서 고려까지의 통사 **cf** 단군 조선 기록
	기자실기(이이, 선조)	기자 강조, 우리나라 왕도 정치의 기원을 기자에서 찾음.
	동사찬요(오운, 선조)	왜란 이후 역사의식 반영
영향	**긍정적인 면**	문화 민족이라는 자부심 고취 ⇨ 이민족 침입 시 애국심 고취
	부정적인 면	우리 역사를 자주적 역사로 인식하지 못하고, 국제 정세의 변동에 대한 대처 능력 경직(⇨ 17세기: 척화 주전론, 북벌론 주장)

(3) 조선왕조실록

의의	태종 때 『태조실록』 편찬, 태조~철종 때까지 25대 역대 왕들의 실록을 편찬 ⇨ 조선 시대 연구의 1차 자료 **cf** 유네스코 세계 기록 문화유산 등재
방법	• 왕 사후에 춘추관에 실록청 설치 • 날짜별로 그날의 중요한 사건들을 기록하는 편년체 → **cf** 유네스코 세계 기록 문화유산 등재 • 기본 자료: 사관의 사초(史草)*와 시정기(時政記)+보조 자료(일성록, 승정원일기, 의정부등록*, 비변사등록* 등)
보관	세종 때 4대 사고* 설치(서울 춘추관·충주·성주·전주) ⇨ 임진왜란 때 소실(전주 사고 제외) ⇨ 광해군 때 5대 사고 정비 ⇨ 현존: 태백산 사고·정족산 사고·오대산 사고·적상산 사고
기타	**일제 시대**	고종·순종실록 작성
	일기	연산군, 광해군
	부분 수정·삭제	개수실록: 선조, 현종, 경종
	국조보감	• 실록 중 역대 왕들의 선정과 훌륭한 언행만을 발췌하여 간행한 사서로 국왕들의 정치 교본서로 사용 • 세종 때 『국조보감』 편찬 구상 ⇨ 세조 때 지시, 태조·태종·세종·문종 4조의 보감 완성
	세종실록지리지	『세종실록』 총 163권 중 127권만 실록이고, 나머지는 『세종실록지리지』, 『국조오례의』, 『아악보』, 『칠정산』을 모아 부록으로 삽입·수록

✱ 사초(史草)

입시사초(入侍史草)와 가장사초(家藏史草)로 구분되었다. 입시사초란 예문관의 전임 사관이 정사가 이루어지는 장소에 입시하여 기록한 사초를 말하며, 가장사초란 사관이 퇴궐한 후 집에서 견문한 내용을 재정리한 것으로 인물에 대한 평가가 수록되었다. 사초는 사관 이외에는 국왕조차도 마음대로 볼 수 없게 하여 사관의 신분을 보장하였고 자료의 공정성과 객관성에 만전을 기하였다.

✱ 등록(謄錄)

조선 시대에 중앙의 각 부(府), 육조(六曹), 각 원(院), 각 사(司), 각 아문과 지방 관청 등 기관에서 접수한 문서를 등사(謄寫)한 책. 이 등록류는 일지식(日誌式)으로 기록되어 있으며, 각 관아의 소관 업무나 관아 간 문서의 전달 및 업무의 시행 과정 등을 파악할 수 있는 자료이다. 대표적 등록으로는 『의정부등록』, 『비변사등록』, 『각사등록』 등이 있다.

✱ 사고(史庫)의 변천

임진왜란	선조 39년~광해군 9년 (1606~1617)	이괄의 난(1624)	현재
춘추관 - 소실	춘추관	춘추관 사고 - 소실	소실
충주 사고 - 소실	오대산 사고	오대산 사고	동경 제국 대학 - 1923년 관동 대지진으로 대부분 소실, 2006년 47책 서울 대학교에 '기증 형식'으로 반환 - 현존
성주 사고 - 소실	태백산 사고	태백산 사고	정부 기록 보존소 - 현존
전주 사고 - 보존	마니산 사고	정족산 사고	서울대학교 도서관 - 현존
	묘향산 사고	적상산 사고	구 황실문고(장서각 보관) ⇨ 김일성 대학 - 현존

4. 지도와 지리서의 편찬

편찬 목적	중앙 집권, 국방 강화		
지도	15세기	혼일강리역대국도지도 (이회, 태종)	• 현존 동양 최고의 세계 지도 **예** 현재 필사본을 일본이 소장 • 아라비아 지도학의 영향을 받은 원나라의 세계 지도를 참고하고, 여기에 한반도와 일본 지도를 첨가. 중국과 한반도를 유난히 크게 그리고 유럽 · 아프리카 등도 그림(아메리카 대륙은 없음). **예** 이회의 팔도도: 1402년(태종 2)에 이회가 제작한 조선 전도이나, 현존하지 않음. '혼일강리역대국도지도'에 그려진 조선 관련 지도를 통해 짐작만 함.
		팔도도(세종)	전국 지도 **예** 최초는 아님.
		동국지도(양성지, 세조)	• 과학 기구(인지의, 규형)를 이용하여 만든 최초의 실측 지도(일명 '팔도도') • 압록강 이북까지 상세히 기록하여 당시 북방에 대한 관심 반영
	16세기	조선방역지도(명종)	• 16세기 중엽에 팔도도를 참고하여 제작(현존) • 만주와 쓰시마 섬을 한국의 영토로 표기
지리서	15세기	신찬팔도지리지*(세종)	• 전국 8도의 지리, 역사, 정치, 사회, 경제, 산업, 군사, 교통 등 수록 • 현재 경상도 지리지만 현존
		세종실록지리지 (정인지 등, 단종)	단군 건국 이야기와 독도 등 기록
		동국여지승람 (강희맹 · 노사신 등, 성종)	군현의 연혁, 지세, 인물, 풍속, 성씨, 고적, 산물, 교통 등을 수록 ⇨ 당시 국토에 대한 인문 지리적 수준 향상
	16세기	신증동국여지승람 (이행, 중종)	• 『동국여지승람』을 중종 때 보완하여 편찬 • 팔도총도(현존 최초의 독도 지도) 수록
		읍지	일부 군현에서는 읍지 편찬 ⇨ 향토의 문화적 유산에 대한 사림의 정치의식 반영
기타	표해록(최부, 성종)		• 명나라 전기의 사회 상황, 정치, 군사, 경제, 문화, 교통 등을 소개한 일종의 기행문 • 특히 수차(水車)의 제작과 이용법을 자세히 설명

> **✳『팔도지리지』**
> 1. 1432년(세종 14)에 편찬한 우리나라 지리책 ⇨ 현재 전해지지 않음.
> 2. 1478년(성종 9)에 양성지 등이 펴낸 지리책 ⇨ 이후 『동국여지승람』으로 개편, 현재 전해지지 않음.

5. 윤리 · 의례서, 법전의 편찬

(1) 윤리 · 의례서

편찬 목적	유교적 질서 확립		
윤리서	15세기	삼강행실도 사료 212	세종 16년(1434) 설순 등이 편찬한 윤리서로, 삼강의 모범이 되는 충신 · 효자 · 열녀들의 행실을 그림으로 그리고 이에 설명을 붙임.
		효행록	고려 말에 편찬된 것을 세종 10년(1428)에 설순이 보충 · 개정하여 제작
	16세기	이륜행실도	중종 13년(1518)에 조신이 연장자와 연소자, 친구 사이에서 지켜야 할 윤리를 강조
		동몽수지	송나라 주자가 어린이가 지켜야 할 예절 기록 **예** 중종 때 목판본으로 간행
의례서	15세기	국조오례의	• 세종 때 편찬 시작, 성종 때 신숙주 등이 완성 • 국가의 여러 행사에 필요한 5례[길(吉: 제사), 흉(凶: 장례), 가(嘉: 관 · 혼), 빈(賓: 빈객), 군(軍: 군대 의식)] 기록
	17세기	가례집람	선조 때 김장생(**예** 논산 돈암 서원)이 주자의 가례에 대한 제가의 이론을 엮어 편찬

(2) 법전 ✱

편찬 목적	통치 규범 성문화	
조선경국전	정도전(태조)	여말 선초의 조례를 정리한 최초의 법전(사찬)
경제문감	정도전(태조)	태조 때의 정치 조직 초안
경제육전	조준, 하륜(태조)	• 여말(우왕 때)에서 선초까지의 조례를 정리한 최초의 성문 통일 법전 • 태종 때 증보되어 육전(元六典)으로 개편
경국대전 사료 213	최항, 노사신 (세조~성종)	• 국초의 여러 법전을 토대로 명의 『대명회전』을 참고하여 편찬된 조선의 기본 법전 • 세조 때 착수, 예종 때 완성, 성종 때 교정·반포 • 이전, 호전, 예전, 병전, 형전, 공전의 6전으로 구성
속대전	김재로(영조)	『경국대전』을 보완, 관형주의 표방 ↱ 가급적 형벌을 완화
대전통편	김치인(정조)	『경국대전』, 『속대전』을 통합 ⇨ 법 조항을 원, 속, 증으로 구분하여 표기
대전회통	조두순(고종)	『대전통편』과 그 후의 법 규정 보완 ⇨ 조선 최후의 통일 법전
육전조례	조두순(고종)	『대전회통』에 빠진 시행 규례 보완

> ✱ 조선의 법전 편찬 원칙
> 1. 조종성헌 존중주의(祖宗成憲尊重主義): 『원육전』, 즉 『경제육전』을 존중하고 절대 바꾸지 않겠다는 법전 편찬의 기본 원칙이다. 이는 19세기 중엽에 『대전회통』을 편찬할 때까지 기본 원칙으로 지켜졌다.
> 2. 전(典)과 록(錄)의 구분 법칙: 영구히 지켜야 할 법령은 정전(正典)에 싣고, 일시적 필요에 의해 만든 법령은 등록(謄錄)에 실어 전(典)과 록(錄)을 구분하였다.

2 성리학의 발달

1. 성리학의 정착

(1) **배경**: 성리학의 이해 과정에서 입장 차이 ⇨ 신진 사대부의 분화(관학파와 사림파)

(2) **훈구파와 사림파**^{사료 174}**의 비교** cf p.123 도표 참고

2. 성리학의 융성

(1) **배경**: 16세기 사림은 도덕성과 수신을 중시 ⇨ 이기론(理氣論)의 발달

(2) **이기론의 발달**

① 주리론

학풍	원리적·도덕적·관념적 세계 중시 ⇨ 조선 후기: 이일원론에 영향	
학자	이언적	• 주리론의 선구적 역할 • 기(氣)보다는 이(理)를 중심으로 이론 전개 • 성학군주론(聖學君主論)^{사료 214} 제시: 군주의 수신제가법으로 성학을 제시 　⇨ 이황(『성학십도』)과 이이(『성학집요』)에 영향
	이황 사료 215	• 주리론 집대성, 주자의 이기이원론(理氣二元論) 계승 cf 기대승과 '4단 7정 논쟁' • 이존기비론(理尊氣卑論): 이(理)는 존귀하고 기(氣)는 비천하다는 논리 제시 • 이기호발설(理氣互發說): 이(理)는 기(氣)를 움직이게 하는 근본적인 법칙이고, 기(氣)는 형질을 갖춘 형이하학적 존재로 이(理)의 법칙에 따라 구체화됨. • 도덕적 행위의 근거로서 인간의 심성을 중시 ⇨ 『심경(心經)』 중시, 경(敬) 강조 • 임진왜란 이후 일본 성리학에 영향(⇨ '동방의 주자') • 저서 　┌ 『주자서절요』 　├ 『성학십도』^{사료 216}: 군주 스스로 성학을 따를 것을 제시ス 　├ 『(송계원명)이학통록』: 송·원·명나라 주자학자들의 행장·전기(傳記)·어록 등을 명료하게 서술한 책 　└ 『전습록변』: 중국 명나라의 왕수인(왕양명)이 쓴 양명학 자료인 『전습록』을 비판, 양명학을 이단으로 규정한 책 • 김성일, 유성룡 등으로 이어져서 영남학파 형성, 예안 향약 cf 안동 도산 서원
계승	향촌에서 중소지주적 경제 기반을 가진 비교적 안정된 사림들에 의해 발전	

② 주기론

학풍	경험적 · 현실적 · 물질적 세계 중시 ⇨ 조선 후기: 실학사상에 영향	
학자	서경덕	• 주기론의 선구적 역할 • 이(理)보다는 기(氣)를 중심으로 세계 이해 • 불교와 노장사상에 대하여 개방적 태도 • 태허설(太虛說): 우주 자연은 미세한 기(氣)로 구성되어 있다고 주장
	조식	• 경(敬)과 의(義)를 근본으로 하는 실천적 학풍 강조 • 도교(노장사상)에도 포용적 ㎝ 임진왜란 당시 의병장(곽재우, 조헌 등)에 영향, 광해군 지지, 서리 망국론 주장

	이이
	('구도
	장원공')
	_{사료 217}
		• 주기론 집대성
		• 주기론적 입장에서 관념적 도덕 세계와 경험적 현실 세계 중시
		• 이통기국설(理通氣局說): 이(理)는 만물의 보편성의 척도이며, 기(氣)는 만물의 차별성의 척도라는 논리 제시
		• 기발이승설(氣發理乘說): 우주 만물의 존재 근원은 기(氣)에 있으며, 모든 현상은 기(氣)가 움직이는 데 따라 나타남.
		• 일원론적 이기이원론(一元論的 理氣二元論): 이(理)와 기(氣)는 둘이지만 분리될 수 없으므로 현상적 기(氣)가 작용하면 원리인 이(理)는 항상 내재된다고 주장
		• 다양한 개혁 방안 제시
		  ├ 『동호문답』: 대공 수미법 주장
		  ├ 『만언봉사』: 니탕개의 난(1583) 진압 후 10만 양병설 주장
		  ├ 『성학집요』^{사료 218}: 현명한 신하가 성학을 군주에게 가르쳐 그 기질을 변화시켜야 함을 주장
		  ├ 『격몽요결』: 도학(道學) 입문서
		  └ 『기자실기』: 우리나라 왕도 정치의 기원을 기자에서 찾음.
		• 조헌, 김장생 등으로 이어져서 기호학파 형성, 해주 · 서원 향약 ㎝ 파주 자운 서원

계승	정치적으로 불우한 산림처사에게 계승	

3. 학파의 형성과 대립

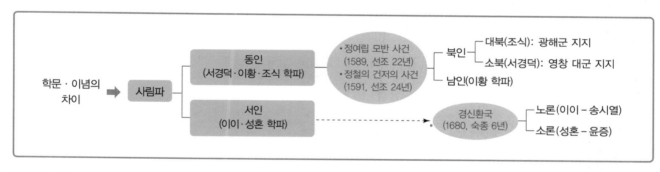

배경		선조 때 사림들이 중앙 정계의 주도 세력으로 등장 ⇨ 학파를 기반으로 붕당 형성	
과정	동인 vs 서인	• 동인: 서경덕·이황·조식 학파 참여 • 서인: 이이·성혼 학파 참여	✱ 정여립 모반 사건 1589년 전주 사람 정여립이 역모를 일으킨 사건. 이 사건을 계기로 서경덕 · 조식 학파가 피해를 많이 입었으며, 호남 지역은 반역의 지방으로 낙인 찍혀 중앙 정계로의 진출이 어려워졌다.
	남인 vs 북인	정여립 모반 사건✱으로 동인이 남인(이황 학파)과 북인(조식 학파)으로 분화	
	북인 vs 서인·남인	• 광해군: 북인 집권의 개혁 정치 추진-대동법 시행(이원익·한백겸), 은광 개발(유몽인), 실리적 중립 외교 ⇨ 서인과 남인의 반발 • 인조반정(1623): 서인 집권 ⇨ 주자 중심의 성리학(이황·이이)이 우위 차지, but 서경덕·조식의 사상, 양명학, 노장사상 등은 배척, 친명배금 외교 ⇨ 호란 발생	
	서인 vs 남인	• 주화·척화 논의: 호란 이후 주화·척화의 격렬한 논의 대두 • 서인 산림의 정국 주도: 인조 말엽 송시열 등 서인 산림이 정국을 주도 ⇨ 척화론과 의리 명분론 강조	

시골에 은거해 있던 학덕 높은 학자 가운데 국가의 부름을 받아 특별 대우를 받던 사람, 붕당 정치의 사상적 지주

청과 화의를 맺는 것에 반대하는 주장

4. 예학의 발달

배경	『주자가례』에 대한 학문적 연구
발달	예치 강조(김장생의 『가례집람』, 정구) ⇨ 예송 논쟁 전개(현종 때 남인과 서인의 논쟁) ⓔ 논산 돈암 서원

└─▶ 개인·사회·국가를 예(禮)로 다스리는 것으로, 예를 가르치는 예교와 예를 배우는 예학을 통해서 실현하려 하였다.

③ 불교와 민간 신앙

1. 불교의 정비

목적		유교주의적 국가 기반 확립, 국가 재정 확보
정비책	태조	도첩제 실시 ⇨ 승려 수 제한
	태종	전국에 242개의 사원만 남기고 나머지 폐지 ⇨ 토지, 노비 몰수
	세종	모든 종파를 선·교 양종으로 통합, 36개 절만 인정
	성종	도첩제 폐지 ⇨ 승려로의 출가 금지
	결과	전 시대에 비해 사회적 위상 크게 약화
불교의 보호	세종	내불당 건립, 불경 번역
	세조	불교 진흥책 ⇨ 간경도감 설치, 불교 경전을 한글로 번역(『석보상절』 — 석가모니 일대기)
	명종	문정 왕후의 지원, 보우 중용, 승과 부활(선·교 양종 다시 설치)
	결과	16세기 중엽 서산대사 같은 고승 배출, 임진왜란 때 승병 활약
불교 명맥 유지 이유		• 종교적 기능: 왕실과 개인의 안녕 기원 • 사회와 사상의 통합: 불교 교리 자체가 사물을 포용·융합 관계로 인식 • 민간 신앙: 삼국 시대 이래로 민간 신앙화

▲ 『석보상절』 | 수양 대군이 세종의 명을 받아 한글로 석가모니의 일대기를 풀이한 책이다.

2. 민간 신앙

도교	성격	무(巫) 숭상, 하늘에 대한 제사 중시 ⇨ 사대부 사회에 은둔과 신선 사상 심음.
	보급	사원 정리 및 도교 행사 축소, 소격서 설치(제천 행사 주관) ⇨ 마니산 참성대 초제 시행(일월성신에 제사) ⇨ but 16세기 사림 진출 이후 소격서 폐지
풍수지리설과 도참사상		조선 초기 한양 천도에 반영(남경 길지설) ⇨ 16세기 묏자리 쟁탈전인 산송 문제 대두
국조 숭배 (삼신: 환인, 환웅, 단군)	삼성사 제사	황해도 구월산에 삼성사 설치, 국조신에게 제사
	단군 사당 설치	평양에 건립
기타		무격신앙, 산신 사상, 촌락제 등. 특히 세시풍속은 유교 이념과 융합 ⇨ 조상 숭배 의식, 촌락의 안정 기원
국가 정책		민간 신앙의 지나친 미신 행위는 방지하면서 유교적으로 개편하거나 국가 신앙으로 흡수

▲ 강화 마니산 참성단 | 조선 초기에는 고려 시대에 잦았던 도교 행사를 줄이고
재정의 낭비를 막으면서도 소격서를 두어 제천 행사를 주관하였다.

＊ 조선 초기의 단군 숭배
• 마니산 초제(강화도 참성단)
• 삼성사 제사(황해도 구월산)
• 단군 사당 건립(평양)
• 단군 신화 재정리: 『세종실록지리지』, 『응제시주』, 『동국여지승람』

4 과학 기술의 발달

1. 발달 배경과 정책

배경	부국강병 · 민생 안정 중시 ⇨ 국가적 지원, 격물치지(格物致知)의 경험적 학풍
정책	전통 과학 기술과 서역 및 중국의 과학 기술 수용

2. 천문 · 역법과 의학 · 수학

<table>
<tr><td rowspan="7">천문</td><td>배경</td><td colspan="2">농업의 진흥</td></tr>
<tr><td>천체 관측 기구</td><td colspan="2">혼의, 간의</td></tr>
<tr><td>시간 측정 기구</td><td colspan="2">앙부일구(해시계), 자격루(자동 시보 물시계, 경복궁)</td></tr>
<tr><td>강우량 측정 기구</td><td colspan="2">측우기(세계 최초)^{사료 219}: 세종 24년(1442)에 이천 · 장영실 등이 제작, 서울은 서운관(세조: 관상감)에, 지방은 각 도(감영)와 군현에 설치, 서양보다 200여 년 앞섬.</td></tr>
<tr><td>토지 측량 기구</td><td colspan="2">인지의(지형의 높고 낮음 측량) · 규형(거리의 원근 측량) 제작(세조) ⇨ 토지 측량과 지도 제작에 이용</td></tr>
<tr><td>천문도</td><td colspan="2">천상열차분야지도(각석) 제작(고구려 천문도 바탕, 태조 때 서운관)</td></tr>
<tr><td>역법</td><td>칠정산
사료 220</td><td colspan="2">• 세종 때 원의 수시력 · 명의 대통력(내편)과 아라비아의 회회력(외편)을 참고로 만든 역법서
• 우리나라 최초로 서울을 기준 삼아 천체 운동을 정확히 계산</td></tr>
<tr><td rowspan="4">의학</td><td>향약채취월령</td><td>유효통, 노중례 등(1431, 세종 13년)</td><td>우리 풍토에서 나는 수백 종의 약재 소개</td></tr>
<tr><td>향약집성방
사료 221</td><td>유효통, 노중례 등(1433, 세종 15년)</td><td>실제 경험을 토대로 우리 풍토에 알맞은 약재와 치료 방법을 개발 · 정리하여 편찬한 의학서</td></tr>
<tr><td>의방유취</td><td>전순의 등(1445, 세종 27년)</td><td>중국 역대 의서를 널리 수집 · 참조하여 편찬한 의학 백과사전</td></tr>
<tr><td>동의보감</td><td>허준(1610, 광해군 2년)</td><td>『향약집성방』과 『의방유취』를 더욱 발전시킨 의학서로서 중국과 일본에서도 간행 ⓒ 유네스코 세계 기록 문화유산 등재</td></tr>
<tr><td rowspan="2">수학</td><td>배경</td><td colspan="2">• 천문 · 역법에 대한 관심, 토지 조사 및 조세 수입의 계산 등에 필요
• 호조에서 산학 교육 담당</td></tr>
<tr><td>교재</td><td colspan="2">『상명산법』, 『산학계몽』(중세 아라비아 수학의 영향)</td></tr>
</table>

cf 조선 최고 과학자 장영실(생몰년 미상)
- 조선 초기 과학자, 아버지는 원나라 출신 귀화인이나 어머니 신분에 따라 관노비
- 세종 때 발탁되어 중국 유학, 궁중 기술자로 간의대(천문 관측 기구인 간의를 설치했던 관측대), 앙부일구(해시계), 현주일구(휴대용 해시계), 일성정시의(낮과 밤의 시간을 재는 기구), 천평일구(휴대용 해시계), 자격루(물시계), 혼천의(천문 관측 기구) 등을 발명
- 직접 제작한 임금의 가마가 부서져 불경죄로 파면

cf 조선 대표 천문학자 이순지(1406~1465)
- 세종 때 문신, 천문 · 역법학자
- 산학, 천문, 풍수 등에 조예가 깊었고, 세종의 명으로 정인지, 김담 등과 함께 자주적 역법서인 『칠정산』 내 · 외편을 저술
- 세종 때 이루어진 모든 천문 기구와 교재의 제작 · 간행에 참여 · 총괄함.

✱ 시대별 역법
1. 부여: 은력(은)
2. 신라~고려 전기: 선명력(당)
3. 고려 후기: 수시력(원), 회회력(아라비아), 대통력(명)
4. 조선 초기: 칠정산
5. 조선 후기: 시헌력(청) ⇨ 인조 때 김육 도입, 효종 때 채택
6. 을미개혁(1895): 태양력 채택

3. 활자 인쇄술 · 제지술

태종	주자소 설치, 계미자 주조
세종	• 경자자 ⇨ 갑인자 주조, 식자판을 이용한 활자 고정 방법 창안 ⇨ 인쇄 능률 2배 향상 • 조지서 설치: 전문적인 종이 생산 관청 설치

4. 농서의 편찬

농사직설 사료 222	정초(세종)	중국의 화북 농법을 받아들이면서도, 우리나라의 풍토에 맞는 농사 기술과 씨앗의 저장법, 토질의 개량법, 모내기법(이앙법) 등 농민의 실제 경험을 토대로 농사 기술을 이론적으로 정리(한글 ×)
사시찬요	강희맹(세조)	계절에 따른 농사 기술 수록
농산축목서	신숙주(세조)	농업 · 목축업에 관한 저술
양화소록	강희안(세조)	선비 화가인 강희안이 쓴 우리나라에서 가장 오래된 원예서
금양잡록	강희맹(성종)	금양(지금의 시흥) 지방에서 저자가 직접 경험하고 들은 농경 방법을 기술

5. 병서 편찬과 무기 제조

(1) 병서

배경	국방력 강화	
진도	정도전(태조)	요동 수복 계획의 일환으로 편찬 ⇨ 독특한 전술과 부대 편성 방법 창안
역대병요	집현전(세종 지시, 단종 때 완성)	역대의 병법과 전쟁 일화 수록
총통등록	집현전(세종)	화포의 제작 · 사용법을 그림과 함께 한글로 자세히 기록, but 현존 ×, 『국조오례의』의 '병기도설'에 일부 확인 가능
동국병감	김종서(문종)	고조선에서 고려 말까지의 전쟁사 수록
병장도설	유자광(성종)	군사 훈련 지침서 ⇨ 화포의 제작 · 사용법 개발

(2) 무기

화약 제조	태종 때 최해산의 활약(화포, 신기전 제작)
병선 제조	태종 때 거북선 제조, 비거도선(소형 전투선) 제조, 판옥선

6. 16세기 이후 과학 기술 침체: 사림파들의 과학 기술을 경시하는 경향 확산

5 문학과 예술

1. 다양한 문학

(1) 15세기의 문학

특징		• 관료 문인 중심[훈구파−사장(詞章) 선호] • 우리 민족의 자주 의식 표현	
내용	악장	용비어천가(정인지 등), 월인천강지곡	
	한문학*	『동문선』^{사료 223}(서거정, 성종): 우리나라 역대 시문 가운데 우수한 것만을 발췌	
	시조^{사료 224}	패기가 넘치는 시조(김종서, 남이), 유교적 충절을 읊은 시조(길재, 원천석)	
	가사^{사료 224}	고려 말에 발생하여 조선 초기 사대부 계층에 의해 확고한 문학 양식으로 자리잡음. 형식상 4음보(3·4조) 연속체 율문	
	설화 문학	서민 사회에서 구전되어 온 역사, 전설, 풍습, 신앙 등 수록	
		금오신화(김시습)	평양·개성·경주 등 옛 도읍지를 배경, 남녀 간의 사랑과 불의에 대한 비판 등 민중의 감정과 역사의식을 표현한 최초의 한문 소설
		필원잡기(서거정)	고대로부터 전하는 일화 수록
		용재총화(성현)	수필체의 성격

> **＊ 역대 자주적 한문학자**
> • 통일 신라: 김대문
> • 고려 전기: 최승로, 김심언
> • 고려 후기: 진화, 이규보
> • 조선 전기: 서거정
> • 조선 후기: 박지원의 한문 소설(문체 혁신 시도)
> • 한말: 유길준의 『서유견문』(최초의 국한문 혼용체)

(2) 16세기의 문학

특징		사림 및 여류 문인 중심 ⇨ 표현 형식보다는 흥취와 정신 중시
내용	사림의 한문학	침체(사림들의 경학 중시 경향)
	시조^{사료 224}	황진이(순수한 인간 감정 표현), 윤선도(오우가, 어부사시가 메 남인)
	가사^{사료 224}	정철(관동별곡, 사미인곡, 속미인곡 메 서인), 송순, 박인로 등
	기타 (비사림 계열 문인)	• 어숙권: 서얼 출신, 『패관잡기』에서 문벌제도와 적서 차별의 폐단 지적 • 임제: 풍자적·우의적 시와 산문 저술 ⇨ 사회 모순과 유학자들의 존화 의식 비판 • 여류 문인의 활동: 신사임당, 허난설헌

2. 왕실과 양반의 건축

특징		• 건물 크기를 법적으로 규제(신분 질서 유지, 사치 방지) • 자연미 중시: 주위 환경과의 조화
15세기	특징	성곽, 궁궐, 관아, 성문, 학교 등이 중심
	대표 건축	• 경복궁(정문: 광화문), 창덕궁(정문: 돈화문), 창경궁(정문: 홍화문), 숭례문, 개성의 남대문, 평양의 보통문, 문묘 등 • 불교 건축: 무위사 극락전, 해인사 장경판전, 원각사지 10층 석탑[세조, 고려 경천사지 10층 석탑 모방(대리석)]
16세기	특징	서원 건축(주택＋사원＋정자 건축 양식 결합)
	대표 건축	옥산 서원(경주), 도산 서원(안동)

3. 분청사기, 백자와 공예

공예의 특징	생활필수품, 사대부의 문구류 ⇨ 값싼 재료 이용(나무, 대나무, 왕골 등)
도자기	• 자기소, 도기소 설치(광주 사옹원 분원이 대표적) • 15세기 분청사기* ⇨ 16세기 백자(사대부 취향)
기타	목공예, 돗자리 공예, 자개 공예, 자수와 매듭

> **＊ 분청사기**
> 청자에 백토의 분을 칠한 것으로 백색의 분과 안료로써 무늬를 만들어 장식한 회청색 자기

4. 그림과 글씨

그림	15세기	특징		• 중국 역대 화풍을 선택적으로 수용 ⇨ 우리의 독자적인 화풍을 개발 • 일본 무로마치 시대 미술에 영향을 줌(이수문, 문청).
		대표 화가	안견	• 도화서 소속 전문 화원 • '몽유도원도': 안평 대군이 도원에서 노닐었던 꿈을 안견이 사흘만에 그림. **cf** 현재 일본 소장
			강희안	• 문인 화가 • '고사관수도': 간결하고 과감한 필치로 사색에 빠진 인간의 내면세계 표현
		기타	신숙주	『화기(畫記)』 저술: 안평 대군 소장품 소개
	16세기	특징		• 다양한 화풍 발달 • 선비들의 정신세계 추구(주 소재: 사군자) • 자연 속에서 서정미 추구
		대표 화가	이상좌	• 노비 출신 전문 화원 • '송하보월도': 절벽 바위를 뚫고 자란 소나무를 통해 인간의 강인한 기백을 생동적으로 표현
		기타		이암(동물 그림), 신사임당(풀, 벌레 등), 3절[이정(대나무), 황집중(포도), 어몽룡(매화)]
서예	대표적 서예가	안평 대군		송설체(조맹부체)의 대가
		양사언		초서에 능함.
		한호		왕희지체에 우리 고유의 예술성 가미 ⇨ 석봉체

5. 음악과 무용

음악	특징		백성 교화 수단, 국가의 각종 의례와 관련되어 중시
	15세기	세종	• 관습도감에서 음악 연구: 아악(동양에서 가장 오래된 궁중 음악) 체계화 • '여민락' 작곡, 정간보(악보) 창안
		성종	• 『악학궤범』 편찬(성현): 음악 이론서 • 합자보(연주 방법, 성현) 창안
	16세기	특징	음악의 주체가 서민 사회로 이행 ⇨ 당악, 향악 등 속악 발달
		속악	가사, 시조, 가곡, 각 지방의 민요, 판소리 등이 애송
무용	궁중 무용		처용무, 나례춤
	민간 무용		산대놀이(탈춤), 인형극
	기타		굿(민간에서 유행)

Part 04 | 조선전기 문화

메모

▲ 오대산 사고(강원 평창) 『조선왕조실록』을 보관하기 위하여 임진왜란 이후에 만든 사고(史庫)로 6·25 전쟁 때 불탄 것을 복원하였다.

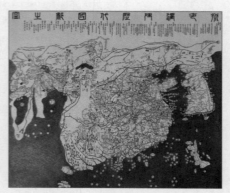

▲ 혼일강리역대국도지도(일본 류코쿠 대학 소장)

▲ 조선방역지도(국사 편찬 위원회 소장)

▲ 천상열차분야지도 각석(국립 고궁 박물관 소장)

▲ 화차 복원 모형(전쟁 기념관 소장)

▲ 측우기

▲ 앙부일구(해시계)

▲ 자격루(물시계)

▲ 자격루의 원리

▲ 서울 성곽 | 풍수지리설에 입각하여 산이 둘러싸고 있는 한양을 도읍으로 정해 그 산의 둘레에 18km의 성곽을 쌓았다. 도성 안에는 『주례』의 '좌묘우사(左廟右社) 전조후시(前朝後市)'에 입각하여 주요 건물을 배치하였다.

▲ 종묘 | 조선 왕실의 사당

▲ 숭례문 | 서울을 둘러쌌던 성곽의 정문. 2008년 화재로 2층 누각이 모두 붕괴되어 소실되었다. 2010년 복구 작업을 시작하여 약 3년의 공사를 거쳐 2013년 시민에게 공개되었다.

▲ 사직단 | 토지를 주관하는 신인 사(社)와 오곡을 주관하는 신인 직(稷)에게 제사를 지내는 제단이다.

▲ 해인사 장경판고

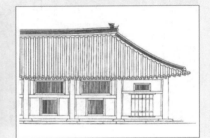

▲ 해인사 장경판고 수다라장전 입면 상세도 | 장경판고 중 남쪽 건물인 수다라장전은 통풍을 위해 창의 크기를 남쪽과 북쪽을 서로 다르게 하였다.

▲ 경복궁의 정문인 광화문 | 궁궐의 정문은 모두 '화(化)'자가 들어가는데, 이는 왕의 교화(敎化)를 의미한다.

▲ 원각사지 10층 석탑(세조) | 유교 정책 속에서 왕실의 비호를 받은 불교 건축물로, 고려 경천사지 10층 석탑을 모방한 대리석 탑이다.

▲ 도산 서원(경북 안동)

▲ 분청사기 철화어문 병

▲ 순백자 병

▲ 몽유도원도(안견) | 안평 대군(세종의 셋째 아들)이 꿈속에서 본 도원을 그리게 한 그림이다(일본 덴리 대학 소장).

▲ 고사관수도(강희안)

▲ 초충도(신사임당)

▲ 묵죽도(이정)

▲ 송하보월도(이상좌)

1. 한양의 수도 시설

(1) **풍수지리설 입각**: 평원에 위치한 중국의 도시와는 다르게 명당으로서의 풍수지리적 특성을 살려 주위의 산을 백악산[祖山]·목멱산[案山, 일명 남산]·낙타산(좌청룡, 일명 낙산)·인왕산(우백호)으로 배치하고 둘레 18km의 성벽을 쌓았다.

(2) **『주례』 반영**: 도성 안에는 경복궁(태조)을 비롯한 궁궐[창덕궁(태종), 창경궁(세종), 경희궁, 경운궁]을 두었고 '좌묘우사 전조후시(左廟右社 前朝後市)'를 중요시하는 『주례』에 입각하여, 경복궁의 왼쪽에는 종묘를, 오른쪽에는 사직을 두었다(⇨ 좌묘우사). 또 경복궁 앞에는 조정의 관아(6조)를 두고, 그 후방에 생활 공간인 시전을 두었다(⇨ 전조후시).

(3) **성문**

① **4대문**: 오행 사상에 따라 인(仁, 동)·의(義, 서)·예(禮, 남)·지(智, 북)·신(信, 중앙)의 5덕(德)을 표현하여 흥인지문(興仁之門, 동대문, 보물 제1호), 돈의문(敦義門, 서대문), 숭례문(崇禮門, 남대문), 숙정문(肅靖門, 북대문), 보신각(普信閣)을 세웠다.

② **4소문**: 4대문 사이에는 홍화문(弘化門) 또는 혜화문(惠化門, 일명 동소문), 소의문(昭義門) 또는 소덕문(昭德門, 일명 서소문), 광희문(光熙門, 일명 남소문), 창의문(彰義門) 또는 자하문(紫霞門, 일명 북소문)을 두었다.

2. 경복궁(景福宮)

(1) 조선 시대의 궁궐 중 가장 중심이 되는 곳으로, 태조 3년(1394)에 한양으로 수도를 옮긴 후 세웠다.

(2) 궁의 이름은 정도전이 『시경』에 나오는 "이미 술에 취하고 이미 덕에 배부르니 군자 만년 그대의 큰 복을 도우리라."에서 큰 복을 빈다는 뜻의 '경복(景福)'을 따서 지은 것이다.

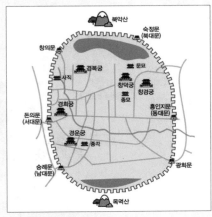

▲ 조선의 궁궐 배치도

(3) 중국에서 고대부터 지켜져 오던 도성(都城) 건물 배치의 기본 형식['전조후시 좌묘우사(前朝後市 左廟右社)']을 지킨 궁궐로서, 궁의 왼쪽에는 역대 왕들과 왕비의 신위를 모신 종묘가 있으며, 오른쪽에는 토지와 곡식의 신에게 제사를 지내는 사직단이 자리 잡고 있다. 또한, 경복궁 앞에는 육조 거리가 조성되었는데 왼쪽에는 의정부·이조·호조·한성부가, 오른쪽에는 예조·병조·형조·사헌부 등이 배치되었다.

(4) 경복궁의 주요 건물 배치는 일직선 상으로 놓여졌다. 궁궐의 핵심 공간으로 광화문 – 근정전 – 사정전 – 강녕전 – 교태전이 일직선 상에 놓여 있고, 좌우에 건축물들이 대칭적으로 놓여 있다. 국가의 큰 행사를 치르거나 왕이 신하들의 조례를 받는 근정전과 왕이 일반 집무를 보는 사정전을 비롯한 정전과 편전 등이 앞부분에 있으며, 뒷부분에는 왕과 왕비의 거처인 침전과 휴식 공간인 후원이 자리 잡고 있다.

(5) 임진왜란(1592)으로 인해 모두 불에 타 273년간 폐허로 방치되었던 것을 고종 4년(1867)에 흥선 대원군이 다시 세웠다. 그러나 1895년에 궁궐 안에서 명성 황후가 시해되는 사건(을미사변)이 벌어지고, 왕이 러시아 공사관으로 거처를 옮기면서(아관 파천) 주인을 잃은 빈 궁궐이 되었다.

(6) 1910년 국권 강탈 이후 1911년 경복궁 부지의 소유권이 조선 총독부로 넘어가자, 일제는 건물을 헐고 근정전 앞에 총독부 청사를 짓는 등 온갖 파괴 행위를 자행하여 궁의 옛 모습을 거의 없애 버렸다. 1915년에는 조선 물산 공진회를 개최한다는 명목으로 주요 전각 몇 채를 제외하고 90% 이상의 전각이 헐렸다.

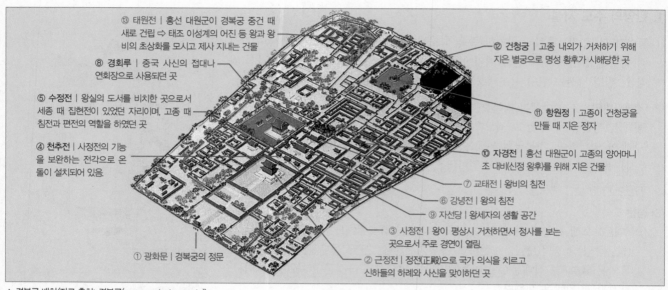

⑬ 태원전 | 흥선 대원군이 경복궁 중건 때 새로 건립 ⇨ 태조 이성계의 어진 등 왕과 왕비의 초상화를 모시고 제사 지내는 건물

⑧ 경회루 | 중국 사신의 접대나 연회장으로 사용되던 곳

⑤ 수정전 | 왕실의 도서를 비치한 곳으로서 세종 때 집현전이 있었던 자리이며, 고종 때 침전과 편전의 역할을 하였던 곳

④ 천추전 | 사정전의 기능을 보완하는 전각으로 온돌이 설치되어 있음.

① 광화문 | 경복궁의 정문

⑫ 건청궁 | 고종 내외가 거처하기 위해 지은 별궁으로 명성 황후가 시해당한 곳

⑪ 향원정 | 고종이 건청궁을 만들 때 지은 정자

⑩ 자경전 | 흥선 대원군이 고종의 양어머니 조 대비(신정 왕후)를 위해 지은 건물

⑦ 교태전 | 왕비의 침전

⑥ 강녕전 | 왕의 침전

⑨ 자선당 | 왕세자의 생활 공간

③ 사정전 | 왕이 평상시 거처하면서 정사를 보는 곳으로서 주로 경연이 열림.

② 근정전 | 정전(正殿)으로 국가 의식을 치르고 신하들의 하례와 사신을 맞이하던 곳

▲ 경복궁 배치(자료 출처: 경복궁(www.royalpalace.go.kr))

3. 창덕궁(昌德宮) - 유네스코 세계 문화유산(1997)

(1) 창덕궁은 조선 제3대 태종이 1405년 이궁(離宮)으로 지은 궁궐로서, 경복궁의 동쪽에 위치한다 하여 창경궁과 함께 동궐로 불렸다. 임진왜란 때 모든 궁궐이 불에 타자 광해군 때 다시 지었으며, 이후 고종이 경복궁을 중건하기까지 법궁(法宮)의 역할을 하였다. 조선 궁궐 중 가장 오랜 기간 임금들이 기거한 곳이다.

(2) 경복궁의 주요 건물이 좌우 대칭의 일직선 상에 놓여 있다면, 창덕궁은 우리나라 궁궐의 비정형적 조형미를 대표하고 있다. 비원으로 잘 알려진 유일한 궁궐 후원과 함께 원형이 가장 잘 보존된 창덕궁은 1997년에 유네스코 세계 문화유산으로 등록되었다.

⑤ 대조전 | 왕비의 침전

④ 희정당 | 조선 후기에 왕이 평상시에 거처하던 곳(본래 침전으로 사용되었으나, 편전인 선정전이 비좁고 종종 국장을 위한 혼전으로 사용되어 편전의 기능을 대신하게 됨)

③ 선정전 | 왕의 집무실(편전), 청기와 건물

⑦ 선원전✱ | 역대 왕과 왕비의 초상화를 모시던 건물

창덕궁 북쪽에 창경궁과 붙어 있는 우리나라 최대의 궁중 정원✱

① 돈화문 | 창덕궁의 정문

② 인정전 | 창덕궁의 중심 건물로서 조정의 각종 의식과 외국 사신 접견 장소로 사용되던 곳

⑥ 성정각 | 세자의 동궁

▲ 동궐도(東闕圖) | 창덕궁과 창경궁을 조감도 형식으로 그린 조선 후기의 대표적인 궁궐 그림이다.

✱ 선원전: 창덕궁 안에는 구선원전과 신선원전이 있는데 구선원전은 숙종 대부터 고종 대에 걸쳐 운영되어 어진이 차례로 추가될 때마다 증축되었고, 신선원전은 일제 강점기인 1921년에 세워져 덕수궁에서 옮겨진 어진들이 봉안되었다. 국왕이 거처를 옮길 때마다 선원전의 어진들도 함께 봉안되었기 때문에 고종 대에는 창덕궁, 경복궁, 경운궁(덕수궁) 세 궁궐에 모두 선원전이 있었으나, 일제 강점기에 경복궁과 경운궁 선원전은 철거되어 창덕궁 구선원전 건물만 남아 있다. 2015년 광복 70주년을 기념해 덕수궁 선원전 복원 작업이 시작되었다. cf 경희궁에는 선원전 ✕

✻ 창덕궁 후원: 부용지 · 주합루 · 애련지 · 의두합 · 연경당[효명 세자가 1828년 아버지 순조에게 존호(尊號)를 올리는 의례를 행하기 위해 창건한 건물로, 사대부 집을 본떠 사랑채와 안채를 중심으로 구성되어 있으며 단청을 하지 않음] · 춘덕정[정조의 『홍재전서』에 실려 있는 시 '만천명월주인옹자서(萬川明月主人翁自序)'가 걸려 있으며, 이 시는 공중에 뜬 밝은 달이 지상의 모든 시내를 비추듯 태극이라는 정점에 선 자신의 정치가 모든 백성들에게 고루 퍼져 나간다는 뜻으로 정조의 왕권 강화와 개혁 의지를 보여 줌] · 옥류천 등이 있음.

4. 종묘 – 유네스코 세계 문화유산(1995)

종묘(宗廟)는 조선 왕조의 역대 왕과 왕비의 신주를 모신 <u>조선 왕조의 사당</u>으로, 조선 시대의 가장 장엄한 건축물 중 하나이다. <u>정면이 매우 길고 수평성이 강조된 독특한 형식의 건물</u>로, 종묘 제도의 발생지인 중국에서도 유례를 찾아볼 수 없는 양식이다. 종묘는 의례 공간의 위계질서를 반영하여 정전(正殿)과 영녕전(永寧殿)의 기단과 처마, 지붕의 높이, 기둥의 굵기를 그 위계에 따라 달리하였다. 조선 시대에는 <u>정전에서 매년 각 계절과 섣달에 대제를 지냈고, 영녕전에서는 매년 봄가을과 섣달에 제향일을 따로 정하여 제례를 지냈다.</u> 제사를 지낼 때 연주하는 기악과 노래, 무용을 포함하는 종묘 제례악이 지금도 거행되고 있다. 종묘는 사적 제125호로 지정 · 보존되고 있으며, 1995년 유네스코 세계 문화유산으로 등록되었다.

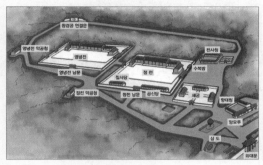

▲ 종묘 배치도

5. 문묘

⑴ 문묘는 태조 7년(1398)에 창건되었다가 정종 2년(1400)에 화재를 입어 태종 7년(1407)에 재건되었으나 이 역시 임진왜란으로 소실되었다. 이후 선조 34년(1601)부터 5년간에 걸쳐 거의 원형대로 중건하였고, 영조(재위 1724~1776) 때 완비하였으며, 고종 6년(1869)에 크게 수리가 이루어졌다.

⑵ 문묘에는 성현들의 위패를 모시는 대성전(大成殿, 보물 제141호)에 공자를 비롯한 4성(聖) 10철(哲)과 송조(宋朝) 6현(賢)의 위패를 봉사(奉祀)하였고, 동(東) · 서(西) 양무에는 공자의 72제자와 한 · 당 · 송 · 원 대의 현인과 우리나라 18명현 등 112명의 위패를 종향(從享)하였다. 또한, 유생들의 학업처였던 명륜당(明倫堂) 그리고 동 · 서무, 삼문(三門)이 있고 부속 건물로 존경각(尊敬閣)이 포함되었다.

cf 문묘 종사(文廟從祀) 18현

이름(시호)	시기	이름(시호)	시기
최치원(문창공)	1020	설총(홍유공)	1022
안향(문성공)	1319	정몽주(문충공)	1517
김굉필(문경공)	1610	조광조(문정공)	1610
이황(문순공)	1610	정여창(문헌공)	1610
이언적(문원공)	1610	이이(문성공)	1682
성혼(문간공)	1682	김장생(문원공)	1717
송시열(문정공)	1756	송준길(문정공)	1756
박세채(문순공)	1764	김인후(문정공)	1796
조헌(문열공)	1883	김집(문경공)	1883

cf 이이 · 성혼의 문묘 배향과 당색

1663	남인, 문묘 배향 반대 서인, 문묘 배향 찬성
1682	문묘 배향 단행
1689	남인, 문묘 출향
1694	서인, 문묘 재배향

간추린 선우한국사

근대 사회의 태동 (조선 후기)

01 : 조선 후기의 정치

근대 태동기의 세계

1. 17세기 이후의 유럽 사회

(1) 시민혁명: 미국 독립 선언(1776), 프랑스 혁명(1789) ⇨ 시민 계급 중심의 자유주의 및 민주주의 운동 전개

(2) 산업혁명: 18세기 영국에서 시작, 자본주의 사회 확립 ⇨ 식민지 획득을 위해 해외 진출(원료 공급지와 상품 시장 확보)

2. 아시아 사회의 변화

(1) 서구 세력의 침투: 원료 공급지와 상품 시장 확보 목적

(2) 아시아 각국의 민족 운동: 서구 열강의 침탈 방어 및 자강을 위한 개화 운동 추진

    예 중국의 태평천국 운동(1850)과 양무운동, 일본의 메이지 유신(1868), 인도의 세포이 항쟁(1857~1859)과 스와라지 운동

(3) 아시아 국가의 식민지화: 서구 열강의 무력에 복속, 일본은 근대화에 성공

---

1 근대 사회로의 움직임

구분	근대 사회 성격	조선 후기 사회의 근대 지향적 움직임
정치	민주화	근대 지향적 움직임 수용 못함(붕당 정치 변질 ⇨ 세도 정치의 폐단).
경제	자본화 · 산업화	• 농업 생산성 증가: 개간 사업, 영농 기술 개발, 경영 합리화 • 상공업에서의 영리성 제고: 도고 등장
사회	평등화	• 서민 의식 향상, 각 계급의 내부 분화(몰락 양반의 경제적 곤궁, 중인층 및 피지배층의 신분 상승) • 봉건적 신분 구조의 동요
문화	다양화 · 합리화	• 실학 연구: 사회 개혁, 새로운 발전 방향 제시 • 천주교 전래: 평등, 개인의 존엄성 표방 • 동학 창시: 농민 중심의 현실 개혁 추구

---

2 통치 체제의 개편

1. 정치 구조의 변화

(1) 비변사의 기능 강화[사료 225]

삼포왜란 계기(1510)	임시 기구-처음 설치, 지변사 재상 중심의 군무 협의 기구		
을묘왜변 계기(1555)	상설 기구화-비중 확대, 군무 협의 기구		
임진왜란 계기	문무 고위 합의 기능 (최고 정무 기구)	구성원	3정승, 5조 판서(공조 제외), 군영 대장, 강화 유수, 대제학 등 당상관 이상의 문무 고위 관리
		영향	의정부 · 6조 기능 및 왕권의 약화
흥선 대원군 집권기	비변사 축소(⇨ 폐지) ⇨ 의정부(정무)와 삼군부(군사) 부활		

(2) 3사의 언론 기능 변화

3사의 언론 기능 강화	공론의 기능 약화, 각 붕당의 이해관계 대변
영 · 정조의 탕평기	3사의 기능 약화와 전랑 권한 혁파 예 영조: 이조 전랑직 권한 축소 ⇨ 정조: 완전 폐지
세도 정치기	3사의 고유 기능인 언론 기능 완전 폐지

2. 군사 제도의 변화

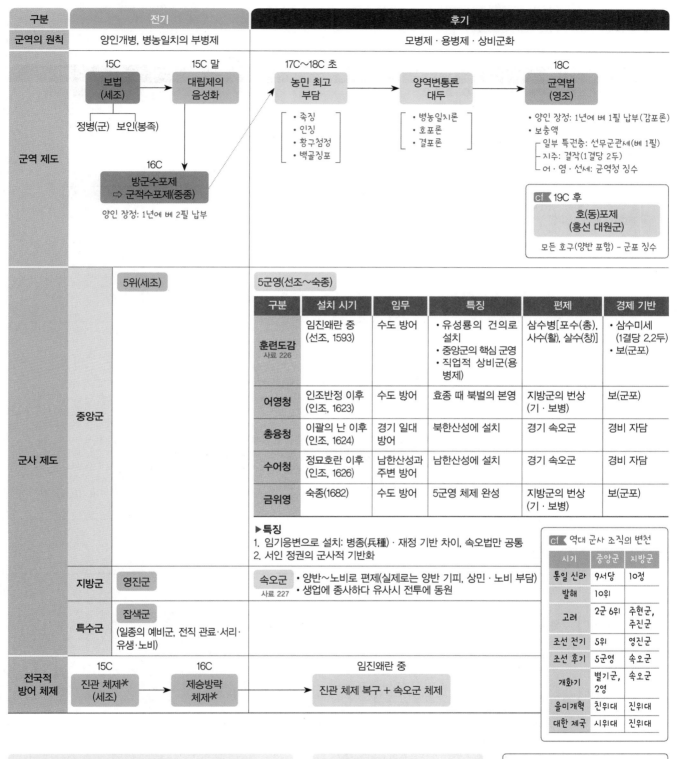

구분	전기	후기
군역의 원칙	양인개병, 병농일치의 부병제	모병제 · 용병제 · 상비군화

군역 제도

15C → 15C 말

보법 (세조) → 대립제의 음성화

정병(군) 보인(봉족)

16C

방군수포제 ⇨ 군적수포제(중종)

양인 장정: 1년에 베 2필 납부

17C~18C 초

농민 최고 부담 → 양역변통론 대두 → 18C 균역법 (영조)

- 족징
- 인징
- 황구첨정
- 백골징포

- 병농일치론
- 호포론
- 결포론

- 양인 장정: 1년에 베 1필 납부(감포론)
- 보충액
  ┌ 일부 특권층: 선무군관세(베 1필)
  ├ 지주: 결작(1결당 2두)
  └ 어 · 염 · 선세: 균역청 징수

cf 19C 후

호(동)포제 (흥선 대원군)

모든 호구(양반 포함) - 군포 징수

군사 제도

중앙군

5위(세조)

5군영(선조~숙종)

구분	설치 시기	임무	특징	편제	경제 기반
훈련도감 사료 226	임진왜란 중 (선조, 1593)	수도 방어	• 유성룡의 건의로 설치 • 중앙군의 핵심 군영 • 직업적 상비군(용병제)	삼수병[포수(총), 사수(활), 살수(창)]	• 삼수미세 (1결당 2.2두) • 보(군포)
어영청	인조반정 이후 (인조, 1623)	수도 방어	효종 때 북벌의 본영	지방군의 번상 (기 · 보병)	보(군포)
총융청	이괄의 난 이후 (인조, 1624)	경기 일대 방어	북한산성에 설치	경기 속오군	경비 자담
수어청	정묘호란 이후 (인조, 1626)	남한산성과 주변 방어	남한산성에 설치	경기 속오군	경비 자담
금위영	숙종(1682)	수도 방어	5군영 체제 완성	지방군의 번상 (기 · 보병)	보(군포)

▶**특징**
1. 임기응변으로 설치: 병종(兵種) · 재정 기반 차이, 속오법만 공통
2. 서인 정권의 군사적 기반화

cf 역대 군사 조직의 변천

시기	중앙군	지방군
통일 신라	9서당	10정
발해	10위	
고려	2군 6위	주현군, 주진군
조선 전기	5위	영진군
조선 후기	5군영	속오군
개화기	별기군, 2영	속오군
을미개혁	친위대	진위대
대한 제국	시위대	진위대

지방군

영진군

속오군 사료 227

• 양반~노비로 편제(실제로는 양반 기피, 상민 · 노비 부담)
• 생업에 종사하다 유사시 전투에 동원

특수군

잡색군 (일종의 예비군, 전직 관료·서리· 유생·노비)

전국적 방어 체제

15C → 16C → 임진왜란 중

진관 체제✱ (세조) → 제승방략 체제✱ → 진관 체제 복구 + 속오군 체제

✱ 진관 체제
지역 단위의 방위 체제로 각 도에 한두 개의 병영을 두고 병영 밑에 몇 개의 거진(巨鎭)을 설치하여 거진의 수령이 그 지역 군대를 통제하는 체제

✱ 제승방략 체제
유사시 필요한 방어처에 각 지역의 병력을 동원하고, 중앙에서 파견된 무관이 지휘함.

cf 영장 체제
정묘호란 이후 지방관이 가지고 있던 군 사권을 전문 무관이 담당, 일시적 실시

1. 붕당 정치의 전개

(1) 붕당의 형성과 정국의 동향

구분	붕당 성립기		붕당 정치기	환국기(일당 전제 정치)		탕평 정치기		세도 정치기
시기	선조 ❶	광해군 ❷	인조 ❸ · 효종 ❹ · 현종 ❺	숙종 ❻❼❽	경종	영조	정조	순조 · 헌종 · 철종
붕당의 분열	동인┬북인┬대북(광해군 지지) 　　│　　└소북(영창 대군 지지) 　　└남인 서인 ──────────┬노론 　　　　　　　　　　└소론							
주도 붕당	동인 집권 ⇨ 남인 · 북인 대립	북인 집권 (대북)	서인 · 남인 공존 ☑ 현종 때 예송 논쟁	서인 · 남인 대립 ⇨ 서인 집권 ⇨ 노론 · 소론 대립 (⇨ 환국)	소론	탕평파 육성 (노론 중심) ☑ 이인좌의 난(영조 4년), 나주 괘서 사건(영조 31년)	남인(시파 중심)	안동 김씨, 풍양 조씨

(2) 붕당 정치의 전개 과정

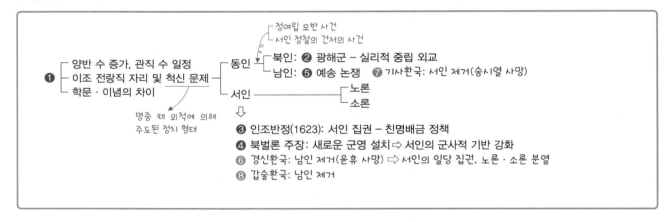

(3) 붕당 정치의 학통과 성향

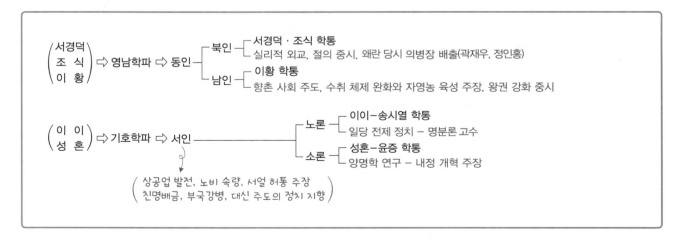

2. 붕당 정치의 변질 ^{사료 228}

(1) 붕당 정치 변질의 배경

사회 · 경제적 변화	17C 후반 상품 화폐 경제 발달 ⇨ 정치 집단 사이에서 상업적 이익을 독점하는 경향
정치적 쟁점의 변화	예론과 같은 사상적 문제 ⇨ 군사력 · 경제력 확보를 위한 군영 장악 문제로 전환
향촌 사회의 변화	지주제와 신분제의 동요 ⇨ 사족 중심의 향촌 지배 불가능

(2) 숙종에 의해 환국 발생: 경신대환국−특정 붕당이 정권을 독점하는 일당 전제화 추세 대두

(3) 서인의 분화: 정책 수립과 상대 붕당 탄압 과정에서 노론과 소론으로 분화 · 대립

(4) 환국의 영향: 외척과 종실의 정치적 비중 증가, 3사와 이조 전랑의 정치적 비중 축소(자기 당의 이익 대변), 비변사 기능 강화

3. 탕평론의 대두

(1) 탕평론

의미	'탕평'이란 용어는 『서경(書經)』 홍범조의 '왕도탕탕 왕도평평(王道蕩蕩 王道平平)'에서 비롯되었는데, 왕도는 동양 사회의 기본적 정치 원리로서, 임금은 항상 치우침이 없이 공평해야 한다는 것이다.	
숙종	처음 실시, 능력 중심의 인사 관리 강조 ⇨ 명목상 탕평, 환국^{사료 229} ⇨ 노론 중심의 일당 전제화	• 근본 목적: 전제 왕권 강화
영조	탕평교서 · 탕평비 · 탕평파 육성 ⇨ 당파 초월, 온건하고 타협적 인물 등용 ⇨ but 이인좌의 난^{사료 230}, 나주 괘서 사건(소론 · 남인 강경파) 이후 노론 주도	• 한계 ┌ 타율적 조정 ⇨ 실패 └ 보수적 성격
정조	시파 등용, 당파의 시비(是非)를 적극적으로 가리는 적극적 탕평책 실시, 왕권 강화, 문물 정비	

↳ 초월적 군주 [만천명월주인옹(萬川明月主人翁)] 자처

(2) 숙종의 정책

개혁 시도		중인과 서얼을 수령으로 등용(1697), 서북인을 무인으로 대거 등용(1709), 대동법의 전국적 실시(평안도 · 함경도 제외, 1708), 상평통보 법화로 유통 예 노산군을 단종으로 복위
영토 문제	독도	안용복이 대마도주로부터 독도가 조선 땅임을 확인받자(1696), 조선 정부는 에도 막부와 협상하여 일본인들의 울릉도 출입 금지를 보장받음.
	간도	백두산정계비(1712) 건립−청과 협상하여 백두산 정상에 정계비를 세워 청나라와 조선 간의 영토 경계선 확정
	2진 설치	세종 때 설치했다가 폐지된 '폐사군(여연, 자성, 무창, 우예)'의 일부를 복설하여 압록강변에 자성 · 무창의 2진 설치
민족의식 강조		• 이순신 사당에 '현충(顯忠)'이라는 시호를 내리고, 강감찬과 곽재우의 사당 건립 • 노론의 주장에 따라 명의 태조와 임진왜란 때 우리를 도와준 신종을 제사하는 대보단을 창덕궁 안에 설치(1704) ⇨ 조선 중화주의
왜관 무역 정비		조선 통신사를 세 차례 파견(1662, 1711, 1719) ⇨ 왜관 무역 정비

(3) 영조의 완론(緩論) 탕평책 ^{사료 231}

왕권 강화	병권의 병조 귀속, 서원 대폭 정리, 산림 존재 부정
민생 안정책	균역법 실시, 형벌의 개선(사형 금지), 신문고 부활 및 격쟁 · 상언(上言) 활성화^{사료 232}, 기로과(60세 이상을 대상으로 한 과거 시험) 실시, 노비공감법 · 노비종모법 실시, 청계천 준설 ↳ 임금의 행차 시 백성들이 직접 임금을 만나 억울한 일을 호소, 정조 때도 실시
서적 편찬	『동국문헌비고』(한국학 백과사전), 『속오례의』, 『속대전』, 『(증수)무원록』(법의학서+행정지침서), 해동지도(미상), 동국지도(정상기), 『훈민정음운해』 등

(4) 정조의 준론(峻論) 탕평책 ^{사료 233}

왕권 강화	규장각 설치, 장용영(왕의 친위 부대) 설치, 지방 통제 강화(어사 제도 강화) 및 수령의 권한 강화(향약 주관), 수원성 축조[대유둔전(국영 농장) 설치]
내정 개혁	신해박해(1791, 천주교 사교 규정, 윤지충 사형, 이승훈 유배), 신해통공(육의전을 제외한 시전 상인의 금난전권 철폐), 공장안(장인 등록제) 폐지, 서얼과 노비에 대한 차별 완화, 형벌 제도 개선, 제언절목[제언(수리 시설) 수축에 대한 규정 제정], 초계문신 제도(37세 이하 참상 · 참하의 당하관 문신 재교육 제도 ⇨ 의정부에서 1차로 뽑아 규장각에서 위탁 교육, 40세에 졸업), 중국과 서양의 과학 기술 수용, 문체반정(서울 노론계의 신문체 억압, 박지원의 『열하일기』 금서 지정), 『자휼전칙』(흉년에 버려진 아이들의 구호 방법 관련 법령집) 발표
서적 편찬	청의 『고금도서집성』 수입, 『대전통편』(법전), 『동문휘고』(외교 문서 묶음집), 『탁지지』(호조의 사례 기록), 『추관지』(형조 사례 모음집), 『존주휘편』(대후금 · 대청 외교사), 『일성록』(정조가 쓴 조정과 내외의 신하에 관련된 일기 예 유네스코 세계 기록 유산 등재), 『홍재전서』(정조의 시문집), 정리자(활자) 주조 예 서호수의 『해동농서』

✦ 붕당 정치 초기

처음에는 상대 붕당을 소인당으로, 자기 붕당을 군자당이라고 주장하였으나 선배 사림이 물러간 뒤에는 붕당을 모두 군자당으로 보고 붕당 간의 견제와 협력을 바탕으로 하는 붕당 정치가 전개되었다. 이어 공론이 중시되는 정국이 되어 합좌 기관인 비변사를 통하여 의견을 수렴하는 방식을 택하였다.

1. 서인과 남인의 정치사상 비교

구분	서인	남인★
정치	신권 중심의 정치	•왕권 중심의 정치 •3사의 정책 비판 기능 강조
경제	•상업 · 기술 발전에 호의적 •국방력 강화(북벌론 주장)	•상업 · 기술 발전에 소극적 •수취 체제 완화와 자영농 육성 강조
사회	노비 속량 · 서얼 허통에 적극적	기존의 사회 체제 유지
학문	4서(四書) 중심, 율곡(이이) 학파	6경(六經) 중심, 퇴계(이황) 학파
대표 인물	송시열 · 송준길	허적 · 허목 · 윤선도★

✱ 남인의 분열

탁남	청남
서인 처벌 – 온건파	서인 처벌 – 강경파
북벌론 다시 제기	
허적	허목

✱ 윤선도의 오우가

내 버디 몇치나 ᄒ니 水石(수석)과 松竹(송죽)이라.
東山(동산)의 ᄃᆞᆯ 오르니 긔 더옥 반갑고야.
두어라 이 다ᄉᆞᆺ 밧긔 또 더ᄒᆞ야 머엇ᄒᆞ리.

2. 예송 논쟁(현종): 예법에 대한 송사 논쟁으로, 차남인 효종을 정통으로 보느냐의 논쟁

기해예송(1659)	효종이 사망하자 아버지 인조의 계비(조대비 또는 자의 대비)가 입을 복제가 문제시됨. 서인은 1년설을, 남인은 3년설을 주장 ⇨ 서인의 1년설(기년설) 채택
갑인예송(1674)	효종비가 사망하자 다시 자의 대비의 복제가 문제시됨. 서인은 9개월설을, 남인은 1년설을 주장 ⇨ 남인의 1년설(기년설) 채택

⮑ 『국조오례의』에 이런 상황에 대한 기록이 없음.

✦ 숙종 때 사건

1. **경신환국(경신대출척, 1680, 숙종 6년)**: 갑인예송으로 집권한 남인의 횡포가 심해지자 서인은 남인 영수 허적이 개성 부근의 대흥산성의 군인을 동원하여 역모를 꾸몄다고 고발하였고 숙종은 영의정 허적의 '기름 천막 사건(유악 사건)'과 허적의 서자인 허견이 인평 대군의 세 아들과 역모를 꾸몄다는 '허견 역모 사건'을 빌미로 100여 명의 남인을 숙청하였다. 이로써 다시 서인 정권이 수립된 사건이다. ⇨ 남인 윤휴 처형, 서인의 일당 전제 정치 계기, 서인 ⇨ 노론 · 소론으로 분열

2. **기사환국(1689, 숙종 15년)**: 숙종이 소의 장씨 소생 윤(뒤의 경종)을 세자로 책봉하는 과정에서 서인이 반대하자, 서인을 축출하고 남인을 재등용한 사건이다. ⇨ 노론 송시열 처형, 소의(정2품) 장씨를 희빈(정1품)으로 책봉

3. **갑술환국(1694, 숙종 20년)**: 노론과 소론이 폐비 민씨 복위 운동을 일으키자, 남인들이 이들을 제거하려다가 실패하고 오히려 화를 당한 사건이다.

4. **무고의 옥(巫蠱의 獄, 1701, 숙종 27년)**: 인현 왕후(민씨)가 원인 모를 병으로 죽은 후, 과거 희빈 장씨가 궁인들과 무당을 시켜 인현 왕후(민씨)를 저주한 사실이 발각되면서 벌어진 옥사(獄事)이다. 이 사건으로 인해 희빈 장씨와 궁인, 무녀들이 처형되고, 장씨 일가가 화를 입었다.

5. **정유독대(1717, 숙종 43년)**: 세자(경종)가 병약하고 자식을 낳지 못한다는 이유로, 숙종이 노론의 영수 이이명에게 숙빈 최씨의 아들 연잉군(뒤의 영조)을 후사로 정할 것을 부탁한 사건이다. 그러나 소론의 반발과 숙종의 와병으로 실패하였다.

✦ 노론과 소론의 비교

구분	노론	소론
중심인물	송시열	윤증
주장	•대의명분 존중 •내수외양(內修外攘) 중시 – 민생 안정과 자치자강(自治自强) 강조	•실리 중시 •적극적인 북방 개척 강조
왕위 추대	연잉군(뒤의 영조) 추대	경종 추대
성리학의 경향	성리학 절대시 ⇨ 주자 중심의 성리학 고수	성리학 탄력적 이해 ⇨ 양명학 및 노장사상에 개방적

✦ 경종·영조 때 사건

1. 신임옥사(辛壬獄事, 1721~1722): 소론은 세제의 대리청정을 발의한 노론을 탄압하고 신축년(1721)과 임인년(1722)에 걸쳐 수많은 노론을 제거하였다. cf 노론 4대신 김창집, 이이명, 이건명, 조태채 제거

2. 이인좌의 난(1728, 영조 4년): 소론 강경파와 남인 일부가 경종의 죽음에 영조와 노론이 관계되었다고 하면서 영조의 정책에 반대하여 일으킨 사건이다.

3. 기유처분(己酉處分, 1729, 영조 5년): 노론·소론·남인 붕당 모두에 충신과 역적이 있으므로 이제는 붕당을 없애고 각 당의 인재를 고루 쓰겠다는 선언이다.

4. 나주 괘서 사건(1755, 영조 31년): 영조를 비난한 소론 윤지의 모역 사건으로, 이를 계기로 소론계 명문 가문과 학자들이 처벌되었다. 을해옥사(獄事)라고도 한다.

5. 임오화변(壬午禍變, 1762, 영조 38년): 영조가 왕세자인 사도 세자를 뒤주에 가두어 죽인 사건이다.

▶ 시파와 벽파: 사도 세자의 죽음을 놓고 갈라진 당파. 시파는 사도 세자의 잘못은 인정하면서도 죽음 자체는 지나치다는 입장, 벽파는 사도 세자의 죽음은 당연하고 영조의 처분은 정당하다는 입장 ⇨ 정조는 시파를 등용

4 정치 질서의 변화

1. 세도 정치 ^{사료 234}의 전개(1800~1863)

순조 (1800~1834)	• 초기: 노론 벽파의 정국 주도(정순 왕후의 수렴청정) ⇨ 규장각 출신 인물 축출, 장용영 혁파, 훈련도감 장악, 천주교 박해(신유박해, 1801) ⇨ 실학 위축, 정약용(강진)·정약전(흑산도) 유배 • 정순 왕후 죽은 뒤 안동 김씨 집권(시파): 천주교 탄압 완화 ⇨ 조선 교구 성립(1831), 프랑스 신부 입국 • 일본과 국교 단절(1811): 통신사 파견 중단 • 공노비(납공 노비) 해방(1801) • 홍경래의 난(1811): 청천강 이북에서 발생 • 영국의 최초 통상 요구(1832)
헌종 (1834~1849)	• 풍양 조씨 집권 • 기해박해(1839)
철종 (1849~1863)	• 안동 김씨 집권 • 신해허통(1851): 서얼의 청요직 진출 완전 허용 • 동학 발생(1860) • 임술민란(1862): 안핵사 박규수의 건의로 삼정이정청 설치

2. 세도 정치의 권력 구조

정치 집단	소수 유력 가문이 정치 주도 ⇨ 왕실 외척·산림·관료 가문의 성격 cf 경화사족의 현실 개혁 의지 상실
권력 구조	정2품 이상 고위직만이 정치적 기능, 하위직은 행정 실무만 담당 ⇨ 권력이 비변사에 집중, 3사의 언론 기능 완전 상실

3. 세도 정치의 폐단

(1) 사회 개혁의 능력·의지 상실

(2) 폐단: 재야 세력 배제로 사회 통합 실패, 부상인·부농층을 수탈 대상으로 인식, 수령직의 상품화, 지방 사족 배제로 수령 견제 세력 부재(不在), 농민의 조세 부담 증가(삼정의 문란) ⇔ 민란 발생[홍경래의 난(1811, 순조 11년), 임술민란(1862, 철종 13년)]

1. 청과의 관계

북벌론 자료 235	• 표면적: 사대(事大) 관계 • 북벌론 주장: 복수설치(復讐雪恥, 원수를 갚아 치욕을 씻음)의 정치의식이 대두되어 북벌 정책 추진 • 효종: 송시열·송준길·이완 등 서인들을 중용, 북벌론 주장 • 숙종: 한때 윤휴(남인)를 중심으로 북벌론 다시 제기 • 조선 중화주의(朝鮮中華主義) 표출: 대보단(창덕궁), 만동묘(청주) 설치
북학론 자료 236	18세기 후반 조선의 진보적 지식인들 주장, 청의 문화 중 이로운 것은 수용하자고 주장 ⇨ 천리경, 자명종, 화포, 곤여만국전도✱, 『천주실의』 등 수입
백두산정계비 건립 (1712, 숙종 38년) 자료 237	• 18세기 청의 요청 ⇨ 조선과 청, 백두산에 경계선 확정(西爲鴨綠 東爲土門 故於分水嶺上 ……) • 19세기 말 간도 귀속 문제 발생(토문강 해석 차이: 청-두만강, 조선-송화강 상류) ⇨ 간도 협약✱(1909)으로 청의 영토로 귀속

> ✱ 곤여만국전도
> 1602년 이탈리아 예수회 선교사 마테오 리치가 명나라 학자와 함께 목판에 새긴 세계 지도

▲ 백두산정계비(위치도)

▲ 백두산정계비(그래픽 복원도)

> ✱ 간도 협약
> 간도의 소유권을 놓고 1909년 청과 일본 사이에 체결된 조약. 1905년 을사조약(외교권 박탈) 이후 청과 일본이 체결한 이 협약에서 간도는 청의 영토로 귀속되었고, 그 대가로 일본은 안봉선 철도 부설권을 차지하였다.

cf 외국에 파견된 관리

개항 **이전**	명	조천사(朝天使)
	청	연행사(燕行使)
	일본	통신사(1607~1811, 비정기 사절단)
개항 **이후**	일본	수신사(1876)
		조사 시찰단(신사 유람단, 1881. 4.)
	청	영선사(1881. 9.)
	미국	보빙사(1883)

2. 일본과의 관계

(1) 국교 재개

조·일 국교 재개 (1607, 선조 40년)	에도(도쿠가와) 막부의 국교 재개 요청 ⇨ 사명대사(유정) 파견, 국교 재개
기유약조 자료 238 (1609, 광해군 2년)	부산포에 왜관 설치, 제한된 범위 내에서 교섭 허용(세사미두 100석, 세견선 20척)
통신사 파견 (1607~1811, 총12회)	에도(도쿠가와) 막부의 요청으로 파견, 외교 사절 및 선진 문화의 전파 역할 **cf** 조선 통신사 기록물 – 유네스코 세계 기록 유산 등재

▲ 통신사 행렬도(국사 편찬 위원회 소장) | 1711년 (숙종 37)에 파견된 통신사 행렬도 중에 정사 (正使)의 행렬 부분이다.

(2) 독도

신라 지증왕	이사부: 우산국(울릉도, 독도) 복속
조선 숙종	안용복: 조선 땅임을 확인
대한 제국	대한 제국 칙령 제41호(1900. 10. 25.): 울릉도를 군으로 승격, 독도 관할
러·일 전쟁 중	일본: 독도 불법 편입[1905. 2. 다케시마(竹島)] ⇨ 광복 이후 반환

▲ 통신사의 행로

1 독도에 대한 국내외의 사료적 접근

1. 독도의 명칭 변화

> • 우산도 : 『고려사』, 『세종실록』, 『신증동국여지승람』
> • 삼봉도(三峰島) : 『성종실록』
> • 자산도(子山島) : 『숙종실록』
> • 석도(石島) : 1900년 대한 제국 칙령 제41호
> • 독도(獨島) : 1906년 울릉군수 심흥택의 '울릉군수 보고서'에서 처음 사용, 한말 황현의 『매천야록』에 기록

2. 독도 관련 우리 기록

(1) 『삼국사기』 : 독도가 제일 처음 기록된 책으로, 6세기 초 신라 지증왕 때 이사부가 현재의 울릉도와 독도 일대에 있었던 우산국을 정벌하여 신라에 복속시켰다는 기록이 나온다.

"신라 지증왕 13년 6월 당시 울릉도와 우산도라는 두 개의 섬이 우산국이라는 하나의 독립국을 형성하고 있었는데, 지증왕이 명을 내려 우산국을 정복케 하였다."

(2) 『고려사』 : 고려 태조 13년(930), 후삼국의 주도권이 고려로 넘어가자 우산국이 왕건에게 조래(朝來)와 함께 방물을 바친 기사와 1156년(의종 11) 동해 가운데 울릉도가 있는데 이곳에 주현을 설치한 때도 있다는 기록이 있다.

(3) 『세종실록지리지』 : 강원도 울진현의 몇몇 부속 도서들에 대한 기록에서는 울릉도와 독도를 강원도 울진현 소속으로 구분하고 있다.

"우산과 무릉의 두 섬은 (울진)현 바로 동쪽 바다 가운데 있는데, 두 섬의 거리가 멀지 아니하여 날씨가 맑으면 가히 바라볼 수 있다."

(4) 『신증동국여지승람』 : 『세종실록지리지』처럼 『신증동국여지승람』에서도 독도를 울릉도와 구별하여 기록하였다. 『신증동국여지승람』에 나오는 '8도총도'라는 지도에는 우산도와 울릉도가 나란히 그려져 있다. 이 지도에서 우산도를 울릉도의 안쪽에 그려 놓아 일본은 우산도가 독도라는 우리의 주장을 반박하고 있으나, 조선 후기에 제작된 다른 지도들[18세기(영조) 정상기의 '동국지도', 19세기 중엽의 '해좌전도', 김대건의 '조선전도' 등]은 우산도를 울릉도의 동쪽에 정확히 그려 놓았다.

(5) 『변례집요』와 『통항일람』 : 『변례집요』(1897)에 의하면 1693년(숙종 19) 일본 어부가 독도와 울릉도 근해까지 넘어와 어로 활동을 하여 동래 어부 안용복이 일본으로 건너가 대마도 도주로부터 독도와 울릉도가 조선 영토라는 서계를 받아 온 기록이 나온다. 일본 측 문헌인 『통항일람』에 의하면 안용복이 "울릉도와 독도는 조선에서 불과 하루 거리이지만, 일본 땅에서는 닷새 거리이므로 분명히 조선 땅"이라는 주장을 굽히지 않았다고 한다. 그의 강력한 주장에 일본 막부는 1696년 1월 28일 일본인들의 울릉도와 독도 근해에 대한 도해 금지 조치를 내렸다. 이후 안용복은 '울릉 우산 양도 감세관'이라고 자칭하고, 또다시 막부를 찾아가 강력한 항의 끝에 다시 '울릉도와 독도는 일본 땅이 아니다.'라는 확약을 얻어냈다.

(6) 김대건 신부의 『조선전도』 : 한국인 최초 사제 김대건(1821~1846) 신부가 제작한 『조선전도』(파리 국립 도서관 소장)에 울릉도 옆에 독도를 그리고 한국식 발음의 로마자로 'Ousan'으로 표기하였다.

(7) 고종

> ① 1882년 이규원을 울릉도 검찰사로 파견하였다.
> ② 1883년 김옥균을 동남제도 개척사 겸 포경사로 임명하여 독도를 관할하게 하였다.
> ③ 1895년부터 도장(島長)을, 1898년부터 도감(島監)을 중앙에서 파견하였다.

(8) 대한 제국(고종) 사료 310

> ① 1898년 대한 제국 학부의 '대한여지도'와 1899년 '대한전도'는 독도[于山]가 한국 영토임을 명백히 표시하였다.
> ② 1900년 10월 25일 칙령 제41호를 반포하여 울릉도를 울도군으로 승격시키고 울도 군수의 관할 구역을 울릉도와 석도(독도)로 규정하였다.
> ③ 1905년 2월 일본이 독도를 일본의 시마네 현에 편입시킬 당시에 의정부 참정대신 박제순은 독도가 대한 제국의 영토임을 지령(指令) 제3호(1906년 5월 20일자)로 분명히 밝혀 놓았다.

3. 독도 관련 외국 기록

(1) 당빌의 '조선왕국전도' : 1737년 프랑스의 유명한 지리학자 당빌(J. B. B. D'Anville)이 그린 '조선왕국전도'(Royaume de Coree)에 독도(우산도)가 조선 왕국 영토로 그려져 있다.

(2) 일본 고문헌과 고지도

> ① 『은주시청합기(隱州視聽合記)』: 1667년 일본 관찬 고문헌 『은주시청합기』에도 울릉도와 독도는 고려 영토이고, 일본의 서북쪽 경계는 은기도(隱岐島)를 한계(限界)로 한다고 기록되어 있다.
> ② '해산조륙도': 에도 막부 때인 1691년 유명한 불교학자이자 지도 제작자인 이시카와 유센[石川流宣]이 제작한 '해산조륙도'에 울릉도와 독도를 합친 섬이 그려져 있는데, '한당(韓唐)'이라고 표기되어 있다. '한당(韓唐)'은 당시 왜인들이 조선을 부른 명칭이다.
> ③ '삼국접양지도': 일본 실학자 하야시 시헤이[林子平]가 1785년 편찬한 '삼국접양지도'에도 울릉도와 독도가 조선 영토로 노란색으로 표시되어 있다.
> ④ 17세기 말 일본 정부, 독도를 한국 영토로 재확인(『통항일람』): 1696년 1월 도쿠가와 막부 집정관은 울릉도(및 독도)가 조선 영토임을 재확인하고 일본 어부들의 울릉도(및 독도) 고기잡이를 엄금하였다.
> ⑤ 19세기 말 일본 메이지 정부 공문서, 독도를 한국 영토로 확인 사료 310 : 1870년의 '조선국 교제시말 내탐서(朝鮮國交際始末內探書)'에 독도가 한국 영토임을 공지·공인하였다. 1877년 일본의 최고 권력 기관인 태정관이 내린 지령에서도 '일본 내 죽도 외 한 섬을 판도 외로 정한다.'라고 하여 독도를 조선의 영토로 인정하였다. 일본 육군성 참모국은 1875년(메이지 8) '조선전도(朝鮮全圖)'를 편찬했는데, 울릉도와 함께 독도를 조선 영토로 표시하였다.
> ⑥ 1936년 일본 육군참모본부(육지측량부)의 '지도구역일람도': 독도를 울릉도와 함께 '조선 구역'에 넣어 표시하였다. 이 지도는 일제 패망(1945) 후 연합국 최고 사령부가 일본으로부터 병합된 영토를 원국가에 돌려줄 때 일본 측 근거 자료 중 하나로 사용되었다.

> **Tip** 행정 및 지리적 독도
> 1. **위치**: 동경 131° 52' / 북위 37° 14'
> 2. **거리**: 울릉도 동남쪽으로부터 87.4km, 일본 은기도(隱岐島, 오키시마) 북서쪽으로부터 157.5km
> 3. **주소**: 경상북도 울릉군 울릉읍 독도이사부길(동도), 경상북도 울릉군 울릉읍 독도안용복길(서도)
> 4. **소유자**: 대한민국 정부

2 **독도에 대한 일본의 정치적 의도**: 독도를 국제 사법 재판소로 가져가려는 일본 제의를 단호히 거부해야 한다.

1. 연합국, 1946년 1월 독도를 한국에 반환하는 군령 발표

연합국 최고 사령부는 1946년 1월 29일 연합국 최고 사령부 지령(SCAPIN) 제677호의 군령을 발표하여 한반도 주변의 제주도 · 울릉도 · 독도(리앙쿠르) 등을 일본 주권에서 제외하여 한국에 반환하였다. 이어 1946년 6월 22일 SCAPIN 제1033호를 발표하여 일본 어부들이 독도와 그 12해리 수역에 접근하는 것을 엄금하였다.

2. 1950년, 연합국의 '구 일본 영토 처리에 관한 합의서'

독도를 한국 영토로 규정하였다.

3. 연합국, 1951년 샌프란시스코 '대(對)일본 강화 조약'에서 독도 누락

1951년 9월 샌프란시스코에서 조인된 연합국의 '대(對)일본 강화 조약'에서는 제2조에서 "일본은 한국의 독립을 승인하고 제주도 · 거문도 · 울릉도를 포함하는 한국에 대한 모든 권리 및 청구권을 포기한다."고 하여 '독도' 명칭이 누락되었다. 일본 측은 이것을 가지고 연합국이 '독도'를 일본 영토로 인정했다고 주장하고 있다. 그러나 이것은 사실이 아니다. '독도는 울릉도의 부속섬'이기 때문에 울릉도만 기록되어 있어도 그 부속섬인 독도는 자동적으로 한국 영토로 인정한 것으로 보아야 하기 때문이다. 제주도 부속섬으로 우도(牛島)가 있는데 제주도만 기록하여도 그 부속섬인 우도가 자동적으로 한국 영토에 포함되는 것과 마찬가지이다. 한국 영토에 포함된 수천 개 섬들의 명칭이 강화 조약 조문에 일일이 기록되어 있지 않다고 하여 이를 일본 영토라고 주장할 수는 없는 것이다.

4. 이승만 라인

1952년 '대한민국 인접 해양에 대한 대통령 선언'으로 정부가 일방적으로 설정한 수역이며, 일명 '평화선'으로 불린다. 대개 한반도 주변 수역 50~100해리 범위로 국제해양법 협약에 새로 도입된 개념인 배타적 경제 수역(EEZ)의 외측 한계보다 안쪽에 위치하여 독도를 라인 안쪽에 포함시키고 있다.

5. 한 · 일 어업 협정(1965)

1965년 한 · 일 어업 협정으로 양측에 공동 규제 수역(평균 50해리)을 설정하고 자율적인 조업 규제를 실시하면서 사실상 평화선을 없애는, 곧 우리 어업계에 전면 불리한 협정이 맺어졌다.

6. 신한 · 일 어업 협정(1999)

이 조약은 어업 협정으로 알려져 있으나 실제로는 영유권 문제를 다루는 조약이다. 이 조약에서 한국이 독도를 대한민국의 고유한 영토로 규정하지 못하여 실질적인 분쟁이 일어나게 되었다. 신한 · 일 어업 협정에서는 자원의 공동 관리가 이루어지는 중간 수역에 한국과 일본의 영토권 분쟁이 진행 중인 독도를 위치시켰다.

7. '다케시마의 날' 조례안 가결

2005년 3월 16일 일본 시마네 현에서 '다케시마의 날' 조례안이 가결되었다.

8. 일본 문무 과학성 – 독도를 자국 영토로 표기 결정(2010)

2010년 3월 30일 일본 문무 과학성은 교과용 도서 검정조사 심의회를 열고 '시마네 현에 속해 있는 다케시마가 한국 정부에 의해 불법 점령되어 있다.'고 기술하거나 지도상에 점이나 경계선으로 독도가 일본 영해에 포함된 섬인 것처럼 묘사한 초등학교 사회교과서 5종 전부에 대하여 합격 통지하였다.

02 : 조선 후기의 경제

1 수취 제도의 개편

1. 배경 및 결과

배경(원인)	국가 수입 감소, 농민의 부담 증가(⇐ 사회적 요인: 양반 증가)
결과	국가 수입 증가, 농민 부담 감소(⇨ 대동법, 균역법)

2. 전세 제도의 개편(영정법 ^{사료 239})

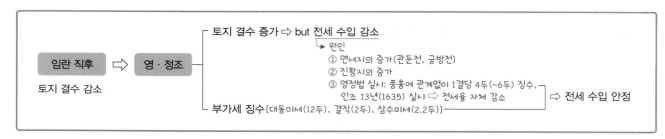

한걸음 더

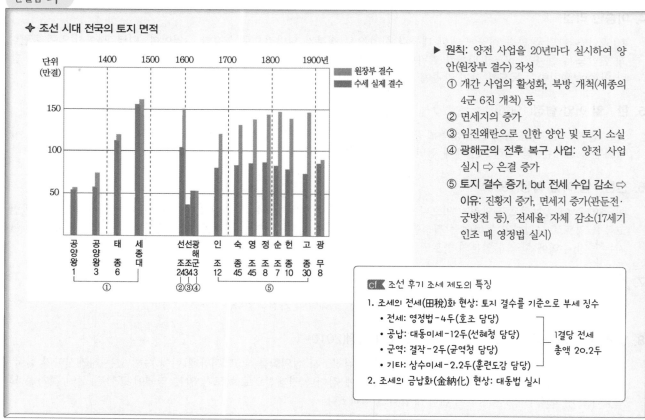

✦ 조선 시대 전국의 토지 면적

▶ 원칙: 양전 사업을 20년마다 실시하여 양안(원장부 결수) 작성
　① 개간 사업의 활성화, 북방 개척(세종의 4군 6진 개척) 등
　② 면세지의 증가
　③ 임진왜란으로 인한 양안 및 토지 소실
　④ 광해군의 전후 복구 사업: 양전 사업 실시 ⇨ 은결 증가
　⑤ 토지 결수 증가, but 전세 수입 감소 ⇨ 이유: 진황지 증가, 면세지 증가(관둔전·궁방전 등), 전세율 자체 감소(17세기 인조 때 영정법 실시)

cf 조선 후기 조세 제도의 특징

1. 조세의 전세(田稅)화 현상: 토지 결수를 기준으로 부세 징수
　• 전세: 영정법 - 4두(호조 담당)
　• 공납: 대동미세 - 12두(선혜청 담당)
　• 군역: 결작 - 2두(균역청 담당)　1결당 전세 총액 20.2두
　• 기타: 삼수미세 - 2.2두(훈련도감 담당)
2. 조세의 금납화(金納化) 현상: 대동법 실시

3. 공납 제도의 개편(대동법[사료 240,241,242])

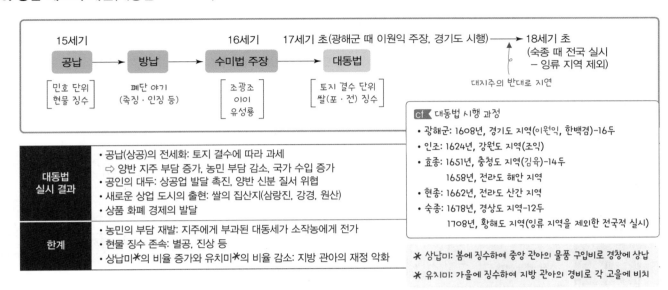

대동법 실시 결과	• 공납(상공)의 전세화: 토지 결수에 따라 과세 　⇨ 양반 지주 부담 증가, 농민 부담 감소, 국가 수입 증가 • 공인의 대두: 상공업 발달 촉진, 양반 신분 질서 위협 • 새로운 상업 도시의 출현: 쌀의 집산지(삼랑진, 강경, 원산) • 상품 화폐 경제의 발달
한계	• 농민의 부담 재발: 지주에게 부과된 대동세가 소작농에게 전가 • 현물 징수 존속: 별공, 진상 등 • 상납미*의 비율 증가와 유치미*의 비율 감소: 지방 관아의 재정 악화

＊ 상납미: 봄에 징수하여 중앙 관아의 물품 구입비로 경창에 상납

＊ 유치미: 가을에 징수하여 지방 관아의 경비로 각 고을에 비치

4. 군역 제도의 개편(균역법 [사료 243,244])

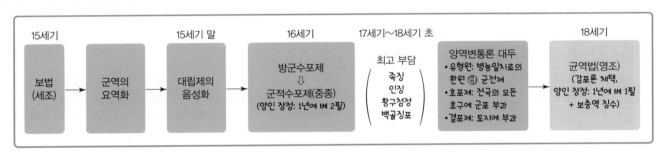

균역법 보충액 징수	• 일부 특권층: 선무군관세 – 베 1필 징수 • 지주: 결작 – 1결당 2두 징수 • 어세, 염세, 선세: 기존 궁방(왕실)에서 임의로 징수하던 것을 균역청에서 징수
결과	양반 · 지주 부담 증가, 농민 부담 일시 감소 ⇨ 시간이 지나면서 다시 농민 부담 증가 ⇨ 19C 후 흥선 대원군의 호포법 실시(면제층 양반에게도 군포 징수)

한걸음 더

✦ 조선 전기와 후기의 수취 제도 비교

구분	전기	후기
전세	연분 9등법(세종) • 풍흉에 따라 1결당 최고 20두~4두 징수 • 공법상정소 주관	영정법(인조) • 풍흉 무관, 1결당 4두 징수
	전분 6등법(수등이척법, 세종) • 토지의 비옥도 • 전제상정소 주관 • 양안에 기록(20년 단위)	양척동일법(효종) • 토지 측량술의 발전
공납	민호 단위, 현물 징수	토지 결수 단위(대동법), 쌀(포 · 전) 징수
군역	군적수포제 • 양인 장정 – 1년에 베 2필 징수	균역법 • 양인 장정 – 1년에 베 1필 징수 • 보충액 징수

2 서민 경제의 발전

양반 지주의 경영 변화	토지 확대	양 난 이후 토지 개간·매입 ⇨ 지주 전호제 경영
	지주 전호제 변화	상품 화폐 경제의 발달, 소작인의 저항 ⇨ 소작권 인정, 소작료의 정액화(도조법 출현) ⇨ 지주와 전호 사이가 신분적 관계에서 경제적 관계로 변화(일부)
농민 경제의 변화	농민 자구책	황폐한 농토 개간, 농기구와 시비법 개량, 수리 시설 복구
	농업 기술의 향상 ^{사료 245}	• 이앙법(모내기법)의 확대 ⇨ 벼·보리의 이모작으로 생산량 증대, 보리 재배의 확대(보리는 소작료 수취 대상에서 제외), 노동력 절감, 견종법의 보급 • 국가: 이앙법 금지령, but 저수지 확보[제언사✶ 설치(현종 때 재설치), 제언절목✶ 반포(정조)]
	경영의 변화	이앙법·견종법 ⇨ 노동력 절감, 생산량 증가 ⇨ 광작 유행 ┌ 경영형 부농(일부) ┐ 　　　　　 └ 몰락 농민(다수) ⇨ 소작지 상실, 이농화(도시, 광산) ⇨ 임노동자화 ┘ ⇨ ∴ 농민층의 분화
	상품 작물 재배^{사료 246}	시장 판매를 위한 작물 재배 – 쌀의 상품화(밭을 논으로 바꿈.), 면화, 채소, 담배 등 상품 작물화
	소작 쟁의 전개	• 소작권 인정, 소작료의 정액화, 소작료의 금납화 요구 • 지대의 변화[타조법✶(관행) ⇨ 도조법(일부)의 출현]
민영 수공업의 발달	배경	도시 인구 증가 ⇨ 제품 수요 증가, 대동법 실시 ⇨ 관수품 수요 증가
	민영 수공업	18C 정조 때 장인 등록제(공장안) 폐지^{사료 247}, 장인세 징수 ⇨ 자유로운 활동 종사(납포장✶ 증가)
	농촌 수공업	자급자족의 부업 형태 ⇨ 상품 생산, 전문 생산 농가 등장
	선대제 수공업^{사료 248}	상업 자본이 수공업자 지배(종이, 화폐, 철물 분야) ⇨ 17~18C 보편적 현상
	독립 수공업	18C 후반, 독자적으로 제품 판매
민영 광산의 증가	배경	민영 수공업 발달, 대청 무역으로 활발
	변천 ^{사료 249}	• 15C 정부가 직접 경영 ⇨ 16C 국가의 부역 동원력 약화[예 16C 초(연산군 때) 연은분리법✶ 개발, but 조선 정부 무관심, 오히려 일본 상인들이 이 기술을 배워감.] ⇨ 17C 설점수세제✶[정부의 감독하에 민간인의 채굴 허용: 17C 채은관제 ⇨ 별장제(수세 청부업자) ⇨ 18C 영조 때 수령수세제] ⇨ 18C 후 민간인의 자유로운 채굴 가능 • 청과의 무역으로 은의 수요 증가: 은광 개발 성행(17C 말), 상업 자본 참여 ⇨ 금광 개발 성행(18C 말) ⇨ 공개적인 채취 금지, 잠채(몰래 광산 개발) 유행
	광산 경영	덕대(경영 전문가), 물주(상인, 자본 조달), 채굴업자(혈주), 채굴·제련 노동자 ⇨ 분업에 토대를 둔 협업 과정

▲ 19세기 초의 도별 저수지 수

✶ 제언사: 현종 때 설치한 저수지 관리 관청

✶ 제언절목: 정조 때 저수지 관련 법목을 정함. 특히 저수지의 개인 독점 소유 금지를 규정

✶ 타조법: 일정 비율(수확량의 1/2, 병작반수)을 소작료로 내는 방식으로 조선 시대 일반적인 지대 납부 형태. 작황에 따라 지주의 이익이 좌우되므로, 지주의 간섭이 심하여 농민의 자유로운 영농이 제약을 받았다.

✶ 도조법: 일정 액수(대개 수확량의 1/3)를 소작료로 내는 방식으로 18C 일부 지방에서 행해진 지대 납부 형태. 풍흉에 관계없기 때문에 소작인의 자유로운 영농이 가능하며 일부 도지권 소유자에게만 적용되었다.

✶ 납포장: 장인 등록제가 폐지되면서 국가 기관에 전속되어 일정 기간 부역에 동원되던 장인들은 수공업 생활에만 전념하는 대신 국가에 장인세를 베[布]로 납부하게 한 제도

✶ 연은분리법: 은광석에서 납을 분리하여 순은을 추출하는 기술

✶ 설점수세제: 효종 때(1651) 국가가 비용을 지불하여 광산 지역에 제련장과 부대시설을 포함한 점(店)을 설치하고 그 경영을 민간에게 맡기는 대신 채취한 광물의 일부를 국가에 납부하도록 한 제도

메모

3 상품 화폐 경제의 발달 ^{사료 250}

사상의 대두	**배경**		농업 생산력 증대, 수공업 생산 활발, 농촌 인구의 도시 유입, 상품 화폐 경제 진전(부세 및 소작료의 금납화)
	활동	17C 이후 사료 251	종루, 이현(동대문), 칠패(남대문) 등 도성을 중심으로 시전과 대립
		18C 이후	개성(송상), 평양(유상), 의주(만상), 동래(내상) 등 지방 도시에서 활발한 활동 ⇨ 18C 말 육의전을 제외한 시전의 금난전권 철폐(정조의 신해통공, 1791)
		도고^{사료 252,253,254}	공인 · 사상 ⇨ 도고(독점적 도매업자)로 성장
	종류	송상(개성)	송방이라는 지점, 인삼 재배 및 판매, 대외 무역에 깊이 관여
		경강상인	운송업에 종사, 한강을 근거지로 서남해안에서 활동, 미곡 · 소금 · 어물 등의 운송과 판매 장악, 선박의 건조 및 생산
장시의 발달	**변천**		15C 말 전라도 일부 지역 장시 출현 ⇨ 16C 전국 확대 ⇨ 18C 중엽 전국 1,000여 개소 개설
	기능		지방민의 교역 장소, 인근 장시와 연계하여 지역적 시장권 형성, 일반 장시(5일장, 7일장) ⇨ 일부 상설 시장
	보부상의 활동		보부상단✱ 결성, 장시를 하나의 유통망으로 연계
	대표 장시		송파장(광주), 강경장(은진), 원산장(덕원), 마산포장(창원) 등
포구에서의 상업 활동 사료 255	**배경**		도로와 수레의 미발달 ⇨ 물화의 대부분을 수로를 통해 운송
	역할 변화		세곡 · 소작료 운송 기지 역할 ⇨ 18C 상업의 중심지 역할
	활동 상인	선상	선박을 이용, 각 지방의 물품을 구입하여 포구에서 처분, 대표적 선상 – 경강상인
		객주✱ · 여각✱	상품의 매매 · 중개 · 운송 · 보관 · 숙박 · 금융업 등에 종사, 지방 큰 장시에도 존재
대외 무역	**대청 무역**	공무역	국경 지대 중심, 개시 형성(경원, 회령, 중강) @ 8포 무역: 조선 후기 사신 수행원들에 의해 이루어진 무역
		사무역	만상 중심, 후시 형성(중강, 책문, 회동관)
		단련사	책문에서의 사무역 단속 관리, but 오히려 이들에 의해 단련사 후시 형성
		교류 물품	• 수출품: 은, 종이, 무명, 인삼 등 • 수입품: 비단, 약재, 문방구 등
	대일 무역		• 17C 이후 일본과 관계 정상화 ⇨ 왜관 개시를 통한 무역 활발(제한 무역) • 수출품: 인삼, 쌀, 무명, 청으로부터의 수입품 등 ⎤ • 수입품: 은, 구리, 황, 후추 등 ⎦ ⇨ 중계 무역
	사무역		의주의 만상(대청 무역), 동래의 내상(일본 무역), 개성의 송상(만상과 내상의 중계, 인삼 · 은을 매개로 청 · 일 사이의 중계 무역)
	문제점		수입품 중에 사치품이 많아 국가 재정과 민생에 여러 문제 야기
화폐 유통	**배경**		상공업 발달, 18C 후반 이후 세금과 소작료의 동전 대납
	기능		교환의 매개 수단, 재산의 축적 수단 ⇨ 상평통보✱ 널리 유통
	정부의 노력	인조	상평통보 처음 주조 ⇨ 중단
		효종	상평통보 다시 주조 ⇨ 개성 중심 유통 ⇨ 중단
		숙종	상평통보 전국적 유통, 법화 채택
	문제점		• 여러 기관에서 주조(호조, 상평창, 선혜청, 감영 등) ⇨ 통제 해이 ⇨ 개인 주조 발생 • 지주 · 대상인들이 화폐를 고리대나 재산 축적의 수단으로 이용 ⇨ 전황(유통 화폐의 퇴장 현상) 발생
	신용 화폐 보급		동전의 중량으로 대규모의 상거래 불편 ⇨ 환 · 어음 등 신용 화폐 이용 ∴ 상품 화폐 경제의 진전과 상업 자본의 성장 의미

▲ 조선 후기 사상의 성장

▲ 상평통보

✱ 보부상단: 보부상의 이익을 지키고 단결을 도모하기 위해 조직한 보부상들의 조합

✱ 객주: 상품의 위탁 매매와 그에 부수되는 여러 가지 상업 활동을 하는 중간 상인

✱ 여각: 연안의 포구에서 지방으로부터 오는 화물에 대한 위탁 판매 · 중개 · 보관 · 운송업을 하거나, 상인들을 대상으로 숙박업, 금융업을 하는 상업 기관

✱ 상평통보: 인조 때 처음 만들어졌으나 제대로 유통되지 않아 중단되었다가, 숙종 때 다시 주조되어 널리 사용

▲ 대동세의 징수와 운송

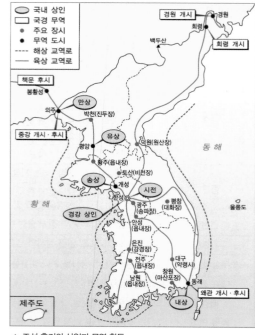

▲ 조선 후기의 상업과 무역 활동

한걸음 더

✦ 조선 전기 · 후기의 경제 변화 비교

구분	전기	후기
농업	• 이앙법(일부) • 농종법(밭농사) • 시비법 발달 ⇨ 일부 연작 가능	• 이앙법(전국), 견종법 ⇨ 광작(경영형 부농, 몰락 농민) • 상품 작물의 재배(담배, 고추, 인삼 등) • 구황 작물의 재배(고구마, 감자) • 지대의 변화[타조법(관행) ⇨ 도조법(일부)]
상업	관허 상인 중심(시전 상인, 보부상) 　　　　　▶정조의 신해통공: 시전 상인의 　　　　　금난전권 폐지(육의전 제외)	• 사상의 활동(경강상인, 송상 등)　┐ • 공인의 활동　　　　　　　　　　├ ⇨ 도고의 출현 • 화폐의 1차적 유통 ⇨ 전황 현상 발생
	공무역 중심	공 · 사무역의 발달(개시, 후시)
수공업	관장제 중심 　　　　　　　　　　▶정조의 공장안 폐지	• 납포장 증가 • 선대제 수공업: 17~18C의 보편적 양상
광업	15C 관영 체제 ⇨ 16C 부역제 해이	• 17C 사채 허용 대신 세금 징수[설점수세제: 17C 채은관제 ⇨ 　별장제(수세 청부업자) ⇨ 18C 수령수세제] • 공개적인 채취 금지, but 잠채 성행 ⇨ 분업화 · 협업화 현상 　[덕대(전문 경영인)의 출현]

* 파란색 글씨: 조선 후기 내재적 자본주의 싹

메모

한걸음 더

✦ 역대 농경의 발달 과정

1. 신석기 후기: 농경의 시작(조, 피, 수수)
2. 청동기: 농경의 본격화[벼(시작, 일부 저습지), 보리, 콩 등]
3. 철기: 철제 농기구 사용, 저수지 축조 ⇨ 벼농사 발달, 밭갈이에 가축 이용(청동기 말·초기 철기)
4. 신라: 지증왕(6세기)−우경 보급
5. 통일 신라: 차[茶]의 재배
6. 고려 전기
   - 2년 3작의 윤작법(⇨ 휴경지의 보편화)
   - 우경에 의한 심경법
   - 시비법의 발달(녹비법 ⇨ 퇴비법): 휴경지의 감소
7. 고려 후기
   - 목화(원에서 전래)
   - 여말 선초: 이앙법 등장(남부 일부 지방)
   - 『농상집요』: 원의 농서 도입
8. 조선 전기
   - 논: 직파법 ⇨ 이앙법·이모작의 등장
   - 밭: 농종법, 2년 3작의 윤작법 일반화
   - 시비법의 발달(밑거름, 덧거름): 휴경지 소멸 ⇨ 연작 가능(일부)
   - 목화 재배의 확대: 의생활의 변화
   - 『농사직설』(세종), 『금양잡록』(성종) 등
     - 금양(경기도 시흥, 과천) 지방의 농서
     - 우리 실정에 맞는 최초의 농서(이앙법 소개)
9. 조선 후기
   - 논: 이앙법, 이모작의 확대 ──┐
   - 밭: 견종법(밭고랑에 씨 뿌리는 농법) ──┴─ 노동력 감소, 생산량 증가 = 광작(廣作) ⇨ 농민층의 분화 ──┬ 일부: 경영형 부농
     └ 다수 농민: 소작지 상실
       ⇨ 도시·광산으로 이동, 임노동자가 됨.
   - 상품 작물의 재배: 고추·담배(17세기 일본에서 전래), 인삼 등
   - 구황 작물의 재배: 고구마(18세기 일본), 감자(19세기 청)
   - 지대의 변화: 타조법(관행) ⇨ 도조법(일부 현상) 출현
   - 『농가집성』: 17세기 신속−수전(이앙법) 농업의 성리학적 농서
   - 다양한 농법 제시: 18세기−박세당의 『색경』(숙종)·홍만선의 『산림경제』(숙종)·서호수의 『해동농서』(정조), 19세기−서유구의 『임원경제지』(순조) 등

~ing

✦ 타조법과 도조법의 비교

타조법	도조법
정률(定率) 지대	정액(定額) 지대
1/2(병작반수)	약 1/3
전세, 종자, 농기구를 소작인이 부담	풍흉에 관계없이 해마다 정해진 지대 납부
자유로운 영농 제약	자유로운 영농 가능
지주 유리	소작인 유리

✦ 조선 후기 조세 제도

1608	대동법(경기)
1635	영정법
1708	대동법 전국 시행(잉류 지역 제외)
1750	균역법
1760	비총법(총액제) cf 1694년 시행, 1760년 법제화
1866	사창제
1871	호포제

✦ 역대 화폐의 변천

고조선	철기 단계 ⇨ 중국 화폐 유입(명도전, 오수전, 반량전)
고려	• 건원중보(최초의 철전, 성종) • 활구(은병, 숙종), 삼한통보(중보)·해동통보(중보) 등 동전(숙종) cf 의천의 주전론 영향 • 저화(최초의 지폐, 자섬저화고 발행, 공양왕)
조선 전기	• 저화(사섬서 발행, 태종) • 조선통보(세종) ⇨ 팔분서(八分書) 조선통보(인조) • 전폐(일명 팔방통보, 동으로 만든 유엽전, 전시에 화살촉으로 사용, 세조)
조선 후기	• 상평통보(인조 때 처음 주조 ⇨ 효종 때 재주조 ⇨ 숙종 때 전국적 유통) cf 십전통보(효종 때 김육) • 당백전(1866, 고종 3년): 흥선 대원군의 경복궁 중건 비용 충당, 고액 화폐 ⇨ 화폐 가치 하락, 물가 상승, 경제 혼란 • 대동폐(1882, 고종 19년): 최초의 근대적 은화로 일시 사용 • 당오전[1883(고종 20)~1894(고종 31)]: 묄렌도르프의 건의, 민씨 일파가 주동이 되어 발행

Part 05 | 조선 후기의 경제

제2장 조선 후기의 경제 **173**

03 : 조선 후기의 사회

1 사회 구조의 변동

1. 조선 후기 사회 구조의 변화 ✱

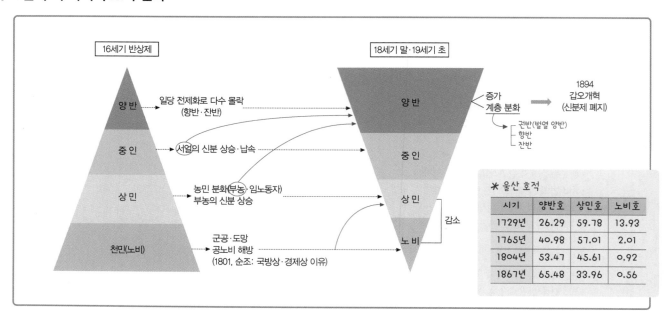

2. 양반층의 분화 ^{사료 256}

원인			붕당 정치의 변질, 일당 전제화의 전개 ⇨ 다수 양반 몰락
내용	벌열 양반(권반)		정권을 유지하고 있는 세력
	몰락 양반	향반	향촌 사회에서 겨우 세력 유지
		잔반	양반 지주와 이해관계 상반 ⇨ 농민층 입장 대변, 생업에 종사(훈장, 농업 · 상공업) 예 최제우, 홍경래 등

3. 중간 계층의 신분 상승

중서(서얼) 사료 257		왜란 후 납속✱을 이용하여 관직 진출, 영 · 정조 때 집단 상소 ⇨ 청요직✱ 진출 허용 요청 ⇨ 정조 때 규장각 검서관 등용(유득공, 이덕무, 박제가, 서이수) ⇨ 철종 때 신해허통(1851, 청요직 진출 완전 허용) 예 영조 때 서얼의 호형호제 허용
중인 사료 258	지위	법제적으로는 역량이 뛰어난 경우 요직에 오를 수 있으나 실제적으로는 양반 지배 체제하에서 규정이 잘 지켜지지 않음.
	신분 상승 운동	재력과 실무 경력 발판, 소청 운동 전개(철종) ⇨ 비록 성공하지는 못했으나 전문직으로서의 중요성 부각
	활동 내용	역관들은 서학을 비롯, 외래문화 수용에 선구적 역할 수행 ⇨ 성리학적 가치 체계에 도전, 위항 문학, 시사 조직, 『소대풍요』, 『풍요속선』 등 시집 간행 예 p.186 참고

✱ 납속
부족한 재정을 보충하기 위해 곡식을 받고 벼슬을 팔거나 천인의 신분을 면제시켜 주는 정책

✱ 청요직
홍문관, 사간원, 사헌부 등의 관직을 말하며 조선 시대 관리들이 선망하는 자리였다. 조선 시대에는 청요직을 거쳐야만 판서나 정승으로 진출하는 데 유리하였다.

4. 농민층의 변화 ^{사료 259}

농민 구성	상층	중소지주: 소작제 경영
	소작농	작은 규모의 자영농(일부), 소작농(대부분)
국가의 농민 정책		• 호패법 · 5가작통법 ⇨ 농민의 이동 억제 • 양 난 이후 국가 재정 파탄, 관료 기강 해이로 세금 더욱 증가 ⇨ 농민 불만 고조
농민층의 분화	부농층	일부 농민: 농업 경영을 통해 신분 상승(경영형 부농)
	임노동자	다수 농민: 농촌에서 소작지 상실 ⇨ 도시 · 광산의 임노동자화
	상공업자	도시로 이주 ⇨ 상공업

5. 노비의 변화

노비 신분 상승	군공 · 납속에 의한 신분 상승, 노비의 도망 증가 ⇨ 남아 있는 노비의 신공 부담 가중
정부의 대책	• 노비종모법(영조)을 법으로 확정 ^{사료 260} ⇨ 양인 여자와의 통혼으로 신분 상승 • 노비공감법(영조) ⇨ 양인과 경제적 부담 비슷 • 관노비(납공 노비) 66,067명 해방(1801, 순조 원년) • 노비의 신분 세습제 폐지(1886, 고종 23년) • 갑오개혁 때 공 · 사노비제 완전 폐지(1894, 고종 31년)

한걸음 더

> **✦ 역대 정부의 노비 정책**
> 1. 고려
>   ① 956년(광종 7): 노비안검법 – 귀족이 불법적으로 소유한 노비 해방
>   ② 987년(성종 6): 노비환천법 – 노비안검법으로 양민이 된 자 중 불량한 자를 다시 노비로 환원
>   ③ 1391년(공양왕 3): 인물추변도감 설치 – 노비에 관한 일을 맡아보던 특수 관청으로, 노비의 방량(放良) · 면천(免賤) · 쟁소(爭訴) 등의 일을 처리
> 2. 조선 전기
>   ① 1395년(태조 4): 노비변정도감 설치 – 노비의 양천 분별, 소유권 쟁송, 도망 노비의 추쇄 등 처리
>   ② 1655년(효종 6): 노비추쇄도감 설치
> 3. 조선 후기의 노비 완화책
>   ① 1731년(영조 7): 노비종모법 확정(『속대전』 명시)
>   ② 1755년(영조 31): 노비공감법 실시
>   ③ 1778년(정조 2): 노비추쇄법 폐지
>   ④ 1801년(순조 1): 관(납공)노비 66,067명 해방
>   ⑤ 1886년(고종 23): 노비의 신분 세습제 폐지
>   ⑥ 1894년(고종 31): 갑오개혁 ⇨ 공 · 사노비제 완전 폐지

6. 조선 전기와 후기의 사회생활 비교

> 사림의 향촌 지배 강화
⇨ 『주자가례』와 향약 보급 계기

구분	고려~조선 전기	조선 후기
생활윤리	전통적 생활윤리(불교 · 민간 신앙)	성리학적 생활윤리 보급(민간 신앙 · 풍습을 음사로 규정)
가족 제도	양측적 방계 사회(부계 · 모계가 함께 영향)	부계 위주 형태
혼인 형태	데릴사위제(솔서혼, 남귀여가혼, 서류부가혼)✱	친영 제도✱
재산 상속	남녀 균분 상속 ^{cf} 조선 전기 장자 1/5 더 줌.	장자 중심 상속 ^{사료 261}
제사 담당	자녀 윤회 봉사	장자 봉사 ^{cf} 아들이 없으면 양자 입양
여성 지위	가정 내 지위가 비교적 높음. ^{cf} 조선 태종: 여성 재가 금지, 서얼 차별	남존여비
족보	출생순 자녀 기록 ^{cf} 현존 최고 족보: 『안동 권씨 성화보』(15C)	아들 먼저 기록

✱ 솔서혼 · 남귀여가혼 · 서류부가혼
솔서혼이란 사위를 데리고 산다는 의미의 형태로 학자에 따라 서류부가혼(婿留婦家婚), 혹은 남귀여가혼(男歸女家婚), 처가살이라고도 하며 그 기원은 고구려의 서옥제(데릴사위제)로 보고 있다. 결혼할 때 남자가 여자 집에 산다는 점은 모두 비슷하나 서옥제는 혼인 후 여자 집에 살다가 결국 남자 집으로 돌아가지만, 솔서혼은 처음에 여자 집에 살다가 이후 반드시 남자 집으로 돌아가지는 않는다는 차이점이 있다. 남자 집에 가서 부모를 봉양하거나 여자 집에 계속 살면서 부모를 봉양하거나 또는 외가 등 가까운 연고지로 가거나 연고가 없는 새로운 지역으로 거주하는 등 마음대로 정할 수가 있다.

✱ 친영 제도
남자가 여자를 데리고 와서 혼례를 올리고 남자 집에서 생활하는 혼인 형태

7. 인구의 변동

기본 인구 자료	호적 대장(3년마다 수정) ⇨ 공물 · 군역 부과 목적, 주로 남성만을 기록
지역별 분포	경상 · 전라 · 충청도(50%), 경기 · 강원도(20%), 평안 · 황해 · 함경도(30%)
인구 변동	세종 때 4~6백만 ⇨ 왜란 후 5백만 ⇨ 18C 7백만 ⇨ 19C 말 1,700만

2 향촌 질서의 변화

양반의 향촌 지배 약화	양반의 향촌 장악 기반	족보, 청금록과 향안(양반 명단, 양반 신분 확인)
	양반의 권위 약화	농촌 사회의 분화와 신분제의 붕괴 ⇨ 부농층과 몰락 양반 등장, 양반에 의한 군현 단위의 농민 지배 불가
	양반의 지위 유지 노력	거주지 중심으로 촌락 단위의 동약 실시, 족적 결합 강화 ⇨ 이성(異姓)잡거 마을에서 동성(同姓) 마을로 변화, 문중서원과 사우* 건립
	정부의 향촌 직접 지배	관권과 부농층의 결탁 ⇨ 향회 약화(수령의 부세 자문 기구로 변질)
부농 계층의 대두		부농층 등장 ⇨ 납속이나 향직 매매를 통해 신분 상승 ┌ 향임직* 진출 ⇨ 정부의 부세 제도 운영에 참여 └ 향임직 미진출자 ⇨ 수령이나 기존 향촌 세력과 타협하여 지위 확보
향전(鄕戰) 사료 262		• 구향(향반)과 신향(부농) 간의 향권을 놓고 전개된 대립 • 수령권과 연계되어 전개

> **★ 사우**
> 선조 혹은 선현의 신주나 영정을 모셔 두고 제향하는 사당

> **★ 향임직**
> 향촌에 있는 향청(유향소)에서 일을 맡아보는 사람이나 그 직책

3 사회 변혁의 움직임

1. 사회 불안 요인

대내적	• 신분제 동요 ⇨ 지배층과 농민의 갈등 심화, 농민 경제 파탄 ⇨ 농민의 적극적 항거 • 탐관오리 횡포 심화, 자연재해 만연, 도적의 횡포 ⇨ 비기, 도참설 유행
대외적	이양선 출몰 ⇨ 민심 불안

2. 새로운 사상의 대두

성리학의 모순 비판	천주교 전파	17C 서학 전래 ⇨ 18C 후반 신앙으로 수용
	동학의 발생	최제우 창시 ⇨ 인내천 사상
	실학의 대두	사회 모순 해결책 모색

> **★ 정감록**
> 조선 중기 이후 민간에 유행한 대표적인 예언서로, 이씨 왕조가 망하고 정씨 왕조가 들어설 것을 예언

3. 예언 사상과 천주교

예언 사상의 대두		예언 사상 유행(각종 비기, 도참설, 정감록*사료 263) ⇨ 벽서 사건 유발, 무격신앙, 미륵 신앙
천주교 사료 264	특징	17C 초 광해군 때 북인들이 서양 학문으로 중국에서 도입 ⇨ 18C 후반 정조 때 일부 남인들에 의해 신앙으로 수용
	박해 요인	전례 문제(제사 부정), 인간 평등 주장 ⇨ 양반 중심의 신분 질서 및 국왕의 권위에 대한 도전으로 인식
	19세기	불우한 계층으로 확산 ⇨ 위기의식 초래 ↔ ┌ 양반: 위정척사 사상 대두 └ 농민: 동학사상 대두

✦ 천주교 박해

2014년 프란치스코 교황 한국 방문 때 윤지충 바오로 등 123위를 복자(福者)로 선포, 신유박해 희생자가 가장 많이 복자가 됨.

시기		박해	내용
정조		신해박해 사료 265 (진산 사건, 1791)	• 윤지충의 신주 소각 사건 ⇨ 윤지충 등 처형, 이승훈(최초 세례교인) 유배 • but 정조 때 남인 시파를 우대하였기 때문에 천주교에 대하여 비교적 관대
세도 정치기	순조	신유박해(1801)	• 벽파가 득세 ⇨ 시파를 축출하기 위해서 천주교 크게 탄압 ──▶ 전라도 흑산도(『자산어보』 저술) • 이승훈 · 이가환 · 정약종 · 주문모 신부(청) 등 사형, 정약용 · 정약전 등 유배 ──▶ 전라도 강진(『목민심서』, 『경세유표』, 『흠흠신서』 등 저술) • 결과 ┌ 시파 세력 위축, 실학 퇴조 └ 황사영 백서 사건 ⇨ 처형
		▶ 신유박해 이후 안동 김씨 세도 정치하 천주교 박해 완화 — 조선 교구 설치(1831), 프랑스 신부들의 입국	
	헌종	• 기해박해(1839) • 병오박해(1846)	• 풍양 조씨 등장 ⇨ 벽파와 결속, 천주교 대탄압 • 척사윤음 사료 266 [천주교 배척, 귀정(歸正)의 길을 밝힘.] 반포 ┐ • 5가작통법 이용 ┘⇨ 탄압 • 김대건 신부(조선인 최초 신부) 처형
고종		병인박해(1866)	최대 박해(프랑스 신부 외 많은 신자 처형) ⇨ 프랑스의 침입(병인양요) cf 프랑스의 『조선왕조의궤』 등 강화도 외규장각 도서 약탈

✦ 천주교 서적의 도입과 소개

18C 한글로 번역

허균(광해군)	명에 사신으로 갔다가 천주교 서적 수입
이수광(광해군)	『지봉유설』에서 『천주실의』를 소개하고, 불교와의 차이점을 언급
유몽인(광해군)	『어우야담』에서 천주교의 교리를 더욱 자세히 설명하고, 유교 · 불교 · 도교와의 차이점을 논함.
정두원(인조)	명에 사신으로 갔다가 귀국할 때 천주교 서적, 만지지도, 천리경, 자명종, 화포, 『직방외기』 등을 가져옴.
소현 세자(인조)	청에 볼모로 있으면서 베이징에서 선교사 아담 샬과 친분을 맺었고, 돌아오는 길에 천주교 서적과 서양 서적 및 과학 기구들을 가져옴.

✦ 천주교 비판서: 안정복의 『천학문답』, 신후담의 『서학변』

4. 동학의 발생

창시		1860년 경주 출신의 잔반 최제우
성격		성리학 · 불교 배척, 서학 배격 ↔ 동학
사상 사료 267	교리	전통적인 민족 신앙 바탕, 유교 · 불교 · 도교 · 천주교 교리 흡수 ⇨ 종합적 성격
	철학	유교의 주기론
	종교	샤머니즘, 도교 ⇨ 부적, 주술 중시
	사회 · 사상	• 모든 사람이 평등하다는 시천주(侍天主), '사람이 곧 하늘이다.'라는 인내천(人乃天) 사상 ⇨ 양반과 상민의 차별 배격, 노비 제도 배격, 여성과 어린이의 인격 존중 • 후천개벽 표방 ⇨ 운수가 끝난 조선 왕조 부정
	외교	보국안민* 표방 ⇨ 일본, 서양의 침투 배척
정부 대책		탄압, 최제우 처형
교세의 확장		• 삼남 지방으로 확산 • 2대 교주 최시형, 『동경대전』(동학의 경전, 포덕문, 논학문, 수덕문, 불연기연 등), 『용담유사』(동학 포교용 가사집) 보급 ⇨ 3대 교주 손병희, 천도교로 개칭(1905)

＊ 보국안민
외세의 침략으로부터 나라를 지켜 백성을 편안하게 함.

5. 농민의 항거

배경		• 사회 불안의 고조 • 삼정의 문란 사료 268,269 −19C 세도 정치하 탐관오리의 부정, 탐학 극대화 • 농민 의식의 확대
방법	소극적	유민화, 화전민화, 도적화 사료 270 예 조선의 3대 의적: 홍길동*(연산군), 임꺽정*(명종), 장길산* (숙종)
	적극적	소청, 벽서, 괘서 ⇨ 농민 봉기
홍경래의 난(1811) 사료 271,272	원인	외척 세도 정치의 부패, 평안도 지역에 대한 차별 대우, 탐관오리 의 횡포, 연이은 가뭄 및 질병
	경과	몰락한 농민, 중소 상인, 광산 노동자들이 적극 지지 ⇨ 청천강 이북 지역 장악
	결과	실패 ⇨ 사회 불안 고조
임술민란(1862) 사료 273	경과	진주 목사 백낙신의 횡포로 진주에서 시작 ⇨ 전국적 확산
	결과	실패
	정부 대응	안핵사 박규수의 건의로 삼정이정청 설치, 암행어사 파견 ⇨ 제대로 시행되지 못함.

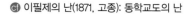 예 이필제의 난(1871, 고종): 동학교도의 난

▲ 19세기의 농민 봉기

한걸음 더

✦ **삼정의 문란**(근본 원인 – 총액제)

삼정	세액(총액제)		문란
전정	20.2두 + (비총제)	진결(陳結)	경작하지 않은 땅이나 황폐한 땅에 징세하는 것
		은결(隱結)	토지 대장에 기록되지 않은 땅이나 개간지 등에 징세하는 것
		백지(白地)	공지(空地)에 징세하는 것
		도결(都結)	사적으로 소비한 공금을 보충하기 위해 정액 이상의 세를 거두는 것
군정	군포 1필 + (군총제)	인징(隣徵)	도망자, 사망자의 체납분을 이웃에게 강제로 징수하는 것
		족징(族徵)	도망자, 사망자의 체납분을 친족에게 강제로 징수하는 것
		백골징포(白骨徵布)	죽은 사람을 산 사람으로 만들어 군포를 징수하는 것
		황구첨정(黃口簽丁)	어린아이의 나이를 장정으로 고쳐 군포를 징수하는 것
		강년채(降年債)	60세 이상 면역자의 나이를 고쳐 군포를 징수하는 것
		마감채(磨勘債)	병역 의무자에게 일시불로 받는 면역 군포
환곡	환곡 1/10이자 + (환총제)	늑대(勒貸)	필요 이상의 미곡을 강제로 대여하여 이자를 받는 것
		허류(虛留)	창고에 하나도 없으면서 장부에는 있는 것처럼 꾸미는 것
		반작(反作)	출납 관계에 대한 허위 문서를 작성하는 것
		반백(半白)	반은 겨를 섞어서 빌려주고 이자를 사취하는 것
		분석(分石)	국고를 착복한 뒤 부족분은 겨를 섞어 숫자를 맞추는 것

✻ **홍길동**

홍길동은 허균이 지은 「홍길동전」의 모티브가 된 인물로, 조선 연산군 때 충청도 일대를 중심으로 활약한 도적떼의 우두머리이다. 홍길동은 양반 관리의 복장을 하고 스스로 '첨지'라 하면서 무장한 많은 농민을 지휘해 여러 고을의 관청들을 습격했으나, 결국 체포되어 의금부에서 취조당한 기록이 『조선왕조실록』에 남아 있다.

✻ **임꺽정**

경기도 양주에서 백정 신분으로 태어나 황해도에서 생활했던 임꺽정은 16세기 중반 몰락 농민과 백정 및 천민들을 규합하여 지배층의 수탈 정치에 저항하였고 정국을 위기로 몰아넣었다. 1559년경 황해도, 경기도, 평안도, 강원도까지 세를 확장했고, 빼앗은 재물을 빈민들에게 나누어주어 의적으로서의 성가를 높였다. 1561년에 관군의 대대적인 토벌로 세력이 점차 위축되다가 1562년 1월 부상을 입고 체포당해, 15일 만에 죽음을 당했다.

✻ **장길산**

광대 출신인 장길산은 조선 후기 숙종 때 황해도 일대에서 주로 활약하였고 이후 평안남도 양덕 일대에서 활약하기도 하였다. 1696년(숙종 22) 역적모의의 고변이 있었는데, 서얼 이영창이 금강산에 있는 승려 및 장길산과 손을 잡고 거사를 도모하려 했다는 것이다. 숙종은 이에 각 관찰사와 병사에게 엄명을 내려 그들을 잡게 했고 많은 상금을 걸었으나 장길산은 끝내 잡히지 않았다.

Chapter
04 : 조선 후기의 문화

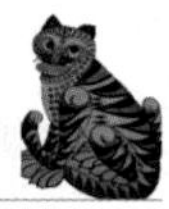

1 성리학의 변화 사료 274

1. 성리학의 교조화 현상

> ＊ 명분론
> 사회의 각 신분 계층은 자기 지위에 합당한 명분이 있으며 각 계층은 마땅히 지켜야 할 분수가 있다는 논리로서, 지배 계층의 정통성과 봉건적 신분 질서를 합리화하기 위한 사상

(1) 성리학의 절대화와 상대화

절대화	서인	• 의리 명분론＊ 강화 • 주자 중심의 성리학을 절대화함으로써 사회 모순이 해결 가능하다고 인식 • 송시열 중심
상대화 사료 275 (성리학 비판)	윤휴 · 박세당	• 주자 중심의 성리학 탈피 ⇨ 6경(시경, 서경, 역경, 예기, 춘추, 악기)과 제자백가 등에서 모순 해결 모색 • 윤휴: 유교 경전에 대하여 독자적 해석 • 박세당: 『사변록』, 주자 학설 비판 • 결과: 서인에 의해 사문난적으로 몰림.

→ 사문난적: 유교에서 교리를 어지럽히고 사상에 어긋나는 행동을 하는 사람

(2) **호락논쟁** 사료 276: 이이의 주기론은 17세기 송시열로 계승되어 중앙 정치와 학문을 주도 ⇨ 18세기 노론 내부에서 주기설과 주리설의 분파가 생기면서 인간과 사물의 본성을 어떻게 볼 것인가를 두고 호락논쟁 전개

구분	호론(湖論)	낙론(洛論)
주장	인물성이론(人物性異論): 인간과 사물의 본성이 다르다는 주장	인물성동론(人物性同論): 인간과 사물의 본성이 같다는 주장
특징	기존의 신분 질서 유지 기능	조선 후기의 사회 변화 수용
지역	충청도	서울·경기도
인물	한원진, 윤봉구 등	이간, 김창협, 김원행 등
성리학 분파	기(氣)의 차별성 강조 ⇨ 사람과 사물을 구별하면서 이를 화이론과 연결시켜 청을 오랑캐로, 조선을 중화로 보려는 명분론 고수	이(理)의 보편성 강조 ⇨ 인간과 모든 우주 만물의 보편적 가치를 강조하는 자연 과학 정신 추구
계승	북벌론 ⇨ 19세기 위정척사 사상	북학 사상 ⇨ 19세기 개화사상

(3) 붕당의 학통과 성향

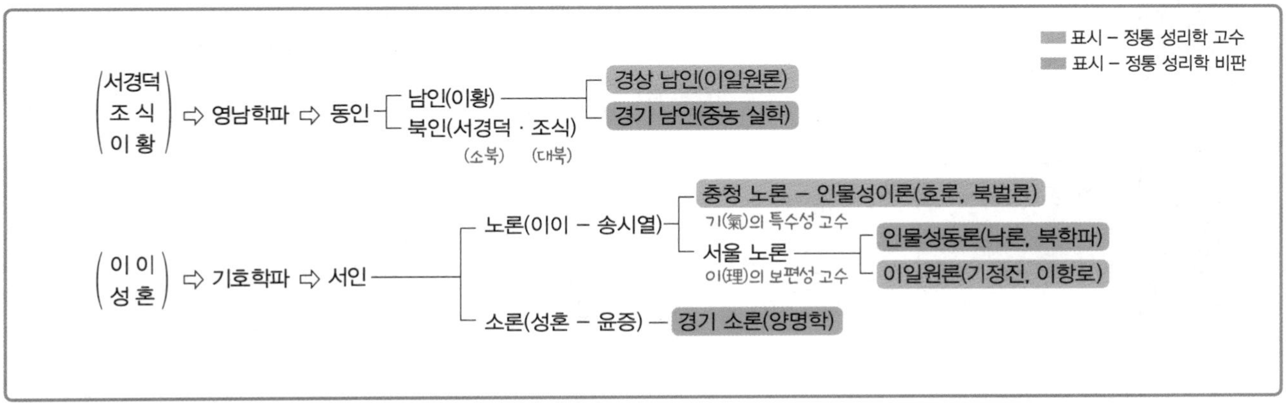
■ 표시 – 정통 성리학 고수
■ 표시 – 정통 성리학 비판
서경덕
조 식
이 황
⇨ 영남학파 ⇨ 동인
남인(이황)
북인(서경덕 · 조식)
(소북) (대북)
경상 남인(이일원론)
경기 남인(중농 실학)
이 이
성 혼
⇨ 기호학파 ⇨ 서인
노론(이이 – 송시열)
충청 노론 – 인물성이론(호론, 북벌론)
기(氣)의 특수성 고수
서울 노론
이(理)의 보편성 고수
인물성동론(낙론, 북학파)
이일원론(기정진, 이항로)
소론(성혼 – 윤증) – 경기 소론(양명학)

2. 양명학* ^{사료 277}의 연구

> ✱ 양명학: 명의 왕양명(왕수인)에 의해 체계화된 실천 유학으로, 특히 그의 철학 어록인 『전습록』은 양명학 연구의 주요 자료이다.

배경	조선 후기 성리학의 교조화와 형식화 비판 ⇨ 실천성 강조	
사상 체계	심즉리(心卽理)	인간의 마음이 곧 이(理)라는 이론
	치양지(致良知)	인간이 상하존비의 차별이 없이 본래 타고난 천리(天理)로서의 양지를 실현하여 사물을 바로잡을 수 있다는 이론
	지행합일(知行合一)	앎과 행함은 분리되거나 선후가 있는 것이 아니라 앎은 행함을 통해서 성립한다는 이론
수용 과정	16세기 중종 때 전래(명의 유학, 왕양명의 『전습록』) ⇨ 18세기 초반 경기 소론, 서얼, 왕의 불우한 종친 사이에 확산 ㉠ 이황의 『전습록변』: 왕양명을 이단으로 규정	
강화학파의 성립 (18C)	• 정제두 ^{사료 278}에 의해 학문적 체계 형성: 『존언』, 『만물일체설』 저술 • 왕양명의 친민설(親民說)을 지지, 백성을 주체로 인식하고 일반민을 도덕 실체의 주체로 인정 ⇨ 양반 신분제의 폐지 주장	
한계	성리학을 중시하였기 때문에 양명학을 이단이라 규탄 ⇨ 대부분 속으로만 숭상	
영향	한말 이건창, 박은식, 정인보 등 국학자에게 계승	

　　　　　　　　　　　　　　　　　　▶『유교구신론』(1909)

2 실학의 발달

1. 실학의 등장

배경	• 통치 질서의 와해 • 17~18세기 사회 경제적 변동에 따른 사회 모순의 극복 필요 • 성리학의 현실 문제 해결 능력 상실 • 서양 과학과 고증학의 전래			
성격	조선 후기 사회 체제의 모순을 극복하고, 새로운 사회를 이루려는 사회 개혁론			
한계	대부분 몰락한 재야 지식인 주도 ⇨ 정책에 미반영			
발달 과정	16C 후반	정여립	선조 때의 인물, 군주 세습제를 부인하고 '천하는 공물'이라고 주장 ⇨ 왕조 교체 도모, 자살	
		정인홍	정통 성리학자인 이언적과 이황을 비판, 문묘 종사를 반대하다가 성균관 유생들에 의해 유적(청금록)에서 삭제됨.	
		이지함[土亭]	자신이 직접 상업 활동에 뛰어들면서 기행(奇行)으로 성리학을 거부	
	17C	광해군 대에 북인들 주도		
		이수광	실학을 최초로 이론화시킨 인물, 『지봉유설』 저술	
		한백겸	• 주자의 해석에서 탈피하여 독자적으로 6경 해석 • 『동국지리지』 저술: 역사 지리 연구의 단초 마련 • 토지 소유의 지나친 편중을 개탄, 대동법의 확대 실시 주장	
		유몽인	은광의 개발, 화폐의 유통, 선박·수레·벽돌의 사용, 노포(路鋪, 여관과 상점의 기능을 합한 것)의 설치 등을 주장	
		허균 ^{사료 279}	• 『유재론』: 서얼 차별을 개탄 • 『호민론』: 위정자들은 백성을 두려워할 것을 강조	
	17C 후반 ~18C 초	조선 – 중화주의*와 주자 성리학만을 강조하는 서인 주도 사회에 반발, 근경 남인(近景南人) 주도 ⇨ 중농학파		
		주요 인물	허목, 유형원, 이익 ⇨ 농촌 문제에 관심	
	18C 전후	서학과 청의 고증학의 영향 – 노론 소장파 중 인물성동론(人物性同論)을 바탕으로 한 새로운 학풍 발생 ⇨ 중상학파(북학파)		
		주요 인물	• 유수원, 홍대용, 박지원, 박제가, 이덕무 등 • 정약용: 중농학파 ⇨ but 북학 사상 수용	

> ✱ 조선-중화주의
> 1705년(숙종 31) 창덕궁 안에 대보단을 설치한 것, 노론의 영수이던 송시열의 뜻에 따라 충청북도 괴산에 만동묘를 세워 명나라 신종과 의종을 제사 지낸 것, 정조~순조 때 『존주휘편』을 편찬하여 왜란·호란 이후의 반청숭명 운동을 총정리한 것도 조선-중화주의의 일환이었다.

2. 중농학파와 중상학파

구분	중농학파(경세치용 학파)	중상학파(이용후생 학파, 북학파)
공통점	• 정통 성리학을 비판하는 재야의 지식인들 주장 ⇨ 현실 미반영 • 성격: 실증적, 민족적, 근대 지향적, 피지배층 입장 반영 • 목표: 민생 안정, 부국강병	
차이점	• 농업 중심 ⇨ 토지 제도 자체의 개혁 중시 • 지주제 반대 ⇨ 자영농 육성 • 남인 계열(경기 농촌 거주) ㎡ 이익의 폐전론(화폐 부정)	• 상공업 중심 ⇨ 토지 제도보다는 농업 기술상의 개혁 중시 • 지주제 긍정 ⇨ 농업의 상업적 경영(광작) 옹호 • 일부 노론 계열(서울 거주, 낙론) ㎡ 박지원의 용전론(화폐 긍정)
영향	한말 애국 계몽 운동	개화사상
대표적 인물	유형원, 이익, 정약용 등	유수원, 홍대용, 박지원, 박제가 등
비고	한계: 유교적 이상 국가 추구	의의: 유교적 이상 국가 탈피

3. 농업 중심의 개혁론 사료 280

유형원 (중농학파의 선구자)	저서	『반계수록』 등
	개혁 사상	• 균전론: 관리, 선비, 농민 등에게 신분에 따라 차등 있게 토지 재분배 ⇨ 자영농 육성 • 토지 면적 측정 방법: 결부법(수확량 단위) 폐지 ⇨ 경무법(토지 면적 단위) 주장 • 농병 일치의 군사 조직(부병제), 사농 일치의 교육 제도 확립 주장 • 한계: 양반 문벌제도, 과거 제도, 노비 세습제의 모순을 비판했으나 가정 내에서의 적서 차별, 군대 편성상의 양반과 천민의 차별, 노비 제도 자체는 인정
이익 (성호학파 형성)	저서	『성호사설』, 『곽우록』 등
	개혁 사상	• 한전론: 한 가정의 생활을 유지하는 데 필요한 일정한 토지를 영업전으로 하고, 영업전은 법으로 매매 금지, 나머지 토지는 자유 매매 허용(⇨ 『곽우록』) • 나라의 6좀✱ 제시: 양반 문벌제도, 노비 제도, 과거 제도, 기교(사치와 미신 숭배 등), 승려, 게으름 • 고리대와 화폐의 폐단 비판 ⇨ 폐전론 주장 • 사창제 실시 주장 • 붕당론: 양반은 증가하는 데 비해 관직은 한정되어 있기 때문에 이에 따른 양반층의 권력 다툼에서 붕당이 발생한다고 지적, 양반의 수와 특권을 제한해야 한다고 주장
정약용 (실학의 집대성)	저서	• 신유박해(1801, 순조 원년) 때 전라도 강진으로 유배 ⇨ 500여 권의 방대한 『여유당전서』 저술 • 대표적 저서 　┌ 『목민심서』: 지방관이 지켜야 할 도리 　├ 『경세유표』: 중앙 정치 제도의 개혁 방안 ⇨ 이용감(利用監) 설치 주장 　└ 『흠흠신서』: 형옥(刑獄)의 개혁 방안 • 대표적 논설 사료 281 　┌ 탕론: 백성이 국가의 근본임을 강조(존 로크의 사회 계약설과 일치) 　├ 원목: 통치자의 이상적인 상 제시('통치자는 백성을 위해 존재해야 한다.') 　├ 전론: 주나라 정전법·균전론·한전제를 비판, 여전제 주장 　└ 기예론: 북학파의 주장 수용, 기술 진흥과 기술 교육의 중요성 강조('인간이 동물과 다른 것은 기술') • 지리서: 『아방강역고』, 『대동수경』 • 국어학: 『아언각비』 • 과학 기술 분야: 『마과회통』(종두법 연구)
	개혁 사상	• 여전제: 한 마을을 단위로 하여 토지를 공동 소유, 공동 경작, 노동량에 따라 수확량 분배 ⇨ 일종의 공동 농장 제도 • 정전제: 국가가 장기적으로 토지를 사들여 가난한 농민에게 분배, 지주의 토지는 병작 농민에게 골고루 소작(토지 공유제) • 국방·정치 제도의 개선: 향촌 단위의 방위 체제, 부병제, 백성의 이익과 의사가 적극 반영되는 정치 제도의 개선 방안 제시 • 상품 작물의 재배 주장 • 기타: 지전설 주장, 한강 주교(배다리) 설계, 수원성 설계(거중기 이용)
기타	박세당의 『색경』, 홍만선의 『산림경제』, 서호수의 『해동농서』, 서유구✱의 『임원경제지』(농업 백과사전)	

<table>
<tr><td>✱ 서학에 대한 성호학파의 두 입장</td></tr>
</table>

서학 수용	이벽 · 권철신 · 이승훈 · 정약용 등
서학 배척	안정복 · 정상기 · 신후담 등

✱ 이익의 6좀 극복 방안

선비들도 생업을 가질 것, 과거 시험의 주기를 3년에서 5년으로 늘려 합격자를 줄일 것, 천거 제도를 병행하여 재야 인사를 등용할 것, 이조 · 병조의 전랑 후임자 천거권(낭천권)과 청요직(3사)으로의 승진을 막을 것, 『주례』에 입각하여 군주와 재상의 권한을 높이고, 특히 군주가 친병(親兵)을 거느릴 것

✱ 서유구의 둔전제(한전제)

한전론적 이념을 바탕으로 하면서도 지배층인 지주들과의 마찰을 피하고 국가의 입장에서 현실적으로 당시의 농업 문제를 해결하고자 제시한 것이 둔전론이다. 그의 둔전론은 지주제를 개혁하지 않은 채 생산 양식의 질적 전환을 통해 국가 재정을 확보하고 몰락 농민의 안정화를 도모하는 것이었다.

4. 상공업 중심의 개혁론

유수원 (중상학파의 선구자) 사료 282	저서	『우서』: 우리나라와 중국의 문물 비교 ⇨ 정치 · 경제 · 사회 · 문화 전반에 걸친 개혁안 제시
	개혁 사상	• 농업 이론: 농업의 전문화 · 상업화, 기술의 혁신 ⇨ 생산성 향상 • 상공업 이론: 국가 조정하에 상공업 진흥 ⇨ 사 · 농 · 공 · 상의 직업적 평등화와 전문화 주장, 상인 간의 합자를 통한 경영 규모의 확대, 상인이 생산자를 고용하여 생산과 판매를 주관할 것, 대상인이 지역 사회 개발에 참여할 것 등을 주장
홍대용 사료 283	저서	『임하경륜』, 『의산문답』✱, 『담헌연기』, 『주해수용』 등
	개혁 사상	• 균전제 주장: 성인 남자에게 토지 2결 지급 사료 280 • 부국강병책: 기술 문화의 혁신, 신분 제도의 철폐, 성리학 극복 • 지전설 주장: 『담헌연기』 중 『의산문답』에서 지구의 1일 1회전설 주장 ⇨ 성리학적 세계관 비판
박지원 사료 284	저서	『열하일기』, 『한민명전의』, 『과농소초』 등
	개혁 사상	• 한전제 주장: 토지 소유 상한선 설정 사료 280 • 농업 생산력 향상에 관심 • 상공업 진흥 강조: 수레와 선박의 이용, 화폐 유통의 필요성 주장 • 양반 문벌제도의 비생산성 비판
박제가 (서얼 출신의 규장각 검서관)	저서	『북학의』
	개혁 사상	상공업 진흥책: 청과의 통상 강화, 수레와 선박의 이용, 절약보다 소비 권장 사료 285

✱ 『의산문답』

실옹(實翁)과 허자(虛子) 두 사람의 문답체의 글. 주인공 허자는 전통적인 조선의 학자를, 실옹은 서양 과학을 받아들인 새로운 학자를 대변한다. 내용을 보면, 인간 · 금수(禽獸) · 초목(草木) 등 세 가지 생명체는 지(知) · 각(覺) · 혜(慧)의 있고 없음이 서로 다를 뿐이지 어느 것이 더 귀하다고는 말할 수 없다 하여 인간 중심주의를 배척한다. 또한, 주기론(主氣論)을 바탕으로 한 5행(五行) 대신 서양의 4원소론이 거론되고 있으며, 지구는 하루에 한 번씩 자전하여 낮과 밤이 생긴다는 지전설을 동양에서 처음으로 주장하고 있다. 그 밖에도 인류의 기원, 계급과 국가의 형성, 법률 · 제도 등에서부터 천문 · 율력(律曆) · 산수 · 과학 · 지진 · 온천 · 조석(潮汐) · 기상 현상 등에 이르기까지 다양하고 폭넓은 논의를 담고 있다.

한걸음 더

◆ 대표 기행문

일본	도현의 『일본세기』(고구려 보장왕), 신숙주의 『해동제국기』(조선 성종), 강항의 『간양록』(효종), 김인겸의 『일동장유가』(영조), 김기수의 『일동기유』(고종, 1877), 박영효의 『사화기략』(고종, 1882)
청	홍대용의 『담헌연기』(영조), 박지원의 『열하일기』(정조), 박제가의 『북학의』(정조), 서호수의 『연행기』(정조)
러시아	신류의 『북정일기』(현종)
기타	최부의 『표해록』(성종) – 중국 표류기, 유길준의 『서유견문』(고종, 1895) – 서양 견문록

5. 국학 연구의 확대

(1) 역사서: 민족적 · 실증적 · 근대 지향적

시기	책명	저자	내용	
17세기 후반 (특정 붕당의 입장 반영, 강목체 서술 강조)	휘찬여사	홍여하(인조)	• 기전체(남인계) • 고려사 서술	기자-마한-신라를 정통으로 인식 (단군 조선은 정통에서 제외)
	동국통감제강	홍여하(현종)	• 강목체(남인계) • 왕권 강화를 강조하고 붕당 정치의 폐지를 역설	
	여사제강	유계(현종)	• 강목체(서인계) • 고려사만 서술: 고려가 자치자강(自治自强)에 힘쓰고 북방 민족에 항거한 것과 재상이 정치적 주도권을 잡은 것을 강조 ⇨ 북벌론 강조	
	동사(東事)	허목(현종)	• 기전체(남인계) ⇨ 북벌론과 붕당 정치 비판 • 『기언(記言)』에 수록: 조선의 풍토적 조건과 거기에 맞춰 형성된 농업 조건, 인심 · 풍속을 헤아려 그에 순응하는 정치를 행하는 데 목적을 두고 서술 ⇨ 우리나라를 '방외별국(方外 別國)'으로 강조하여 중국과는 또 다른 독립된 천하 질서로 파악 • 단군에서 삼국까지 서술: 단군 조선-기자 조선-신라를 이상 시대로 인식	
18세기 (현실성 중시 ⇨ 단군-고구려- 발해에 대한 새로운 시각 대두)	동국역대총목	홍만종(숙종)	• 강목체 • 단기 정통론 제시: 단군 조선-기자 조선-마한-신라를 정통으로 인식 • 이익의 역사관과 안정복의 『동사강목』, 이종휘의 『동사(東史)』에 영향을 줌.	
	동사회강	임상덕(숙종)	• 강목체(소론계) • 주자가 저술한 『자치통감강목』의 강목체 범례를 따르면서도 한편으로는 우리나라 현실에 맞게 조정하여 삼국과 고려의 역사를 편년체로 서술(삼국 이전은 편년에서 삭제) • 삼국 무통론(無統論) 제시: 기자는 문헌이 부족하고 마한은 실국(失國)했다 하여 삼국 이 전은 정통을 따지지 않음. ⇨ 통일 신라와 고려만 정통으로 인정 • 안정복의 『동사강목』에 영향	
	동사(東史)	이종휘(영조)	• 기전체: 최초로 '단군 본기'를 설정, 열전이나 지는 고구려 중심으로 서술 • 단군 조선에서 고려까지 서술(통사): 단군 조선-기자 조선-삼한-부여-고구려-발해로 이 어지는 역사 인식 제시 ⇨ 고대사의 연구 시야를 만주 지방으로 확대 ⇨ 단군의 계승 왕조로서 부여와 고구려 강조, 발해는 고구려를 계승한 나라임을 강조(『발해세가』라는 독립 항목 구성) • 근대 대종교의 역사 인식에 큰 영향을 줌.	
	동사강목	안정복(영조~정조) 사료 286,287	• 강목체, 편년체 • 명분론에 입각한 역사의식과 문헌 고증에 의한 실증적 역사 연구를 집대성 ⇨ 우리나라 고증 사학의 토대 확립 • 삼한 정통론 제시: 단군 조선-기자 조선-삼한(마한)-(통일) 신라-고려를 정통으로 인식 ⇨ 중국 중심의 역사관 탈피 예 삼국 무통론 • 단군 조선에서 고려까지 서술(통사)	
	열조통기	안정복(영조~?)	조선사를 각 왕별(태조~영조)로 다룬 편년체 사서	
	발해고	유득공(정조) 사료 287	• 고대사 연구의 시야를 만주 지방으로 확대 • 통일 신라와 발해를 남북국 시대로 최초 규정	
	연려실기술	이긍익(영조~순조)	• 기사본말체(야사) • 조선의 정치와 문화를 실증적 · 객관적으로 서술	
19세기 초	해동역사	한치윤(순조)	• 기전체: 단군 조선에서 고려까지 서술(통사) • 500여 종의 외국 자료를 인용하여 국사 인식의 폭 확대	
	만기요람	서영보(순조)	18세기 후반부터 19세기 초에 이르는 조선 왕조의 재정과 군정에 관한 내용들을 집약	

(2) 중인의 역사서: 19세기 중인의 의식 성장 반영

책명	저자	내용
호산외기	조희룡(헌종, 1844)	중인 이하 계층의 공동 전기집
연조귀감	이진흥(헌종, 1848)	경상도 향리 가문인 경주 이씨 이진흥 가(家)의 5대에 걸친 역사. 향리의 원뿌리는 양반과 같다는 점을 강조
고문비략	최성환(철종, 1858)	행정적 실무의 합리적 개혁을 주장하여 부역의 임금제, 세금의 금납화 주장
규사	이진택(철종, 1859)	서얼의 역사, 서얼에 대한 차별 대우 철폐
이향견문록	유재건(철종, 1862)	중인층 인물들의 행적 기록
희조일사	이경민(고종, 1866)	중인 전기 예 정조 때 천수경이라는 중인의 서당 이야기

(3) 지리학

지리 연구의 목적	경제상 이유, 문화상 호기심 ⇨ 산맥, 하천, 항만, 도로망의 표시 정밀, 상인들이 이용		

지리서	역사 지리서	**동국지리지** (한백겸, 광해군)	• 고대 지명을 새롭게 고증하여 역사 지리서의 단서 마련 • 한강을 경계로 북쪽에 (고)조선이, 남쪽에 삼한이 위치했다는 것과 고구려의 발상지가 평안도 상천이라는 통설을 뒤집고 만주 지방이라는 것을 처음으로 고증
		강계고(신경준, 영조)	• 한백겸의 역사 지리 연구를 계승·발전 • 고조선에서 조선까지 각국의 국도(國都)와 강계(疆界) 정리
		아방강역고(정약용, 순조)	• 한국의 역대 강역에 관한 역사 지리서 • 고조선, 삼한, 발해 등 역사적 지명 고증
	인문 지리서	**지승**(허목, 현종)	• 허목의 『동사(東事)』에 수록 • 우리나라를 몇 개의 풍토권과 문화권으로 분류하고 중국의 인문 지리적 특성과 다름을 설명, 풍토가 인성에 영향을 미친다는 시각 제시
		여지도서(영조 지시)	전국 각 군현에서 편찬한 313개의 읍지·영지·진지를 모은 전국 읍지로, 우리나라 최초의 채색 읍지도 첨부
		택리지(이중환, 영조) 사료 288	• 이중환이 30년간 현지 답사를 기초로 하여 저술한 지리서 • 우리나라 각 지방의 자연환경, 인물, 풍속, 인심의 특색 등을 세밀하게 서술
		대동수경(정약용, 순조)	한반도의 국토 구조를 강(江)을 중심으로 체계적 정리
		지구전요(최한기, 철종)	• 중국 위원의 『해국도지』, 서계여의 『영환지략』 등을 바탕으로 쓴 세계 지리서 • 세계 각국의 지리, 역사, 학문 등을 비롯한 많은 서양 과학 내용 소개
		대동지지(김정호, 철종)	• 『대동여지도』를 편찬한 이후 각 고을의 전결 수, 호구, 도로 등 설명 • (통일) 신라와 발해를 '남북국'으로 서술
지도	요계관방도 (이이명, 숙종)		• 왜란·호란 이후 국방에 대한 관심이 더욱 커지면서 국가 사업으로 만든 국방 지도로, 비변사가 관리 • 내수외양의 북벌 정신을 담은 10폭의 병풍에 우리나라 북방 지역과 만주, 만리장성이 포함된 중국 동북 지방의 군사 요새를 상세히 그림.
	동국여지도	**윤두서**(숙종)	윤두서 개인이 스스로 제작한 한반도 지도(울릉도·대마도 포함)
		신경준(영조)	영조의 명으로 제작
	동국지도 (정상기, 영조)		최초로 백리척이라는 축척 사용 　└→ 100리를 1척으로 정한 지도 제작 방식
	해동지도 (미상, 영조)		전국의 군현 지도뿐만 아니라 세계 지도도 포함
	대동여지도 (김정호, 철종)		• 16만 분의 1 축척, 22첩, 약 7m의 대형 지도 ⇨ 산업·군사 지도적 성격이 강함. • 김정호가 실제로 답사하여 중국과 우리나라의 역대 지도 제작법을 계승하고 서양 과학 기술의 영향을 받음. • 10리마다 '매방(每方) 10리'라고 표시 • 목판으로 대량 인쇄 ⇨ 지도의 대중화 도모

> ＊ 지도 작성의 목적
> • 조선 전기: 중앙 집권, 부국강병
> 　⇨ 국가 주도, 중인 작성
> • 조선 후기
> 　- 경제상 이유, 문화상 호기심
> 　　⇨ 개인이 많이 작성, 주로 상인 이용
> 　- 모눈종이를 사용한 지도 유행
> 　　⇨ 지도 더욱 정밀
> 　- 음양오행의 풍수 사상에 입각
> 　　⇨ 국토를 생명체로 인식

(4) 국어학 연구와 금석학

국어학	음운학	신경준의 『훈민정음운해』(영조), 유희의 『언문지』(순조)
	어휘 수집	이의봉의 『고금석림』
금석학		김정희: 『금석과안록』(금석학 연구서), 진흥왕의 황초령비와 북한산비 고증

(5) 백과사전류의 편찬

책명	저자	내용
대동운부군옥	권문해(선조)	단군 이래의 역사 사실을 운자 순서로 기술
지봉유설	이수광(광해군)	문화의 각 영역을 항목별로 나누어 기술
유원총보	김육(인조)	중국 서적을 참고하여 문학·제도 등 27개로 나누어 기술
성호사설	이익(영조)	천지·만물·경사·인사·시문의 5개 부분으로 기술
동국문헌비고	홍봉한(영조)	왕명으로 우리나라의 지리·정치·경제·문화를 체계적으로 정리한 한국학 백과사전
청장관전서	이덕무(정조)	이덕무의 시문 등을 아들 이광규가 수집하여 편찬
임원경제지	서유구(순조)	홍만선의 『산림경제』를 토대로 우리나라와 중국의 농서를 참고·인용하여 엮어낸 농업 백과사전
오주연문장전산고	이규경(헌종)	우리나라와 중국 등 기타 외국의 고금 사물을 고증적 방법으로 설명

3 과학 기술의 발달

1. 서양 문물의 수용

시기	17세기 이후 중국을 왕래하는 사신을 통해 수용
종류	곤여만국지도(마테오 리치), 화포 · 천리경 · 자명종(정두원) 등 도입 ⇨ 이익과 그의 제자, 북학파가 수용(일부는 천주교까지 수용)
서양인의 도래	• 벨테브레이(인조 때 표류): 효종 때 훈련도감에 소속, 서양식 대포의 제조법 · 조종법 교육 • 하멜(효종 때 표류): 『하멜표류기』 저술(조선을 유럽에 최초 소개)

2. 천문 · 지리 · 의학 · 농서의 발달

(1) 과학에 대한 관심

조선 전기	통치의 한 방편으로 연구 ⇨ 대개 중인층에 의해 주도
조선 후기	백성의 생활 개선 중시 ⇨ 실학자들이 주도

> ✱ 이익의 한계
> 이익은 지구자전설을 받아들이면서 지구의 자전 가능성을 말했으나, 마지막에는 『주역』의 "하늘은 끊임없이 움직인다[天行健]."는 말을 들어 성인(聖人)의 말을 따르겠다고 하였다.

(2) 대표적인 과학 연구

천문학		• 이익: 서양 천문학 연구 • 이수광: 『지봉유설』에서 일식, 월식, 벼락, 조수의 간만 등 언급 • 지전설 주장: 김석문, 이익✱, 정약용, 홍대용 등 ⇨ 성리학적 세계관 비판
역법		시헌력(서양 선교사 아담 샬이 중심이 되어 만든 역법으로 청에서 사용) ⇨ 김육이 도입 ⓐ 인조 때 도입, 효종 때 채택
수학		• 『기하원본』 도입: 마테오 리치가 유클리드 기하학을 한문으로 번역한 수학서 • 『주해수용』 저술: 홍대용이 우리나라, 중국, 서양 수학의 연구 성과 정리
지도 제작 기술		17세기 서양 선교사가 만든 '곤여만국지도'(세계 지도) 도입 ⇨ 과학적이고 정밀한 지도 제작, 조선 사람들의 세계관 확대
의학	특징	실증적인 치료를 시도 ⇨ 의학 이론과 임상의 일치에 주력
	17세기	• 『동의보감』(허준, 광해군): 우리의 전통 한의학을 체계적으로 정리 ⇨ 중국, 일본에서도 간행 ⓐ 유네스코 세계 기록 문화유산 등재 • 『침구경험방』(허임, 인조): 침구술 집대성
	18세기	『마과회통』(정약용, 정조): 박제가와 함께 마진(홍역) 연구
	19세기	『동의수세보원』(이제마, 고종): 체질의학 이론 확립 ⇨ 현대 의학에 영향
농업	17세기	『농가집성』(신속, 효종): 벼농사 중심의 농법을 소개, 이앙법 보급에 공헌
	18세기 (다양한 농법 제시)	• 『색경』(박세당, 숙종): 곡물 재배법 외에 채소, 과수, 화초의 재배법과 목축, 양잠 기술 소개 • 『산림경제』✱(홍만선, 숙종): 다양한 주제를 논술한 종합 농가 경제서 • 『해동농서』(서호수, 정조): 중국의 농업 기술까지도 수용하여 새로운 농학의 체계화 시도
	19세기	『임원경제지』✱(서유구, 순조): 농촌 생활 백과사전
	농업 기술	논농사(이앙법의 확대 보급), 밭농사(견종법-이랑의 간격을 좁히고 깊이갈이), 쟁기갈이와 시비법 개선, 개간 및 간척 사업
어업	어업 기술	김 양식(17C), 냉장선의 등장(18C 후반)
	저서	『자산어보』(정약전): 흑산도 근해의 어류학에 대한 저서
기타	최한기(19세기)	『명남루총서』: 광학, 파동 이론, 기온 측정, 우주 체계 등의 이론 과학 연구

✱ 시대별 약학서
『향약구급방』(고려 후기) ⇨ 『향약집성방』(15세기, 세종), 『의방유취』(15세기, 세종) ⇨ 『동의보감』(17세기, 광해군) ⇨ 『침구경험방』(17세기, 인조) ⇨ 『마과회통』(18세기, 정조) ⇨ 『동의수세보원』(19세기, 고종)
ⓐ 『벽온신방』: 전염병 치료서, 1653년(효종 4)에 한글로 간행

✱ 시대별 농서
『농상집요』(고려 후기, 원의 농서) ⇨ 『농서집요』(15세기, 태종) · 『농사직설』(15세기, 세종) ⇨ 『농가집성』(17세기, 효종) ⇨ 『색경』(18세기, 숙종) · 『산림경제』(18세기, 숙종) · 『해동농서』(18세기, 정조) · 『임원경제지』(19세기, 순조) 등 실학적 농서

✱ 『산림경제』: 숙종 때 실학자 홍만선이 쓴 농서로서 농 · 림 · 축 · 잠업을 망라하였을 뿐 아니라, 농촌 생활에 관련되는 주택 · 건강 · 의료 · 취미 · 흉년 대비 등 다양한 주제를 논술한 종합 농가 경제서
✱ 『임원경제지』: 순조 때 실학자 서유구가 저술한 농업 위주의 백과전서. 일상생활에서 긴요한 일을 살펴보고 이를 알리기 위해 『산림경제』를 토대로 한국과 중국의 저서 900여 종을 참고 · 인용하여 엮어냄.

4 문학과 예술의 새 경향

1. 문학 ^{사료 289}

서민 문학의 발달	배경	서당 교육의 보급^{사료 290}, 서민의 경제적 · 신분적 지위 향상(⇦ 조선 후기 상공업과 농업 생산력의 증대)
	특징	• 창작 주체의 서민화: 중인층, 서민층 참여 • 창작 내용의 서민화: 감정의 적나라한 표현, 양반의 위선적 모습 비판, 사회의 부정과 비리 풍자
판소리	구성	• 한 편의 이야기를 창(소리)과 아니리(이야기), 발림(몸놀림)으로 연출 • 서민 문화적 요소와 사대부적 문학이 효과적으로 결합 ⓓ 유네스코 세계 무형 유산 등재
	작품	열두 마당이 있었으나 춘향가, 심청가, 흥부가, 적벽가, 수궁가 등 다섯 마당 현존
	정리	19C 후반 신재효: 판소리 사설을 창작 · 정리
가면극	탈놀이	향촌에서 마을굿의 일부로서 공연
	산대놀이	'산대'라는 무대에서 공연되면서 가면극이 민중 오락으로 정착, 도시의 상인이나 중간층의 지원으로 성행
한글 소설	특징	주인공: 평범한 인물, 배경: 현실적 세계
	작품	허균의 「홍길동전」(서얼 차별 철폐, 탐관오리 응징), 「춘향전」(신분 차별의 비합리성), 「별주부전」, 「심청전」 등
사설시조	특징	격식에 구애되지 않고 감정을 표현
	내용	남녀 간의 사랑, 현실에 대한 비판
한문학	특징	실학의 유행과 함께 양반층이 중심이 되어 부조리한 현실을 비판
	대표 작가	• 정약용: 삼정의 문란을 폭로하는 한시('애절양') • 박지원의 「양반전」, 「허생전」, 「호질」, 「민옹전」 등의 한문 소설 ⇨ 양반 문벌제도의 비생산성 비판
	위항 문학★	• 중인층, 시사(詩社) 조직(시인 동우회) – 서얼, 중인, 상민, 천민 신분 출신들이 조직 • 「소대풍요」(영조) · 「풍요속선」(정조) · 「풍요삼선」(철종) 등 시집 간행

한걸음 더

✦ 정치적 사건 관련 문학 작품

「원생몽유록」	임제	사육신과 단종의 사후 생활을 그린 작품으로 은연중에 세조 비판
「금오신화」	김시습	단종 폐위 및 세조의 즉위 비판
「사씨남정기」	김만중	숙종이 인현 왕후를 폐하고 장희빈을 세운 것을 풍자
「홍길동전」	허균	서얼 차별의 철폐와 탐관오리에 대한 응징

✦ 조선 시대 외국어 교본

중국어	• 「박통사언해」(권대운, 박세화) • 「노걸대」(작자 미상)
일본어	「첩해신어」(강우성)
몽골어	「몽어유해」(이억성)

★ 위항 문학 ⓓ p.183 참고

고문비략	최성환(중인)
이향견문록	유재건(서리)
호산외기	조희룡(중인의 역사)
규사	이진택(서얼의 역사)
연조귀감	이진흥(향리의 역사)
희조일사	이경민(중인)

2. 예술

그림	**특징**		진경산수화와 풍속화의 유행
	17C 후반 ~18C	**진경산수화**	• 명 · 청 화풍(남종화) 바탕 ⇨ 민족적 자아의식 토대, 고유한 자연과 풍속에 맞춘 새로운 화법 • 정선이 개척 ⇨ '인왕제색도', '금강전도' 등
		풍속화	• 조선 후기 사회 · 경제적 변화 반영 • 김홍도: 서민 주인공, 간결 · 소박한 필치 ⇨ '밭갈이', '추수', '씨름', '서당' 등 • 신윤복: 양반과 부녀자의 생활, 남녀 간의 애정 표현, 세련 · 섬세한 필치 ⇨ '단오도', '선유도' 등
		서양 화법	• 서양화 기법(원근, 명암) 도입 • 강세황의 '영통골 입구도', 김수철의 '투견도', 김홍도의 '삼세여래탱화'(경기도 화성 용주사 후불 탱화)
	19C	**실학적 화풍 침체**	• 문인화의 부활 ⇨ 진경산수화 · 풍속화 일시 침체 • 김정희(1786~1856)의 '세한도' • 장승업(1843~1897)의 '군마도', '수상서금도', '삼인문년도' • 신위(1769~1845)의 대(竹) 그림
		궁궐도 유행	**동궐도** — 도화서 화원들이 동궐인 창덕궁과 창경궁의 전각 및 궁궐 전경을 전통 기법과 서양화 기법을 합쳐서 조감도식으로 그린 채색 궁궐 그림 **cf** p.154 참고
			서궐도 — 경희궁과 주변의 자연환경을 한눈에 파악할 수 있도록 부감법(俯瞰法)과 평행 사선 구도를 사용, 묵화
			북궐도 — 경복궁 평면 배치도
			경기 감영도 — 서대문 밖의 경기 감영을 거리의 행인까지 함께 그림.
	기타	**민화**	서민 의식 반영, 작자 미상 ⇨ 소원을 기원, 생활 공간 장식
건축	**17C**	**대표적 건물**	금산사 미륵전, 화엄사 각황전, 법주사 팔상전(현존 최고의 목조 5층탑)
		특징	모두 규모가 큰 다층 건물, 내부는 하나로 통하는 구조
		의의	불교의 사회적 지위 향상, 양반 지주층의 경제적 성장 반영
	18C		• 쌍계사(논산), 개암사(부안), 석남사(안성) ⇨ 부농과 상인의 지원으로 지방에 장식성이 강한 사원 건축 • 수원 화성(정조) ⇨ 정약용 설계, 거중기 이용, 공격용 성곽, 종합적 도시 계획으로 건립, 유네스코 세계 문화유산 등재
	19C		경복궁의 근정전, 경회루 ⇨ 전제 왕권 강화 의도
백자	**배경**		백자의 유행 ⇨ 본격적 발전 **예** 달항아리
	청화 백자		• 흰색 바탕에 푸른 색깔로 그림을 그려 넣어 청아한 한국적 정취 • 다양한 안료: 청화, 철화, 진사 등
	옹기		서민들 주로 사용
음악	**특징**		음악의 향유층 확대 ⇨ 다양한 음악
	종류		양반층(가곡✶, 시조 애창), 서민(민요), 광대와 기생(판소리, 산조✶, 잡가 등)
기타	목공예, 화각 공예 발달 ➤ **cf** 유네스코 세계 무형 유산 등재 ➤ 조선 후기 평민들이 지어 부르던 노래의 총칭		

---

cf 조선 후기 대표 화가

조선 후기의 대표적인 화가로 3원(園) 3재(齋)가 꼽히는데, 3원이란 단원 김홍도, 혜원 신윤복, 오원 장승업을, 3재는 겸재 정선, 관아재 조영석, 현재 심사정을 일컫는다. 18세기에 유행한 화풍은 크게 진경산수화풍과 풍속화, 남종화풍인데, 그중 진경산수화풍은 정선에 의해 확립되었으며, 풍속화는 조영석에 의해 틀이 갖추어졌고, 본래 중국 화풍이던 남종문인화풍은 심사정에 의해 토착화되어 조선 화단에 뿌리내렸다.

✶ 가곡
관현악의 반주가 따르는 전통 성악곡. 선율로 연결되는 27곡의 노래 모음으로 노랫말은 짧은 시를 쓴다.

✶ 산조
느린 장단에서부터 빠른 장단으로 연주하는 기악 독주의 민속 음악으로, 장구 반주가 따르며 무속 음악과 시나위에 기교가 더해져 19세기경에 탄생하였다.

한걸음 더

✦ 조선 예술 총정리

구분	조선 전기		조선 후기		
	15세기	16세기	17세기	18세기	19세기
문학	집권 양반 담당 (훈구파: 사장 중시) • 서거정의 「동문선」	집권 양반 저조 (사림파: 경학 중시) ⇨ 다른 계층 담당, 내용 다양(서경덕, 윤선도 등)	애국적·사회 비판적 • 「홍길동전」 등	창작 주체의 다양화 • 박지원의 한문 소설 • 중인의 시사 결성	서민 문학의 전성기 (가곡, 판소리 중심)
그림	진취적, 발랄 • 안견의 몽유도원도 • 강희안의 고사관수도	자연 속에서 서정미 추구 • 사군자 유행(이정, 황집중, 어몽룡) • 이상좌의 송하보월도 • 신사임당의 초충도	실학적 화풍 • 진경산수화: 정선 • 풍속화: 김홍도, 신윤복 • 서양 화법의 도입(원근, 명암) 민화 유행(작가 미상, 서민 의식 반영)		• 복고적 화풍: 김정희의 세한도 • 궁궐도[동궐도(창덕궁) 등]
건축	공공건물 중심 ⇨ 특징: 건물 크기 법적 규제(신분 질서 유지, 사치 방지) • 숭례문, 해인사 장경판고 등	서원 건축 중심 ⇨ 주택＋정자＋사원 양식	• 금산사 미륵전 • 화엄사 각황전 • 법주사 팔상전	• 수원성 • 평양의 대동문	경복궁 근정전, 경회루
사서	• 고려국사(정도전, 태조) • 동국사략(권근, 태종) • 고려사(정인지, 세종~문종, 기전체) • 동국통감(서거정, 성종)	• 동국사략(박상) • 기자실기(이이)	• 동국통감제강(홍여하, 현종) • 동사(허목, 현종)	• 동사(이종휘, 영조) • 동사강목(안정복, 영조~정조) • 발해고(유득공, 정조) • 연려실기술(이긍익, 정조)	해동역사(한치윤, 순조)
지도	• 혼일강리역대국도지도(이회, 태종) • 동국지도(양성지, 세조, 최초의 실측 지도)	• 조선방역지도(명종) • 천하도(중국 중심의 세계관 반영)		동국지도(정상기, 영조): 백리척 고안	대동여지도(김정호, 철종): '매방(每方) 10리'라 표시, 목판본(대중화 도모)
	제작 목적: 부국강병, 중앙 집권, 국가 주도		제작 목적: 경제상·문화상의 호기심, 개인 주도 cf 모눈종이 사용 지도 유행		
지리서	• 신찬팔도지리지(세종) • 세종실록지리지(단종) • 동국여지승람(성종)	• 신증동국여지승람(중종) • 읍지	역사 | 동국지리지 (한백겸, 광해군)		아방강역고(정약용, 순조)
			인문	택리지(이중환, 영조)	대동지지(김정호, 철종)
천문학 (역법)	• 천상열차분야지도(고구려 천문도 바탕, 태조) • 칠정산(세종) cf • 첨성대(신라 경주) • 천문대(고려 개경)		시헌력(청) 지전설: 김석문, 이익(△), 홍대용, 정약용, 최한기		태양력 채택(을미개혁, 1895)
의서	• 향약집성방(세종) • 의방유취(세종) cf 향약구급방(고려 후기)		• 동의보감(허준, 광해군) • 침구경험방(허임, 인조)	마과회통(정약용, 정조, 종두법 연구)	동의수세보원(이제마, 고종, 사상 의학 확립)
농서	• 농사직설(세종) • 금양잡록(성종) cf 농상집요(고려 말, 원의 농서) ⇨ 농서집요(조선 태종)		농가집성(신속, 효종)	• 색경(박세당, 현종·숙종) • 산림경제(홍만선, 숙종) • 해동농서(서호수, 정조)	임원경제지(서유구, 순조)
도자기	분청사기 cf 순수 비색 청자(고려 전기~중기) ⇨ 양각·음각 도입 ⇨ 상감 청자(후기)	순백자	청화 백자, 달항아리 cf 서민: 주로 옹기 사용		

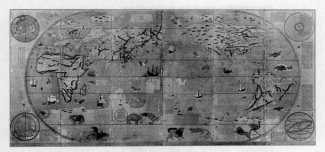

▲ 곤여만국전도(마테오 리치)

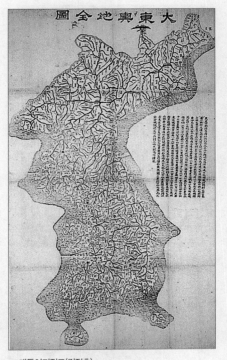

▲ 대동여지전도(김정호)

▲ 인왕제색도(정선)

▲ 야묘도추도(김득신)

▲ 단오풍정(신윤복)

▲ 월하정인(신윤복)

▲ 무동(김홍도)

▲ 서당도(김홍도)

▲ 삼인문년도(장승업)

▲ 모내기(경작도의 일부)

▲ 까치 호랑이(민화)

▲ 영통골 입구도(강세황)

▲ 문자도(민화)

▲ 세한도(김정희)

▲ 김정희의 글씨(추사체) | '죽로지실(竹爐之室)'이라는 글귀로 친구에게 써 준 다실(茶室)의 명칭

▲ 동궐도(창덕궁)

▲ 청화 백자

▲ 달항아리

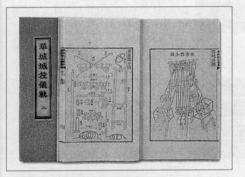

▲ 화성성역의궤(華城城役儀軌) | 조선 시대 화성(수원) 성곽 축조에 대한 경위와 제도, 의식 등을 수록한 책

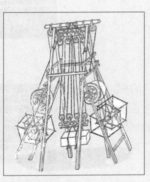

▲ 거중기(정약용 설계)

▲ 홍대용이 만든 혼천의(숭실대학교 박물관 소장)

▲ 금산사 미륵전(전북 김제)

▲ 법주사 팔상전(충북 보은)

▲ 화엄사 각황전(전남 구례)

1 삼보사찰(三寶寺刹)

삼보사찰은 불(佛)·법(法)·승(僧)의 세 가지 보물을 간직하고 있는 사찰을 의미한다. 불보는 중생들을 가르치고 인도하는 석가모니를 말하고, 법보는 부처가 스스로 깨달은 진리를 중생을 위해 설명한 교법, 승보는 부처의 교법을 배우고 수행하는 제자 집단을 말한다.

통도사(불보사찰)	자장율사가 부처의 진신사리 봉안
해인사(법보사찰)	부처의 가르침인 고려대장경(팔만대장경) 보관
송광사(승보사찰)	고려 16국사(國師) 배출

2 5대 적멸보궁(寂滅寶宮)

적멸보궁은 석가모니 부처의 진신사리(眞身舍利)를 모신 법당을 가리킨다.

영축산 통도사	신라 시대 자장이 당나라에서 귀국할 때 가져온 불사리 및 정골(頂骨)을 직접 봉안
오대산 상원사	
설악산 봉정암	
사자산 법흥사	
태백산 정암사	임진왜란 때 사명대사가 왜적의 노략질을 피해 통도사의 진신사리를 나누어 봉안

3 8대 총림(叢林)

총림은 승려들의 참선수행 전문 도량인 선원(禪院), 경전 교육 기관인 강원(講院), 계율 전문 교육 기관인 율원(律院) 및 염불 및 참법 수행을 하는 염불원을 모두 갖춘 사찰을 말한다.

조계산 송광사	조계 총림	장성 백양사	고불 총림
양산 통도사	영축 총림	금정산 범어사	금정 총림
가야산 해인사	가야 총림	팔공산 동화사	팔공 총림
예산 수덕사	덕숭 총림	지리산 쌍계사	쌍계 총림

4 전국의 주요 사찰

1. 서울·경기권

지역	사찰명	특징
개성	흥왕사	• 고려 때 건립 • 의천의 교종 통합 운동 전개 및 교장(속장경) 간행 • 공민왕 때 흥왕사의 난 발생
	국청사	• 고려 때 건립 • 의천의 해동 천태종 창시(교선 통합 운동)
여주	고달사	• 통일 신라 때 건립 • 고달사지 부도(원종대사 혜진탑): 8각 원당형 승탑
	신륵사	• 신라 때 건립 • 신륵사 다층 전탑: 고려 유일 전탑, 보물 제226호 • 신륵사 보제존자 석종: 고려 후기의 승탑, 보물 제228호
수원	용주사	• 통일 신라 때 건립 ⇨ 고려 때 소실 ⇨ 조선 후기 정조 능사(陵寺)로서 창건 • 사도 세자의 명복을 비는 사찰 • 용주사 대웅전 후불탱화: 조선 후기 불화, 원근법과 명암법 이용, 김홍도 그림 추정
서울	원각사	• 조선 세조 때 건립 • 원각사지 10층 석탑: 조선 세조, 경천사지 10층 석탑의 영향을 받음.

2. 충청도권

지역	사찰명	특징
청주	흥덕사	• 통일 신라 때 건립 • 고려 우왕 때 『(백운화상초록불조)직지심체요절』 인쇄(1377)
보은	법주사	• 신라 때 건립, 임진왜란으로 소실되었다가 조선 인조 때 중창 • 법주사 쌍사자 석등: 통일 신라 • 법주사 팔상전(17세기): 현존 최고의 목조 5층탑, 1층은 주심포 양식, 2층 이상은 다포 양식 • 유네스코 세계 문화유산
공주	마곡사	• 신라 때 건립 • 김구와 관련: 명성 황후 시해에 가담한 일본인 장교를 죽인 김구가 인천 형무소 탈옥 이후에 숨은 절 • 유네스코 세계 문화유산
예산	수덕사	• 백제 때 건립 • 수덕사 대웅전: 고려 후기, 주심포 양식, 고려 벽화 현존
부여	정림사	• 백제 때 건립 • 정림사지 5층 석탑: 일명 소정방의 평제탑
논산	관촉사	• 고려 때 건립 • 관촉사 미륵보살 입상
	쌍계사	• 통일 신라 때 건립, 17세기 중건 • 쌍계사 부도: 9세기 추정

3. 전라도권

지역	사찰명	특징
익산	미륵사	• 백제 무왕 때 건립 • 미륵사지 석탑: 현존하는 최고(最古)의 석탑 • 미륵사지 당간지주 2기 • 유네스코 세계 문화유산: 백제 역사 유적 지구
김제	금산사	• 백제 때 건립, 통일 신라 진표가 중창 • 법상종의 근본도량: 후백제 견훤이 보수 • 미륵전(17세기)
강진	만덕사(백련사)	• 통일 신라 때 건립 • 고려 후기: 요세의 백련사 결사 • 조선 세종 때 효령 대군이 복원
화순	쌍봉사	• 통일 신라 때 건립 • 철감선사 승탑: 신라 하대, 팔각 원당형 • 철감선사 탑비: 신라 하대
순천	송광사	• 신라 때 건립 • 고려 후기: 지눌의 수선사 결사 운동 • 송광사 고려 문서: 승려 수, 절의 규모, 노비 기록
	선암사	• 신라 때 건립 • 유네스코 세계 문화유산
구례	화엄사	• 통일 신라 때 건립 • 4사자 3층 석탑: 통일 신라 • 각황전(17세기)
해남	대흥사	• 신라 때 건립 • 유네스코 세계 문화유산

4. 경상도권

지역	사찰명	특징
하동	쌍계사	• 통일 신라 때 건립 • 진감국사 대공탑비: 최치원 작성 • 팔상전 영산회상도: 조선 후기 불화
합천	해인사	• 신라 때 건립 • 고려 태조 때 국찰로 지정 • 장경판전: 유네스코 세계 문화유산, 조선 태조 때 강화도 선원사의 고려 팔만대장경을 옮겨옴.
양산	통도사	• 신라 때 자장 건립 • 계율종 개창 • 대웅전: 불상이 없는 대신 금강계단(부처의 사리 안치)과 마주하고 있는 형태 • 유네스코 세계 문화유산
영주	부석사	• 통일 신라 문무왕 때 의상이 창건 • 무량수전: 고려 후기, 주심포 양식의 팔작지붕, 배흘림기둥 • 소조 아미타여래 좌상: 고려 전기, 신라 양식의 불상 • 조사당 벽화: 고려 후기의 벽화 • 석등: 통일 신라의 석등 • 유네스코 세계 문화유산
안동	봉정사	• 통일 신라 때 건립 • 극락전: 고려 후기, 현존 최고의 목조 건축, 주심포 양식의 맞배지붕 • 유네스코 세계 문화유산
대구	부인사	• 신라 때 건립 • 초조대장경 판각처: 고려 현종~문종, 몽골의 2차 침입 때 초조대장경 소실
경주	황룡사	• 신라 진흥왕 때 건립 • 9층 석탑: 선덕 여왕 때 건립, 몽골의 고려 침략 때 소실
	불국사	• 통일 신라 때 김대성이 창건 • 3층 석탑(석가탑) – 무구 정광 대다라니경 발견, 다보탑 • 유네스코 세계 문화유산
	분황사	• 신라 선덕 여왕 때 건립 • 원효의 법성종 개창 • 모전 석탑
	감은사	• 통일 신라 문무왕 때 건립 시작, 신문왕 때 완성 • 3층 석탑 2기: 통일 신라
	백률사	• 신라 때 건립 • 금동 약사여래 입상 • 이차돈 공양 석당(백률사 석당)
	봉덕사	• 통일 신라 때 건립 • 성덕 대왕 신종: 경덕왕 때 주조 시작하여 혜공왕 때 완성, 일명 에밀레종

5. 강원도권

지역	사찰명	특징
평창	월정사	• 신라 선덕 여왕 때 자장이 건립 • 8각 9층 석탑: 고려 전기, 송의 영향 • 오대산 사고: 조선 후기
	상원사	• 통일 신라 때 건립, 조선 세조 때 중창 • 상원사 동종: 성덕왕 때 제작, 현존 최고의 동종 • 세조의 문수보살 관련 전설 • 목각 문수동자상: 조선 전기
양양	진전사	• 통일 신라 때 건립, 선종계 사찰, 가지산파 도의선사 창건 • 3층 석탑 • 도의선사탑
	낙산사	통일 신라 문무왕 때 의상이 건립
원주	법천사	• 통일 신라 때 건립 • 지광국사 현묘탑: 고려 전기, 4각 평면탑, 경복궁 소재, 일제 강점기 때인 1912년경 일본으로 밀반출 되었다가 1915년에 경복궁으로 다시 옮겨옴.

간추린 선우한국사

근대 사회의 발전
(개화기)

01 : 근대 사회 발전기의 정치

근대의 세계

1. 제국주의 시대

개념	선진 자본주의 국가들이 무력으로 약소국을 침략, 식민지로 지배하려는 팽창주의
배경	• 독점 자본주의, 금융 자본주의 대두 ⇨ 자본 투자 시장 확보 필요 ⟩ ⇨ 아시아·아프리카 침략 • 민족주의의 변질 ⇨ 배타적·침략적 민족주의의 대두
사상	사회 진화론(약육강식, 적자생존)
전개	제국주의 열강 간의 대립 ⇨ 1914년 제1차 세계 대전 발발

2. 제국주의 열강의 침략

아프리카	아시아	태평양
• 영국: 종단 정책 • 프랑스: 횡단 정책 • 기타: 독일, 이탈리아, 벨기에 등 가세	• 영국: 인도와 주변 일대 지배 • 프랑스: 인도차이나 반도 지배 • 네덜란드: 인도네시아 지배 • 미국: 필리핀 지배 • 중국: 19세기 말 서양 열강의 침투, 일본의 침략 ⇨ 반식민지화 • 오스만 제국: 열강의 세력 침투	미국, 영국, 프랑스, 독일 등에 분할 점령

3. 중국의 근대화

문호 개방	• 아편 전쟁(1840) ⇨ 난징 조약(1842, 영국 – 홍콩 100년간 차지) • 2차 아편 전쟁(1858) ⇨ 베이징 조약(1860, 러시아 – 연해주 차지)
근대화 운동	• 양무운동(1861~): 중체서용, 전제 군주제, 서양식 부국강병 추구 • 변법자강 운동(1898): 일본의 메이지 유신 모방(입헌 군주제), 서양식 제도 ⇨ 실패
반제(국) 민족 운동	태평천국 운동(1851~1864), 의화단 운동(1900)

4. 일본의 근대화

문호 개방	미·일 화친 조약(1854), 미·일 통상 조약(1858)
근대화 운동	메이지 유신(1868): 화혼양재, 입헌 군주제, 징병제

메모

1. 흥선 대원군 집정기 전후의 국내외 정세

19세기 전기	흥선 대원군 집정기(1863~1873)	정부의 개화 정책
국내: 외척 세도 정치 ┌ 왕권 미약 │ 정치 기강 문란 └ 삼정의 문란 　⇨ 민란 발생 　⇨ 천주교 확산	국내 • 전제 왕권 강화책 • 민생 안정책	• 수신사 파견[1차(1876), 2차(1880), 일본] • 조사 시찰단(신사 유람단) 파견(1881. 4. 일본) • 영선사 파견(1881. 11. 청) • 보빙사 파견(1883, 미국) • 제도의 개편[통리기무아문(1880~1882) 설치]

국내: 외척 세도 정치 ⇨ 위기의식 초래 ┌ 양반: 위정척사 사상 └ 농민: 동학사상(1860)

통상 개화론자 대두(중인, 역관) ⟶ 개화사상(1870년대 초) 대두

국외: 서양 – 통상 요구	국외: 통상 거부 정책	
동아시아의 국제 정세 • 청: 아편 전쟁 ⇨ 난징 조약(1842) 　　⇨ 베이징 조약(1860) • 일본: 미 · 일 화친 조약		운요호 사건(1875) ⇨ 강화도 조약(1876)

⟶ 양무운동 (1861, 전제 군주제)
⟶ 메이지 유신(1868, 징병제, 입헌 군주제) ⇨ 정한론 대두

러시아의 중재: 연해주 획득 ⇨ 조선과 접경

2. 흥선 대원군의 정책 ^{사료 291}

국내	왕권 강화책	• 인재의 고른 등용 • 비변사 축소(폐지) ⇨ 의정부, 삼군부의 부활 및 정치와 군사의 분리 • 경복궁 중건: 원납전, 당백전, 통행세, 심도포량미(1결당 1두) 징수 • 『대전회통』, 『육전조례』 편찬
	민생 안정책	• 삼정의 개혁 　┌ 전정: 은결 색출, 부분적 양전 사업, 토지 겸병 금지 　├ 군정: 호포제(양반에게도 군포 징수) 　└ 환곡: 사창제로 전환 • 서원 대폭 정리, 만동묘 철폐
국외	통상 거부 정책	① 병인박해(1866) ② 제너럴셔먼호 사건(1866) ③ 병인양요[1866, 프랑스 함대의 강화도 점령, 한성근(문수산성), 양헌수(정족산성)] 　㏄ 순무영(임시 군영) 설치 ④ 오페르트 도굴 사건(1868) ⑤ 신미양요[1871, 미국 함대의 강화도 공격, 어재연(광성보, 갑곶)] ⑥ 척화교서, 척화비 건립
의의		• 흥선 대원군의 정책 　┌ 국내: 이익의 중농적 실학사상 　└ 국외: 위정척사 사상 • 긍정적인 면: 세도 정치 수습, 민생 안정, 부국강병 도모 • 한계: 전통 체제 내에서의 개혁, 근대화의 지연

프랑스: 강화도 외규장각에서 조선왕조의궤 등 약탈(2011년 5년 임대 방식 반환)

미국: 어재연 장군기 약탈 (2007년 장기 임대 방식 반환)

┌─────────────────────────┐
│ ㏄ 영조와 흥선 대원군의 공통점 │
│ • 서원 대거 정리 │
│ • 군제 개혁 예 균역법, 호포제 │
│ • 법전 정비 예 『속대전』, 『대전회통』 │
│ • 순무영 설치 │
└─────────────────────────┘

┌─────────────────────────┐
│ ㏄ 흥선 대원군의 정책에 대한 양반층의 불만 요인 │
│ • 서원 철폐 │
│ • 호포제 실시 │
│ • 원납전의 강제 징수 │
│ • 양반들의 묘지림 벌목 │
└─────────────────────────┘

▲ 척화비 | "洋夷侵犯 非戰則和 主和賣國 戒我萬年子孫 丙寅作辛未立 [서양 오랑캐가 침범하여 싸우지 않음은 곧 화의하는 것이요, 화의를 주장함은 나라를 파는 것이다.]"

Part 06 | 근대 정치

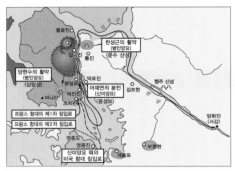

▲ 병인양요 · 신미양요

▲ 어재연 장군기 | 1871년 신미양요 때 조선군 지휘관이었던 어재연 장군의 군기로서 미군에 의해 전리품으로 약탈되었다. 2007년 미국 애나폴리스 해사 박물관으로부터 장기 대여해 136년 만에 반환되었다.

▲ 문호 개방 이전 열강의 조선 침투

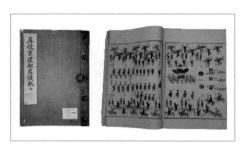

▲ 조선왕조의궤

2 국제 관계의 확대

1. 강화도 조약(1876)과 개항

> **cf** 동양 3국(중국, 한국, 일본) 문호 개방의 공통점(불평등 조약)
> • 치외 법권 인정
> • 관세 자주권 상실(5% 관세 부과, 또는 무관세 무역 규정)

배경			흥선 대원군의 하야, 통상 개화론자의 대두, 운요호 사건(1875)	
강화도 조약 (병자 수호 조약, 조·일 수호 조규) 사료 292	성격		최초의 근대적 조약, 불평등 조약	
	주요 내용 (전문 12조)	조항	주요 내용	일본의 목적
		제1관	조선국은 자주의 나라이며, 일본과 평등한 권리를 가진다.	조선에 대한 청의 종주권 부정
		제4관	조선국은 부산 외에 두 곳을 개항하고, 일본인이 왕래 통상함을 허가한다[부산(1876), 원산(1880), 인천(1883) 개항].	경제적(부산)·군사적(원산)·정치적(인천) 침략 목적
		제9관	양국 국민은 각자 임의로 무역을 하며, 양국의 관리는 조금도 이에 간여하거나 금지 또는 제한하지 못한다.	일본 상인의 자유로운 상업 활동 보장 목적
		제7관	일본국의 항해자가 자유로이 해안을 측량하도록 허가한다.	해안 측량권
		제10관	일본국 인민이 조선국 지정의 각 항구에 머무르는 동안에 죄를 범한 것은 조선국 인민에게 관계된 사건일 때에도 모두 일본 관원이 심판할 것이다.	치외 법권
후속 조치 (일본의 경제적 침략) 사료 292	조·일 수호 조규 부록(1876)		조선 내 일본 외교관의 여행 자유 허용, 개항장에서의 일본 거류민의 거주 지역 설정, 일본 상인의 활동 범위를 개항장 사방 10리 이내로 제한, 개항장에서 일본 화폐의 유통 허용 **cf** 대한 제국 지계아문(1901): 개항장 밖 외국인 토지 소유 금지	
	조·일 통상 장정 (조·일 무역 규칙, 1876)		일본의 수출입 상품에 대한 무관세·무항세, 양곡의 무제한 유출	

(제7관·제10관 일본의 목적: 결정적 자주권 침해)

2. 서양 각국과 조약 체결

(1) 조 · 미 수호 통상 조약(1882. 4.)

배경	미국의 접근, 조선 정부의 미국과의 통상 인식, 연미론의 대두(황쭌셴의 『조선책략』* 유포), 청의 알선		
성격	서양과 맺은 최초의 조약 ⇨ 불평등 조약		
내용	**조항**	**주요 내용**	**의미**
	제1조	제3국이 한쪽 정부에 부당하게 또는 억압적으로 행동할 때는 다른 한쪽 정부는 원만한 타결을 위해 주선을 한다.	거중 조정 규정 cf 청의 이홍장 제안
	제2조	체결국은 각각 외교 대표를 상호 교환하여 양국의 수도에 주재시킨다.	• 초대 공사 푸트(Foote) 부임 • 민영익, 보빙사 파견(1883) ⇨ 박정양, 미국 공사로 파견(1887)
	제4조	치외 법권은 잠정적으로 한다.	치외 법권 ⇨ 불평등 조약
	제5조	무역을 목적으로 조선국에 오는 미국 상인 및 상선은 모든 수출입 상품에 대하여 관세를 지불해야 한다. 관세율은 종가세 10%를 초과하지 않으며 사치품 등에 대하여는 30%를 초과하지 못하는 협정 세율을 정한다.	관세 협정 체결 ⇨ 불평등 조약
	제7조	양국은 아편 무역을 철저히 금한다.	
	제14조	조약을 체결한 뒤에 통상 무역 상호 교류 등에서 본 조약에 부여되지 않은 어떠한 권리나 특혜를 다른 나라에 허가할 때에는 자동적으로 미국 관민에게도 똑같이 주어진다.	최혜국 대우* ⇨ 불평등 조약

* 『조선책략』
황쭌셴의 저서. 1880년 2차 수신사 김홍집이 가지고 와서 고종에게 바친 책으로, 러시아를 막기 위해 '친중국, 결일본, 연미방(親中國, 結日本, 聯美邦)'할 것을 주장하였고, 부국강병을 위해서 신문물을 수입하고 사절단을 해외에 파견해야 한다는 내용을 담고 있다.

* 최혜국 대우
통상 · 항해 조약을 체결한 나라가 상대국에 통상 · 항해 · 입국 · 거주 · 영업 등에서 가장 좋은 대우를 받고 있는 제3국과 동등한 대우를 제공하는 일

(2) 기타 각국과의 수교

조약	연도	성격	특징	수교 방법
미국	1882	서구 국가와 맺은 최초의 조약	• 거중 조정 • 협정 관세 • 최혜국 대우	청의 알선
영국	1882 1883	• 체결은 1882년 6월 ⇨ 수정 · 조인은 1883년 ⇨ 비준은 1884년 • 영국과의 조약이 지연된 이유: 높은 관세, 애매한 치외 법권, 아편 수입을 금지한 내용에 영국 측이 불만을 품고 비준하지 않았기 때문	• 내지 통상권 • 최혜국 대우	
독일	1882 1883	조 · 독 통상 조약은 순조롭게 체결되었으나 독일이 조인을 거부 ⇨ 1883년 재조인 ⇨ 1884년 비준	• 내지 통상권 • 최혜국 대우	
러시아	1884	• 조 · 러 통상 조약 • 청과 일본의 견제로 지연	• 최혜국 대우 • 영사 재판권	직접 수교
	1888	• 조 · 러 육로 통상 장정 • 러시아 상인의 특권 강화		
프랑스	1886	천주교의 선교 인정 문제로 지연	최혜국 대우	

1. 정부의 개화 정책

개화파 인사 등용		김홍집, 김윤식, 어윤중 등 동도서기파 등용
수신사 파견 사료 293		일본에 파견 ⇨ 일본의 발전상과 세계 정세 파악
	1차(1876)	김기수(일본 기행문 『일동기유』 저술) 등
	2차(1880)	김홍집(황쭌셴의 『조선책략』 소개) 등
제도의 개편	관제 개편✱	통리기무아문(1880~1882, 청의 총리아문 모방)과 12사 설치
	군제 개편✱	5군영 ⇨ 2영(무위영, 장어영 축소), 별기군(1881, 신식군, 일본 교관 초빙, 양반 자제로 구성) 설치
문물 시찰단 파견	조사 시찰단(신사 유람단, 1881. 4.)사료 294	박정양, 어윤중, 홍영식, 유길준 등 ⇨ 일본 동래부 암행어사로 임명, 비밀리에 일본으로 감. cf 유길준: 일본 유학
	영선사(1881. 11.)	• 김윤식 + 학생, 공도(기술자) 등 ⇨ 청의 텐진 파견 • 청의 무기 제조법, 근대적 군사 훈련법 시찰 ⇨ 재정 곤란 등으로 조기 귀국, 기기창(1883, 근대적 무기 공장) 설치
	보빙사(1883)	• 민영익 · 홍영식 · 서광범 · 유길준 등 ⇨ 미국 • 신식 우편 제도, 농업 기술 연구 cf 유길준: 미국 유학

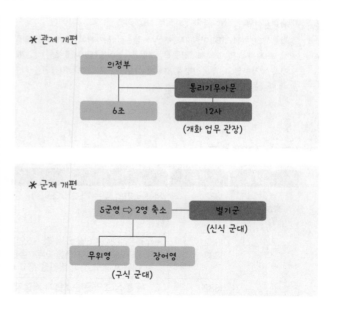

✱ 수신사 파견

구분	대표	파견 배경	영향
1차 (1876)	김기수	일본의 파견 요청	김기수의 『일동기유』 · 『수신사일기』 저술
2차 (1880)	김홍집	해관세 징수 · 제물포 개항 · 미곡 수출 금 지 · 공사의 서울 주재 문제 협의	• 황쭌셴의 『조선책략』 유입 ⇨ 미국과의 조 약 체결 • 김홍집의 『수신사일기』 저술
3차 (1882)	박영효 (철종의 사위)	임오군란 직후 체결한 제물포 조약 5조(일본 인 피해자에게 5만 원 을 지불할 것)에 의거	박영효의 『사화기략』(일 본 기행문) 저술 cf 박영효의 태극기 ⇨ 국제 사회 처음 대두 cf 김옥균은 차관 도입의 임무로 같이 일본에 감.

✱ 관제 개편

```
         의정부
                        통리기무아문
   6조             12사
                  (개화 업무 관장)
```

✱ 군제 개편

```
   5군영 ⇨ 2영 축소        별기군
                          (신식 군대)
      무위영    장어영
         (구식 군대)
```

2. 위정척사 사상✱ 사료 295 과 개화사상 사료 296

(1) 19세기 3대 사상의 성격 및 전개 과정

19세기 민족의 과제 3대 사상	국내: 反봉건 (근대화)	국외: 反외세	
위정척사 사상 [내수외양(內修外攘)]	×	○	⇨ 의병 운동
개화사상 [동도서기(東道西器)]	○	×	⇨ 애국 계몽 운동
동학사상 [보국안민(輔國安民), 제폭구민(除暴救民)]	○	○	⇨ 동학 농민 운동(1894)

1905년
을사조약 계기

✱ 위정척사 사상

위정척사는 정학(正學)과 정도(正道)를 지키고 사학(邪學)과 이단을 물리친다는 뜻이다. 성리학을 정통 사상으로 신봉하였던 조선 사회에서 '위정'은 정학인 성리학을 수호하는 것이고, '척사'는 성리학 이외의 모든 종교와 사상을 배척하는 것을 의미한다.

(2) 개화사상과 위정척사 사상의 전개 과정

18세기	19세기	1905년
이일원론, 호론 ⇒	위정척사 사상(성리학 수호, 사교 배척) – 유생, 양반 ⇒	의병 운동 본격

▌위정척사 운동의 전개

1860년대	통상 반대 운동, 척화 주전론(이항로)
1870년대	최익현✱의 왜양일체론 (개항 반대 5불가소)
1880년대	• 정부의 개화 정책 부정 (홍재학의 만언척사소, 1881) • 『조선책략』 유포 반발 ⇨ 영남 만인소 사건(1881, 이만손)
1890년대	항일 의병으로 계승(을미의병, 1895)

▌의병 운동의 전개

최초	을미의병(1895) – 을미사변, 단발령 계기 ⇨ 유인석(제천), 이소응(춘천) 등 유생 중심
본격	을사의병(1905) – 을사조약 ⇨ 민종식(홍성), 최익현(태인 ⇨ 순창), 신돌석(평민, 일월산 중심) 등 cf 평민 의병장의 대두
절정	정미의병(1907) – 고종의 강제 퇴위, 군대 해산 ⇨ 전국적 확산
서울 진공 작전 (1908)	이인영, 허위 등 13도 창의군 구성 ⇨ 실패 cf 국제법상 교전 단체 요구, 독립군임을 강조

사회진화론

북학파(낙론) ⇒	개화사상(동도서기) – 중인, 역관 ⇒	애국 계몽 운동 전개

• 청의 양무운동 (중체서용)
 • 일본의 문명개화론 (화혼양재)

▌개화 운동의 전개

1860년대	통상 개화론✱(오경석, 유홍기, 박규수 등)
1870년대	정부의 개화 정책 추진
1880년대 (개화파의 두 흐름)	**온건파** (동도서기)	김홍집, 김윤식, 어윤중 등 ⇨ 청의 양무운동 영향
	급진파 (변법자강)	김옥균, 박영효, 서광범, 유길준 등 ⇨ 일본의 문명 개화론 영향
1890년대	독립 협회(1896~1898)

▌애국 계몽 운동의 전개

보안회 (1904)	일본의 황무지 개간 요구권 철폐 cf 농광 회사(1904): 황무지 개간 회사 조직
헌정 연구회 (1905~1906)	일진회 규탄
대한 자강회 (1906~1907)	지회 설치(전국), 고종의 양위 반대 운동, 한·일 신협약 반대, 일진회 규탄
대한 협회 (1907~1910)	대한 자강회의 후신
신민회 (1907~1911)	경제적·문화적·군사적 실력 양성 운동

✱ **위정척사 사상을 자주적 민족주의 사상으로 체계화한 최익현(1833~1906)**
• 1873년 흥선 대원군의 서원 철폐 항의 상소 올림. 사료 291
• 1876년 강화도 조약 당시 개항 반대 5불가소 ⇨ 흑산도 유배
• 1895년 을미사변 당시 청토역복의제소(請討逆復衣制疏) 올림.
• 1905년 을사조약 당시 을사 5적(五賊) 처단을 주장한 청토오적소(請討五賊疏)를 올리고 의병 봉기 ⇨ 대마도 감금·순국
• 1962년 건국훈장 대한민국장 추서

✱ **통상 개화론**
중상학파 실학자들이 제기한 것으로, 19세기에 들어와 이규경, 최한기에게 계승되고 19세기 중엽 이후에는 박규수, 오경석, 유홍기 등에 의하여 깊이 연구되었다. 특히 오경석은 역관으로 청을 왕래하면서 『해국도지』, 『영환지략』 등 서양을 소개하는 서적을 가지고 귀국하여 새로운 사상에 관심을 가졌고, 진보적인 젊은이들이 이러한 사상을 배우게 되었다. 이 통상 개화론은 개화사상의 형성에 직접적인 영향을 끼쳤다.

cf **『해국도지』와 『영환지략』**
『해국도지』는 청의 위원이 세계 각국의 역사·지리·과학·기술에 대하여 설명한 책이고, 『영환지략』은 청의 서계여가 저술한 세계 지리서이다. 최한기는 이 두 책을 참고하여 『지구전요』를 저술하고 개항의 필요성을 역설하였다.

4 근대의 정치적 변화

1. 1880년대 전후 사건

1876년	강화도 조약 (조·일 수호 조규)	최초의 근대적 조약, 불평등 조약 cf p.200 참고
	조·일 수호 조규 부록	일본 상인의 활동 범위를 개항장 사방 10리 이내로 제한, 일본 화폐 유통 허용 cf 조·일 수호 조규 (부록) 속약[1882. 7. 17.(음)·8. 30.(양)]: 일본 상인의 활동 범위를 개항장 사방 50리, 2년 뒤 100리(양화진)로 확대 → 조·청 상민 수륙 무역 장정과 비교
	조·일 통상 장정 (조·일 무역 규칙)	일본의 수출입 상품에 대한 무관세·무항세, 양곡의 무제한 유출 cf 1883년 부분 수정(개정 조·일 통상 장정): 수출입 상품에 대한 관세(10%), 최혜국 대우 규정, 방곡령 조항 제시 → 조·미 수호 통상 조약(1882) 영향

1880년	황쭌셴의 『조선책략』 유포 ⇨ 남하하는 러시아를 견제하기 위한 조선의 방책으로 '친중(親中), 결일(結日), 연미(聯美)' 제시[사료 297]		
1882년	조·미 수호 통상 조약		거중 조정, 협정 관세, 치외 법권, 최혜국 조관 처음 허용
	임오군란[사료 298]	발단	구식 군대 차별, 신식군(별기군) 우대
		경과	민중 합세, 민씨 정권의 고관 처단 및 일본 공사관 습격 ⇨ 흥선 대원군의 일시적 재집권, 통리기무아문 폐지 ⇨ 일본의 군대 파견 움직임 ⇨ 청의 신속한 군대 파견, 대원군을 청에 압송
		결과	• 청: 친청 내각[청 군대 상주, 내정(마젠창)·외교(묄렌도르프) 고문 파견], 조·청 상민 수륙 무역 장정[1882. 8. 23.(음)·10. 14.(양)] 체결[사료 299] • 일본: 제물포 조약(배상금 지급), 일본 공사관 경비군 주둔 인정, 3차 수신사 박영효 파견 ⇨ 조·일 수호 조규 부록 속약[1882. 7. 17.(음)·8. 30.(양)] 체결[사료 300]

cf 장충단(獎忠壇)

을미사변과 임오군란으로 순사한 충신과 열사를 제사 지내기 위해 1900년 고종이 건립하였다. 6·25 전쟁 때 장충단의 사전(祠殿)과 부속 건물이 파손되면서 현재 장충단비만 남아 있다. 비 앞면의 '장충단(獎忠壇)'이라는 글씨는 순종이 황태자였을 때 쓴 것이다.

▲ 장충단비

cf 자주 반청(反淸)의 상징 태극기

우리나라 최초의 태극기 창안자는 1882년 5월 조·미 수호 통상 조약 체결 당시 역관이었던 이응준으로, 청의 속국임을 상징하는 청룡기 대신 새로운 국기를 제작하라는 미국 대표 슈펠트의 권유로 제작하였다. 그러나 청은 이 태극기가 일본 국기와 혼동된다는 이유로 청의 국기를 본떠 색깔만 다르게 칠하거나 태극 주변에 8괘를 그린 국기로 바꾸라고 강요하였다. 국기를 둘러싼 논의가 진행되던 중 임오군란 직후 수신사로 일본에 파견된 박영효는 청의 요구를 묵살한 채 이응준이 만든 태극기에서 4괘만 서로 좌우로 바꾸어 새로 국기를 만들었고, 이를 자신의 숙소뿐만 아니라 각국의 외교 사절단이 참석한 각종 공식 행사장에 당당하게 내걸었다. 1883년 1월 27일 정부는 박영효가 제작한 태극기를 국기로 삼는다고 공식적으로 발표하였다.

▲ 1882년 박영효가 일본으로 가는 선상에서 제작한 태극기 원형

✱ 급진 개화사상가 김옥균(1851~1894)

• 1881년 일본 시찰, 1882년 수신사 박영효 일행의 고문으로 일본 시찰
• 1883년 일본에 가서 차관 교섭 ⇨ 실패 ⇨ 1884년 박영효, 홍영식, 서광범 등 급진 개화파와 갑신정변 주도 ⇨ 실패 후 일본 망명 ⇨ 1894년 상하이로 건너갔다가 자객 홍종우에게 살해됨.

1884년	조·러 통상 조약(1884. 6.)		러시아와 직접 수교		
	갑신정변 (1884. 12.)	개화파의 두 흐름[사료 301]	온건파(수구당)	김홍집, 김윤식, 어윤중+민씨 정권 ⇨ 청의 양무운동 영향(전제 군주제)	
			급진파(개화당)	김옥균✱, 박영효, 홍영식, 서광범 등 ⇨ 일본의 메이지 유신 영향(입헌 군주제)	
		배경[사료 302]	친청 세력의 개화당 탄압, 청·프 전쟁으로 청군의 일부 철수, 일본 공사의 지원 약속		
		경과	우정국 개국 축하연 이용 ⇨ 국왕의 거처를 경우궁(창덕궁 안 사당)으로 이동 ⇨ 개화당 정부 수립 ⇨ 14개조 개혁 요강 마련 ⇨ 실패(청 군대 창덕궁 호위, 일본군과 총격전 끝에 왕을 구출) ⇨ 일본 공사관 습격, 홍영식·박영교 등 피살, 김옥균·박영효·서광범·서재필 등 일본 망명		
		결과[사료 303]	• 청의 내정 간섭 더욱 강화 →3일 천하 • 한성 조약 체결(1885. 1.): 조선과 일본 • 톈진 조약 체결(1885. 4.): 청과 일본 ⇨ 조선에서 양국군 철수, 장차 조선에 파병할 경우 상대국에게 미리 통보 ⇨ 일본은 청과 동등하게 조선에 대한 파병권 획득 • 개화 세력의 위축		
		의의	근대 국가 건설을 목표로 한 최초의 정치 개혁 운동		
			정치	중국에 대한 사대 관계 청산, 입헌 군주제 시도	
			사회	문벌 폐지, 인민 평등권 확립	
		한계	• 민중을 개혁의 주체로 인식 못함. ⇨ 일반 민중의 지지 결여 • 외세 의존적 성향		

cf 갑신정변 이후의 정세 변화

• 조선 정부의 외교: 반청 친러 경향
• 일본의 침략 형태: 정치적 침략 ⇨ 경제적 침략

✦ 갑신정변의 14개조 개혁 요강

14개조 개혁 내용	의미
1. 청에 잡혀간 흥선 대원군을 곧 돌아오도록 하게 하며, 종래 청에 대하여 행하던 조공의 허례를 폐지한다.	청에 대한 사대 폐지
2. 문벌을 폐지하여 인민 평등의 권리를 세워, 능력에 따라 관리를 임명한다.	양반 중심의 정치 체제 및 신분제 폐지
3. 지조법을 개혁하여 관리의 부정을 막고 백성을 보호하며, 국가의 재정을 넉넉하게 한다.	조세 제도의 개혁
4. 내시부를 없애고, 그중에 우수한 인재를 등용한다.	국왕의 보좌 기관 폐지 ⇨ 왕권 약화
5. 부정한 관리 중 죄가 심한 자는 치죄한다.	탐관오리 엄벌
6. 각 도의 환상(환곡)미는 영구히 받지 않는다.	환곡제 폐지
7. 규장각을 폐지한다.	외척 세도 정치의 기반으로 변질된 규장각 폐지 ⇨ 왕권 약화
8. 급히 순사를 두어 도둑을 방지한다.	근대적 경찰 제도 도입
9. 혜상공국을 혁파한다.	보부상 보호 폐지
10. 귀양살이 중이거나 옥에 갇혀 있는 자는 그 정상을 참작하여 적당히 형을 감한다.	형사 정책 개혁 ⇨ 민심 획득
11. 4영을 합하여 1영으로 하되, 영 중에서 장정을 선발하여 근위대를 급히 설치한다.	군사 제도 개혁 ⇨ 병권의 일원화
12. 모든 재정은 호조에서 통할한다.	재정의 일원화
13. 대신과 참찬은 매일 합문 내의 의정부에 모여 정령을 의결하고 반포한다.	내각의 권한 강화
14. 의정부, 6조 외의 모든 불필요한 기관을 없앤다.	

✦ 갑신정변 실패 이후 주도 세력의 활동

김옥균은 10년간 일본에서 망명 생활을 하면서 일본과의 협력을 모색하였는데, 상하이로 이홍장을 만나러 갔다가 자객 홍종우에게 암살당하였다. 박영효·서광범·서재필은 1885년 미국으로 건너갔고, 1894년 박영효와 서광범은 귀국하여 2차 갑오개혁에 참여하였다. 한편 서재필은 미국에 귀화하였으나, 1896년 일시 귀국하여 독립신문을 발간하고 독립 협회를 결성하였다. 갑신정변의 주도 세력과 친분이 있었던 유길준은 미국 유학 중에 갑신정변의 여파로 유학 비용이 끊기자 귀국길에 올랐는데, 1885년 인천에 도착하자마자 갑신정변 주모자와의 친분 관계로 체포되어 7년간 연금 생활을 하였다. 그는 이 기간 동안 『서유견문』을 집필하였으며, 그의 개화사상은 1894년 갑오개혁의 이론적 근거가 되었다.

1885년 (~1887)	거문도 사건	러시아의 남하 정책에 대항하여 영국이 거문도를 불법 점령 **cf** 독일 영사 부들러, 유길준, 김옥균 등 중립국 구상 ^{사료 304} **cf** 중립국론 대두 • 독일 영사 부들러: 한반도의 영세 중립화 건의 • 유길준: 중국 주재하 강대국이 보장하는 한반도의 중립론 구상 • 김옥균: 중립국 구상	
1888년	조·러 육로 통상 조약	경흥 개방, 두만강 운항권 차지	

| 1889년 | 방곡령 사건 | 배경 | 벼를 추수하기 전에 미리 대금을 싼값에 지불하고 매입하는 것
일본의 경제 침략 (조선 →(곡물 수매(입도선매, 고리대 방법)) 일본 / 초기: 영국산 면제품 ⇨ 자국 물건)
⇨ 1890년대 초 조선의 무역에서 일본이 수출액의 90% 이상, 수입액의 50% 이상 차지 |
| | | 방곡령 선포 (1889) | 일본의 경제적 침략에 대응, 함경도와 황해도 지방에서 곡물의 수출 금지
⇨ 결과: 실패, 배상금 지불(1883년 개정 조·일 통상 장정에 의거), 농민층의 동요 |

▲ 한반도를 둘러싼 외세의 각축

2. 1890년대

➡️ 동학교조 최제우의 억울함을 풀어 달라는 동학교도들의 운동

(1) **1892~1893년**: <u>교조 신원 운동</u>^{사료 305}[1차: 삼례 ⇨ 2차: 서울 복합 상소 ⇨ 3차: 보은(탐관오리 숙청, 일본과 서양 세력 축출 요구 ⇨ 사회적 · 정치적 운동 전환)]

(2) **1894년**: 동학 농민 운동^{사료 306} **cf** 동학 농민 운동 기록물 - 유네스코 세계 기록 유산 등재

	제1기 (고부 민란, 1894. 1.)	고부 군수 조병갑의 탐학, 전봉준*봉기 ⇨ 10여 일 만에 해산
전개 과정	제2기 (1차 농민 봉기, 1894. 3.~4.)	• 안핵사 이용태의 편파적 민란 처리 원인 ⇨ 고부, 백산(호남 창의소 조직, 4대 강령 · 격문 발표), 태인 등 봉기 ⇨ 황토현 전투 ⇨ 장성 황룡촌 전투[경군(京軍)과 접전] ⇨ 전주 점령 • 보국안민, 제폭구민의 기치를 내걸었던 시기 **cf** 동학군의 전주 점령에 대한 정부의 두 가지 전략 1. 동학군에게 휴전 제의 ⇨ 5월 8일 전주 화약 체결 2. 청군에게 진압 요구 ⇨ 청 상륙(5월 5일~5월 7일) ⇨ 일본 상륙(5월 6일~5월 9일) ⇨ 일본의 경복궁 점령(6월 21일) ⇨ 청 · 일 전쟁 발발(6월 23일) ⇨ 1차 갑오개혁 실시(6월 25일)
	제3기 (폐정 개혁안 실천기, 1894. 5.)	• 정부와 전주 화약 체결, 집강소 설치(전라도) ⇨ 폐정 개혁안을 실천에 옮긴 시기 ➡️ 전라도 지방의 행정과 치안을 담당하는 민정 기관 • 정부: 교정청 설치, 개혁 시도
	제4기 (재봉기, 1894. 9.)	정부의 개혁(교정청) 부진, 일본의 내정 간섭 ⇨ 삼례 재봉기 ⇨ 논산 집결 ⇨ 공주 우금치에서 패배 **cf** 전봉준 - 순창에서 검거 **cf** 양반 · 유생 · 부호 · 향리 등 민보군 조직 - 잔여 동학 세력 진압
성격		반봉건 · 반외세의 민족 운동
영향		• 반봉건 성격: 갑오개혁에 일부 반영, 전통 질서 붕괴 촉진 • 반침략적 성격: 의병 운동에 가담, 의병 운동 활성화 • 대외적 영향: 청 · 일 전쟁 유발
한계		근대적 사회 의식 부족

✱ 녹두 장군 전봉준(1855~1895)

• 1890년 동학에 입교, 고부 접주로 임명됨.
• 1893년 고부 군수 조병갑의 탐학에 반발하여 동지들과 사발통문 작성, 1894년 고부 민란을 주도, 안핵사 이용태가 책임을 동학교도에게 돌리자 동도대장으로 추대되어 백산 봉기
• 1894년 4월 말 전주성 점령, 5월 8일 전주 화약 체결 후 집강소 설치, 청 · 일 전쟁 발발 후 농민군 재봉기, 공주 우금치 전투에서 패한 후 순창에서 체포되어 1895년 사형당함.

▲ 전봉준 | 1894년 12월 순창에서 체포된 전봉준이 들것에 실려 호송되고 있다.

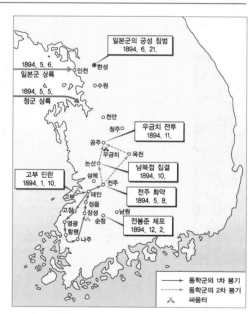

▲ 동학 농민 운동의 전개

◆ 폐정 개혁 12개조

폐정 개혁 12개조 내용	의미
1. 동학도는 정부와의 원한을 씻고 서정에 협력한다.	왕조 자체는 인정
2. 탐관오리는 그 죄상을 조사하여 엄징한다.	봉건적 지배층 타파
3. 횡포한 부호(富豪)를 엄징한다.	
4. 불량한 유림과 양반의 무리를 징벌한다.	
5. 노비 문서를 소각한다.	봉건적 신분제 폐지
6. 7종의 천인 차별을 개선하고, 백정이 쓰는 평량갓은 없앤다.	(⇨ 이후 갑오개혁에 가장 잘 반영된 부분)
7. 청상과부의 개가를 허용한다.	
8. 무명의 잡세는 일체 폐지한다.	조세 제도의 개혁
9. 관리 채용에 지벌(地閥)을 타파하고 인재를 등용한다.	관리 등용 개선
10. 왜와 통하는 자는 엄징한다.	반외세적 성격
11. 공사채를 물론하고 기왕의 것을 무효로 한다.	부채 탕감으로 농민 생활 안정
12. 토지는 평균하여 분작한다.	자영농 육성

cf 갑오년(1894)·을미년(1895) 주요 사건 일지

1894. 1. 10.	고부 민란
3.~4.	동학군 1차 봉기 ⇨ 고부 ⇨ 백산(격문, 4대 강령 발표) ⇨ 태인 ⇨ 황토현 ⇨ 장성 황룡촌 ⇨ 전주 점령(4. 27.)
5. 5.~5. 7.	청군 상륙
5. 8.	전주 화약
5. 6.~5. 9.	일본군 인천 상륙
6. 11.	조선 정부 교정청 설치 cf 농민군: 전라도에 집강소 설치
6. 21.(양력 7. 23.)	일본군 경복궁 침입
6. 23.(양력 7. 25.)	청·일 전쟁 발발
6. 25.(양력 7. 27.)	1차 갑오개혁(군국기무처 설치)
9. 18.	동학 농민 재봉기
10.	남·북접군 논산 집결
11.	공주 우금치 전투
12.	2차 갑오개혁(군국기무처 폐지)
1895. 3. 23.(양력 4. 17.)	시모노세키 조약
3. 29.	삼국 간섭
8. 20.	을미사변, 을미개혁

▶ 날짜 표기는 1895년까지는 음력으로 통일, 1896년부터는 양력으로 표기하였음.

Part 06 | 근대 정치

메모

(3) 1894~1895년: 갑오개혁 ^{사료 307}

배경	• 조선의 자주적 개혁 추진: 교정청 설치 ⇨ 자주적 개혁 시도 • 일본의 개혁 강요: 일본의 경복궁 점령 ⇨ 친일 내각 구성 ⇨ 개혁 추진	
제1차 개혁 (1894. 7.~ 1894. 12.)	1차 김홍집✱ 내각, 대원군 섭정, 군국기무처 설치(초정부적인 회의 기관)	
제2차 개혁 (1894. 12.~ 1895. 7.)	2차 김홍집·박영효 연립 내각, 대원군 실각, 군국기무처 폐지 ⇨ 고종의 독립 서고문, '홍범 14조' 반포 **cf** p.209 '갑오·을미개혁의 주요 내용 비교' 확인 • 독립서고문: 국왕이 나라의 자주독립을 선포한 일종의 독립 선언문(공문서 사상 처음으로 한글로 작성) • 홍범 14조: 자주권·행정·재정·교육·관리·임용·민권 보장의 내용을 규정한 국정 개혁의 기본 강령 **cf** 2차 갑오개혁 직전 발표	
주요 내용	정치	'개국' 연호 사용, 왕실과 정부의 사무 분리, 과거제 폐지('선거조례'와 '전고국관제' 제정), 지방관의 권한 축소(사법권, 군사권 배제) ⇨ 사법권의 독립, 경찰제 확립
	경제	재정의 일원화(1차 탁지아문 ⇨ 2차 탁지부 관장), 왕실과 정부의 재정 분리, 조세의 금납제, 은 본위 화폐 제도, 도량형의 개정·통일 **cf** 2차: 궁내부 내장원 신설
	사회	신분제 철폐, 공·사노비 제도 철폐, 봉건적 폐습 타파(조혼 금지, 인신매매 행위 금지, 과부 재가 허용, 고문과 연좌법 폐지 등)
	군사	훈련대 창설·확충, 사관 양성소 설치 시도 ⇨ 개혁 소홀
평가	긍정적 평가	자주적 개화 운동의 연장(갑신정변 ⇨ 동학 농민 운동의 연장, 조선의 개화 관료가 추진)
	부정적 평가	일본에 의한 타율적 개혁(⇨ 군제 개혁 소홀, 동학의 토지 평균 분작 ×, 민권 보장 ×)

cf 갑오개혁 때 중앙 행정 조직표

	1차 (8아문)	2차 (7부)
내무아문		내부
외무아문		외부
탁지아문		탁지부
군무아문		군부
법무아문		법부
학무아문		학부
공무아문		농상공부
농상아문		

국왕 ─ 궁내부 / 의정부
중추원 (자문 기구)
도찰원 (감찰 기구)
회계심사원
경무청 (경찰 기구, 내무아문 소속)

한걸음 더

✦ 갑오개혁의 홍범 14조

홍범 14조 내용	의미
1. 청에 의존하려는 생각을 버리고 자주독립의 기초를 세운다.	청의 종주권 부인
2. 왕실 전범(典範)을 제정하여 왕위 계승의 법칙과 종친과 외척과의 구별을 명확히 한다.	국왕 친정 체제 확립
3. 임금은 각 대신과 의논하여 정사를 행하고, 종실(宗室), 외척의 내정 간섭을 용납하지 않는다.	국왕의 전제권 약화, 내각의 권한 강화
4. 왕실 사무와 국정 사무를 나누어 서로 혼동하지 않는다.	
5. 의정부(議政府) 및 각 아문(衙門)의 직무, 권한을 명백히 규정한다.	
6. 납세는 법으로 정하고 함부로 세금을 징수하지 아니한다.	조세 개정 법률주의
7. 조세의 징수와 경비 지출은 모두 탁지아문(度支衙門)의 관할에 속한다.	재정의 일원화
8. 왕실의 경비를 절약하여 각 아문과 지방관의 모범이 되게 한다.	왕실과 정부의 예산 정비
9. 왕실과 관부(官府)의 1년 회계를 예정하여 재정의 기초를 확립한다.	
10. 지방 제도를 개정하여 지방 관리의 직권을 제한한다.	지방 제도 개편(⇨ 사법권 독립)
11. 총명한 젊은이들을 파견하여 외국의 학술, 기예를 견습시킨다.	선진 문물의 도입
12. 장교를 교육하고 징병을 실시하여 군제의 근본을 확립한다.	국민 개병제(부병제) 실시
13. 민법, 형법을 제정하여 인민의 생명과 재산을 보전한다.	법치주의에 의한 국민의 생명·재산 보호
14. 문벌을 가리지 않고 인재 등용의 길을 넓힌다.	문벌 폐지와 인재 등용

(4) 1894~1895년: 청·일 전쟁(⇨ 일본의 승리: 시모노세키 조약✱)

✱ 시모노세키 조약
1. 조선은 독립국임을 확인한다.
2. 청은 일본에 대해 남만 철도, 요동반도, 타이완, 평호도를 할양한다.
3. 청은 일본에 배상금 2억 냥을 지불한다.
4. 청국 내의 일본군은 3개월 내에 철병한다.

✱ 온건 개화사상가 김홍집(1842~1896)
• 1880년 2차 수신사로 임명되어 일본에 다녀옴. 이때 황쭌셴의 『조선책략』을 가져와 신문화 수입과 외교 정책 건의
• 1882년 임오군란 후 제물포 조약과 1884년 갑신정변 후 한성 조약 체결에 개입
• 1894년 일본이 군대를 동원하여 1차 김홍집 친일 내각을 성립시키고 갑오개혁 단행, 이때 김홍집은 조선의 마지막 영의정에서 최초의 총리대신이 됨. ⇨ 일본은 군국기무처 해산, 김홍집·박영효 연립 내각(제2차 김홍집 내각) 출범 ⇨ 박영효 등과의 갈등으로 사임 ⇨ 1895년 삼국 간섭 이후 친러파가 기용된 3차 김홍집 내각 수립 ⇨ 일본의 을미사변 이후 4차 김홍집 내각 수립, 을미개혁 추진
• 1896년 아관 파천 이후 김홍집 내각은 붕괴되고 친러파 내각 수립 ⇨ 광화문에서 군중들에 의해 살해됨.

(5) 1895년

① 삼국 간섭(러시아·프랑스·독일 ⇨ 일본 압력) ⇨ 조선: 친러 내각(제3차 김홍집 내각: 온건 개화파와 친러파의 연립 내각)
② 을미사변(명성 황후 시해 사건, 일본 공사 미우라) ⇨ 을미개혁 (제4차 김홍집 내각)

한걸음 더

❖ 갑오·을미개혁의 주요 내용 비교

구분	갑오개혁		을미개혁
	1차 개혁	2차 개혁	3차 개혁
주도 세력	• 군국기무처 중심 • 흥선 대원군의 섭정 • 친일 내각(1차 김홍집 내각) cf 김홍집: 최초 총리대신 임명	• 군국기무처 폐지 • 홍범 14조(2차 개혁 직전 발표) • 2차 김홍집·박영효 연립 내각	• 을미사변 후 개혁 추진 • 4차 김홍집 내각
정치·행정	• 정부(의정부)와 왕실(궁내부) 사무 분리 • 중국 연호 폐지, '개국' 연호 사용 • 6조제 ⇨ 80아문제 • 경무청 신설 • 과거제 폐지 • 문무관의 차별 폐지 • 왕의 관리 임명권 제한: 1, 2등의 칙임관은 왕이 직접 임명, 중급 관리는 대신이 추천하고 왕이 임명, 하급 관리는 대신 등 기관장이 직접 임명	• 내각제 시행 • 80아문제 ⇨ 7부제 • 8도제 ⇨ 23부제 • 사법권과 행정권의 분리 • 재판소 설치 • 훈련대·시위대 설치	• '건양' 연호 사용 • 친위대(중앙)·진위대(지방) 설치 ✱ 재정의 일원화 내각제의 강화로 권한이 축소된 국왕 및 왕실 측이 반발하여 2차 갑오개혁 때 궁내부 내장원을 신설하였다. 내장원이 국내의 주요 재원을 관장하면서 재정의 일원화는 사실상 이루어지지 못하였다.
경제	• 재정의 일원화✱: 탁지아문 • 은 본위제 채택 • 도량형 통일 • 조세 금납제	• 탁지부 • 탁지부 산하 관세사·징세사 설치 ⇨ 징세 업무 강화 • 궁내부 안에 내장원 설치	
사회·교육	• 공·사노비법 타파 • 연좌법 폐지 • 조혼 금지 • 과부 재가 허용 • 의복 간소화	• 한성 사범 학교 설립(1895) • 소학교 관제·외국어 학교 관제 공포 cf 고종 – 교육 입국 조서 발표(1895)	• 단발령 실시 • 태양력 사용 • 종두법 시행(지석영) • 소학교령 제정 사료 330 ⇨ 소학교 설치 • 우체사 설치 ⇨ 우편 사무 재개

cf 1894년~1896년 주요 사건 흐름도

동학 농민 운동 (1894. 1.~1894. 12.)	1차 갑오개혁(1894. 6.)	2차 갑오개혁 (1894. 12.)		을미개혁 (1895. 8.)	아관 파천 (1896)
	청·일 전쟁(1894. 6.)	삼국 간섭 (1895. 3.)			

✤ 갑신정변, 동학 농민 운동, 갑오개혁의 주요 개혁안 비교

갑신정변(14개조 개혁)	동학 농민 운동(12개조 폐정 개혁)	갑오개혁(홍범 14조)
문벌 폐지	각종 천민 차별 금지	신분제 폐지
지조법 개혁	무명의 잡세 폐지	조세 법률주의(은 본위제, 도량형 통일)
재정의 일원화(호조)		재정의 일원화(탁지아문)
규장각 폐지, 순사제 실시		근대 경찰제 실시
	청상과부의 개가 허용	과부의 개가 허용 및 봉건적 악습 폐지
	왜와 통하는 자 엄징	
	토지의 평균 분작	
1. 최초의 근대적 정치 개혁(입헌 군주제) 2. 한계: 위로부터의 급진적 개혁, 민중을 개혁의 주체로 보지 않음.	1. 반봉건 · 반외세의 민족 운동 2. 한계: 민권 의식 결여	1. 근대 사회로의 계기 마련 2. 한계 　• 타율적 개혁 　• 군제 개혁 소홀 　• 토지 평균 분작 안 함. 　• 국민 참정권 보장 안 함.

▶ 갑신정변, 동학 농민 운동, 갑오개혁에서 공통으로 제기된 개혁: 신분제 폐지, 조세 제도의 개혁

(6) 1896년 　▶ 고종과 왕세자가 왕궁을 버리고 러시아 공사관으로 피신한 사건
① 아관 파천 ⇨ 친러 내각 구성 ⇨ 열강의 이권 침탈 강화 [근거] 최혜국 조관
② 「독립신문」 창간(1896. 4.) ⇨ 독립 협회 창립(1896. 7.) 사료 308

성격	진보적 지식인(서재필, 윤치호, 이상재, 남궁억 등)+도시 시민층 등 광범위한 사회 구성원 ⇨ 근대적 시민 단체	
3대 사상	자주 국권 사상(⇨ 민족주의), 자유 민권 사상(⇨ 민주주의), 자강 개혁 사상	
활동	자주 국권 운동	• 만민 공동회 개최(1898) • 우리나라 최초의 근대적 민중 대회 • 외국의 내정 간섭과 이권 요구 및 토지 조차 요구 등에 대항하여 국권 수호 운동 전개(러시아, 프랑스)
	자유 민권 운동	• 국민의 기본권 확보 운동 • 국민 참정 운동 전개, but 공화정 ×
	자강 개혁 운동	근대화 추진
	진보적 내각(박정양) 수립	관민 공동회 개최(1898): 헌의 6조 결의
	의회식 중추원 관제 반포	우리나라 역사상 최초로 의회 설립 단계에 도달
해산	보수 세력의 탄압으로 해산(1898) 예 정부의 황국 협회(1898, 보부상 단체)를 이용한 탄압	

▲ 독립문 | 중국 사신을 맞던 영은문 자리에 세웠다.

✤ 관민 공동회의 헌의 6조

헌의 6조 내용	의미
1. 외국인에게 의지하지 말고 관민이 한마음으로 힘을 합하여 전제 황권을 견고하게 할 것	자주 국권 확립 및 전제 왕권 고수
2. 외국과의 이권에 관한 계약과 조약은 각 대신과 중추원 의장이 합동 날인하여 시행할 것	이권 침탈 방지
3. 국가 재정을 탁지부에서 전관하고 예산과 결산을 국민에게 공포할 것	재정의 일원화
4. 중대 범죄를 공판하되, 피고의 인권을 존중할 것	재판의 공개와 피고의 인권 존중
5. 칙임관을 임명할 때에는 정부에 그 뜻을 물어서 중의에 따를 것	입헌 군주제 강조
6. (갑오개혁 이후 제정된) 장정을 반드시 지킬 것	법치 행정 실시

(7) 1897년: 대한 제국 성립 사료 309

성립	• 러시아 공사관에서 경운궁(지금의 덕수궁)으로 환궁 • 국호를 대한 제국, 연호를 광무, 환(원)구단✱ 축조, 왕을 황제라 칭하고 자주 국가임을 선포 **cf** 명성 황후 장례식(1897, 대한 제국 첫 공식 행사)	
	성격	복고 정책, 구본신참(舊本新參)의 원칙

광무개혁	**정치**	• 전제 군주제 ⇨ 독립 협회의 정치 개혁 운동 탄압
		• 대한국 국제 반포(1899): 『만국공법』에 준해 대한 제국이 전제 정치 국가이며 황제권이
		 무한함을 밝힌 일종의 헌법
		• 교정소 설치(1899): 황제 직속의 특별 입법 기구
		• 관제 개혁: 지방 행정−13도 개편, 중추원 설치(황제 자문 기구)
		• 군제 개혁 ┌ 근대적 해군 체제 도입: 근대적 군함 양무호(1903)와 광제호(1904) 구입
		  ├ 원수부 창설(1899): 황제가 직접 군대 관할, 육군 무관 학교(1898) 설립
		  └ 경위원 설치(1901): 궁내부 안에 설치, 궁궐 수비 담당 **cf** 제국 익문사: 황제 직속 정보 기관

	경제	• 양지아문(1898)·지계아문(1901) 설치 ⇨ 두 차례 양전 사업 실시[일부 지역에 지계 발급(근대적 토지 소유권 제도)] • 화폐 조례 공포(1901, 금 본위제) • 상공업 진흥책(실업 교육 강조, 유학생 파견), 근대 시설 확충 등(⇨ 궁내부 내장원 담당) • 목포·진남포(1897), 군산(1899) 자발적 개항
	자주적 외교	• 청: 불평등한 통상 장정 수정(조·청 통상 조약, 1899), 이범윤을 간도 관리사로 파견(1902), 간도를 함경도 행정 구역에 포함 **cf** p.212 참고 • 러시아: 연해주 블라디보스토크에 통상 사무관 설치 • 독도 사료 310: 울릉도를 군으로 승격(1900. 10. 25. 대한 제국 칙령 제41호) ⇨ 독도 관할 • 만국 우편 연합 가입(1900), 파리 만국 박람회 참여(1900) **cf** 수민원(1902) 설치: 외국 여행권 관장, 궁내부 안에 설치
한계	• 집권층의 보수적 성향과 열강의 간섭으로 큰 성과를 거두지 못함. • 진보적 정치 개혁 운동을 탄압하여 국민적 지지 상실	

cf 근대적 군사 제도
- 기연해방영(1884): 수도 방어 업무에서 왕실 숙위 부대로 변화
- 통제영학당(1893~1896?): 영국 해군 교관을 초빙하여 양반 자제 교육

✱ 환(원)구단(圜丘壇)

기능	하늘에 제사 지내는 곳
기원	초기 국가의 제천 행사
고려	성종 대 환(원)구단 설치, 원구제 제도화
조선 초	원구제 필요 시 거행
1456년	환구단 설치 ⇨ 이후 폐지
대한 제국(1897)	환구단 부활(황제 즉위식)
1913년	환구단 철거

▲ 환(원)구단 | 고종이 황제 즉위식을 거행한 곳이다.

한걸음 더

✦ 대한 제국의 대한국 국제 요약(1899)

제1조 대한국은 세계 만국이 공인한 자주독립 제국이다.

제2조 대한국의 정치는 만세불변의 전제 정치이다.

제3조 대한국 대황제는 무한한 군권을 누린다.

제4조 대한국 신민이 군권을 침해하면 신민의 도리를 잃은 자로 간주한다.

제5조 대한국 대황제는 육·해군을 통솔한다.

제6조 대한국 대황제는 법률을 제정하여 그 반포와 집행을 명하고, 대사, 특사, 감형, 복권 등을 명한다.

제7조 대한국 대황제는 행정 각 부의 관제를 정하고, 행정상 필요한 칙령을 발한다.

제8조 대한국 대황제는 문무관리의 출척 및 임면권을 가진다.

제9조 대한국 대황제는 각 조약 체결 국가에 사신을 파견하고 선전, 강화 및 제반 조약을 체결한다.

✦ 역대 독자적 연호 – 국내: 왕권 강화, 국외: 중국과의 대등성

국명	연호	왕명	기간	국명	연호	왕명	기간
고구려	영락(永樂) 건흥(建興)	광개토 대왕 ?	391~412 ?	마진	무태(武泰) 성책(聖册)	궁예 궁예	904~905 905~910
신라	건원(建元) 개국(開國) 대창(大昌) 홍제(鴻濟) 건복(建福) 인평(仁平) 태화(太和)	법흥왕 진흥왕 진흥왕 진흥왕 진평왕 선덕 여왕 진덕 여왕	536~550 551~567 568~571 572~583 584~633 634~647 647~650	태봉	수덕만세(水德萬歲) 정개(政開)	궁예 궁예	911~913 914~918
				고려	천수(天授) 광덕(光德) 준풍(峻豊)	태조 광종 광종	918~943 950~959 960~963
발해	천통(天統) 인안(仁安) 대흥(大興) 중흥(中興) 정력(正曆) 영덕(永德) 주작(朱雀) 태시(太始) 건흥(建興) 함화(咸和)	고왕 무왕 문왕 성왕 강왕 정왕 희왕 간왕 선왕 이진	698~719 719~737 737~793 794~795 795~809 809~813 813~817 817~818 818~830 830~858	대위	천개(天開)	묘청	1135
				조선 대한 제국	개국(開國) 건양(建陽) 광무(光武) 융희(隆熙)	고종 고종 고종 순종	1894~1895 1896~1897 1897~1907 1907~1910

〈자료: 한국 민족 문화 대백과사전〉

3. 간도와 독도

(1) 간도

18세기	조선과 청 합의로 백두산정계비 건립(1712, 숙종 38년) ⇨ '…… 西爲鴨綠 東爲土門 故於分水嶺上 ……'이라 하여, 서는 압록강, 동은 토문강으로 두 나라 사이의 경계를 정함.

19세기 말	• 간도 귀속 문제 발발 ⇨ 백두산정계비의 토문강에 대한 해석 차이 ─ 청 측: 두만강 주장
	                                                          ─ 조선 측: 송화강 상류 주장
	• 정부의 대응 ─ 어윤중(1883): 서북 경략사로 임명
	               ─ 이중하(1885): 토문 감계사로 파견, 백두산정계비의 토문강이 송화강 상류이고 간도가 우리 영토임을 주장
	               ─ 이범윤(1902): 간도 시찰원으로 파견 ⇨ 1903년 간도 관리사로 임명 ^{사료 311}, 간도를 함경도의 행정 구역으로 포함·관리, 현지에서 포병 양성 및 조세 징수
	    cf 이범윤의 유언: "청산리 큰 바위 밑에 내 유품이 있으니 광복하면 반드시 찾아오라."

간도 파출소 설치 (1907)	일본–간도 관리 자처, 간도 용정촌에 간도 파출소 설치
간도 협약(1909) 사료 312	청과 일본 간의 합의: 일본은 만주의 안봉선 철도 부설권을 얻는 대가로 간도를 청의 영토로 인정 cf 간도 협약의 부당성: 일본이 외교권을 박탈한 을사늑약이 무효이기 때문에 간도 협약도 무효

(2) 독도: 러·일 전쟁 중 불법적으로 독도 강탈(1905. 2.), 다케시마[竹島]라 하고 일본의 영토에 포함 ⇨ 광복 후 우리 영토로 다시 귀속 cf p.165~167 참고

메모

4. 러 · 일 전쟁 및 국권 침탈 과정

(1) 1904~1905년: 러 · 일 전쟁 발발 및 제국주의적 조약(일제의 한국 독점 인정)^{사료 313}

조약명	시기	당사국	내용
영 · 일 동맹(1차)	1902. 1.	일본과 영국	러시아에 대한 군사적 동맹으로 청에 대한 영국의 이권과 한국에 대한 일본의 이권 존중
가쓰라 · 태프트 밀약	1905. 7.	일본과 미국	미국의 필리핀 지배와 일본의 한국 지배 인정
영 · 일 동맹(2차)	1905. 8.	일본과 영국	영국의 인도 지배와 일본의 한국 지배 인정
포츠머스 강화 조약	1905. 9.	일본과 러시아	일본은 한국에 대한 지배권을 국제적으로 묵인받고 요동반도를 영유하여 대륙 침략의 발판을 마련하였으며 사할린 남부를 차지

> **cf 러 · 일 전쟁 전후 주요 사건**
> • 1899 러시아의 마산 · 목포 조차 시도
> • 1900 러시아의 만주 점령
> • 1903 러시아의 용암포 조차 시도
> • 1904. 1. 고종의 중립국 선포
> • 1904. 2. 9. 일본, 인천에 정박한 러시아 군함 격침
> • 1904. 2. 10. 일본, 러시아에 선전포고

(2) 일제의 국권 침탈 과정^{사료 314}

조약명	시기	내용
▶ 러 · 일 전쟁 발발 시: 대한 제국 – 국외 중립 선포(1904. 1. 21.)		
한 · 일 의정서	1904. 2.	대한 제국의 국외 중립 파기, 러시아와 맺은 모든 조약 파기, 군사 요지 점령
제1차 한 · 일 협약	1904. 8.	고문 정치[재정 고문: 메가타(일본), 외교 고문: 스티븐슨(미국)] **cf** 1908년 장인환 · 전명운의 스티븐슨 암살(미국)
제2차 한 · 일 협약(을사늑약)	1905. 11.	외교권 박탈, 통감부 설치 **cf** 덕수궁 중명전에서 체결 **cf** 민영환 자결
한 · 일 신협약(정미 7조약)	1907. 7.	차관 정치(행정권 박탈)
군대 해산	1907. 8.	군사권 박탈
기유각서	1909. 7.	사법권 박탈
경찰권 이양	1910. 6.	경찰권 박탈
한 · 일 병합 조약(경술국치)	1910. 8.	국권 박탈, 총독부 설치, 일본은 한국을 영토로 편입하면서도 일본 헌법을 적용하지 않았고, '조선'이라는 지역으로 지정 **cf** 한 · 일 병합 조약의 불법성: 순종의 서명 빠짐, 칙명지보(행정 결제용 옥새) 사용 **cf** 황현, 이근주 등 자결

> **cf 대한 시설 강령(1904. 5.)**
> 일본 정부가 대한 제국으로부터 획득한 이권을 더욱 강화하기 위해 작성한 문서. 한 · 일 의정서에서 획득한 일제의 이권을 더욱 강화하여 대한 제국을 식민지화하기 위한 구체적인 6개의 방침이 담겨 있다.

(3) 1905년: 을사늑약(외교권 박탈) ▷ 우리의 저항^{사료 315}(의병 운동, 애국 계몽 운동)

을사늑약	조약 폐기 상소, 자결 순국(민영환), 5적 암살단 조직(나철, 오기호), 장지연의 '시일야방성대곡(황성신문)', 헤이그 특사 파견(1907), 의병의 항전		
한말 의병 사료 316	• 을미의병(1895, 최초): 을미사변과 단발령[의병장: 유생 중심, 이소응(춘천), 이근주(홍주) 등] **cf** 활빈당 선언(대한 사민 논설, 1900) • 을사의병(1905, 본격): 을사조약[민종식(홍성), 최익현(태인 ▷ 순창), 신돌석(평민 의병장, 일월산)] • 정미의병(1907, 절정): 고종의 강제 퇴위와 군대 해산 ▷ 시위대 대대장 박승환 자결 ▷ 해산 군대의 의병 합류, 전국적 확대 ▷ 간도 · 연해주 **cf** 평민 의병장 확대(신돌석, 홍범도 등 다양한 계층 참여) • 서울 진공 탈환 작전: 13도 창의군 구성(1907) ▷ 이인영, 허위 지휘(**cf** 신돌석 · 홍범도 · 김수민 등 평민 출신 의병장 제외) ▷ 서울 주재 각국 영사관에 의병을 국제법상의 교전 단체로 승인해 줄 것을 요구, 독립군임을 강조 • 이범윤: 국내 진공 작전 • 안중근*의 거사(1909): 만주 하얼빈 역에서 이토 히로부미 사살 • 의병의 위축: 일본의 남한 대토벌(1909) ▷ 위축, 해외의 독립군 운동으로 연결		
애국 계몽 운동 사료 317	• 보안회(1904): 일본의 황무지 개간 요구권 철폐 • 헌정 연구회(1905): 일진회 규탄, 국민의 정치의식 고취, 입헌 군주제 수립 • 대한 자강회(1906): 지회 설치, 고종의 양위 반대 시위, 한 · 일 신협약 반대 시위, 일진회 및 국민신보사 규탄 • 신민회(1907): 통감부 치하 최대 규모의 비밀 결사 단체		
	신민회	민족 교육	대성 학교(평양), 오산 학교(정주) 건립, 청년 학우회 조직
		경제 자립	태극 서관(평양), (도)자기 회사(평양) 운영
		정치	국권 회복과 공화 정체 목표
		군사적 실력 양성	서간도 삼원보(이시영), 밀산부 한흥동(이상설) ▷ 독립군 기지 마련
		해산	105인 사건(1911)

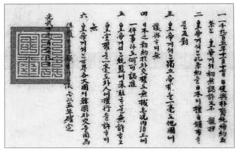

▲ 을사늑약 무효 선언서 | 을사늑약 체결 직후 작성된 고종 황제의 을사늑약 무효 선언서. 이 문서는 그해 영국 '트리뷴'지에 보도되어 을사늑약의 불법성을 서양에 알렸다.

▲ 헤이그 특사(1907) | 왼쪽부터 이준, 이상설, 이위종

▲ 정미의병(1907) | 정미의병 당시 농민, 군인, 포수 등 여러 계층이 참여했음을 알 수 있다.

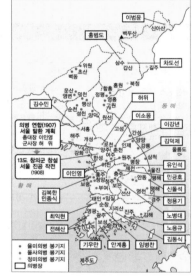

▲ 의병의 궐기

- 을미의병 봉기지
- 을사의병 봉기지
- 정미의병 봉기지
- □ 의병장

✱ 독립운동가 안중근(1879~1910)

- 1895년 아버지를 따라 가톨릭교에 입교 후 신학문을 접함.
- 1906년 삼흥 학교를 설립하고 인재 양성에 힘씀.
- 1907년 대구에서 시작된 국채 보상 운동을 평양에서 주도하다 연해주로 망명하여 의병 활동
- 1909년 3월 동지 11명과 단지회 결성, 1909년 10월 하얼빈역에서 이토 히로부미 사살 후 현장 체포, 뤼순 감옥에 수감 중 이듬해 3월 26일 사형, 『동양평화론』 집필(미완성)
- 더 안중근의 어머니 – 조마리아 여사(1862~1927)

▲ 안중근의 이토 히로부미 사살(기록화)

한걸음 더

✦ 근대 사회의 주요 사건 흐름 잡기

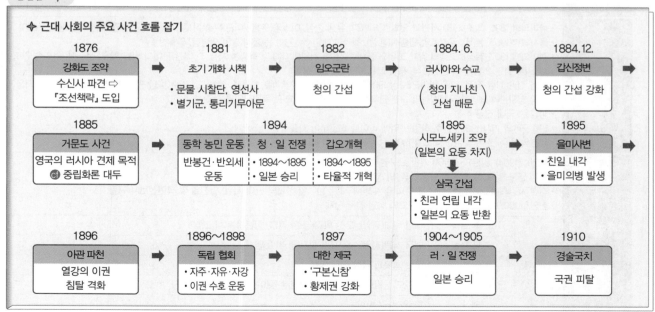

1876	1881	1882	1884. 6.	1884.12.
강화도 조약	초기 개화 시책	**임오군란**	러시아와 수교	**갑신정변**
수신사 파견 ⇨ 『조선책략』 도입	• 문물 시찰단, 영선사 • 별기군, 통리기무아문	청의 간섭	(청의 지나친 간섭 때문)	청의 간섭 강화

1885	1894		1895 시모노세키 조약 (일본의 요동 차지)	1895
거문도 사건	**동학 농민 운동**	청·일 전쟁 / 갑오개혁		**을미사변**
영국의 러시아 견제 목적 더 중립화론 대두	반봉건·반외세 운동	• 1894~1895 • 일본 승리 / • 1894~1895 • 타율적 개혁	**삼국 간섭** • 친러 연립 내각 • 일본의 요동 반환	• 친일 내각 • 을미의병 발생

1896	1896~1898	1897	1904~1905	1910
아관 파천	**독립 협회**	**대한 제국**	**러·일 전쟁**	**경술국치**
열강의 이권 침탈 격화	• 자주·자유·자강 • 이권 수호 운동	• '구본신참' • 황제권 강화	일본 승리	국권 피탈

Chapter
02 : 근대 사회 발전기의 경제

1 개항 이후 열강에 의한 경제 침탈

1. 청·일 간의 상권 침탈 경쟁

시기	특징	일본	청
개항 초기 (1876~1882)	일본 상인의 무역 독점	거류지 중계 무역(간행이정 10리)	
1880년대 (1882~)	청·일 간의 상권 침탈 경쟁	• 중계 무역 조선 ⇄ 일본 (영국산 면직물 / 곡물·귀금속) • 수호 조규 속약[1882. 7. 17.(음) · 8. 30.(양)]으로 내륙 진출 허용(간행이정 50리 ⇨ 100리)	조·청 상민 수륙 무역 장정 체결[양화진 개방, 내지 통상권 확보, 1882. 8. 23.(음) · 10. 14.(양)] ⇨ 일본 상인과 경쟁
청·일 전쟁 (1894)	• 조선 상인의 상권 수호 운동: 서울 상인들 철시, 황국 중앙 총상회의 상권 수호 운동 • 일본 상인의 시장 독점	조선 ⇄ 일본 (일본산 면직물 / 곡물·귀금속)	

cf 제국주의의 경제적 침략 조약

일본	• 조·일 수호 조규 부록(1876. 8.): 거류지 무역(개항장 밖 10리 이내 교역), 일본 화폐의 유통 허용 • 조·일 수호 조규 (부록) 속약[1882. 7. 17.(음) · 8. 30.(양)]: 내륙 통상 허용(50리 ⇨ 2년 뒤 100리) • 조·일 통상 장정(조·일 무역 규칙, 1876): 일본 수출입 상품에 대한 무관세 및 무항세, 양곡의 무제한 유출 • (개정) 조·일 통상 장정(1883): 수출입 상품의 관세 규정(10%의 수입세·선박세), 최혜국 대우 규정, 방곡령 조항 제시
미국	조·미 수호 통상 조약(1882): 협정 관세, 최혜국 조관 처음 허용
청	• 조·청 상민 수륙 무역 장정[1882. 8. 23.(음) · 10. 14.(양)]: 내륙(지) 통상 처음 허용 • 조·청 통상 조약(1899): 대한 제국 황제와 청 황제가 대등한 위치에서 조약 체결

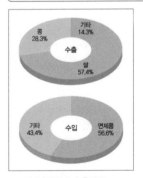

▲ 1890년의 주요 수출입품

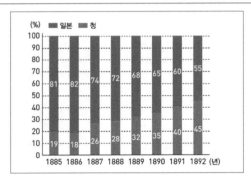

▲ 청과 일본으로부터의 수입액 비교

▲ 한성의 청과 일본 상인 거류지

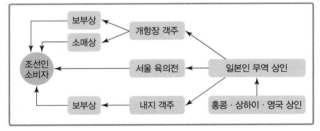

▲ 면제품의 수입 경로

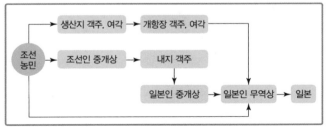

▲ 곡물의 수출 경로

2. 제국주의 열강의 경제 침탈

(1) **경제 침탈 양상**: 청 · 일 전쟁 이후 이권 탈취, 금융 지배, 차관 제공 등
제국주의적 경제 침탈 단계 ⇨ 아관 파천 계기 본격화 **근거** 최혜국 조관

(2) **경제 침탈 내용**

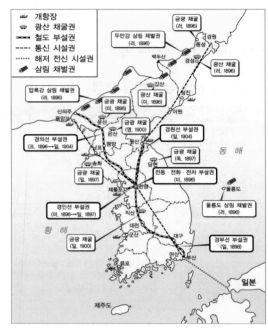

▲ 열강의 이권 침탈

	철도 부설권, 광산 채굴권, 삼림 채벌권 중심		
이권 탈취	**국가**	**연도**	**이권의 내용**
	러시아	1896	경원 · 종성의 광산 채굴권, 울릉도 · 압록강 유역 삼림 채벌권
	미국	1896	경인선 철도 부설권(⇨ 일본에 양도, 1897), 운산 금광 채굴권, 서울의 전기 · 수도 시설권
	프랑스	1896	경의선 철도 부설권(⇨ 재정 부족으로 대한 철도 회사에 환수 ⇨ 1904년 러 · 일 전쟁 중 일본으로 양도 ⇨ 1906년 완성)
	독일	1897	강원도 당현 금광 채굴권
	영국	1900	평안도 은산 금광 채굴권
	일본	1897	경인선 철도 부설권 인수(⇦ 미국)
		1898	경부선 철도 부설권
		1900	충청도 직산 금광 채굴권
		1904	경원선 부설권
		1904	경의선 부설권 인수
금융 지배	재정 고문 메가타의 화폐 정리 사업(1905)^{사료 318}: 일본 제일은행권이 법정 통화로 채택, 금 본위제 **예** 1901년 금 본위제 개정 체제 유지 ⇨ 기존 화폐 교환이 제대로 안됨, 한국 상공업자의 몰락		
차관 제공	• 청 · 일 전쟁 이후: 일본은 조세 징수권과 해관세 수입을 담보 • 러 · 일 전쟁 이후: 화폐 정리 사업, 시설 개간의 명목 • 목적: 대한 제국을 재정적으로 일본에 예속시키기 위함.		
철도	일본의 상품 수출과 군대 수송 도구로 건설 • 경인선(최초): 미국 ⇨ 일본 • 경부선 · 경의선: 러 · 일 전쟁 중 군사적 목적으로 건설		

3. 일본의 토지 약탈

청 · 일 전쟁 이후	전주, 나주 일대서 대규모 농장 경영
러 · 일 전쟁 이후	토지 약탈의 본격화 • 방법: 철도 부지 · 군용지 확보 구실, 조선의 황무지 개간 요구 • 성격: 조선의 식민지화를 이룬 기초 작업

한걸음 더

❖ 헷갈리는 개화기의 화폐 개혁

전환국 설치	1883	은화를 본위화로, 동화를 보조화로 채택한 화폐 제도 시도
(1차) 신식 화폐 조례 발표	1892	5냥 은화, 1냥 은화, 2전 5푼 백동화, 5푼 적동화, 1푼 황동화를 발행 ⇨ 실패
(2차) 신식 화폐 발행 장정 발표	1894	일본의 은 본위제를 채택 ⇨ 백동화 인플레이션 발생 실패 **예** 1차 갑오개혁
(3차) 신식 화폐 조례 발표(칙령 4호)	1901	금 본위제 채택 ⇨ 미실시 **예** 광무개혁
(4차) 메가타의 화폐 정리 사업	1905	1901년의 금 본위제 개정 화폐 조례 답습

메모

2 경제적 구국 운동의 전개

1. 경제적 침탈 저지 운동

방곡령 시행(1889)	• 원인: 일본 상인의 농촌 시장 침투, 지나친 곡물 반출로 인한 쌀값 폭등, 조선 관권의 저항(함경도, 황해도) • 결과: 개정 조·일 통상 장정(1883)의 규정을 구실로 시행 ⇨ 실패, 방곡령 철회·배상금 지불
상권 수호 운동 사료 319	• 원인: 개항 초기-외국 상인의 활동 범위 개항장 10리 이내로 제한(거류지 무역) ⇨ 1880년대: 개항장 50리, 100리까지 확대 　⇨ 청국 상인과 일본 상인의 상권 침탈 경쟁 치열 • 상권 수호 시위: 서울 상인들 철시, 시전 상인 - 황국 중앙 총상회 조직(1898)
독립 협회의 이권 수호 운동 (1896~1898) 사료 320	• 러시아의 이권 탈취에 대한 이권 수호 운동 　┌ 절영도(부산 영도) 조차 요구 저지: 저탄소 설치를 위해 요구 　├ 한·러 은행 폐쇄 　└ 도서에 대한 매도 요구 저지: 군사 기지 설치를 위한 러시아의 목포·증남포 부근의 도서 매도 요구 저지 • 프랑스의 광산 채굴권 요구 좌절
황무지 개간권 반대 운동 사료 321	• 보안회(1904): 황무지 개간권 요구 철회 ⇨ 성공 • 농광 회사 설립(1904): 민간 실업인들(박용화, 이도재 등)이 세운 황무지 개간 회사
국채 보상 운동(1907) 사료 322	• 배경: 일본의 차관 제공 ━━▶ 보부상 출신 • 전개: 대구(김광제·서상돈 등) 시작 ⇨ 전국 확산, 국채 보상 기성회 중심 • 결과: 일제 통감부의 탄압으로 좌절 ⓒ 국채 보상 운동 기록물 - 유네스코 세계 기록 유산 등재

2. 근대적 상업 자본의 성장

토착 상인의 변모	• 서울의 시전 상인: 근대적 상인으로 변모, 황국 중앙 총상회 조직(1898), 독립 협회와 더불어 상권 수호 운동 전개 • 경강상인: 증기선 구입, 세곡 수송 ⇨ 실패 • 개성상인(송상): 일본 상인에 의해 몰락 • 객주·여각·보부상: 개항 초기 거류지 무역으로 이익 획득 ⇨ 내륙 통상 허용 이후 큰 타격받음, 일부 상인은 상회사 설립, 　그러나 대다수 상인들은 몰락
근대적 상업 자본의 성장	상회사 및 근대적 주식회사 설립 시도 ⇨ 좌절
산업 자본과 금융 자본	• 산업 자본: 조선 유기 상회, 직조 공장 설립 • 금융 자본

은행명	설립 연도	의의	결과
조선 은행	1896~1901	최초의 은행(관료 자본 중심)	일제의 금융 침투에 대항 ⇨ 일제가 장악
한성 은행	1897	민간 은행	
(대한) 천일 은행	1899	서울 거상들이 합자	

• 한성 상업 회의소(1905) 조직: 메가타의 화폐 정리 사업(1905)에 대응하기 위해 객주 조합을 모체로 서울의 시전 상인들이 가세하여 조직(1915년 해산)

Part 06 | 근대 경제

한걸음 더

✦ **외세의 경제적 침략과 우리의 경제적 저항 총정리**

1. 1876년~: 조·일 수호 조규 부록, 조·일 통상 장정
　⇨ 일본의 경제적 침략 ┈┈┈┈┈┈┈┈┈┈▶ 1. 1889년: 방곡령 사건
2. 1882년: 조·청 상민 수륙 무역 장정
　⇨ 청의 경제적 침략 ┈┈┈┈┈┈┈┈┈┈━▶ 2. 서울 상인의 철시, 황국 중앙 총상회(시전 상인)의 상권 수호 운동(1898)
3. 1894~1895년: 청·일 전쟁
4. 1896년: 아관 파천
　⇨ 열강의 이권 침탈 강화 ┈┈┈┈┈┈━▶ 3. 1896~1898년: 독립 협회의 이권 저지 운동
5. 1904~1905년: 러·일 전쟁
　⇨ 일본의 토지 약탈 본격화 ┈┈┈┈┈━▶ 4. 1904년: 보안회의 황무지 개간권 철폐,
　(군용지 확보, 황무지 개간)　　　　　　　　농광 회사: 정부 관료+기업 ⇨ 자력으로 토지 개간
6. 1905년: 메가타의 화폐 정리 사업 ┈┈┈┈▶ 대응 못함.
7. 일본의 차관 제공 ┈┈┈┈┈┈┈┈┈┈┈━▶ 5. 1907년: 국채 보상 운동　　　　　┊ 국권 침탈 전
　　　　　　　　　　　　　　　　　　　　　　　　　　　　　　　　　┊ 국권 침탈 후
　　　　　　　　　　　　6. 1922년~: 조선 물산 장려 운동

03 : 근대 사회 발전기의 사회

1 평등 의식의 확산 – 종교 활동의 역할이 큼.

천주교	만민 평등 의식의 확산에 기여 ⇨ 중인, 평민, 부녀자에게 확산
동학	인내천 사상 ⇨ 적서 차별, 남존여비를 부정하는 인간 평등주의 ⇨ 평민층 이하 지지
개신교	학교 설립, 의료 사업 전개 ⇨ 남녀 평등 사상의 보급에 기여

2 갑신정변(1884)

배경	문호 개방 이후 일부 선각적인 양반, 중인 출신의 인사들이 개화사상 수용, 개화당 조직 ⇨ 위로부터의 사회 개혁 추진
주요 내용	양반 신분 제도와 문벌 폐지 ⇨ 인민 평등 실현을 추구
한계성	민중을 개혁의 주체로 인식하지 못하여 일반 민중의 지지 결여

3 동학 농민군(1894)의 사회 개혁 운동

배경	양반 중심의 신분 제도, 봉건적 수취 체제에 불만을 가진 농민의 저항 운동 ⇨ 인간 평등, 사회 변혁에 기초한 동학사상과 결합 ⇨ 동학 농민 운동으로 발전
폐정 개혁안 제시	• 봉건적 폐습 타파: 노비 문서의 소각, 7종의 천인 차별 개선, 백정의 평량갓 폐지, 과부 재가 허용 등 • 토지의 평균 분작: 지주 전호제를 인정한 지조법의 개혁을 넘어 보다 혁신적인 주장
집강소 설치	전라도에 설치한 민정 기관으로 치안 질서 및 폐정 개혁 추진

4 갑오개혁(1894)과 신분제의 폐지 사료 323

특징	동학 농민 운동에서 제시한 농민군의 요구 일부 수용
중심 기구	군국기무처(1차 갑오개혁)
개혁 내용	신분제 폐지, 능력 본위 인재 등용의 계기, 공·사 노비법 폐지 및 인신매매 금지, 조혼 금지(남 20세, 여 16세), 과부 재가 허용, 적서 차별 폐지, 고문과 연좌법 폐지, 의복의 간소화 등
결과	근대 사회로의 계기 마련, 양반 권력 독점의 해체

메모

5 독립 협회(1896~1898)[사료 324]와 민권 운동의 전개

기본 사상	• 자주 국권 사상(⇨ 근대적 민족주의 사상) • 자유 민권 사상(국민의 평등과 자유 및 주권 확립 ⇨ 자유 민주주의 사상) • 자강 개혁 사상
인권 확대 운동	천부 인권 사상을 근거로 국민의 생명과 재산권 보호
참정권 실현 운동	의회 설립 운동(중추원식 의회) ⇨ 헌의 6조 일시 가결, 입헌 군주제 지향 📌 공화정 아님, 상원제 주장, 하원제 설치 반대
평등 사회 출현	• 관민 공동회 ⇨ 백정 연사 출현 • 만민 공동회 ⇨ 시전 상인이 회장으로 선출 • 여성의 사회적 지위 향상 주장[사료 325]

📌 북촌 여성 양반들의 '여성 통문' 발표[사료 326](1898, 찬양회 조직)

6 애국 계몽 운동

활동 내용	사회, 교육, 경제, 언론 분야에서 국민의 근대 의식과 민족의식 고취
영향	• 사회 인식 전환: 근대 교육의 보급, 근대 지식과 근대 사상의 보편화 • 민주주의 사상의 진전

한걸음 더

✦ 개항 이후 사회 개혁 운동 비교

구분	갑신정변	동학 농민 운동	갑오개혁	독립 협회의 개혁
내용	• 문벌 폐지 • 사민평등	• 노비 문서 소각 • 천민 차별 폐지 • 과부 재가 허용	• 신분 제도 폐지 • 봉건적 폐습 타파	• 민권 보장 • 국민 참정권 운동
의의	인민 평등 사회를 추구한 최초의 개혁	양반 중심의 전통적 신분 질서를 붕괴시키는 데 기여	근대적 평등 사회의 기틀 마련	민중에 기반을 둔 자주적 근대 개혁 사상
한계	민중과 유리	근대적 사회의식 결여	민중과 유리(민권의 확립 결여)	민주주의 실현과 국민 국가 건설을 공개적으로 거론 못함.

✦ 평등 사회로의 이행 총정리

연도	주요 내용
1801	공노비(납공 노비) 해방
1882	서얼, 중인 계층의 관직 진출 허용
1884	갑신정변의 14개조 개혁안(문벌 폐지, 인민 평등 주장)
1886	노비 세습제 폐지
1894	동학 농민 운동의 14개조 폐정 개혁안(노비 문서 소각, 백정 차별 폐지, 청상과부 재가 허용 등)
1894	갑오개혁의 홍범 14조(공·사노비 및 신분제 폐지, 과거제·연좌제 폐지, 조혼 금지, 과부 개가 허용) ⇨ 근대 사회로의 이행 계기 마련
1896	호구 조사 규칙(신분 삭제)

04 : 근대 사회 발전기의 문화

Chapter

1 과학 기술의 수용

1. 개항 이전

18세기	실학자들의 서양 과학 기술에 대한 관심
흥선 대원군 집권기	서양의 무기 제조술에 대한 관심

3. 과학 기술 수용 과정

1880년대	무기 제조술 외에 산업 기술의 수용에 관심
1890년대	교육 개혁에 관심, 갑오개혁 이후 유학생의 해외 파견, 각종 근대적 교육 기관 설립

2. 개항 이후

동도서기론 (東道西器論) 사료 327	우리의 정신문화는 지키되, 서양의 과학 기술은 받아들이자는 동도서기론 제창
개화사상가	외세의 침략을 막고 사회 발전을 이루기 위해서는 무엇보다 서양의 과학 기술을 수용해야 한다고 주장

✱ 한·중·일 개화론

국가	방법	양상	사상가
한국	동도서기(東道西器)	개화사상	김윤식, 유길준 등
중국	중체서용(中體西用)	양무운동	이홍장, 중국번 등
일본	화혼양재(華魂洋才)	문명개화론	후쿠자와 유키치

2 근대적 시설의 수용✱

✱ 근대 시설 수용의 문제점
외세의 이권·침략 목적과 관련

각종 시설		연대	내용
인쇄	박문국	1883	최초의 근대적 인쇄소(⇨「한성순보」 발행)
	광인사	1884	최초의 민간 출판사
통신·전기	전신	1884	부산~일본(나가사키)
		1885	서울~인천(청), 서울~의주 간 전신 가설(청)
	전화	1898	경운궁(덕수궁) 내 가설
	전기	1898	한성 전기 회사 설립
	전등	1887	경복궁 내 가설
	우편	1895	갑신정변으로 중단 ⇨ 1895년 우정국 재개
		1900	만국 우편 연합 가입, 파리 만국 박람회 참석
화폐	전환국	1883	화폐 주조
무기	기기창	1883	근대식 무기 공장(영선사)
교통	철도 / 경인선	1896	최초의 철도(노량진~인천), 미국인 모스 부설권 획득 ⇨ 1897년 일본 기공 ⇨ 1899년 완성
	철도 / 경의선	1896	프랑스 부설권 획득, 재정 부족으로 대한 철도 회사에 환수 ⇨ 러·일 전쟁 중 일본으로 양도(1904) ⇨ 1906년 완성
	철도 / 경부선	1898	일본 부설권 획득 ⇨ 1901년 기공 ⇨ 1905년 개통
	전차 / 서대문~청량리	1899	콜브란(미국)과 황실이 합작한 한성 전기 회사(1898), 1898년 전차 공사 시작 cf 전차 개통식(1899)
의료 기관	광혜원	1885	최초의 근대식 병원(알렌) ⇨ 제중원으로 개칭(1885)
	광제원	1900	국립 병원, 종두법 보급(지석영)
	세브란스 병원	1904	미국인 에비슨 건립 cf 1893년 에비슨이 제중원 인수 ⇨ 세브란스 병원(1904)으로 개편
	대한 의원	1907	의료 요원 양성소
	자혜 의원	1909	도립 병원
건축	독립문	1897	프랑스 개선문 모방
	명동 성당	1898	중세 고딕 양식 cf 약현 성당(1892, 최초의 서양식 벽돌 교회 건물)
	덕수궁 석조전	1910	중세 르네상스 양식 cf 미·소 공동 위원회 개최(1946, 1947)
	원각사	1908	최초의 서양식 극장

▲ 경인선 개통식

▲ 우정총국 | 개항기에 우편 업무를 담당하던 관청

▲ 서울의 전차 운행 모습
cf 전차 개통식 – 1899년

▲ 개항기의 전화 교환원 (1898)

▲ 원각사(1908~1909) | 최초의 서양식 극장

▲ 명동 성당(1898)

▲ 정동 교회(1898) | 우리나라 최초의 감리교 교회

▲ 덕수궁 석조전(1910)

3 근대 교육과 학문의 보급

1. 교육 구국 운동

근대 학교	원산 학사(1883)^{사료 328}	최초 근대 사립 학교(근대 학문+무술)		
	동문학(1883)	• 정부가 세운 최초의 근대 영어 강습소 • 묄렌도르프 건의, 통리교섭통상아문 부속		
	육영 공원(1886)	• 정부가 세운 최초의 관립 학교(헐버트 등 초빙) cf 헐버트의 『사민필지』(1880, 세계 지리 교과서) 저술 • 현직 관료[좌원반(左院班)]와 양반 자제[우원반(右院班)]로 구성(35명 정원) • 수학 · 자연 과학 · 역사 · 정치학 등 근대 학문 교육		
	한성 사범 학교(1895)	2차 갑오개혁		
교육 제도	학무아문(1894)	1차 갑오개혁(교육 관련 사무 전담)		
	교육 입국 조서(1895)^{사료 329}	2차 갑오개혁(신교육 실시 천명) ⇨ 각종 관립 학교 설치		
	소학교령(1895)^{사료 330}	을미개혁(6년제 의무 교육 지향)		
사립 학교	선교사 설립	배재 학당(1885), 이화 학당(1886), 경신 학교(1886), 정신 여학교(1887) 등		
민족 사학	초기	중교의숙(1896)	민영기	전직 관리, 지역 유지가 설립
		흥화학교(1898)	민영환	
		점진학교(1899)	안창호	
		순성 여학교(1899)	찬양회	여성 사립 학교*
	을사조약 이후(본격)	양정의숙(1905, 서울)	엄주익	서전서숙(1906, 북간도) 이상설
		휘문의숙(1905, 서울)	민영휘	대성 학교(1907, 평양) 안창호
		보성 학교(1905, 서울)	이용익	오산 학교(1907, 정주) 이승훈
		숙명 여학교(1906, 서울)	엄귀비	명동 학교(1908, 북간도) 김약연
		진명 여학교(1906, 서울)	엄귀비	신흥 학교(1911, 서간도) 이시영

★ 최초 여성 교육 기구
• 이화 학당(1886): 선교사가 세운 최초의 사립 여학교
• 순성 여학교(1899): 한국인(찬양회)이 세운 최초의 사립 여학교
• 한성 고등 여학교(1908): 정부가 세운 최초의 관립 여학교

2. 민족 언론 기관의 활동 사료 331

신문	발행인	기간	활동 및 성격
한성순보	박문국	1883~1884	• 우리나라 최초의 신문(관보, 열흘 간격 발행), 순한문 • 갑신정변의 실패로 폐간 ⇨ 한성주보로 부활(1886)
한성주보	박문국	1886~1888	• 최초의 국한문 혼용(주간 신문) • 최초 상업 광고 기재
독립신문	독립 협회	1896~1899	• 최초의 근대적 민간지 • 한글판과 영문판
매일신문	양홍묵	1898~1899	최초의 일간지
황성신문	남궁억, 장지연	1898~1910	• 국한문 혼용 신문 ⇨ 개신 유학자 등 지식인 대상(점진적 개혁) • 장지연의 '시일야방성대곡' – 애국적 논설로 유명
제국신문	이종일	1898~1910	• 중류 이하의 대중과 부녀자 대상 • 순한글판 일간지
대한매일신보	양기탁, 베델(영)	1904~1910	• 국한문 혼용 ⇨ 1907년 순한글, 국한문, 영문 3종류로 발행 • 을사조약 이후 항일 운동의 선봉, 을사조약의 부당성을 폭로한 고종 친서 발표 • 황성신문, 제국신문 등과 함께 국채 보상 운동에 적극적 참여 • 입구에 '일본인 출입 금지[日人不可入]'라고 표시
경향신문	천주교	1906~1910	• 천주교 계통의 기관지 • 한글판
만세보	천도교	1906~1907	• 천도교 계통의 일간지 • 국한문 혼용

▲ 독립신문(1896)

---

cf 친일 신문

신문	발행인	발행 연도	성격
국민신보	이용구	1906	친일 단체 일진회의 기관지
경성일보	통감부	1906	통감부(⇨ 총독부) 기관지
대한신문	이인직	1907	천도교 기관지인 만세보를 이인직이 인수, 이완용 내각의 기관지 역할
매일신보	조선 총독부	1910	조선 총독부 기관지. 영국인 베델의 대한매일신보를 강제 매수 ⇨ 매일신보로 변경

cf 일제의 4대 악법 사료 332

신문지법(1907)	신문 발행 허가제, 사전 검열제
보안법(1907)	집회 · 결사의 자유 박탈, 일체의 정치적 연행 금지
학회령(1908)	학회 설립 허가제, 학회의 정치적 활동 금지
출판법(1909)	사전 검열제

---

3. 잡지

잡지명	발행인	활동 및 성격
조양보(1906)	심의성 · 신덕준	국내외 정세 보도
소년(1908)	최남선	우리나라 최초의 종합 잡지
Korea Repository	헐버트(미)	한국을 외국에 소개하고 일본의 침략을 규탄

4. 국학 연구의 진전

(1) 국학

원류	실학 ⇨ 개화사상 ⇨ 근대적 민족주의
목적	을사조약 이후 국권을 회복하려는 애국 계몽 운동으로 국사와 국어 연구

(2) 국사

근대 계몽 사학의 성립 사료 333	신채호, 박은식 등	
내용	영웅들의 전기(『을지문덕전』, 『강감찬전』, 『이순신전』 등), 외국 흥망사 번역 · 소개(『미국독립사』, 『월남망국사』 등)	
대표적 사학자와 저서	장지연	『황성신문』을 통하여 조국 정신과 민족의 주체성을 강조, 『백두산정계비고』, 『대한 강역지』 등
	신채호	『독사신론』사료 334(1908), 『이순신전』(1908), 『을지문덕전』, 『이태리 건국 삼걸전』, 『최도통(최영)전』 등
	박은식	『왕양명실기』, 『천개소문전』, 『안중근전』 등 cf 『이순신전』(1923)
	황현	『매천야록』에서 한말의 비운의 역사를 다루었고, 일제에 의해 합방이 되자 이를 개탄하여 자살
	현채	• 『동국사략』, 『월남망국사』, 『유년필독』 등 저술 • 특히 『유년필독』은 아동용 교과서로 1909년 일본의 출판법에 의해 압수된 책 중 가장 많은 부수를 차지
조선 광문회(1910) 설립	최남선, 박은식 ⇨ 민족 고전 정리 · 간행	

(3) 국어

국한문체의 보급	국한문 혼용의 교과서 간행
『서유견문』	유길준의 저술, 구미 각국의 여행기인 이 책은 개화사상의 발전과 국한문체의 보급에 기여(1895)
문법서 연구	• 유길준의 『조선문전』(1897~1902) · 『대한문전』(1909) • 지석영의 『신정국문』(1905): 최초 공식 국문 통일안 • 주시경★사료 335의 『대한국어문법』(1906) · 『국어문전음학』(1910) · 『말의 소리』(1914)
신문의 간행	『독립신문』, 『제국신문』 – 순한글판 간행
국문 연구소(1907) 설립	윤치호, 지석영, 주시경 등 cf 조선어 연구회(1921) ⇨ 조선어 학회(1931~1942) ⇨ 한글 학회(1949~)

★ 주시경(1876~1914)
• 『독립신문』 발간에 관여
• 독립신문사 안에 국문 동식회(최초 국문법 연구 단체) 조직
• 1897년 논문 국문론 발표
• 국문 연구소(1907) 연구 위원

5. 문예와 종교의 새 경향

문학	• 신소설의 등장: 이인직의 『혈의 누』·『은세계』, 이해조의 『자유종』 등 • 신체시의 등장: 최남선의 '해에게서 소년에게'(최초의 신체시, 잡지 『소년』 발표, 1908), '천희당시화'(신채호의 민족시, 대한매일신보 게재, 1909) • 번역 문학: 『성경』, 『천로역정』, 『이솝이야기』 등 • 『금수회의록』(1908)^{사료 336}: 동물들의 입을 빌려 개화기 당대인의 인간 사회 비판 ⇨ 일본 금서 규정
예술계	창가 유행, 서양식 유화 시작, 원각사(서양식 극장, 1908) 건립

종교	구분	한 말	일제 강점기
	천주교	• 1886년 선교 자유 허용 • 고아원·양로원 설치, 교육(약현학교) • 언론 활동(경향신문)	• 항일 운동 단체 의민단 설치 – 무력 투쟁 • 민중 계몽 – 『경향』 등 잡지 간행
	개신교	• 서북 지방 강세 cf 1907년 평양 대부흥회 • 학교, 병원 설립	• 일제의 안악 사건(1910), 105인 사건(1911) – 민족 운동 탄압 및 기독교 탄압 • 신사 참배 운동 거부
	천도교 (1905)	• 손병희는 친일파 이용구와 결별, 동학을 천도교로 개칭 • 기관지 『만세보』(1906) 간행	• 『어린이』·『학생』·『부인』 등 잡지 간행 • 조선농민사(1925) 조직, 『조선농민』 간행 • 제2의 3·1 운동 계획(1922)^{사료 338} • 천도교 소년회의 소년 운동 선언(1923)^{사료 339} • 어린이날 제정(1922. 5. 1.) ⇨ 어린이날 개최(1923)
	유교	• 박은식의 대동사상 주창, 대동교 창설: 보편적이고 평등한 인(仁) 기반, 세계 평화주의와 애국의 지행합일 강조 • 박은식의 『유교구신론』(1909)^{사료 337}: 유교의 개혁 주장	• 상하이: 박은식·신규식 등 – 대동 보국단 조직(1915) • 상하이: 박은식·신규식·이상설 등 – 대동단결 선언(1917)
	불교	한용운: 불교의 자주성 회복과 근대화 운동 추구	• 일제의 사찰령(1911) • 한용운: 『조선불교유신론』(1913)^{사료 340}, 조선불교유신회(1921) 조직 • 원불교(박중빈, 1916) 창시: 개간 사업·저축 운동 전개, 남녀 평등·허례허식 폐지 등 새생활 운동 전개
	대종교 (1909)	단군 신앙을 기반으로 창시(나철·오기호 등)	• 간도·연해주 지역의 항일 운동과 밀접한 관련 • 간도에서 중광단 조직(1911) ⇨ 북로 군정서군의 청산리 대첩(1920) 활약

> **cf 헷갈리는 대동 단체**
> • 대종교: 1909년 나철이 창시한 단군 숭배 종교
> • 대동 학회: 1907년 설립된 친일 유교 단체
> • 대동교: 1909년 박은식이 대동사상을 바탕으로 조직한 유교 단체
> • 대동교: 1932년 창시된 천도교 계열의 종교
> • 대동 보국단: 1915년 신규식, 박은식 등이 상하이에서 조직

▲ 혈의 누(1906)

▲ 은세계(1908)

▲ 자유종(1910)

▲ 금수회의록(1908)

간추린 선우한국사

민족 독립운동기
(일제 강점기)

01 : 민족의 수난과 항일 독립운동

20세기 전반의 세계

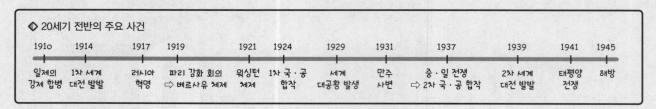

◆ 20세기 전반의 주요 사건

1910	1914	1917	1919	1921	1924	1929	1931	1937	1939	1941	1945
일제의 강제 합병	1차 세계 대전 발발	러시아 혁명	파리 강화 회의 ⇨ 베르사유 체제	워싱턴 체제	1차 국·공 합작	세계 대공황 발생	만주 사변	중·일 전쟁 ⇨ 2차 국·공 합작	2차 세계 대전 발발	태평양 전쟁	해방

1. 약소민족의 시련

(1) 제1차 세계 대전(1914~1918): 제국주의 열강들의 식민지 쟁탈전

(2) 베르사유 체제: 파리 강화 회의(1919)에서 윌슨의 민족 자결주의 사료 341 제창-한계: 패전국 식민지에게만 적용(동아시아 지역은 제외)

(3) 워싱턴 체제: 영국, 프랑스, 일본, 중국을 포함한 9개국은 미국의 주도 아래 워싱턴 회의(1921) 개최 ⇨ 아시아 지역에서 세력 조정, 중국에 대한 각국의 기회 균등 원칙 합의 ⇨ 미국의 아시아 진출이 수월해지고, 일본의 군사적 팽창은 제한 ⇨ 영·일 동맹 폐기, 일본이 차지했던 산둥성 이권은 중국에 반환

(4) 러시아 혁명(1917): 세계 최초의 공산 혁명 ⇨ 소비에트 사회주의 연방국 탄생(1922), 코민테른 결성-반제국주의 민족 운동과 약소민족의 독립운동 지원 ⇨ 공산화

(5) 세계 경제 대공황 발생(1929)

(6) 전체주의 국가의 대두: 나치즘(독일), 파시즘(이탈리아), 군국주의(일본) ⇨ 제2차 세계 대전(1939~1945)

2. 아시아 각국의 민족 운동

(1) 중국
　① 신해혁명(1911): 청조 멸망, 중화민국 수립(1912) ⇨ 군벌 난립, 제국주의 열강의 간섭 지속
　② 5·4 운동(1919): 일본의 21개조 요구✱ 철폐, 반제·반군벌·국권 회복 운동
　③ 중국 공산당 창당(1922) ⇨ 제1차 국·공 합작(1924): 공산당+국민당(쑨원) ⇨ 쑨원 사후 장제스의 북벌 완수·통일(1928) ⇨ 공산당 탄압, 국·공 합작 결렬, 공산당의 대장정(1934)
　④ 제2차 국·공 합작(1937): 항일 통일 전선 형성 ⇨ 국·공 내전(1945~1949) ⇨ 공산당 승리, 국민당 축출

(2) 인도
　① 간디: 완전한 자치 요구, 비폭력·불복종의 민족 운동
　② 네루: 완전 독립 요구

(3) 오스만 제국: 케말 파샤-터키 공화국 수립

(4) 이란, 이라크: 영국 지배에서 독립

(5) 동남아시아: 민족 독립운동 ⇨ 독립(제2차 세계 대전 후)

✱ 일본의 21개조 요구

제1차 세계 대전 중인 1915년에 일본이 중국 정부에 강압적으로 승인시킨 조약이다. 주요 내용은 산둥성의 독일 이권을 일본에 양도, 남만주와 동부 내몽골의 일본 이권 인정, 뤼순·다롄(대련) 조차 기간의 99년 연장 등이다. 이는 열강의 일본에 대한 태도 변화와 5·4 운동의 원인이 되었다.

1 일제의 단계별 침략 형태와 민족 독립운동 총정리

시기	통치 형태	경제적 수탈	식민지 문화 정책	민족 독립운동
1단계 (1910~1919) • 1차 세계 대전 발발(1914) • 러시아 혁명 (1917)	**무단 통치(헌병 경찰)** ⇨ (조선) 태형령(1912), 경찰범 처벌 규칙(1912) • 안악 사건(1910) • 105인 사건(1911)	• **토지 조사 사업** [1910~1918, 토지 조사령(1912), 기한부 신고제] • **회사령**(1910, 허가제) • **조선 지세령**(1914)	• 우민화 정책 • **1차 조선 교육령**(1911) : 보통학교(4년) • 서당 규칙(1918)	**[국내]** 비밀 결사 단체(독립 의군부, 대한 광복회, 조선 국권 회복단 등) **[국외]** • **중국 간도**: 간도 삼원보, 밀산부 한흥동(⇨ 신민회 최초) • **중국 본토**: 신한 청년단(당) 조직(1918) ⇨ 김규식−파리 강화 회의 파견(1919) • **러시아 연해주**: 대한 광복군 정부(1914, 이상설), 대한 국민 의회 (1919) • **미국**: 대한인 국민회(1910, 이승만), 흥사단(1913, 안창호), 대조 선 국민군단(1914, 박용만) • **일본**: 조선 청년 독립단(1918, 유학생 중심)

⬇ 3 · 1 운동(1919) 계기

시기	통치 형태	경제적 수탈	식민지 문화 정책	민족 독립운동
2단계 (1919~1931) • 베르사유 체제 • 워싱턴 체제 • 세계 대공황 발생(1929)	**문화 통치(보통 경찰)** ⇨ 치안 유지법(1925, 일본법 적용)	• **산미 증식 계획** (1920~1935) • **회사령 개정(폐지)** (1920, 신고제) • **연초 전매령**(1921) • **관세령 철폐**(1923)	• **2차 조선 교육령**(1922) : 보통학교(6년), 3면 1교, 대학 교육 허용 • **신문 발행 허가**(검열, 삭제, 압수 등)	**[국외]** • 상하이 대한민국 임시 정부 수립(1919) • **무장 독립군 투쟁**: 봉오동 · 청산리 대첩(1920) ⇨ 간도 참변 (1920) ⇨ 자유시 참변(1921) ⇨ 독립군 재정비(참의부, 정의부, 신 민부) ⇨ 미쓰야 협정(1925) ⇨ 독립군 통합(혁신 의회, 국민부) • 의열단(1919, 김원봉, 만주 길림), 한인 애국단(1931, 김구, 중국 상하이) **[국내]** • **무장 운동**: 보합단, 천마산대, 구월산대 등 • **사회 운동**: 형평 운동(1923), 조선 공산당(1925~1928), 6 · 10 만세 운동(1926) ⇨ 신간회 · 근우회(1927~1931) ⇨ 광주 학생 항일 운동(1929) • **문화 운동**: 조선어 연구회(1921), 민족주의 사학(신채호 · 박은식), 민립 대학 설립 운동(1922), 극예술 협회(1920) · 토월회(1923), 조선 프롤레타리아 예술가 동맹[카프(KAPF), 1925], 나운규의 '아리랑'(1926) • **경제 운동**: 농민 운동(암태도 소작 쟁의, 1923) · 노동 운동[경 성 고무 공장 여공들의 아사 동맹(1923), 영흥 노동자 총파업 (1928), 원산 노동자 총파업(1929), 강주룡의 고공 투쟁(1931)], 물산 장려 운동(1922)

⬇ 만주 사변(1931) 계기

시기	통치 형태	경제적 수탈	식민지 문화 정책	민족 독립운동
3단계 (1931~1945) • 중 · 일 전쟁 발발(1937) • 2차 세계 대전 발발(1939) • 태평양 전쟁 발발(1941)	**민족 말살 통치** (창씨개명, 신사 참배, 황국 신민화 선언, 내선 일체, 일선 동조론, 우 리 역사 · 우리말 금지) ⇨ 국가 총동원령 (1938. 5.) • 조선 사상범 보호 관찰령(1936) • 조선 사상범 예방 구금령(1941)	• **병참 기지화 정책** ⇨ 인적·물적 수탈＊ • **남면북양 정책** • **농촌 진흥 운동** (조선 농지령, 1934) • **중요 산업 통제법** (1937) • **산미 증식 계획 재실시** (1939) ＊ 일제의 인적·물적 수탈 • 지원병(1938. 2.) • 징용령(1939) • 총동원 물자 사용 수용령(1939) • 근로 보국령(1941) • 학도 특별 지원병(1943) • 징병제(1943) • 정신대 근무령(1944)	• **3차 조선 교육령** (1938. 3.): 보통학교 ⇨ 심상소학교(1938) ⇨ 국민학교(1941) 개칭, 1면 1교주의, 조선어 수의(선택) 과목 • **4차 조선 교육령**(1943) : 군부에 의한 교육 통제	**[국외]** • **중국 만주**: 한국 독립군과 조선 혁명군의 한 · 중 연합 작전 (1931~1934) • **중국 우한**: 김원봉의 조선 의용대(1938) ⇨ 1942년 광복군에 통합 • **중국 충칭**: 김구의 임시 정부 ⇨ 한국 독립당(1940) · 광복군 구성(1940) ⇨ 대일(1941) · 대독(1942) 선전 포고 ⇨ 인도 · 미 얀마 전선 참가(1943) ⇨ 국내 진입 작전 계획(1945. 9.) • **중국 연안**: 조선 독립 동맹(1942)의 조선 의용군(김두봉) • **미국**: 재미 한족 연합회(1941) 결성, 한인 국방 경위대(일명 맹 호군) 조직 **[국내]** • **무장 운동**: 경성 부민관(현 서울시 의회 건물) 폭파 의거(1945. 7.) • **문화 운동**: 문맹 퇴치 운동[조선일보의 문자 보급 운동, 동아 일보의 브나로드 운동(1931~1934)], 조선어 학회(1931~1942), 사회 경제 사학 · 실증주의 사학 · 신민족주의 사학(조선학 운동), 극예술 연구회(1931), 안익태의 '코리아 환상곡'(1936), 동아일 보의 일장기 말소 사건(1936), 수양 동우회 사건(1937) • **사회 · 경제 운동**: 농민 · 노동 운동

2 일제의 통치 형태

1. 조선 총독부

성격	식민 통치의 중추 기관, 일본군 현역 대장을 조선 총독으로 임명 ⇨ 식민 통치의 전권 장악, 조선 총독−독자적 법률 제정권 확보
자문 기구	중추원*, 취조국, 참여관 회의 등
지방 행정 조직 개편	전국을 13도 12부 220군으로 나누고 면과 동·리는 통폐합 ⇨ 전통적 공동체 조직 해체

✳ 역대 중추원의 기능

고려	왕명 출납, 군사 기밀, 왕실 호위
조선	서반(무관)직 최고 기구(형식적)
독립 협회	중추원 개편 − 의회제 실시 주장
대한 제국	황제의 자문 기구
일제 강점기	총독부 자문 기구(친일파 회유) 및 중추원 법제·격식 연구

2. 단계별 일제의 통치 형태

1단계(1910~1919) 무단 통치(헌병 경찰)		언론·집회·출판·결사의 자유 박탈, 의병 운동 진압, 민족 지사들 투옥(안악 사건*, 105인 사건*), (조선) 태형령(1912), 경찰범 처벌 규칙(1912) 사료 342
2단계(1919~1931) 문화 통치(보통 경찰)	배경	3·1 운동 계기
	내용	• 총독 임명 제한 철폐(문관 임명 가능) • 언론·결사의 자유 인정, 조선·동아일보 간행 허가 • 2차 조선 교육령 발표(1922, 교육의 기회 확대) • 중추원 및 평의회(도 단위)·협의회(부·면 단위) 등을 통한 정치 참여 허용
	본질 사료 343	• 문관 총독은 단 한 명도 임명되지 않았고 오히려 경찰 수와 장비 증가 • 검열의 강화로 언론 탄압 • 초급 수준의 교육과 기술만을 강화 • 치안 유지법(1925~1945, 일본법 확대 적용) 공포 사료 344: 무정부주의자·사회주의자 단속 ⇨ 민족주의 독립운동가도 탄압 • 제한된 정치 참여, 소수의 친일파 양성 ⇨ 민족 분열
3단계(1931~1945) 민족 말살 통치	배경	중·일 전쟁 발발 ⇨ 국가 총동원령(1938) 발표, 인적·물적 수탈, 우리 민족의 문화와 전통 완전 말살
	내용 사료 345	• 일선동조론(日鮮同祖論)*: 내선일체*, 황국 신민화의 구호 아래 황국 신민 서사* 암송, 신사 참배, 궁성 요배 등 강요 • 3차 조선 교육령 발표(1938): 한국사·한국어 교육 금지 • 창씨개명 강요(1939)
	인적·물적 수탈 − 국가 총동원령 (1938. 5.) 발표 사료 346	인적 수탈 사료 347
		물적 수탈

인적·물적 수탈 세부:
- 인적 수탈 사료 347: • 군대: 지원병 제도(1938. 2.) ⇨ 학도 지원병 제도(1943) ⇨ 징병제(1943)
• 기타: 징용(1939~), 근로 보국령(1941), 정신대 근무령(1944)
- 물적 수탈: • 미곡 수탈(산미 증식 계획 재실시, 1939)
• 공출제(1941): 금속 제품(농구, 식기, 제기) 등

✳ 안악 사건(1910)
안명근이 서간도에 무관 학교를 설립하기 위해 국내에서 자금을 모금하였는데, 이를 일제가 데라우치 총독을 암살하기 위해 군자금을 모금한다고 날조하여 수많은 민족 지도자를 검거한 사건

✳ 105인 사건(1911)
일제가 안명근의 데라우치 총독 암살 미수 사건을 구실로 신민회 회원들을 체포 ⇨ 신민회 활동 중지

cf 일제의 사회주의 독립운동 억압 정책
• 치안 유지법(1925~1945)
• 조선 사상범 보호 관찰령(1936)
• 조선 사상범 예방 구금령(1941)

✳ **일선동조론**: 일본인과 조선인은 조상이 같다는 이론으로, 한국인의 민족정신을 근원적으로 말살하기 위한 것이다.

✳ **내선일체**: '내'는 내지인 일본을, '선'은 조선을 가리킨다. 일본과 조선은 한 몸이라는 뜻으로, 한국인을 일본인으로 동화시키려 한 것이다.

✳ **황국 신민 서사**: '우리들은 대일본 제국의 신민이다. 우리들은 마음을 합하여 천황 폐하에게 충의를 다한다.'는 내용을 담고 있다.

▲ **조선 총독부** | 일제는 남산에 있던 총독부 청사를 1926년 경복궁 근정전 앞에 새로 지었다. 1995년 역사 바로 세우기 정책으로 철거되었다.

▲ **무단 통치** | 일반 관리, 학교 교원 등이 모두 제복을 입고 칼을 차고 있는 모습이다.

▲ **조선 총독부의 검열·삭제 지시에 의해 절반 가까운 지면이 비어 있는 상태로 발행된 신문**

▲ **신사 참배** | 일본 왕실의 조상이나 국가 공로자를 모신 사당인 신사에 참배하도록 강요하였다.

▲ **궁성 요배** | 일왕의 궁성이 있는 동쪽으로 매일 절을 하도록 강요하였다.

3 항일 독립운동

1. 1910년대 국내 독립운동

(1) **의병**: 대부분 만주 · 연해주 이동, 국내 – 채응언(1915년 체포)

(2) **항일 결사 조직**

> ✱ 복벽주의(復辟主義)
>
> 일제에 병합당하기 이전의 조선과 같이 국왕이 통치하는 정치 형태로 돌아가자는 입장

비밀 결사대	중심인물	중심 지역	활동(계획)	결사의 성격
독립 의군부 (1912~1914)	의병장 임병찬 (⇨ 고종의 밀조로 조직)	전라도	• 총독부, 각국 공사, 일본 정부에 국권 반환 요구서 사료 348 제출 • 일군 철병에 관한 전 국민의 투서 운동 실시 • 전국에 태극기 게양	• 의병 출신 및 전직 관료가 주도 • 위정척사적 복벽주의✱
대한 광복회 (1915~1918) 사료 349	박상진, 김좌진	대구에서 결성 ⇨ 전국적 활동, 만주에 지부 설치	• 1910년대 항일 결사 중에서 가장 활발한 활동을 전개한 단체 • 목표: 만주에 독립군 기지 건설, 사관 학교 설립, 독립군 양성	• 근대 공화 정치를 목표로 한 혁신 유림들이 주도 • 대종교적 민족주의 표방 • 군대식 조직
조선 국권 회복단 (1915~1918)	이시영, 서상일, 윤상태 등	대구 중심, 경북 일대	• 1910년대의 비밀 결사 중 3 · 1 운동 때까지 발각되지 않은 극소수 단체 중의 하나 • 3 · 1 운동에 앞장섰으며, 임시 정부가 수립되자 군자금 모집, 파리 강화 회의에 보낼 독립 청원서 작성	• 대종교적 민족주의 인사들의 독립군 지원 단체 • 공화주의 표방 • 후에 대한 광복회 조직
조선 산직 장려계 (1915~1917)	이우용, 남형유	경성	일본인에게 빼앗긴 각종 산업을 부흥시켜 국권 회복을 위한 기반 마련	• 전국의 교원, 신교육을 받은 인사 포섭 • 계몽주의적 입장에서 민족 산업 육성 등 경제 사상을 실현하려던 조직
송죽회 (1913~)	평양 숭의 여학교 교사와 학생들을 중심으로 조직	평양 중심 ⇨ 전국적, 미국 · 일본으로 확산	항일 독립군의 자금 지원, 망명 지사의 가족 돕기 등	• 항일 구국의 비밀 여성 단체 • 대한 애국 부인회(1919, 평양)의 기초가 됨.

2. 3 · 1 운동

> ✱ 민족 자결주의
>
> 제1차 세계 대전이 끝날 무렵 새로운 세계 질서의 확립을 위하여 미국의 윌슨 대통령이 발표한 14개조 평화 원칙에서 식민지 문제를 해결하기 위하여 민족 자결주의를 제창하였다. 그러나 윌슨의 민족 자결주의는 독일과 같은 패전국이 지배하던 식민지에만 적용되었고 미국이나 일본같은 전승국이 지배하는 식민지는 제외되었다.

(1) **배경**

> ① 윌슨의 민족 자결주의✱ 사료 341
> ② 러시아 혁명: 레닌의 식민지 민족 해방 지원 선언
> ③ 대동단결 선언(1917)사료 350: 공화주의를 표방한 임시 정부 수립 제시(상하이에서 신규식 · 박은식 · 신채호 · 조소앙 등 14명 발기)
> ④ 무오(대한) 독립 선언(1918 또는 1919)사료 351: 무장 독립 투쟁 노선을 선언한 최초의 독립 선언서[국외 망명 독립운동가 39인 명의, 조소앙 작성, 만주 길림 ⇨ 대조선 독립단(1919) 조직]
> ⑤ 신한 청년단(당)의 활동: 김규식을 파리 강화 회의에 파견
> ⑥ 고종 황제의 서거(1919. 1.)
> ⑦ 2 · 8 독립 선언(1919. 2.)사료 352: 조선 청년 독립단(일본 동경) ⇨ 3 · 1 운동의 촉진제 역할

(2) **전개 과정**

제1단계(점화기)	탑골 공원에서 독립 선언서 사료 353를 낭독, 만세 운동 점화 ⇨ 비폭력주의 **예** 민족 대표 33인: 태화관에서 독립 선언서 발표
제2단계(도시 확산기)	학생들이 주도적 역할, 상인 · 노동자들이 적극 참여 **예** 조선 총독부 인쇄공 파업
제3단계(농촌 확산기)	농민 등의 적극적 참가, 면사무소 · 헌병 주재소 · 친일 지주 등 습격 ⇨ 무력 저항으로 변모

(3) **일제의 탄압**: 화성 제암리 학살 사건(1919. 4. 15.) 등 무차별 탄압 사료 354

(4) 결과

일본의 통치 형태 변화	무단 통치 ⇨ 문화 통치
민족 운동의 방향 변화	• 조직적 · 체계적 독립운동 제시 ⇨ 상하이 대한민국 임시 정부의 수립 • 비폭력 ⇨ 무장 독립운동
해외 민족 운동에 영향 <small>사료 355</small>	중국의 5 · 4 운동, 인도의 비폭력 · 무저항 운동, 중동 지방 · 필리핀 · 베트남의 민족 해방 운동

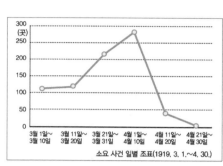

▲ 만세 시위의 확산

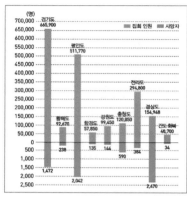

▲ 3·1 운동 참가 인원 및 피해 상황

▲ 3·1 운동의 봉기 지역

3. 3 · 1 운동 이후 민족 운동의 양상

(1) **일제의 식민지 지배 정책 변화** ⇨ 민족주의 진영의 분열 ─┬─ 타협적 민족주의(자치·참정론)
　　　　　　　　　　　　　　　　　　　　　　　　　　　　　　 └─ 비타협적 민족주의

(2) **사회주의 사상의 유입** ⇨ 사회주의 세력 대두

구분	계열	주장 및 활동
이념	민족주의계	비타협적 항일 운동 전개
	사회주의계	사회주의 혁명론 전개(이동휘)
독립운동 방향	무장 투쟁론	무장 독립 전쟁론(이동휘, 신채호, 김좌진 등)
	외교론	국제 연맹 위임 통치론(이승만)
	자치 · 참정론	일제의 지배 인정(이광수)
	실력 양성론	경제 방면에서 민족 역량 배양(김성수)

ⓒⅰ 민족 유일당 운동: 신간회 조직(1927, 이상재) ⇐ 6 · 1o 만세 운동 계기

메모

4. 대한민국 임시 정부의 수립과 활동

배경	• 상하이 대한민국 임시 정부(1919. 4. 11.) 수립[사료 356]: 임시 의정원(1919. 4. 10.)을 창설하고 국호는 대한민국, 대한민국 임시 헌장을 제정하고 상하이 임시 정부 출범 • 위치 결정: 통합된 임시 정부의 위치를 둘러싸고 상하이 중심론과 만주 · 연해주안이 대립 ⇨ 상하이로 결정 • 정부 구성: 연해주 대한 국민 의회를 흡수하여 임시 의정원(입법 기구)에 포함, 한성 정부의 법통과 인맥을 계승하여 행정부 조직, 위치와 국명을 상하이 임시 정부로 결정 ⇨ 1919년 9월 상하이 대한민국 임시 정부 구성, 대통령에 이승만(외교론자) · 국무총리에 이동휘(무장 투쟁론자) 임명 **cf** 김구(초대 경무국장) 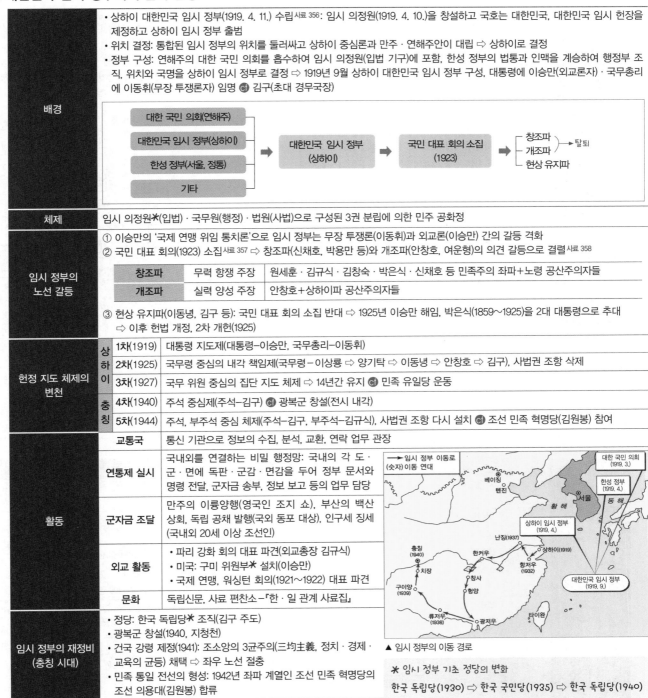
체제	임시 의정원★(입법) · 국무원(행정) · 법원(사법)으로 구성된 3권 분립에 의한 민주 공화정
임시 정부의 노선 갈등	① 이승만의 '국제 연맹 위임 통치론'으로 임시 정부는 무장 투쟁론(이동휘)과 외교론(이승만) 간의 갈등 격화 ② 국민 대표 회의(1923) 소집[사료 357] ⇨ 창조파(신채호, 박용만 등)와 개조파(안창호, 여운형)의 의견 갈등으로 결렬[사료 358] | 창조파 | 무력 항쟁 주장 | 원세훈 · 김규식 · 김창숙 · 박은식 · 신채호 등 민족주의 좌파+노령 공산주의자들 | | 개조파 | 실력 양성 주장 | 안창호+상하이파 공산주의자들 | ③ 현상 유지파(이동녕, 김구 등): 국민 대표 회의 소집 반대 ⇨ 1925년 이승만 해임, 박은식(1859~1925)을 2대 대통령으로 추대 ⇨ 이후 헌법 개정, 2차 개헌(1925)

임시 정부의 노선 갈등 표		
창조파	무력 항쟁 주장	원세훈 · 김규식 · 김창숙 · 박은식 · 신채호 등 민족주의 좌파+노령 공산주의자들
개조파	실력 양성 주장	안창호+상하이파 공산주의자들

헌정 지도 체제의 변천	상하이	1차(1919)	대통령 지도제(대통령-이승만, 국무총리-이동휘)
		2차(1925)	국무령 중심의 내각 책임제(국무령 - 이상룡 ⇨ 양기탁 ⇨ 이동녕 ⇨ 안창호 ⇨ 김구), 사법권 조항 삭제
		3차(1927)	국무 위원 중심의 집단 지도 체제 ⇨ 14년간 유지 **cf** 민족 유일당 운동
	충칭	4차(1940)	주석 중심제(주석-김구) **cf** 광복군 창설(전시 내각)
		5차(1944)	주석, 부주석 중심 체제(주석-김구, 부주석-김규식), 사법권 조항 다시 설치 **cf** 조선 민족 혁명당(김원봉) 참여

활동	교통국	통신 기관으로 정보의 수집, 분석, 교환, 연락 업무 관장
	연통제 실시	국내외를 연결하는 비밀 행정망: 국내의 각 도 · 군 · 면에 독판 · 군감 · 면감을 두어 정부 문서와 명령 전달, 군자금 송부, 정보 보고 등의 업무 담당
	군자금 조달	만주의 이룡양행(영국인 조지 쇼), 부산의 백산 상회, 독립 공채 발행(국외 동포 대상), 인구세 징세(국내외 20세 이상 조선인)
	외교 활동	• 파리 강화 회의 대표 파견(외교총장 김규식) • 미국: 구미 위원부★ 설치(이승만) • 국제 연맹, 워싱턴 회의(1921~1922) 대표 파견
	문화	독립신문, 사료 편찬소-「한 · 일 관계 사료집」

임시 정부의 재정비 (충칭 시대)	• 정당: 한국 독립당★ 조직(김구 주도) • 광복군 창설(1940, 지청천) • 건국 강령 제정(1941): 조소앙의 3균주의(三均主義, 정치 · 경제 · 교육의 균등) 채택 ⇨ 좌우 노선 절충 • 민족 통일 전선의 형성: 1942년 좌파 계열인 조선 민족 혁명당의 조선 의용대(김원봉) 합류

▲ 임시 정부의 이동 경로

★ 임시 정부 기초 정당의 변화
한국 독립당(1930) ⇨ 한국 국민당(1935) ⇨ 한국 독립당(1940)

★ 임시 의정원(1919~1945)

1919년 4월 상하이에서 상하이, 한국, 러시아 등 각 지방의 한인 대표자 29명이 모여 임시 의정원을 구성한 이후 대한민국이라는 국호를 정하고 민주 공화제를 표명하였다. 이것이 대한민국 임시 정부의 수립이다. 의정원 의원은 각 지방의 대표 위원으로 중등 교육을 받은 만 23세 이상의 남녀 누구에게나 자격이 있다고 밝혔으나, 항일 투쟁에 실질적으로 공헌한 자에게 우선권이 주어졌다.

★ 구미 위원부(1919~1925 or 1928)

대한민국 임시 정부는 외교 활동을 원활하게 추진하기 위해 프랑스(파리 위원부) · 미국(구미 위원부) · 영국(런던 위원부)에 위원부를 설치하였다. 그러나 초대 위원장인 김규식에 이어 2대 위원장이 된 이승만이 1925년 임시 정부 대통령직에서 탄핵당하면서 이승만의 지원 세력으로 분류되던 구미 위원부는 철폐되었다. 그러나 이승만은 이를 무시하고 1928년 재정난으로 해체될 때까지 유지하였다.

5. 학생 항일 운동

배경		학생들이 비밀 결사를 조직하여 활동 ⇨ 6·10 만세 운동, 광주 학생 항일 운동과 같은 대규모 조직적 운동을 전개
6·10 만세 운동 (1926) 사료 359	배경	민족주의와 사회주의 대립 ⇨ 독립운동의 진로 혼란
	발단	일제의 수탈 정책과 식민지 교육에 대한 비판
	전개	학생(조선 학생 과학 연구회)과 사회주의계·천도교 계열에 의해 순종의 인산일에 대규모 군중 시위운동 계획 ⇨ 사회주의계 사전 검거[일본의 치안 유지법(1925) 의거] ⇨ 학생 주도
	의의	• 학생 운동 세력이 항일 민족 운동의 구심체로 등장 • 민족주의계와 사회주의계의 대립·갈등 극복 계기 ⇨ 신간회(1927) 결성에 영향
광주 학생 항일 운동 (1929) 사료 360	배경	일제의 민족 차별과 식민지 교육 ⇨ 6·10 만세 운동 이후 항일 결사 조직, 동맹 휴학 등 전개
	전개	한·일 학생 간의 민족 감정 폭발, 광주에서 시작 ⇨ 학생 비밀 결사, 신간회 등의 지도 ⇨ 전국 확대, 국외로 확산
	성격	청년 운동의 절정 ⇨ 3·1 운동 이후 최대의 민족 운동

cf 학생의 날(학생 독립운동 기념일, 11월 3일)

광주 학생 항일 운동일인 11월 3일은 1953년 '학생의 날'이라는 정부 기념일이 되었으나, 1973년 폐지되었다. 1984년 학생의 날이 부활했으나 전두환 정부는 학생의 날을 맞아 일어날 학생들의 시위를 우려하여 통제하였다. 2006년 '학생의 날'은 "학생 독립운동 기념일"로 개정되었다.

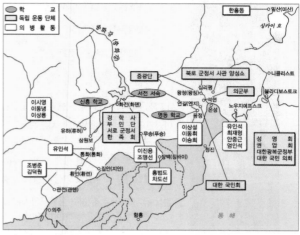

▲ 만주와 연해주의 독립운동 기지(1910년대)

6. 항일 독립 전쟁

(1) 3·1 운동 이전: 독립운동 기지의 건설

목적					독립운동 거점 마련, 무장 독립 전쟁 수행, 경제적 토대의 마련
선구					신민회(⇨ 서간도 삼원보, 밀산부 한흥동)
대표적인 독립운동 기지	지역	위치	단체	주요 인물	활동
	중국 – 만주	서간도 삼원보	경학사 ⇨ 신흥 강습소 ⇨ 신흥 무관 학교(1919)	이회영, 이상룡 등	독립군 양성
		밀산부 한흥동		이상설, 이승희 등	독립군 양성
		용정	서전서숙(1906)	이상설	민족 교육
		왕청	중광단(1911)	서일(대종교)	북로 군정서로 개편, 무오 독립 선언(1918 or 1919) 주도
	중국 – 본토	상하이	동제사(1912)	신규식(대종교)	민족 교육(박달 학원 설립)
			신한 청년단(당)(1918)	김규식, 여운형 등	1919년 2월 파리 강화 회의에 김규식 파견
	러시아 – 연해주	블라디보스토크	한민회(1905)	임종영, 정정협	• 한국인 자치 기관, 신한촌 건립 ⇨ 항일 의병 집결(13도 의군) • 해조신문 간행(1908, 연해주 최초 신문)
			권업회(1911)	이상설 등	• 권업신문(1912) ▶ 국외에서 우리말로 발행된 최초의 신문 • 민족 교육
			대한 광복군 정부(1914)	이상설, 이동휘	• 최초의 임시 정부 • 무장 항일 운동의 터전 및 임시 정부 수립의 기반 마련
			전로 한족 중앙회(1917)	원호인	1919년 대한 국민 의회로 개편
	미국	하와이	대한인 국민회(1910)	이승만, 안창호	미주 지역 한인 단체
			대조선 국민군단(1914)	박용만	항일 군사 조직
		샌프란시스코	흥사단(1913)	안창호	신민회 후신
	일본	동경	조선 청년 독립단(1919)	최팔용	2·8 독립 선언 발표(1919)
	멕시코	메리다	숭무학교(1910)	이근영, 양귀선 등	한인 무관 양성 학교

(2) 1920년대 무장 항일 투쟁

① 애국지사의 항일 의거: 김원봉의 의열단(만주 길림성, 신흥 무관 학교 출신 중심, 1919), 김구의 한인 애국단(상하이, 1931), 김창숙의 다물단(베이징, 1925) 등

항일 조직	애국지사	연도	의거 내용
의열단 -의열단 선언서 [신채호의 '조선 혁명 선언'(1923) 발표] 사료 361,362	박재혁	1920	부산 경찰서 투탄
	최수봉	1920	밀양 경찰서 투탄
	김익상	1921	조선 총독부에 투탄
	김익상, 오성륜, 이종암	1922	상하이에서 일본 육군 대장 다나카 기이치 암살 시도
	김상옥	1923	종로 경찰서에 투탄
	김지섭	1924	일본 동경 궁성 이중교에 투탄
	나석주	1926	동양 척식 회사(1908 건립)와 조선 식산 은행(1918 건립)에 투탄
한인 애국단 사료 363	이봉창사료 364	1932	일본 히로히토 국왕 폭살 기도
	윤봉길사료 365	1932	•상하이 훙커우 공원 투탄 •중국의 장제스가 대한민국 임시 정부를 지원하는 계기
다물단	김창숙	1925	일본 밀정 김달하 처단(의열단과 합작)
대한 국민 노인 동맹단	강우규	1919	3대 총독 사이토 폭살 기도 데 대한 (국민) 노인 동맹단(1919): 연해주에서 박은식, 김치보, 강우규, 윤여옥 등 조직, 46세 이상 남녀 대상 회원 모집
기타	조명하	1928	일본 육군 대장(왕족) 사살(타이완)
	이강훈, 원심창, 백정기(흑색 공포단)	1933	육삼정 의거: 중국 주재 일본 공사 암살 기도
	강윤국, 조문기, 유만수	1945. 7.	경성 부민관 폭파 사건: 친일 단체(대의당)의 '아세아 민족 분격 대회' 개최 장소 폭파 ⇨ 일본 패망 전 마지막 의열 활동

한걸음 더

✤ **의열단**

1. **행동 지침**: '공약 10조'와 '5파괴', '7가살(可殺)'이라는 행동 목표를 독립운동의 지침으로 채택
   - 파괴 대상: 조선 총독부, 동양 척식 주식회사, 매일신보사, 각 경찰서, 기타 왜적의 중요 기관
   - 암살 대상: 조선 총독 이하 고관, 군부 수뇌, 타이완 총독, 매국노, 친일파 거두, 적탐(밀정), 반민족적 토호열신(土豪
劣紳) 등
2. **1920년대 후반 조직적 무장 투쟁으로 독립운동의 노선 전환**: 의열단 단원들은 1926년 중국의 군관 학교(황포 군관 학
교)에 입교, 이들은 1928년 '일본 제국주의 타도', '조선 독립 만세', '전민족적 혁명적 통일 전선', '자치 운동 타도'의
4대 슬로건과 20대 강령을 발표
3. **만주 사변(1931)과 상하이 사변(1932) 계기**: 김원봉 등은 난징으로 이동하고, 중국 국민당 정부의 지원 아래 조선 혁명
군사 간부 학교(1932)를 창립, 중국 관내 대부분의 항일 단체와 정당을 통합하여 민족 혁명당(1935)을 결성, 이후 우한
(한커우)에서 조선 의용대(1938)를 조직, 1942년 김원봉의 조선 의용대는 한국 광복군으로 통합

② 국내 무장 독립운동

활동	만주의 독립군과 연결 ⇨ 일제의 식민 통치 기관 파괴, 일본 군경과의 교전, 친일파 처단, 군자금 모금 등
대표 무장 단체	천마산대(1919, 평북 천마산), 보합단(1919, 평북 동암산), 구월산대(황해도 구월산) 등

③ 국외 무장 독립운동

대표 독립군 부대	• 1919년: 대한 독립단, 서로 군정서, 북로 군정서, 대한 독립군, 대한 독립 군비단, 태극단 등 • 1920년: 광복군 사령부, 광복군 총영 등 • 1922년: 대한 통의부, 광정단 등 • 연해주: 혈성단, 경비대, 신민단 등 • 미국: 대조선 국민군단, 비행사 양성소, 소년병 학교 등
활동	군자금 모금, 밀정 처단, 친일파 숙청 등
전개 과정	1. 봉오동 전투(1920. 6.): 홍범도의 대한 독립군 등 2. 청산리 대첩(1920. 10.): 김좌진의 북로 군정서군 등^{사료 366} 　 cf 주요 전투 순서: 백운평 전투 ➡ 완루구 전투 ➡ 어랑촌 전투 ➡ 천보산 전투 ➡ 고동하 전투 등 3. 간도 참변(경신 참변, 1920. 10.): 일제가 만주에 사는 한국인을 무차별 학살한 사건 4. 대한독립군단 조직(서일, 1920. 12.): 밀산부에 집결, 대한 독립군단 조직 ➡ 러시아로 이동, 러시아 내전 참전(적색군 지원) 5. 자유시 참변(1921): 대한 독립군단－러시아 적색군의 배신 ➡ 만주로 다시 귀환(cf 홍범도－러시아 잔존) 　 cf 대한 독립군단의 재결성(1922): 북만주 지역 ➡ 신민부로 통합 　 cf 대한 통의부(1922): 남만주 지역 ➡ 육군 주만 참의부와 정의부로 흡수 6. 독립군의 통합 운동 추진(3부) 　 • 육군 주만 참의부(1923): 임시 정부 직할하, 압록강 건너편 지역 ┐ 　 • 정의부(1924): 남만주 일대 　　　　　　　　　　　　　　 ├ ➡ 구성: 민주적 민정 기관 + 군정 기관 　 • 신민부(1925): 소련 영토에서 되돌아온 독립군 중심, 북만주 일대 ┘ 7. 미쓰야 협정(1925)^{사료 367}: 독립군 탄압을 위해 일제 총독부 경무국장 미쓰야와 만주 군벌 장쭤린이 체결한 협정 8. 국외 민족 유일당 운동: 혁신 의회와 국민부 　 • 북만주 지역: 전민족 유일당 조직 촉성회파 ➡ 혁신 의회(1928): 한국 독립당(1930), 한국 독립군(김좌진 ➡ 지청천) 조직 　 • 남만주 지역: 전민족 유일당 조직 협의회파 ➡ 국민부(1929): 조선 혁명당(1929), 조선 혁명군(양세봉) 조직

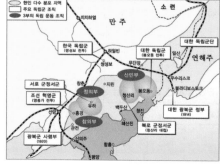

▲ 독립군의 이동

(3) 1930년대 무장 항일 투쟁

한·중 연합 작전^{사료 368} (1931~1934)		• 계기: 일제의 만주 사변(1931) • 한국 독립군(지청천): 중국 호로군과 연합 ➡ 쌍성보 전투(1932), 동경성·사도하자·대전자령 전투(1933) 등 ┐ • 조선 혁명군(양세봉): 중국 의용군과 연합 ➡ 영릉가 전투(1932), 흥경성 전투(1933) 등 ┘ ➡ 1930년대 중반 이후 대부분 중국 본토로 이동
만주 지역의 무장 투쟁 노선 변화		• 중국 공산당과 연결된 사회주의 계열 주도 • 동북 항일 연군(1936)의 보천보 전투(1937, 국내 진공 작전), 조국 광복회(1936) 결성
중국 본토		중·일 전쟁 이후 조선 민족 혁명당의 조선 민족 전선 연맹과 한국 국민당의 한국 광복 운동 단체 연합회로 양분
	사회주의 계열	독립운동 단일 정당 추진[한국 독립당(조소앙), 조선 혁명당(지청천), 의열단(김원봉) 등 5당 참여] ➡ 민족 혁명당 결성(1935)^{사료 369} ➡ 조소앙·지청천 탈퇴 ➡ 김원봉, 조선 민족 혁명당(1937)으로 개편, 조선 의용대(우한, 1938) 조직 ┌ 조선 의용대 일부: 화북 지방으로 이동 ➡ 조선 독립 동맹 결성(1942), 조선 의용군으로 개편 └ 조선 의용대(김원봉) ➡ 충칭의 광복군과 연합(1942)
	민족주의 계열	대한민국 임시 정부: 한국 국민당(1935) 조직 ➡ 한국 광복 운동 단체 연합회 결성(1937, 조소앙·지청천 참가) ➡ 전국 연합 진선 협회 조직^{사료 370}[1939, 중국 국민당 정부의 권유로 김구(한국 국민당), 김원봉(조선 민족 혁명당) 등 7개 단체가 합작], 좌우 합작 시도, but 1940년대 초 실패 ➡ 한국 독립당(충칭, 1940) 조직^{사료 371}

▲ 국외의 독립운동　　　　▲ 1930년대 무장 독립 전쟁

▲ 조선 의용대(1938)의 변화

(4) 1940년대 무장 항일 투쟁

한국 광복군의 창설 (1940)	• 임시 정부의 김구, 지청천 등이 충칭에서 창설 ⇨ 조선 의용대(김원봉) 일부 통합(1942) ⇨ 중국 국민당의 연합군의 일원으로 대일 전쟁에 참전 • 주요 활동: 대일(1941)·대독(1942) 선전 포고[사료 372] ⇨ 연합군의 일원으로 인도·미얀마(버마) 전투 참전(1943) ⇨ 미국 O.S.S.(전략 정보처)와 함께 국내 진입 작전 계획(1945. 9. 예정) ⇨ 일본의 패망으로 좌절[사료 373]
조선 의용군의 활동	• 중국 화북 지방에서 중국 공산당(중국 팔로군)과 연계한 사회주의 세력은 조선 독립 동맹 결성(1942) • 조선 의용군 조직 ⇨ 독자적 활동 전개(광복군에 합류 ×), 호가장 전투(1941)·반소탕전 ⇨ 해방 후 북한 인민군 편입(연안파)

한걸음 더

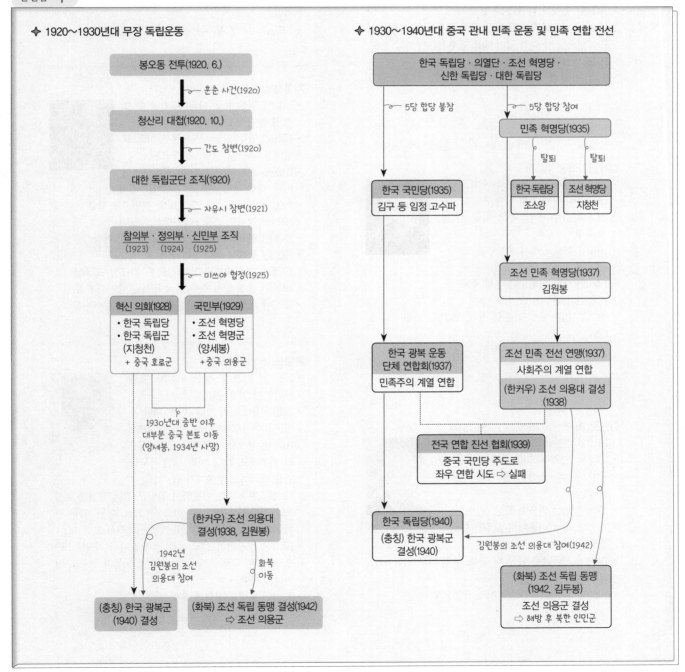

✦ 민족 독립운동기 주요 인물사

김규식(1881~1950)
- 1918년 신한 청년단(당) 창립 참가
- 1919년 파리 강화 회의 대표단으로 파견
- 1919년 임시 정부 파리 위원회 위원장
- 1935년 민족 혁명당 창당(김원봉, 조소앙)
- 1944년 충칭 임시 정부 부주석
- 1946년 여운형과 함께 좌우 합작 운동 주도
- 1947년 남조선 대한 국민 대표 민주의원 부의장 선출
- 1948년 평양 남북 협상 추진
- 6·25 전쟁 때 납북 됨.

김좌진(1889~1930)
- 1905년 대한 제국 육군 무관 학교 입학
- 1915년 대한 광복회 참여
- 1918년 만주 망명, 무오 독립 선언서에 서명
- 1919년 북로 군정서 총사령관
- 1920년 청산리 대첩 지휘
- 1920년 대한 독립군단 결성 주도
- 1925년 신민부 설립 주도
- 1927년 민족 유일당 운동 참가, 1928년 혁신 의회에 가담

김원봉(1898~1958)
- 1919년 의열단 조직
- 1935년 민족 혁명당 창당(조소앙, 김규식 등) ⇨ 조선 민족 혁명당(1937) 조직
- 1938년 조선 의용대 창설
- 1942년 조선 의용대의 일부를 이끌고 한국 광복군에 합류
- 1948년 4월 남북 협상 때 월북, 북한 최고 인민 회의의 대의원 역임
- 1958년 김일성의 연안파 제거 작업으로 숙청

이동휘(1873~1935)

- 1899년 대한 제국 육군 무관 학교 졸업
- 1907년 신민회 조직 참여
- 1911년 105인 사건으로 투옥, 출옥 후 연해주로 망명
- 1914년 대한 광복군 정부 조직, 부통령 역임
- 1919년 임시 정부 국무총리 역임

지청천(일명 이청천, 1888~1957)

- 1913년 일본 육군 사관 학교 졸업, 보병 중위 근무
- 1919년 만주 망명, 신흥 무관 학교 교성대장, 독립군 간부 양성
- 1920년 임시 정부 산하의 서로 군정서 지휘, 대한 독립군단 조직(+서일 · 김좌진)
- 1921년 자유시 참변으로 포로, 북만주로 탈출
- 1924년 정의부 조직(+양기탁 · 오동진)
- 1930년 한국 독립당 창당, 한국 독립군 결성
- 1933년 동경성·대전자령 전투
- 1935년 민족 혁명당 참가(김원봉, 김규식, 조소앙)
- 1940년 충칭 임시 정부 한국 광복군 총사령관 취임
- 1948년 제헌 국회 의원 당선

홍범도(1868~1943)
- 1907년 산포수·광산 노동자 등을 규합하여 의병 구성
- 1919년 3·1 운동 이후 만주 대한 독립군의 총사령관이 되어 전과를 올림.
- 1920년 봉오동 전투에서 승리, 청산리 전투에도 참가, 이후 대한 독립군단을 조직하고 부총재가 됨.
- 1921년 자유시로 이동하여 독립군 실력 양성에 힘썼으나 자유시 사변 이후 이르쿠츠크로 이동, 이후 연해주 집단 농장에서 한인들에게 민족의식 고취
- 1937년 스탈린의 강제 이주 정책에 따라 카자흐스탄으로 이주, 극장 야간 수위, 정미소 노동자 등으로 일하다가 사망
- 2021년 홍범도 장군의 유해 반환

최초의 여성 의병장 **윤희순**(1860~1935)	을미의병 당시 '안사람 의병가', '병정의 노래' 등의 의병가를 지어 의병의 사기를 진작시키고 춘천 의병으로 활동
김마리아(1891~1945)	• 1918년 동경 유학생 독립단에 가담, 2·8 독립운동 가담 ⇨ 국내로 들어와 3·1 운동 가담 • 대한민국 애국 부인회 조직 ⇨ 상하이 망명 후 상하이 애국 부인회와 의정원 의원으로 활약 • 1923년 미국에서 근화회(재미 대한민국 애국 부인회) 조직
민족과 여성의 자유를 위해 **헌신한 박차정**(1909~1944)	• 1928년 근우회 선전부장을 맡아보던 중 1929년 광주 학생 항일 운동 가담 • 중국 망명, 의열단의 김원봉과 혼인. 민족 혁명당, 조선 의용대 활동, 곤륜산 전투에서 1944년 사망
여자 안중근 **남자현**(1872~1933)	• 3·1 운동 참가 이후 만주로 망명, 여자 권학회 등 10여 개의 여성 교육회 설립, 서로 군정서군에 참가하여 1925년 국내에 들어와 사이토 총독 암살 기도 • 1932년 만주국 수립으로 국제 연맹 리튼 조사단이 하얼빈에 오자, 흰 수건에 '한국독립원'이라는 혈서를 써서 조사단에 보내 우리의 독립을 호소
오광심(1910~1976)	• 1931년 남만주 조선 혁명당 가입, 1935년 민족 혁명당 부녀부에서 활약, 1936년 난중 대한 애국 부인회 간부로 활동 • 임시 정부의 한국 광복 진선 청년 공작대 활동
김일곤(1912~1943)	• 광주 학생 항일 운동(1929) 당시 비밀 연락원으로 활동 • 1933년 중국으로 망명, 의열단의 조선 혁명 간부 학교 입학 • 1939년 태항산 유격대에서 활약
안경신(1888~미상)	• 3·1 운동 가담 ⇨ 국내 대한 애국 부인회 활동 ⇨ 상하이 임시 정부로 가서 대한 광복군 총영에서 활동 • 1920년 평양 시청과 평양 경찰서에 임신한 몸으로 폭탄 투척
권기옥(1901~1988)	한국 최초의 여성 비행사, 한국 공군의 어머니
3·1 운동을 재현한 **배화여고 6인의 소녀들**	• 김경화, 박양순, 성혜자, 소은명, 안옥자, 안희경 • 3·1 운동 1주년을 맞아 교정에서 독립만세를 부르다 체포되어 옥고를 치름.
독립군의 어머니 **허은 여사**(1907~1997)	• 만주에서 독립군의 항일 투쟁 지원에 헌신 • 16세에 이상룡의 손자인 이병화와 결혼 후 시댁 어른들의 독립운동을 보필 • 서간도 무장 독립운동 지원
법정에서 당당하게 독립 만세 **이유를 밝힌 여학생, 곽영선 선생** (1902~1980)	• 1919년 만세 시위에 참가하여 조선 독립 만세를 외치다 체포, 1년여의 옥고를 치름. • 법정(1919. 9. 11.)에서 자신은 "인도정의, 민족 자결에 의해 조선 인민의 인성으로" 당연히 만세운동에 참여한 것이며 시위 참여는 "일본에 반항하는데 있지 않고 자유를 원하기 때문"이라고 당당히 밝힘.
비밀 결사 조직하여 대한민국 **임시 정부를 후원한 5인의 여성**	• 최복길, 김경신, 김화자, 옥순영, 이관옥 • 1919년 평남 순천에서 윤찬복 등과 대한 국민회 부인 향촌회라는 비밀 단체 조직, 상하이 임시 정부의 독립운동 자금을 모집하고 옥고를 치름.
독립의 가시밭길을 마다하지 않은 **'혁명가족'의 안주인, 이은숙 여사** (1889~1979)	• 이회영의 부인 • 신흥 무관 학교 설립 등 독립운동 기지 개척 사업 조력 • 1925년 귀국하여 독립운동 자금 조달 등 독립 활동을 함.
평양 평원 고무 공장 여성 노동자 **강주룡 지사**(1901~1932)	• 평양에서 평원 고무 공장 여공으로 근무 • 1930년 평양 고무 공업조합이 임금 17% 삭감을 노동자들에게 일방적으로 통고 ⇨ 노동자들은 일제와 그에 결탁한 자본가들을 비판, 2,000여 명이 반대 투쟁 ⇨ 파업을 주도했던 강주룡은 1931년 고공농성을 벌이다 투옥 ⇨ 출감 두 달 만에 서른두 살의 나이로 숨을 거둠.
임시 정부 요인을 보살핀 **정정화 지사**(1900~1991)	• 1920년 상하이로 망명 ⇨ 임시 정부 요인들의 뒷바라지 • 백범 김구는 물론 석오 이동녕, 성재 이시영 등 임시 정부 요인들의 고달픈 망명생활은 선생이 있음으로써 위안이 되었고, 나아가 27년간이라는 그 유례를 찾기 힘든 임시 정부의 역사도 선생이 있음으로써 가능
제주도 항일 운동 해녀 5인	• 고차동, 김계석, 김옥련, 부덕량, 부춘화 • 1932년 제주 구좌읍에서 발생한 집회 시위에 참여

cf 2018년 제73주년 광복절에 여성 독립 유공자 26인 서훈과 유공자 포상

문재인 대통령은 2018년 8·15 광복절 경축사에서 "친일의 역사는 결코 우리 역사의 주류가 아니었다."며 독립 투쟁에 대한 자긍심을 강조하면서, 특히 여성 독립운동가들의 역할과 헌신을 부각하였다. 또한 "여성들은 가부장제와 사회 경제적 불평등으로 이중삼중의 차별을 당하면서도 불굴의 독립운동에 뛰어 들었다."며 1931년 일제의 임금 삭감에 반대해 을밀대 지붕에 올라 여성·노동 해방을 외쳤던 평양 평원 고무 공장 여성 노동자 강주룡과 1932년 제주에서 일제의 착취에 맞서 항일 운동을 벌인 고차동, 김계석, 김옥련, 부덕량, 부춘화 5명의 해녀들을 언급하였다.

02 : 민족 독립운동기의 경제
Chapter

1 일본의 경제 약탈

1. 토지 조사 사업(1910~1918)

목적		토지 약탈, 지주층 회유
방법	조사 방법	토지 조사령(1912) 발표 ^{사료 374}: 토지 소유권 · 토지 가격 · 지형과 지목 등 조사
	신고 방식	기한부 신고제, 증거주의 ⇨ 절차 복잡
결과		• 전 농토의 40% 탈취: 미신고 토지, 공공 기관 소유 토지, 소유권자가 불분명한 토지 ⇨ 조선 총독부에 귀속 ⇨ 동양 척식 주식회사(1908) 담당, 일본인에게 싼 값에 불하 • 농민 몰락: 토지 소유권 및 영구 경작권(도지권) 상실 ⇨ 기한부 계약 소작농으로 전락, 화전민화, 만주 · 연해주로 이주 　cf 조선 지세령(1914)^{사료 375}: 기존의 결부제 전면 개편 ⇨ 토지 가격 자체를 기준으로 세금 징수

2. 산업의 침탈

1910년대	• 회사령 공포 ^{사료 376}: 허가제(⇨ 민족 기업 성장 억제) • 삼림령(1911, 50% 이상 처리), 어업령(1911), 광업령(1915) • 조선 총독부 전매국 관제(1910): 소금 · 홍삼 전매 • 조선 관세 정률령(1912): 종전의 관세 제도 존속
1920년대	• 조선 총독부 전매국 관제 수정(1920): 연초, 소금, 인삼, 아편 확대 　cf 연초 전매령 공포(1921) • 회사령 개정(or 폐지): 신고제(⇨ 일본인 기업의 조선 진출 용이) • 관세령 철폐(1923): 수출입의 대일 의존도 심화, 일본의 상품 시장으로 변모 • 중공업 투자: 초기 – 경공업 ⇨ 1920년대 중반 이후 – 중공업, 함경도 부전강 수력 발전소 　(1925 착공~1929 완공), 흥남 조선 질소 비료 공장(1927) 등

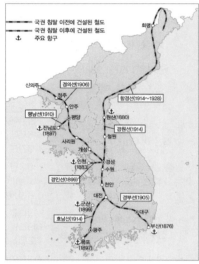

▲ 간선 철도망과 주요 항만 | 서울을 중심으로 한 ×자 형태의 간선 철도망은 남으로는 한국을 일본 경제권에 편입시켰고, 북으로는 대륙 침략의 발판 역할을 담당하였다.

3. 산미 증식 계획(1920~1935) ^{사료 377}

배경	일본의 공업화 정책으로 일본 내 식량 부족 사태 ⇨ 부족한 쌀을 한국에서 수탈
방법	토지 개간 사업, 수리 시설 확충, 벼 품종 개량, 농사 개량 등
경과	1930년대 세계 공황 여파 ⇨ 일본 농민 보호(농업 공황)를 위해 1934년에 중단
결과	• 쌀 증식–목표량 도달 실패, 수탈량(수출량)–목표대로 수행 • 농업 구조의 불균형: 쌀 중심의 단작형 농업화 • 조선의 식량 사정 악화: 만주산 잡곡 수입 • 증산 비용(수리 조합비, 비료 대금 등)의 조선 농민 부담, 소작료 상승(∵ 소작 쟁의 유발)

4. 대륙 침략과 총동원령

경제 공황(1929)의 타개책			• 만주 사변(1931) 발생 ⇨ 대륙 침략 • 남면북양 정책: 공업 원료 증산 정책 ⇨ 면화 재배 · 면양 사육 시도 • 농촌 진흥 운동: 일제의 농민 회유책으로 1932년 농촌 진흥 운동 전개, 그러나 오히려 농가 부채 더욱 증가 　cf 조선 농지령(1934)^{사료 378}: 지주의 고율 소작료 수탈을 어느 정도 통제하기 위해 제정, but 여전히 지주에게 유리
병참 기지화 정책	목적		일제의 전쟁 수행을 위하여 한반도 경제를 예속
	내용	만주 사변 이후 (1931)	군수 공업 시설 설치 ⇨ 발전소, 군수 공장, 광산 개발, 금속 · 기계 · 중화학 공업 육성 　예 북부 공업 지대(흥남), 서구 공업 지대(진남포 · 신의주)
		중 · 일 전쟁 이후 (1937)	• 국가 총동원령(1938. 4. 발표, 5. 시행) • 산미 증식 계획의 재실시(1939) • 총동원 물자 사용 수용령(1939): 미곡의 시장 유통 금지, 쌀 강제 공출, 각종 물자의 공출제 확대, 모든 금속류 공출 • 가축 증식 계획 수립: 가축 수탈 강화 • 배급제 실시
		태평양 전쟁 이후 (1941)	• 인적 수탈: 징용(1939~), 징병(1943), 군 위안부 등 • 물적 수탈: 공출 제도 강화

2 경제적 저항 운동의 전개

1. 민족 기업의 육성

유형 및 성격	지주 출신 기업	경성 방직회사(김성수) – 대규모 공장
	서민 출신 기업	평양 메리야스 공장 및 양말 공장, 고무신 공장 – 소규모 공장
	성격	순수한 한국인만으로 운영, 한국인 기호에 맞는 내구성 강한 제품 제조
민족 금융업의 성장		경남합동은행, 성남은행, 경일은행, 호남은행 등
민족 기업의 위축		• 자본의 영세성 • 총독부의 통제: 전시 체제에서 총독부의 물자 통제, 기업정비령(1943) 발표

2. 물산 장려 운동 사료 379

배경	일제의 관세령 철폐 분위기에 대응하여 민족 실력 양성 운동의 일환으로 전국적 전개
성격	'내 살림 내 것으로'라는 구호를 내세우고 민족 산업을 육성함으로써 민족 경제의 자립을 기하려는 민족 운동
전개	• 조만식·김동원 등 조선 물산 장려회 발기인 대회 개최(1920, 평양) ⇨ 조선 물산 장려회 조직(1923, 서울) ⇨ 전국 확산 • 학생들 간에는 자작회 운동 전개
활동 내용	국산품 애용, 소비 절약 운동
결과	• 토산물 가격의 상승만 초래 • 사회주의 계열과 신간회는 자본가 계급을 위한 운동이라고 비판 • 일제는 관세령 철폐(1923) 조치로 대응

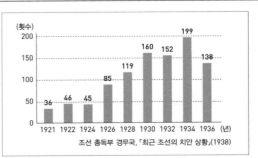

▲ 국산품 애용 선전 광고(경성 방직 주식회사)

3. 농민 운동과 노동 운동 사료 380: 사회주의 영향 예 조선 노농 총동맹(1924) ⇨ 조선 노동 총동맹·조선 농민 총동맹(1927)

농민 운동	배경			일제의 토지 수탈 ⇨ 소작농 전락, 50% 이상의 소작료와 온갖 세금, 비료 대금 부담 등
	소작 쟁의	성격	초기	농민의 생존권 투쟁
			후기	항일 민족 운동
		전개	1920년대 전반	주로 소작인 조합이 중심 ⇨ 고율의 소작료 인하, 소작권 이동 반대
			1920년대 후반	자작농까지 포함하는 농민 조합이 쟁의 주도
		변화		• 지주 상대 소작 쟁의 ⇨ 일제의 경제 약탈 전반에 대한 투쟁 • 규모 확대, 기간의 장기화, 대중적 봉기 형태
		농민 조직 결성		조선 농민 총동맹 결성(1927) ⇨ 농민 조합 확대
		대표적 소작 쟁의		암태도 소작 쟁의(1923, 소작료 40% 인하 성공), 동양 척식 주식회사 농장의 소작 쟁의(1924)
노동 운동	배경			일제의 식민지 공업화 ⇨ 민족 차별적인 저임금, 장시간 노동 등 노예적인 노동 조건
	노동 쟁의	주요 쟁점		임금 인상, 단체 계약권의 확립, 8시간 노동제 실시, 악질 일본인 감독의 추방, 노동 조건의 개선 등
		성격	초기	생존권 투쟁
			후기	반제·항일 투쟁
		전개	1920년대 후반	전국적 확산
			1930년대	노동조합 결성, 노동 쟁의 절정 ⇨ 일제의 가혹한 탄압으로 합법적 노동 운동 불가능 ⇨ 사회주의와 연결된 지하 조직화
		노동 조직 결성		조선 노동 총동맹(1927)
		대표적 노동 쟁의		경성 고무 공장 여성 노동자들의 아사 동맹(1923), 영흥 노동자 총파업(1928), 원산 노동자 총파업(1929), 평원 고무 직공 강주룡(최초의 고공농성)의 파업(1931) 등

↳ 프랑스, 중국, 소련의 노동자들이 격려 전문 보냄.

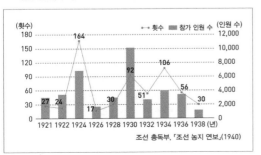

▲ 소작 쟁의 발생 횟수와 참가 인원 수

조선 총독부, 「조선 농지 연보」(1940)

▲ 노동 쟁의 발생 횟수

조선 총독부 경무국, 「최근 조선의 치안 상황」(1938)

03 : 민족 독립운동기의 사회

1 한인의 국외 이주와 독립운동

1. 중국 만주(간도) 이주 동포

간도	19세기 중엽: 기아와 빈곤 등 열악한 경제 타개를 위해 이주 ⇨ 독립군 기지 마련 및 민족 교육 실시

> **cf 일제의 호적 제도**
> • 조선 민사령(1921) 제정: 일본의 민법을 한국인에게 적용
> • 조선 호적령(1922): 호주의 자격을 남성으로만 제한

2. 러시아 연해주 이주 동포

연해주	• 을사조약 이후: 국권 회복 도모, 일제 탄압을 피하기 위한 정치적 망명자들의 이주 증가 예 연해주: 한인 집단촌 형성, 13도 의군 결성(1910) • 1910년대: 본격적인 국외 독립운동 전개, 독립 전쟁을 위한 기지 건설 예 대한 광복군 정부(이상설, 1914) 수립, 대한 국민 의회 결성(손병희, 1919)

3. 일본 이주 동포

2·8 독립 선언 (1919)	최팔용 등 유학생 중심, 조선 청년 독립단 구성 ⇨ 3·1 운동의 도화선 제공

4. 미주 이주 동포

하와이 이주	• 사탕수수밭 노동 희망자와 그 가족 • 교민 단체: 신민회, 한인 협성회
미국 본토	• 유학생, 관리 출신 중심 ⇨ 교민 단체 조직 • 교민 단체: 대한인 국민회(1910, 안창호, 박용만, 이승만 등), 흥사단(1913, 안창호), 대조선 국민군단(1914, 박용만)
멕시코	애니깽(선인장) 농장으로 노동 이민(1905) ⇨ 숭무학교(1910~1913, 이근영) 설립

2 사회주의 운동의 대두와 신간회

1. 사회주의 운동의 대두

수용	1920년대 러시아·중국 지역의 독립운동가에 의해 수용
초기 사회주의 운동	지식인, 청년, 학생 중심 ⇨ 청년·소년·여성·농민·노동 운동과 형평 운동★_{사료 381} 전개

> **✻ 형평 운동**
> 형평 운동은 사회주의의 영향을 받아 일제의 백정 차별에 반대하여 백정들이 신분 해방과 민족 해방을 부르짖으며 일으킨 운동이다. 1923년 4월에 백정 이학찬이 진주에서 형평사를 설립하고 백정의 차별 철폐 운동을 전개하였으나 성공하지 못하였다.

▲ 형평사의 전국 대회 포스터

한걸음 더

✦ 민족주의 운동과 사회주의 운동의 비교

구분	목표	방향	주체	경제적·사회적 운동	문화 운동
민족주의 운동	민족 해방	민족의 독립	지식인, 지주, 자본가	• 실력 양성 운동 (물산 장려 운동) • 어린이 운동(천도교)	• 문맹 퇴치 운동 – 문자 보급 운동(조선일보) – 브나로드 운동(동아일보, 1931~1934) • 국학 운동
사회주의 운동	민족 및 계급 해방	• 민족의 독립 • 일본 제국주의 타도 ⇨ 지주, 자본가 계급 타도	지식인, 농민, 노동자	대중 운동(청년·학생·농민·노동 운동)	신경향파 문학(KAPF 조직)

2. 신간회(1927~1931)

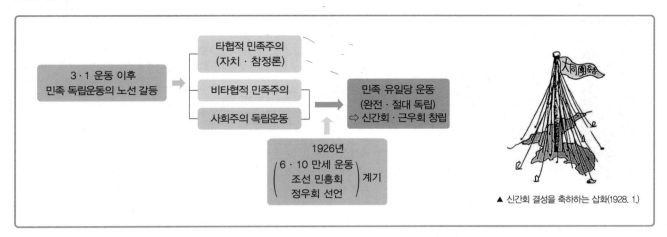

▲ 신간회 결성을 축하하는 삽화(1928. 1.)

배경	• 타협적 민족 운동의 대두[자치·참정론의 대두, 이광수의 「민족적 경륜(1924)」]^{사료 382} • 중국의 1차 국·공 합작(1924), 6·10 만세 운동(1926) • 민족주의 진영에서 사회주의와의 연대 모색(조선 민흥회, 1926)^{사료 383} • 사회주의 진영에서 '비타협적 민족주의와의 협동 전선 구축' 선언(정우회 선언, 1926) 계기^{사료 384}
결성	• 민족 유일당, 민족 협동 전선 구호 아래 이상재(회장), 홍명희(부회장), 안재홍 등 결성 ⇨ 개인 본위 조직 단체 • 조직 구성: 중앙 본부(민족주의자), 지방 지회(사회주의자)
기본 강령 ^{사료 385}	민족의 단결, 정치적·경제적 각성, 기회주의자 배격
활동	• 광주 학생 항일 운동(1929) 진상 보고를 위한 민중 대회 계획 시도 ⇨ 실패 • 사회 운동 전개: 한국인 본위의 교육 실시, 착취 기관 철폐, 여성의 법률적·사회적 차별 폐지, 수재민 구호 운동, 재만 동포 운동 등 • 농민·노동·학생 운동의 지원: 소작·노동 쟁의, 동맹 휴학 지도 • 전국 순회 강연: 민족의식 고취, 일제의 잔악성 규탄
해산 ^{사료 386}	• 일제의 탄압, 내부 계열 간의 이념 대립 • 중앙 본부의 일부 민족주의자들이 자치론자들을 포용하려는 우경화 경향을 보임. • 코민테른의 노선 변화(통일 전선 강화 ⇨ 적색노조론)
의의	민족주의자와 사회주의자들이 처음으로 민족 연합 전선을 구축하여 독립운동 전개
근우회 ^{사료 387}	여성계의 민족 유일당 운동, 여성 노동자의 권익 옹호와 새생활 개선

한걸음 더

✦ 신민회와 신간회의 비교

구분	신민회	신간회
시기	1907~1911년	1927~1931년
특징	• 비밀 결사 • 애국 계몽 운동	• 합법 단체 • 좌우 합작 단체
활동	• 경제 자립 운동 • 해외 독립군 기지 건설(서간도 삼원보, 밀산부 한흥동)	• 민족의 대동단결 • 정치적·경제적 각성 ┐ ⇨ 기본 강령 • 기회주의 배격 ┘ • 1929년 광주 학생 항일 운동 후원
해산	105인 사건	일제의 탄압과 내부의 이념 대립, 코민테른의 지시

3. 국외 이주 동포의 활동과 시련 cf p.242 참고

만주	활동	독립운동 기지 마련-무장 항일 운동 활동
	시련	간도 참변(1920), 만보산 사건✱(1931)
연해주	활동	• 의병 운동의 집결지(13도 의군 결성) • 독립운동 단체(대한 광복군 정부, 대한 국민 의회)
	시련	자유시 참변(1921), 소련 당국이 연해주 한인을 중앙아시아로 강제 이주(1937)
일본	활동	2·8 독립 선언
	시련	관동 대지진 사건✱(1923)
미주	활동	애국 단체 결성(대한인 국민회, 대조선 국민군단 등)
	시련	사탕수수 농장 및 철도 건설 노동자로 이주-열악한 노동 환경

> ✱ 만보산 사건
> 1931년 7월 2일 중국 길림성 장춘현 만보산 지역에서 일제의 술책으로 조선인 농민과 중국인 농민이 벌인 유혈 사태

> ✱ 관동 대지진 사건
> 1923년 일본 관동 지방에서 큰 지진이 일어나 사회가 불안해지자 일제는 주민들의 비난을 피하기 위해 "조선인이 폭동을 일으켜 일본인을 죽이고 있다.", "조선인이 우물에 독약을 넣었다." 등의 유언비어를 퍼뜨렸고, 그 결과 무고한 우리 동포 6,000여 명이 일본인에게 학살당하였다.

◀ 소련에 의한 한국인의 중앙아시아 강제 이주(1937) | 1930년대 후반, 소련과 일본 사이의 긴장이 높아지자, 소련은 일본과 전쟁을 할 경우 한국인이 일본을 지원할 것으로 생각하였다. 그리하여 소련 당국은 연해주 지역의 한국인들을 약 6,000km나 떨어진 중앙아시아로 강제 이주시켰다. cf p.238 홍범도 참고

3 농민 운동과 노동 운동 cf p.241 참고

4 여성 운동과 학생 운동

여성 운동	1920년대 초반기	계몽 차원에서 전개 ⇨ 가부장제·전통적 인습 타파
	1920년대 중반기	사회주의 운동과 결합 ⇨ 계급 해방, 민족 해방의 문제와 연결^{사료 388}
학생 운동	학생들의 자각	3·1 운동(1919), 6·10 만세 운동(1926) 등으로 학생들의 민족적 자주의식 고취, 동맹 휴학의 형태로 항일 투쟁 전개
	주장	시설 개선, 일인 교원 배척 요구 ⇨ 식민지 노예 교육 철폐, 조선 역사 교육, 교내 조선어 사용, 학생회 자치, 언론·집회의 자유 요구
	광주 학생 항일 운동(1929)	반일 감정을 토대로 일어난 3·1 운동 이후 최대 규모의 항일 운동 전개, 청년 운동의 절정

메모

04 : 민족 독립운동기의 문화

1 일제의 식민지 문화 정책

1. 교육

＊ 조선 통감부의 보통 교육령(1906)
소학교를 보통학교로 개칭, 수업 연한을 6년에서 4년으로 축소

목표			우민화 교육을 통한 한국인의 황국 신민화 도모
교육 내용	조선 교육령 발표＊ 사료 389	1차(1911)	• 사립 학교 등 억제 • 보통 · 실업 · 전문 기술 교육으로 한정 • 일본어 학습 강요 cf 서당 규칙(1918)사료 390 발표: 개량 서당 설립 방해
		2차(1922)	• 보통학교: 교육 기간 연장(4년 ⇨ 6년), 3면 1교로 교육 시설 확대 • 사범 학교 설치, 대학 교육 허용 ⇨ but 우리의 민립 대학 설립 운동 방해 ⇨ 일제의 경성 제국 대학 설립 (1924), 식민지 지식인 양성 도모
		3차(1938)	• 보통학교 ⇨ '심상소학교' 개칭(1938) ⇨ '국민학교' 개칭(1941) • 1면 1교주의 • 조선어 수의(선택) 과목 규정 ← 학제상 조선어를 선택 과목으로 하였지만, 일상생활에서 조선어 사용을 금지하여 사실상 우리말 교육을 금지한 것이다. • 황국 신민 서사 제정
		4차(1943)	• 민족 교육 기관 탄압 • 군부에 의한 교육 통제 • 사범 학교 교육 확장: 황국 신민 양성 목적
	중 · 일 전쟁 이전		일본어 강요, 사립 학교나 서당 등 민족주의 교육 기관 억압, 실업 교육을 통한 하급 기술 인력 양성
	중 · 일 전쟁 이후		내선일체, 일선동조론, 황국 신민화 같은 구호 아래 우리말 교육과 역사 교육의 일체 금지

2. 언론 정책

국권 침탈 이후	언론 · 집회 · 결사의 자유 박탈, 신문 폐간
3 · 1 운동 이후	1920년 조선일보 · 동아일보 발행 허가 ⇨ 삭제, 정간, 폐간 등으로 언론 통제, 1937년 동아일보의 일장기 말소 사건 계기 ⇨ 동아일보 무기 정간, 조선중앙일보 폐간

3. 한국사 왜곡

(1) 식민 사관과 식민지 이론

식민 사관의 대두		고대사 부분의 왜곡이 가장 심하여 단군 조선 부정, 민족의 자율성 · 독창성 부정, 임나일본부설＊ 날조	
식민지 이론 사료 391	이론	내용	근거
	타율성론	우리 민족의 역사는 주체적으로 발전하지 못하고 주변 국가에 종속되어 전개되었다는 주장	• 사대 외교, 만선사관＊ • 지정학적 숙명론, 임나일본부설
	정체성론	우리 민족의 역사는 오랫동안 정체되어 발전하지 못하였다는 주장	봉건제 결여
	당파성론	우리의 민족성은 분열성이 강하여 항상 내분하여 싸웠다는 주장	붕당 정치

＊ 임나일본부설: 일본의 야마토[大化] 정권이 4세기 후반에 한반도 남부 지역에 진출하여 신라와 백제로부터 조공을 받았고, 특히 가야에는 일본부(日本府)라는 기관을 두어 6C 중엽부터 직접 지배하였다는 설이다. 임나 일본부설은 현재에도 일부 일본 교과서에 수록되어 일본인의 한국인에 대한 편견과 우월감을 조장하고 있다.

＊ 만선사관: 한국사가 만주 지역의 역사 변화에 직접적인 영향을 받아 왔다는 사관

(2) 일제의 한국사 연구

조선 고적 조사 위원회	「조선 고적 도보」 간행
조선사 편수회	총독부 산하 연구 기관, 한국사 왜곡 서술, 「조선사」(37권)사료 392, 「조선사료총간」, 「조선사료집」 간행
청구 학회(1930)	한국과 만주를 중심으로 극동 문화 연구라는 미명하에 설치, 「청구학총」 발간
중추원	총독부 자문 기관, 중추원 법속 · 법제 등 연구

2 민족 문화 수호 운동

1. 한글 보급 운동

조선어 연구회 (1921)	조직	이윤재, 최윤배 등이 국문 연구소(1907)의 전통 계승 · 조직
	활동	『한글』이라는 잡지 처음 간행, 한글 기념일인 '가갸날' 제정 – 한글의 대중화에 기여
조선어 학회 (1931~1942)	조직	이희승, 최현배 등이 조선어 연구회를 개편하여 조직
	활동	한글의 보급, 한글 맞춤법 통일안과 표준어 제정, 『우리말 큰사전』 편찬 시도('말모이 작전' ⇨ 일본의 방해로 실패)
	해산	일제의 조선어 학회 사건(1942)으로 해산

2. 한국사 연구

(1) 1920년대

특징		일제의 식민 사관에 대항, 우리 문화의 우수성과 한국사의 주체적 발전 등을 강조(고대사 · 근대사 중심)
민족주의 사학	박은식 사료 393	• 황성신문, 대한매일신보, 서북학 회보의 주필 • 1911년 이후 만주, 상하이 등에서 독립운동 전개 ⇨ 임시 정부의 2대 대통령 역임, 사료편찬소 운영 • 저서 ┌ 『유교구신론』(1909): 유학을 혁신하여 개화 운동과 구국 운동의 지주로 삼을 것을 주장 ├ 『대동고대사론』(1911): 단군과 기자 조선의 강역을 다룬 논문 ⇨ 조선족 · 만주족이 모두 단군의 자손임을 주장 ├ 『한국통사』(1915) ┌ 근대 이후 일본의 한국 침략 과정 서술 │　　　　　　　　　　└ 서문 – '역사는 신(神)이요, 나라는 형(形)이다.' ⇨ 민족혼 강조 ├ 『한국독립운동지혈사』(1920): 일제의 침략에 대항하여 투쟁한 한민족의 독립운동 저술 └ 기타: 『왕양명실기』, 『몽견금 태조전』, 『천개소문전』, 『안중근전』, 『이순신전』 등
	신채호 사료 394	• 고대사 연구에 치중 ⇨ 주체적인 한국사를 정리함으로써 민족주의 역사학의 기반 확립 • 『신대한』: 1919년 상하이에서 창간한 주간 신문 cf 『독립신문』(1919) – 임시 정부 기관 신문 • 의열단의 '조선 혁명 선언' 작성(1923): 민중에 의한 직접 무장 투쟁 강조 • 저서 ┌ 『독사신론』(1908) ┌ 민족주의 사학으로의 방향 제시 │　　　　　　　　　　└ 시간 · 공간 · 인간을 역사의 3요소로 지적 ├ 『조선사연구초』(1925): 묘청의 난을 '조선 1천년래의 제일대 사건'으로 평가 ⇨ 낭가사상 강조사료 100 ├ 『조선상고사』(1931) ┌ 역사를 '아(我)와 비아(非我)의 투쟁의 기록'으로 정의 │　　　　　　　　　　└ 고대사의 체계를 단군 ⇨ 부여 ⇨ 고구려로 연결 └ 기타: 『을지문덕전』, 『이태리 건국 삼걸전』, 『최도통(최영)전』 등 저술, 역사의 주체를 영웅으로 파악
	정인보 사료 395	• 신채호의 민족 사관 계승 · 발전 • 「5천년간 조선의 얼」을 동아일보에 연재 ⇨ 『조선사연구』로 간행 • 얼 사상 강조
	문일평 사료 396	• 민족을 민중과 일치 • 세종과 실학자들의 민족 지향 · 민중 지향 · 실용 지향을 높이 평가하여 세종을 민족 문화의 근본이자 대표로 하는 조선심, 조선 사상 강조 • 저서: 『호암전집』, 『대미 관계 50년사』
	최남선	• 조선 광문회 조직: 박은식과 함께 고전의 정리 · 간행 • 3 · 1 운동(1919)의 기미 독립 선언문 작성 • 저서 ┌ 『불함문화론』: 백두산을 동양 문화의 중심지로 설정하여 국사의 자주성 강조 └ 기타: 『아시조선』, 『고사통』, 『조선독립운동사』 등

메모

(2) 1930년대

실증주의 사학 자료 397	진단 학회 (1934)		• 청구 학회를 중심으로 한 일본 어용학자들의 왜곡된 한국학 연구에 반발하여 이윤재, 이병도, 손진태, 신석호 등이 조직 • 실증 사관 표방, 「진단 학보」 발간, 1942년 진단 학회 사건으로 해산
	특징		문헌 고증을 통해서 있었던 사실 그대로를 밝혀내는 것에 목적을 두고 있으며, 이는 대체로 정규 교육을 받은 진단 학회 회원들에 의해 정립
사회 경제 사학	특징		일제의 정체성론에 대항하여 한국사의 역사 발전을 세계사적인 역사 발전 법칙과 동일한 범주에서 파악
	대표 학자		• 백남운 자료 398: 「조선사회경제사」·「조선봉건사회경제사」 저술, 해방 후 양심적 지주 자본가와 연합하여 새나라를 건설해야 한다는 '연합성 신민주주의' 제창 • 이청원: 「조선사회사독본」, 「조선역사독본」 저술
신민족주의 사학	특징		대내적으로 민족주의를 실시, 민족 구성원인 사회 계층 간의 대립을 해소하고, 대외적으로 민족 간의 자주와 평등을 주장
	대표 학자		• 안재홍: 「조선상고사감」 ⇨ 계급보다는 민족 주체의 성장 과정이나 발전 과정을 중시 • 손진태 자료 399: 「조선민족사개론」, 「국사대요」, 조선 민족 문화와 한국 민속 설화의 연구, 계급보다는 민족 우위의 입장
	조선학 운동 (1934)	개념	다산 정약용 서거 100주기를 기념하여 1934년에 시작된 조선학 운동은 안재홍, 정인보, 문일평 등이 주동하여 과거 민족주의 역사학이 지나치게 국수적·낭만적이었음을 반성하고, 민족과 민중을 다같이 중요시하면서 우리 문화의 고유성과 세계성을 동시에 찾으려는 학문적 경향
		안재홍	• 신채호의 고대사 연구를 계승·발전시켜 고대 국가의 사회 발전 단계를 설명하는 다수의 논문 발표 • 해방 후 '신민족주의와 신민주주의'라는 독창적 이론을 제시, 만민공생(萬民共生)의 통합된 민족 국가의 건설 지향
		정인보	• 광개토 대왕비문을 연구하여 일본의 잘못된 고대사 연구를 수정 • 조선 시대 양명학과 우리나라의 5천 년간의 얼을 바로 세워 민족정기를 높이기 위해 노력
		문일평	조선 시대 민중을 위해서 노력한 정치가와 혁명가를 연구하고, 세종과 실학자들의 민족 지향·민중 지향·실용 지향을 높이 평가

(3) **문화재 보호**: 일본이 탈취해 가는 문화재를 보호하기 위해 전형필과 고유섭 등은 미술품을 수집·연구

3. 민족 교육 진흥 운동

민족 교육 운동의 전개		사립 학교, 개량 서당, 야학
민립 대학 설립 운동 자료 400	주체	한규설, 이상재 등 조선 교육회 조직(1920) ⇨ 고등 교육 기관의 필요성 강조
	과정	조선 민립 대학 기성 준비회 결성(1922) ⇨ 모금 운동 전개('한민족 1,000만이 한 사람 1원씩')
	결과	• 일제의 방해로 중도에 좌절 • 일제가 무마책으로 경성 제국 대학 설립(⇨ 일본인 학생 위주로 운영)
문맹 퇴치 운동	야학 설립	민족 교육 기관으로서의 역할 ⇔ 일제의 이른바 '1면 1교주의' 시책 강요로 야학 폐쇄
	언론의 활동 (1930년대)	• 조선일보의 문자 보급 운동 • 동아일보의 브나로드 운동('민중 속으로', 1931~1934) ⇨ 일제의 탄압으로 좌절

▲ 브나로드 운동

4. 문예 활동

문학	1910년대	• 근대 문학의 태동: 이광수, 최남선 • 계몽주의 문학: 한용운, 김소월, 염상섭 등
	1920년대 중반	신경향학파 문학의 대두 ⇨ 문학의 사회적 기능 강조, 카프(KAPF) 조직(1925)
	1930~1940년	• 저항 문학 등장[사료 401]: 이육사의 '청포도' · '광야', 윤동주의 '서시', 조소앙의 '카이로의 그 소식', 한상윤의 '실락원' 등 • 친일 문학 등장[사료 402]: 이광수의 '민족개조론'(1922), 최남선의 '가라, 청년학도여'(1943), 김동인의 '일장기 물결'(1944), 서정주의 '송정오장 송가'(1944) 등
음악		애국가(안익태, 1936), 봉선화(홍난파)
미술		동양화의 안중식, 서양화의 고희동 · 나혜석 · 이중섭
연극		극예술 협회(1920), 토월회(1923)의 신극 운동, 극예술 연구회(1931)
영화		나운규의 '아리랑'(1926, 조선 키네마 주식회사 제작)
대중문화의 형성		1920년대 공업화와 도시화로 인해 도시를 중심으로 소비문화 확산 ⇨ 대중문화 형성, '모던 걸'과 '모던 보이' 등장[사료 403]

▲ 안중식(1861~1919)의 어해도 　▲ 나혜석(1896~1948)의 자화상 　▲ 이중섭(1916~1956)의 소 　▲ '아리랑'의 나운규 　▲ 모던 걸, 모던 보이

한걸음 더

✦ 일제 강점기 도시화
- 조선 총독부의 도로 규칙 개정(1921): 좌측통행 실시
- 화신백화점(1931): 우리나라 최초의 백화점 **예** 친일파 박흥식 설립

✦ 의생활의 변화

한식과 양식의 혼합		한복+고무신+모자 등
여성복의 변화		블라우스, 스커트, 단발머리와 파마머리 등장
1940년대 전시 체제 복장	남자	국방색의 국민복+전투모+각반
	여자	작업복인 몸뻬

✦ 주거 생활의 변화

개량 한옥	1920년대 - 대청마루에 유리문을 달고 니스와 페인트를 칠한 혼합형 가옥
문화 주택	1930년대 - 2층 양옥, 복도와 응접실, 침실, 아이 방 등 독립된 공간 탄생
영단 주택	1940년대 - 주택난을 해결하기 위한 일종의 국민 연립 주택
토막집	서울 변두리에 맨땅 위에 거적을 깔고 짚이나 거적때기로 지붕과 출입구를 만든 집

메모

간추린 선우한국사

합격까지 박문각

08

현대 사회의 발전

01 : 현대의 정치

현대의 세계

1. 냉전 체제

- 냉전 체제의 형성 – 트루먼 독트린(1947) ⇨ 동서 냉전 체제(미국 중심의 자유 민주주의 진영, 소련 중심의 공산주의 진영)
- 냉전 체제의 격화
  - 유럽 지역
    - 미국+서유럽 자유 국가 ⇨ 북대서양 조약 기구(NATO) 결성
    - 소련+동유럽 공산주의 국가 ⇨ 바르샤바 조약 기구(WTO) 결성
  - 아시아 지역 – 중국 공산화 ↔ 미국: 동남아시아 조약 기구(SEATO) 결성
- 냉전 체제의 완화
  - 소련: 흐루시초프의 등장
  - 미국: 닉슨 독트린(1969) – 베트남 철수, 중국의 유엔 가입 승인, 중국 방문(1972)
- 냉전의 붕괴
  - 소련: 고르바초프의 개방과 개혁 정책 ⇨ 소련 붕괴(1992)
  - 유럽: 동유럽 공산 체제 붕괴, 독일 통일(1990)
  - 중국: 덩샤오핑의 개방·개혁 정책(1980년대) – 시장 경제 체제 도입

2. 제3세계의 대두 과정: 아시아, 아프리카의 신생 독립국 – 반둥 회의 개최[1955년 반(反)식민주의·민족주의·평화 공존 등 평화 10원칙 채택] ⇨ 비동맹 중립 노선의 제3세계 형성

3. 유럽의 통합(EU)

메모

	1945	1948	1950	1953
	광복	정부 수립	6 · 25 전쟁	정전

[우리의 건국 준비 활동]
- 중국(충칭) – 대한민국 임시 정부(김구 · 김규식): 한국 독립당(1940) 조직, 광복군(1940) 조직, 건국 강령(1941) 발표
- 중국 화북(연안) – 조선 독립 동맹: 조선 의용군(김두봉 · 김무정, 1942) 조직 ⇨ 북한 인민군(연안파)에 참여
- 국내 – 조선 건국 동맹(여운형): 민족 연합 전선(우익 안재홍 등)
∴ 공통 강령: 민주 공화국 표방

건국 준비 위원회(여운형): 민족 연합 노력(박헌영 · 안재홍 등) ⇨ 조선 인민 공화국(1945. 9.)

미군정기(1945~1948)
- 1기(1945~1947): 직접 통치기
- 2기(1947~1948): 남조선 과도 입법 의원(⇨ 남조선 과도 정부, 의장: 김규식, 민정 장관: 안재홍)

- 조선 공산당(박헌영)
- 한국 민주당(송진우 · 김성수): 군정 연결
- 독립 촉성 중앙 협의회: 이승만 회장 추대, 초기 – 각 정당 및 200여 개 단체 참여, 공동 투쟁 · 공동 노선 결의 ⇨ 친일파 문제 갈등 야기 ⇨ 박헌영(조선 공산당) 이탈
- 한국 독립당(김구): 남북한 통일 정부 수립 운동
- 남조선 신민당(백남운): 연합성 신민주의
- 조선 국민당(안재홍 · 김규식): 신민주주의와 신민족주의
- 조선 인민당(여운형): 조선 인민 공화국에서 탈퇴한 여운형 등 중도 좌파 조직, 좌우 합작 운동 추진

1차 미 · 소 공동 위원회 결렬 직후 이승만의 정읍 발언(1946. 6.) ⇨ 좌우 합작 운동(1946. 7.), 좌우 합작 7원칙(1946. 10.)

① 1947. 11. 유엔 한국 임시 위원단 구성 – 남북 총선거를 통한 통일 정부 수립 결정 ⇨ 소련 반대 ⇨ 1948. 2. UN 소총회 최종 결정(남한만 총선)
② 1948. 4. 제주도 4 · 3 사건
③ 1948. 4. 19.~4. 30. 김구 · 김규식 등의 남북 협상
④ 1948. 5. 5 · 10 총선
⑤ 1948. 8. 15. 대한민국 정부 수립
⑥ 1948. 9. 반민족 행위 처벌법 제정 ⇨ 반민족 행위 특별 조사 위원회 구성
⑦ 1948. 10. 여수 · 순천 10 · 19 사건
⑧ 1948. 12. UN 총회에서 대한민국 정부 승인
⑳ 1949 귀속 재산 처리법 제정

[국제 회담]
- 1943. 11. 카이로 회담(미 · 영 · 중): 최초로 독립 확인
- 1945. 2. 얄타 회담(미 · 영 · 소): 소련의 대일전 참가 결정
- 1945. 7. 포츠담 회담(미 · 영 · 중+소련): 독립 재확인

[국제 회담]
- 1945. 12. 모스크바 3국 외상 회의: 최고 5년간 신탁 통치 결정 ⇔ 반탁 운동 전개: 처음에는 좌익 반탁, 이후 찬탁으로 변화
- 1946, 1947. 1차 · 2차 미 · 소 공동 위원회: 정부 수립 논의 ⇨ 미 · 소의 의견 대립으로 결렬(소련: 친탁 단체들로만 정부 수립 주장)
⑳ 트루먼 독트린(1947)

[북한]
❶ 평남 건국 준비 위원회 결성(조만식) ⇨ 소련군 진주 ⇨ 평남 건국 준비 위원회 해체

소군정기(1945~1948): 간접 통치

❷ 1945. 10. 조선 공산당 북조선 분국 조직
❸ 1945. 11. 북조선 5도 행정국 설치
❹ 1946. 2. 북조선 임시 인민 위원회 구성(김일성)
- 토지 개혁(1946. 3.)
- 남녀평등법(1946. 7.)
- 중요 산업 국유화법(1946. 8.)
❺ 1946. 8. 북조선 노동당 창당

❻ 1948. 2. 조선 인민군 창설
❼ 1948. 6. 최고 인민 회의 대의원 선거 실시
❽ 1948. 9. 조선 민주주의 인민 공화국 수립
❾ 1949 조선 노동당 창설

1 광복 직전의 건국 준비 활동 ^{사료 404}

국외	(충칭) 대한민국 임시 정부 – 민족주의 계열	• 한국 독립당 결성(1940) • 대한민국 건국 강령 제정 · 공포(1941): 보통 선거를 통한 민주 공화국 수립 규정, 조소앙의 삼균주의 (정치 · 경제 · 교육의 균등) 및 토지와 대생산 시설의 국유화 채택
	(화북) 조선 독립 동맹 – 사회주의 계열	• 보통 선거에 의한 민주 공화국 수립 규정 • 조선 의용군 조직: 중국 화북 지역에서 독자적 활동
국내	조선 건국 동맹(1944)	• 여운형(중도 좌파) 중심: 일제 타도, 민주주의 국가 건설 규정 • 민족 연합 전선 형태: 민주주의 인사(안재홍 등)+노동자 · 농민+화북 조선 독립 동맹 및 대한민국 임시 정부와 의 연계 모색
공통점	보통 선거를 통한 민주 공화국 수립	

2 광복과 국토 분단

1. 한국 문제의 국제적 논의 ^{사료 405}

카이로 회담 (미 · 영 · 중, 1943. 11.)	한국의 독립을 최초로 약속 ⇨ '적당한 시기에 적절한 방법(in due course)'으로 한국을 독립시키겠다는 선언문 (카이로 선언) 발표
얄타 회담 (미 · 영 · 소, 1945. 2.)	소련의 대일전 참가 결정 및 독일에 대한 분할 점령 등 전후 처리 문제 논의 **cf** 일본 패망 이후 38도선 설정 계기 요인
포츠담 회담 (미 · 영 · 중+소련, 1945. 7.)	미국(트루먼), 영국(처칠), 중국(장제스)이 독일 포츠담에서 일본의 무조건 항복과 전후 처리 문제 논의 ⇨ 이후 소련(스탈린)도 서명(포츠담 선언) ⇨ 카이로 회담의 결의를 재확인(독립 재확인)

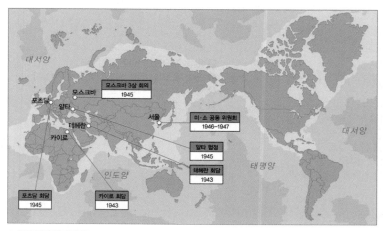

▲ 한국 관계 국제 회의

cf 한반도에 대한 신탁 통치 문제

한반도에 대한 신탁 통치 문제가 외교 석상에서 처음 언급된 것은 1943년 영국 수상 이든과 미국 대통령 루스벨트의 워싱턴 회담이지만, 단순히 참여국에게 의사를 물어본 정도였고, 공식적으로 처음 신탁 통치가 제안되고 이에 대한 동의를 이끌어 낸 것은 얄타 회담(1945)이다. 신탁 통치 구상은 미국에 의해 이루어졌으며, 소련은 이에 수동적인 태도를 보였다. 그러나 일본의 패망이 예상외로 빨리 다가오자 한반도를 미 · 소 양국이 분할 점령하게 되었고, 그 상태에서 한반도 문제를 매듭짓기 위해 모스크바 3국 외상 회의가 열려 여기서 미국이 제시한 신탁 통치안에 소련이 수정안을 낸 것이 채택되었다.

cf 테헤란 회담(1943. 11.)

루스벨트는 카이로 회담을 마치고 대일전에 참전하겠다는 소련의 약속을 얻어내기 위해 1943년 11월 이란의 테헤란에서 스탈린, 처칠과 회담을 가졌다. 여기서 루스벨트는 필리핀에서의 미국의 경험을 토대로 한국이 완전한 독립을 이루기 위해서는 약 40년간의 훈련 기간이 필요하다며 신탁 통치를 제안하였다.

cf 얄타 회담(1945. 2.)

루스벨트는 조선에 대한 신탁 통치는 불과 20~30년밖에 필요하지 않을 것을 언급

cf 모스크바 3국 외상 회의(1945. 12.)

최고 5년간 한국의 신탁 통치 결정

2. 국토의 분단과 미 · 소 군정의 실시

(1) 국토의 분단(미국의 38도선 제의)

남한	미군정 설치(1945. 9.)-아놀드(군정 장관), 직접 통치
북한	소군정 설치-간접 통치, 조만식(위원장) ⇨ 김일성 교체

(2) 군정기의 남북한 정세

<table>
<tr>
<td rowspan="4">남한</td>
<td>조선 건국 준비 위원회
(1945. 8.)
사료 406</td>
<td>
• 배경: 조선 총독부는 일본 패망 직전 송진우, 여운형 등을 만나 치안권과 인수권을 논의 ⇨ 송진우 거부, 여운형은 조선 총독에게 정치범 · 경제범 석방 등 5개 조항*을 보장받고 일본 측의 요구 수용 ⇨ 조선 건국 준비 위원회 조직
• 구성: 여운형 · 안재홍 등 중도 좌파와 중도 우파 결집(⇨ 송진우, 김성수 등 우익 불참)
• 활동: 치안대 설치, 북한을 포함 전국에 145개 지부 설치, 본격적인 건국 작업 개시
• 조선 인민 공화국(1945. 9.) 선포: 각 지부를 인민 위원회로 개편, 좌익(박헌영) 측이 점차 주도 ⇨ 중도파(안재홍) 탈퇴, 김구 불참
</td>
</tr>
<tr>
<td>미군정 선포(1945. 9.)*
- 직접 통치
사료 407</td>
<td>
• 충칭의 대한민국 임시 정부, 건국 준비 위원회와 조선 인민 공화국의 활동을 인정하지 않음.
⇨ 군정만이 유일한 행정부임을 선언, 총독부의 기구와 관리를 그대로 유지
• 남조선 국방 경비대 설치(1946. 1.)
</td>
</tr>
<tr>
<td>여러 정당의 활동</td>
<td>
• 조선 공산당(1945. 9.): 박헌영 등 좌익 세력 ⇨ 소련 노선, 완전한 독립과 대지주 토지의 무상 몰수 주장
• 한국 민주당(1945. 9.): 송진우, 김성수 등 민족주의 우파 세력이 조직 ⇨ 대한민국 임시 정부 지지, 미군정 연결 ⇨ 친일파 척결 · 토지 개혁 반대
• 독립 촉성 중앙 협의회(1945. 10.): 이승만 회장 추대, 초기-각 정당 및 200여 개 단체 참여, 공동 투쟁 · 공동 노선 결의 ⇨ 친일파 문제 갈등 야기 ⇨ 박헌영(조선 공산당) 이탈
• 한국 독립당(1945. 11.): 개인 자격으로 귀국한 임시 정부의 김구 조직^{사료 408} ⇨ 남북한 통일 정부 수립 운동 전개
• 조선 국민당(1945. 9.): 안재홍 등 중도 우파 세력, 신민주주의 · 신민족주의 표방 ⇨ 대한민국 임시 정부 지지
• 조선 인민당(1945. 11.): 조선 인민 공화국에서 탈퇴한 여운형 등 중도 좌파 조직 ⇨ 좌우 합작 운동 추진
• 남조선 신민당(1946. 7.): 백남운 등 중산층 공산주의 지식인들 조직, 양심적인 우익과의 연합 강조('연합성 신민주주의')
</td>
</tr>
<tr>
<td>북한</td>
<td>평남 건국 준비 위원회
(1945. 8.)</td>
<td>
• 조만식 주도
• 소군정이 해체
</td>
</tr>
<tr>
<td></td>
<td>소군정 실시
- 간접 통치</td>
<td>
• 조선 공산당 북조선 분국 조직(1945. 10.) ⇨ 조만식 제거
• 북조선 5도 행정국 조직(1945. 11.)
• 북조선 임시 인민 위원회 구성(1946. 2.): 위원장 - 김일성
⇨ 토지 개혁(무상 몰수 · 무상 분배, 1946. 3.), 남녀평등법(1946. 7.), 중요 산업 국유화법(1946. 8.)
• 북조선 노동당 창당(1946. 8.)
</td>
</tr>
</table>

✳ 여운형이 조선 총독에게 요구한 5개 조항

1. 전국적으로 정치범 · 경제범을 즉시 석방할 것
2. 서울의 3개월 분 식량을 확보할 것
3. 치안 유지와 건국 활동을 위한 정치 운동에 대하여 절대로 간섭하지 말 것
4. 학생과 청년을 조직 · 훈련하는 데 간섭하지 말 것
5. 노동자와 농민을 건국 사업에 동원하는 데 대하여 절대로 간섭하지 말 것

✳ 태평양 방면 미 육군 총사령관 맥아더 포고령 1호 요약(1945. 9.)

제1조 북위 38도선 이남의 조선 영토와 조선 인민에 대한 통치의 모든 권한은 당분간 본관의 권한하에 시행한다.

제2조 정부 등 모든 공공사업 기관에 종사하는 유급 · 무급 직원과 고용인, 그리고 기타 중요한 제반 사업에 종사하는 자는 별도의 명령이 있을 때까지 종래의 정상 기능과 업무를 수행할 것이며, 모든 기록 및 재산을 보호 · 보존하여야 한다.

제5조 군정 기간 동안 영어를 모든 목적을 위해 사용하는 공용어로 한다.

3. 신탁 통치 문제

(1) 모스크바 3국 외상 회의(미·영·소, 1945. 12.)✱ ^{자료 409}

내용	임시 정부의 수립, 미·소 공동 위원회의 설치, 최고 5년간의 한반도 신탁 통치 등 결정
결과 자료 410	반탁 운동 전개 • 이승만계 우익 세력: 반탁 • 김구 중심의 임시 정부 세력: 반탁 = 제2의 독립운동 • 좌익 세력: 반탁 ⇨ 찬탁(민주주의 민족 전선 결성)

✱ 모스크바 3국 외상 회의의 한국 관련 내용 요약

1. 민주주의적 원칙 아래 독립 국가를 건설하기 위해 임시 정부를 수립할 것
2. 임시 정부 수립을 원조하기 위해 미·소 공동 위원회를 설치할 것
3. 미·영·소·중은 한국을 최고 5년 동안 신탁 통치할 것
4. 미·소 공동 위원회는 임시 정부 수립을 준비하기 위해 민주적 정당·사회단체와 협의할 것

> cf 국내 언론의 왜곡 보도
>
> 동아일보 등이 모스크바 3국 외상 회의 결정 내용을 잘못 보도하였다. 즉, 임시 정부 수립 문제보다 신탁 통치 문제만을 전면에 부각시키면서, 소련이 38도선 분할을 구실로 신탁 통치를 주장한 반면, 미국은 즉시 독립을 주장하였다고 잘못 보도한 것이다.

(2) 미·소 공동 위원회^{자료 411}의 개최(1946, 1947)와 결렬

내용	정부 수립 논의 ⇨ 의견 대립으로 결렬
주장	• 미국: 모든 정치 단체 참여 주장 • 소련: 신탁 통치를 지지하는 정치 단체만 참여 주장

(3) 우익 진영의 분열: 1차 미·소 공동 위원회 결렬 후 우익 진영 분열

우익	• 이승만의 정읍 발언(1946. 6.)^{자료 412}: 남한만이라도 단독 정부 수립 주장 ⇨ 이승만계와 한국 민주당 결합 • 김구계: 한국 독립당 ⇨ 국민 의회 구성, 반탁 운동을 바탕으로 남북 통일 실현 주장, 좌우 합작 운동 지지 • 김규식·여운형계: 좌우 합작 운동 추진^{자료 413} ⇨ 좌우 합작 위원회 구성(1946. 7.)^{자료 414}, 미군정의 지원('남조선 과도 입법 의원' 구성^{자료 415,416})
좌익	위조지폐 사건(조선 정판사 사건, 1946. 5.) 및 파업 폭동 야기 ⇨ 대거 검거
미군정	• 1기(1945~1947): 미군 통치기 cf 이승만, 한국 민주당과 우호적 관계 • 2기(1947~1948): 남조선 과도 입법 의원 구성(1946. 12.) – 의장(김규식), 민선 의원(간접 선거), 관선 의원(하지 중장 임명) ⇨ 남조선 과도 정부 구성(1947. 2.) – 민정 장관(안재홍) 임명 cf 중도 계열의 좌우 합작 운동 지지

(4) 좌우 합작 운동의 결렬

미국의 외교 정책	1947년 트루먼 독트린, 마셜 플랜 발표 ⇨ 동서 냉전 시작 ⇨ 한국 독립 문제 UN 총회 상정
좌우 합작 운동의 실패	이승만의 단독 정부 운동 전개, 제2차 미·소 공동 위원회 결렬, 여운형의 암살(1947. 7.)

> cf 제주 4·3 사건
>
> 1947년 3월 1일을 기점으로 1948년 4월 3일 발생한 소요 사태, 그리고 1954년 9월까지 남로당의 지휘를 받은 제주 빨치산 조직의 진압 과정에서 제주민들이 희생당한 사건을 말한다. 2000년 「제주 4·3 사건 진상규명 및 희생자 명예회복에 관한 특별법」이 제정되었다.

3 대한민국의 수립

국제 연합(UN)의 한국 문제 결의^{자료 417}	유엔 한국 임시 위원단 구성 ⇨ 남북 총선거를 통한 통일 독립 정부 수립 결정 ⇨ 소련 반대 ⇨ 유엔 소총회: 선거가 가능한 지역에서만이라도 총선거 실시 결정(1948. 2.)
남북 협상 추진 (1948. 4.)	• 남한만의 단독 정부 수립에 반대한 김구, 김규식 등이 북한 지도자와 통일 정부 수립을 위해 협상 추진(김구 – '삼천만 동포에게 읍고함' 성명 발표^{자료 418}) • 남북 협상(남북 제정당 사회단체 대표자 연석회의, 1948. 4. 19.~4. 30. 평양)^{자료 419}: 김구·김규식·조소앙·김원봉·김두봉·김일성 등 695명 참가(but 이승만, 송진우, 김성수 불참) ⇨ 단독 정부 수립 반대, 미·소 양군 철수 요구 결의문 채택 ⇨ ∴ 실패
5·10 총선거 (1948. 5. 10.)	• 반대 운동: 제주도 4·3 사건(1948. 4.) – 남한 단독 선거 반대, 미군의 철수, 극우 테러의 반대 등을 외치며 시위를 일으키자 제주도민을 미군정과 극우 청년 단체가 가혹하게 진압 cf 제주도 일부 지역에서 총선거 실시 못함. • 남북 협상파(김구, 김규식)의 노력: 통일 정부 수립 주장 ⇨ 선거 불참 선언 cf 김구 암살(1949) • 5·10 총선거 실시: 선거권–21세 이상 모든 국민에게 부여 ⇨ 제헌 의원 선출 ⇨ 제헌 국회 구성, 민주 공화국 체제의 헌법^{자료 420} 제정 cf 제헌 국회 정당별 의석수: 무소속 85석(1위), 이승만 지지 세력(대한 독립 촉성 국민회) 55석(2위) cf 제헌 국회 주요 제정 법령: 반민족 행위 처벌법(1948. 9.), 국가 보안법(1948. 12.), 농지 개혁법(1949), 귀속 재산 처리법(1949)
정부의 수립 (1948. 8. 15.)	제헌 국회에서 대통령에 이승만, 부통령에 이시영 선출 ⇨ 제3차 유엔 총회 승인(1948. 12.)

좌우익 대립의 격화	제주도 4·3 사건(1948. 4.), 여수·순천 10·19 사건(1948. 10.) ⇨ 이승만 정부: 반공 정책 강화
반민족 행위 처벌법 제정 (1948. 9.) 자료 421	• 목적: 일제의 잔재 청산 • 내용: 친일 행위를 한 사람들의 처벌과 공민권 제한 등 • 실행: 반민족 행위 특별 조사 위원회 설치(1948. 9.~1950. 6. 20.) ⇨ 친일 혐의를 받았던 주요 인사들 조사 • 과정: 국회 프락치 사건(1949)✱으로 반민 특위 소속 국회 의원 중 일부 구속 ⇨ 친일 경찰 노덕술이 체포되자 일부 경찰이 반민 특위 활동 방해(반민 특위 습격 사건, 1949) ⇨ 일부 국회 의원들이 반민족 행위 처벌법 단축 법안 제출, 가결 ⇨ 반민 특위 해체(1949. 8.) • 결과: 반공 정책을 우선시했던 이승만 정부의 소극적 태도로 친일파 청산은 제대로 못됨.
농지 개혁법 제정 (1949) 자료 422	• 목적: 농민들에게 토지 배분 • 내용: 3정보를 상한으로, 그 이상의 농지를 유상 매수, 농민에게 3정보 한도 내에서 유상 분배 • 한계: 농지만이 대상(산림·임야 제외), 반민족 행위자의 토지 소유권 인정 ⇨ 농민이 배제된 지주층 중심의 소극적 개혁

✱ 농지 개혁법의 내용

1. 농지만 대상으로 한다.
2. 3정보로 소유를 제한하고 초과분은 유상 매수하여 3정보 한도 내에서 유상 분배한다.
   예외 적산 농지, 부재 지주 농지는 무상 몰수
3. 분배 우선 순위: 소작인, 농업 노동자, 영농 능력이 있는 선열 유가족, 해외 귀환 동포
4. 상환: 5년간 수확량의 30%씩을 상환. 그리고 상환 완료 전에는 소유권 이전 금지

✱ 국회 프락치 사건: 1949년 5월부터 1950년 3월까지 남조선 노동당의 프락치(간첩) 활동을 했다는 혐의로 현역 국회 의원 10여 명이 검거되고 기소된 사건

cf 남한과 북한의 토지 개혁 비교

구분	남한	북한
실시 연도	1950년	1946년(북조선 임시 위원회)
개혁안	농지 개혁안(산림·임야 제외)	토지 개혁안(전 국토 대상)
원칙	유상 매수, 유상 분배	무상 몰수, 무상 분배
토지 소유 상한선	3정보	5정보

한걸음 더

✦ 광복 후 주요 인물의 정치적 입장 비교

구분	노선	경력	정당	토지 문제	친일파 처단 문제
이승만	우익	상하이 임시 정부 초대 대통령(⇨ 탄핵), 외교론자	대한 독립 촉성 국민회	유상 매수, 유상 분배	반대
김성수	우익	경성 방직회사·동아일보 사장, 자치론자	한국 민주당	유상 매수, 유상 분배	반대
김구	우익	동학 농민 운동·의병 활동, 대한민국 임시 정부 주석	한국 독립당	무상 몰수, 국유화	즉시 처단
여운형	중도 좌파	상하이 임시 정부 참여, 조선 건국 동맹·조선 건국 준비 위원회 주도	조선 인민당	무상 몰수, 무상 분배	즉시 처단
박헌영	좌익	1차 조선 공산당, 고려 공산당 청년회 책임비서, 경성콤그룹 결성	조선 공산당	무상 몰수, 무상 분배	즉시 처단

5 6·25 전쟁

1. 북한 정권의 수립

평남 건국 준비 위원회(1945. 8.)	평양에서 조만식을 중심으로 결성, 자치 활동 전개 ⇨ 소련 군정에 의해 해체
인민 위원회 조직	소련이 공산주의자들을 중심으로 조직
북조선 임시 인민 위원회 구성 (1946. 2.)	위원장에 김일성 선임 • 토지 개혁법 제정: 무상 몰수, 무상 분배 ⇨ 모든 토지를 국유화 • 남녀평등법 제정: 여성 노동력까지 산업 현장에 동원 • 중요 산업 국유화법 제정: 공산주의 체제 강화
조선 민주주의 인민 공화국 수립 (1948. 9. 9.)	• 김일성(수상), 박헌영(부수상) 임명 • 수도: 서울 ⇨ 평양(임시 수도) cf 1972년 사회주의 헌법에서 수도를 서울에서 평양으로 변경

2. 6 · 25 전쟁

배경	미국이 극동 방위선에서 한반도를 제외한다고 발표(애치슨 라인, 1950. 1.)
경과	남침 ⇨ 낙동강 저지선까지 후퇴 ⇨ 유엔군 참전: 인천 상륙 작전(1950. 9. 15.), 중국군 개입(1950. 10. 25.) ⇨ 압록강 진격 (1950. 10. 26.) ⇨ 휴전(1953. 7.): 국민의 반대, 한·미 상호 방위 조약 체결(1953. 10.)
휴전 회담 사료 423 (1951. 6.~1953. 7.)	• 개성(1951. 7. 10.) ⇨ 판문점(1951. 10. 23.~1953. 7. 27.) • 휴전 방식, 군사 분계선, 포로 송환 문제로 난항

쟁점 \ 주장	유엔군	공산군
휴전 방식	선휴전 후협상	선협상 후휴전
군사 분계선	38도선 북방의 어느 선	38도선 기준
포로 송환	개별 자유 송환	전원 강제 송환

• 조인: 유엔 측 대표, 북한 측 대표
• 서명: 유엔 측 대표(미국), 공산 측 대표(북한, 중국)
　cf 소련과 한국 서명 ×

cf 제네바 정치 회담(1954. 4.)
1. 배경: 휴전 협정에서는 정치 문제 해결에 관한 조항이 없었으나 휴전 협정의 제60항에서 휴전 협정 성립 후 3개월 이내에 고급 정치 회담을 개최할 것을 권고하였다.
2. 참가국
　• 서방 측: 한국과 16개 유엔군 참전국
　• 공산 측: 북한, 중국, 소련
3. 남한과 북한의 통일 방안
　• 남한: 북한으로부터 중공군 철수, 유엔 감시하 북한만의 자유 선거 실시
　• 북한: 유엔을 포함한 모든 외세를 배제한 자유 선거 실시, 전 조선 위원회 구성, 6개월 이내 전 외국군 철수
4. 의미: 주요 강대국과 더불어 남북한이 함께 참가하여 통일 문제를 토의한 최초의 회담

cf 6·25 전쟁 주요 일지

연도	주요 사항
1949. 6. 30.	주한 미군 철수
1950. 1. 10.	애치슨 미 국무 장관, 애치슨 라인 발표
6. 25.	6·25 전쟁 발발
6. 26.	유엔, 긴급 안전 보장 이사회 개최 ⇨ 북한의 남침을 불법으로 규정, 16개국 유엔군 파견 결정
6. 28.	북한군 서울 점령, 한강 인도교 폭파
7. 1.	유엔 지상군 부산으로 상륙
7. 12.	대전 협정
7. 16.	한국 작전 지휘권, 유엔군 총사령관(맥아더)에 위임 cf 1951. 4. 맥아더 해임
8. 13.	다부동 전투
9. 15.	유엔군, 인천 상륙 작전 감행
9. 28.	서울 수복
10. 1.	국군, 38도선 돌파
10. 19.	국군, 평양 탈환
10. 25.	중국 인민 지원군, 6·25 전쟁에 개입
12. 15.	흥남 철수 cf 장진호 전투
1951. 1. 4.	서울 다시 함락됨.
2. 11.	거창 양민 학살 사건
6. 30.	유엔군 총사령관, 북한 측에 정전 회담 제의
7. 10.	휴전 회담 본회의가 개성에서 시작
1952. 5. 7.	거제도 공산 포로 폭동 발생
6. 22.	유엔기, 수풍 발전소 폭격
1953. 6. 8.	포로 교환 협정 조인
6. 18.	정부, 거제도 반공 포로 2만 5천 명 석방
7. 27.	판문점에서 휴전 협정 조인
10. 1.	한·미 상호 방위 조약 체결

▲ 북한군 남침
(1950. 6.~9.)

▲ 국군·유엔군 반격
(1950. 9.~10.)

▲ 중국군 개입
(1950. 10.~1951. 1.)

▲ 전선 고착·휴전
(1951. 1.~1953. 7.)

◈ 현대 주요 인물사

이승만(1875~1965)

- 1898년 만민 공동회에 참여, 1898년 고종 폐위 음모에 연루되어 투옥 중 탈옥을 시도하다가 사형 선고, 종신형으로 감형, 1904년 민영환 주선으로 특별 사면, 미국으로 가서 미국 정부에 한국의 독립 청원
- 1919년 4월 구성된 상하이 임시 정부에서는 국무총리, 한성 임시 정부에서는 집정관 총재로 임명됨, 상하이 대한민국 임시 정부 임시 대통령으로 추대되었으나 내부 노선 갈등으로 탄핵됨.
- 광복 후 귀국하여 독립 촉성 중앙 협의회 총재로 좌익 세력과 대립, 1946년 6월 남한 단독 정부 수립 계획 발표
- 1948년 국회에서 초대 대통령으로 당선됨. 1951년 자유당 창당, 1952년 발췌 개헌안 통과시키고 2대 대통령으로 당선, 1954년 사사오입 개헌안 통과시키고 1956년 3대 대통령으로 당선, 1960년 3·15 부정 선거로 대통령에서 4선되었으나 4·19 혁명으로 사임

김구(1876~1949)

- 1893년 동학 입교, 을미사변 이후 원수를 갚고자 1896년 일본군 중위를 살해하고 체포되어 사형 확정, 1897년 고종 특사로 감형되었으나 복역 중 1898년 탈옥하여 승려가 되었다가 환속, 1903년 기독교 입교
- 신민회 참여 후 1911년 안악 사건으로 체포되었다가 1915년 출옥, 1919년 상하이로 망명하여 대한민국 임시 정부에 참여, 1930년 이동녕 등과 한국 독립당 창당, 1931년 한인 애국단 조직, 1932년 이봉창 의거와 윤봉길 의거 주도, 1935년 한국 국민당 조직, 1940년 한국 독립당을 조직하고 임시 정부 주석에 선출됨.
- 1948년 2월 '3천만 동포에게 읍고함'이라는 성명 발표, 통일 정부 수립 위한 남북 협상 제창, 정부 수립에도 참가하지 않고 있다가 1949년 6월 육군 소위 안두희에게 암살당함.

여운형(1886~1947)

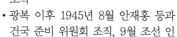
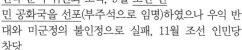

- 1918년 상하이에서 신한 청년당 발기
- 1919년 임시 정부에 참여
- 1944년 비밀 결사인 조선 건국 동맹 조직
- 광복 이후 1945년 8월 안재홍 등과 건국 준비 위원회 조직, 9월 조선 인민 공화국을 선포(부주석으로 임명)하였으나 우익 반대와 미군정의 불인정으로 실패, 11월 조선 인민당 창당
- 1946년 민주주의 민족 전선 결성, 우익 측 김규식과 좌우 합작 위원회 구성하여 좌우 합작 운동 추진, 1947년 7월 극우파(한지근)에 의해 암살당함.

박헌영(1900~1955?)

- 1946년 남조선 신민당과 조선 인민당을 조선 공산당에 흡수시키고 남조선 노동당 창당, 초대 부위원장에 취임, 이후 신탁 통치 지지 등 공산주의 활동을 하다가 미군정에 의해 지명 수배를 받자 북한으로 도피
- 1948년 북한의 내각 부총리 겸 외무장관에 취임, 1950년 조선 노동당 발족 후 부위원장이 되어 김일성 밑으로 지위 하락, 이후 노동당 중앙 위원회 부위원장 등을 역임하다가 1953년 남로당계 숙청 작업 때 체포, 이후 사형당함.

조소앙(1887~1958)

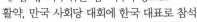

- 일본 메이지 대학 법학부 졸업 후 경신학교, 양정의숙 등에서 교편 생활을 함.
- 1919년 만주 길림에서 대한 독립 선언서 기초, 대한 독립 의군부 조직, 4월 상하이에서 대한민국 임시 정부 수립에 참여, 국무위원 겸 외무부장으로 활약, 만국 사회당 대회에 한국 대표로 참석
- 1930년 이동녕, 김구, 안창호 등과 한국 독립당 창당, 이때 조소앙의 삼균주의가 공식 반영됨, 1941년 대한민국 임시 정부는 삼균주의에 입각한 건국 강령 발표, 임시 정부 외무부장으로 활약
- 1948년 단독 정부 수립에 반대하고 김구 등과 남북 협상에 참여, 1950년 2대 국회 의원 선거에서 최다 득표로 당선되었으나 6·25 전쟁 때 강제 납북됨.

6 민주주의의 시련과 발전

▌민주주의 발전 과정

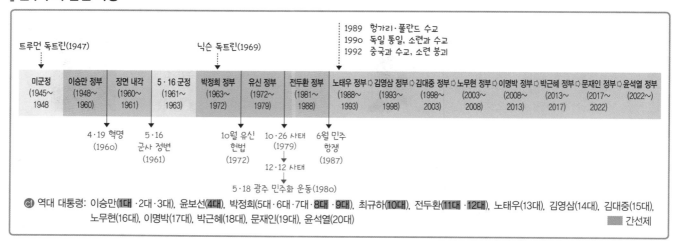

> **cf** 역대 대통령: 이승만(1대·2대·3대), 윤보선(4대), 박정희(5대·6대·7대·8대·9대), 최규하(10대), 전두환(11대·12대), 노태우(13대), 김영삼(14대), 김대중(15대), 노무현(16대), 이명박(17대), 박근혜(18대), 문재인(19대), 윤석열(20대)
>
> ▨ 간선제

1. 이승만 정부(1948~1960)

반공의 강화	친미 노선 추구, 반공 포로 석방(1953. 6.), 한·미 상호 방위 조약 체결(1953. 10.), 안보 위주 정책 ⇨ 국민의 자유 제한
경제 정책	• 농지 개혁법(1949년 제정, 1950년 실시, 유상 매수·유상 분배) • 1950년대 미국의 원조 경제 ⇨ 1950년대 후반 미국 원조 감소로 경제 개발 7개년 계획 수립
장기 집권의 획책과 독재 정치의 강화	• 이승만 정부의 자유당 창당(1951) ⇨ 발췌 개헌(1차 개헌, 1952): 대통령 직선제와 양원제 국회 • 사사오입 개헌(2차 개헌, 1954. 11.): 초대 대통령에 한하여 중임 제한(3선 금지 조항) 철폐 • 이승만 정부의 장기 집권 체제 강화 　┌ 진보당 사건(1958. 1.): 조봉암✱ 처형('평화 통일론'^{사료 424}의 국시 위반) 　├ 2·4 정치 파동(1958. 12.): 국가 보안법 개정안 통과 　└ 경향신문 폐간(1959. 4.) • 3·15 부정 선거(1960) ⇨ 부정 선거 규탄 시위(3·15 마산 의거)

> **cf** 2대 대통령 선거(1952. 8.): 대통령 이승만(자유당), 부통령 함태영(무소속)
>
> **cf** 3대 대통령 선거(1956. 5.): 대통령 이승만(자유당), 부통령 장면(민주당)

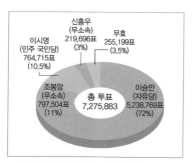

▲ 제2대 대통령 선거 후보자별 득표율

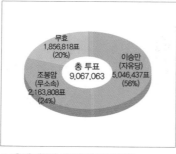

▲ 제3대 대통령 선거 후보자별 득표율

> ✱ 조봉암(1898~1959)
> • 독립운동가, 정치가
> • 1925년 조선 공산당 조직에 참여, 1946년 공산당 탈당하여 우익 진영으로 급선회, 1948년 제헌 의원, 초대 농림부 장관에 취임하여 농지 개혁법 실현, 1950년 2대 국회 의원에 재선, 1952년 2대 대통령 선거에 출마, 1956년 다시 3대 대통령 선거에 출마하여 낙선하였으나 유효 득표의 30%(2위)를 차지함.
> • 1956년 진보당을 창당하여 정당 활동을 하다가 1958년 국가 보안법 위반(진보당 사건)으로 체포되어 사형 선고받고 처형됨.

◀ 못살겠다. 갈아보자! | 1956년 대선 당시 야당인 민주당(대통령 후보 신익희, 부통령 후보 장면)은 이 구호를 내세워 기대를 모았지만 신익희 후보가 선거 전 갑자기 죽음을 맞게 되었다.

◀ 3·15 마산 의거(1960) | 사전 투표, 3인조·9인조 공개 투표, 투표함 바꿔치기 등 온갖 부정 선거에 분노한 학생과 시민들이 마산에서 시위를 전개하였다.

2. 4 · 19 혁명(1960)^{사료 425}

배경	3 · 15 부정 선거 ⇨ 3 · 15 마산 의거, 김주열의 죽음 cf 2 · 28 대구 학생 의거
전개	3 · 15 부정 선거 규탄 시위의 확산(4. 19.) ⇨ 경찰 발포, 계엄령 선포 ⇨ 교수단 시국 선언문 (4. 25.), 미국의 퇴진 권유 ⇨ 이승만의 하야(4. 26.), 허정 과도 정부 수립
의의	학생과 시민들 중심, 독재 정권을 타도한 민주주의 혁명 cf 4 · 19 혁명 기록물 – 유네스코 세계 기록 유산 등재

cf 4 · 19 혁명 일지
1960. 2. 28. 대구 학생 의거
1960. 3. 15. 3 · 15 마산 의거
1960. 4. 11. 김주열 시신 발견
1960. 4. 18. 고대 학생들의 시위
1960. 4. 19. 시위 학생과 시민들에게 발포
1960. 4. 25. 대학 교수들의 시국 선언문 발표
1960. 4. 26. 이승만 사임

3. 장면 내각*(1960~1961)

허정 과도 정부의 구성과 개헌(3차 개헌)	내각 책임제, 양원제(참의원, 하의원)*
7 · 29 총선(1960)	민주당 압승 ⇨ 윤보선 대통령, 장면 국무총리 선출
당면 과제	사회 질서 안정, 국가 안보 체제 확립, 빠른 평화 통일
경제 정책	• 한 · 미 경제 기술 원조 협정(1961) • 경제 개발 5개년 계획 수립[but 실시 못함 ⇨ 5 · 16 군사 정권에서 시작(1962)]
한계	• 개혁 의지 미약: '반공 임시 특별법'과 '데모 규제법' 제정^{사료 426} • 민주당 내의 갈등 심화: 민주당이 구파(일제 식민지 시기부터 정치 활동을 전개해 온 사람들이 주축을 이룬 파벌, 대통령 윤보선 중심)와 신파(광복 이후 정치에 투신한 사람들의 파벌, 장면 국무총리 중심)로 분열 ⇨ 결국 구파가 신민당으로 분당

* 양원제
1952년 발췌 개헌에도 양원제 규정이 있었지만, 이승만 정권은 이를 실시하지 않았기 때문에 국회 양원제가 실현된 것은 사실상 장면 정부 때가 처음이다.

* 장면 내각의 시정 방침(1960. 8.)
1. 일본과의 국교 정상화 및 유엔 감시하의 남북한 자유 선거에 의한 통일 달성
2. 관료 제도의 합리화와 공무원 재산 등록 및 경찰 중립화를 통한 민주주의의 구현
3. 부정 선거의 원흉과 발포 책임자, 부정 · 불법 축재자 처벌
4. 외자 도입과 경제 원조 확대를 통한 경제 개발 계획 추진
5. 군비 축소와 군의 정예화 추진을 통한 국방력 강화 및 군의 정치적 중립

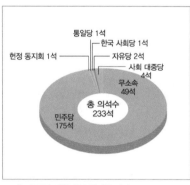
▲ 제5대 국회 의원 선거 민의원 결과

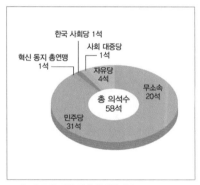
▲ 제5대 국회 의원 선거 참의원 결과

4. 5 · 16 군사 정변(1961)

결과	장면 내각 붕괴 ⇨ 군정 실시(1961~1963)
활동	• 국가 재건 최고 회의 구성: 최고 통치 기관 • 군사 정권 공약*: 반공을 국시로 천명, 경제 재건과 사회 안정 실현 • 정치 활동 정화법 제정(1962): 모든 정치인들의 정치 활동을 전면 금지 • 경제 · 사회 개혁: 경제 개발 5개년 계획(1962~1966), 화폐 개혁(1962), 농어촌 고리채 정리법, 민정 복귀 약속 • 민주 공화당 창당: 군사 정부 지지 세력 결집 ⇨ 5차 개헌(대통령 중심제, 직선제, 단원제, 1962)

* 5 · 16 군사 정변 때 발표했던 '공약'
우리 혁명 위원회는 반공을 제일의 국시(國是)로 삼고 지금까지 형식적이고 구호에만 그친 반공 체제를 재정비할 것이다. 절망과 기아선상에서 허덕이는 민생고를 해결하고 자주 경제 재건에 총력을 경주할 것이다.

5. 박정희 정부(1963~1972)

출범		1963년 대통령 선거를 통해 당선된 박정희는 군사 정부의 주요 과제를 그대로 실현
정책		• 정치: 강력한 대통령 중심제, 단원제 국회 • 경제 정책: '조국 근대화, 민족 중흥' ⇨ 급속한 경제 성장 정책 실시
한 · 일 국교 정상화 (1965)	과정 사료 427	김종필 · 오히라 메모✱(1962) 바탕 ⇨ 6 · 3 시위(대일 굴욕 외교 반대 및 박정희 정부 퇴진 요구, 1964) ⇨ 비상 계엄령 선포 ⇨ 무상 3억 달러와 정부 차관 2억 달러, 민간 상업 차관 1억 달러 이상을 받는 조건으로 한 · 일 협정 체결
	협정 내용	• 어업에 대한 협정 • 재일 교포의 법적 지위와 대우에 관한 협정 • 한 · 일 재산 및 청구권 해결과 경제 협력에 관한 조항 • 한 · 일 문화재 및 문화 협력에 관한 협정
	문제점	• 일본의 강제 침탈에 대한 사죄나 배상, 독도의 한국 영유권에 관한 표현이 없는 점 • 불리한 어업 협정 • 극히 일부 환수에 그친 문화재 협정 • 강제 징용 · 징병, 강제 종군 위안부 등에 대해 미언급
경제 정책		1 · 2차 경제 개발 5개년 계획, 수출의 날 제정(1964)
베트남 파병 (1964~1973)		브라운 각서(1966): 베트남 추가 파병 대가로 한국군 장비의 현대화, 기술 원조 및 AID 차관 제공
민주화 세력 탄압		• (1차) 인민 혁명당 사건(1964) • 동백림 사건(1967)✱
한반도의 긴장 고조 (1968)		• 1 · 21 사태(1968): 무장 공비의 청와대 기습 사건 ┈┈┈┈➤ ┌ 국민 교육 헌장(1968) 발표 • 푸에블로호 사건(1968): 미국 첩보함의 나포 사건 ├ 주민 등록증 제도(1968) 실시 • 울진 · 삼척 무장 공비 침투 사건(1968) └ 향토 예비군(1968) 창설
3선 개헌 강행 (6차 개헌, 1969)		• 재선 성공(1967) ⇨ 3선 개헌 강행(1969) • 대통령 3선 연임 금지 규정을 '4선 연임 금지'로 개정

> ✱ 동백림 사건(1967)
> 독일과 프랑스에서 활동하고 있던 작곡가 윤이상, 화가 이응로 등 예술인, 대학 교수 등 194명이 옛 동독의 베를린인 동백림을 거점으로 대남 적화 공작을 벌였다고 처벌한 사건

✱ 김종필 · 오히라 메모(1962. 11.)
• 일제 35년간의 지배에 대한 보상으로 일본은 3억 달러를 10년간 걸쳐서 지불하되 그 명목은 '독립 축하금'으로 한다.
• 경제 협력의 명분으로 정부 간의 차관 2억 달러를 3.5%, 7년 거치 20년 상환이라는 조건으로 10년간 제공하며, 민간 상업 차관으로 1억 달러를 제공한다.
• 독도 문제를 국제 사법 재판소에 이관한다.

cf 위수령
• 의미: 육군 부대가 한 지역에 계속 주둔하면서 그 지역의 경비, 군대의 질서 및 군기 감시와 시설물을 보호하기 위하여 제정된 대통령령
• 발동
  – 1965년 한 · 일 협정 체결 반대 시위
  – 1971년 학생 교련 반대 시위
  – 1979년 부 · 마 항쟁 시위
• 2018년 국무 회의를 통해 폐지

cf 박정희 대통령의 5회 대통령 역임

선거	박정희 득표율
5대 대통령 (1963)	46.6%
6대 대통령 (1967)	51.4%
7대 대통령 (1971)	53.2%
8대 대통령 (1972)	100%
9대 대통령 (1978)	100%

메모

6. 유신 체제의 등장(1972~1979)

배경	• 7대 대통령 선거에서 고전(여촌야도 현상, 영·호남 지역 격차) • 닉슨 독트린 선언(1969): 베트남으로부터 미군 철수, 주한 미군 병력 감축 등 국제 정세 급변 • 국제 유가 급등 cf 1차 석유 파동(1973) ⇨ 중동 건설 투자로 극복 • 1971년 사회 혼란 가속: 사법부 파동✱, 광주 대단지 사건(성남 사건), 실미도 사건 등 발생
10월 유신 선포	• 전국에 비상계엄령 선포, 국회 해산, 정치 활동 금지 • 언론·출판·방송의 사전 검열, 대학 휴교령
유신 헌법 (7차 개헌, 1972)	• 대통령의 초법적 지위 강화: 긴급 조치권, 국회 해산권, 국회 의원 1/3 직접 임명권(유신 정우회), 대법원장 임명권 ⇨ 한국적 민주주의 • 장기 집권: 통일 주체 국민 회의에서 간접 선거로 대통령 선출(임기 6년, 연임 제한 철폐)
유신 체제에 대한 반발 사료 428	**국내** 학원, 언론, 종교, 정계 등에서 민주 헌의 회복과 개헌을 이룩하려는 시위 활발 ⇨ 긴급 조치 발동(1974), 강력한 탄압 예 김대중 납치 사건(1973), 민청학련 사건(1974), 인혁당(재건위) 사건(1974), 천주교 정의 구현 전국 사제단 설립(1974), 3·1 구국 선언(1976, 일명 명동 사건), 부·마 항쟁(1979) 등
	국외 유신 체제의 인권 탄압 비판 ⇨ 대미·대일 관계 악화
경제 정책	3·4차 경제 개발 5개년 계획
유신 체제의 붕괴	• 2차 석유 파동(1979) ⇨ 첫 마이너스 성장 • YH 무역 사건(1979)✱ • 김영삼 국회 의원 제명 • 부·마 항쟁(1979)✱: 부산·마산 등에서 유신 체제 반대 시위 계속 발생 • 10·26 사태(1979): 집권 세력의 내부 갈등 ⇨ 박정희 대통령 피살

▲ 제7대 대통령 선거 후보자별 득표율

진복기(정의당) 122,914표(1%)
기타 61,576표(0.5%)
김대중(신민당) 5,395,900표(45.2%)
박정희(민주 공화당) 6,342,828표(53.2%)
총 투표 12,417,816

✱ **사법부 파동(1971)**
국가 배상법을 둘러싸고 발생한 사법부와 행정부의 갈등 사건, 100여 명의 판사가 집단 사표 제출

✱ **YH 무역 사건(1979)**
야당(신민당) 당사에서 생존권 보장을 요구하며 농성하던 YH 무역 여성 노동자가 진압 과정에서 숨진 사건

✱ **부·마 항쟁(1979)**
신민당 당수 김영삼이 재야 세력과 연합하여 유신 헌법의 개정을 요구 ⇨ 정부와 여당은 야당 당수를 국회에서 제명하는 극단적인 조치를 취하였고 이 사건으로 김영삼의 정치적 본거지인 부산·마산 등지에서 유신 체제에 대한 반대 시위 발생

7. 전두환 정부(1981~1988)

출범 과정	• 최규하 정부의 출범(1979): 통일 주체 국민 회의에서 선출 • 12·12 사태(1979): 신군부 세력이 군권·정치적 실권 장악(육사 11기 전두환·노태우 등) • 서울의 봄(1980. 5.): 시민·학생들이 유신 헌법 폐지, 전두환 퇴진, 계엄 해제 요구 ⇨ 서울역 평화 행진 ⇨ 신군부 비상계엄령 전국 확대, 정치 활동 금지, 김대중 등 주요 민주 인사 구속 • 5·18 광주 민주화 운동(1980. 5.)사료 429: 민주화를 요구하는 대규모 시위 발생 ⇨ 계엄군의 과잉 진압 cf 5·18 광주 민주화 운동 기록물 – 유네스코 세계 기록 문화 등재 • 신군부 세력의 활동: 국가 보위 비상 대책 위원회 구성, 삼청 교육대 운영사료 430
8차 개헌(1980)	간선제, 7년 단임제 ⇨ 대통령 선거인단에서 전두환 선출, 전두환 정부 출범
정책 방향	정의 사회의 구현, 복지 사회의 건설 등
강경 정책사료 431	언론 강제 통폐합, 다수의 공무원과 언론인 강제 해직
유화 정책	정치 활동 피규제자를 단계적 해금(cf 신한 민주당 창당, 1985), 일부 학생·교수의 복학·복직 허용, 학도 호국단 폐지, 해외여행 자유화, 야간통행 금지 해제, 중·고생의 교복 자율화 조치 등
한계성	민주화 운동 탄압, 인권 유린[부천 경찰서 성고문 사건(1986), 박종철 고문치사 사건(1987) 등], 각종 부정과 비리 사건 발생[금강산댐 사건(1986)]
6월 민주 항쟁(1987) 사료 432	• 박종철 고문 사건과 전두환 대통령의 4·13 호헌 조치에 대한 국민적 저항 운동 • '호헌 철폐, 민주 헌법 쟁취, 독재 타도'를 외치는 시위가 민주 헌법 쟁취 국민운동 본부 주관으로 전국적으로 발생 ⇨ 6·29 선언(1987)✱사료 433

▲ 5·18 광주 민주화 운동(1980)

▲ 6월 민주 항쟁 | 이한열의 장례식 행렬(1987. 7.)

✱ **6·29 선언의 주요 내용**(민주 정의당 대표 노태우 발표)
1. 1988년 2월 대통령 직선제 개헌을 통한 평화적 정부 이양 보장
2. 김대중 사면 및 시국 관련 사범 석방
3. 지방 자치 및 교육 자치 실시
4. 정당의 건전한 활동 보장

8. 노태우 정부(1988~1993)

출범 과정	6 · 29 민주화 선언(1987): 6월 민주 항쟁에서 주장한 국민의 민주화 요구 수렴 ⇨ 대통령 직선제 개헌 선언
9차 개헌(1987)	대통령 직선제, 5년 단임제 ⇨ 노태우 정부 출범

정책 방향	• 국정 지표: 민족 자존, 민주 화합, 균형 발전, 통일 번영
	• 3당 합당(1990): 1988년 총선 – 여소야대 정국 ⇨ 3당 합당[민주 정의당(노태우), 통일 민주당
	(김영삼), 신민주 공화당(김종필)]으로 민주 자유당 탄생
	• 내용
	 ┌ 지방 자치제✱ 부분적 실시: 지방 의회 선거 실시(1991)
	 ├ 서울 올림픽 대회 개최(1988)
	 ├ 적극 외교의 추진: 헝가리 · 폴란드(1989), 소련(1990), 중국(1992)과 국교 수교
	 └ 북한과의 관계 개선: 7 · 7 선언(적극적 대북 협력 의지 표방, 1988), 남북한 UN
	   동시 가입(1991), 남북 기본 합의서 채택(1991), 한반도 비
	   핵화 선언(1992)

한계성	부정과 비리로 국민적 지지 결여

▲ 제13대 대통령 선거 후보자별 득표율

✱ 지방 자치제

정부	내용
이승만 정부	지방 자치제 실시 명문화
장면 내각	3차 개헌에서 실시 규정
노태우 정부	지방 자치 부분 실시 (지방 의회 선거)
김영삼 정부	지방 자치 전면 실시 (지방 자치 단체장 선거)

9. 김영삼 정부(1993~1998)

출범	제14대 대통령 선거 ⇨ 김영삼 정부 출범
정책 방향	• 국정 지표: 깨끗한 정부, 튼튼한 경제, 건강한 사회, 통일된 조국 건설 • 내용 ┌ 부정 부패의 척결 노력: 공직자 재산 등록제(1993), 금융 실명제(1993) 등 법제화 ├ 지방 자치제 전면 실시: 지방 자치 단체장 선거 실시(1995) ├ 민주화와 세계화의 추진 ├ 역사 바로 세우기: 구 조선 총독부 청사 철거, 경복궁 복원 작업 착수, 12 · 12 사태와 5 · 18 광주 민주화 운동에 대한 재평가, 전직 대통 │ 령에 대한 사법 처리 등 └ 세계화 정책: 우루과이 라운드(UR) 협정 타결(1993) – 보호 무역주의 철폐, 경제 개발 협력 기구(OECD) 가입(1996)
한계성	국제 경제 여건의 악화와 외환 부족 ⇨ 경제적 위기 도래[국제 통화 기금(IMF) 구제 사태 발생(1997)]

10. 김대중 정부(1998~2003)

출범	외환 위기 속에서 제15대 대통령 선거 ⇨ 김대중 정부 출범
정책 방향	• 국정 지표: 외환 위기의 극복, 민주주의와 시장 경제의 병행 발전 • 내용 ┌ 국가적 과제의 제시: 국정 전반의 개혁, 경제난 극복, 국민 화합의 실현, 법과 질서의 수호 등 ├ 적극적 대북 정책의 추진: 금강산 관광 사업 시행(1998), 남북 정상 회담 실현(2000), 남북 경제 활성화, 이산가족 상봉 실현 └ 국제 통화 기금(IMF) 극복: 금 모으기 운동, 적극적 경제 개방 정책, 구조 조정

---

cf 국가 기념일 지정 민주화 운동

시기	명칭
1948년	4 · 3 희생자 추념일(제주 4 · 3 사건)
1960년	2 · 28 민주 운동 기념일(대구, 4 · 19 혁명)
1960년	3 · 8 민주 의거 기념일(대전, 4 · 19 혁명)
1960년	3 · 15 의거 기념일[창원(구 마산), 4 · 19 혁명]
1960년	4 · 19 혁명 기념일
1979년	부 · 마 항쟁 기념일
1980년	5 · 18 광주 민주화 운동 기념일(광주)
1987년	6 · 10 민주 항쟁 기념일

✦ 우리나라의 헌법 개정 과정

구분	계기	내용	비고
제헌 헌법 (1948)		• 대통령 중심제(4년)·대통령 간선제 • 내각제 요소 가미(국회에서 대통령 선거)	제헌 의원 임기 2년
제1차(1952) 사료 434	대통령의 국회 내 기반 상실	• 대통령 직선제 • 국회 양원제 채택	발췌 개헌(이승만의 재선 가능)
제2차(1954) 사료 435		• 초대 대통령에 대한 중임 제한 철폐 • 국무 총리제 폐지	사사오입 개헌(이승만의 장기 집권 가능)
제3차(1960) 사료 436	3·15 부정 선거, 4·19 혁명	• 내각 책임제, 국회 양원제(민·참의원) • 대통령 간선제, 대통령이 국무총리 지명	허정 과도 정부의 개헌
제4차(1960)	4·19 혁명	3·15 부정 선거 관련자와 반(反)민주 행위자 처벌을 위한 개헌 실시	장면 내각의 개헌
제5차(1962)	5·16 군사 정변	• 대통령 중심제(4년)·직선제 • 국회 단원제 및 무소속 금지 • 대통령 지위 강화	국민 투표를 거친 최초의 개헌
제6차(1969) 사료 437		대통령 3선 개헌	박정희의 장기 집권 가능
제7차(1972) 사료 438	10월 유신	• 대통령 중심제(6년, 종신 집권 가능) • 대통령에게 강력한 권한 부여: 긴급 조치·국회 해산권 등 • 통일 주체 국민 회의 신설 ⇨ 대통령 선출(간선제)	10월 유신 헌법
제8차(1980)	10·26 사태	• 대통령 중심제(7년 단임) • 대통령 선거인단 ⇨ 대통령 선출(간선제)	통일 주체 국민 회의에서 선출된 전두환이 추진
제9차(1987) 사료 439	6월 민주 항쟁	• 대통령 중심제(5년 단임) • 대통령 직선제로 전환 • 대통령 권한 축소: 비상 조치권, 국회 해산권 폐지	• 최초의 여야 합의 개헌 • 6·29 민주화 선언

메모

7 북한의 변화

1. 1950년대~1990년대

1950년대	정치	김일성 독재 체제 강화, 반대파 숙청	
	경제	• 중공업과 경공업의 병진 정책 추진 • 농업과 상업 분야의 협동화 • 8월 종파 사건(1956): 소련파 · 연안파 제거 ➡ 김일성 체제 강화 • 천리마 운동 전개(1957~): '하나는 전체를 위하여, 전체는 하나를 위하여'라는 구호를 내걸고, 생산 노동에 참여하여 성적이 좋은 사람을 영웅으로 받드는 등 대중의 생산 경쟁을 유도 • 3대 혁명 운동(1958): 사상 · 기술 · 문화의 혁명	
1960년대	정치	김일성 독재 체제✱ 더욱 강화	
	정책 방향	• 4대 군사 노선의 채택: 전 인민의 무장화, 전 국토의 요새화, 전 군의 간부화, 전 군의 현대화 • 주체사상 채택(1967): 정치의 자주, 경제의 자립, 국방의 자위	
	대남 정책	• 표면적: 평화적인 남북 연방제 통일 방안 제시 • 내면적: 남한에 통일 혁명단 조직, 무장 군인 남파	
1970년대	정치	• 1972년 새 헌법(사회주의 헌법) 채택: 국가 주석 체제 구축, 국가 권력을 주석에게 집중 • 실무형 관료와 혁명 2세대 등장: 김정일을 비롯한 김일성의 친인척이 핵심 권력 장악, 김정일을 후계자로 공인 • 주체사상화 사업: 1970년 '온 사회의 주체사상화'를 조선 노동당의 최종 목표로 제시	
	경제	• 3대 혁명 소조 운동: 1971년 시작된 6개년 경제 개발의 부진 ➡ 1973년 3대 혁명 소조 운동 시작, 과학자 · 기술자 · 청년 지식인 등이 수십 명 단위의 소조를 만들어 생산 현장에 직접 들어가 노동자 · 농민을 지원 • 3대 혁명 붉은기 쟁취 운동	
1980년대	정치	• 부자 세습의 권력 승계 도모 • 주체사상✱의 변화: 사회 · 정치적 생명론 등장(1980년 조선 노동당 제6차 대회)	
	경제	• 경제의 침체: 북한의 국제적 고립과 사회주의권의 붕괴 ➡ 경제적 문제 해결 필요 • 합작회사 경영법(합영법) 제정(1984): 외국인 투자 유치	
1990년대	대외적 변화	독일 통일(1990), 소련 붕괴(1992), 아시아 사회주의 각국의 개혁과 개방	
	정치	• 김정일의 권력 승계: 김정일이 1993년 4월 국방 위원장 취임에 이어 1994년 김일성의 사망으로 권력 승계 • '우리식 사회주의'와 '조선민족 제일주의' 강조: 세계 정세의 변화와 북한의 제한적 개방 정책에 따라 일어날지 모를 사회적 동요 방지 및 북한 내부의 단합을 강화	
	경제	• 두만강 경제 특구: 1980년 말 두만강 경제 개발 계획의 일부로 나진 · 선봉 일대를 자유 무역 지대로 인정(1991), 두만강 개발 사업은 북한, 중국, 러시아 및 주변 국가가 참여한 대규모 개발 사업 • 외국 자본을 유치하기 위한 법령 제정: 외국인 투자법(1992), 합작법(1993), 합영법 개정(1994) 등을 마련 • 경제 관리 개선 개조 조치(2002) • 금강산 관광 지구 제정(1998): 선박 관광(1998) ➡ 육로 관광(2003) • 개성 공업 지구 · 신의주 행정 특구(2002) 제정 • 남북 경제 협력법 제정(2005)	

✱ 김일성 체제의 강화 과정

> **6 · 25 전쟁 이전**
> 조만식 숙청(민족주의)
>
> ⬇
>
> **6 · 25 전쟁 중**
> 무정, 허가이 등 숙청
>
> ⬇
>
> **1953~1955년**
> 남로당계 숙청
> (박헌영, 이승엽)
>
> ⬇
>
> **1955~1958년**
> 연안파 숙청(최창익, 김두봉),
> 소련파 숙청(박창옥, 이상조)
> ➡ 8월 종파 사건(1956)
>
> ⬇
>
> **1967년**
> 갑산파 중 온건파 숙청
> (박금철, 이효순 등)

✱ 주체사상의 성립

북한이 주체사상을 모색하기 시작한 것은 1961년 제4차 조선 노동당 대회부터이다. 노동당 대회에서는 당의 기본 노선으로 사상으로의 주체, 정치에서의 자주, 경제에서의 자립, 국방에서의 자위가 제기되었다. 이때만 해도 주체사상은 체계적인 철학 이론을 갖추지 못했고 마르크스 · 레닌주의의 부속물에 불과했다. 그런데 1970년대 초 당 서기실의 황장엽이 이를 마르크스 · 레닌주의와 완전히 다른 독자적인 사상으로 성립시켰다. 황장엽의 주체사상은 점차 김일성의 절대 권력을 정당화하는 이론으로 변질되었다. 주체사상은 1980년 조선 노동당 제6차 대회에서 더욱 변화하여 수령과 당과 인민을 하나의 영생하는 사회 정치적 생명체로 규정하고, 육체적 생명은 친부모가 주지만 정치적 생명은 수령이 준다는 사회 · 정치적 생명론에 영향을 주었다.

2. 북한의 핵 문제와 6자 회담

핵 확산 금지 조약 (NPT) 가입(1985)	• 한반도 비핵화에 관한 공동 선언(1992) • 핵 안전 조치 협정 서명(1992)
NPT 탈퇴(1993)	1차 북한 핵 위기
북 · 미 제네바 기본 합의서 채택(1994)	• 미국과 북한은 북한이 NPT에 잔류하여 핵 안전 협정을 이행하고, 국제 원자력 기구(IAEA)의 사찰을 받아들이는 대신 2003년까지 1,000MWe급 경수로 2기를 만들어 제공하며, 그 사이 에너지원으로 중유를 공급하기로 합의 • 한국 · 미국 · 일본 · EU 대표로 한반도 에너지 개발 기구(KEDO) 구성 ⇨ 경수로 – 북한 신포 지역에 건설 중 북한 핵 문제로 2006년 완전 철수
미국 부시 행정부의 대북 강경책	2차 북한 핵 위기
제1차 6자 회담 개최 (2003)	북핵 문제 해결을 위한 6자 회담(한국 · 북한 · 러시아 · 미국 · 일본 · 중국) 개최 ⇨ 이후 6차례 더 개최하여 제6차 6자 회담 공동 성명 발표(2007)

cf 북한 현대사 주요 연표

시기	주요 사건
1940년대	• 평남 건국 준비 위원회 결성(1945. 8.) • 신의주 반공 학생 의거(1945. 11.) • 토지 개혁(1946. 3.) • 조선 민주주의 인민 공화국 수립(1948. 9.)
1950년대	• 박헌영 숙청(1952) • 8월 종파 사건(1956) - 연안파 · 소련파 제거 • 천리마 운동(1957~)
1960년대	• 4대 군사 노선 채택(1962) • 온건 갑산파 숙청(1967) • 주체사상 대두(1967)
1970년대	• 사회주의 헌법 제정(주석 체제 확립, 1972. 12.) • 온 사회의 주체사상화 사업
1980년대	• 김정일 후계 체제 강화 • 합작회사 경영법(합영법, 1984) • 두만강 경제 특구 지정: 나진 · 선봉 지역
1990년대	• 우리식 사회주의 헌법 제정(1992) 　- 제한적 개방 정책 추진 • 핵 확산 금지 조약(NPT) 탈퇴(1993) • 김정일 국방 위원장 추대(1993) • 김일성 사망(1994) • 북 · 미 제네바 회담 합의(1994. 10.) • 김일성 헌법(1998) - 김정일 권력 기반 강화
2000년대	• 김정일 사망(2011) • 판문점 선언(2018) - 대한민국 문재인 대통령과 김정은 국무 위원장이 합의해 발표한 공동 선언

8 통일을 위한 노력

1. 1950~1960년대 – 굳어지는 반공 체제

이승만 정부	• 반공 정책, 북진 멸공 통일 주장 • 제네바 회담(1954): 서방 국가들의 유엔 감시하의 총선거 주장 • 조봉암(진보당): 평화 통일론 ⇨ 진보당 사건(1958)
장면 정부	• 유엔 감시하 남북한 총선거 주장 • 4 · 19 혁명 직후 학생 · 혁신 세력: 남북 학생 회담과 친선 체육 대회 제의, 중립화 통일론 주장
박정희 정부	• 반공을 국시로 삼고 강력한 반공 정책, '선건설 후통일'론 주장 • 북한의 대남 도발 자행(1968): 1 · 21 북한 특수 부대의 청와대 습격 시도, 미국 푸에블로호 납치 사건, 120명 무장 게릴라의 울진 · 삼척 지역 침투 등

메모

2. 1970년대 – 남북 대화의 출발

박정희 정부	배경	• 닉슨 독트린(1969)✱: 냉전 체제의 완화, 베트남의 공산화, 주한 미군의 감축 • 국내: 민주화의 요구
	8 · 15 선언(1970)	선의의 체제 경쟁 제안
	남북 적십자 회담 실현(1972)	대한 적십자사가 북한에 이산가족 찾기를 위한 남북 적십자 회담 제안, 예비 회담 개최(1971) ⇨ 1972년 8월 본회담 실현
	7 · 4 남북 공동 성명(1972)ᴬ료 440	자주적 통일, 평화적 통일, 민족적 대단결의 3대 원칙 천명 ⇨ 서울~평양 간 상설 직통 전화 가설, 남북 조절 위원회 구성
유신 정부	6 · 23 평화 통일 선언(1973)ᴬ료 441	남북한 유엔 동시 가입과 호혜 평등의 원칙, 모든 국가에 대한 문호 개방
	남북한 상호 불가침 협정 체결 제의(1974)	상호 무력 불사용, 상호 내정 불간섭, 휴전 협정의 존속 등을 내용으로 하는 불가침 협정 체결 제안
	평화 통일 3대 기본 원칙 선언(1974. 8. 15.)	상호 불가침 협정에 의한 평화 정착, 상호 신뢰 회복, 토착 인구 비례에 의한 남 · 북한 총선거 실시의 평화 통일 3대 원칙 제안

3. 1980년대 – 남북 관계의 변화

전두환 정부	민족 화합 민주 통일 방안(1982)	민주적 절차와 평화적 방법으로 민족 · 자주 · 자유 · 복지의 통일 국가 수립
	교류 제의	남북 적십자 회담, 남북 총리 회담, 남북한 당국 최고 책임자 회담, 남북 국회 회담, 남북 체육 회담, 남북 경제 회담 등 제기 ⇨ 남북 이산가족 고향 방문단 및 예술 공연단의 교환 방문 성사(1985)
노태우 정부	7 · 7 선언✱(1988)	일명 '민족 자존과 통일 번영을 위한 특별 선언' ⇨ 적극적인 대북 협력 의지 표명
	한민족 공동체 통일 방안 제의(1989) 사료 442	자주 · 평화 · 민주의 원칙 ⇨ '남북 연합'이라는 중간 단계 설정

✱ 닉슨 독트린
미국과 동맹을 맺은 국가 또는 미국의 안보에 직결되는 국가의 자유를 어떤 핵 무장 국가가 위협하는 경우에 미국은 그 방어에 나선다. 핵 공격이 아닌 경우, 미국은 침략을 받은 국가의 요구가 있을 때 군사적 · 경제적 원조를 제공한다. 그러나 미국은 직접 위협을 받은 국가가 자국의 방어를 위해 1차적으로 책임을 지기를 기대한다.

✱ 7 · 7 선언
• 남북 동포 간의 상호 교류와 해외 동포들의 자유로운 남북 왕래
• 이산가족의 서신 왕래 및 상호 방문
• 남북한 교역
• 비군사적 물자에 대한 우리 우방과 북한의 교역을 반대하지 않음.
• 남북한의 소모적 경쟁 대결 외교의 종결
• 북한과 우리 우방과의 관계 개선과 사회주의 국가와 우리 측의 관계 개선

[메모]

4. 1990년대 – 탈냉전 시기의 남북 관계

남북 군사 공동 위원회 구성 및 운영, 남북 군사 당국자 간 직통 전화 설치

노태우 정부	남북한 유엔 동시 가입(1991. 9.)	
	남북 기본 합의서 채택 (1991. 12. 13.) 자료 443	남북 사이의 화해와 불가침 및 교류 협력에 관한 합의서 – UN 가입 이후 논리적·현실적으로 존재하는 1민족 2체제 2정부의 상황을 인정하는 전제 위에서 평화와 민족자결을 위한 원칙을 규정한 내용 ⇨ 상대방의 국가적 실체 인정, 서로의 체제 인정·존중, 서로의 내정에 불간섭하기로 선언
	한반도 비핵화 공동 선언 합의 (1991. 12. 31. 합의, 1992. 2. 19. 발효) 자료 444	남북 기본 합의서의 연장선상에서 핵무기 개발을 포기하는 한반도 비핵화에 관한 공동 선언 채택
김영삼 정부	3단계 3기조 통일 방안(1993)	• 3단계: 1. 화해와 협력, 2. 남북 연합 단계, 3. 통일 국가 단계 • 3기조: 1. 민주적 국민 합의, 2. 공존공영, 3. 민족 복리
	민족 공동체 통일 방안(1994. 8. 15.)	• 성격: 한민족 공동체 통일 방안(1989)과 3단계 3기조 통일 정책(1993)을 수렴·종합 • 내용: 한민족 공동체 건설을 위한 3단계 통일 방안으로 자주·평화·민주의 3원칙과 화해·협력, 남북 연합, 통일 국가 완성의 3단계 통일 방안
	경수로 건설 사업 추진(1995)	한반도 에너지 개발 기구(KEDO) 성립(1995)

5. 2000년대 – 한반도의 평화와 번영을 향해서

김대중 정부	금강산 관광 시작(1998)	해로(1998) ⇨ 육로(2003)
	6·15 남북 공동 선언(2000. 6. 15.) 자료 445	평양에서 제1차 남북 정상 회담 개최, 남북 관계를 화해와 협력으로 전환한다는 남북 공동 선언에 합의·서명
	이산가족 방문단 교환(2000. 8. 15.)	8월 15일 이산가족 방문 교환을 시작, 여러 차례 이산가족 상봉 개최, 분단 이후 최초로 남북 이산가족 서신 교환 실천, 면회소 설치 등 합의
	남북 교류·협력 활성화	경의선 복구, 개성 공단 건설 등
노무현 정부	제2차 남북 정상 회담(2007)	• 10·4 남북 공동 선언(남북 관계 발전과 평화 번영을 위한 선언)자료 446 • 평양에서 노무현 대통령과 김정일 국방 위원장 간에 회담 진행 • 개성 관광 시작(2007)
문재인 정부	**판문점 선언(2018. 4.)** 자료 447	• 한반도의 평화와 번영, 통일을 위한 판문점 선언 • 판문점에서 문재인 대통령과 김정은 국무 위원장이 공동으로 발표한 선언문으로, 완전한 비핵화를 위한 핵없는 한반도를 실현하고 남북 관계 개선과 연내 종전 선언, 정전 협정을 평화 협정으로 전환하기 위한 남·북·미 정상 회담 개최 추진 등의 내용이 담김.
	제3차 남북 정상 회담(2018. 9.)	평양에서 문재인 대통령과 김정은 국무 위원장 간에 회담 진행

한걸음 더

✦ 남북한 통일 방안 총정리

구분	남한				북한
	이승만 정부	박정희·전두환 정부	노태우 정부 〈한민족 공동체〉	김영삼 정부 〈3단계 3기조〉	연방제
단계			2단계: 남북 연합 ⇨ 통일 민주 공화국	3단계: 화해 협력 ⇨ 남북 연합 ⇨ 통일 국가	1단계: 연방 형식의 통일 국가
원칙			3원칙(자주·평화·민주)		3원칙(자주·평화·민족 대단결)
통일 방법	북진 무력 통일	평화 통일	제한적 교류에 의한 국가 연합 (1민족 2국가 2체제)		연방제 (1민족 1국가 2체제)

cf 북한의 통일 정책 변화
1. 1960년대 '남북 연방제' 발표
2. 1980년대 '고려 민주주의 연방 공화국' 제의
3. 1990년대 '잠정적 연방제' 제의
4. 2000년대 '낮은 단계의 연방제' 제의

Part 08 | 현대 정치

✦ 현대사의 주요 사건 일지

☑ 표시-꼭 알아야 할 사건 ☑ 표시-북한의 대남 도발 사건

이승만 정부 (제1공화국, 1948~1960)	48. 9.	북한 정권 수립	53. 6.	반공 포로 석방
	48. 10.	여수 · 순천 10 · 19 사건	53. 10.	한 · 미 상호 방위 조약 체결
	☑ 49. 4.	국회 프락치 사건	☑ 54. 4.	제네바 협정
	☑ 49. 6.	반민 특위 습격 사건	☑ 54. 11.	사사오입 개헌
	49. 6.	국민 보도 연맹 결성	☑ 55. 9.	민주당 창당
	☑ 49. 6.	농지 개혁법 제정	57. 10.	「우리말 큰사전」 완간
	☑ 49. 6.	김구 암살	☑ 58. 1.	진보당 사건
	☑ 49. 12.	귀속 재산 처리법 제정	58. 12.	2 · 4 정치 파동
	☑ 50. 6.	6 · 25 전쟁 발발	59. 4.	경향신문 폐간
	☑ 51. 1.	국민 방위군 사건	59. 4.	충주 비료 공장 준공
	☑ 51. 11.	자유당 조직	☑ 60. 3.	마산 부정 선거 데모(3 · 15 마산 의거)
	☑ 52. 1.	이승만 라인(독도 평화선) 발표	☑ 60. 4.	4 · 19 혁명
	☑ 52. 7.	발췌 개헌		
장면 내각 (제2공화국, 1960~1961)	60. 7.	7 · 29 총선거	60. 12.	혁명 입법 공포
	60. 8.	윤보선 대통령 선출	☑ 61. 2.	중립화 통일 연맹
	60. 8.	김일성, 남북 연방제 제의	61. 2.	한 · 미 경제 협정 체결
5 · 16 군정기 (제3공화국, 1961~1963)	☑ 61. 5.	5 · 16 군사 정변	☑ 62. 3.	박정희 대통령 권한 대행
	62. 1.	공용 연호를 서력으로 변경	63. 2.	민주 공화당 창당
	☑ 62. 1.	제1차 경제 개발 5개년 계획		
박정희 정부 (제3공화국, 1963~1972)	64. 5.	울산 정유 공장 준공	☑ 68. 11.	주민 등록증 제도 실시
	☑ 64. 6.	6 · 3 시위	☑ 68. 12.	경인 고속 도로 개통
	64. 8.	인혁당 사건	☑ 69. 10.	3선 개헌 반대
	☑ 64. 9.	베트남 군대 파병(~1973)	☑ 70. 4.	새마을 운동, 와우아파트 붕괴
	64. 11.	수출의 날 제정	☑ 70. 7.	경부 고속 도로 개통
	☑ 65. 6.	한 · 일 협정 조인	☑ 70. 11.	전태일 분신
	66. 2.	과학 기술 연구소(KIST) 설립	☑ 71. 7.	무령왕릉 발굴
	☑ 66. 3.	브라운 각서	71. 7.	사법부 파동
	☑ 66. 6.	한 · 미 행정 협정	71. 8.	광주 대단지 사건(현재, 성남), 실미도 사건
	☑ 67. 1.	제2차 경제 개발 5개년 계획	☑ 71. 10.	교련 반대 시위 위수령 발표
	☑ 68. 1.	1 · 21 무장 공비의 청와대 기습 사건	☑ 72. 1.	제3차 경제 개발 5개년 계획
	☑ 68. 1.	미 푸에블로호 피랍	☑ 72. 7.	7 · 4 남북 공동 성명
	☑ 68. 2.	국민 교육 헌장 선포	72. 8.	8 · 3(사채 동결) 조치
	☑ 68. 4.	향토 예비군 창설	☑ 72. 11.	국민 투표로 유신 헌법 확정
	☑ 68. 10.	울진 · 삼척 무장 공비 침투 사건	☑ 72. 12.	통일 주체 국민 회의에 의한 박정희 대통령 선출
유신 정부 (제4공화국, 1972~1981)	72. 12.	북한 사회주의 헌법 채택	77. 1.	제4차 경제 개발 5개년 계획
	☑ 73. 1.	포항 제철 준공	77. 11.	이리 열차 폭발 사건
	☑ 73. 6.	6 · 23 선언	☑ 77. 11.	100억 달러 수출 달성
	73. 8.	김대중 피랍 사건	☑ 78. 7.	고리 원자력 발전기 준공
	☑ 74. 1.	긴급 조치 1호	☑ 79. 9.	YH 사건
	74. 1.	남 · 북한 상호 불가침 협정	☑ 79. 10.	부 · 마 항쟁
	☑ 74. 4.	민청학련 사건	☑ 79. 10.	10 · 26 사태
	☑ 74. 5.	인혁당(재건위) 사건	79. 12.	최규하 대통령 취임
	74. 8.	육영수 여사 피격	☑ 80. 5.	5 · 18 광주 민주화 운동
	74. 8.	서울 지하철 개통	☑ 80. 5.	국가 보위 비상 대책 위원회 신설
	☑ 74. 8.	평화 통일 3대 원칙	80. 9.	김대중 사형 선고
	74. 9.	천주교 정의 사회 구현 사제단 결성	80. 9.	대학 교육 개혁안 발표(졸업 정원제)
	75. 9.	학도 호국단, 민방위단 결성	80. 12.	국가안전기획부 설치, 언론 통폐합
	75. 10.	베트남 전쟁 종식		
	☑ 76. 3.	3 · 1 민주 구국 선언		
	☑ 76. 8.	판문점 도끼 만행 사건		
	76. 10.	신안 앞바다 유물 발견		

cf ▶ 학도 호국단
1949년 설치 ⇨ 1960년 폐지, 1975년 설치 ⇨ 1980년 중반 폐지(1985년 대학교 학도 호국단 폐지, 1986년 고등학교 학도 호국단 폐지)

전두환 정부 (제5공화국, 1981~1988)		
□ 81. 8. 해외여행 자유화	□ 86. 6. 부천 경찰서 성고문 사건	
□ 82. 1. 야간 통금 전면 해제	□ 86. 7. 국제 그룹 해체 사건	
□ 82. 5. 이철희 · 장영자 어음 사기 사건	□ 86. 10. 북한 금강산댐 건설(금강산댐 사건)	
□ 83. 1. 공직자 윤리법 발표	☑ 87. 1. 박종철 고문치사 사건	
☑ 83. 6. KBS 이산가족 찾기 생방송	☑ 87. 4. 4 · 13 호헌 조치	
□ 83. 9. 소련 전투기의 KAL기 격추	☑ 87. 6. 6월 민주 항쟁	
☑ 83. 10. 미얀마 아웅산 사건	☑ 87. 6. 6 · 29 선언(대통령 직선제)	
□ 84. 9. 대통령으로 최초 일본 방문	□ 87. 9. 전교협(민주 교육 추진 전국 교사 협의회) 발족	
☑ 84. 11. 첫 남북 경제 회담	☑ 87. 11. 대한항공 858편 폭발 사건	
☑ 85. 1. 신한 민주당 창당		
☑ 85. 9. 남북 고향 방문단		

노태우 정부 (제6공화국, 1988~1993)		
☑ 88. 7. 7 · 7 선언	☑ 90. 1. 3당 합당	
☑ 88. 9. 제24회 서울 올림픽 개최	☑ 90. 9. 소련과 수교	
□ 88. 11. 5공 청문회	☑ 91. 9. 남북한 UN 동시 가입	
☑ 89. 2. 헝가리와 수교	☑ 91. 12. 남북 기본 합의서 채택	
□ 89. 3. 문익환 목사 방북 사건	☑ 92. 1. 한반도 비핵화에 관한 공동 선언	
☑ 89. 5. 전국 교직원 노동조합(전교조) 결성	☑ 92. 8. 중국과 국교 수립	
□ 89. 7. 전국민 의료 보험 제도 실시	☑ 92. 8. 우리별 1호 발사 성공	
□ 89. 11. APEC 가입		

김영삼 정부 (제6공화국, 1993~1998)		
□ 93. 3. 비전향 장기수(이인모) 북송	□ 95. 6. 삼풍백화점 붕괴	
☑ 93. 5. 공직자 윤리법(고위 공직자 재산 등록제) 개정	☑ 95. 7. 부동산 실명제 시행	
☑ 93. 8. 금융 실명제 실시	☑ 95. 8. 구 조선 총독부 청사 철거 시작	
☑ 93. 12. 우루과이 라운드(UR) 협상 타결	□ 95. 11. 전두환 · 노태우 전 대통령 구속	
□ 94. 4. 하나회 해체	☑ 96. 10. 경제 협력 개발 기구(OECD) 가입	
□ 94. 7. 김일성 사망	☑ 96. 11. 조선 총독부 건물 완전 철거	
□ 94. 10. 성수대교 붕괴	□ 97. 2. 황장엽 북한 노동당 비서 망명	
☑ 95. 1. 세계 무역 기구(WTO) 출범	□ 97. 5. 김영삼 대통령 아들(김현철) 구속	
□ 95. 3. 한반도 에너지 개발 기구(KEDO) 발족	☑ 97. 11. 국제 통화 기금(IMF) 구제 요청	
□ 95. 4. 대구 지하철 도시가스 폭발	□ 97. 12. 전두환 · 노태우 특별 사면	
☑ 95. 6. 자치 단체장 선거		

김대중 정부 (제6공화국, 1998~2003)		
☑ 98. 1. 금 모으기 운동	☑ 2000. 6. 6 · 15 남북 공동 선언	
☑ 98. 2. 노사정 위원회 상설 기구화	☑ 2000. 9. 경의선 철도 복원	
□ 98. 4. 금융 감독 위원회 설치	□ 2000. 9. 하계 시드니 올림픽 남북 공동 입장	
☑ 98. 6. 정주영 현대 회장 소 떼 북한 방문	☑ 2000. 10. 김대중 대통령 노벨 평화상 수상	
□ 98. 10. 일본 대중문화 수입 개방	□ 2001. 1. 여성부 신설(현, 여성가족부)	
☑ 98. 11. 금강산 관광 시작(해로) ⇨ 육로(2003)	□ 2001. 11. WTO 뉴라운드 출범	
☑ 99. 4. 서해 교전	☑ 2002. 4. 이산가족 방문단 교환	
☑ 99. 7. 전교조 합법화	☑ 2002. 11. 개성 공단 제정	
□ 99. 9. 브레인코리아 21(BK 21) 사업 실시	☑ 2002. 6. 한 · 일 공동 월드컵 개최	
☑ 99. 10. 동티모르 파병	☑ 2002. 6. 서해 교전	

 메모

02 : 현대의 경제

Chapter

1 광복 직후의 경제

1. 미군정하의 경제

비정상적 경제 발달	신한 공사 설립 (1946. 3.~1948. 3.)	신한 공사는 소유한 토지를 농민에게 소작을 주고 대신 소작료를 3분의 1로 낮춰 소작료를 징수 ⑥ 중앙 토지 행정처로 개편(1948. 3.)
	귀속 재산 불하 (1947. 3.)	주로 일제 시대의 기업가나 귀속 업체의 관리들에게 넘어감.
	귀속 농지 처리 (1948. 3.)	미군정은 남조선 과도 입법 의원으로 하여금 토지 개혁 법안을 만들게 하였으나, 입법 의원 대부분이 이승만과 한국 민주당의 지주 세력이었기에 입법 조치에 소극적 ⇨ 상정된 '농지 개혁 법안'(1947. 12.)은 심의가 되지도 못함. ⇨ 결국 미군정은 전면적인 농지 개혁은 단독 정부 수립 이후로 미루게 됨.
	미곡 자유화 정책	일제 말의 식량 배급제 대신 자본주의 원리에 토대를 둔 미곡 자유화 정책을 시행 ⇨ 그러나 일부 상인과 지주들의 매점매석으로 쌀값 폭등과 물가 상승 ⇨ 미군정은 1946년 1월 미곡 수집령 반포
	철도 노동자의 총파업 (1946. 10.)	10월 1일 대구 철도 노동자의 총파업을 계기로 전국 확대 ⇨ 쌀 공출(미곡 수집) 폐지, 토지 개혁 실시, 식민지 교육 철폐, 미군정 퇴진 등을 요구
국토의 분단과 경제 혼란		지하자원과 중공업 시설의 북한 편재, 월남 동포로 인한 실업률 증가

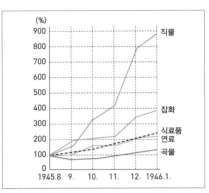

▲ 미군정기의 물가 상승률

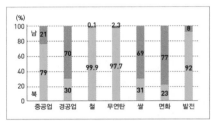

▲ 분단이 경제 구조 파행에 끼친 영향

2. 이승만 정부의 경제 정책

기본 방향		농·공의 균형 발전, 소작제의 철폐, 기업 활동의 자유 보장, 사회 보장 제도 실시, 인플레이션의 극복 등
경제 안정 시책 추진		귀속 재산 처리법 제정(1949), 미국과 경제 원조 협정 체결
농지 개혁법 (1949년 제정 ⇨ 1950년 부분 수정, 실시) 사료 448	목적	농민에게 토지 배분
	내용	3정보를 상한으로 하여 그 이상의 농지를 정부가 연평균 생산량의 1.5배로 가격을 책정, 유상 매수 ⇨ 농민에게 3정보 한도 내에서 유상 분배, 농민은 5년간 현물(수확량의 30%)로 땅값을 상환
	문제점	• 농지만 대상 : 산림·임야 등 비경지 제외 • 반민족 행위자의 막대한 토지 소유권 인정 • 토지 자본의 산업 자본화 실패 : 6·25 전쟁으로 인한 격심한 인플레이션 상황에서 현금이 필요해진 지가(地價) 증권 소유자들이 그것을 헐값에 팔아 생계 비용을 충당 ⇨ 일부 대지주를 제외한 중소 지주층이 근대 산업 자본가로 전환하는 데 실패

> ✳ **미국의 경제 원조** : 미국은 한국에 대량의 물자를 무상으로 원조하였다. 원조에는 미군정기의 점령 지역 행정 구호 원조(GARIOA), 정부 출범 이후의 경제 협조처 원조(ECA), 6·25 전쟁 중의 유엔 한국 재건단 원조(UNKRA), 1954년 이후의 미국 공법 480호에 의한 농산물 원조 등이 있었다. 원조의 양은 1950년대 후반까지 증가하였으나 이후 점차 감소하였다. 당시 원조 물자의 대부분은 밀, 설탕, 면화 등이었으며 국내의 부족한 농산물보다 더 많이 도입되기도 하였다.

2 6·25 전쟁 후의 경제 복구

1. 6·25 전쟁의 경제적 피해 : 인플레이션의 가속화, 물가 상승

2. 경제 재건 자금의 조달(원조 경제 체제, 1950년대) ⇨ 미국 원조✳의 적극적 도입

군사 원조	직접 군사 원조
일반 경제 원조	• 초기 : 무상 원조 – 생활필수품, 소비재 원료(면화, 설탕, 밀가루), 농산물 원조 • 1958년 : 미국의 불황으로 인한 원조 감소로 유상 차관 전환 ⇨ 국내 경기 불안 ⑥ 충주 비료 공장 준공(1959)
문제점	• 공업 부문의 불균형 : 생산재 산업 부진, 높은 수입 의존도(생산재, 원료) • 농업 분야의 미복구 : 국내 농산물 가격 하락, 밀·면화 생산 타격 ⑥ 3백 비리 : 일부 기업들이 정부의 특혜 속에 삼백 산업(면화, 설탕, 밀가루)을 일으켜 재벌로 성장 ⇨ 정치 자금 제공

3 경제 개발 5개년 계획과 새마을 운동

계획의 수립	이승만 정부: 경제 개발 7개년 계획 수립(전반부 3년, 후반부 4년 ⇨ 전반부 3개년 계획안 완성) ⇨ 장면 내각: 5개년 계획 수정 ⇨ 5·16 군사 정권 실시(1962)		

	구분	주요 산업	비고
과정	제1차 경제 개발 5개년 계획 (1962~1966)	• 전력, 석탄 등의 에너지원 확충 • 도로·항만·철도·통신·전력·수도 등의 사회 간접 자본과 기간 산업 확충 • 노동 집약적 경공업(수출 중심)	• 베트남 파병(1964~1973) • 고속 도로·발전소 건설 예 울산 정유 공장 준공(1964), 경인 고속 도로(1968), 경부 고속 도로(1970) cf 수출의 날 제정(1964)
	제2차 경제 개발 5개년 계획 (1967~1971)^{사료 449}	식량 자급 자족과 공업화 추진	산업 단지 건설
	제3차 경제 개발 5개년 계획 (1972~1976)	경제 자립과 중화학 공장 건설	• 1973년 1차 석유 파동 ⇨ 해외 근로자 파견으로 극복 • 포항 제철 건설(1973) • 고리 원자력 발전소 건설(1978)
	제4차 경제 개발 5개년 계획 (1977~1981)	• 물자·자산 등을 낼 수 있는 경제적인 능력의 성장과 기술 혁신 • 방위 산업 육성	• 1977년 100억 달러 수출 달성 • 1977년 쌀의 자급자족(다수확 품종 개발) • 1979년 2차 석유 파동 ⇨ 첫 마이너스 성장
차관 경제	• 한·일 국교 정상화의 대가 차관: 총 8억 달러 규모의 유·무상 차관 • 베트남 파병 대가 차관: 2억 달러의 원조와 차관 • 차관의 성격 변화: 공공 차관 ⇨ 상업 차관		
8·3 조치(1972)	대기업의 사채 상환 동결, 기업 대출 자금 이자율을 대폭 낮추는 조치 시행 ⇨ 정(政)·경(經) 유착		
성과	고도의 경제 성장, 해외 건설 투자와 노동자들의 외화 획득, 전국의 일일 생활권, 식량 생산의 증대 등		
문제점	• 정부 주도형: 재벌 형성 ⇨ 빈부 격차 극심 • 선성장 후분배: 저임금·저곡가 정책, 노동 운동 위축 cf 1987년 이후 활성화 • 수출 위주의 정책으로 무역 의존도가 높은 점 • 원자재와 기술의 외국 의존도가 높아 외화 가득률이 낮은 점 • 일본, 미국에 편중된 무역		
새마을 운동 전개 ^{사료 450}	• 목적: 상대적으로 낙후된 농촌 사회의 소득을 올리고, 생활 환경을 개선하기 위해 1970년부터 새마을 운동을 시행 • 전개: 근면·자조·협동 정신을 바탕으로 이후 도시에도 확대되어 총체적인 국가 발전 전략으로 전개됨. • 역할: 1970년대 국가 발전에 기여하였지만, 유신 체제를 지탱하는 통치 이념으로서 기능하기도 함. cf 새마을 운동 기록물 – 유네스코 세계 기록 유산 등재 cf 혼분식 장려 운동(1960~1970년대) 추진 ⇨ 1977년 해제		

한걸음 더

✦ 1960~1970년대 성장 신화의 숨은 주역들

서독	한국 여성 간호 인력의 서독 파견은 1959년 독일 천주교 선교 단체에 의해 처음 시작되었다. 간호사 파견은 1966년 정부가 직접 관여하여 본격화되었고, 1976년까지 1만여 명이 파견되었다. 광부의 경우는 1964년부터 1978년까지 8천여 명에 달하는 인원이 파견되어 외화를 벌어들였다.
베트남	1964년 베트남 파병이 시작되자 수많은 건설 노동자와 기술자가 베트남으로 가서 미군이 발주한 공사를 맡아 외화를 벌어들였다.
중동	1973년 중동 전쟁으로 유가가 폭등하면서 제1차 석유 파동이 일어나자 산유국들은 건설 투자를 확대하기 시작하였고, 이때 우리 기업이 대거 참여함으로써 중동으로의 진출이 본격화되었다. 수많은 건설 노동자들이 벌어들인 외화는 한국 경제 성장에 큰 원동력이 되었다.

4 1980년대 경제 안정과 자본 · 금융 시장 개방

경제 위기	1970년대 말 · 1980년대 초: 중화학 공업의 과잉 투자, 제2차 석유 파동, 정치 불안 등 ⇨ 마이너스 경제 성장, 국제 수지 악화, 물가 상승	
전두환 정부의 경제 정책	경제 안정화 정책	구조 조정 적극 개입 ⇨ 중화학 과잉 투자 조정, 부실기업 정리, 재정 · 금융의 긴축 정책 실시
	3저(저금리, 저유가, 저달러) 호황	자동차 · 가전제품 · 기계 · 철강 등의 중화학 분야 주력 ⇨ 무역 흑자 기록
	자본 · 금융 시장 개방	우루과이 라운드(UR, 다자간 무역 협상 개시를 위한 각료 선언, 1986) 협상 시작 ⇨ 공산품 수출이 확대된 대신 쌀과 서비스 시장 개방 ⇨ 농업 등 1차 산업에 큰 타격

5 오늘날의 한국 경제

1. 김영삼 정부(1993~1998)의 경제 정책

세계 무역 기구 (WTO) 설립	1993년 우루과이 라운드 협상(1986~1993) 타결, 1995년 발효 ⇨ 상품 · 금융 · 건설 · 유통 · 서비스 등 모든 분야 개방 cf 1995년 외국 농산물 개방 시작, 쌀 시장 부분 개방(관세화 개방은 10년 유예 ⇨ 2005년 다시 10년 유예 연장)
경제 협력 개발 기구 (OECD) 가입(1996)	미국 · 일본 등과 함께 아시아 · 태평양 지역의 경제 협력에 참여
IMF(국제 통화 기금) 금융 위기 초래(1997)	많은 기업의 도산, 대량 실업 사태 초래

2. 김대중 정부(1998~2003)의 경제 정책

IMF(국제 통화 기금) 금융 위기 극복 과정	금 모으기 운동, 구조 조정, 노사정 위원회 구성(1998), 신자유주의 경제 정책(기업 · 금융 · 공공 · 노동 4대 부분 개혁 추진) ⇨ 수출과 무역 흑자 증가, 벤처 기업의 창업 ⇨ 2001년 IMF 관리 체제 극복

3. 한국 경제의 과제

세계 무역 기구 뉴라운드의 출범 (2001)	관세 인하 및 대폭적 시장 개방 ⇨ 중국을 비롯한 개발 도상국의 값싼 상품 및 세계 시장과의 치열한 경쟁
미래 경쟁력 확보	정보 통신, 생명 기술, 나노 기술, 환경 기술, 문화 기술 등

cf 광복 이후 우리나라의 주요 경제 활동 총정리

1950	농지 개혁 실시
1953	제1차 화폐 개혁
1959	충주 비료 공장 준공
1962	제2차 화폐 개혁
1962~1966	제1차 경제 개발 5개년 계획 실천 cf 울산 정유 공장 준공(1964)
1965	한 · 일 협정 조인
1967~1971	제2차 경제 개발 5개년 계획 실천
1970	경부 고속 도로 개통
1972~1976	제3차 경제 개발 5개년 계획 실천 cf 포항 제철 건설(1973)
1972. 8. 3.	경제 안정과 성장에 관한 긴급 명령(8 · 3 기업 사채 동결 조치)
1973	제1차 석유 파동 ⇨ 산유국들의 건설 투자 확대로 우리 기업의 해외 진출 ⇨ 극복
1977~1981	제4차 경제 개발 5개년 계획 실천 cf 고리 원자력 발전소 건설(1978)
1977	• 쌀의 자급자족 가능(다수확 품종 개발) • 수출 100억 달러 달성
1979	제2차 석유 파동 ⇨ 경제 성장률 마이너스 기록
1985	농축산물 수입 개방 반대 시위
1993	• 금융 실명제 실시 • 쌀 개방 관련 담화
1995	• 세계 무역 기구(WTO) 체제 출범 • 수출 1,000억 달러 돌파
1996	경제 협력 개발 기구(OECD) 가입
1997. 11. 21.	국제 통화 기금(IMF)에 구제 금융 공식 요청(외환 위기)
2001. 8. 23.	국제 통화 기금(IMF)의 관리 체제에서 탈피
2001	세계 무역 기구(WTO) 뉴라운드 출범

Chapter

03 : 현대의 사회

1 복지 사회의 추구

경제 발전에 따른 문제	농촌의 피폐, 도시 빈민층의 형성, 공해와 환경 문제
성장 위주의 경제 정책	재벌 육성, 노동자 증가, 도시 인구 증가
사회 보장 제도 마련	서민을 위한 생활 보조금 제도, 무주택자를 위한 주택 건설, 고용 보험 및 연금 제도 등 시행

> ✳ 사회 보장 제도 마련
> 1. 국민 연금제 실시(1988), 전국민 의료 보험 실시 (1989), 사회 보장 기본법(1995)
> 2. 대상별 정책
>   • 노동자 · 노인 · 빈민층: 최저 임금제(1986), 노인 복지법 개정(1988), 고령자 고용 촉진법(1991), 고용 보험 제도(1995), 국민 기초 생활 보장법 (1999)
>   • 장애인: 특수 교육 진흥법(1977), 장애인 복지 법(1989), 장애인에 대한 고용 촉진 등에 관한 법률(1990)
>   • 여성 · 노동: 미성년자 보호법(1961), 아동 복 지법(1981), 남녀 고용 평등법(1987), 청소년 보호법(1997), 모성 보호법(2001)

2 산업화와 도시화

산업화의 문제	성장 우선주의 정책, 수출 주도형 경제 정책 ⇨ 농촌의 피폐(저곡가 정책), 도시 빈민층 형성(저임금), 공해와 환경오염 등의 문제 대두
사회 문제 대두	가족 제도 붕괴, 노동자 문제, 실업자 문제 발생
여성의 지위 향상	여성 취업 인구 증가
도시 주거 문제	• 6 · 25 전쟁 이후: 재건 주택[유엔 한국 재건단(UNKRA)의 원조] • 아파트 단지 건설: 서울 마포 아파트(1964) 등장 ⇨ 1970년대 강남 · 잠실 등의 아파트 단지 건설 및 '달동네'(빈민촌) 형성 • 와우아파트 붕괴 사건(1970), 광주 대단지 사건(1971, 성남)

3 노동 운동

노동 운동의 대두	• 저임금 정책 지속 ⇨ 노동 환경 악화 ⇨ 노동 운동 발생 • 전태일 분신(1970)^{사료 451}: 청계 피복 노동자 전태일이 근로 기준법의 준수를 외치면서 분신자살 • 가톨릭 농민회(1972): 함평 고구마 피해 보상 투쟁(1978), 저(低)농산물 가격 반대 투쟁 • YH 사건(1979)^{사료 452}: 가발 생산업체인 YH 무역이 1979년에 폐업하자 종사자들은 정상화를 요구, 야당인 신민당사에서 농성 ⇨ 강제 해산, 유신 체제 몰락의 원인 중 하나
노동 운동 활성화	• 6월 민주 항쟁(1987)을 계기로 정치적 민주화와 함께 노동 운동도 활성화 • 국제 노동 기구(ILO) 가입(1991), 민주노총 설립(1995), 노사정 위원회 구성(1998), 전국 교직원 노동조합(전교조) 결성(1989) ⇨ 합법화(1999)
주요 쟁점	임금 인상, 노동 조건의 개선, 기업가의 경영 합리화, 노동자에 대한 인격적 대우 등
정부의 대책	노동관계법 개정

4 시민운동의 성장

1987년 6월 민주 항쟁 이후 시민운동 단체(NGO) 증가

cf ❯ 인구 표어 정책

1960년대	• 덮어놓고 낳다 보면 거지꼴을 못 면한다. • 3명 자녀를 3년 터울로 35세 이전에 단산하자.
1970년대	• 딸아들 구별 말고 둘만 낳아 잘 기르자. • 하루 앞선 가족 계획 십년 앞선 생활 안정
1980년대	• 잘 키운 딸 하나 열 아들 부럽지 않다. • 하나씩만 낳아도 삼천리는 초만원
1990년대	• 사랑으로 낳은 자식 아들딸로 판단 말자. • 자녀에게 물려줄 최고의 유산은 형제 입니다.

▲ 1960년대

▲ 1970년대

▲ 1980년대

▲ 1990년대

Chapter

04 : 현대의 문화

1 교육과 학술 활동

교육의 근본이념	홍익인간
이승만 정부	• 초등학교 6년 의무 교육, 기간학제 완비(1952): 6-3-3-4학제 • 멸공 통일의 신념하에 안보 교육에 주력, 도의 교육의 진작, 1인 1기 교육
4 · 19 혁명 이후	교육의 정치적 중립성 강조, 사도(師道)의 확립, 학원 정상화의 노력
박정희 정부	교육의 중앙 집권화와 관료적 통제, 국민 교육 헌장 선포(1968)^{사료 453}, 중학교 무시험 진학 제도 실시(1969), 대학 예비고사 및 학사 자격 고시 시행(1969)
유신 체제	국사 교육 강화(1972), 고교 평준화 정책 실시(1974), 안보 교육 · 새마을 교육 실시, 한국 교육 개발원 설립, 방송 통신 교육 실시(1972), 한국 정신 문화원 발족
전두환 정부	중학교 무상 의무 교육 부분 실시(1985), 과외 전면 금지, 본고사 폐지, 졸업 정원제 실시(⇨ 폐지), 평생 교육 이념 규정(헌법), 독립기념관 건설(천안)
노태우 정부	대학 자율권 부여, 전국 교직원 노동조합 결성(1989) ⇨ 정부는 반체제 집단으로 규정, 수천 명의 교사 해직(1999년 합법화)
김영삼 정부	열린교육 사회, 평생학습 사회 건설 지향 교육 개혁(1995), 대학 수학 능력 제도 실시, 중학교 무상 의무 교육 확대(읍 · 면), 7차 교육 과정(1997) 실시, 학교 운영 위원회 도입(1996)
김대중 정부	교원 정년 단축, 대학 개혁(학과별 모집제 폐지, 교과 성적 외 특기 · 봉사 활동 · 교장 추천제 대학 입학 가능 등), 브레인코리아(BK) 21사업 실시[정보 기술(IT) · 생명 공학(BT) 대폭 지원], 전국 모든 중학교 무상 의무 교육 실시, 취학 전 만 5세 유아 무상 교육 및 보육 실시
문재인 정부	고등학교 무상 교육 실시

2 사상과 문화 활동

1. 현대의 사상: 반공주의 우세 속에 민족주의와 민주주의 성장

2. 현대의 문화 활동: 대중문화의 확산, 민중 문화의 등장

3 북한 문화와 예술의 이해

1. 특징: 대중에게 공산주의 혁명 정신을 가르치는 당의 도구 역할, 김일성의 주체사상에 바탕을 둔 문예 이론(주체 문예 이론)

2. 구분

문학	1970년대부터 계급 혁명을 찬양하는 '피바다', '꽃 파는 처녀' 등의 혁명 투쟁 연극을 고쳐서 소설화, 김일성 부자 찬양 문학, 남녀 애정을 주제로 한 소설 발표
음악	민족 음악을 표방하나, 당과 김일성 부자에 대한 찬양 노래가 대부분
영화	정치 선전용 영화 중시
문화어	• 특징: 우리의 표준어와 구분 • 성과: 1966년부터 말 다듬기 운동 전개, 『조선말 대사전』 간행(1992) • 문제점: 분단의 장기화로 언어의 이질화 심화
기타	집단 체조, 카드 섹션, 서커스(교예) 등 집단 문화 발달

한국의 세계 유산

• 유네스코 지정 유산

유네스코(UNESCO)에서는 인류가 함께 보존해야 할 가치가 있는 귀중한 유산을 세계 유산, 무형 유산, 기록 유산의 세 가지로 나누어 '세계 유산 일람표'에 등록하여 보호하고 있다.

• 세계 유산

세계 유산은 자연재해나 전쟁 등으로 위험에 처한 유산의 보호 및 복구 활동 등을 통하여 인류의 문화유산 및 자연 유산을 지키기 위해 지정하고 있다. 세계 유산은 '문화유산'과 '자연 유산' 그리고 문화와 자연의 특성을 모두 가진 '복합 유산'으로 분류하며, 유적이나 자연물을 그 대상으로 한다.

• 기록 유산

기록 유산은 세계적 가치가 있는 귀중한 기록물을 가장 적절한 기술을 통해 보존할 수 있도록 지원하기 위하여 2년마다 지정하고 있다. 이는 기록 유산의 중요성에 대한 인식과 보존의 필요성을 증진시키고, 가능한 한 많은 사람이 기록 유산에 접근할 수 있도록 하기 위한 것이다.

• 무형 유산

무형 유산의 정식 명칭은 '인류 구전 및 무형 유산 걸작'이다. 무형 유산은 소멸 위기에 처해 있는 가치 있고 독창적인 구전 및 무형 유산을 선정하여 보호하기 위한 것이다.

1 세계 유산(16개)

석굴암·불국사 / 해인사 장경판전 / 종묘 / 창덕궁 / 수원 화성 / 고창·화순·강화 고인돌 유적 / 경주 역사 유적 지구 / 제주 화산섬과 용암 동굴 / 조선 왕릉 / 한국의 역사 마을: 하회·양동 마을 / 남한산성 / 백제 역사 유적 지구 / 산사, 한국의 산지 승원 / 서원 / 갯벌 / 가야 고분군(2023)

cf 북한(2개): 평양 고구려 고분군(2004), 개성 역사 유적 지구(2013)

cf 울산 반구천 암각화: 울산 대곡리 반구대 암각화와 울산 천전리 각석을 함께 묶어 유네스코 세계 문화유산 등재 신청 대상으로 결정, 2024년 유네스코 위원회에 신청서 제출

⚘ 석굴암·불국사(1995)

1. 석굴암

석굴암은 토함산 언덕의 암벽에 터를 닦고, 그 터 위에 화강암으로 조립하여 만든 인공 석굴의 종교 건축물이다.

2. 불국사 cf p.62 '불국사 배치도' 참고

불국사는 크게 두 개의 구역으로 나누어져 있다. 하나는 대웅전을 중심으로 청운교, 백운교, 자하문, 다보탑과 불국사 3층 석탑(석가탑) 등이 있는 구역이고, 다른 하나는 극락전을 중심으로 칠보교, 연화교, 안양문 등이 있는 구역이다.

▲ 석굴암

🦋 해인사 장경판전(1995)

해인사(海印寺) 장경판전(藏經版殿)은 세계 유일의 대장경판 보관용 건물이다. 이 판전에는 팔만대장경이라고 부르는 81,258장의 대장경판이 보관되어 있다. 장경판전은 이와 같은 대장경판을 보존하기 위해 간결한 방식으로 건축하여 판전으로서 필요한 기능만을 충족시켰다. 조선 초기의 전통적인 목조 건축 양식으로 건물 자체의 아름다움은 물론 건물 내 적당한 환기와 온도, 습도 조절 등의 기능을 자연적으로 해결할 수 있도록 설계되어 있다.

▲ 해인사 장경판전

🦋 종묘(1995)

종묘(宗廟)는 조선 왕조의 역대 왕과 왕비의 신주를 모신 조선 왕조의 사당으로, 조선 시대의 가장 장엄한 건축물 중 하나이다. 종묘는 정면이 매우 길고 수평성이 강조된 독특한 형식의 건물로, 종묘 제도의 발생지인 중국에서도 유례를 찾아볼 수 없는 건축물이다. 종묘는 의례 공간의 위계질서를 반영하여 정전(正殿)과 영녕전(永寧殿)의 기단과 처마, 지붕의 높이, 기둥의 굵기를 그 위계에 따라 달리하였다. 조선 시대에는 정전에서 매년 각 계절과 섣달에 대제를 지냈고, 영녕전에서는 매년 봄가을과 섣달에 제향일을 따로 정하여 제례를 지냈다. 제사를 지낼 때 연주하는 기악과 노래, 무용을 포함하는 종묘 제례악이 지금도 거행되고 있다.

▲ 종묘

🦋 창덕궁(1997)

창덕궁(昌德宮)은 조선 태종 5년(1405) 경복궁의 이궁(離宮)으로 지어진 궁궐이다. 하지만, 창덕궁은 임진왜란 때 경복궁이 소실된 후 1868년 고종이 경복궁을 중건할 때까지 258년 동안 역대 국왕이 정사를 보살피는 본궁(本宮)으로 쓰였다. 창덕궁 안에는 가장 오래된 궁궐 정문인 돈화문(敦化門), 신하들의 하례식이나 외국 사신의 접견 장소로 쓰이던 인정전(仁政殿), 국가의 정사를 논하던 선정전(宣政殿) 등의 공적인 공간이 있으며, 왕과 왕후가 거처하는 희정당(熙政堂), 대조전(大造殿)과 산책할 수 있는 넓은 공간의 후원(後苑) 등 사적인 공간이 있다.

▲ 창덕궁

🦋 수원 화성(1997)

수원 화성(華城)은 조선 제22대 임금인 정조가 아버지 사도(장헌) 세자의 무덤을 화산으로 옮기면서 팔달산 아래에 축성한 것이다. 수원 화성은 평지 산성으로 군사적 기능과 상업적 기능을 함께 가지고 있으며, 과학적·실용적인 구조로 축성되었다. 성벽은 바깥쪽만 쌓아 올리고 안쪽은 자연 지세를 이용해 흙을 돋우어 메우는 방법으로 만들었다. 또, 수원 화성은 실학사상의 영향을 받아 다양한 축성 방법을 활용하여 건축되었으며, 수원 화성의 건축 경비를 마련하기 위해 '대유둔전'이라는 국영 농장을 운영하였다. 축성 후 1801년에 발간된 『화성성역의궤』에는 축성 계획, 제도, 법식뿐 아니라 동원된 인력 등이 자세히 기록되어 있어 역사적 가치가 큰 것으로 평가되고 있다.

▲ 수원 화성

☙ 고창·화순·강화 고인돌 유적(2000)

우리나라에는 전국적으로 약 3만여 개에 가까운 고인돌이 분포하고 있는 것으로 알려져 있다. 고창, 화순, 강화 고인돌 유적은 많은 고인돌이 밀집되어 있을 뿐 아니라, 다양한 형식의 고인돌이 발견되고 있다.

▲ 고인돌(탁자식)

고창 고인돌 유적	전라북도 고창군은 우리나라에서 가장 큰 고인돌 군집을 이루고 있는 지역으로 탁자식·바둑판식 등 다양한 형식의 고인돌이 세워져 있다.
화순 고인돌 유적	500여 개의 고인돌이 집중 분포하고 있으며, 고인돌의 축조 과정을 보여 주는 채석장도 발견되었다.
강화 고인돌 유적	120여 개의 고인돌이 분포하고 있으며, 길이 7.1m, 높이 2.6m의 우리나라 최대의 탁자식 고인돌이 있다.

☙ 경주 역사 유적 지구(2000)

경주 역사 유적 지구에는 신라 천 년의 역사와 문화를 한 눈에 파악할 수 있는 다양한 유산이 산재해 있다.

▲ 경주 남산 칠불암 마애 불상군

남산 지구	경주 남산은 야외 박물관이라고 할 만큼 온 산이 불교 문화재로 뒤덮여 있다. 이곳에는 미륵곡 석불 좌상, 배동 석조 여래 삼존 입상(배리 석불 입상) 등 많은 불교 유적과 나정(蘿井), 포석정(鮑石亭) 등이 있다.
월성 지구	신라 왕궁이 자리하고 있던 월성(月城), 신라 김씨 왕조의 시조인 김알지가 태어난 계림(鷄林), 천문 시설인 첨성대(瞻星臺) 등이 있다.
대릉원 지구	신라 왕, 왕비, 귀족 등의 무덤이 있는 곳으로 금관을 비롯하여 천마도, 유리잔, 토기 등 각종 귀중한 유물들이 출토되었다.
황룡사 지구	황룡사지와 분황사가 있다.
산성 지구	서기 400년 이전에 쌓은 것으로 추정되는 명활산성이 있다.

☙ 제주 화산섬과 용암 동굴(2007)

세계 유산으로 지정된 지역은 한라산, 성산 일출봉, 거문오름 용암 동굴계 3개이다.

☙ 조선 왕릉(2009)

조선 왕릉은 조선 시대(1392~1910) 27대 왕과 왕비 및 사후 추존된 왕과 왕비의 무덤을 망라한 것으로, 한 왕조의 무덤이 이렇게 온전하게 보존된 사례는 세계적으로도 유례를 찾기 힘들다. 조선 시대 왕족의 무덤은 모두 119기이지만 이 중 왕과 왕비, 또 사후에 추숭된 왕과 왕비의 능인 왕릉은 총 42기다. 이 가운데 서울·경기·강원 지역의 40기가 2009년에 세계 유산으로 등록되었고, 2013년에 개성 역사 유적 지구가 유네스코 세계 문화유산에 등재되면서 개성에 있는 제릉(1대 태조 원비 신의 왕후의 능)과 후릉(2대 정종과 정안 왕후의 능)도 같이 등재되었다.

> **참고** 조선 왕릉의 발전 단계
>
> ① 고려의 원칙이 유지된 시기: 석등과 팔각 석주를 사용하는 변화가 엿보인다.
> ② 조선의 원칙이 모습을 드러내는 시기: 조선 왕조는 「국조오례의」에 기초한 자체 장례 체계를 세웠다.
> ③ 풍수지리의 원리에 주안점을 두고, 능묘의 간소화가 이루어진 시기: 칸막이가 난간으로, 회벽이 석실로 대체되었다.
> ④ 사실주의적 경향이 나타난 시기: 문인상이 무인상보다 더 높은 곳에 세워지는 방식이 중단되었고 석물이 실제 크기로 줄어들었다.
> ⑤ 왕실의 칭호가 왕에서 황제로 바뀐 것을 반영하려는 변화가 보이는 시기: 석물의 수가 늘어나 제례에 쓰이는 단 앞에 배치되었다.

왕릉		왕·왕비(소재지)
강릉		13대 명종, 비 인순 왕후 심씨(서울시 노원구)
건릉		22대 정조, 비 효의 왕후 김씨(경기 화성시)
광릉		7대 세조, 비 정희 왕후 윤씨(경기 남양주시)
동구릉	건원릉	1대 태조(경기 구리시)
	현릉	5대 문종, 비 현덕 왕후 권씨(경기 구리시)
	목릉	14대 선조, 비 의인 왕후 박씨, 계비 인목 왕후 김씨(경기 구리시)
	휘릉	16대 인조 계비 장렬 왕후 조씨(경기 구리시)
	숭릉	18대 현종, 명성 왕후 김씨(경기 구리시)
	혜릉	20대 경종비 단의 왕후 심씨(경기 구리시)
	원릉	21대 영조, 계비 정순 왕후 김씨(경기 구리시)
	수릉	24대 헌종의 아버지 추존 황제 문조, 비 신정 왕후 조씨(경기 구리시)
	경릉	24대 헌종, 효현 왕후 김씨, 계비 효정 왕후 홍씨(경기 구리시)
사릉		6대 단종비 정순 왕후 송씨(경기 남양주시)
서삼릉	효릉	12대 인종, 비 인성 왕후 박씨(경기 고양시 덕양구)
	예릉	25대 철종, 비 철인 왕후 김씨(경기 고양시 덕양구)
	희릉	11대 중종 계비 장경 왕후 윤씨(경기 고양시 덕양구)
서오릉	경릉	9대 성종의 아버지 덕종, 비 소혜 왕후 한씨(경기 고양시 덕양구)
	창릉	8대 예종, 계비 안순 왕후 한씨(경기 고양시 덕양구)
	명릉	19대 숙종, 계비 인현 왕후 민씨, 인원 왕후 김씨(경기 고양시 덕양구)
	익릉	19대 숙종비 인경 왕후 김씨(경기 고양시 덕양구)
	홍릉	21대 영조비 정성 왕후 서씨(경기 고양시 덕양구)
선릉		9대 성종, 계비 정현 왕후 윤씨(서울시 강남구)
영릉		4대 세종, 비 소헌 왕후 심씨(경기 여주군)
영릉		17대 효종, 비 인선 왕후 장씨(경기 여주군)
온릉		11대 중종비 단경 왕후 신씨(경기 양주시)
유릉		27대 순종, 비 순명효 황후 민씨, 비 순정효 황후 윤씨(경기 남양주시)
융릉		22대 정조의 아버지 추존 장조(사도 세자), 비 헌경 왕후 홍씨(경기 화성시)
의릉		20대 경종, 계비 선의 왕후 어씨(서울시 성북구)
인릉		23대 순조, 비 순원 왕후 김씨(서울시 서초구)
장릉		6대 단종(강원 영월군)
장릉		16대 인조, 비 인열 왕후 한씨(경기 파주시)
장릉		16대 인조의 아버지 추존 원종, 비 인헌 왕후 구씨(경기 김포시)
정릉		1대 태조 계비 신덕 왕후 강씨(서울시 성북구)
정릉		11대 중종(서울시 강남구)
태릉		11대 중종계비 문정 왕후 윤씨(서울시 노원구)
파주 삼릉	공릉	8대 예종비 장순 왕후 한씨(경기 파주시)
	순릉	9대 성종비 공혜 왕후 한씨(경기 파주시)
	영릉	21대 영조의 아들 추존 진종, 비 효순 왕후 조씨(경기 파주시)
헌릉		3대 태종, 비 원경 왕후 민씨(서울시 서초구)
홍릉		26대 고종, 비 명성 황후 민씨(경기 남양주시)

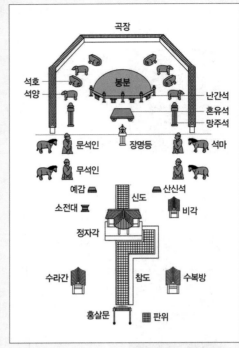

▲ 조선 왕릉의 전형적 배치 | 조선 왕릉은 입구 홍살문을 지나 참도를 거쳐 제향 공간인 정자각으로 이어진다. 정자각 뒤는 오직 신만의 공간이다. 정자각은 평면이 'ㄱ'자 모양으로 독특하다. 대한 제국 선포 이후 황제릉인 고종 홍릉은 형식을 달리하는데 정자각이 '一'자 모양의 침전으로 변하였다. 또한 왕릉은 석물들이 무덤(왕의 무덤을 '능상'이라고 함.) 주변에 배치되는데, 황제의 능은 석물들이 침전의 앞쪽에 배치된다.

▼ 조선 왕릉의 전국 배치 | 왕릉은 도성 10리(약 4km) 밖, 100리(약 40km) 안에 조성하라는 기준에 따라 대부분 서울, 경기에 위치한다.

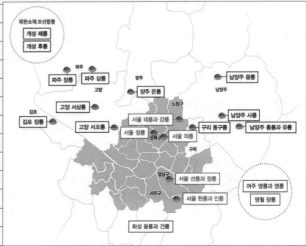

✤ 한국의 역사 마을: 하회와 양동(2010)

'한국의 역사 마을인 하회와 양동'은 가옥, 정자, 정사(精舍, 학문과 휴식의 공간), 서원[병산 서원(하회), 옥산 서원(양동)] 등 전통 건축물들의 조화와 그 배치 방법 및 전통적 주거 문화에 나타난 조선 시대의 사회 구조와 독특한 유교적 양반 문화를 보여 주고 있다.

✤ 남한산성(2014)

남한산성은 세계적으로 유일하게 일상적인 왕궁과는 별개 산성이면서도, 병자호란 때는 왕이 일상적으로 거주한 왕궁이라는 '비상 왕궁'(emergency palace)이라는 점이 높이 평가받았다.

▲ 남한산성

✤ 백제 역사 유적 지구(2015)

공주 공산성, 공주 송산리 고분군, 부여 관북리 유적과 부소산성, 부여 능산리 고분군, 부여 정림사지, 부여 나성, 익산 왕궁리 유적, 익산 미륵사지 등 공주·부여·익산의 백제 시대를 대표하는 유산들을 한데 묶어 '백제 역사 유적 지구'라는 이름으로 유네스코 세계 문화유산에 등재되었다.

▲ 공주 송산리 고분군

✤ 산사, 한국의 산지 승원(2018) ᴄⒻ p.192~195 참고

'산사, 한국의 산지 승원'은 경남 양산 통도사, 경북 영주 부석사, 충북 보은 법주사, 전남 해남 대흥사, 경북 안동 봉정사, 충남 공주 마곡사, 전남 순천 선암사 7곳으로 1,000년 넘게 불교문화를 계승해 온 사찰이다.

▲ 부석사 전경

✤ 서원(2019)

서원은 조선 시대 사회 전반에 널리 보편화된 성리학의 탁월한 증거이자 성리학의 지역적 전파 등 탁월한 보편적 가치를 인정받았다. 유네스코 세계 유산에 이름을 올린 '한국의 서원'은 풍기 군수 주세붕이 중종 38년(1543)에 '백운동 서원'이라는 명칭으로 건립한 최초의 사액 서원인 소수 서원(경북 영주)을 비롯하여 도산 서원(경북 안동), 병산 서원(경북 안동), 옥산 서원(경북 경주), 도동 서원(대구 달성), 남계 서원(경남 함양), 필암 서원(전남 장성), 무성 서원(전북 정읍), 돈암 서원(충남 논산) 총 9곳이다.

▲ 소수 서원

✤ 갯벌(2021)

충남 서천, 전북 고창, 전남 신안, 보성·순천의 갯벌 4곳이 세계 자연 유산에 등재되었다.

✤ 가야 고분군(2023)

1~6세기 중엽 영호남 지역에 존재했던 가야 고분군 7곳(경북 고령 지산동, 경남 김해 대성동, 경남 함안 말이산, 경남 창녕 교동·송현동, 경남 고성 송학동, 경남 합천 옥전, 전북 남원 유곡리·두락리)을 하나로 묶어 연속유산으로 등재되었다.

2 기록 유산(18개)

훈민정음 / 조선왕조실록 / 직지심체요절 / 승정원일기 / 조선왕조의궤 / 고려대장경판·제경판 / 동의보감 / 일성록 / 5·18 광주 민주화 운동 기록물 / 난중일기 / 새마을 운동 기록물 / 한국의 '유교책판' / KBS 특별생방송 '이산가족을 찾습니다' 1983년 방영 기록물 / 국채 보상 운동 기록물 / 조선 통신사 기록물 / 조선 왕실 어보와 어책 / 동학 농민 운동 기록물(2023) / 4·19 혁명 기록물(2023)

✦ 훈민정음(1997)

훈민정음(訓民正音)이란 '백성을 가르치는 올바른 소리'라는 뜻이다. 조선 제4대 임금인 세종은 그때까지 사용되던 한자가 우리말과 구조가 다르기 때문에 많은 백성이 배워 사용할 수 없는 현실을 안타까워하여 세종 25년(1443)에 우리말의 표기에 적합한 문자 체계를 완성하고 '훈민정음'이라 하였다. 집현전 학사들이 세종의 명을 받아 새로운 문자에 대해 설명한 한문 해설서를 발간하였는데, 이 책의 이름이 『훈민정음』 또는 『훈민정음해례본』이다. 여기에는 훈민정음 창제의 목적을 밝힌 서문과 글자의 음가 및 운용법이 기술되어 있다.

▲ 훈민정음(해례본)

✦ 조선왕조실록(1997)

『조선왕조실록(朝鮮王朝實錄)』은 조선 왕조의 시조인 태조부터 철종까지 25대 472년간(1392~1863)의 역사를 편년체(編年體)로 기록한 책으로, 총 1,893권 888책으로 되어 있다. 『조선왕조실록』은 조선 시대의 정치, 외교, 군사, 제도, 법률 등 각 방면의 역사적 사실을 망라하고 있어 세계적으로 유례가 없는 귀중한 역사 기록물이다. 또한, 그 역사 기술에 있어 진실성과 신빙성이 매우 높다는 점에 의의가 있다.

▲ 조선왕조실록

✦ 직지심체요절(2001)

『직지심체요절(直指心體要節)』은 1372년(고려 공민왕 21년)에 백운화상이 저술한 『백운화상초록불조직지심체요절(白雲和尙抄錄佛祖直指心體要節)』을 1377년 7월에 청주 흥덕사에서 금속 활자로 인쇄한 것이다. 『직지심체요절』은 금속 활자 인쇄에 있어 독일의 구텐베르크보다 70여 년이나 앞선 것으로, 1972년 '세계 도서의 해'에 출품되어 세계 최고(最古)의 금속 활자본으로 공인받았다.

▲ 직지

✦ 승정원일기(2001)

『승정원일기(承政院日記)』는 조선 시대의 승정원(承政院)에서 있었던 일들을 기록한 책이다. 『승정원일기』는 『조선왕조실록』을 편찬할 때 기본 자료로 이용되었으며, 원본이 1부밖에 없는 귀중한 자료이다. 『승정원일기』는 세계 최대의 연대 기록물(총 3,243책, 글자 수 2억 4천 250만 자)이며, 당시의 정치·경제·국방·사회·문화 등에 대한 생생한 역사를 그대로 기록했다는 점에서 사료적 가치가 크다.

▲ 승정원일기

❖ 조선왕조의궤(2007)

조선 왕조 국가 의식의 핵심을 이루는 길례(吉禮, 제사), 가례(嘉禮, 혼인 등), 빈례(賓禮, 사신 접대 등), 흉례(凶禮, 장례 등), 군례(軍禮, 군사 훈련 등)를 기록한 의궤는 국가 의식의 과정과 특징을 파악할 수 있는 귀중한 자료이다. 특히 행사의 진행 과정을 날짜순으로 자세히 적고 참여한 사람들의 명단과 비용 및 재료까지 세밀히 기록해 놓았으며, 의식에 쓰인 주요 도구와 행사 장면을 천연색으로 그려 놓아 시각적 효과와 현장성까지 살려 놓은 것이 특징이다. 현재 『조선왕조의궤』는 서울대 규장각과 한국학중앙연구원 장서각이 소장하고 있으며, 프랑스·일본에서도 다수 소장하고 있다. 2007년 세계 기록 유산에는 국내 소장 자료만 등재되었다. 1927년 조선 총독부가 일본 왕실에 기증한 의궤는 2011년에 반환되었고, 1866년 병인양요 때 프랑스가 약탈한 의궤는 2011년 5년 임대 방식으로 반환되었다.

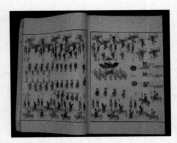
▲ 조선왕조의궤

❖ 고려대장경판·제경판(2007)

해인사에 소장된 고려대장경 및 제경판은 팔만대장경으로 잘 알려진 8만 7,000여 장의 고려 시대 불교 경판이다. 이 대장경은 고려 고종 24~35년(1237~1248)에 걸쳐 간행되었다. 몽골군의 침입을 불교의 힘으로 막아 보고자 편찬되었으며, 국가적인 차원에서 대장도감이라는 임시 기구를 설치하였고, 판각은 경상남도 남해(진주)에 설치한 분사대장도감에서 담당하였다.

❖ 동의보감(2009)

허준의 『동의보감(東醫寶鑑)』은 1613년(광해군 5) 편찬 총책임자인 허준 자신이 직접 간행에 관여해 나온 초판 완질 어제본(御製本)으로, 16세기까지 동아시아 의학 지식과 기술을 집대성해 현대까지 이어지는 동아시아 전통 의학의 전범(典範)이 되었으며 지금까지도 많은 영향을 끼치고 있다.

▲ 동의보감

❖ 일성록(2011)

조선 후기 국정 운영 사항을 일기 형식으로 정리해 놓은 책으로, 1760년 1월부터 1910년 8월까지 조선 후기 150년간의 국정에 관한 제반 사항을 기록한 연대기이다. 『일성록』은 영조 36년에 정조가 세손으로 있으면서 직접 자신의 언행과 학문을 기록함으로써 시작되었다고 한다. 2011년 세계 기록 유산에 등재되면서 『일성록』은 단순한 조선 후기의 역사 기록물에 그치지 않고, 18~20세기 동서양의 정치, 문화 교류의 구체적 실상과 세계사의 보편적 흐름을 담은 기록물로 인정받았다.

▲ 일성록

❖ 5·18 광주 민주화 운동 기록물(2011)

1980년 5월 18일부터 27일까지 광주를 중심으로 전개되었던 시민들의 민주화 요구 활동과 문건, 영상, 사진 등의 자료들이다.

❧ 난중일기(2013)

충무공 이순신이 임진왜란 때 진중에서 쓴, 임진왜란 7년 동안의 상황을 가장 구체적으로 알려 주는 일기이다.

▲ 난중일기

❧ 새마을 운동 기록물(2013)

'새마을 운동 기록물'은 대한민국 정부와 국민이 1970년부터 1979년까지 추진한 새마을 운동 과정에서 발생한 대통령의 연설문과 결재 문서, 행정부처의 새마을 사업 공문, 마을 단위의 사업 서류, 새마을 지도자들의 성공 사례 원고와 편지, 시민의 편지, 새마을 교재, 관련 사진과 영상 등 약 22,000여 건의 자료를 총칭한다.

❧ 한국의 '유교책판'(2015)

'유교책판'은 경북 안동시 한국국학진흥원이 소장한 유학 관련 책판(冊板, 책을 인쇄하기 위해 글을 새긴 나무판) 718종 6만 4,226장이다. 조선의 양반들은 유교책판 제작을 통해 당대 지배적 사회사상인 유학을 공동체의 핵심 가치로 재확인하고 후대에 전파하였다.

❧ KBS 특별생방송 '이산가족을 찾습니다' 1983년 방영 기록물(2015)

KBS 특별생방송 '이산가족을 찾습니다'는 1983년 6월 30일부터 11월 14일까지 138일간 방송된 프로그램이다. 이 기록물은 대한민국의 비극적인 냉전 상황과 전쟁의 참상을 고스란히 담고 있으며, 혈육들이 재회하여 얼싸안고 울부짖는 장면은 이산가족의 아픔을 치유해 주었고 남북 이산가족 최초 상봉(1985. 9.)의 촉매제 역할을 하였다.

❧ 국채 보상 운동 기록물(2017)

국채 보상 운동 기록물은 국가가 진 빚을 국민이 갚기 위해 1907년부터 1910년까지 일어난 국채 보상 운동의 전 과정을 보여 주는 기록물이다.

❧ 조선 통신사 기록물(2017)

조선 통신사에 관한 기록물은 1607년부터 1811년까지 일본 에도 막부의 초청으로 12회에 걸쳐 조선국에서 일본국으로 파견되었던 외교 사절단에 관한 자료를 총칭하는 것이다.

▲ 조선 통신사 기록물

❧ 조선 왕실 어보와 어책(2017)

조선 왕실 어보와 어책은 금·은·옥에 아름다운 명칭을 새긴 어보, 오색 비단에 책임을 다할 것을 훈계하고 깨우쳐주는 글을 쓴 교명, 옥이나 대나무에 책봉하거나 아름다운 명칭을 수여하는 글을 새긴 옥책과 죽책, 금동판에 책봉하는 내용을 새긴 금책 등이다.

▲ 조선 왕실 어보와 어책

❧ 동학 농민 운동 기록물(2023)

동학 농민 운동 기록물은 1894년~1895년 조선에서 발발한 동학 농민 혁명과 관련된 185점의 기록물로, 조선 백성들이 주체가 되어 자유, 평등, 인권의 보편적 가치를 지향하기 위해 노력했던 세계사적 중요성을 인정받았다.

❧ 4·19 혁명 기록물(2023)

4·19 혁명 기록물은 1960년대 봄 대한민국에서 발발한 학생 주도의 민주화 운동에 대한 1,019점의 기록물로, 1960년대 세계 학생 운동에 영향을 미친 기록 유산으로서 세계사적 중요성을 인정받았다.

종묘 제례·종묘 제례악 / 판소리 / 강릉 단오제 / 강강술래 / 남사당놀이 / 영산재 / 제주 칠머리당 영등굿 / 처용무 / 가곡 / 대목장 / 매사냥 / 택견 / 줄타기 / 한산 모시짜기 / 아리랑 / 김장 문화 / 농악 / 줄다리기 / 제주 해녀 문화 / 씨름 / 연등회 / 탈춤(2022)
> 🔖 북한(4개): 북한 아리랑, 씨름, 김장 문화, 평양 랭면 풍습(2022) 등재

⚜ 종묘 제례·종묘 제례악(2001)

종묘 제례(宗廟祭禮)는 종묘에서 행하는 제향(祭享) 의식이다. 종묘 제례는 유교 절차에 따라 거행되는 왕실 의례로, 종묘에서 진행된다. 종묘 제례악(宗廟祭禮樂)은 종묘에서 제사를 지낼 때 의식을 장엄하게 치르기 위하여 연주하는 기악(器樂)과 노래[歌], 춤[舞]을 말한다. 종묘 제례악은 위대한 국가를 세우고 발전시킨 왕의 덕을 찬양하는 내용의 보태평과 정대업이 연주되며 춤이 곁들여진다.

⚜ 판소리(2003)

판소리는 한 명의 소리꾼이 고수(북 치는 사람)의 장단에 맞추어 소리(창), 아니리(말), 발림(몸짓)을 섞어 가며 구연(口演)하는 일종의 솔로 오페라이다. 판소리는 초기에 열두 마당이 있었지만, 춘향가, 심청가, 수궁가, 흥보가, 적벽가가 가다듬어져 판소리 다섯 마당으로 정착되었다.

⚜ 강릉 단오제(2005)

단오는 음력 5월 5일로 '높은날' 또는 '신날'이라는 뜻의 '수릿날'이라고도 부르는 날이다. 강릉 단오제는 수릿날의 전통을 계승한 축제로, 모심기가 끝난 뒤에 한바탕 놀면서 쉬는 명절로서 농경 사회의 풍농 기원제적 성격을 지닌다. 강릉 단오제에는 단오굿, 가면극, 농악, 농요 등 예술성이 뛰어난 다양한 무형 문화유산과 함께 그네뛰기, 창포머리 감기, 수리취떡 먹기 등 독창적인 풍속이 함께 전승되고 있다.

⚜ 강강술래(2009)

강강술래는 노랫소리와 민속음악에 맞춰 둥글게 원을 그리며 춤을 추는 원시 종합 예술이다.

⚜ 남사당놀이(2009)

남사당놀이는 꼭두쇠 등 남자로 구성된 남사당패가 서민층을 대상으로 행했던 놀이이다.

⚜ 영산재(2009)

영산재는 49재의 한 형태로 불교 천도의례 중 대표적인 제사이다.

⚜ 제주 칠머리당 영등굿(2009)

제주 칠머리당 영등굿은 제주 특유의 해녀 신앙과 민속 신앙이 담겨있는 국내 유일의 해녀굿이다.

⚜ 처용무(2009)

처용무는 아내를 범하려던 역신을 물리친 처용 설화를 바탕으로 하여 처용 가면을 쓰고 추는 춤이다.

❧ 가곡(2010)

조선 시대에 꽃을 피운 문화로, 시조를 관현 반주에 얹어 부르는 전통 음악이며 판소리, 민요, 잡가와는 구분되는 '정가(正歌)'이다. 『청구영언』(1724)과 『해동가요』(1769), 『가곡원류』(1876) 등의 가집에 이러한 가곡의 흐름이 정리되어 있다.

❧ 대목장(2010)

대목장(大木匠)은 궁궐·가옥 등 건축물을 짓는 목수 중에서 설계와 시공·감리 등을 도맡아 책임지는 사람을 말한다.

❧ 매사냥(2010)

매를 훈련해 꿩이나 토끼와 같은 야생 동물을 잡는 사냥 방식인 매사냥은 4,000년 이상의 역사를 자랑하며 아시아에서 시작돼 문화 교류를 통해 세계 각국으로 확산된 것으로 추정된다. 매사냥은 2010년에 한국 외에 프랑스·몽골·시리아·스페인 등 모두 11개국이 신청해 공동으로 등재되었고, 2012년에 2개국이 추가된 13개국이 참여하여 확대 공동 등재되었다.

❧ 택견(2011)

택견은 흡사 춤과 같은 동작으로 상대를 발로 차거나 넘어뜨리는 기술을 특징으로 하는 한국의 전통 무예이다.

❧ 줄타기(2011)

줄타기는 한국의 전통 공연 예술로, 줄타기 기술에 중점을 두고 있는 세계 다른 나라의 줄타기와 달리 음악이 함께 연주되며, 줄을 타는 줄광대와 땅에 있는 어릿광대 사이에 대화가 오고 가는 것이 특징이다.

❧ 한산 모시짜기(2011)

한산 모시짜기는 충남 한산 지역의 여성들을 중심으로 전승되고 있는 옷감을 짜는 전통 기술이다.

❧ 아리랑(2012)

다른 민요와 마찬가지로 노동요의 성격을 지니는 아리랑은 여러 공동체에서 세대를 거쳐 재창조되고 다양한 형태로 전승되었다는 점과 무형 유산 보호를 위해 법제를 갖춘 점 등을 높이 평가받았다.

❧ 김장 문화(2013)

여러 세대에 걸쳐 가정에서 전승되어 온 김장은 동절기에 대비한 한국인들의 나눔과 공동체 문화를 상징하며, 사회 구성원들 간 결속과 연대감 강화를 통해 한국인으로서의 정체성과 소속감을 부여한다는 점을 높이 평가받았다.

❧ 농악(2014)

농촌에서 집단 노동이나 명절 때 흥을 돋우기 위해서 연주되는 음악이다.

❧ 줄다리기(2015)

줄다리기는 우리나라가 처음으로 시도한 다국가(한국, 베트남, 캄보디아, 필리핀) 간 공동 등재이다. 줄다리기에는 두 팀의 화합과 협동이 중시되고 공동체의 풍요와 안위를 기원하는 뜻이 담겨 있다.

❧ 제주 해녀 문화(2016)

제주의 해녀 문화는 안전과 풍어를 위한 의식, 선배가 후배에게 전하는 잠수 기술과 책임감, 공동 작업을 통해 거둔 수익으로 사회적 응집력을 높이는 활동 등이 가치를 인정받았다.

❧ 한국의 전통 레스링, 씨름(2018년 남북 공동 등재)

씨름은 두 명의 선수가 허리 둘레에 천으로 된 띠를 찬 상태에서 서로의 허리띠를 잡고 상대를 바닥에 넘어뜨리기 위해 다양한 기술을 사용하는 레슬링의 일종이다.

❧ 연등회(2020)

부처님 탄생을 축하하기 위해 거행하는 연등회는 신라에서 시작되어 고려 시대에 국가적 행사로 자리잡은 불교 행사이다.

❧ 탈춤(2022)

전통 종합 예술인 탈춤이 '한국의 탈춤(Talchum, Mask Dance Drama in the Republic of Korea)'이란 명칭으로 인류 무형 문화유산으로 등재되었다. '한국의 탈춤'은 모두 18개 종목으로 구성되었다. 양주별산대놀이·통영오광대·고성오광대·강릉관노가면극(강릉단오제)·북청사자놀음·봉산탈춤·동래야류·강령탈춤·수영야류·송파산대놀이·은율탈춤·하회별신굿탈놀이·가산오광대의 국가 무형 문화재 13종목과 속초사자놀이(강원)·퇴계원산대놀이(경기)·진주오광대(경남)·김해오광대(경남)·예천청단놀음(경북)의 시도 무형 문화재 5종목이다.

자료출처: 문화재청

▶ 알림: 유네스코 세계 문화유산에 새롭게 등재되는 내용은 선우한국사 카페(cafe.naver.com/swkuksa)에 빠르게 올려드리겠습니다.

선우빈

주요 약력

現. 박문각 남부고시학원 한국사 대표교수
EBS 공무원 한국사 10년 강의(2008~2016, 2018년)
2006년 방송대학TV 공무원 한국사 전임교수
중등 2급 정교사[사회(역사)]

주요 저서

[이론서]
간추린 선우한국사 압축기본서(박문각)
선우빈 선우한국사 기본서(박문각)
단기완성 한국사능력검정시험 심화(박문각)
선우한국사 핵심사료 450(박문각) 간추린 선우한국사 연계 도서

[문제집]
선우한국사 기출족보 기본편/심화편(박문각)
선우한국사 기적의 동형 모의고사(박문각)

[요약집]
한국사 연결고리(박문각)

동영상 강의 www.pmg.co.kr
선우한국사 카페 cafe.naver.com/swkuksa
You Tube 채널 선우빈 한국사

제1판 발행: 2003년 10월 15일
제2판 발행: 2005년 7월 10일
제3판 발행: 2007년 1월 10일
제4판 발행: 2009년 1월 10일
제5판 발행: 2010년 11월 20일
제6판 발행: 2013년 1월 10일
제7판 발행: 2015년 1월 10일
제8판 발행: 2016년 12월 10일
제9판 발행: 2017년 10월 16일
제10판 발행: 2018년 10월 30일
제11판 발행: 2019년 11월 20일
제12판 발행: 2020년 9월 25일
제13판 발행: 2022년 5월 25일
제14판 인쇄: 2024년 7월 1일
제14판 발행: 2024년 7월 5일

간추린
선우한국사 압축 기본서 전면개정 14판

초판인쇄 | 2024. 7. 1. 초판발행 | 2024. 7. 5. 편저자 | 선우빈
발행인 | 박 용 발행처 | (주) 박문각출판 등록 | 2015년 4월 29일 제2019-000137호
주소 | 06654 서울특별시 서초구 효령로 283 서경 B/D 4층 팩스 | (02) 584-2927
전화 | 교재 주문·내용 문의 (02) 6466-7202

정가 27,000원 ISBN 979-11-7262-091-2

선우빈
선우한국사

간추린 선우한국사

선우빈 선우한국사 핵심사료 450

간추린 선우한국사
압축 기본서

박문각 공무원
선우한국사 카페
cafe.naver.com/swkuksa

박문각 공무원
선우한국사 온라인강의
www.pmg.co.kr

박문각 북스파
수험교재 및 교양서 전문
온라인 서점

합격한 선배들의 추천으로 『간추린 선우한국사』 강의를 듣게 되었습니다. 각 시대별로 중요 내용이 도표로 잘 정리되어 있어 마지막 요점정리까지 가능한 교재였습니다. 최근 바뀐 시험 제도에 가장 적합한 한국사 교재인듯합니다.

2023년 서울시 9급 박성연

저는 독서실에서 인강을 들으면서 혼자 공부했는데 『간추린 선우한국사』는 1.7배속으로 5번 정도 들었습니다. 내용이 압축되어 있어 빠르게 반복해서 들을 수 있었습니다. 이후 연결고리 시대사도 6번 정도 들으면서 복습했습니다.

2021년 지방직 9급 ID 돈오점수

저는 선우빈 선생님의 커리를 따라갔는데 기본강의 대신 『간추린 선우한국사』라는 강의를 들었습니다. 선생님께서 늘 강조하신 '항상 기본에 주력하라. 지엽적인 것을 맞춰봐야 남들 다 맞는 것을 틀리면 의미가 없다'는 말은 사실이었습니다.

2020년 국가직 9급 ID 합격길만 걷자

저는 제 가족이 먼저 공시를 준비하였고 선우빈 선생님께 한국사를 배웠기에 추천을 받아 접하게 되었습니다. 저는 두꺼운 기본서보다 『간추린 선우한국사』 교재를 수없이 많이 봤고 기출시즌부터는 간추린 교재 앞 삽지 내용을 스스로 떠올리려고 노력하였습니다. 그리고 선우빈 선생님께서 유튜브를 직접 촬영하셔서 올려주시는 각종 수업 자료들도 많은 도움이 되었습니다. 수업과는 다른 화면이라 더 편안하고 1대1로 과외받는 느낌이었습니다.

2020년 지방직 9급 ID 시험날 만점

『간추린 선우한국사』는 표로 정리되어있고 사료집이 따로 있는데, 기본적인 사료는 모두 있어서 좋았습니다! 나중에는 이 사료 뭐였지? 하고 기억나지 않으면 이 사료집에서 찾아봤습니다.

2019년 서울시 9급 윤지혜

11~12월에 기출강의와 간추린강의를 동시에 들었었는데 그때 실력이 급상승한 기분을 느꼈습니다. 문제의 감을 잃지 않으면서 간추린으로 기본서보다 더 자세히 설명해주셔서 빈틈을 메꿀 수 있었어요.

2019년 국가직 9급 · 서울시 9급 계수진

『간추린 선우한국사』는 연결고리와 기본서의 장점이 절충된 최고의 요약집이라고 생각합니다. 제가 공부하면서 얇은 요약집을 꺼려했던 이유는 지식이 파편적으로 뇌에 들어오기 때문이었습니다. 시험문제는 줄글로 문장이 나오는데 토막토막 파편적으로 쓰여진 내용을 익히게 되면 머릿속에도 잘 안 남고 가독성이 매우 떨어진다고 느꼈기 때문입니다. 그런데 간추린 한국사의 가장 큰 장점은 요약집이지만, 풍부한 해설 자료, 이해 자료들이 일목요연하게 함께 정리되어 있어서 가독성이 굉장히 좋은 교재입니다.

2019년 국가직 9급 유회수

간추린 강의는 한 번 더 이론을 들어보고 싶은데 시간이 없을 때 들으면 좋은 강의입니다. 기출이나 동형, 또는 나중에 연결고리로 회독수를 늘릴 때 이론이 부족하다 싶으면 그 부분만 간추린 책을 활용해 암기했습니다. 그리고 따로 사료집이 있기 때문에 한국사의 감을 잃지 않는 좋은 교재이고, 저는 연결고리와 사료집을 같이 활용했습니다. 『간추린 선우한국사』도 마지막에 들고 가는 교재로 활용하는 분들이 많기 때문에 연결고리와 간추린 강의를 잘 활용해 보시길 바랍니다.

2019년 국가직 9급 · 서울시 9급 김수현

연결고리와 간추린 한국사는 선우빈쌤의 노하우가 담긴 최고의 커리큘럼입니다. 기본 수업을 듣고, 개념이 흔들리는 순간 다시 정립할 수 있는 시간입니다. 다른 과목도 공부해야 하는데 한과목만 붙잡아서는 목표에 도달하기 어려울 수도 있습니다. 이 두 수업은 기본수업을 들은 후 빠른 시간 내에 회독수를 높여주는 수업입니다.

2019년 지방직 9급 임정규

저는 8개월 만에 간호직에 합격하였습니다. 처음 입문 시 빠르게 기본 강의를 듣고 『간추린 선우한국사』와 『기출족보』를 중심으로 공부했습니다. 『간추린 선우한국사』는 한국사를 축약해 놓은 책이긴 하나 중요한 내용은 꼼꼼히 다 들어 있어서 이 책만 보더라도 합격을 하는 데 충분하다고 생각합니다.

2018년 간호직 8급 이민정

정가 27,000원

13910
9 791172 620912
ISBN 979-11-7262-091-2

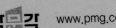
www.pmg.co.kr　교재문의 02-6466-7202　동영상강의 문의 02-6466-7201